CENT JOURS

DU MÊME AUTEUR

Le Duc de Richelieu, un sentimental en politique, 1766-1822, Paris, Perrin, 1990.

Lettres d'un lion. Correspondance inédite du général Mouton, comte de Lobau (1812-1815), Paris, Nouveau Monde Éditions, 2005.

L'Histoire à rebrousse-poil. Les élites, la Restauration, la Révolution, Paris, Fayard, coll. « Le cours de l'Histoire », 2005.

Talleyrand, le prince immobile, Paris, Fayard, nouv. éd. revue et augmentée, 2006.

Un groupe d'hommes considérables. Les pairs de France et la Chambre des pairs héréditaires de la Restauration (1814-1831), Paris, Fayard, 2006.

Mémoires et correspondances du prince de Talleyrand, Paris, Robert Laffont, Bouquins, 2007.

En collaboration avec Benoît Yvert

Histoire de la Restauration, 1814-1830. Naissance de la France moderne, Paris, Perrin, 1996 (rééd. coll. « Tempus », 2002).

Direction

Le Siècle rebelle. Dictionnaire de la contestation au XXe *siècle*, Paris, Larousse, 1999 (rééd. coll. « In Extenso », 2004).

Dictionnaire des politiques culturelles en France depuis 1959 : une exception française, Paris, Larousse/CNRS Éditions, 2001.

Mémoires du monde. Cinq siècles d'histoires inédites et secrètes au Quai d'Orsay, Paris, L'Iconoclaste, 2002.

Mémoires de la France. Trésors inédits et secrets de l'Assemblée nationale, Paris, L'Iconoclaste, 2006.

Catalogue d'exposition

Talleyrand ou le miroir trompeur, Paris, Somogy éditions d'art, 2005.

Emmanuel de Waresquiel

CENT JOURS

la tentation de l'impossible
mars-juillet 1815

Fayard

ISBN : 978-2-213-62158-6

« Rien dans l'histoire n'a ressemblé à ce quart d'heure. »

(Victor Hugo, *Les Misérables*)

« Il n'y a eu dans ce siècle qu'un grand homme et une grande chose : Napoléon et la liberté. À défaut du grand homme, ayons la grande chose. »

(Victor Hugo, *Choses vues*)

« Les vivants se découvrent, chaque fois, au midi de l'histoire. Ils sont tenus d'apprêter un repas pour le passé. L'historien est le héraut qui invite les morts au festin. »

(Walter Benjamin, *Le Livre des passages*)

À Marie, Alexandra et Gabrielle.

Avant-propos

Les Cent-Jours ou la tentation de l'impossible

On connaît le savoureux aphorisme de l'écrivain anglais George Orwell : « Tous les animaux sont égaux, mais certains le sont plus que d'autres. » Il en va de même des jours. Certains sont plus longs que d'autres. Un film célèbre a rendu tel le 6 juin 1944. La mesure du temps n'est pas seulement celle des pendules, elle est affaire de sens et de représentations. Lorsqu'ils inventèrent le calendrier républicain, les députés de la Convention avaient parfaitement conscience de rompre avec le temps, désormais révolu, de la monarchie et de l'Église. La décade républicaine remplaçait désormais la semaine chrétienne. Le 29 juillet 1830, dans les rues de Paris, les révolutionnaires tiraient sur les horloges parce qu'elles représentaient le temps d'un régime exécré. Tout passe et rien ne s'oublie. La mesure du temps tient également à la conscience, à la connaissance, comme à la plus ou moins grande densité prêtée à certains événements par ceux qui les ont vécus. Cela concerne parfois des périodes entières de notre histoire, parmi les plus instables et les plus chahutées.

La plupart des Français qui ont vécu entre 1789 et 1815 ont eu ce sentiment-là, celui de l'exception d'un temps plus lourdement chargé d'émotions, de douleurs, de joies, de surprises et d'incertitudes. Chateaubriand, « le grand paon », comme dit Julien Gracq, l'a très bien exprimé dans la préface de ses Mémoires : « Je me suis rencontré entre deux siècles comme au confluent de deux fleuves ; j'ai plongé dans leurs eaux troublées, m'éloignant à regret du vieux rivage où j'étais né, et nageant avec espérance vers la rive inconnue où vont aborder les générations nouvelles[1]. » Nous avons tous, plus ou moins, cette impression de vivre entre deux époques, ne serait-ce que par le balancement inévitable de nos vies, entre les promesses et les certitudes de la jeunesse, les doutes et le désenchantement de la vieillesse, mais les contemporains de l'auteur des *Mémoires d'outre-tombe* ont peut-être éprouvé cette ambivalence avec plus d'acuité, d'exaltation, d'appréhension ou de peur. Un monde s'effondrait, un autre prenait forme. Entre les deux, les temps se mêlaient, les mémoires se chevauchaient, les événements se précipitaient, ne serait-ce que par la succession rapide des régimes et des dynasties qui présidèrent aux destinées du pays : l'Ancien Régime et la Révolution, la Révolution et la République ; la Constituante, la Législative, la Convention, le Directoire, le Consulat, l'Empire... la Restauration enfin, et à deux reprises. De quoi faire tourner les têtes et donner à ceux qui furent les témoins ou les acteurs de ces événements l'impression profonde – qu'ils garderont pour la plupart jusqu'à la fin de leur vie – de l'instabilité et de la fragilité des choses et des hommes. « Vingt-cinq ans de révolution, écrit Benjamin Constant à propos de cette période, m'ont assez appris à ne m'indigner d'aucune imposture, à ne m'étonner d'aucune absurdité. » Toute une génération a gardé l'impression vive d'avoir vécu à cette occasion un moment sombre, interlope et trouble, au point d'en éprouver du « dégoût[2] ». « Quelle espèce misérable que l'espèce humaine », dit-on dans une lettre inédite de 1815[3]. On en lira d'autres, et c'est toujours la même noirceur. Il y eut la défaite finale de l'Empire, bien sûr. Mais surtout le doute, un doute profond, à la mesure des illusions et des rêves provoqués par tant d'occasions et tant de possibles. D'un « interrègne » à l'autre, les Français, à force de devoir sauter d'une branche à l'autre, d'un régime à l'autre, ont eu le sentiment amer d'un chaos de vains simulacres, de faux serments, de transformations hypocrites – Chateaubriand parle à ce propos d'« une orgie de la fortune ». Plus tard, on relira ces événements comme le prélude aux bouleversements politiques du siècle et comme le nœud gordien des instabilités françaises.

Aussi pour se rassurer n'a-t-on jamais autant écrit qu'à cette époque. En 1825, Mme de Genlis commençait ses Mémoires en remarquant que la plupart de ses contemporains avaient déjà laissé les leurs et elle avait raison. Entre 1815 et 1848, près de quatre cents ouvrages de Mémoires et de Souvenirs consacrés à la Révolution, à l'Empire et à la Restauration paraissent en France, sans compter tous les autres, encore plus nombreux, restés dans les tiroirs et qui paraîtront plus tard ou bien s'y trouvent encore[1]. Leurs auteurs s'y mettent en scène en faisant du malheur l'élément dominant de leur conscience historique. Ils sont « en représentation », quelque part entre leur propre destin et la force aveugle des événements qu'ils ont eu à affronter. Car il faut survivre. On se souvient de la réponse laconique de Sieyès à qui on demandait ce qu'il avait fait pendant la Révolution : « J'ai vécu... » Les changements constants survenus pendant un quart de siècle, les bouleversements politiques et sociaux qu'ils entraînèrent ont mis à mal l'intégrité morale de ceux qui y prirent part. Tous ceux-là, qu'ils aient figuré sur le devant de la scène ou qu'ils aient été des acteurs secondaires, voire anonymes de l'histoire, ont éprouvé viscéralement le besoin de rétablir pour la postérité une vision cohérente d'eux-mêmes. Sainte-Beuve parlait de Talleyrand comme de l'homme de la « composition d'une vie ». Le prince boiteux n'est évidemment pas le seul à s'être recomposé par rapport aux événements auxquels il a participé. Et plus les choix sont difficiles, plus la lutte est âpre, plus les circonstances sont traumatisantes, plus s'opère ce travail de recomposition de soi avec lequel l'historien doit, au bout du compte, se débrouiller. On n'a pas assez réfléchi non plus au fait que les acteurs de cette période qui, à l'heure du bilan, ont pu se sentir les vaincus ou les parias de l'histoire ont éprouvé, plus que les autres, ce besoin de se justifier en se réinventant. Eux aussi ont écrit, mais les historiens, jusqu'à ce jour, ne leur ont guère prêté attention. C'est un tort, car, en se recomposant, ils désignent mieux que d'autres, les fantômes qu'ils ont croisés, les portes contre lesquelles ils se sont heurtés. Ces hommes de la tentation de l'impossible sont les protagonistes à part entière de l'histoire que nous allons raconter.

Il est une période, entre toutes, de ce quart de siècle mouvementé, où le drame affleure de façon quasi paroxysmique, c'est celle qui s'inscrit, après l'Empire, entre le débarquement de Napoléon à Golfe-Juan le 1er mars 1815 et le retour de Louis XVIII à Paris le 8 juillet de la même année. Louis XVIII, restauré en avril 1814 alors qu'on le croyait sorti à jamais de l'histoire depuis la mort de son frère aîné, place de la Révolution, le 21 janvier 1793, tombe en effet en mars 1815. Le 19 mars, il quitte précipitamment Paris pour l'exil. Le 20, Napoléon, tout droit sorti de l'île d'Elbe où on l'avait relégué depuis presque un an, le remplace comme par enchantement. Lui aussi est un revenant. Il avait abdiqué le pouvoir en troquant son empire pour une île de pacotille. Trois mois plus tard, le 22 juin, il l'abandonne à nouveau, cette fois définitivement. On lui destine encore une île, mais celle-là est autrement moins accueillante que la première. C'est Sainte-Hélène ! Quinze jours plus tard, Louis XVIII rentre à Paris et remonte sur le trône.

Tout cela a duré un peu plus de cent jours, si l'on en croit le calendrier. L'expression est venue naturellement à l'esprit du préfet de la Seine Chabrol, alors qu'il accueillait Louis XVIII à son retour à Paris. « Sire, cent jours se sont écoulés depuis le moment fatal où Votre Majesté, forcée de s'arracher aux affections les plus chères, quitta sa capitale au milieu des larmes et des lamentations publiques. » C'est sous ce nom qu'est resté cet extraordinaire chassé-croisé de l'histoire. C'est sous ce nom encore que les historiens l'étudieront en faisant, pour la plupart, de Napoléon, le personnage principal de leurs ouvrages. Thiers, Henry Houssaye, Émile Le Gallo, Jean Thiry, Georges Blond et même Dominique de Villepin dont l'ouvrage s'achève par une méditation exaltée sur le Retour des cendres, mettent l'accent sur lui[1]. « L'esprit de sacrifice » guide Dominique de Villepin, conformément à la thèse défendue par Napoléon lui-même dans sa lettre d'abdication du 22 juin 1815 : « Je m'offre en sacrifice à la haine des ennemis de France... »

Walter Benjamin évoque à ce propos les « rendez-vous secrets » du passé et du présent. Napoléon a longtemps été une force rayonnante et quasi rétroactive du passé. On ne le désigne même plus par son nom, on l'appelle « l'Homme[2] ». Son petit chapeau est tellement large que le XIXe siècle tout entier lui a presque emprunté sa silhouette. Dans *Le Grand Napoléon des petits enfants* publié dans les années 1890, l'île de Sainte-Hélène prend, sous le crayon du dessinateur Job, la forme du fameux bicorne du héros de l'Italie et de l'Égypte[3]. C'est tout dire. Les cent jours sont les Cent-Jours de Napoléon, y compris chez ceux qui ne l'aiment pas comme Edgar Quinet ou Hippolyte Taine[4], pas les Cent-Jours du roi. Lorsqu'il est question de ce dernier, c'est souvent pour le renvoyer, sans autre forme de procès, aux oubliettes de l'histoire. Gilbert Stenger, qui, au début du XXe siècle, s'intéresse aux Bourbons, se contente de leur dire leur fait : « Leur égoïsme fut patent, fut détestable : je l'ai démontré ; leur appétit de pouvoir immense : je l'ai démasqué [1]. » Et le tout à l'avenant. Seul Jean Tulard, dans ses *Vingt Jours,* tente de faire la part des choses en observant d'un côté comme de l'autre le conflit qui opposa Napoléon à Louis XVIII [2].

Pourtant, le Napoléon des Cent-Jours appartient déjà au passé beaucoup plus qu'au présent. Un observateur pertinent, le Suisse Jean-Gabriel Eynard, dit à propos du discours de ce dernier au Champ de mai, par lequel il défendait fermement les droits du peuple, que « le souvenir du passé détruit toute illusion [3] ». L'image de l'autocrate, du guerrier et de l'empereur resurgit sans cesse dans l'esprit de ceux qui l'observent, derrière celui qui désormais prône la paix et les libertés. L'ombre portée de ce qu'était véritablement Napoléon submerge l'autre, comme l'original, sa copie. Il faudra Las Cases à Sainte-Hélène pour opérer les ultimes corrections et rendre Napoléon au présent, jusqu'à faire vivre le neveu à travers l'oncle. Entre les deux Napoléon, il n'y eut pendant longtemps que l'espace d'un prénom : Louis. C'est cette ombre qui devance le grand homme et lui ouvre la route de Paris où il entre le 20 mars. La « révolution du 20 mars », comme l'on disait à l'époque, n'aurait pas eu lieu si Napoléon Bonaparte, général, consul et empereur, n'avait su personnifier depuis longtemps la double passion française de la gloire et de l'égalité. La vraie révolution des Cent-Jours n'est pas dans le retour de Napoléon, elle est dans la disparition de celui qui jusqu'alors avait dominé le monde et son théâtre. Pour la première fois, Napoléon n'est plus le maître du jeu. D'autres en disposent avec lui. La coalition européenne d'abord qui à Vienne, où elle siège en congrès, se ressoude jusqu'à conduire ses armées à la victoire dans les plaines de Belgique.

On ne s'observe bien soi-même qu'à travers le regard des autres. Les Allemands, les Autrichiens, les Russes, les Anglais ne se sont jamais autant penchés sur la France et les Français qu'à ce moment-là, partagés entre la haine et l'incompréhension plus ou mois amusée, au spectacle de cet étrange pays un peu fou, dangereux, versatile et ingouvernable. C'est que le drame français des Cent-Jours ne prend encore une fois tout son sens que si on lui restitue l'ensemble de ses acteurs, et derrière eux l'écheveau inextricable des solutions envisagées pour le pays : La Fayette et la meilleure des républiques, et avec lui le duc d'Orléans, Louis XVIII et la monarchie constitutionnelle, son frère le comte d'Artois et une monarchie plus radicale calquée sur celle de l'Ancien Régime. Tout l'intérêt de cette histoire ne réside pas tant dans la succession théâtrale des scènes et des régimes que dans la juxtaposition des pouvoirs dont se réclament les uns et les autres. Cette juxtaposition traduit la force de l'esprit révolutionnaire en France. Elle le renforce aussi, dans la mesure où la multiplicité des prétendants, vainqueurs ou vaincus, affaiblit d'autant leur légitimité tout en radicalisant le jusqu'au-boutisme de leurs partisans. Les Cent-Jours sont le signe et la preuve d'une crise de la légitimité du pouvoir qui elle-même cache un démon bien français : celui de la tentation d'une souveraineté sans partage héritée de 1789, celle du peuple ou celle du roi, sans autre forme de concessions à une voie mixte ou moyenne, qui constitue peut-être la grande occasion perdue de cette histoire. En 1815, l'incarnation l'emporte sur les institutions et nous sommes les héritiers de cette victoire à la Pyrrhus, nous qui vivons encore en monarchie républicaine comme si notre instabilité politique traditionnelle n'avait trouvé de solution, deux cent vingt ans après 1789, que par la continuation d'une souveraineté de type monarchique, issue de la volonté du peuple. La mémoire de la Révolution, qui habite les acteurs de ce jeu cruel, n'a fait que compliquer les choses en aggravant d'autant les antagonismes, comme si les uns et les autres ne se contentaient pas de la rejouer, mais en étaient les prisonniers, qu'ils s'en réclament ou qu'ils la rejettent.

Cette trame spéculative constitue la toile de fond d'une histoire par ailleurs profondément humaine, quelque part entre le sublime et le burlesque, les larmes et l'ironie. La marche miraculeuse de Napoléon sur les chemins enneigés des Alpes, les charges héroïques de Ney à Waterloo en sont l'écume et, si j'ose dire, la part la plus lisse. L'audace, la bravoure aveugle ne se racontent plus. Elles l'ont été déjà tant de fois ! La densité humaine de cette aventure se cache aussi ailleurs, du côté de ceux qui ont subi l'événement, les vaincus des deux bords, les faibles et les sans-grade. Ceux-là, volontaires royaux, voltigeurs, fédérés ou demi-solde, portent des noms oubliés depuis toujours. Plus que les autres, ils ont tenté d'expliquer leurs passions, de les sublimer aussi après s'être perdus dans les couloirs sombres de l'histoire. Ce sont ces hommes que nous avons voulu suivre dans leurs rêves, leurs anachronismes, leurs peurs ou leurs lassitudes. On ne comprendra jamais mieux la marche de Napoléon vers Paris qu'en l'observant du côté de ceux qui l'ont vu venir, avec terreur ou fureur pour certains, jubilation pour d'autres. On ne saurait rien des désillusions d'une jeunesse avide de liberté et de bataille si l'on ne la suivait avec le roi sur les chemins de l'exil, jusqu'à Gand. Ce cortège chamarré ne manque tout de même pas de superbe. Lamartine, Alfred de Vigny, Géricault en étaient. Le romantisme est né de ce sacrifice, dans les boues des routes du Nord autant que dans les plaines de Waterloo. On oublierait enfin le destin quasi héroïque du vieux Louis XVIII, prisonnier de l'Europe, de sa famille comme de Napoléon, si on ne l'observait en exil entouré de sa cour et sur la route de son retour en France, drapé de ses droits, convaincu de la sagesse de son libéralisme et finalement broyé par l'histoire. Les contre-jours sont toujours éclairants, car ils accentuent les ombres et les reliefs. Il y a tant à dire sur le devoir, l'honneur, la fidélité, l'exil, sur la patrie, la gloire, la liberté et l'égalité. Mais aussi sur la face noire de tout cela, la tyrannie, le complot, l'émigration, l'indignité, la trahison, au point que les mots ne se contredisent pas seulement les uns les autres, mais s'annulent eux-mêmes en prenant des sens différents. L'homme est un animal politique, et à certains moments de son histoire, la politique est si prégnante qu'elle en contamine les mots mêmes dont il se sert. L'honneur des uns est la trahison des autres, parce que les uns et les autres n'y mettent pas le même sens. On y trouve plus de patriotisme d'un côté, plus de fidélité de l'autre. Il y a tant à dire encore sur le courage, les affections et la conscience, la peur, l'intérêt, l'ambition, l'orgueil et la vanité. Lorsque les événements se précipitent, le caractère humain suinte de toute part. « Là où il y a de l'homme, il y a de l'hommerie », prétend un dicton populaire. Il est question d'un peu tout cela dans ce livre où se côtoient les premiers et les seconds rôles, un chevalier de Cussy, un Frédéric Rilliet, un Cugnet de Montarlot, mais aussi des Benjamin Constant, des Blacas, des Talleyrand, des Fouché, des Wellington et des Blücher.

Comment, dans ces conditions, résoudre la quadrature du cercle de l'analyse de cet extraordinaire « quart d'heure », comme disait Victor Hugo, et de son exposition ? En prenant le parti du récit, mais d'un récit commenté, informé, si l'on préfère, où les voix empruntées aux protagonistes qui racontent ce qu'ils ont vécu à travers le prisme de leurs représentations, de leurs mémoires, de leurs histoires particulières, sont « déshabillées » dans la crudité de leurs intentions, dans la cacophonie de leurs antagonismes. Le silence, la lumière, la nuit n'avaient pas la même consistance à Paris, le 20 mars 1815, selon qu'ils étaient « bonapartistes » ou « royalistes ». Pour démêler l'écheveau des contradictions qui sont au cœur de ce drame, il fallait avoir recours à toutes sortes de sources. La littérature en est une. On n'a pas assez réfléchi au fait que l'action de certains des plus grands romans du XIXe siècle prend sa source dans les Cent-Jours. Fabrice del Dongo se frotte à la gloire et use ses rêves d'héroïsme en parcourant en tous sens les champs de Waterloo sans jamais voir la bataille. Sur ce même champ de bataille, mais le soir après la défaite, du côté des larmes et des cadavres – « la lune était sinistre sur cette plaine » –, Thénardier et le colonel Pontmercy, le père de Marius, se rencontrent[1]. L'un vole l'autre, et l'autre, blessé, à demi conscient, se croit sauvé par le premier. Victor Hugo appose les signatures de la fatalité, du mal et de la haine, comme autant de battements de cils des *Misérables*, au bas du livre d'une défaite qui produira le meilleur et le pire. Que dire encore de certains personnages de Balzac comme Auguste de Maulincour, de ceux qui appartenaient au tournant de l'Empire et de la Restauration, à cette « jeunesse incertaine », et dont le destin fut marqué à jamais, par les désillusions des Cent-Jours[2] ? C'est enfin aux Tuileries, alors que le baron de Villefort, jeune substitut à Marseille, apprend au roi le débarquement de Napoléon à Golfe-Juan, qu'est scellé le destin d'Edmond Dantès, *alias* le comte de Monte-Cristo. Celui-ci restera enfermé au château d'If pour avoir été la victime de la jalousie de Fernand, de la haine de Danglars, le futur banquier, et de l'ambition de Villefort, le futur procureur du roi, puis s'en évadera et ruminera sa vengeance. Au cœur de la conspiration est une lettre remise à

Dantès alors que celui-ci faisait escale à l'île d'Elbe, dans laquelle était annoncée l'arrivée prochaine de Napoléon[1]. Si Stendhal, Hugo, Balzac et Dumas reviennent sans cesse aux Cent-Jours, c'est que ces trois longs mois ont été, comme jamais, riches de potentialités, de bifurcations et de rebondissements. Les uns s'y sont brûlé les ailes, d'autres y ont trouvé le compte de leurs intérêts et de leurs ambitions. Dans ses *Lettres sur les Cent-Jours* rédigées presque à chaud, le publiciste bonapartiste Cauchois-Lemaire rend, *a priori*, un hommage étonnant à la fertilité inventive de Dumas qui écrira pourtant *Le Comte de Monte-Cristo* trente ans plus tard : « Là se rattachent les fils de tant d'intrigues dont nous avons vu les funestes développements ; là s'expliquent des mystères qui maintenant encore nous paraissent incompréhensibles : là furent prises des résolutions secrètes, et furent contractés des engagements publics dont la contradiction a eu pour conséquence » de plonger le pays « dans un dédale inextricable[2] ». « Où sont les plaies qui ne datent pas de cette époque ? » note encore Charles de Rémusat alors qu'il écrit ses Souvenirs sous le Second Empire[3]. Si Stendhal était à Milan en 1815, d'autres ont vécu dans leur chair et leur imagination d'enfant les événements des Cent-Jours. Le jeune Dumas a vu passer les frères Lallemand, prisonniers de l'autorité déjà chancelante des Bourbons après leur tentative de putsch militaire, le 12 mars, à Villers-Cotterêts ; Victor Hugo, alors jeune pensionnaire, se promenait dans Paris alors qu'on tremblait à l'annonce du retour de Napoléon ; George Sand était à Nohant dans le Berry, chez sa grand-mère, lorsqu'un officier de l'armée de la Loire fit irruption chez elle en juillet. À peu près au même âge, à dix ans, Marie d'Agoult vécut les Cent-Jours dans une berline sur les routes de l'exil, où sa mère la conduisait dans sa famille allemande. Elle y rencontrera Goethe. De Napoléon, elle écrit : « Son épée conquérante, qui menaçait l'Europe, tranchait sans le savoir dans l'ombre de mon existence[4]. »

La fiction romanesque de tous ceux-là doit être lue ici comme une sorte de récit parallèle à ceux des protagonistes de 1815, à la manière d'un double ou d'un miroir, avec tout ce que cela comporte d'influences réciproques entre romans, Souvenirs et

Mémoires. Longtemps après, on continuera d'écrire des romans sur les Cent-Jours. Arthur de Gobineau, le fils de Louis, qui faisait partie de la maison militaire du roi en route pour Gand, écrit *Ternove* en 1848 [1] ; Aragon, *La Semaine sainte* en 1958. De l'un à l'autre, les réinterprétations de l'événement vont leur train. Au-delà de la merveilleuse poésie de l'histoire qui emporte littéralement le roman d'Aragon, celui-ci s'inscrit clairement dans la lignée de tous ceux qui s'engagèrent après la guerre contre la flétrissure du renoncement de 1940. Les royalistes de la défaite puis de la revanche de 1815 ressemblent singulièrement à ceux qui en 1940 ne voulurent pas résister. Il suffisait pourtant de prendre conscience. Précisément, Théodore Géricault, le héros de *La Semaine sainte,* fait le choix de la vie et la liberté, alors même qu'il est engagé avec les gardes du corps du roi, par les caprices du destin, du côté de la trahison et de la défaite, dans un voyage absurde jusqu'aux frontières de la Belgique, « ce voyage aux limites du possible, ce voyage où il avait découvert tant de choses insoupçonnées [2] ». Au fur et à mesure que passe le temps, le manichéisme des sentiments, des postures et des idées l'emporte sur leur ambivalence. Il faut se replonger dans les sources de l'époque pour toucher à nouveau cette dernière du doigt. Les Souvenirs et les Mémoires qui évoquent les Cent-Jours sont innombrables. Ils ont été jusqu'à présent très inégalement explorés, surtout si l'on y ajoute ceux qui ont été écrits par des Anglais, des Allemands. Eux aussi ont été les acteurs à part entière de cette aventure. Certains avaient été traduits, d'autres non. Peu ont été lus. Mais, une fois de plus, les archives découvertes ou redécouvertes sont au cœur des documents qui ont servi à l'élaboration de ce livre. Du côté des archives publiques, les sources policières et administratives – rapports de police, rapports des préfets, comptes rendus municipaux – conservés aux Archives nationales, aux archives de la préfecture de police de Paris ou dans certains fonds départementaux, sont indispensables. Il fallait également aller consulter les Archives royales de Belgique, les archives de l'université de Gand, pour savoir ce qui s'était réellement passé là-bas. Le travail d'enquête de l'historien, un travail à la Nestor Burma, où l'on suit à la trace des pistes généalogiques qui parfois ne mènent nulle part, la chance aussi, nous ont également permis d'exploiter plusieurs fonds d'archives privées encore détenus par les descendants de certains des protagonistes parmi les plus marquants des Cent-Jours : Richelieu, Blacas, Dreux-Brézé, Fouché, Staël, Chabrol, Sebastiani, Jal, et d'autres encore. Les trésors de lettres, de notes inédites, qu'ils renferment ne donnent pas seulement des indications sur le bon emplacement de la virgule, comme dirait Talleyrand, ils révèlent la justesse d'un ton et exhument le parfum d'un climat que l'on ne trouve nulle part ailleurs. On ne trouve pas non plus ailleurs certaines des images – peintures, gravures de propagande, caricatures – que renferment ces collections. Dans la mesure où elles portent leur propre imaginaire, à l'instar des sources écrites, elles constituent une écriture à part entière de cette histoire.

Borges disait des personnages de ses romans qu'ils étaient généralement doubles. Et il ajoutait, en forme de boutade brillante, que « le vrai, c'est toujours l'autre ». La dualité, vécue ou ressentie, habite l'histoire. Son dépassement est d'autant plus troublant qu'il apparaît impossible. Il revient à l'historien d'en faire la démonstration.

Paris, avril 2008

PREMIÈRE PARTIE

Il arrive !
Paris – 20 mars 1815

1.

Le temps, le silence et l'argent

Les Français ont horreur du vide, y compris en politique. Ils ont vécu pendant des siècles à l'abri du principe monarchique de la continuité dynastique sans éprouver le grand frisson des interrègnes, cette étrange impression de flottement mélangée de peur panique avec, au bout du compte, le sentiment de ne pas pouvoir deviner de quoi leur avenir sera fait. Jusqu'en 1789, la question ne se posait pas. Les rois ne mouraient jamais. Le mort saisissait le vif. Le roi était mort, vive le roi ! En devenant, à Versailles, le 20 juin 1789, leur propre souverain, ils n'avaient pas imaginé une seconde inaugurer une nouvelle ère de leur vie commune, celle des lacunes et des interstices. Car si leur souveraineté est censée ne jamais s'éteindre, il en va tout autrement du choix, plus problématique, de celui qui doit l'incarner. Celui qui, de souverain, est devenu leur premier magistrat, ou leur premier représentant, comme l'on voudra, peut se dérober, il peut aussi être tout bonnement déposé. De pareils moments ont déjà existé à Paris. Le 20 juin 1791, lorsque les habitants de la capitale se sont réveillés sans roi avant que ce dernier ne soit rattrapé à Varennes. Le 10 août 1792, lorsque Louis XVI s'est retrouvé prisonnier de l'Assemblée législative après la prise des Tuileries. Les 9 et 10 novembre 1799, après la démission forcée d'une partie du Directoire. Dans les premiers jours d'avril 1814, alors qu'entre un Napoléon Ier déchu et son successeur, le roi Louis XVIII tout juste rappelé par le Sénat, la capitale occupée par les armées alliées vécut dans une demi-panique plusieurs jours de vacance du pouvoir. Ces moments ont beau avoir déjà existé, ils n'en paraissent pas moins toujours aussi inquiétants et aveugles, chaque fois que la rationalité politique, si peu rassurante soit-elle, le cède à ce qu'on appelait à l'époque, et faute de mieux, la « divine providence ».

Le 20 mars 1815 est, à Paris, l'un de ces jours étonnants. On en fera plus tard une journée « révolutionnaire », on spéculera à l'infini, d'un parti à l'autre, des bonapartistes aux royalistes, sur la nature de l'événement qui s'y déroula : coup d'État, complot, *pronunciamiento* militaire, révolte populaire ou mutinerie armée. Sur le moment, ce sont comme toujours les sentiments les plus simples qui l'emportent : la peur, les espoirs fous, la stupeur, l'abattement. Ce 20 mars au matin, Paris, et donc la France – centralisme oblige – qui ne le sait pas encore tout à fait, n'ont plus de gouvernement. Louis XVIII, rappelé au pouvoir depuis moins de un an, vient de quitter sa capitale, la nuit précédente, avec sa famille et une partie de sa cour. Les Tuileries sont vides... pour quelques heures. Napoléon, à peine débarqué sans crier gare, le 1er mars, de l'île d'Elbe, sur les côtes de Provence, va s'y réinstaller dans la soirée. Le premier est un héritier, le propre frère de Louis XVI guillotiné en janvier 1793. Il règne, par-dessus la Révolution, après vingt-cinq ans d'exil et d'errance, au nom des droits dynastiques et historiques de sa famille, la branche aînée des Bourbons dont le grand ancêtre n'est autre qu'Henri IV. Le second est un fondateur, le fils de ses œuvres et de la Révolution, mais un fondateur déchu contraint d'abdiquer sa couronne et devenu depuis un an, en vertu des traités, le roitelet d'une petite île sauvage de la Méditerranée. D'un côté, un Empire qui n'existe plus, de l'autre une Restauration tout juste restaurée.

Quitte à ne pas faire mentir la phrase du cardinal de Retz : « On ne sort de l'ambiguïté qu'à son détriment », les humeurs parisiennes sont, ce lundi matin 20 mars 1815, lendemain du dimanche des Rameaux, à l'image des deux éléments qui les ont toujours influencées : le temps et les cours de la Bourse. L'un des tout premiers Parisiens à se réveiller ce jour-là est un certain Alexis Bouvard. Ce membre du Bureau des longitudes, futur académicien des sciences, « qui cessa de calculer lorsqu'il cessa de vivre », habite l'Observatoire de Paris depuis plus de vingt ans. Tous les jours, à six heures du matin, il relève et note scrupuleusement sur un grand cahier ce qu'il appelle « l'état de l'air et autres remarques ». Dans ses cahiers toujours conservés sur place, on peut encore lire à la date du 20 mars ces observations peu réjouissantes : à six heures : « 10°, pluie fine, brouillard, vent d'ouest » ; à huit heures : « 10°, couvert, brumeux, vent d'ouest » ; à neuf heures et demie du soir : « 10,2°, couvert, vent du sud[1] ». Les cours de la rente ne sont pas plus réjouissants. Si l'on s'en rapporte au *Moniteur universel*, le 5 % consolidé, qui était le 4 mars à 81,40 francs, dégringole jusqu'à 66,75 francs le 18 mars, le pair étant à 100 francs. La Bourse donne comme toujours la mesure exacte des rapports de la confiance à l'inquiétude, de la stabilité politique au chaos. Dans la foulée, le publiciste royaliste Joseph Michaud en rajoutera plus tard en faisant du temple de l'argent, alors situé dans l'une des galeries du Palais-Royal, l'allié du régime de son cœur auquel il prête sans sourciller les vertus toujours appréciées de la modération et de la prévoyance. « Quelqu'un a dit, écrit-il, qu'il y avait dans la plus petite pièce d'or plus de sagesse, plus de sagacité, plus de finesse, plus de prévoyance que dans la tête du plus grand des ministres[2]. »

Pourtant à en croire les quelques observateurs qui ont noté leurs impressions ce matin-là, rien ne laisse préjuger d'une quelconque agitation ou même de vagues débordements. Paris compte 548 000 habitants en 1815[3]. La situation économique, détestable dans les mois qui ont suivi la chute de l'Empire et la reprise très concurrentielle des relations commerciales avec l'Angleterre, se redresse lentement mais sûrement. L'industrie du luxe, le bâtiment reprennent. Les grandes manufactures de l'Est parisien – les quartiers de Popincourt, du faubourg Saint-Antoine où se trouvent, rue de Charonne, les ateliers textiles de Richard-Lenoir qui emploient plus de mille personnes[4], celui des Quinze-Vingts – font à nouveau le plein d'ouvriers. La grande crise économique de 1810-1813 avec son lot de faillites et de chômage – un ouvrier parisien sur trois n'avait pas de travail en 1813[5] – appartient au passé. Le nombre des jours travaillés au cours des trois premiers mois de 1815 est en nette augmentation par rapport à ceux des trois premiers mois de l'année précédente. Le prix des denrées courantes est stable, celui de la journée de travail – 2,50 francs pour un ouvrier du coton, 4,50 francs pour un ouvrier du bâtiment – en légère augmentation[1]. « Toutes les classes d'artisans, lit-on dans un rapport de police du 6 mars, constamment et utilement employées, présentent l'aspect de la satisfaction et de la tranquillité. On remarque que la presque totalité de la population reste sourde et calme aux insinuations[2]. » Le Suisse, historien et critique littéraire, Sismonde de Sismondi, qui se promène dans ces quartiers-là, tôt dans la matinée du 20, note brièvement dans une lettre à sa mère restée en Toscane que « chacun vaquait à ses affaires. On parlait peu, on avait l'air soucieux. Je me suis promené dans les quartiers les plus populeux de la ville, je n'y ai entendu qu'un seul cri de : "Vive Napoléon !" auquel tout le monde semblait avoir peur de répondre[3]. » Mais rares sont ceux qui, ce matin-là, se sont donné la peine de noter l'atmosphère de la ville dans leur journal ou dans une lettre, ni non plus à se risquer dans les quartiers les plus nauséeux de Paris comme celui du faubourg Saint-Marcel, au sud de la Seine, où s'entassent des milliers de tanneurs, peaussiers et blanchisseurs. L'air qu'ils respirent n'est pas celui des faubourgs mais celui des beaux quartiers du centre. Et cet air-là est éminemment politique. Les partisans de Napoléon insistent presque tous sur le calme serein qui régnait dans les rues de Paris. Ceux des Bourbons font du silence presque palpable de cette « journée particulière » celui d'un jour de deuil. Le publiciste royaliste La Martelière, qui par ailleurs compare non sans intentions politiques la « consternation » et la « stupeur » des bourgeois de Paris à celles qu'ils auraient éprouvées vingt ans plus tôt, un certain 21 janvier 1793, jour de l'exécution de Louis XVI, trouve « sinistre » ce silence assourdissant du 20 mars 1815[4]. Avec Victor de Broglie, fils d'un autre guillotiné de 1794, il devient carrément « lugubre ». Victor de Broglie, jeune pair de France qui appartient aux élites libérales de la capitale, décrit les « places publiques désertes, les cafés, les lieux de réunion à demi fermés » et dit n'avoir rencontré que de rares passants, l'air triste et préoccupé, s'évitant dans les rues, et quelques militaires attardés[5]. Les boutiques sont fermées, les cafés à peine ouverts. Seuls les échoppes et les étalages des marchands d'estampes, autour du Palais-Royal et rue Saint-Jacques, chez Martinet, chez Basset, exposent comme chaque jour leurs lots de caricatures consacrées à la vindicte de l'Ogre corse, au grand scandale des officiers de l'ancienne armée. On y voit encore « Buonaparte au bain » emplissant sa baignoire du sang des Français ou « le Minotaure corse » avalant des conscrits par la bouche et déjectant par le cul les princes couronnés de sa famille [1]. La violence politique ne s'entend pas, ce matin-là, elle se regarde. Dans quelques jours, elle se retournera contre le roi et sa famille. Les crieurs publics ne crient pas, les marchands ambulants sont moins nombreux que d'habitude. « C'était, écrit une promeneuse de "condition", au cœur royaliste, une de ces journées froides et tristes comme le printemps de Paris en donne souvent. Ce ciel gris et sombre convenait à ma disposition. Il convenait aussi, à ce qu'il me semble, à celle des Parisiens, car il n'y avait dans la ville aucun cri de joie ni empressement. On ne voyait dans les rues, ni autour des Tuileries, ni plus ni moins de monde qu'à l'ordinaire. La curiosité naturelle aux Parisiens ne paraissait pas même excitée [2]. »

2.

Le Moniteur du 20 mars

À ce moment de la journée, ni les uns ni les autres ne savent encore ce qui s'est véritablement passé aux Tuileries, la nuit précédente. La nouvelle n'est pas encore officielle. *Le Moniteur universel*, l'organe du gouvernement, ne sera distribué et lu dans les lieux publics et dans les cafés qu'à la fin de la matinée. Le roi y annonce explicitement son départ forcé par « la défection d'une partie de la force armée qui avait juré de [me] défendre » mais se garde bien de dire où il se rend. « Nous irons plus loin rassembler des forces et chercher sur un autre point du royaume non pas des sujets plus aimants et plus fidèles que nos bons Parisiens, mais des Français plus avantageusement placés pour se déclarer pour la bonne cause. » Cette proclamation prudente, par ailleurs affichée sur tous les murs de Paris, avait bien failli ne jamais voir le jour. Dans l'entourage du roi, on la trouvait trop conciliante. Elle prêche en effet indirectement la soumission aux Parisiens alors que certains parmi ceux que Fouché appelle déjà les ultras – de ceux qui n'ont « rien appris » de la Révolution et « rien oublié » de l'Ancien Régime, selon le mot du publiciste Montgaillard[1] – auraient de loin préféré la guerre civile. Sauvo, le directeur du journal depuis vingt ans, blanchi au service de tous les régimes, avait passé la nuit à courir de ministère en ministère pour obtenir l'ordre de son insertion dans *Le Moniteur*. Personne ne voulait en prendre la responsabilité. Il finira par aboutir au Luxembourg chez le chancelier de France, ministre de la Justice du roi, le vieux Charles Henry Dambray. C'est précisément lui qui l'avait rédigé la veille au soir. Dambray est le type même de ce que Vitrolles appelle

« l'ancienne magistrature » en souliers à boucles et perruque poudrée. Cet avocat général à la cour des aides de Paris avait été appelé au ministère parce qu'il était le gendre de Barentin, le dernier garde des Sceaux de Louis XVI. Louis XVIII tient par-dessus tout à ces continuités familiales à son service. Elles sont sa manière à lui de signifier la légitimité historique de sa propre famille sur le trône de France. Retiré de la vie publique à la fin du Directoire, le chevalier Dambray paraît avoir un peu oublié que la Révolution a eu lieu. Il tient aux vieux usages et aux vieilles coutumes des anciens parlements et voulait à toute force appeler la Charte constitutionnelle promulguée par le roi en juin de l'année précédente une « ordonnance de réformation ». Pasquier, qui lui succédera plus tard à la chancellerie mais appartient au personnel de l'Empire dit de lui, non sans humour, qu'il avait apporté au ministère « de la meilleure foi du monde, et même avec une sorte de naïveté, toutes les opinions de l'Ancien Régime. Il fallait, disait-il, se hâter d'y retourner, parce que, à ses yeux, c'était le seul ordre naturel et logique ». Assez conciliant au fond, le chancelier vit dans un autre monde. Les révolutions qui se succèdent depuis vingt-cinq ans ne semblent plus le toucher. Après le départ du roi, la veille au soir, il a tout bonnement décidé de rentrer chez lui et d'aller se coucher. Sauvo, qui raconte l'anecdote à Lavalette, un proche de Napoléon, aura le plus grand mal à le faire réveiller. Il passera ensuite une bonne heure à attendre que son valet de chambre prépare et habille « Son Excellence ». La suite est encore plus savoureuse. Alors que la proclamation royale du 19 mars n'est qu'un aveu d'impuissance et presque un acte d'abdication royale, Dambray, qui visiblement semble avoir voulu faire passer sa vanité d'auteur ou son inconscience politique devant le tragique de la situation, alors que tout s'effondre autour de lui, se contente de relire lentement son texte « avec des pauses et des inflexions de voix qui démontraient toute sa tendresse pour ce chef-d'œuvre ». « Voilà, dit-il, un des morceaux que j'ai le moins travaillés, et, j'ose le dire, un de ceux qui feront le plus de sensation. » Puis, se tournant vers Sauvo : « Oui, vous pouvez imprimer. » Et, tout à sa satisfaction, le chancelier de France pour quelques heures encore alla se recoucher, sans autre forme de procès. « L'anecdote, commente encore Lavalette, peint admirablement ces hommes qui, à cette époque, avaient une si funeste influence sur les affaires[1]. »

Mais avant même que le directeur du *Moniteur* ait eu le temps d'imprimer le numéro du jour de son journal, non sans une certaine fébrilité si l'on en juge par les nombreuses et inhabituelles coquilles typographiques qui s'y trouvent, de nombreux Parisiens avaient déjà appris, dans le courant de la matinée, la grande nouvelle.

Les détails et les symboles en disent souvent plus long que tous les discours du monde. Le roi part avec ses couleurs, le blanc et l'or de l'Ancien Régime, Napoléon arrivera bientôt avec les siennes, le rouge, le blanc et le bleu, ou l'inverse – l'ordre définitif des couleurs que nous connaissons aujourd'hui ne sera fixé qu'en février 1848 –, qui sont aussi celles de la Révolution. Ce signe des couleurs ne trompe pas. Il est difficile d'en mesurer l'importance aujourd'hui. Tout le monde à l'époque portait une cocarde ou des rubans à son chapeau. Dans les premiers jours de la Restauration, en avril 1814, Talleyrand avait malicieusement qualifié ce petit morceau d'étoffe ronde, de dimensions variables en fonction du degré de conviction de son propriétaire, de « fragment du drapeau national ». Sous la Révolution et l'Empire, elle était bleu, rouge et blanc en son centre. Aux yeux des royalistes purs, la soumission de Louis XVI à l'Hôtel de Ville, le 17 juillet 1789, aux couleurs de Paris (et de la livrée du duc d'Orléans, le futur régicide !) – le bleu et le rouge – qui venaient de devenir avec la prise de la Bastille les couleurs de la révolte, avait eu des allures d'humiliation, pour ne pas dire d'abdication. La Fayette, qui commandait alors les milices urbaines de la capitale, eut l'idée, les jours suivants, d'y ajouter le blanc monarchique en signe de réconciliation entre le roi et la nation. Mais cela ne changeait rien à l'affaire. On en resta là et les différentes assemblées qui se succédèrent sous la Révolution ne légiférèrent que très peu sur le drapeau national[2]. À la fête de la Fédération du 14 juillet 1790, il était matérialisé par trois flammes horizontales blanche, rouge et bleue (de haut en bas). Lorsqu'en pleine décadence impériale la municipalité de Bordeaux se déclara la première pour les Bourbons, le 12 mars 1814, elle le fit en arborant les « antiques couleurs » – comme l'on disait alors – de la monarchie : le drapeau blanc, parfois frappé de trois fleurs de lys d'or, et la cocarde blanche. Un mois plus tard, le 12 avril 1814, le comte d'Artois, frère cadet de Louis Stanislas Xavier – le futur Louis XVIII – appelé à régner par le Sénat impérial à la place de Napoléon, faisait le premier son entrée dans Paris, avec ces mêmes couleurs blanches. Dès lors, la messe était dite. Le gouvernement provisoire de l'époque, présidé par Talleyrand, s'était incliné, un peu rapidement peut-être, en arrêtant le lendemain 13 avril que le drapeau blanc et la cocarde blanche remplaceraient désormais le pavillon et la cocarde tricolores. Il y eut sans doute du marchandage dans cette décision. On cédait sur les couleurs pour mieux défendre une Constitution sénatoriale tout juste publiée, auprès d'un roi qui ne l'avait pas encore acceptée. L'enjeu était de taille puisqu'il y était question non seulement de la soumission du futur souverain à la nation qui l'instaurait, mais aussi du maintien des principaux acquis politiques et sociaux de la Révolution comme de l'affirmation des « droits » des Français dont il n'avait plus été question depuis la Constitution de l'an III, en 1795. Dès lors, les autorités civiles et militaires héritées de l'Empire cédèrent, plus ou moins à contrecœur. Il y eut de nombreuses spéculations dans les mois qui suivirent, sur la pertinence de cette décision. D'une certaine manière, elle mettait au jour les contradictions profondes du nouveau régime qui acceptait la Révolution sans pour autant en prendre les couleurs dès lors rendues à leur signification première de juillet 1789 – la révolte contre l'autorité absolue du monarque. D'un côté comme de l'autre, on voudra faire des couleurs – le blanc ou le tricolore – les véritables « couleurs nationales », « par le choix, par l'usage et par la victoire[1] ». Il y aura même des auteurs qui chercheront des compromis en proposant de ne conserver que le blanc et le bleu, symboles de la pureté et de la constance dans la « mobilité perpétuelle » de ces temps incertains, d'autres qui se donneront un mal infini pour prouver historiquement que le bleu et le rouge étaient aussi, comme le blanc, les « antiques couleurs » de la monarchie. Les Français ont toujours accordé plus d'importance à la forme qu'au fond. Les couleurs vont devenir avec le retour de Napoléon à la fois le signe de ralliement des partis en présence, celui de leur affrontement et, plus largement, la marque tangible et visible de la versatilité française. Parmi les gardes nationaux parisiens de service le 20 mars, on en verra certains enlever au moment opportun le morceau de percale blanche plissée qui cachait les trois couleurs conservées de la cocarde cousue sur leur bonnet de police [1]. La plupart des anciens grognards de la garnison de Paris ont précieusement conservé leur vieille cocarde tricolore dans leur giberne et la sortent en signe de ralliement à Napoléon. Belle occasion pour les étrangers de se moquer par la suite de ces continuelles variations françaises, tel cet officier autrichien en garnison à Auxerre qui se fera commander en août, chez un chapelier de la ville, un bicorne orné d'un côté d'une cocarde blanche et de l'autre d'une cocarde tricolore [2].

Si la cocarde est irremplaçable, elle peut donc se remplacer. C'est grâce à elle que certains Parisiens se rendront compte, dans le courant de la matinée du 20, de la gravité de la situation. La duchesse de Saint-Leu, l'ex-reine Hortense et fille de Joséphine, raconte dans ses Mémoires que c'est en ne voyant plus, par sa fenêtre, l'un de ses voisins de la rue d'Artois où elle habite, dans le faubourg Saint-Honoré, porter « l'énorme ruban blanc que j'avais remarqué à sa boutonnière » qu'elle aurait été avertie du départ du roi [3]. L'apparition encore timide du tricolore autour des Tuileries provoque des réactions diverses. Alors qu'il se rend au Carrousel, « quartier général des flâneurs depuis quinze jours », pour avoir des nouvelles, un jeune élève de Louis-le-Grand, très bonapartiste, évoque ainsi sa première émotion de la journée : « Je cheminais rapidement, regardant à droite et à gauche, comme pour m'assurer des suites de la bataille sur la physionomie de la capitale. Au bout du Pont-Neuf, je voyais s'avancer, au grand trot, un cabriolet bourgeois ; je me détourne pour le laisser passer, et mon cœur est frappé d'une véritable commotion électrique ; le domestique monté derrière la voiture portait à son chapeau une touffe de rubans tricolores. C'en était fait ! Je venais de voir, dans ces trois rubans, briller le premier rayon du 20 mars [4]. » La bataille des couleurs ne faisait que commencer.

3.

Un palais vide peuplé de fantômes

Si Paris est encore calme, les abords des Tuileries, épicentre du pouvoir, le sont de moins en moins à la fin de la matinée. Les jardins s'animent peu à peu. On s'informe, on crie : « Vive le roi ! » La plupart des badauds, boutiquiers et bourgeois portent la cocarde blanche à leur chapeau. Alexandre de Laborde, qui appartient à la 11e légion de la Garde nationale chargée de la surveillance du château, note, avec d'autres, que, vers onze heures du matin, quelques officiers bonapartistes portant la cocarde tricolore, surgissant à l'improviste depuis la place du Carrousel, auront beaucoup de mal à se sortir des fureurs de la foule qui voulait les obliger à quitter leurs couleurs. Ils seront sauvés de justesse par une patrouille de gardes nationaux qui les conduiront au corps de garde, à l'abri des grilles du château [1].

Au-delà des jardins, le château des Tuileries, qui les domine de sa grande terrasse, a toutes les apparences du palais de la Belle au bois dormant. La bâtisse des bords de la Seine qui finira par disparaître dans les flammes de la Commune en mai 1871 s'est transformée une fois de plus en un lieu de pouvoir sans pouvoir, une coquille vide, hantée de ses seuls souvenirs et de ses fantômes. Les gens du roi errent dans les appartements. L'atmosphère est crépusculaire. Les escaliers sont déserts, la grande galerie du premier étage qui donne sur les jardins et qu'a empruntée le roi, la veille, pour se rendre à la messe, est vide. Un sergent de la Garde nationale chargé de l'un des postes intérieurs du château parle de « l'incroyable tristesse qu'inspire la vue d'un palais abandonné [1] ». « Tout, en effet, était désert », ajoute-t-il. Pas tout à fait, cependant. La précipitation avec laquelle la cour est partie dans la nuit en a surpris plus d'un. Quelques serviteurs, faute d'avoir été prévenus, se sont réveillés sans maître. Et ils sont plus nombreux qu'on ne le pense. La position de certains tient tout à la fois du vaudeville et du tragi-comique. L'abbé Rocher, le confesseur du roi, que l'on avait pourtant fait chercher la veille au soir sans le trouver, restera caché, terrorisé, au deuxième étage du château – qui est vaste – jusqu'au 29 mars, avant de s'enfuir vers Dieppe [2]. M. de Chamilly, premier valet de chambre du roi, M. de Riquebourg, le contrôleur de la bouche, sauvent ce qui peut l'être dans les appartements du roi, au premier étage, du côté du pavillon de Flore. Quelques valets en livrée décrochent et emportent les portraits des membres de la famille royale, comme les images défuntes des splendeurs anciennes. Il en restera, comme il en était resté de Napoléon et de sa famille en avril 1814, lorsque les Bourbons se réinstallèrent dans ce palais qu'ils avaient quitté le 10 août 1792. Ces années de la fin de l'Empire et du début de la Restauration sont des années d'escamotage et de faux-semblants, comme si le temps passait trop vite pour que les symboles d'un régime puissent s'accorder durablement avec sa réalité. Le soir du 20 mars, des dames de l'ancienne cour de Napoléon s'amuseront à découdre les fleurs de lys du grand tapis de la salle du trône et y retrouveront, soigneusement caché, le motif original des abeilles impériales. Partout ailleurs, les abeilles et les aigles sont encore là. Les Bourbons ne s'étaient même pas donné la peine – ou n'avaient pas eu le temps – de les faire enlever. Cela n'avait coûté qu'un bon mot au roi. Celui-ci, à qui on avait fait remarquer, quelques semaines plus tôt, les aigles sur un tapis, aurait répondu malicieusement : « Il y a plaisir à marcher là-dessus [3]. » On découvrira encore ce soir-là de nombreux papiers chez le ministre de la Maison et favori du roi, le comte de Blacas. Le roi lui-même a laissé dans son cabinet ses effets usuels et des écrits de sa main. Napoléon se servira, comme on le verra, des pièces diplomatiques les plus compromettantes et les fera publier au *Moniteur*. Il confiera le reste pour examen à une commission du Conseil d'État... qui n'aura pas le temps d'achever son travail ! On sait par le jeune Jean-Jacques Coulmann, dont la sœur était la veuve du général

Walther, tué à la bataille de Leipzig, qu'il se trouvait dans ces papiers épars des Tuileries de nombreuses lettres privées interceptées ou envoyées à des membres de la cour. Parmi elles, celle d'une dame autrefois comblée des bienfaits de Napoléon, adressée à une amie, donne bien le ton des espoirs bientôt déçus comme des blessures de vanité provoquées par le retour des Bourbons : « Enfin, ma chère, nous allons être de vraies comtesses[1] ! » On retrouvera encore ici et là des projets de loi, des projets de traité, des billets plus ou moins politiques... et de l'argent. Hüe, le contrôleur de la cassette privée du roi, a oublié chez lui 14 000 francs. Les caves du palais sont également pleines de l'or du trésor de la liste civile et du domaine extraordinaire qu'on n'a pu enlever qu'en partie l'avant-veille. Le comte de Pradel, intendant de la maison du roi, avait la veille remis à Jacques Laffitte, le banquier de tous les régimes, un bon du roi d'une valeur de deux millions sur Vienne qu'il devait se charger de faire passer en Angleterre, par lettres de crédit. Seulement, les Anglais ne paieront que si Laffitte est lui-même payé. Lorsque ses fourgons se présentent dans la cour du Carrousel pour enlever des caves du château l'équivalent de cette somme en argent, la foule crie au pillage et la Garde nationale s'y oppose. Le trésor des Tuileries n'appartient plus à l'un ou à l'autre, il appartient à la nation. Les fourgons repartent à vide[2]. Les gens de l'archevêque de Reims, le grand aumônier du roi et l'oncle de Talleyrand, auront plus de chance. Ils parviendront à vider sa cave et à emporter sans être arrêtés l'intégralité de son vin.

À la fin de la matinée, la confusion est de plus en plus grande et les esprits s'échauffent. Les « Vive le roi ! » s'épuisent du côté des jardins. Ils cesseront tout à fait vers quatre heures de l'après-midi. C'est que les convictions politiques n'ont jamais fait bon ménage avec la peur qui finit par l'emporter. En revanche, du côté du Carrousel, on crie de plus en plus fort : « Vive l'empereur ! », mais aussi et plus significativement : « À bas la calotte ! À bas la Garde nationale ! » « Nous étions assaillis, écrit un garde national de faction dans la cour des Tuileries, par les cris bruyants d'une multitude vraiment effrénée, grimpée sur les grilles, cherchant à les escalader, les pressant avec une force telle qu'en plusieurs endroits elles fléchirent au point de faire croire qu'elles ne fussent renversées[3]. » C'est ce moment précis que choisit le vieux marquis de Forbin-Janson, le père du très royaliste préfet des Bouches-du-Rhône, pour faire sa cour au roi qu'il croyait encore à Paris. Arrivé en voiture dans la cour du Carrousel, content de lui, poudré de frais, revêtu de l'uniforme de colonel du 8e escadron des volontaires royaux, la poitrine ornée de la croix de Saint-Louis, il manquera de peu de ne jamais en repartir. Assailli et injurié, sa voiture sera suivie par la « populace » jusque dans la rue Saint-Honoré. La farce et les quiproquos forment souvent l'envers des événements les plus tragiques[1]. La foule surexcitée allait pénétrer dans les cours, malgré la Garde nationale de plus en plus débordée qui en défendait les entrées, lorsque, au même moment, le feu se mit dans l'une des cheminées des appartements du grand aumônier où des serviteurs zélés brûlaient sans doute trop vite les papiers qu'ils trouvaient. Dehors, on crie au complot, on croit le château miné. Les valets qui sortent des cours et emportent précipitamment ce qu'ils peuvent sont pris à partie : « Où est le gros papa et ses camarades ? » D'autres répondent en grimaçant : « Riez bien, demain, vous pleurerez des larmes de sang. »[2]. Dans le désordre qui s'installe, Auger, l'adjudant du château, Pierre-François Fontaine, son architecte, passé comme beaucoup du service de l'empereur à celui du roi puis à nouveau au service de l'empereur, et d'Albignac, major des gardes du corps, décident de prendre les mesures qui s'imposent. « Il pouvait arriver, écrit Fontaine dans son Journal, que, sous prétexte de s'opposer au démeublement du château, ou de s'assurer qu'il n'était pas miné, la canaille ne s'introduisit dans les appartements et ne se mit à piller[3]. »

Les souvenirs du 10 août sont suffisamment proches pour terroriser tout le monde et la « canaille » n'a pas changé de visage, des débuts de la Révolution à ceux de la Restauration. Pour les autorités de ce pouvoir vide du 20 mars 1815, le peuple n'est ni royaliste ni bonapartiste, il est simplement dangereux et imprévisible. Instinctif et aveugle, il ne raisonne pas. Confronté à la même situation, le baron de Barante, préfet de Nantes, parlait déjà en avril 1814 de ce « gros tigre de peuple ». « C'est une sotte et vilaine chose que le peuple », écrivait-il dans une lettre à son père[4]. Aux Tuileries, personne ne cherche à savoir ce qu'est au juste cette foule menaçante. Il n'y a pas un protagoniste présent ce jour-là pour la décrire. L'auteur du très royaliste *Bulletin de*

Paris, qui rapporte ces événements, parle seulement « de la plus vile population des faubourgs Saint-Antoine et Saint-Marceau » sans autre forme de détails, sinon qu'il lui aurait été distribué « une grande quantité de vin et d'argent[1] ». Non seulement le peuple n'est pas maître de lui-même, mais il est toujours manipulé par des agents extérieurs. Lorsqu'on s'intéresse un peu à lui, c'est pour déplorer qu'il ait été perverti par la Révolution. Le duc de Richelieu, revenu d'émigration en 1814, après avoir quitté son pays en 1787, en avertit l'un de ses amis resté en Russie : « Le caractère national est entièrement dénaturé. Le peuple a pris des manières rudes, grossières, qu'il n'a jamais eues. Ses sentiments religieux sont on ne saurait plus faibles et plus rares. Vous seriez étonné si je vous contais les détails que je vois tous les jours[2]. » On est loin des bonnes nourrices et des paysans idéalisés des tableaux de Chardin ou de Greuze d'avant la Révolution. Les « basses classes du peuple », la « tourbe du peuple », la « populace », comme l'on disait à l'époque, se situent toujours dans un au-delà politique et social qui relève de l'incompréhensible. « Le peuple, note presque le même jour Maine de Biran, le questeur de la Chambre des députés, dans son Journal, est une collection d'individus ignorants et passionnés, qui n'agissent jamais que poussés par un sentiment aveugle. Quand le peuple agit, il est fort et tout-puissant. Mais il manque de sagesse et de raison ; quand la sagesse domine, la force et la puissance manquent[3]. » Les « journées » révolutionnaires sont passées par là avec leur lot de « tricoteuses » et de « sans-culottes ». Tout le siècle à venir sera celui de la hantise de ces « classes laborieuses » de plus en plus éduquées et politisées, assimilées par les possédants, sans autre forme de procès, aux « classes dangereuses ». Mais il n'est pas encore question de « classes » en 1815. Il n'est pas non plus question du « bonheur du peuple ».

4.

Le « service neutre »

Aux Tuileries, dans l'après-midi du 20 mars, les autorités encore en place commencent à avoir très peur. Elles ne sont pas les seules. À l'Hôtel de Ville, le préfet de la Seine comte de Chabrol, décidé à rester coûte que coûte dans la capitale afin d'y maintenir un semblant d'ordre, est persuadé qu'on le fera fusiller avant que le jour ne se couche. « L'interrègne de vingt heures qui s'est passé entre la fuite de Louis XVIII et la prise de possession de Napoléon, écrit l'architecte Fontaine, a été plus inquiétant, peut-être, que celui des onze jours (du 31 mars au 12 avril 1814) pendant lesquels, l'année dernière, on a attendu l'arrivée de Monsieur le comte d'Artois. »

On décide donc de repousser la foule par la force et « de ne rien laisser sortir que sur des visas du concierge ». Vers une heure de l'après-midi, la garde montante composée de détachements des 1re, 2e, 3e et 4e légions vient en renfort des détachements des 7e, 8e, 11e et 12e légions et se range en bataille, sous les armes, vis-à-vis des grilles qui séparent les cours du château de la place du Carrousel.

La Garde nationale avait été érigée peu de temps après le retour du roi, l'année précédente, en une sorte de force citoyenne abonnée au nouveau régime de la Restauration. Le roi la soigne, lui réserve pendant quelques mois la garde exclusive de son château et nomme symboliquement à sa tête son frère qui avait fait son entrée dans Paris, le 12 avril 1814, revêtu de l'uniforme des anciennes milices citoyennes de 1789. Paradoxe de l'histoire : le comte d'Artois, qui en juillet 1789 avait quitté la France pour protester contre l'organisation des gardes nationales nées spontanément à la suite de la prise de la Bastille sous l'autorité de La Fayette, prenait symboliquement la succession de ce dernier. Mais depuis sa remise en activité par Napoléon en janvier 1814 pour la défense de Paris, la Garde nationale n'a plus l'indépendance de ses premières années. Ses officiers sont nommés par le ministère de l'Intérieur et étroitement contrôlés. Telle quelle avec ses presque douze mille recrues parisiennes en uniforme, elle est censée personnifier les liens qui unissent les Bourbons restaurés à la nation. Son nouveau chef d'état-major, le général Dessolle, qui avait servi sous l'Empire, la qualifiait à l'époque de sa réorganisation de « force publique composée de propriétaires » – on parlera aussi de « refuge des honnêtes gens » – et la voulait capable « de donner à la nation, dans les moments de crise, le droit d'exercer sur elle-même une influence qui ne puisse jamais devenir oppressive [1] ». On ne confie pas de telles responsabilités à n'importe qui. La nation, dans l'esprit de Dessolle, se résume à la seule France propriétaire et censitaire, capable de faire respecter l'ordre. On n'entre pas comme cela dans les douze légions de la Garde qui correspondent aux douze arrondissements de la capitale. Il en coûte environ 250 francs pour un simple grenadier ou un chasseur qui voudrait s'équiper. Les six cents hommes du poste des Tuileries qui se renouvellent toutes les vingt-quatre heures et dont le quartier général est installé au pavillon de Flore dans le vestibule et la salle à manger des appartements de la duchesse d'Angoulême, nièce du roi, appartiennent à la boutique et au négoce parisiens. Leurs chefs sont de grands, voire de très grands bourgeois, de hauts fonctionnaires, sinon des membres de l'ancienne noblesse. Alexandre de Laborde, l'adjudant-major du poste des Tuileries nommé le 16 mars, est le fils de l'ancien et très riche banquier de cour, Jean-Joseph, guillotiné en 1793. Il est maître des requêtes au Conseil d'État et a été le directeur du service des ponts et chaussées du département de la Seine à la fin de l'Empire. Aclocque, qui commande la 11e légion et est également présent ce jour-là, est un riche brasseur et vinaigrier du Quartier latin. Les capitaines des compagnies de la 12e légion sont un M. de La Galisserie, chef de division aux ponts et chaussées, et M. Thouin, un prospère entrepreneur en bâtiment. L'historien socialiste Louis Blanc appellera cela, vingt ans plus tard, avec un certain mépris, « la partie carthaginoise » du peuple parisien. Il en est de même des simples grenadiers de la Garde qui ont été minutieusement choisis par leurs chefs. On s'inquiétait la veille, dans l'entourage du roi, de la présence de compagnies appartenant à la 8e légion, celle du populaire et turbulent faubourg Saint-Antoine. Réponse de l'adjudant-commandant : « Nous ne savons pas ce que c'est que le faubourg Saint-Antoine dans la Garde nationale ; il y a ici un détachement de la 8e légion dont je vous réponds comme de tous les autres ; quelques personnes peuvent avoir d'anciennes obligations, d'anciens souvenirs ; mais aucune n'est capable de manquer à son devoir dans une circonstance aussi grave, et qui nous inspire à tous autant d'intérêt[1]. »

Reste à savoir ce que les chefs de la Garde nationale entendent ce jour-là lorsqu'ils parlent de « devoir ». Laborde a laissé un savoureux récit de ses quarante-huit heures passées aux Tuileries du 19 au 20 mars 1815. Bien sûr, il raconte, il donne des détails auxquels nous empruntons parfois, mais il cherche surtout à se justifier – pourquoi est-il resté à Paris, contrairement à d'autres qui sont partis avec le roi ? – en faisant de son petit livre une sorte de manuel de survie à l'usage de ceux qui préfèrent la continuité à l'abandon de poste, et cultivent l'art des transitions entre deux régimes qui se succèdent. L'apparence même du garde national plaide dans ce sens. Il porte l'uniforme tricolore : culotte blanche et veste bleue à revers blancs et retroussis rouges, mais il arbore aussi la cocarde blanche et parfois l'ordre du lys qui avait été créé l'année précédente en signe de fidélité à la branche aînée des Bourbons. Le comte de Rémusat, un ancien chambellan de Napoléon, chef de bataillon de la très prospère 1re légion, celle du faubourg Saint-Honoré, explique ainsi sa décision de se rendre à la relève des Tuileries, à une heure de l'après-midi, avec la garde montante, alors qu'il sait pertinemment que le roi en est parti. Il avait eu à l'avènement de la Restauration une « certaine opinion » favorable, mais non une « certaine conduite » et n'avait jamais participé de façon significative au nouveau régime. On pouvait donc le considérer comme politiquement « indifférent ». « Cette garde montante, le lundi, commente encore son fils Charles, était pour lui une chose qui allait de soi, un "service neutre", une espèce de devoir usuel qui, par cette circonstance, pouvait prendre une utilité sociale. Il y aurait eu timidité, singularité, ostentation, hostilité ou mauvaise honte à y manquer[1]. » Le « service neutre » des Tuileries, ce 20 mars 1815, fera couler beaucoup d'encre et concrétisera dans les faits une philosophie du service rendu à la chose publique sur laquelle les grands esprits de la seconde moitié du XVIIIe siècle – à commencer par Helvétius – s'étaient déjà largement penchés. Le meilleur gouvernement se caractérise-t-il par la pratique de toutes les vertus, dans le sens de l'abnégation collective et du sacrifice, ou se construit-il dans un esprit libéral et – dirait-on – anglo-saxon, par la défense bien comprise des intérêts particuliers confondus avec celle des intérêts supérieurs de la nation[2] ?

Cet événement apparemment anodin de la garde d'un palais vide et menacé, épicentre du pouvoir d'État, par quelques commandants quinquagénaires et bourgeois qui tous ont traversé un quart de siècle de ruptures et de violences, incarne, met en scène et valide, à l'attention des générations futures, le principe de la survie politique par temps d'orage, quelque part entre le courage ordinaire et la préservation bien comprise des situations personnelles. Les élites bourgeoises, qui dans les représentations à venir seront toujours plus à l'aise dans la gestion de leurs intérêts particuliers que dans la défense des idées généreuses et universelles, vont rapidement incarner, « par définition », ces formes de comportement transactionnelles et compromettantes, jusqu'au paroxysme des années 1940-1945. La « haine du bourgeois » dont François Furet a si bien défini la nature, rapportée aux années de l'entre-deux-guerres, dans les premières pages de son *Passé d'une illusion*, n'a pas d'autre origine. Le grand bourgeois, volontiers « cumulard », « qui n'a qu'une obsession, ses intérêts, et qu'un symbole, l'argent », est incapable de porter les valeurs universelles de liberté, d'égalité et de fraternité. Aussi, « ce qui fait sa puissance sur la société explique aussi sa faiblesse sur les imaginations ». Cette haine naît un peu, ce jour-là, à l'occasion de ce service neutre, et pour ainsi dire « indifférent », d'un château vide symbolisant un pouvoir vide.

5.

On a pris les Tuileries !

La continuité du service, entre deux régimes, n'est cependant pas sans dangers. Peu après une heure de l'après-midi, raconte Alexandre de Laborde, les compagnies de la Garde nationale rangées en bataille devant les grilles des Tuileries vont entendre « un bruit affreux » du côté de la place du Carrousel. « À travers la foule du peuple, poursuit-il, on distinguait seulement les casques de quelques cuirassiers, des conducteurs de chariots, et une masse de sabres et d'épées nus qui s'agitaient en l'air. » Ce sont quelque trois cents officiers en demi-solde qui, venus de Saint-Denis où ils avaient été réunis par ordre du général Maison, commandant militaire de la division de Paris, pour la défense du roi, avaient tout simplement décidé, en apprenant le départ de ce dernier, de marcher sur Paris et de prendre les Tuileries pour le compte de Napoléon. Dans le jeu des représentations complexes qui se mettent en place ce jour-là, l'officier en demi-solde est le contre-type absolu de l'officier des gardes nationales. Lorsque l'un pense paix et ordre, l'autre rêve de revanche et de victoire. Les officiers en demi-solde sont les victimes directes et visibles de la nouvelle politique militaire et financière mise en place par le gouvernement de la première Restauration à partir de mai 1814. Les traités de paix après de longue périodes de guerre sont souvent des moments de trouble et de flottement pour les militaires. La paix de Paris, signée par Talleyrand avec les représentants de la sixième coalition européenne formée contre Napoléon en 1813, le 30 mai 1814, change la donne. D'une armée active et de conquête, on passe à une armée de temps de paix. On y passe d'autant plus rapidement que la donne financière change aussi considérablement sous la première Restauration avec l'arrivée aux Finances du baron Louis, un vieux complice de Talleyrand. Louis, négligé par Napoléon et « remisé » au Conseil d'État, arrive avec des principes budgétaires hérités de ses influences anglaises d'avant la Révolution sur le crédit et la dette publique. Pour reprendre une formule de Michel Bruguière qui a étudié en détail son budget de 1814, si Napoléon avait jusqu'alors l'habitude de régler ses dépenses sur les recettes possibles, le baron Louis cherche quant à lui, avec l'accord du roi, à aligner ses recettes sur les dépenses souhaitables[1]. Le strict équilibre budgétaire qu'il préconise et applique par sa loi de finances de décembre 1814 tient compte de l'arriéré de la dette laissé par l'Empire et vise à rassurer les très nombreux créanciers de l'État qui sont aussi et souvent d'anciens acquéreurs de biens nationaux. Dans l'esprit de l'ex-abbé, « l'État doit tout payer, y compris ses sottises ». Le paradoxe veut que l'honnêteté du gouvernement de la première Restauration – « une absence complète de démagogie[2] », écrit Bruguière –, qui tient à solder jusqu'aux erreurs financières de l'Empire, va se retourner contre le nouveau régime. L'honnêteté financière et l'habileté politique ne font pas toujours bon ménage. Le premier budget sacrifié est celui de la Guerre. En décembre il est ramené de 446 à 200 millions et passe de 53 à 38 % de la totalité des dépenses. Tout en restant et de loin le premier poste des dépenses, l'effort est considérable. Les effectifs de l'ancienne Grande Armée que le régime décide tout de même de conserver, ce que Napoléon qualifiera par la suite d'« erreur impardonnable », sont en conséquence réduits presque de moitié. On passe brutalement, par une ordonnance du 12 mai 1814, de 202 à 105 régiments de ligne et d'infanterie légère, de 98 à 57 régiments de cavalerie, de 18 à 12 régiments d'artillerie. Les quatre régiments à pied et les quatre régiments à cheval de la Vieille Garde sont conservés mais rebaptisés grenadiers de France, chasseurs, dragons, chevau-légers, cuirassiers de France, et envoyés à Metz, Nancy et Saint-Quentin. Leur solde est par ailleurs réduite de un tiers. L'épreuve est brutale, non pas tant pour les hommes de troupe déjà en partie dispersés par les désertions et les « absences sans permission » que pour les officiers, beaucoup trop nombreux pour l'armée qu'on entendait conserver, augmentés d'autant des officiers prisonniers, libérés dans les derniers mois de 1814, comme des officiers français qui servaient encore plus nombreux dans les armées « satellites » de Hollande, de Westphalie, d'Espagne et d'Italie [1]. Mis à la demi-solde, ces quelque douze mille officiers restent cependant sous la dépendance de l'autorité militaire. Ils sont renvoyés chez eux et, assignés à résidence, doivent comme les officiers en activité obtenir l'accord de leurs supérieurs pour se marier et peuvent êtres rappelés à tout moment en service actif, parfois pour quelques jours seulement. Dans l'intervalle, leur solde est diminuée de plus de moitié – d'où leur nom –, ce qui défavorise surtout les officiers de grade subalterne – du sous-lieutenant au capitaine – de loin les plus nombreux. Leur nouvelle solde, de 41 à 73 francs par mois, d'un sous-lieutenant à un capitaine d'infanterie, leur suffit à peine pour vivre. D'autant que l'arriéré de leurs derniers mois de service actif ne leur a souvent pas été payé par le régime précédent et que le suivant leur a fortement diminué une autre de leurs sources de revenus, celle des pensions allouées aux titulaires de la Légion d'honneur [2]. Lort de Sérignan, un garde du corps royaliste qui a rencontré certains de ces officiers à la demi-solde avant qu'ils ne reprennent l'uniforme, au Palais-Royal, dans les premiers jours de mars, en a merveilleusement décrit le type en forçant le trait par esprit d'opposition politique. Il les voit comme « des hommes de tous âges, portant les cheveux courts et les moustaches en croc, des éperons, des pantalons à sous-pieds tendus à outrance, une redingote démesurément longue et boutonnée jusqu'au menton, un chapeau étroit à la base et fort évasé du haut », souriant « d'un air protecteur » et prenant « des façons de matamore [3] ». Ces officiers-là ressemblent furieusement à ceux qui apparaissent furtivement dans l'une des séquences des merveilleux *Duellistes* de Ridley Scott, au fond d'un café enfumé d'une petite ville de province. Ils ont une apparence, mais aussi un état d'esprit : déclassement, déception, frustration. Ce sont ces mêmes hommes que l'on retrouve devant les Tuileries vers une heure de l'après-midi. Les cadres supérieurs de l'armée royale, à commencer par le maréchal Macdonald qui la commande en chef, les ont fait passer pour une bande de boit-sans-soif surexcités, ce qui n'était peut-être pas faux étant donné que tous avaient cette fois reçu leur solde pleine d'entrée en campagne, rapidement dépensée.

Rassemblés à Melun, puis à Villejuif et Saint-Denis, ces officiers ayant leur résidence à Paris, rappelés à l'activité par une ordonnance du 9 mars pour arrêter Napoléon qui arrive par le sud, et pour défendre le roi – ce qui ne manquait tout de même pas de maladresse et d'imprévoyance de la part du gouvernement étant donné leur hostilité sourde et leur opposition de principe au nouveau régime des Bourbons –, ont tout simplement trahi la confiance de leur chef et manqué à la discipline militaire. Ils n'étaient pas les seuls, mais, étant donné leur position subalterne par rapport au reste de l'armée, cela leur sera d'autant moins pardonné. Tôt le matin du 20 mars, sur la place principale de Saint-Denis et dans les cafés alentour, désœuvrés et laissés sans ordres, ils décident en apprenant le départ du roi, de passer à Napoléon, crient « Vive l'empereur ! », arrachent leur cocarde blanche et la foulent aux pieds. Ce rituel très symbolique va devenir quasiment immuable en ces jours de crise, avec quelques variantes. Lorsqu'on ne la souille pas, on peut aussi brûler la couleur blanche du régime détesté. Macdonald, qui a encore son quartier général à Saint-Denis, tente de les raisonner et leur donne l'ordre de marcher sur Rouen, par Pontoise, pour les éloigner. Peine perdue. Le général Maison, commandant la 1re division militaire de Paris, qui est également replié à Saint-Denis, a eu moins de chance. Poursuivi par les mutins, il s'est carrément enfui. Il refusera par la suite de servir Napoléon et sera destitué en avril. Après l'avoir réintégré dans ses fonctions, Louis XVIII fera plus tard de lui un maréchal de France pour sa « bonne » conduite qui ce jour-là ressemblait tout de même un peu à celle du lapin.

Les officiers s'emparent de plusieurs canons et caissons d'artillerie qui passaient par là et décident de les emporter à Paris. En quittant Saint-Denis, les demi-solde tombent encore sur deux fourgons appartenant aux équipages du duc de Berry, le fils cadet du comte d'Artois, font descendre les conducteurs en livrée et s'en emparent. Macdonald, témoin de la scène, est révolté. « J'eus honte, en voyant des officiers français se conduire ainsi, tous en uniforme, les épaulettes sur l'habit, le bonnet de police sur la tête, mais la plupart ivres et débraillés. Si quelque chose peut faire excuser leur conduite, c'est l'ivresse et l'exaltation ; j'en rougis encore pour eux[1]. » Encore le vin qui, décidément, a réponse à tout. Si l'on se place du côté de ces officiers « débraillés », les versions sont évidemment très différentes. Le capitaine Routier, un ancien conscrit de 1798, qui fait partie de la petite troupe et a laissé des Mémoires, parle au contraire d'officiers disciplinés formés en pelotons sous les ordres des plus gradés et dément formellement avoir participé à quelque pillage que ce soit. « L'organisation terminée, sous le commandement du plus ancien colonel, nous partons avec enthousiasme pour aller conquérir la capitale. » Pour lui, cette marche vers Paris a été une marche triomphale. À La Chapelle, un régiment de ligne se rallie et met en fuite son colonel. À la barrière de Saint-Denis, les gendarmes, qui en interdisent un moment l'entrée, jettent leur cocarde blanche et les laissent passer par le faubourg Saint-Denis, les boulevards, la place Vendôme et le Carrousel où l'on arme quatre canons pointés sur les Tuileries. L'enthousiasme, selon Léon Routier, est indescriptible : « Voilà Paris pris par trois cents officiers traînant avec eux un parc d'artillerie et les équipages d'une altesse royale, alors en fuite ! Marchant en ordre par sections, tous l'épée à la main [...] au milieu d'une foule ébahie, interdite de ce qu'elle voyait et cherchant des yeux si Napoléon ne se trouvait pas parmi nous[2]. » Il y a un peu de tout dans cette troupe de lieutenants, de capitaines et de chefs de bataillon. Parmi ces officiers, certains deviendront par la suite des professionnels de la Révolution comme l'étonnant Cugnet de Montarlot qui lui aussi a laissé un récit de cet événement extraordinaire. Cet ancien commissaire des guerres adjoint auprès de l'armée d'Allemagne est le type même de ces « soldats perdus » que le retour de Napoléon et son échec vont faire basculer définitivement dans la clandestinité et la lutte à mort contre le régime des Bourbons. Le parcours de ces hommes ressemble étrangement à celui des putschistes de 1961, à Alger, prisonniers de leur échec et passés à la lutte clandestine.

Cugnet n'a pas hésité à se donner le grade de chef d'escadron auquel il n'a pas droit et tentera pour obtenir du galon de s'attribuer tous les mérites de cette folle expédition militaire sur Paris. Il en écrit directement à Napoléon, le 21 mars, et fait signer une pétition par une vingtaine de ses camarades qui attestent de son rôle éminent : « La journée du 20 mars fut la plus belle et la plus digne des braves. Vous n'avez pas balancé au premier élan que j'ai donné avec quelques-uns d'entre vous, pour vous joindre à la colonne en marche. À ce titre, le mérite ne doit pas être disputé. J'ai marché à votre tête avec l'avant-garde, nous sommes entrés dans Paris, nous avons planté le drapeau tricolore en attendant l'empereur [1]. » Parmi les signataires de ce curieux document, on trouve le capitaine Routier qui ne sera réintégré dans l'armée qu'en 1822 et le capitaine Bacheville qui comme Cugnet se lancera dans la lutte armée et sera condamné à mort par contumace par la cour prévôtale de Lyon pour rébellion à main armée contre la force publique. Bacheville [2] quitte la France en 1816 pour éviter la mort et voyage jusqu'en Asie, comme nombre de ses camarades de ce jour-là, contraints à l'exil, alors que Cugnet se lance dans l'organisation d'un réseau complexe de sociétés secrètes sur le modèle de la franc-maçonnerie – l'ordre du Soleil, l'Épingle noire, le Lion dormant – qui toutes préfigurent la Charbonnerie des grandes conspirations de 1820. On le retrouve en septembre 1821, tout à son messianisme révolutionnaire, méditant à Saragosse un plan de libération de sa patrie. « Français, l'heure de l'indépendance a sonné... » Il est question, dans les proclamations qu'il signe, de transformer la monarchie constitutionnelle en république, d'égalité et de vérité. Évidemment, l'expédition projetée avec le général espagnol dissident Riego tourne court. Poursuivi en France comme en Espagne, Cugnet finit par se faire prendre. Il est condamné à mort et fusillé à Almería dans le sud de l'Espagne en août 1824, à la suite d'une ultime expédition manquée contre le régime absolutiste de Ferdinand VII. Les rêves fous, comme la mégalomanie délirante de Claude-François Cugnet qui à la fin de sa vie se prenait pour Jésus-Christ, sortent de l'imaginaire ordinaire de ces hommes du 20 mars, mais caractérisent bien ce mélange d'ambition contrariée et d'idéalisme sincère qui les anime. Quelques-uns finiront silencieusement leurs jours à la prison de Sainte-Pélagie à Paris. Leur message politique, souvent gravé à même les murs de leurs cachots, est au cœur de la propagande bonapartiste qui se développera après les Cent-Jours. « Honneur et patrie ! » écrit le général Bonnaire avant de mourir en prison le 16 novembre 1816, après avoir été dégradé publiquement devant la colonne

Vendôme[1]. Bonnaire, comme d'autres, croit sincèrement en la République par patriotisme et par esprit de revanche.

Le général Exelmans, comte de l'Empire, l'un des plus célèbres divisionnaires de la cavalerie légère de la Vieille Garde, qui les rejoint dans leur marche sur les Tuileries, est d'un autre calibre. Lui aussi pourtant a été bien malgré lui le bouc émissaire des conflits et des suspicions portées contre l'armée depuis plusieurs mois. À la suite de la découverte sur un voyageur anglais d'une lettre plus ou moins compromettante adressée à Murat, toujours roi de Naples et dont il avait été l'aide de camp, Exelmans, mis en non-activité, était assigné à résidence dans sa ville natale de Bar-le-Duc. Le général avait refusé de s'y rendre, s'était dérobé aux gendarmes venus l'arrêter. Il s'en était plaint dans une pétition envoyée à la Chambre des députés avant de passer devant un conseil de guerre à Lille qui avait fini, à la plus grande joie d'une partie de l'armée, par l'acquitter en janvier 1815. Exelmans est un demi-solde de haute volée.

C'est lui que l'on retrouve au guichet des Tuileries, négociant avec les commandants de la Garde nationale, Laborde, d'Arjuzon et Rémusat, de la 1re légion, le général Lecapitaine, major de la 12e, l'entrée de la troupe dissidente au château pour en assurer la garde et préparer le logement de Napoléon. Les canons chargés et pointés sur les cours aidant, les responsables du château finissent par céder à condition qu'on ne laisse entrer que les officiers. On ouvre les grilles dans un brouhaha et une presse indescriptibles et l'on a beaucoup de mal à ne pas laisser la foule envahir les cours. Les canons entrent de leur côté par le guichet du pont Royal. « Les officiers, ajoute Laborde, demandèrent à faire le service avec la Garde nationale. » Tout finira par s'arranger alors qu'on avait été sur le point de se tirer dessus quelques minutes auparavant. À chaque poste du château, gardes nationaux et demi-solde assureront la surveillance conjointement, ce qui donnera lieu, ajoute Laborde, « au singulier spectacle d'un officier en sentinelle portant la cocarde tricolore, et au nom de l'empereur, à côté d'un grenadier de la Garde nationale en cocarde blanche, avec la décoration du lys, et ne connaissant que le roi[2] ».

Encore une fois, tout est une question de symbole, et symboliquement l'épicentre du pouvoir est déjà passé d'un régime à l'autre. D'autant plus que, au même moment, entre midi et trois heures de l'après-midi selon les versions, l'immense drapeau blanc qui flottait au sommet du pavillon de l'Horloge, au centre du château, est remplacé par le drapeau tricolore, fabriqué à la hâte, selon certains, miraculeusement trouvé « tout neuf et propre » – ce qui ne manque pas de sel – dans une cave du pavillon de Marsan, pour d'autres [1]. Il flottera aussi presque simultanément au sommet de la colonne, place Vendôme et à l'Hôtel de Ville. C'est à ce moment-là, disent la plupart des observateurs que cessent définitivement les cris de « Vive le roi ! » Cette singulière « prise » des Tuileries a au moins le mérite d'avoir été moins sanglante que celle du 10 août 1792 – ce qui en dit long par ailleurs sur la confusion, les flottements et les hésitations de cette journée comme sur la fragilité d'un régime dont les symboles ne seront même pas défendus jusqu'au bout. Au 10 août, les Suisses s'étaient fait massacrer. Le 20 mars, leur caserne déserte, dans un hôtel (d'Elbeuf) de la place du Carrousel situé du côté de la rue de Rivoli, sera investie pacifiquement par les demi-solde et rebaptisée « Quartier des braves ». Vingt-cinq années de guerre civile et étrangère sont passées par là et les esprits comme les énergies s'en ressentent.

6.

Le vent tourne, les têtes tournent

La nouvelle de la prise des Tuileries se répand rapidement dans Paris qui, dans le courant de l'après-midi, change de physionomie. Aux enseignes de certaines boutiques, les aigles et les abeilles remplacent les fleurs de lys, des placards bonapartistes fleurissent un peu partout. Le jeune James Gallatin, le fils d'un diplomate américain d'origine suisse alors à Paris, note dans son Journal l'animation qui s'empare peu à peu de la capitale, les officiers et leurs états-majors, les courriers, les estafettes galopant vivement dans les rues. « C'est très amusant. Toutes les boutiques sont fermées, mais les cafés sont bondés, des chaises partout dans les rues. Des orateurs debout sur les tables improvisent des discours, des acclamations de : "Vive l'empereur ! Vive le petit caporal !" Je ne sais pas si cela est sincère, ajoute-t-il de façon caractéristique à l'instar de tous les étrangers qui jugèrent l'événement sur le moment, les Français sont si impressionnables[1]. » Au Palais-Royal qui était alors l'un des centres de la vie parisienne, le café Montansier, dont « la vogue et l'importance politiques » vont naître ce jour-là, sert de lieu de réunion bonapartiste à tous les militaires ralliés. Il y a une telle affluence dans les jardins qui le bordent, note l'un d'entre eux, qu'il est presque impossible d'y circuler. Un vrai « tohu-bohu ». Dans la soirée on y apportera le buste du grand homme, placé sur une estrade et inauguré en grande pompe « par de nombreux couplets en l'honneur des armées françaises et de leur auguste chef », ajoute le publiciste bonapartiste qui commente l'événement[2]. Ce qui fait dire dans le même temps à l'un de ses adversaires royalistes, qui, de son côté, traite évidemment l'endroit de « lieu d'intempérance et de débauche », que celui-ci était coiffé du bonnet rouge, comme aux beaux jours de Marat et de la Terreur [1]. Ce sera une constante de la propagande royaliste, dès le 20 mars, et avant même l'arrivée de Napoléon aux Tuileries, d'associer systématiquement ce dernier aux hommes du 10 août et du grand Comité de salut public. Du côté de l'ordre établi, l'arme de la peur utilisée contre l'adversaire, quel qu'il soit, est désormais promise à un bel avenir, jusqu'au barbare sanguinaire, « le couteau entre les dents », des affiches de propagande antibolcheviques des années 1920 [2]. Plus directement, on verra plus loin à quel point la mémoire de la Terreur de 1793 sera systématiquement utilisée de part et d'autre à des fins diverses comme si le passé de l'histoire allait devenir l'un des acteurs à part entière des événements présents. C'est au café Montansier aussi que fleurissent les premiers bouquets de violettes – nous sommes en mars – qui serviront de signe de reconnaissance aux partisans de Napoléon et lui vaudront pendant quelques jours le surnom de « père la Violette ». En attendant la fleur naturelle, on la porte artificielle, à la boutonnière, au chapeau ou à la ceinture. Pour les royalistes, elle est le signe évident d'une vaste conspiration bonapartiste contre le trône.

Ce qui reste de hauts fonctionnaires royalistes dans Paris se terre ou succombe à la peur panique. Car, dans l'après-midi du 20 mars, la peur est décidément passée dans le camp royaliste. Le comte de Chabrol, le préfet de la Seine, craignant qu'un parti de bonapartistes ne vienne à l'Hôtel de Ville, où il siège encore, y sonner le tocsin pour encourager l'émeute, a fait enlever le battant de la cloche et barricader la porte qui mène au beffroi [3]. Pourtant, personne ne viendra « prendre » l'Hôtel de Ville, ce qui prouve une fois de plus que cette journée « révolutionnaire » ne ressemble à aucune autre, passée ou à venir, et elles seront nombreuses – on pense au 29 juillet 1830, au 24 février 1848, au 4 septembre 1870 où l'Hôtel de Ville de Paris fut chaque fois un haut lieu de l'insurrection parisienne. Le 20 mars 1815 est une révolution très particulière, une révolution sans le peuple, une révolution par le vide et l'effondrement plus que par l'insurrection. Mais, encore une fois, cela n'empêche pas la peur : peur du peuple tapi dans l'ombre et de sa colère pour certains, peur du « vieux bras de l'empereur » dont le retour est imminent, de ses vengeances et de ses proscriptions, pour d'autres. Le comte Ferrand, un ancien conseiller au parlement de Paris passé à l'émigration et familier du roi, se demande encore ce qu'il fait à l'hôtel des Postes, rue de Rivoli, dont il conserve la direction théorique. Une direction très stratégique puisqu'elle contrôle tout le réseau des messageries royales par lesquelles sont acheminés les directives gouvernementales et *Le Moniteur*. Pétri de terreur, il n'ose pas en partir alors que « les chevaux de poste, arrivés depuis six heures du matin, étaient attelés à sa voiture ». Lavalette, son prédécesseur sous l'Empire, bien décidé à devenir également son successeur, l'y trouve à la fin de la matinée. Le vieil homme paraplégique, cloué à sa chaise roulante, en est lui aussi resté à 1789. Il a vécu « entièrement étranger aux affaires » jusqu'en 1814, et promène avec lui, outre sa suffisance et ses maladresses, la réputation peu enviable d'être « une sorte d'oracle pour quelques coteries royalistes ». On le déteste dans les milieux bonapartistes, quand on ne le tient pas tout simplement pour un homme « médiocre et ridicule au plus haut degré [1] ». Il suffit à Lavalette de paraître pour que l'autre en perde tous ses moyens et le conjure de lui délivrer un passeport en lui laissant la vie sauve. Il n'y a pas plus loufoque en matière de transition ministérielle. Un directeur des Postes en exercice suppliant son successeur qui ne l'est pas encore de se substituer à lui pour lui délivrer un sauf-conduit... en son propre nom. Lavalette profite de la panique ambiante pour envoyer un courrier à Napoléon, alors à Fontainebleau, et le prévenir du départ du roi. On retrouvera Ferrand le lendemain, à Orléans, disant à qui veut l'entendre que tout est perdu et arborant une énorme cocarde tricolore. « Toujours courant, M. Ferrand était parvenu à Nantes comme j'y étais encore », conclut le baron de Barante, toujours préfet de la ville pour le compte du roi. Il y aura beaucoup d'autres Ferrand, ce 20 mars 1815.

Comme les partisans de Napoléon les jours précédents, ceux du roi qui n'ont pas pu s'enfuir, faute de chevaux de plus en plus difficiles à obtenir, commencent à se cacher, en cette fin d'après-midi. Benjamin Constant, l'ancien membre du Tribunat consulaire déjà exilé par Napoléon, le plus célèbre des avocats de la liberté, qui s'était beaucoup agité, les jours précédents, pour la défense du roi et de la Constitution en donnant de nombreux articles aux grands journaux – le *Journal de Paris* le 11 mars, le *Journal des débats* le 19 –, s'est réfugié à la légation des États-Unis, chez son ami le ministre plénipotentiaire Crawford. Son attitude, mélangée d'ambition, de peur, de lucidité et de pragmatisme, est très caractéristique de celle d'une bonne partie des élites de ces temps difficiles et changeants. Comme il l'écrivait, la veille, à la belle Juliette Récamier, l'amie de Mme de Staël, dont il était alors amoureux fou : « Je suis certainement [...] l'un des quatre hommes les plus compromis en France. Il est donc certain que si nous ne triomphons pas, je serai dans huit jours ou proscrit et fugitif, ou dans un cachot ou fusillé [1]. » Constant ne se trompait que de date, car les événements iront plus vite qu'il ne l'avait prévu. Il n'en sera pas plus fusillé. L'auteur de *De l'esprit de conquête* paru en avril de l'année précédente et dans lequel il traitait le « tyran » avec une violence à peine contenue avait pourtant beaucoup à se reprocher vis-à-vis de Napoléon. Le 19 mars paraissait encore sous sa signature, au *Journal des débats*, un article tout aussi virulent où Napoléon était tour à tour comparé à Attila et à Gengis Khan. Il s'achevait par une profession de foi sans nuances de fidélité à la monarchie restaurée, garante de la paix et des libertés : « Je n'irai pas, misérable transfuge, me traîner d'un pouvoir à l'autre, couvrir l'infamie par le sophisme et balbutier des mots profanés pour racheter une vie honteuse [2]. » Les grands serments sont toujours un peu encombrants lorsqu'on ne les tient pas. Le lendemain, changement de décor. Constant note dans son carnet : « Le roi parti. Bouleversement et poltronnerie universelle » en pensant peut-être à lui-même. Le 23, il quitte Paris pour Angers, puis revient sur ses pas. On le laisse tranquille. Le 14 avril, il a une première longue entrevue avec Napoléon qui lui demande un projet de Constitution. Le 20, il est nommé au Conseil d'État.

Mettons de côté ce qu'il dit pour se justifier – et qui n'en est pas moins sincère – de sa quête constante de la liberté qu'il pense désormais pouvoir trouver du côté de Napoléon, et faisons la part des motivations plus pragmatiques du personnage – qui ressemblent à celles de beaucoup d'autres et dont on ne parle jamais assez : les sentiments et l'ambition. Dans le cas de Constant, l'inapprochable et très royaliste Juliette Récamier a certainement, et involontairement, joué un rôle dans son engagement téméraire et fanfaron des jours qui précédèrent le 20 mars. Il s'agit de se faire bien voir en se montrant courageux : « Un signe d'indifférence me fait plus de mal que ne pourra le faire dans quatre jours mon arrêt de mort, et quand je pense que le danger est un moyen d'obtenir de vous un signe d'intérêt, je n'en éprouve que de la joie », lui écrit-il le 19 mars. Et puis Constant n'est pas le seul sur les rangs. La concurrence est rude, celle du beau marquis de Nadaillac et surtout celle du comte Auguste de Forbin-La Barben, l'ancien amant de Pauline Bonaparte et le futur directeur du musée du Louvre qui affiche ostensiblement la couleur, dans son uniforme de volontaire royal. Comme il l'avouera plus tard à son ami Prosper de Barante : « Ce fut le grand sabre de M. de Forbin qui me perdit. Je voulus aussi faire montre de dévouement. Je rentrai chez moi et j'écrivis l'article du *Journal des débats*[1]. » Il y a ensuite l'ambition de cet homme qui pense n'avoir pas été utilisé à sa juste valeur par la monarchie restaurée. Tous les observateurs l'ont noté en ces temps de redistribution des places et des pensions : « Aujourd'hui, l'ambition est la maladie commune[2]. » Armand-Emmanuel de Richelieu, de retour en France après plus de vingt-cinq ans d'exil en Russie, n'en revient pas de ce qu'il prend pour un changement notable du « caractère national » : « La classe supérieure ne songe qu'à se pousser, s'enrichir, se placer : tous les moyens lui sont bons pour parvenir[3]. » « Si la peste donnait des pensions, lit-on encore ailleurs, la peste trouverait encore des flatteurs et des serviteurs[4]. » On oublie de dire que l'ambition n'est pas l'apanage du XIXe siècle et on fait, une fois de plus, de la rupture révolutionnaire la cause de tout. Pour nombre de moralistes, la redistribution des cartes sociales autorisée par la Révolution fixe en France un sentiment destiné à devenir, avec le goût de l'égalité, en une forme d'association pour le moins paradoxale et compliquée, l'une des constantes psychologiques du caractère national : la vanité. « Il y eut des siècles pour la gloire, note le baron Alibert, médecin ordinaire du roi ; il y en eut d'autres pour le fanatisme ; mais le siècle où nous vivons est manifestement celui de la vanité. [...] Jamais tant de gens médiocres ne furent à la poursuite des rangs, des titres, des distinctions[5]. » Napoléon lui-même fera, à Sainte-Hélène, de la vanité française, qu'il compare à l'orgueil anglais, l'une des raisons de l'abandon des élites de sa personne en mars 1814[1]. À l'ambition des temps révolutionnaires aurait succédé la vanité des temps de paix, attisée d'autant à la faveur des crises politiques. Celle de mars en est une, et non des moindres.

On est fixé sur ce qu'elle a pu représenter d'occasions comme de moyens de se faire jour, en lisant les carnets intimes de Benjamin Constant : 12 mars : « Idée de pairie. Si elle réussit, je consacre et risque volontiers ma vie pour repousser le tyran » ; 18 mars : « Si le Corse est battu, ma situation ici sera améliorée » ; 29 mars (il est rentré à Paris et pense rallier le régime napoléonien) : « Visite. Espérances. [...] Indécisions sur ma nomination. Bah ! bah ! acceptons. La chose peut-être demain. Il faut suivre ce sort s'il s'offre » ; 14 avril : « Entrevue avec l'empereur[2] ». Auguste de Staël, qui rencontre Benjamin Constant le 21 avril alors que celui-ci est sur le point de voir Napoléon pour la troisième fois, le décrit « ivre d'orgueil » : « Une jeune fille de quinze ans mariée à son amant n'est pas plus enivrée[3]. » Ce jour-là, l'ancien thermidorien, l'opposant de toujours au « gouvernement des mamelouks », achève sa mue. Il est nommé conseiller d'État de « Gengis Khan » lui-même. Qu'importe le terrain pourvu qu'on puisse s'y installer et y travailler ! Il est des hommes pour lesquels le rapport des idées à la vie est presque toujours malheureux.

Son retournement, que l'on fera passer pour plus brutal encore qu'il ne l'a été, est d'emblée présenté comme le modèle de toutes les trahisons. Tout le monde le désapprouve, y compris ses amis. Constant note dans ses carnets, le 11 avril : « Lettre de La Fayette. Désapprobation. Lettre de Mme de S(taël). Désapprobation. » À Auguste de Staël, il demande le 30, faussement naïf : « Aurais-je par hasard mal fait ? La quantité de lettres anonymes où on me dit que je suis un misérable me fait craindre que j'aie eu tort et Dieu sait pourtant que j'ai cru servir la liberté ! » Le 28 mai suivant, il se bat en duel, toujours pour les mêmes raisons, avec le comte de Montlosier qu'il a rencontré chez Juliette et qui lui reproche violemment son comportement.

7.

La fidélité et le parjure : ces Messieurs de la girouette

C'est une constante, la question de la fidélité se pose toujours lorsque les occasions se présentent d'être infidèle. Elle se pose surtout en termes de nature : à qui ou à quoi est-on infidèle : à ses intérêts, à ses idées, à la société, à un homme ou à une dynastie ? Chateaubriand, qui se fera le chantre de la fidélité sentimentale, esthétique et presque filiale aux Bourbons des « tombeaux de Saint-Denis », se montrera évidemment très sévère pour Constant : « Depuis ce moment, il porta au cœur une plaie secrète ; il n'aborda plus avec assurance la pensée de la postérité ; sa vie attristée et défleurie n'a pas peu contribué à sa mort (en 1830). Dieu nous garde de triompher des misères dont les natures les plus élevées ne sont point exemptes. [...] Les faiblesses d'un homme supérieur sont ces victimes noires que l'Antiquité sacrifiait aux dieux infernaux : et pourtant ils ne se laissent jamais désarmer [1] ! » Tout un royalisme de la fidélité à tout prix, né de cette journée du 20 mars, va faire de Constant – et de tous ceux que Chateaubriand appelle encore « le troupeau paissant, s'engraissant à droite et à gauche » – le bouc émissaire idéal de la souillure politique et du parjure. D'une certaine façon, ce qu'on appellera par la suite – et surtout après 1830, lorsque le mot prendra tout son sens politique, en opposition à l'orléanisme – le « légitimisme », qui se caractérise par l'adhésion exclusive à la branche aînée – et seule légitime – des Bourbons, est né à ce moment-là, en réaction aux multiples palinodies des uns et des autres. Le légitimisme avant d'être un parti au service du comte de Chambord, « l'enfant du miracle », né en 1820 peu après l'assassinat de son père le duc de Berry et dépossédé de son droit de succession au trône par la révolution de Juillet – a d'abord été une sensibilité nourrie en partie du pessimisme de 1815. La méfiance à l'égard de l'individu, l'antirationalisme viscéral de ceux qui en partageaient la posture et les idées, ont très vite conduit ces derniers à ne croire qu'en la « providence » et à donner à l'expression un sens presque exclusivement religieux et transcendantal. Face aux circonstances qui dépendent de la volonté sans cesse changeante des hommes, seules les figures homonymes de la « succession », de l'« hérédité », de la « primogéniture » vont incarner à leurs yeux la stabilité et le salut, autour de la figure du « prince légitime », pur de toute corruption, de toute compromission et par-dessus tout de toute usurpation [1].

En mars 1815, ce désenchantement prend d'abord les formes légères de la moquerie, du rire et des chansons :

« Bonaparte s'avance
Je suis de son parti
Mais s'il reçoit la danse
Je ne suis plus pour lui.
De crainte d'anicroches
Je n'ai jamais d'avis.
Je porte dans ma poche
L'aigle et la fleur de lys [2]. »

La figure de Janus, le dieu à deux têtes, hante toute cette période. Mais il en est une autre qui va connaître un succès foudroyant, c'est celle de la girouette, ce petit et très léger appendice de métal qui tourne au gré du vent et en indique la direction changeante. Dès le 20 février, le publiciste libéral Alexis Eymery, qui pressentait peut-être les événements, s'en empare avec verve dans le journal satirique *Le Nain jaune* et crée pour elle un ordre de chevalerie imaginaire destiné à tous ceux « qui se sont distingués par la variété de leurs opinions depuis 1789 ». Les revirements de tout genre, de la chute de l'Empire à l'avènement de la Restauration en avril 1814, lui donnaient déjà du grain à moudre. Avec la crise du 20 mars, Eymery ne sait plus où donner de la tête. Le 30, il livre au *Nain jaune* le procès-verbal d'installation de l'ordre qu'il date évidemment du 20, une journée chargée pour ses dignitaires qui, après avoir tout juste accompagné le roi sur la route de l'exil, doivent se précipiter pour voter une adresse de félicitations à Napoléon, retourner leur habit et faire jouer la coulisse de leurs cocardes. L'ordre siège au « Moulin du télégraphe » (en référence aux nouvelles changeantes du 20 mars et des jours précédents), un lieu inventé où rien n'est laissé au hasard et où chaque détail fait mouche. Le plafond de la salle des séances est décoré d'une immense rose des vents, à aiguille mobile. Devant le bureau du président trône une boussole qui a pour pôle le château des Tuileries ; des miroirs à facettes représentent chaque assistant sous mille formes diverses, les chaises sont « pivotantes » et les tables « tournantes » ! La décoration des membres de la confrérie consiste en « un ruban de couleur fausse et changeante », auquel est suspendu une médaille représentant d'un côté un caméléon avec cette légende : « Qui suis-je ? » et de l'autre une girouette avec les mots : « À tous vents ! » Après le retour de Napoléon, l'ordre se réinstalle d'ailleurs « rue des Quatre-Vents ». Le président entame alors un discours de bienvenue dans lequel il évoque « la douce consolation d'avoir conservé nos places et nos dignités », mais qui, sous le couvert d'une apologie de la souplesse politique, est évidemment une critique sévère de cette dernière et laisse percer les regrets de son véritable auteur pour tous ceux qui ont fait de l'intégrité une règle de vie sociale et politique – « ces Catons modernes qui poussent l'égoïsme jusqu'à la sottise de garder toujours la même opinion [1] ». La girouette, cette figure allégorique des Cent-Jours, connaîtra une postérité foudroyante pendant toute la première moitié du XIXe siècle. C'est Edgar Faure, sous la IVe République, qui aura le dernier mot et en prononcera l'épilogue, en forme de boutade : « Ce n'est pas la girouette qui tourne ; c'est le vent ! »

Derrière la parodie perce bien sûr l'inquiétude. Nombreux sont ceux qui se sont interrogés sous les Cent-Jours sur les causes et la signification profondes de ces reniements successifs à la parole donnée. Pour certains, l'entrée du pays en révolution, en 1789, est aussi l'avènement d'une grave crise morale qui n'en finit pas de s'achever. Avec le triomphe révolutionnaire de l'individu, les intérêts l'emportent désormais sur les devoirs, la morale de l'intérêt particulier sur celle de l'intérêt général. « Personne ne tient à personne, note Barante en avril. Il n'y a ni affections ni opinions. Ainsi les révolutions françaises sont devenues étrangères à l'ordre moral [1]. » Et Maine de Biran, également royaliste, également modéré, parle de « honte » : « La génération actuelle, née au sein des orages de la Révolution, dépravée et profondément immorale, n'est pas susceptible d'un bon gouvernement. Les gens de bien – un très petit nombre – n'ont plus qu'à s'envelopper de leurs manteaux et fuir cette terre de désolation [2]. » D'autres accusent Napoléon lui-même de cette dégradation morale de la vie sociale et publique. Il a façonné une génération dont il a voulu faire « sa » génération, une génération exclusivement vouée à son système et à sa personne en réduisant les qualités du bon citoyen – ou de l'honnête homme – à celles du « bon serviteur ». C'est Benjamin Constant qui par la suite développera cette idée, en partant d'ailleurs de l'exemple du système de cour louis-quatorzien. Persuadé que l'espèce humaine n'est dévouée qu'à son intérêt, n'obéit qu'à la force et ne mérite que le mépris, Napoléon s'est plu à l'avilir par « les jouissances du luxe et celles du pouvoir ». Il a fait de la morale un calcul de prudence et d'égoïsme qui se donne la soumission pour moyen et le seul succès individuel pour fin [3]. L'obéissance forcée et passive de l'Empire a produit une génération qui est agie plus qu'elle n'agit. On est frappé de la place que les contemporains accordent, ce 20 mars, à la force des événements qui tiennent lieu de tout et dictent les comportements. Dans l'esprit de beaucoup, « ce sont les événements qui décident si l'on a tort ou raison [4] ». Il ne reste plus qu'à se mettre en accord avec eux ! Comme l'écrit encore Chateaubriand : « Quand un gouvernement n'est pas solidement établi, tout homme dont la conscience ne compte pas devient, selon le plus ou moins d'énergie de son caractère, un quart, une moitié, un trois quarts de conspirateur ; il attend la décision de la fortune : les événements font plus de traîtres que les opinions [5]. »

Cet effacement de la communauté devant l'individu, cette abdication de l'individu à ses seuls intérêts dont le 20 mars témoigne – « quelle est, en ce monde, l'opinion dans laquelle la situation personnelle n'entre pas pour quelque chose ? »

se demande Charles de Rémusat à propos du comportement de son père ce jour-là[1] – vont créer un profond malaise. On n'a jamais prêté autant de serments, pour les renier aussitôt, qu'en ce mois de mars 1815. La mode en était née un certain 20 juin 1789 au Jeu de paume de Versailles. Le serment était perçu à l'époque comme un acte essentiellement révolutionnaire. En prêtant serment de ne jamais se séparer, les députés du tiers des États généraux avaient fait en quelque sorte acte de citoyenneté et s'étaient par la même occasion désolidarisés de l'immanence divine de l'ancienne monarchie au profit d'une société civile laïque et responsable, librement consentie. Par la même occasion, le serment était compris comme le refus de tout compromis et comme un engagement total, presque transcendantal, à la chose publique. Puis les régimes passèrent et avec eux, les serments. La charge de droiture, de probité et d'honneur qu'on y avait investie, en remplacement des vieilles fidélités personnelles et monarchiques, finira par en pâtir. En 1815, l'acte même de prêter serment est sérieusement déconsidéré. Voilà ce que Barante en dit à la fin du mois, lorsque, ancien haut fonctionnaire, il est obligé, comme beaucoup d'autres, de le prêter à nouveau à Napoléon : « L'empereur pensa peut-être que je le refuserais. [...] En général, on ne se fit aucun scrupule de ce serment qui, ne se rattachant à aucune fonction, à aucun service, était une pure soumission au pouvoir de fait, une précaution de sûreté. Personne, que je sache, ne le déclina de front ; quelques-uns s'arrangèrent pour l'esquiver, chose assez facile en changeant de lieu[2]. » Le spectacle permanent des vains simulacres et des faux serments hypocrites de ces « virtuoses du parjure » finira tout de même par troubler considérablement l'opinion – Vigny parlera du « masque » et du « domino irréprochables d'exactitude, je ne dis pas de fidélité » des adeptes à répétition du serment[3]. Dans ce sens, le 20 mars aura de cruelles répercussions sur les générations futures. Elles en garderont bien sûr un sentiment de décadence et de déshonneur lié au comportement d'une partie des Français, mais surtout celui d'un rapport nouveau à la solidité et à la permanence des choses. Désormais, le sentiment du provisoire domine tout. Du 20 mars et de ses conséquences, le futur historien Edgar Quinet, né en 1803, garde par exemple une sensation de fragilité et d'instabilité générale si forte, qu'il éprouvera plus tard le besoin de le noter dans ses Mémoires : « L'impression de cette versatilité fut si grande, qu'elle s'est attachée à moi tout le reste de ma vie. [...] Je sentais la fragilité des choses. Je sentais aussi celle des hommes[1]. »

8.

Sur la route de Fontainebleau : les « affections » et le « devoir »

La versatilité est à l'œuvre en cette fin d'après-midi du 20 mars, mais ceux qui l'exercent n'en ont pas encore tout à fait conscience. Sur le moment, c'est plutôt l'enthousiasme qui domine. Vers six heures du soir, le château des Tuileries paraît renaître au régime impérial. Les cinq ou six cents officiers en demi-solde qui l'occupent désormais se promènent dans les cours, « s'embrassant et se félicitant de revoir Napoléon[1] », tandis qu'arrivent de tous côtés des personnes qu'on n'avait pas l'habitude d'y trouver depuis les débuts de la première Restauration : des conseillers d'État, des ministres, des chambellans dans leur ancien costume. C'est tout le personnel de l'ancienne cour qui se réinstalle sans complexe et comme par enchantement. « Les contrôleurs de la bouche, maîtres d'hôtel et valets de pied, en uniforme ou en livrée, reprenaient leur service tranquillement et sans bruit, comme si Bonaparte n'eût fait qu'une courte absence, ou que sa maison eût été conservée en l'attendant. Des femmes élégantes montaient les escaliers ; et, ce qui est plus curieux, les mêmes huissiers se trouvaient déjà aux portes des appartements pour faire observer l'étiquette impériale[2]. » Dans la salle des Maréchaux et la salle du Trône, on se congratule et on s'interroge avec émotion sur l'heure de l'arrivée de Napoléon que son valet de chambre, Marchand, envoyé en avant, annonce pour bientôt. Il y a là la reine Hortense, l'ex-reine d'Espagne, le prince d'Eckmühl (Davout), le duc et la duchesse de Bassano (Maret), le duc et la duchesse de Rovigo (Savary), la duchesse d'Istrie (Bessières), la générale Lallemand,

Mme de Ségur, Mme Grazzani, une ancienne dame du palais de Joséphine, quelques fidèles de toujours, Regnault de Saint-Jean-d'Angély, le duc de Gaète (Gaudin), Lavalette.

Deux gardes du corps du roi, de la compagnie de Gramont, qui se risquent ce soir-là, en tenue civile, dans les appartements de leur maître, n'en croient pas leurs yeux : « Nous pénétrâmes à l'intérieur du château où l'on voyait circuler, revêtus de la livrée impériale, les mêmes valets qui, la veille encore, portaient la livrée royale. Rien ne paraissait changé, sauf une question de boutons. En passant devant notre bureau de l'état-major, nous aperçûmes le vieil employé Ancher en train de préparer les lampes, comme à l'habitude. Il nous salua respectueusement et sans la moindre gêne, tout en disant : "Je crois que les officiers de Sa Majesté vont bientôt arriver !" » Et le chevalier de Cussy qui raconte la scène, de conclure, halluciné : « Sa Majesté, c'était l'empereur [1]. » L'empereur qui rentrait en effet chez lui, comme s'il revenait de voyage.

C'est pourtant un étonnant voyage que ce voyage de vingt-trois jours qui conduisit Napoléon jusqu'à Paris depuis Porto-ferraio, capitale de l'île de pacotille dont il avait pris possession par traité, le 3 mai 1814, à la suite de son abdication de l'Empire, par Grenoble et Lyon, sans « brûler une amorce ». Le 19 mars au soir, il avait couché à Pont-sur-Yonne puis en était reparti dans la nuit pour Fontainebleau, à soixante-dix kilomètres au sud de Paris, où il était arrivé peu après le lever du jour. On imagine les réflexions qu'il dut faire, ce matin-là, à la vue de ce château et de la cour du Cheval blanc, en pensant à ce qui s'y était passé, à moins d'une année de distance, le 20 avril 1814, lorsque les grenadiers du général Petit, pleurant, reçurent ses derniers adieux. « Soldats de ma Garde, je vous fais mes adieux. Je vous ai trouvés constamment sur le chemin de l'honneur et de la victoire. Avec des hommes tels que vous, notre cause n'était pas perdue. Mais la guerre eût été interminable ; c'eût été la guerre civile, et la France n'en serait devenue que plus malheureuse. J'ai donc sacrifié tous mes intérêts à ceux de ma patrie ; je pars. » Et le voilà revenu, un an après, précédé du spectre de cette guerre civile dont il s'était pourtant défendu. Cette fois, il a pris toutes les apparences d'un agitateur social, montant les pauvres contre les riches, les paysans contre leurs curés. Le peuple dont il se réclame afin de mieux se frayer un chemin jusqu'à Paris, est tout-puissant, mais il est menacé. Cela n'a duré que quelques jours. À Fontainebleau, il se prépare déjà à la mue qui, par la grâce de son retour au pouvoir, fera à nouveau de lui le défenseur de l'ordre et des propriétés.

Le courrier de Lavalette lui ayant appris le départ du roi, il décide, à deux heures, de quitter Fontainebleau pour Paris. Le 20 mars est le jour anniversaire de la naissance de son fils, le roi de Rome, alors à Vienne. Il sera aux Tuileries le 20 mars. Des escadrons du 4e de hussards et du 13e de dragons qui se sont déjà ralliés à lui forment l'avant-garde. Napoléon voyage avec le général Bertrand, son grand maréchal du Palais, dans une « assez mauvaise voiture de poste », selon le colonel de Saint-Chamans, attelée de six chevaux et qui lui a été prêtée par le beau-frère du maréchal Ney, le chevalier Gamot, préfet d'Auxerre passé du service du roi au sien. Quelques lanciers polonais qui entourent la voiture lui servent de garde rapprochée.

Cette dernière étape rapidement commencée du singulier voyage, par le pont de Corbeil, Essonnes et Villejuif, jusqu'à la barrière du Mont-Parnasse, va bientôt être ralentie par l'affluence des troupes et des officiers généraux venus à sa rencontre. Napoléon est obligé de s'arrêter à plusieurs reprises, près de Ponthierry, puis près de Juvisy, à l'endroit même où il avait appris, le 31 mars de l'année précédente, la capitulation de Paris, pour inspecter les régiments du roi qui, cantonnés autour de Villejuif, refluent les uns après les autres vers Essonnes et Fontainebleau au lieu de marcher au nord, vers Saint-Denis, d'après les ordres. À Paris, au même moment, un farceur, faisant parler Napoléon comme s'il s'adressait au roi, a laissé une affiche sur la colonne de la place Vendôme, avec ces mots : « Mon bon frère, il est inutile de m'envoyer encore des soldats. J'en ai assez [1] ! » Saint-Chamans raconte comment, au pont de Corbeil, il fut ainsi obligé de suivre son régiment, le 1er des chasseurs du roi, entraîné par ses chefs d'escadron, sur la route de Fontainebleau, malgré les ordres donnés. « Plusieurs officiers qui étaient derrière moi, élevant leurs sabres en l'air, crièrent : "Vive l'empereur !" et tout le régiment leur répondit aussitôt avec le même cri et avec un enthousiasme qui tenait de la fureur : "À Fontainebleau ! à Fontainebleau !" » Saint-Chamans s'incline à contrecœur comme d'autres rencontrés sur la route, le comte de Vence à la tête du 4e de chasseurs, le colonel Jacquinot, du 1er de lanciers. Ceux-là, comme beaucoup d'autres, auront du mal à justifier leur conduite, par la suite, dans leurs Mémoires. Il n'en reste pas moins, comme on le verra plus loin, que ce ne sont généralement pas eux qui donnent l'impulsion, mais les officiers inférieurs et la troupe. Comme l'écrira un colonel anonyme au ministre de la Guerre en avril : « Ce sont les officiers subalternes qui ont entraîné le mouvement de l'armée en faveur de l'empereur Napoléon, malgré la résistance des chefs qui se sont décidés au dernier moment et en obéissant à l'impulsion des événements [1]. » En deux phrases, Saint-Chamans donne la mesure de la distance qui fut sans doute celle de nombreux officiers supérieurs, entre le devoir et l'entraînement, l'honneur et les sentiments : « Ma première pensée fut de m'éloigner à l'instant même d'un régiment qui venait de trahir ainsi la fidélité jurée au roi. » Et un peu plus loin : « Je ne nuisais pas au service du roi en restant. [...] D'ailleurs, ma résolution était bien et fermement prise de quitter le service aussitôt que la cause de l'empereur aurait pleinement triomphé. » Ce qu'il fit en effet, non sans hésitations, et ce que d'autres, les plus nombreux, ne feront pas [2]. L'explication la plus convaincante à tous ces revirements revient au général Thiébault qui tiendra pourtant le pont de Charenton pour le compte du roi jusque dans l'après-midi du 20, alors qu'il penche pour Bonaparte et le rejoindra le soir même aux Tuileries : « Doit-on se mettre mal avec sa conscience, puisqu'on est obligé de vivre toujours avec elle [3] ? » La conscience est ce qui reste après l'honneur et encore plus après les honneurs qui, comme on le sait, sont la fausse monnaie de l'honneur. Elle refait surface chaque fois que des événements obligent à faire un choix entre les serments, les règlements, la discipline, la hiérarchie militaire et la désobéissance : en juin 1940 comme en avril 1961 à Alger. Le commandant Hélie de Saint-Marc, qui choisissait le 21 avril 1961 de basculer dans l'illégalité à la tête de son régiment de parachutistes, ne dit pas autre chose, même si les raisons profondes qui motivent son acte sont bien différentes de celles de nos officiers de 1815 : « Mon père m'avait inculqué le respect du droit. J'étais entré dans l'armée par idéal et non pour disputer je ne sais quelle parcelle de pouvoir. La Légion était le corps de l'obéissance par excellence. J'avais respecté scrupuleusement mon engagement depuis 1947, sans un mouvement d'humeur ni une parole publique. [...] J'étais malheureux et sombre, sous l'apparente égalité du jour. » Un peu plus loin : « J'ai choisi selon ma conscience[1]. » Le 20 mars 1815, la force d'entraînement qui emporte les officiers de l'armée de Paris a atteint son point paroxysmique. Napoléon est là. Il n'en a pas toujours été ainsi dans les jours qui ont précédé. Nombre d'officiers ont, par la suite, rapporté dans leurs Souvenirs les affres de leurs hésitations. Ainsi le commandant Fantin des Odoards que l'arrivée de Napoléon surprend à Gap le 5 mars : « Il s'est élevé en moi un combat bien pénible. L'honneur et le devoir me disaient de persister dans ma résolution. [...] Mes vœux et mes souvenirs m'entraînaient vers Napoléon. [...] Je n'imagine pas un état d'irrésolution plus poignant[2]. »

Un autre officier qui se présente quelques jours plus tard chez le père du futur historien Edgar Quinet, à Bourg-en-Bresse, son billet de logement en main, confie son trouble à ce dernier, alors qu'il hésite entre son « affection » et son « honneur ». « Il a prêté serment au roi. Il est résolu à tenir ce serment ! Mais quelle situation[3] ! » Le bonapartisme de ces officiers, pour la plupart libéraux, est plus sentimental que politique. Il est nourri de la sympathie, voire de l'attachement qu'ils éprouvent pour leur ancien commandant en chef, beaucoup plus que d'une adhésion à son régime, du moins tel qu'il existait encore en 1814. Cela explique leur ralliement rapide au régime constitutionnel de la Restauration en juin 1814, comme leurs hésitations en mars 1815[4]. Et puis toutes les consciences ne sont pas si pures. Certains craignent surtout pour leur carrière et, pris entre le marteau et l'enclume, ont peur de tout perdre. « Je me souviens d'un colonel, écrit à Metz le très royaliste comte de Puymaigre, ancien officier de la Garde impériale, couvert de blessures et ayant fait toutes les campagnes avec une grande bravoure, qui m'avoua toutes ses tergiversations. Il voulait gagner du temps, voir venir les événements. [...] Il venait ainsi créer près de moi une sorte d'alibi d'opinions à invoquer plus tard s'il y avait lieu. Combien d'autres pensaient de même sans avoir la naïveté d'en convenir[1] ? » Il en va d'autant de nombre d'officiers supérieurs que certains décrivent « usés et éteints », ne désirant que la paix et un « repos honorable qui les laisse jouir des traitements acquis » après vingt-cinq ans de campagnes[2]. La plupart sont restés dans un attentisme prudent, d'autres ont cherché à résister, non sans un certain courage, à l'entraînement de leurs hommes au cours de ces journées de mars. À l'arrivée de Napoléon à Grenoble, le 7 mars au soir, le général Marchand, qui commande la place, quitte la ville avec les colonels Prost, Gérin et Durand du 11e de ligne. Le général Devilliers, qui commande le département du Mont-Blanc (les actuelles Savoie et Haute-Savoie), fait tout pour dissuader le colonel de La Bédoyère de passer à Napoléon avec son régiment. Le colonel Roussille, du 5e, refuse jusqu'au dernier moment d'ouvrir les portes de la ville aux insurgés. L'un des aides de camp de Marchand, le capitaine Randon, donne même en vain l'ordre aux grenadiers du 5e de ligne de tirer sur Napoléon au défilé de Laffrey. À Metz, le 18 mars, le colonel Oudinot, outré de la désobéissance de ses soldats du 1er de hussards, fait feu contre l'un de ses hommes, s'empare du guidon de son régiment et se retire. Son père, le maréchal, passe plusieurs nuits, enfermé dans l'hôtel de son gouvernement au milieu de l'insurrection d'une partie des grenadiers et des chasseurs de l'ancienne Garde impériale qu'il commande, stationnés sur la place d'armes[3]. Il tiendra ainsi jusqu'au 25 mars contre les ordres du nouveau ministre de la Guerre de Napoléon, le maréchal Davout. Le 15, il avait convoqué les officiers de la garnison : « Le roi et l'honneur, voilà, messieurs, votre unique boussole. » Le maréchal Victor, qui, de son côté, tente d'organiser la résistance dans le gouvernement militaire voisin, tient à Châlons-sur-Marne jusqu'au 22 mars, avant de rejoindre le roi. Le 21 mars, le maréchal Gouvion-Saint-Cyr obligera la garnison d'Orléans à reprendre les couleurs du roi qu'elle avait abandonnées la veille. Il existe des cas encore plus extrêmes. Le colonel Moncey, le fils du maréchal, parviendra à contenir son régiment, le 3e de hussards, sur la route d'Orléans, malgré les nombreuses sollicitations bonapartistes, jusqu'au 27 mars. Des détachements des 5e, 10e et 11e de chasseurs opèrent toujours pour le compte du roi à Montauban, Cahors, Florac et

Mende dans les premiers jours d'avril. Il y eut même des combats isolés et quelques tués, comme à Langogne, le 29 mars, contre la gendarmerie de la ville passée à Bonaparte[1]. Le régiment du colonel Barré, le 6e de ligne, prêtait encore serment au roi à Avignon, le 8 avril. Le même jour, le 10e de ligne du colonel d'Ambrujeac resté fidèle au duc d'Angoulême, qui avait continué à se battre, seul, dans le Midi, déposait les armes en son nom à La Pallud, près de Valence. C'était le dernier. Mais ce sont là des exemples exceptionnels. La commission chargée, sous l'autorité du maréchal Victor, d'examiner après les Cent-Jours la conduite des officiers, en dénombrera une centaine ayant refusé de prêter serment à Napoléon, mais vingt mille seront mis à la retraite ou en non-activité[2]. On fera après les Cent-Jours ce qu'on n'avait pas fait avant : dissoudre l'armée et la réorganiser sur un pied entièrement différent.

La plupart des officiers se sont ralliés, en effet, soit devant Napoléon, soit après avoir pris connaissance de son entrée à Paris. Les menaces de guerre et d'invasion qui suivront feront plier les derniers. Beaucoup, parmi ceux qui avaient résisté jusqu'au dernier moment, serviront à Ligny et Waterloo pour soutenir leur réputation de soldats. Pour d'autres, la vertu patriotique l'emporte, désormais, sur le vieil honneur monarchique[3]. Mais la chose n'a pas été facile. C'est ce que signifiera le général Rapp, l'un des héros d'Austerlitz, à Napoléon lorsqu'il le rencontrera aux Tuileries le lendemain de son retour : « Vous conviendrez, Sire, que la position était pénible ; vous abdiquez, vous partez, vous nous engagez à servir le roi ; vous revenez. [...] Toute la puissance des souvenirs ne peut nous faire illusion[4]. » Comme l'écrivait au même moment le philosophe Joseph Joubert, l'ami de Chateaubriand : « Le difficile, ce n'est pas de faire son devoir, c'est de le connaître. »

Aux portes de Paris, toutefois, et devant Napoléon, les hésitations tombent. À quelques exceptions près, le sentiment dominant de la plupart des officiers qui se trouvent sur la route de Fontainebleau, ce 20 mars, est à peu près celui-ci : lorsqu'on a d'un côté des « pygmées » et de l'autre un « géant », il est difficile de tenir très longtemps (Thiébault). Ce jour-là, le « devoir instinctif », comme l'écrit Charles de Rémusat en un raccourci contradictoire, était du côté de Napoléon, pas du roi.

La route de Fontainebleau devient vite le rendez-vous couru de nombreux hauts dignitaires de l'ex-Empire, venus de Paris : les généraux Dejean et Flahaut, le fils naturel de Talleyrand, le comte de Lobau, le général Horace Sebastiani qui au passage rallie un régiment de ligne, le vieux maréchal Lefebvre qui n'en croit pas ses yeux. Mais, encore une fois, on n'est jamais aussi sûr d'un événement que lorsqu'il est advenu. Or rien n'était encore joué dans l'après-midi du 20 mars. Bien des officiers généraux, même parmi les proches de Napoléon, continuent d'avoir peur et hésitent. Planat de La Faye, un ancien aide de camp du général Drouot, qui se rend chez le général Gourgaud pour l'inviter à l'accompagner sur la route de Fontainebleau, trouve l'ancien officier d'ordonnance de l'empereur dans son lit, un grand bol de médecine sur sa table, se plaignant de douleurs d'estomac. Le soir même, il le croisera aux Tuileries en grand uniforme, gai comme un pinson. L'arrivée de Napoléon lui avait manifestement rendu la santé[1] ! À Essonnes, Napoléon retrouve Caulaincourt, son ancien et malheureux ministre des Relations extérieures, qui monte dans sa voiture. On aimerait savoir ce qu'ils se sont dit après une année de séparation. Les généraux se disputent déjà pour savoir qui aura les faveurs du maître. Le général de Montholon, le futur compagnon de Sainte-Hélène, « très surexcité » et l'« un des plus acharnés », selon Saint-Chamans, obtient de prendre le commandement provisoire des régiments de cavalerie ralliés. L'honneur d'escorter Napoléon à cheval, à la portière de sa voiture, revient au général Dommanget[2] qui, deux ans plus tard, sera arrêté pour conspiration bonapartiste et emprisonné à Lyon. Lavalette, qui n'était pourtant pas là, évoque l'enthousiasme des paysans massés le long de la route tout au long du parcours, peu avant Villejuif. À la barrière du Mont-Parnasse « cinq ou six cents personnes, toute populace », attendent « leur héros ». « Les cris, les vociférations, le tumulte furent extrêmes dans cet endroit[3] », rapporte encore Saint-Chamans. Le cortège prend alors les boulevards pour éviter les rues étroites du centre de Paris – d'autres parleront d'attentats à éviter – jusqu'aux Invalides, franchit la Seine, la longe rive droite et entre aux Tuileries par le guichet du pont Royal.

9.

Un grand effet de nuit

Au château, on attendait Napoléon avec de plus en plus d'impatience sans savoir l'heure exacte de son retour. On pensait qu'il arriverait peut-être le lendemain. On pensait aussi qu'il arriverait en conquérant, par la grille principale de l'arc du Carrousel, et une ligne de grenadiers de la Garde nationale avait été disposée en conséquence de ce côté. Des cuirassiers étaient échelonnés, formant la haie et tenant des torches sur la place du Carrousel, « mais, postés à une grande distance les uns des autres, ils n'interrompaient pas la circulation », précise un témoin de la scène. Jacques Boucher de Perthes, un administrateur du service des douanes, officier dans la Garde nationale, a également pris le temps de noter que le château lui-même n'était que faiblement éclairé par quelques lampions placés aux fenêtres. On est loin des grandes illuminations des fêtes de l'Empire. Dans Paris, seul l'hôtel du maréchal Ney est éclairé. « Au total, termine-t-il un peu nostalgique, ceci avait quelque chose de morne et de lugubre[1]. » « Il était déjà nuit, ajoute Alexandre de Laborde, et le mélange de clarté au-dedans, d'obscurité au-dehors, donnait à tout ce tableau un caractère particulier[2]. » Dans la cour, derrière les grilles, la musique de la Garde nationale, décidément pleine de bonne volonté, s'est mise à jouer quelques airs de circonstance : *Où peut-on être mieux qu'au sein de sa famille* ? et surtout *Veillons au salut de l'Empire* qu'on n'avait pas entendu depuis un an. Les escadrons du régiment de chasseurs du colonel de Saint-Chamans, arrivés les premiers, se rangent en bataille, face au château. Les canons amenés l'après-midi restent pointés devant les principales entrées des cours. Tout cela donne au château un air de forteresse assiégée, beaucoup moins celui d'un palais apprêté pour recevoir un souverain. Tous les observateurs notent qu'à l'extérieur comme à l'intérieur du bâtiment l'impatience et l'inquiétude l'emportent encore sur la joie.

Enfin, à neuf heures du soir, un tumulte se fait entendre du côté de la grille du Pont-Neuf, près du pavillon de Flore. L'empereur arrive précédé d'une troupe de lanciers, le sabre à la main. « La voiture était entourée d'un gros d'officiers à cheval, tous pêle-mêle », rapporte encore Boucher de Perthes. La foule se précipite alors vers la grille et y devient si compacte que la voiture ne peut plus avancer et s'arrête à plusieurs reprises entre les grilles et le perron du pavillon de Flore. Pris au plus épais de cette bagarre où les chevaux et les piétons se confondent, Boucher de Perthes, qui raconte la scène, ne voit pas grand-chose mais entend une formidable ovation. Ce sont les officiers à demi-solde qui « fous de joie » se bousculent autour de la voiture. Plusieurs dizaines d'années plus tard, leurs souvenirs seront encore pleins de l'émotion de ce moment extraordinaire. « Les cris de "Vive l'empereur !", partis simultanément de quatre ou cinq cents poitrines, étaient si énergiques qu'on en était assourdi, raconte Planat de La Faye. Sur le perron et dans le vestibule se trouvaient au moins trois cents officiers en demi-solde, dont les clameurs non moins bruyantes eurent un caractère particulier. C'étaient des phrases entrecoupées des sanglots, des vociférations contre les Bourbons, mêlés au cri de "Vive l'empereur !"[1]. » Lavalette parle d'« un cri à fendre les voûtes, un cri formidable », poussé par ces officiers, pressés, étouffés dans le vestibule du pavillon de Flore et remplissant « jusqu'au comble » le grand escalier qui mène aux appartements privés. Le capitaine Routier fait partie de ces officiers-là aux « habits râpés » et aux « épaulettes salies ». « Décrire ce moment n'est pas en mon pouvoir, il est impossible que des mots puissent le faire. [...] Heureux qui, comme moi, a été témoin de cette arrivée magique[2] ! » Napoléon porte sa « célèbre redingote grise » et son bicorne, le « chapeau qu'on lui voyait toujours en campagne[3] », comme dit le capitaine François, en connaisseur. Il n'est pas seulement là alors qu'on a du mal à y croire, il est là conformément à la légende, sorti tout droit et tout vivant d'une image d'Épinal. Pour Laborde, c'est une « apparition fantastique ». Elle est même surnaturelle et sainte pour ces officiers de la dernière chance tout juste sortis d'une année de retraite forcée. Nombreux sont ceux qui, pendant longtemps, commente le général Thiébault présent à cette scène, se vanteront « d'avoir baisé ou seulement touché ses vêtements[1] ».

À peine descendu de voiture au milieu de la foule qui l'empêche d'avancer, Napoléon est littéralement porté à bout de bras jusqu'à la porte de ses appartements au premier étage, malgré les ordres des généraux, dépassés par la situation. Les dames de la cour venues à sa rencontre en traversant les appartements jusqu'au palier du premier étage manqueront d'être à demi écrasées par un « flot d'officiers » descendus de l'étage supérieur pour le voir. Caulaincourt, qui accompagne Napoléon avec Bertrand, n'a que le temps de crier à Lavalette qui tente de le rejoindre : « Au nom de Dieu ! placez-vous devant lui pour qu'il puisse avancer. » « Il commença à monter l'escalier, raconte Lavalette. Je le précédais en avançant à reculons, à une marche de distance, le contemplant avec une émotion profonde, les yeux baignés de larmes et répétant dans mon délire : Quoi ! c'est vous ! c'est vous ! c'est enfin vous ! [...] Il montait lentement, les yeux fermés, les mains étendues en avant, comme un aveugle, et n'exprimant son bonheur que par un sourire[2]. » Au capitaine d'Hauteroche, qui est près de lui et le porte à demi, il se contente de dire : « Là, là, mon enfant, doucement, doucement[3]. » Les scènes aussi chargées d'émotion sont peu propices à la collecte de mots historiques ou de phrases définitives. L'ex-fuyard devait pourtant jubiler. À l'un de ses proches qui le décrit « vivement ému », il glisse en forme d'aveu : « Voilà le plus beau jour de ma vie[4] ». Pensait-il, ce soir-là, au jour où, jeune consul, il gravissait pour la première fois ces mêmes marches, le 19 février 1800 ? Par la suite, Thiers[5] puis Henry Houssaye voudront le faire pleurer, ce qui est peu probable lorsque l'on sait son extraordinaire maîtrise de soi, en toutes circonstances. Il y eut pourtant quelques instants – très rares dans sa vie – de laisser-aller, d'émotion et de joie profonde. Rentré dans « ses » appartements, il questionne tout le monde, commente sa folle expédition, embrasse de bon cœur les dames de l'ancienne cour et distribue à la cantonade les célèbres petites gifles amicales – sa « caresse favorite », dit

Fleury – déjà aussi légendaires que son chapeau. « Jamais je ne le vis aussi fou de gaieté », note encore Fleury qui exagère peut-être un peu[1]. Seule la reine Hortense est accueillie froidement pour sa facilité à avoir accepté un titre de duchesse et une pension de 400 000 francs des mains du roi. Mais très vite tout rentre dans l'ordre et, avant la fin de la soirée, Napoléon redevient l'empereur qu'il était autrefois. Le lendemain, le conseiller d'État Miot de Melito, venu faire sa cour aux Tuileries comme beaucoup d'autres, le trouve « calme au milieu de cette foule empressée » et ne remarque dans ses yeux « aucun signe d'étonnement ou d'exaltation ». « Il semblait que rien d'extraordinaire ne fût arrivé, et qu'il se trouvât là comme s'il n'avait jamais cessé d'y être[2]. » Ce n'est que plus tard que Mollien, son ministre du Trésor, et quelques autres, remarqueront les changements profonds d'un homme qui dit ne plus croire en son destin et montre « une espèce de lassitude qu'il n'avait jamais connue ». « Je n'avais plus en moi le sentiment du succès définitif », dira Napoléon lui-même, à Sainte-Hélène[3]. En revanche, presque tous les témoins de la scène ont signalé les traces physiques de son exil de l'île d'Elbe. Saint-Chamans, qui l'aperçoit dans sa voiture sur la route de Fontainebleau, le trouve « engraissé et très bruni[4] ». Le jeune James Gallatin, qui le verra passer une revue dans la cour des Tuileries quelques jours plus tard, note sans indulgence : « Il est gros, a l'air très terne [*dull*], ennuyé et fatigué[5]. »

Car il existe une variante – c'est le moins que l'on puisse dire – à cette scène du retour de Napoléon aux Tuileries, décrite avec tant d'enthousiasme par ses partisans. Elle nous vient des royalistes. Eux aussi, du moins certains d'entre eux, étaient là, mais, manifestement, ils n'ont pas vu ni surtout entendu la même chose. Notre jeune garde du corps et futur diplomate, le chevalier de Cussy, qui, entre-temps, était sorti dans les cours, entend de loin « quelques cris isolés de "Vive l'empereur !" mais pas d'acclamations spontanées ». « J'entendis bien, vers les neuf heures, quelques vociférations, ajoute l'abbé Rocher, toujours caché dans les combles du pavillon de Flore, mais j'appris le lendemain qu'elles avaient été excitées par l'argent et le vin que l'on avait fait distribuer[6]. » Rien de spontané ni de naturel donc. Cette arrivée de nuit n'est pas seulement « indigne » de Napoléon, elle est aussi de mauvais augure. Elle n'annonce rien de bon et préfigure le triste cortège des morts de Ligny et de Waterloo, en juin. On publiera par la suite de nombreuses caricatures montrant Napoléon entrant aux Tuileries dans sa berline, entouré d'oiseaux de proie, une chauve-souris au-dessus de sa tête et deux chouettes accrochées à sa voiture en guise de laquais[1].

On s'étonne presque que les partisans de Bonaparte n'aient pas su intégrer cette arrivée nocturne de leur héros à sa légende. Après tout, le clair-obscur de ce retour miraculeux aurait très bien pu s'accorder à ce goût spécifiquement romantique pour l'infini et la nuit qui forme par ailleurs le décor et comme la toile de fond du drame de Sainte-Hélène. Fleury de Chaboulon lui-même, qu'on ne peut pas soupçonner d'être hostile à Napoléon qu'il a rejoint à l'île d'Elbe, regrettera cette arrivée nocturne et manquée, sans « la pompe et l'éclat qu'elle devait avoir ». Elle prête le flanc, dit-il, à la critique royaliste qui prétendra par la suite, sans se gêner ni se priver, que « le perturbateur de la France et de toute l'Europe, comme on disait alors dans les milieux hostiles, avait été forcé d'entrer la nuit dans Paris pour échapper à la vengeance et aux malédictions publiques[2] ». Les esprits chagrins, en effet, ne manqueront pas d'insister sur les rapports d'analogie du tyran à la nuit, et d'accabler un Bonaparte déjà déchu rentrant « caché dans sa petite voiture », « en voleur, comme il était revenu de la Berezina et comme trois mois plus tard il devait revenir de Waterloo[3] ».

10.

L'étoile et le destin

Il n'en reste pas moins que sur le moment – et presque à l'unanimité – cet extraordinaire retour de Napoléon dans son ancienne capitale, cette « invasion d'un seul homme » (Chateaubriand) va d'abord être considérée comme la preuve par les faits que même à l'île d'Elbe, Napoléon avait su garder intacte « cette puissance d'imaginer et d'agir qui le sépare du reste de l'humanité [1] ». Chateaubriand parle à ce propos en tentant d'expliquer les raisons profondes de son succès de « la nature » et de la « nécessité de son génie » [2]. Napoléon y croyait certainement lui-même. Marmont rapporte dans ses Mémoires le curieux dialogue que ce dernier eut avec son oncle, le cardinal Fesch, alors que tous deux étaient au château de Fontainebleau, peu après la bataille de Wagram. Fesch lui reprochait sa conduite à l'égard du pape. À bout d'arguments, Napoléon le prit alors par la main, ouvrit une fenêtre et le conduisit sur un balcon :

« Regardez là-haut, voyez-vous quelque chose ?

– Non, lui dit Fesch, je ne vois rien.

– Eh bien, sachez donc vous taire, moi, je vois mon étoile ; c'est elle qui me guide. Ne comparez pas vos facultés débiles et incomplètes à mon organisation supérieure [3]. » « Les comètes, ajoute Chateaubriand, décrivent des courbes qui échappent au calcul [4]. » À l'île d'Elbe, Napoléon croyait certainement encore en son étoile. Lorsqu'on a été revêtu d'une si extraordinaire puissance, on ne songe pas un instant qu'elle puisse vous abandonner, surtout au milieu d'un « carré de choux », comme l'écrit encore Chateaubriand. Comment un homme comme

Napoléon pourrait-il s'accommoder d'un rocher de vingt-six kilomètres de côté, où il n'y a rien à faire ? « Je suis persuadé qu'un long repos est impossible à Bonaparte », écrivait déjà Beugnot dans son dernier rapport de police au roi, le 3 décembre 1814 [1]. On n'est pas, avec l'ex-empereur, dans les parages de la banale ambition ou du simple goût du pouvoir, mais dans ceux de la conviction transcendantale : la France m'appartient et je suis le seul à pouvoir l'incarner. Dès lors, la « Fortune », dans le sens du destin, vous est complice jusqu'à pouvoir la rudoyer sans qu'elle vous abandonne pour autant. « Il vaut mieux être impétueux que circonspect ; car la fortune est une femme : pour la tenir soumise, il faut la traiter avec rudesse » – ces mots sont de Machiavel [2]. Si la « providence » est presque toujours « divine » et relève de Dieu – c'est ce mot qui est le plus souvent utilisé du côté des royalistes –, la « fortune » est sa compagne laïque. Elle tient aux chances d'un homme qui agit seul. Au-delà des considérations politiques et tactiques sur lesquelles on reviendra, il y a quelque chose d'un formidable coup de poker – un « coup de maître », dira Talleyrand à Vienne, le 7 mars – dans la décision prise par Napoléon de revenir au pouvoir. « Le sort en est jeté ! » aurait-il dit en montant à bord de l'*Inconstant*, le 26 février [3]. Guizot, pour qui, par ailleurs, « jamais la grandeur personnelle d'un homme ne s'était déployée avec un plus foudroyant éclat », est l'un des seuls à insister là-dessus : « [Sa situation] était celle d'un joueur effréné, complètement ruiné quoique encore debout, et qui joue seul, contre tous ses rivaux réunis, une partie désespérée, sans autre chance qu'un de ces coups que l'habileté la plus consommée ne saurait amener, mais que la fortune accorde quelquefois à ses favoris [4]. » En quittant l'île d'Elbe, Napoléon est plus que jamais le joueur d'échecs qu'il a toujours été. Avoir plusieurs coups d'avance. Aux échecs, on anticipe les coups de l'adversaire plus qu'on ne les évalue.

Tout relève de l'extraordinaire dans cette aventure : l'épopée et la puissance que ne manque pas de donner la Révolution à ceux qui savent invoquer son génie, les mots pour la servir, à commencer par ceux de sa proclamation au peuple français datée de Golfe-Juan, le 1er mars : « L'aigle avec les couleurs nationales volera de clocher en clocher jusqu'aux tours de Notre-Dame. » L'incroyable rapport de force aussi, d'un homme presque seul accompagné d'un petit groupe de fidèles et des « grognards » de l'île d'Elbe, face à une armée entière, « sans qu'un coup de fusil ne soit tiré ». Les partisans de Bonaparte sont évidemment conquis. Même certains de ses ennemis applaudissent à l'exploit. Mme de Staël, qui avait pourtant de bonnes raisons, pour avoir goûté à l'exil sous l'Empire, de détester l'entreprise, parle « de la plus grande conception de l'audace que l'on puisse citer dans l'histoire ». À l'un de ses amis, elle dira un peu plus tard : « J'avais voulu écrire la vie de Napoléon, mais maintenant j'écrirai les aventures de Bonaparte » ; « et cette fois, elle disait vrai, commente le baron de Frénilly, elle qui avait tant de fois mendié un de ses regards [1] ». Lorsque, au début du mois de mars, on insinuait à Fontanes, l'ancien grand maître de l'Université et adulateur de Napoléon, qui pourtant restera fidèle aux Bourbons, que la nouvelle du débarquement était « affreuse », il répondait : « Oui, mais ce qu'il y a de pire, c'est que cela est superbe [2]. » Les plus lucides, surtout parmi les libéraux, mettent cependant un bémol aux applaudissements. Benjamin Constant a bien compris ce qui s'est vraiment passé, lorsqu'il sépare l'homme de sa légende : « Le nom de Napoléon marche devant lui [3]. » Mais il n'en tire pas toutes les conséquences, comme se risque à le faire par exemple un Charles de Rémusat qui, tout en parlant de la marche de Napoléon sur Paris comme du « dernier spectacle grandiose de sa vie », s'interroge sur les influences respectives du prestige et du génie dans cette entreprise : « Le vrai, c'est que le prodige n'était pas grand. Il est fort difficile, prodigieux si l'on veut, d'être un Bonaparte ; mais quand on l'est une fois et dans les circonstances où se trouvait la France, le 20 mars était facile. Le mérite de l'Empereur est de l'avoir compris. Mais il nous a conquis avec son passé plus qu'avec son génie [4]. » Dans le vol de l'aigle, il y a le vol, bien sûr, mais l'aigle était déjà là.

Quelle que soit la part de l'homme et de sa légende, dans les milieux les plus royalistes on a en tout cas très vite compris qu'en accusant Napoléon d'un vaste complot qui aurait eu des ramifications sur l'ensemble du territoire on minimisait son succès personnel en réduisant le prestige de son entreprise aux derniers soubresauts d'une révolution de l'ombre qui n'en finirait pas d'agoniser. Il s'agit de réduire l'épopée, de la faire crever comme un ballon de baudruche, d'autant que jamais peut-être une génération, qui en a pourtant tant vu, n'a eu à ce point l'impression de se retrouver de plain-pied dans la légende. Lorsque le très sérieux diplomate suisse Jean-Gabriel Eynard apprend la nouvelle, il a dans son Journal cette réaction caractéristique : « Quand on voit tout ce qui se passe, on trouve que les *Mille et Une Nuits* se réalisent et que tout va par les coups de baguette de quelque magicien invisible[1]. » Tout y passe, les contes et légendes, les temps héroïques et la mythologie. « Cela retentira jusqu'au Kamtchatka », dit Ney alors qu'il est en train de se rallier à Napoléon. Sa réaction est celle d'un homme littéralement grisé par les vapeurs de la légende. Presque tous les témoins de la scène des Tuileries, le soir du 20 mars, qu'ils aient été hostiles ou favorables à Napoléon, ont été emportés par la grandeur de l'événement. « Cette scène, explique Laborde, notre adjudant-major des gardes nationales, avait quelque chose de gigantesque, de disproportionné avec les événements humains. Un soldat parvenait, pour la seconde fois, à s'asseoir sur le trône d'un grand empire non plus par des gradations marquées, non plus à l'aide de services éclatants, ou brillant d'une gloire nationale ; mais seul, sortant de l'exil, à la face du monde entier qui l'avait rejeté ; n'ayant pour appui que des souvenirs ; pour séduction que des espérances[2]. » Le général Thiébault, lui, n'hésite pas à franchir le pas : « Je crus assister à la résurrection du Christ ; de fait, après un rôle surnaturel, après des malheurs dans l'affliction desquels le ciel semblait intervenu, le miracle de son retour achevait de faire de cet homme un être plus qu'humain[3]. » Seuls quelques mauvais esprits royalistes trouveront qu'en se ressaisissant si rapidement du pouvoir Napoléon a fait « un pacte avec Satan », voire qu'il est Satan lui-même.

Cette légende du « miracle » du 20 mars aura la vie dure et traversera toute la première moitié du XIXe siècle. Elle hantera l'imagination des anciens grognards au cours des veillées paysannes de la monarchie bourgeoise. On se souvient du récit pittoresque du sergent Goguelat, imaginé par Balzac dans *Le Médecin de campagne* publié en 1833. Le vol de l'aigle y occupe la place centrale : « [Napoléon] met le pied sur la France, la France le reconnaît, le sacré coucou s'envole de clocher en clocher, toute la France crie : "Vive l'empereur !" [...] Il avait repris sa chère France, et ramassé ses troupiers en ne leur disant que deux mots : "Me voilà !" C'est le plus grand miracle qu'a fait Dieu ! Avant lui, jamais un homme avait-il pris d'empire rien qu'en montrant son chapeau[1] ? » L'enthousiasme d'une partie du peuple français pour Napoléon sous la Restauration et la monarchie de Juillet est largement fondé sur cette mémoire du 20 mars. Dans un certain sens, l'événement relance la légende et permet aux partisans de Napoléon de reprendre l'initiative politique. Certains lieux du parcours emprunté, comme Grenoble ou Lyon, deviendront autant de « lieux de mémoire », de réunions et de troubles politiques. Chaque année, les rumeurs de mars refont surface. Napoléon va revenir ! Le mois des giboulées aura la fâcheuse réputation d'être aussi le mois de tous les dangers : « L'époque du mois de mars, lit-on dans un rapport de police de février 1817, signalée plusieurs fois par des événements extraordinaires est toujours choisie par la malveillance qui profite des dispositions de beaucoup d'hommes à une excessive crédulité[2]. » Parallèlement, toute une iconographie clandestine magnifiera le vol de l'aigle en insistant surtout sur la revanche de Napoléon contre les Bourbons. Le thème de l'aigle dévorant ou écrasant les lys est ainsi décliné à l'infini : dessins, caricatures, dont l'historien indien Sudhir Hazareesingh a fait brillamment l'inventaire dans sa *Légende de Napoléon*.

Ce n'est pas un hasard. Car ce qui a le plus frappé les esprits de ceux qui ont pu assister, à vingt-quatre heures de distance, à la fois au départ du roi, le 19 mars au soir, et à l'arrivée de Napoléon, le 20, c'est le contraste extraordinaire qui sépare les deux scènes. On en a fait une sorte de *leitmotiv* obligé des figures opposées de la vieillesse et de la jeunesse, de la faiblesse et de la vigueur, de la douceur et de la violence, qui vont finir, elles aussi, par s'inscrire dans la légende. Certains de ces récits, comme celui d'Alexandre de Laborde, ont été publiés très tôt, dés 1815, d'autres, sous la monarchie de Juillet. Tous ont marqué les esprits. « J'ai vu dans la même journée, écrit l'architecte Fontaine dans son Journal, à peu d'heures de distance, un roi sexagénaire, infirme, forcé d'abandonner les rênes de l'État que ses mains laissaient tomber. [...] J'ai vu ensuite l'homme qui, après quinze années des plus brillants succès, abandonné, trahi, vaincu, forcé de céder aux armées de toute l'Europe coalisée contre lui, injurié, calomnié jusqu'à l'humiliation, qui, déporté et condamné à passer le reste de sa vie dans une île de quelques lieues, est revenu presque seul [...], s'est de nouveau présenté à la fortune qui depuis quelque temps avait cessé de lui être fidèle, et lui a montré cette audace, ce courage, que tant de fois elle avait favorisés. Je l'ai vu, après avoir traversé deux cents lieues en triomphateur, descendre au palais des Tuileries [...] et retrouver sans autre appui que son nom toute l'étendue de sa puissance[1]. » Fontaine, dont le cœur penche pour Napoléon, voit dans ces deux scènes, deux France très différentes et presque caricaturées. Le 19 mars, « une troupe de vieux courtisans » sans âge, ni volonté ; le 20, « des hommes dans la force de l'âge couverts pour la plupart de blessures honorables, pleins de santé [et] bouillants de courage ». C'est comme cela – et il existe de nombreux autres récits de ce type – que l'on a fait d'une Restauration jusqu'alors forte des promesses de liberté qu'elle annonçait la résurrection fantomatique d'un Ancien Régime anachronique et déclinant. Sur un mode moins polémique et plus favorable à Louis XVIII, Laborde compare encore l'enthousiasme et les « cris de joie » du 20 mars aux « soupirs » et aux « sanglots » de la veille. Et, voyant Napoléon gravir ce même escalier du pavillon de Flore que le roi venait à peine de descendre, il en imagine « les rampes [...] encore humides des larmes dont elles avaient été inondées. À la place de cette grandeur terrible, on se représentait une dignité douce, une noble candeur, et surtout cette bonté touchante, cette bonté sans laquelle, dit Sénèque, il n'est point de vraie grandeur[2] ». Toute une génération romantique s'est littéralement nourrie de cette esthétique du contraste et de l'irrationnel, quelque part entre l'impuissance des hommes et la force redoutable et facétieuse du destin.

11.

L'empereur du peuple

Il en est encore d'autres qui ont vu dans l'immensité de l'événement les raisons de l'indifférence d'une grande partie du peuple face à un bouleversement qui ne pouvait être compris, précisément à cause de son caractère extraordinaire. Car, à Paris, si les abords des Tuileries sont envahis par la foule dans la soirée du 20 mars – le général Thiébault, dans son enthousiasme, compte près de vingt mille personnes –, le reste de la ville, à l'exception des environs du Palais-Royal, est calme et désert. Les partisans de Napoléon devront même s'excuser d'un changement de parcours de dernière minute et plaider la surprise, pour expliquer l'absence du peuple sur la route de Napoléon, des barrières aux Tuileries. « L'événement était-il au-dessus de la portée des âmes communes ? » s'interroge Lavalette. Ou bien y avait-il à ce moment-là suffisamment de conscience et de lucidité silencieuse pour mesurer la portée tragique de la situation ? Les réponses à cette relative apathie d'une bonne partie de la population parisienne, toutes classes confondues, sont sans doute plus prosaïques. La dépolitisation du peuple sous l'Empire, l'efficacité policière, l'absence de meneurs et d'encadrement, la lassitude générale après tant de révolutions, de guerres et de bouleversements, la reprise économique aussi et le besoin pour certains de jouir tranquillement des fruits de leur travail, la peur du lendemain et de la guerre, l'« égoïsme qui est la maladie des grandes villes [1] », comme l'écrit le chevalier d'André, directeur de la police, dans l'un de ses rapports, sont autant de raisons qui peuvent être avancées sans que l'une ne l'emporte sur l'autre.

Du côté de la bourgeoisie, le *leitmotiv* du moment est toujours le même : « Il convient d'attendre », à l'image de ce marchand du Mans qui, en voyage d'affaires à Paris en mars, se réjouit de ne pas avoir conclu de marchés[1]. La situation ira d'ailleurs en s'aggravant. L'argent deviendra rare et le crédit s'en ressentira, à tel point que un mois après le 20 mars, note un témoin, presque toutes les maisons de commerce de Paris auront renvoyé plus de la moitié de leurs employés et de leurs commis[2]. La dépression du commerce et des affaires, générale en France sous les Cent-Jours, a certainement joué contre Napoléon. La bourgeoisie boude et n'a pas confiance. Les royalistes vont y trouver un prétexte politique à leurs attaques. L'attentisme prudent, voire hostile de la frange la plus éclairée de la population les autorise, par extrapolation, à reprendre l'argument de l'« indifférence » du peuple au retour de Napoléon. Cela est en partie vrai. Le mot revient sans cesse dans les bulletins de police d'une large partie du pays, qui convergent vers Paris, avant et après le 20 mars – quand ils n'indiquent pas des noyaux de résistance franchement royalistes[3]. « Ils attendent à venir », dit des habitants de Strasbourg le préfet Kergariou, le 13 mars[4].

On a évoqué la force des événements. L'« indifférence » du peuple dont les royalistes parlent tant leur permet du même coup de prendre Napoléon en flagrant délit d'usurpation. Si le peuple n'est pour rien dans son retour, l'armée, elle, joue un rôle de premier plan. La morale de la fable est ainsi déclinée sur tous les tons : « La raison du plus fort est toujours la meilleure. » Et elle n'est évidemment pas le fait du plus grand nombre. Le jeune Frédéric Rilliet, le fils d'une riche famille de banque de Genève, au service de la maison militaire du roi, qui traverse Dijon en route pour Paris, le 12 mars, parle ainsi de « l'indifférence » du peuple qui, dit-il, se contente d'attendre que « les baïonnettes lui donnent un maître »[5]. Même son de cloche de la part de Fanny d'Arblay, une Anglaise, femme d'un général resté fidèle au roi et qui, ayant quitté Paris le 20, traverse les villes du nord de la France : « La population, autant qu'on pouvait s'en rendre compte, attendait passivement les événements. Les autorités semblaient s'être démises elles-mêmes de leurs fonctions jusqu'à ce que le droit du plus fort eût indiqué qui était le maître[6]. » Pour les royalistes, le retour de Napoléon ne s'explique donc pas seulement par le complot, mais ressemble singulièrement à un coup d'État appuyé par des baïonnettes.

Sur le papier, c'en est un, en effet. Les autorités légales – souveraineté, Constitution, gouvernement, Chambres – sont renversées par un homme qui a officiellement abdiqué son pouvoir un an auparavant. Mais, du strict point de vue de la légalité, ces autorités, mises en place d'avril à juin 1814 à la suite d'un autre coup de force contre Napoléon lui-même, l'étaient-elles beaucoup plus ? Pour le reste, le discours de justification de sa prise de pouvoir par le vainqueur est toujours le même. Celui d'une légitimité qu'il incarne nécessairement, supérieure à la légalité du régime concurrent. C'est le discours du général de Gaulle à Londres en 1940, celui que rapporte Peyrefitte en 1963 : « Les questions d'autorité, de subordination, d'ordre social sont résolues par la loi et le règlement. Mais quand il y a une urgence nationale, comprenez-vous, un péril public, des questions qui sont résolues une fois pour toutes peuvent se poser à nouveau en d'autres termes. Le critère des critères, c'est l'intérêt du pays, qui doit toujours primer. L'État en est le garant. Si la légalité est défaillante, la légitimité *doit* s'y substituer [1]. » Napoléon ne dit pas autre chose dans ses proclamations de Golfe-Juan et de Lyon. Lui aussi parle de l'intérêt supérieur d'une nation diminuée, humiliée et bafouée par ses ennemis européens et par les Bourbons qui n'en sont que les satellites, lui aussi dit tenir sa légitimité du peuple : « Élevé au trône par votre choix, tout ce qui a été fait sans vous est illégitime [2]. »

Autant les royalistes se sont donné beaucoup de mal pour mettre le peuple entre parenthèses et démontrer que celui-ci n'a en rien contribué au retour au pouvoir de Napoléon – l'armée, seule, est la grande coupable –, autant leurs adversaires vont tenter de prouver le contraire. Napoléon mettra un grand prix à convaincre que son retour n'est pas dû à un mouvement militaire, et qu'il n'aurait pu se faire sans l'adhésion du peuple. Le peuple parisien n'était pas là, certes, celui d'une bonne partie du pays n'a pas bougé avant le 20 mars, quand il n'a pas manifesté en faveur du roi dans les villes du Midi, du Sud-Ouest et du Nord, mais celui des départements de l'Est, lui, s'est précipité le long de la route qui le conduisait à sa capitale. C'est ce qu'il dira à Benjamin Constant au cours des entretiens qu'il aura avec lui en avril : « Le peuple, ou si vous l'aimez mieux, la multitude, ne veut que moi. Vous ne l'avez pas vue, cette multitude se pressant sur mes pas, se précipitant du haut des montagnes, m'appelant, me cherchant, me saluant. [...] Je ne suis pas seulement, comme on l'a dit, l'empereur des soldats, je suis celui des paysans, des plébéiens de la France. [...] Aussi, malgré tout le passé, vous voyez le peuple revenir à moi. Il y a sympathie entre nous[1]. » À Sainte-Hélène, il ne cessera d'insister sur les masses paysannes et citadines venues l'acclamer le long de la route de Paris. Las Cases parle des « vingt mille âmes » massées sous les fenêtres de sa résidence à Lyon. « L'empereur nous dit souvent que, s'il l'eût voulu ou ne s'y fût pas opposé, il eût traîné avec lui à Paris deux millions de paysans. À son approche, toutes les campagnes se levaient en masse ; aussi répète-t-il souvent qu'il n'y a eu de véritable conspirateur que l'opinion[2]. »

Mais de quoi sont faites ces « masses » évoquées par Napoléon ? Benjamin Constant esquisse là-dessus une hypothèse, dans ses *Mémoires sur les Cent-Jours* : « Ses partisans véritables étaient les habitants des campagnes, qui avaient peu souffert des vices de son administration antérieure, la conscription exceptée, et qui avaient eu à supporter, plus que toute autre classe, les outrances de la noblesse, dont l'arrogance, durant sa courte prospérité, venait de réveiller des haines un peu amorties par de longs malheurs. Ce fut par ces campagnards que Bonaparte se vit entouré, porté en triomphe, dès qu'il eut touché le sol de la France[3]. » On verra plus loin ce qu'il en a été des vexations de l'ancienne noblesse encouragée par le retour de « ses » princes au pouvoir, à l'encontre des paysans. Quoi qu'il en soit, le spectre du retour des droits féodaux a joué un rôle certain dans un monde largement illettré et encore très crédule, où la rumeur l'emporte sur l'écrit. La simple restauration des Bourbons, quelles qu'en aient été les conditions, a suffi, pour certains, à reveiller les craintes d'un Ancien Régime encore très proche, avec son cortège d'inégalités et de vexations. Les adversaires du nouveau régime n'ont d'ailleurs pas manqué de les attiser. Des imprudents nostaligiques du passé, bavards impénitents, ont fait le reste. « Les paysans témoignent la plus grande joie d'une révolution qui ne leur permet plus de craindre le retour de la mainmorte et de la dîme », note Charles Weiss à Besançon, dans les premiers jours d'avril[1]. La première Restauration a souffert, sur ce plan comme sur beaucoup d'autres, d'un « mal d'imagination », beaucoup plus que d'un « mal réel », comme le dit justement Thiers à propos du Directoire[2].

En fin politique, le fugitif de l'île d'Elbe a senti cela. Il s'en est servi en faisant de la peur et de la haine de la noblesse et du clergé, une arme de guerre et de reconquête du pouvoir tout aussi efficace que le canon. Dès le 1er mars, dans sa proclamation aux Français de Golfe-Juan, il se montre inflexible et presque manichéen. L'ancienne noblesse, les émigrés, le clergé que les Bourbons ont voulu favoriser depuis leur retour au pouvoir sont « les ennemis du peuple qui, depuis vingt-cinq ans, les a condamnés dans toutes nos assemblées nationales ». Toutes ses autres déclarations sont de la même eau. À Grenoble, le 7 mars, il stigmatise l'« insolence de la noblesse » et les « prétentions des prêtres ». « Vous vous êtes laissé mener par eux, dit-il encore au président du tribunal civil d'Autun, le 15 mars, mais j'en ferai justice. Je les lanternerai[3]. » À Auxerre, il se prétend encore « le père des pauvres » et décore tous ceux qu'il rencontre du titre de « citoyen ». Ce n'est plus Napoléon, c'est Bonaparte revêtu du bonnet rouge comparant le régime des Bourbons à celui du « joug de la féodalité », menaçant sans cesse les autorités rencontrées sur sa route du spectre « des dîmes, des privilèges et des droits féodaux » si elles devaient persister à rester fidèles à des princes d'un autre temps – un « Robespierre à cheval » comme le disait déjà Mme de Staël aux lendemains du coup d'État du 18 Brumaire.

Sur son passage, le terreau est favorable et le message passe. Diverses raisons expliquent cet « enthousiasme » des populations de l'Est de la France qui le saluent comme un libérateur. Les historiens s'accordent en général pour souligner la domination, dans ces régions plus que dans d'autres, de la petite et moyenne propriété agricole[4]. Les tenants de ces « démocraties rurales », indépendantes, relativement homogènes et dominantes sur le plan économique, seront plus sensibles que d'autres au discours de celui qui va se présenter à eux comme le champion des idéaux de 1789 et qui fait passer le principe d'égalité devant celui de liberté. À ceux qui lui réclameront des « institutions libérales », il répondra quelques jours après son retour à Paris : « Le pays a plus soif d'égalité que de liberté. [...] Je veux de l'égalité pour tous dans les moyens de parvenir ; c'est la passion du siècle, il ne faut pas la froisser[1]. » C'est une constante de la pensée de Napoléon. Il le répétait déjà sous l'Empire. Il y a bien cette différence entre l'Empire et la Restauration que, d'un côté, on a toujours plus insisté sur le principe d'égalité – civile, cela va de soi, et non pas politique ni encore moins économique – et, de l'autre, sur le principe de liberté. C'est une question d'état d'esprit et un vrai paradoxe lorsque l'on sait que le principe d'égalité n'est à aucun moment évoqué dans les Constitutions de l'Empire alors qu'il figure en bonne place dans celle de la Restauration. On y lit à l'article premier : « Les Français sont égaux devant la loi, quels que soient d'ailleurs leurs titres et leurs rangs. » Il faut faire la part, aussi, des traditions républicaines et patriotiques des régions frontières plus menacées que d'autres par la guerre et qui ont payé un lourd tribut à l'invasion des armées européennes, principalement russe et autrichienne, l'année précédente. Le degré de déchristianisation enfin, l'anticléricalisme virulent de certains, que Napoléon, comme on l'a vu, a pris grand soin d'attiser en accusant systématiquement les « prêtres » d'avoir voulu soumettre le peuple, ont été aussi, et sans doute plus qu'on ne l'a dit, des facteurs de ralliement.

Le clergé avait été pourtant largement associé au pouvoir par Napoléon. On est également loin, sous la première Restauration, d'assister à la résurrection d'un quelconque « parti prêtre », soutenu par un régime qui avait par ailleurs reconnu la liberté des cultes dans sa Constitution. L'obligation de chômer le dimanche, imposée par une ordonnance du 7 juin 1814 est restée très formelle – et peu respectée ; les prêtres manquent et n'ont en aucun cas le pouvoir qu'ils auront à l'époque des grandes missions de rechristianisation du pays dans les années 1820, où à celle de la reconquête catholique des années 1860. Mais les exigences renouvelées d'un clergé qui relève la tête à la faveur du retour des Bourbons, qui n'hésite pas à critiquer la Révolution en chaire, et organise, avec zèle, les cérémonies de commémoration de ses victimes, suffisent à réveiller un vieil anticléricalisme qui, dans certaines régions, remonte à l'Ancien Régime.

C'est de la conquête des esprits plus que du pouvoir qu'il est question ici. Le peuple est tenu de s'associer au passage des processions religieuses du 14 juin (Fête-Dieu) et du 15 août (vœu de Louis XIII), redevenues publiques[1]. Il est invité à prier avec les autorités à la mémoire de Louis XVI, de Marie-Antoinette, de Madame Élisabeth, de la princesse de Lamballe, des gardes du corps de la reine massacrés à Versailles le 6 octobre 1789, de Cadoudal[2]. À Paris la translation des cendres supposées du roi et de la reine martyrs, le 21 janvier 1815, à Saint-Denis, n'a pas été du goût de tout le monde[3]. Toutes les villes de France se sont ainsi transformées en autant de capitales du deuil. La compassion et les larmes sont au cœur de ce processus de rachat. Mais la politique n'en a pas été absente pour autant. Dans l'esprit d'un certain nombre de royalistes, parmi les plus fervents, vingt-cinq ans après la Révolution, la terreur a pris des allures de machine de guerre sociale. Certes, l'arbitraire constitue l'essence efficace et sans appel de toute terreur, mais cet arbitraire s'est exercé en priorité contre certains : les princes, les prêtres et la noblesse. On oublie évidemment, sous la première Restauration, de commémorer les victimes « roturières » de la terreur. Il n'en reste pas moins vrai que cette obsession de la commémoration des victimes de la Révolution va prendre sous la Restauration un sens mémoriel qui n'est pas sans anticiper, dans une version cette fois laïcisée, celui qui nous habite encore aujourd'hui, soixante ans après la Seconde Guerre mondiale. Tout passe et rien ne doit s'oublier, mais pas toujours pour les mêmes raisons. Évidemment, en 1814, les réactions ont été souvent à l'encontre de ce qui était espéré. Le « nuage d'encens funéraire » (Rémusat) de la Restauration, tant de manifestations solennellement ennuyeuses et hyperboliquement sentimentales n'ont fait que réveiller les vieilles haines qui couvaient. Surtout dans les régions les plus traditionnellement hostiles à un clergé, fût-il concordataire, souvent associé à la contre-Révolution.

Le peuple semble bien présider au retour de Napoléon. Tous les historiens des Cent-Jours l'ont souligné en reprenant surtout l'image des « milliers de torches » (Houssaye) portées par les paysans du Dauphiné, à Grenoble, dans la nuit du 7 mars. Il n'y eut pas que les milliers de paysans de Grenoble ou de Villefranche, venus en masse des villages avoisinants pour voir et acclamer le grand homme. Ceux qui ont laissé une relation de la marche de Napoléon ont insisté aussi sur l'effervescence d'une partie du petit peuple des villes, le long du parcours de Napoléon. À Gap, c'est ce même « peuple » qui empêche le préfet et le général commandant le département de mettre la ville en état de défense. À Grenoble, ce sont les « charrons du faubourg Saint-Joseph » qui brisent la porte de Bonne pour laisser entrer Napoléon. À Lyon, ce sont les canuts des ateliers de soierie qui entreprennent le 10 mars de démonter les barricades des ponts du Rhône, destinées à l'empêcher de passer. À Autun, le 12, ce sont les « ouvriers tanneurs » des faubourgs conduits par d'anciens gendarmes qui assiègent l'hôtel de ville, entrent dans la cathédrale et arborent le drapeau tricolore. Dans les dépositions du procès de La Bédoyère qui aura lieu après les Cent-Jours, le colonel Gérin, du 4e d'artillerie, parlera de « populace en délire ». Ce sont pourtant toujours des membres de la petite bourgeoisie libérale ou administrative qui seront condamnés en justice, lorsqu'on prononcera contre eux après les Cent-Jours : avocats, personnels des administrations préfectorales, fiscales ou judiciaires (greffiers, receveurs généraux, conseillers de préfecture), mais aussi militaires (officiers de gendarmerie, sans parler des officiers en demi-solde dont le rôle est déterminant). On ne saura jamais le rôle exact – ses intentions, son importance – de ce petit peuple des villes qui contribue dans ces régions à faire proclamer Napoléon.

Les villes qui se trouvent sur le passage de Napoléon ne sont pas les seules touchées. De nombreuses autres se soulèvent de part et d'autre de sa route, à la nouvelle de son approche, des bords du Doubs aux rives de la Loire. Le drapeau tricolore, toujours aussi symbolique, flotte bien avant le 20 mars à Arbois, Poligny, Dole, Beaune, Auxonne. Une insurrection bonapartiste éclate à Autun le 12 mars, trois jours avant l'arrivée de Napoléon ; à Dijon, le 13 ; à Nevers, dans la nuit du 14 au 15 mars. Le mode opératoire de ces soulèvements urbains est presque toujours le même : prise de la mairie, de la préfecture ou même de l'église du lieu, suppression des symboles monarchiques, érection du drapeau tricolore et procession du buste de Napoléon. Les demi-solde réunis par le gouvernement royal au chef-lieu de leur département donnent souvent l'impulsion, comme à Besançon, le 21 mars [1], ou à Strasbourg, le 23. Dans certaines villes, les autorités sont malmenées. À Nevers, dans la nuit du 14 mars, le préfet Fiévée, acculé contre un mur, est contraint par la foule de crier : « Vive l'empereur ! [1] » À Strasbourg, le préfet Kergariou doit en faire autant dans la nuit du 23 mars, à la lueur des torches, dans la cour de sa préfecture envahie par une troupe d'officiers [2]. Dans d'autres, elles sont mises en fuite, puis, parfois, reviennent jusqu'à la nouvelle définitive de l'entrée de Napoléon dans Paris. À Autun, l'autorité royale est ainsi momentanément restaurée dès le lendemain de l'insurrection, avec l'aide des gardes nationales urbaines. Le conseil municipal se déclare en permanence. La plupart du temps, l'insurrection éclate parce qu'on a la certitude qu'un régiment passé à Napoléon marche sur la ville. Ainsi pour Dole et Dijon où le maréchal Ney arrive le 15. Tous ces témoignages ont été repris en abondance par la plupart des historiens des Cent-Jours ou des « vingt jours » du vol de l'aigle (Houssaye, Stenger, Le Gallo, Thiry et Jean Tulard). On peut tout de même s'interroger sur les conclusions parfois systématiques que certains en tirent, faute d'avoir pensé à critiquer leurs sources. Les préfets dans leurs rapports, les témoins convoqués par la suite aux procès de La Bédoyère, de Ney, ou du général Veaux – accusé de l'insurrection bonapartiste de Dijon, le 13 mars – avaient intérêt à insister sur la force irrésistible du peuple pour excuser leur impuissance [3]. Quant aux protagonistes du vol de l'aigle qui ont laissé des témoignages (Fleury de Chaboulon, Marchand, Peyrusse, le colonel Delaborde, Berriat-Saint-Prix pour Grenoble, et bien d'autres), ils écrivent souvent des dizaines d'années plus tard et ont parfaitement conscience de travailler à la légende de celui qu'ils ont servi. Il n'est pas exclu qu'ils aient cherché à faire de ce « voyage triomphal » de mars 1815, le pendant de celui d'octobre 1799, alors que le jeune général de retour d'Égypte, débarqué à Fréjus le 9 octobre, s'apprêtait à renverser le Directoire et à s'emparer du pouvoir. Un monde sépare pourtant le jeune « héros » de 1799, unanimement acclamé, de l'empereur déchu de 1815. Jamais ce dernier n'aurait osé, en 1815, passer par Avignon, Aix, Montélimar et Valence, comme il l'avait fait en 1799. Ces villes, qui l'avaient pourtant follement accueilli quinze ans auparavant, lui étaient devenues franchement hostiles.

Si l'on en revient aux historiens, l'approche monographique et souvent plus fine des soulèvements de mars, comme celle de Paul Gaffarel à Dijon ou de Paul Leulliot à Strasbourg, permet de relativiser le rôle et le poids de leurs acteurs, en particulier ceux du petit peuple urbain.

Entre les faits et la légende, Napoléon s'est en tout cas servi de ce mouvement – tout en l'attisant – en insistant sans cesse, le long de la route qui le conduit à Paris, sur les droits qu'il tient du peuple. À Grenoble, le 8 mars, devant les autorités municipales : « Mes droits ne sont que ceux du peuple[1]. » À Lyon, le 11 mars, devant les magistrats de la cour d'appel : « Le trône est fait pour le peuple, et non le peuple pour le trône[2]. » À Autun, le 15 mars, devant le très royaliste président du tribunal civil de la ville : « Mon pouvoir est plus légitime que celui des Bourbons ; ils ne tiennent le leur que de l'appui des Cosaques et d'un prétendu droit de succession ; et moi de la volonté et de l'amour des Français, de ce bon peuple dont vous entendez les chants et les cris patriotiques. » « On n'entendait, ajoute en marge le rédacteur de cette relation des événements d'Autun, visiblement hostile à Napoléon, que les vociférations de la plus vile populace réunie sous ses balcons[3]. »

12.

Des princes étrangers

On aura compris que, dans un parfait balancement, si le pouvoir de Napoléon est légitime, celui de ses adversaires ne l'est pas. On ferait un livre entier avec les seuls proclamations et pamphlets bonapartistes qui reprennent en chœur le thème de l'étrangeté des Bourbons à la nation. Par ses deux proclamations de Golfe-Juan, Napoléon parle dans la première de ces « princes que les étrangers nous ont imposés », dans la seconde « d'un prince, imposé par un ennemi momentanément victorieux [1] ». Tous les pamphlets hostiles, parus peu après le retour de Napoléon, reprennent à l'unisson ce même argument en se focalisant une fois de plus sur la symbolique des couleurs honnies de la monarchie. Pour l'un, « la cocarde blanche » est « depuis vingt-cinq ans [...] celle du parti ennemi » ; pour un autre, qui, visiblement, a oublié Rocroi et Neerwinden, elle ne rappelle « aucun grand souvenir » à la nation [2]. Certains officiers rentrés tardivement des prisons allemandes ou russes disaient déjà, au début de la première Restauration, l'avoir prise avec « peine » et même avec « honte » [3]. « On ne saurait imaginer un insigne qui agace plus les officiers que la cocarde blanche », écrit encore un voyageur anglais, Edward Stanley [4]. La fleur de lys de la Restauration substituée aux aigles impériales est surnommée « la punaise » dans l'armée. En parallèle, les trois couleurs sont celles de la gloire et de la victoire. Plus tard, le poète et chansonnier populaire Béranger reprendra le thème avec émotion [5]. Toute une littérature populaire contribuera, au cours du siècle, à le diffuser, en lui donnant une place de choix dans la cristallisation du sentiment national. Les Dayot et autres Jules de Marthold, illustrés par Job, mettront tous le drapeau tricolore en scène. Lorsque le héros de l'*Histoire d'un bonnet à poil* retrouve son village normand après Waterloo et voit le drapeau blanc flotter à nouveau sur le clocher de son église, il pleure[1]. La famille qui a usurpé le pouvoir n'est pas seulement à la solde des étrangers, elle est encore toute « féodale ». Elle n'a en rien renoncé à ses habitudes d'Ancien Régime et ne comprend pas les mœurs comme les aspirations du pays.

Le mythe d'un roi revenu sur le trône dans les « fourgons de l'étranger », qui ne fera que se développer par la suite et qui reviendra en force peu avant la révolution de 1830, est né à ce moment-là, de cette intense propagande bonapartiste reprise plus tard par la presse libérale et républicaine. On sait pourtant que, bien au contraire, les princes de la maison de Bourbon avaient été tenus constamment à l'écart par les souverains et les généraux de la sixième coalition victorieuse des troupes napoléoniennes en mars 1814, et n'avaient été acceptés qu'au dernier moment, du bout des lèvres et à défaut de tout autre solution. Ce sont bien eux, et non pas Napoléon, qui ont débarrassé le pays des armées d'occupation. « Les étrangers, leur souvenir, écrit Guizot dans ses Mémoires, a été la plaie de la Restauration et le cauchemar de la France sous l'Empire. [...] C'était vraiment une absurde injustice de s'en prendre à la Restauration de la présence de ces étrangers que l'ambition insensée de Napoléon avait seule amenée sur notre sol, et que les Bourbons pouvaient seuls en éloigner par une prompte et sûre paix[2]. »

Napoléon, qui avait insisté avant sa première abdication sur ses racines monarchiques, les abandonne en mars 1815. On peut toutefois s'interroger sur la nature de cette légitimité populaire qu'il revendique à tout bout de champ. Ce n'est pas une légitimité de représentation, c'est une légitimité d'identification. « Je suis la patrie », dira-t-il à Sainte-Hélène. Napoléon *est* la patrie et la nation, comme de Gaulle sera « la France ». Sur la route de Paris, il parle de la France qu'il a faite comme de son « héritage ». « Ils ne voient pas que c'est dans mon héritage qu'ils rentrent », dit-il encore des Bourbons[3]. Cette identification totale, qui n'était pas aussi claire avant son abdication, dépasse la notion même de souveraineté du peuple pour s'incarner dans la légitimité personnelle du héros surhumain, porteur et interprète des espoirs de tout un peuple[1]. C'est cette même nature de légitimité que Napoléon revendiquera à nouveau en exil, dans les « évangiles » de Sainte-Hélène, celui de Las Cases en premier. C'est bien parce qu'il est intimement persuadé de sa propre légitimité comme de la légitimité de son régime qu'il renoncera finalement, une fois installé aux Tuileries, à se servir de ce peuple dont il a pourtant si bien su réveiller les passions pendant le vol de l'aigle. La légitimité n'est pas révolutionnaire. C'est ce qu'il dira encore à Sainte-Hélène : « L'Empire était légitime. Un gouvernement régulier ne peut se charger ni des mêmes fureurs ni du même odieux que la multitude. Je ne voulais pas être un roi de la Jacquerie. Une révolution est le plus grand des fléaux. Tous les avantages qu'elle procure ne sauraient égaler le trouble dont elle remplit la vie de ceux qui en sont les auteurs. » Il existe bien d'autres raisons – sur lesquelles on reviendra – à cette renonciation : sa hantise et son mépris du peuple, le souci resté intact, qui avait été celui de tout son règne, de vouloir « terminer la révolution », selon l'expression de François Furet, mais cette question de légitimité qui implique, au bout du compte, le respect de la légalité en est une, peu évoquée jusqu'ici, et des plus importantes.

La légitimité est bien le nœud gordien de tout ce drame du 20 mars. Napoléon s'est-il souvenu, ce jour-là, de sa prise de pouvoir de brumaire an VIII ? Il y avait eu encore moins d'insurrection populaire en sa faveur en 1799 qu'en 1815. Aussi avait-il voulu lui donner une apparence de légalité. En novembre 1799, la nature parlementaire du coup d'État l'emporte sur ses aspects populaires et même militaires. Ce sont les Conseils du Directoire qui votent le 18, leur translation à Saint-Cloud et démissionnent les directeurs. Dans la nuit du 19, ce sont encore eux qui votent le décret créant le Consulat avec le souci de revenir le plus vite possible au texte de loi et à la légalité. En mars 1815, la situation est différente. Napoléon ne rentre pas pour fonder un empire, mais pour s'en ressaisir, au-delà de son abdication qui sera toujours présentée comme un acte obtenu par la contrainte, forcé et inauthentique. Les premiers décrets donnés à Lyon, le 13 mars, alors qu'il n'est même pas à Paris, visent d'abord à condamner et anéantir le régime usurpé des Bourbons. La Chambre des pairs est abolie, la Chambre des députés dissoute. Toutes les mesures légales prises sous la première Restauration sont déclarées nulles et non avenues. Napoléon et ses partisans parleront bientôt de ces onze mois de la Restauration comme de l'« interrègne ». Seules les Constitutions impériales ont force de loi, quitte à les faire évoluer. À Lyon, Napoléon convoque les collèges électoraux de l'Empire en assemblée extraordinaire pour le mois de mai, afin de les « modifier [...] selon l'intérêt et la volonté de la nation [1] ». En mars 1815, la question de la légalité passe au second plan – puisqu'elle préexiste au retour de l'île d'Elbe – pour laisser toute sa place à celle de la légitimité.

13.

« On peut tout faire avec des baïonnettes... »

Il reste à parler de ce qui gêne. La légitimité de Napoléon, la légalité de son régime sont évidemment là pour faire oublier les moyens pratiques et techniques du retour au pouvoir de l'empereur. Et ceux-ci ont été essentiellement militaires. L'armée n'a pas été, en mars 1815, la « grande muette » qu'on a voulu faire d'elle par la suite. Là encore, une comparaison avec le 18 Brumaire s'impose. On rejoindra ici la thèse très novatrice avancée par Thierry Lentz sur le coup d'État de 1799[1]. En novembre 1799, l'armée, en partie réticente voire hostile à Bonaparte, n'a joué qu'un rôle d'appoint dans sa prise de pouvoir. En mars 1815, elle y occupe une place centrale. Un détail d'abord : en 1799, l'armée s'empare des Chambres, en 1815, c'est le château des Tuileries, siège du pouvoir exécutif, qu'elle investit. La nuance n'est pas mince. Plus généralement, le mode opératoire des deux prises de pouvoir diffère sensiblement. Le 19 novembre 1799, des militaires donnent un coup de pouce final au coup d'État, qui a commencé la veille, en envahissant les Conseils et en les évacuant par la force. Le 7 mars 1815, ces mêmes militaires font plus que donner « un coup de pouce ». Techniquement, leur intervention est décisive. Le ralliement à Napoléon d'un bataillon du 5e de ligne au défilé de Laffrey, puis du 7e régiment de ligne sous l'impulsion du colonel de La Bédoyère, ne donne pas seulement à Napoléon les moyens d'entrer dans Grenoble dont il se vantera plus tard d'avoir « frappé la porte avec [sa] tabatière », et de poursuivre sa progression vers Lyon et Paris, il crée un choc psychologique dans le pays. Napoléon lui-même l'a bien senti : « Jusqu'à Grenoble, j'étais un aventurier ; à Grenoble, j'étais prince[1]. » Il dira encore à Charles de La Bédoyère : « Colonel, vous me replacez sur le trône[2]. » Après Grenoble, tout change. Jusque-là, même les plus chauds partisans de Napoléon pensaient qu'il serait « tiré comme un chien[3] ». La nouvelle parvient à Genève le 9 et suscite le commentaire suivant de la part d'un homme aussi averti que Jean-Gabriel Eynard, ce diplomate suisse qui vient de rentrer de Vienne : « S'il y avait mille contre un à parier contre lui à son débarquement, il n'y a plus aujourd'hui dix contre un à parier qu'il ne réussira pas. La défection de quatre mille à cinq mille hommes fait planche pour toute l'armée et tel régiment qui serait resté fidèle au roi sera entraîné par ce fatal exemple ; ceux qui auraient été retenus par la crainte d'un juste châtiment n'ont plus rien à redouter. Le roi ne pourra plus ordonner que tous ceux qui seront infidèles à sa cause seront condamnés à mort ; on ne peut fusiller quatre mille à cinq mille hommes ; les soldats qui passeront vers Napoléon n'ont donc plus rien à craindre ; s'il échoue, ils sont sûrs d'une amnistie générale[4]. » La nouvelle se propage dans toute la France comme une traînée de poudre. Elle arrive à Paris dès le 10 mars et s'y répand le 12 avec celle de la prise de Lyon, malgré les silences du *Moniteur*. On se répète dans les garnisons les mots adressés par Napoléon aux grenadiers du bataillon Delessart du 5e de ligne envoyé à La Mure par le général Marchand pour y faire sauter le pont avec l'aide d'une compagnie du génie. Le capitaine François, en garnison à Thionville avec le 30e de ligne, en donne une version dès le 13 mars : « Le premier soldat qui voudra tuer son empereur en a la facilité » – mots auxquels répondirent aussitôt les soldats, ajoute-t-il, par un cri unanime de « Vive l'empereur ! »[5]. Tous ces récits ont dû en électriser plus d'un, et terroriser les partisans du roi pour qui toute l'affaire devenait désormais exclusivement militaire. En apprenant la nouvelle, le chevalier de Marsilly, un garde du corps du roi, prédit que si l'armée commençait à passer à Napoléon, Louis XVIII devrait quitter Paris sous peu[6].

Dans les discours, l'armée est également bien plus présente en mars 1815 qu'en novembre 1799. La première proclamation de Napoléon, datée de Golfe-Juan, le 1er mars, lui est destinée. Certes, il prend bien soin de l'associer au peuple pour lui ôter tout caractère distinctif. C'est pourtant bien d'elle qu'il a besoin : « Soldats ! venez vous ranger sous les drapeaux de votre chef. Son existence ne se compose que de la vôtre, ses droits ne sont que ceux du peuple et des vôtres. » L'enthousiasme populaire le long de la route qui le conduit de Grenoble à Paris, sur lequel il insiste tant, lui sert tout naturellement d'habillage à une prise de pouvoir dont l'armée est une composante majeure. L'armée se rallie non sous l'effet d'un *pronunciamiento* appuyé par « un groupe d'officiers partisans, ambitieux, fanatiques » pour reprendre la formule du général de Gaulle en avril 1961 à propos du « coup de force » d'Alger, mais par un mouvement de subversion générale des troupes suivies et bientôt encadrées par les officiers subalternes. Ce à quoi on assiste en mars 1815 ressemble beaucoup à ce qu'on pourrait appeler une mutinerie qui se développe, dans certains régiments, contre la volonté des états-majors, tout du moins au début. Napoléon est le premier à en convenir d'ailleurs, tout en prenant, encore une fois, grand soin d'associer l'armée au peuple. Les soldats ne sont que le peuple en armes et non comme voudront le faire croire les royalistes un corps de janissaires, séparés d'une nation restée fidèle au monarque : « Ce sont les gens désintéressés qui m'ont ramené à Paris ; ce sont les sous-lieutenants et les soldats qui ont tout fait ; c'est au peuple, c'est à l'armée que je dois tout [1]. » Le comportement du colonel de La Bédoyère, qui entraîne son régiment et lui fait reprendre la cocarde tricolore, est exceptionnel. La plupart du temps, comme on l'a déjà vu, les officiers sont débordés. Tous les rapports de police en provenance des départements confirment le mauvais esprit de l'armée dès les premiers jours de mars. Ce sont d'abord des manifestations d'adhésion au cabaret, en dehors du temps militaire : on se montre le portrait de l'empereur, on chante des chansons en son honneur. Puis les soldats n'hésitent pas à se déclarer pour Napoléon alors même qu'ils sont sous les armes. Les déplacements que les autorités gouvernementales font subir à nombre de régiments d'un bout à l'autre du pays favorisent d'autant l'indiscipline. Le rapport du préfet de Colmar, daté du 16 mars, résume tous les autres : « Toutes les troupes qui traversent le département font entendre partout des cris de "Vive l'empereur !" et témoignent hautement du désir de se joindre à lui [2]. » Au fur et à mesure que parviennent les nouvelles de l'avancée de Napoléon, les esprits s'enhardissent et les autorités se montrent incapables de réagir. Le ralliement de la troupe s'opère sur un mode d'identification spontané à Napoléon, sans intermédiaire. Ce qui lie le soldat à Napoléon a quelque chose à voir avec les vieilles fidélités personnelles de la féodalité médiévale. Le croyant est en rapport direct avec son Dieu et se passe en l'occurrence de ses prêtres. Si l'épisode de Laffrey a connu un tel succès, c'est par la magie de la rencontre directe du chef et de ses hommes qui se précipitent spontanément vers lui, à sa voix. C'est bien là que réside la signification symbolique profonde de cette scène. Les lettres de soldats – tout au moins celles de ceux, les moins nombreux, qui savent écrire – dépouillées par Allan Forrest ou Nathalie Petiteau[1] prouvent assez la fascination qu'exerçait sur eux, malgré les marches forcées, les épidémies et les batailles, celui qu'ils appellent souvent « notre grand homme » ou « notre empereur ». En 1815, Napoléon est encore assimilé au génie invincible. Il absorbe à lui seul toute la nation, à l'instar du roi sous l'Ancien Régime. Edgar Quinet parle à ce propos de « notre idolâtrie, toute païenne, pour un seul[2] ».

Il est toutefois important de noter que seules les troupes cantonnées dans l'est du pays, le long d'une ligne qui passe grossièrement par Grenoble, Besançon et Metz, se mutinent avant le 20 mars. Or elles sont nombreuses. Napoléon tire indirectement profit de la concentration de plusieurs régiments, opérée par le gouvernement du roi dans ces régions en décembre 1814 en prévision d'un possible conflit entre les anciennes puissances alliées. Les autres régiments attendront la nouvelle du départ du roi et de l'arrivée de Napoléon à Paris pour se déclarer. Il y a plusieurs raisons à cela. Napoléon passe par les départements de l'Est pour gagner Paris. Sa proximité électrise, les nouvelles vont plus vite. Il faut faire la part aussi de l'entraînement des populations de l'Est, déjà évoqué, les plus favorables au retour de Napoléon. Les régiments cantonnés dans des régions plus royalistes ou indifférentes ne bougeront que plus tard. On peut parler, en cela, à l'instar de Pierre Lévêque, de « mutinerie contagieuse[3] ». La troupe s'est sentie en quelque sorte encouragée et poussée en avant par une partie des populations des villes comme des campagnes. « En Franche-Comté, écrit l'adjudant-commandant de Préchamp, les troupes auraient pu être maintenues si on les avait gardées dans les casernes, mais, une fois en contact avec la population, elles étaient perdues. » Le colonel Bugeaud – le futur « père Bugeaud » de l'armée d'Afrique – qui doit conduire son régiment, le 14e de ligne, à Moulins, en écrit au ministre : « Je prends sur moi d'arrêter les troupes à Avallon. Je craindrais, si je m'avançais plus loin, que l'esprit des populations ne gâtât celui de mes soldats qui est resté très bon jusqu'ici [1]. »

Les baïonnettes sont donc bien présentes en mars 1815. « On peut tout faire avec des baïonnettes, sauf s'asseoir dessus », disait Talleyrand. Napoléon fera tout pour les faire oublier par le peuple, la Constitution et le plébiscite, mais aussi en choisissant sans s'y être préparé et sans doute en partie contre son gré, la voie du libéralisme, mais il ne pourra les cacher bien longtemps. En 1799, et surtout en 1800, après la victoire de Marengo, il pouvait ne plus s'en servir. L'Europe était lasse de la guerre, et le peuple, fatigué de ses divisions, prêt à se rallier à celui qui saurait le réconcilier avec lui-même. En 1815, la situation est bien plus tragique. L'Europe ne veut plus de Napoléon, jamais, et ce fameux peuple qu'il invoque toujours est plus divisé encore qu'il ne l'était en 1799.

14.

Le puzzle France

Les réactions au retour de Napoléon ont été extrêmement variables et volatiles dans toutes les régions et dans tous les milieux. Il faut pour les expliquer oublier l'analyse des comportements par le seul jeu de prétendus déterminismes sociaux ou géographiques : un petit peuple bonapartiste contre des élites royalistes, une France de l'Est bonapartiste contre des façades atlantique et méditerranéenne royalistes. La mémoire du passé, les situations conjoncturelles, religieuses et politiques, mais aussi économiques au sein même des régions et des groupes sociaux l'emportent, le plus souvent, en un découpage très subtil et haché, dans lequel il est souvent difficile de voir clair. Certes, l'indifférence n'a pas été le fait de l'ensemble de la population, à Paris comme dans les provinces. Les protagonistes du vol de l'aigle ont suffisamment insisté, comme on l'a vu, sur l'enthousiasme des populations rurales, mais aussi urbaines, des bords de la route empruntée par Napoléon. Les historiens en ont peut-être tiré des conclusions excessives et trop rapides. Il est difficile, à propos du 20 mars, d'opposer comme le fait Jean Tulard, Paris et la province[1]. Ce n'est pas la province, majoritairement enthousiaste et bonapartiste, qui aurait entraîné une capitale apathique et inerte à laquelle Napoléon n'aurait rien dû. La mémoire de la Révolution, la résistance au centralisme, l'esprit d'opposition, le degré de violence des pillages et de l'occupation étrangère selon les régions, le degré de déchristianisation, les conséquences sociales de la crise économique des dernières années de l'Empire, les variations locales et sociales de la reprise sous la première Restauration, l'esprit de revanche, le goût de la gloire, la nature du patriotisme, tout cela plus ou moins combiné à des niveaux variables a joué ici et là dans l'écheveau complexe des situations personnelles.

C'est peut-être la soudaine prise de conscience de la complexité de cette situation, après les vertiges de l'enthousiasme, qui fait retomber Napoléon de son haut. Encore une fois, croit-il toujours en son étoile, le 21 mars ? « Je suis seul », dira-t-il ce jour-là à Davout. On se souvient aussi de ce qu'il déclare à Mollien peu après son retour, en parlant du peuple : « Le temps des compliments est passé. Ils m'ont laissé arriver, comme ils ont laissé partir les autres [les Bourbons] [1]. »

Aussi, à l'échelle d'un pays de près de trente millions d'habitants, et encore plus, comme on le verra, à l'échelle de l'Europe, la prise des Tuileries par Napoléon finit pour certains par avoir des allures de carton-pâte.

Derrière la façade romantique, peu d'observateurs ont vu l'envers du décor, le côté dérisoire et tristement comique de ce renversement d'un jour qui préfigure les désillusions du lendemain. Il faut se tourner pour cela vers les plus lucides, vers ceux qui ont décrit l'événement comme l'aboutissement d'une mauvaise farce de l'histoire, de celles qu'on trouve plus facilement dans les romans que dans un traité de politique : « En voyant, écrit Victor de Broglie, ce petit homme si grand de cent victoires, à la tête d'une poignée de vieilles moustaches, renverser d'une chiquenaude un château de cartes, démantibuler d'un coup de pied une décoration d'opéra, je me rappelais involontairement cette scène du roman de Cervantès, où le héros de la Manche, entrant dans une loge de marionnettes, et voyant une poupée vêtue en princesse enchaînée à un géant de carton, tire sa grande épée et pourfend le donjon et les prisonniers, le bateleur et sa boutique [2]. »

L'irréalité, la dimension presque fantastique de ce chassé-croisé du pouvoir, vécus par certains comme un rêve, l'ont été par d'autres comme un cauchemar. L'observation de la coulisse est souvent pleine d'enseignement pour l'historien. À l'exception de Jean Tulard, presque tous les historiens qui l'ont précédé se sont placés du côté du vainqueur sur la route de Paris, au défilé de Laffrey, devant Grenoble, au pont de la Guillotière à Lyon, mais que s'est-il passé du côté des vaincus ? La contrepartie de la vision téléologique de l'histoire portée par tous ceux qui ont pensé que le retour de Napoléon et les Cent-Jours ont été une étape importante de la marche triomphale et inexorable d'un peuple vers la démocratie et d'une nation vers la possession d'elle-même, conduit tout droit au champ de ruines. Lorsqu'on regarde le négatif plutôt que la photographie, lorsqu'on observe les objets de l'histoire à contre-jour, on finit parfois par penser que « l'univers est un lieu de catastrophes permanentes [1] ».

DEUXIÈME PARTIE

Comme sur un théâtre d'ombres
1er – 19 mars 1815

1.

La rumeur

Tout commence toujours par des rumeurs. La rumeur est un personnage à part entière de cette histoire à une époque où l'information circule lentement dans une France analphabète à quatre-vingts pour cent, et rurale à peu près dans les mêmes proportions. Il faut sept jours pour qu'une lettre envoyée de Marseille atteigne Paris. Il y a bien le réseau du télégraphe optique qui relie Paris à Lille, Strasbourg, Brest et Lyon. Le système avait été proposé par Claude Chappe à la Convention en 1793. De simples sémaphores articulés installés sur des points hauts émettent des signaux chiffrés lus à la longue vue par le stationnaire d'un poste qui le reproduit pour le poste suivant. Il faut six heures pour faire parvenir un message de Paris à Strasbourg, huit pour Brest. Dans *Le Comte de Monte-Cristo*, Alexandre Dumas place l'une des scènes cruciales de son roman à la tour de Montlhéry qui, à l'époque où il écrit, fait office de sémaphore. La fausse nouvelle du retour de Don Carlos en Espagne – avec ses conséquences financières – imaginée par Dantès tout à l'exécution de sa vengeance, fera la fortune des uns et la ruine de son ennemi mortel, le banquier Danglars. Mais même ainsi, l'information circule mal. Elle est réservée au gouvernement. Elle ne peut être que brève et imprécise. Elle n'est délivrée que deux ou trois fois par jour et surtout elle est tributaire du temps. Les nuages, le brouillard ou la pluie empêchent régulièrement toute forme de communication. Les modes de communication ordinaires des Français sont beaucoup plus sommaires et lents : l'eau et la route, le coche et la diligence, quand ce n'est pas le cheval ou le baudet du colporteur.

Le temps qui passe, lorsqu'il passe lentement, fait le lit de la rumeur, de sa force et de sa puissance. Celle du retour de Napoléon, qui empoisonnera les autorités de la seconde Restauration dans les années 1815-1820, commence très tôt, dans les derniers mois de 1814, alors que l'empereur déchu vient tout juste de s'établir à l'île d'Elbe. Le terrain est extrêmement favorable. Le régime des Bourbons est à peine en place. La mémoire d'un roi si récent exilé depuis un quart de siècle pèse bien peu de chose face à celle de Napoléon et de la toute-puissance de son nom à l'œuvre dans l'opinion depuis ses premières victoires italiennes sous le Directoire. Dans certains villages reculés du Jura, on le croit d'ailleurs encore là comme on croyait Louis XVI vivant plusieurs années après sa mort. Les rumeurs viennent le plus souvent d'au-delà les frontières, d'Italie et d'Allemagne. Elles sont propagées par d'anciens officiers prisonniers rapatriés dans leur pays, puis reprises des centres urbains vers les campagnes. Voituriers de poste et colporteurs font leur travail. Pour la police, « les marchands de livres, d'almanachs et de chansons » sont particulièrement redoutables et leurs livrets de travail devraient être visés pour contrôle dans les bureaux des sous-préfectures. C'est surtout leur marchandise qu'il faut surveiller. « L'influence de ces petites compositions a toujours été très grande sur le peuple, et le recueil de toutes les chansons populaires serait une représentation assez fidèle des diverses variations de l'esprit public. » La remarque est du ministre de la Police Élie Decazes, et vaut tout aussi bien pour ces mois critiques qui précédèrent le retour de Napoléon. Et celui-ci d'ajouter : « Le paysan qui n'a jamais perdu de vue le clocher de son village écoute ces marchands ambulants comme des oracles et les croit d'autant plus volontiers qu'ils se rapprochent d'avantage de lui, par le costume et le langage[1]. » À Avallon, le 16 mars, Napoléon se vantera d'avoir suscité plus de trois mille chansons populaires depuis son débarquement sur les côtes de France, le 1er mars[2]. Les almanachs sont remplis de sa personne et de sa légende. Lorsqu'on lit les rapports de police de la Restauration, on tombe parfois sur des perles en matière de crédulité populaire. Ainsi, cette anecdote, rapportée par le préfet de Périgueux dans un rapport du 3 janvier 1817 : « Quelques intrigants cherchent à persuader le peuple que l'on voit les trois couleurs dans la lune, et que par conséquent la volonté du ciel est qu'on les reconnaisse[1] ! » Lorsque prévisions astrologiques et prophéties religieuses tiennent lieu de politique !

En 1814, les imaginations sont tout aussi fertiles. Dès le mois de juillet, le comte Beugnot, un ancien haut fonctionnaire de l'Empire alors directeur général de la police du royaume, s'inquiète de la profusion des faux bruits que lui transmettent ses informateurs et en rend compte directement au roi[2]. À Belfort, à Nancy, « on fait circuler des nouvelles absurdes, comme pour essayer la disposition des gens ». Bonaparte serait à trente lieues de Paris avec une armée, le roi aurait quitté la capitale. En septembre, un officier de la maison militaire du roi en séjour à Reims s'alarme dans son Journal de ces « imaginations qui travaillent » et déstabilisent la population. Tous les jours, il a vent de « faux bruits » qui circulent et dont il cherche à savoir d'où ils viennent. « Lille sera donnée aux Anglais, le roi de Rome sera couronné à Pâques, les dîmes et les droits féodaux seront rétablis. [...] Des émissaires sous l'habit religieux, des colporteurs distribuent de petites feuilles dans les villages. » Dans les premiers jours du mois de février suivant, tous le rapports de police font état d'une intensification de ces rumeurs. Bonaparte aurait quitté son île et Murat, toujours roi de Naples, se serait emparé de toute l'Italie. L'un et l'autre se prépareraient à envahir le royaume. Les jours du roi seraient comptés[3]. Les jours suivants, sur la grand-route de Lyon à Paris, à Sennecy, à Tournus, à Autun, on voit sans cesse des voitures mystérieuses, « aux portières peintes d'un B, parsemées d'abeilles et portant les armes de l'Empire », transportant des voyageurs encore plus mystérieux, tantôt Bonaparte lui-même, tantôt quelques-uns de ses aides de camp[4]. À la fin du mois de février, la rumeur, à force d'insistance, devient certitude. Dès le 1er mars, le jour même du débarquement de Napoléon près de Cannes, mais à l'autre bout de la France, le capitaine François en garnison à Thionville note dans son Journal les détails de sa rencontre au café avec « un agent de Napoléon » venu de Paris. Les renseignements donnés par ce dernier sont précis et exacts – le jour du départ de Napoléon de l'île d'Elbe, le nom des généraux qui l'accompagnent – alors qu'il est matériellement impossible que ceux-ci aient pu atteindre l'est de la France. « Cet agent, ajoute le capitaine François, fut pris pour un fou et mis en prison. Il en sortit, car la nouvelle fut confirmée[1]. » Les royalistes se serviront de ces prémonitions troublantes – quand elles n'ont pas été réécrites par la suite – pour dénoncer l'existence d'un vaste complot à l'origine du retour de Napoléon. Nombre d'entre eux évoquent par exemple l'étonnante coïncidence entre le débarquement de Napoléon et certaines allusions délivrées par l'auteur d'un article publié par *Le Nain jaune* à Paris, évoquant sur un mode satirique les « plumes d'oie » moins efficaces que les « plumes de cane » – on aura compris le jeu de mots avec la ville de Cannes – pour se faire comprendre[2]. C'est aller au complot un peu vite et refuser de voir que si Napoléon est à l'île d'Elbe, il conserve évidemment des partisans dans le pays. Et puis on n'oublie pas, en huit mois, un homme aussi extraordinaire.

2.

Le complot

Le modèle « conspiratoire » mis en place par l'abbé Barruel dans ses *Mémoires pour servir à l'histoire du jacobinisme*, publiés à Londres en 1798, et qui fait de la révolution un événement « prévu, médité, combiné, résolu » par ses auteurs, a profondément influencé les milieux les plus intransigeants du royalisme. Barruel rééditera son ouvrage en 1818 et ne cessera de mettre en garde contre les dangers d'une vaste conspiration qui renaît sans cesse de ses cendres, tel le Phénix, depuis 1789. Elle a la « philosophie moderne et la franc-maçonnerie » pour terreau. Son bras armé est constitué d'un réseau européen de sociétés secrètes dominé par un prétendu « Conseil suprême des vingt et un [1] ». Le modèle est en place et servira d'explication à tout, au retour de Napoléon comme à la révolution de juillet 1830. Chateaubriand lui-même dans son *De la monarchie selon la Charte*, publié en 1816, parlera d'une « véritable conspiration formée contre la monarchie légitime [2] ». L'écrivain royaliste répondait en même temps aux partisans de Napoléon pour qui le succès du grand homme aurait eu pour seules raisons la chance et le peuple. « Dieu, le peuple et l'armée étaient les uniques conspirateurs [3]. » S'il parle de complot, c'est qu'il sait également très bien que le nouveau régime de la Restauration n'était pas épargné par l'agitation politique, à Paris comme en province. C'est ce qui fit tomber dans le panneau les plus fidèles parmi les royalistes, en particulier dans la mouvance ultraroyaliste, alors qu'au moment même du retour de Napoléon éclatait dans le nord de la France une tentative de subversion militaire contre le régime des Bourbons. Elle a son origine, dans les derniers jours de février, au sein des anciens régiments de cavalerie de la Vieille Garde (rebaptisés royaux) cantonnés à Cambrai et La Fère. Les généraux Drouet d'Erlon – le fils du maître des postes de Varennes –, qui commande la 16e division militaire à Lille, et Lallemand, qui commande à Laon le département de l'Aisne, en sont les inspirateurs, sans doute avec l'accord silencieux mais complice de Fouché qui ronge son frein dans sa semi-retraite d'ancien ministre de la Police de Napoléon. Les buts politiques des conspirateurs sont vagues, quelque part entre l'instauration d'une régence au nom du roi de Rome et l'avènement au trône du duc d'Orléans, le redoutable cousin du roi. Les ordres d'exécution de la conspiration le sont autant : marcher sur Paris et s'emparer du roi ! Dès le début tout va de travers. Les ordres de marche envoyés de Lille par Drouet, le 7 mars, sont révoqués le lendemain. Le général Lefebvre-Desnouettes, à la tête des chasseurs à cheval de France, quitte cependant Cambrai le 9 mars et fait avancer son royal régiment vers Noyon. Il finit par échouer définitivement dans son entreprise à Compiègne. Certains de ses officiers, sentant le vent tourner, l'abandonnent et se rendent directement à Paris pour en informer le ministre. De son côté, le général Lallemand rejoint La Fère, tente avec son frère de s'emparer de l'arsenal et en est empêché par le général d'Aboville qui commande l'école d'artillerie. Tout se termine, le 12 mars, par l'arrestation des conjurés et l'envoi du maréchal Mortier, gouverneur de la 16e division militaire, à Lille. Le jeune Alexandre Dumas, qui habitait Villers-Cotterêts avec sa mère, sur la grande route de Paris à Soissons, verra, le 14, passer les frères Lallemand « pâles mais calmes », au fond d'un cabriolet de police entouré de gendarmes à cheval, et vivra cela, avec sa jeune ardeur bonapartiste de treize ans, comme « une insulte faite à des hommes qui portaient le même habit et les mêmes épaulettes qu'avait portés [son] père [1] ». Arrêtés près de La Ferté-Milon, les deux généraux malheureux étaient en effet conduits ce jour-là à la prison de Laon d'où ils seront libérés après le retour de Napoléon à Paris. L'événement prouve autant le mécontentement de l'armée que son impuissance. Il lui manque un nom. Or au début de l'action, tout laisse à penser que les conjurés n'étaient informés ni des intentions ni du débarquement de Napoléon, pas plus que ce dernier n'était lui-même au courant de la tentative dont Fleury de Chaboulon lui avait vaguement parlé à l'île d'Elbe avant son départ et qu'il avait désapprouvée. « Une régence ! Pour quoi faire ? Suis-je donc mort[1] ! » Pasquier, l'ancien préfet de police de Paris à la fin de l'Empire, toujours bien informé, évoque dans ses Mémoires cette possible collusion des conspirateurs du Nord et de l'empereur, qui, dit-il, venait immédiatement à l'esprit, mais pour la nier aussitôt : « Rien de plus naturel que cette supposition, et cependant j'ai eu depuis la certitude qu'elle était sans fondement[2]. » D'autres seront moins perspicaces et continueront de croire ou de faire croire à une manœuvre impériale aux mille ramifications militaires, préparée de longue date. L'argument du complot a l'avantage d'avoir réponse à tout. Il est une explication simple à une situation qui ne l'est pas.

Tous les historiens de l'île d'Elbe, à commencer par Henri Houssaye, ont pourtant suffisamment insisté sur les précautions prises par Napoléon pour préserver le secret de son départ, jusqu'à l'embargo mis sur tous les bâtiments et les habitants de l'île dès le 24 février, deux jours avant d'embarquer[3]. Celui-ci compte avant tout sur l'effet de surprise et d'entraînement pour rallier l'armée. Pour le reste, il a pris la mesure de la situation française qu'il juge délétère – un régime fragile, à peine installé et qui n'a pas encore de racines dans le pays, le mécontentement de la troupe, l'inquiétude diffuse provoquée par les propos réactionnaires d'une partie de la noblesse et du clergé – et compte bien l'exploiter. Il est parfaitement averti du fait qu'un certain nombre de bons esprits pensent en France, à propos du régime encore incertain et de plus en plus critiqué qui a succédé au sien, que « cela ne durera pas ». Il se défend d'avoir été l'âme d'un quelconque complot et dira par la suite que c'est en lisant simplement dans *Le Moniteur* l'apologie de l'émigration faite par le comte Ferrand à la Chambre des députés qu'il aurait pris la décision de quitter l'île d'Elbe, « les mains dans les poches[4] ».

Il est peu probable que de prétendus agents aient sillonné les routes de France avec des renseignements ou des ordres précis dans la deuxième quinzaine de février. Même Fleury de Chaboulon, l'ancien sous-préfet de Reims dans les derniers mois de l'Empire, arrivé discrètement à l'île d'Elbe le 13 et qui la quitte le 15 après avoir délivré à Napoléon de précieuses informations sur l'état politique du pays, est éloigné en Italie avant de le rejoindre à Lyon, le 10 mars seulement. Napoléon est cependant un homme trop avisé pour s'en remettre entièrement au hasard et à la spontanéité de ses partisans. Toujours dans le secret, il a fait préparer au moins les premières étapes de son voyage à travers les Alpes. La correspondance échangée entre le fils d'un riche gantier grenoblois, officier de la Garde nationale, Jean-Baptiste Dumoulin, et son chirurgien militaire de l'île d'Elbe Joseph Émery en témoigne. Dumoulin fit au moins une fois le voyage de l'île d'Elbe, en septembre 1814. C'est lui qui aurait indiqué à Napoléon, carte en main, le chemin à suivre à travers les Alpes pour atteindre Grenoble. Il a pris contact, le 4 mars, avec La Bédoyère, dont le régiment était alors stationné à Chambéry. Émery joua certainement un rôle fondamental dans l'organisation et la mobilisation de l'opinion sur le chemin de Grenoble – où il arrive dès le 5 mars – et de Lyon. Mais, à ce moment-là, Napoléon était déjà en France[1].

La rumeur du retour de Napoléon est donc faite de ce que sont faites toutes les rumeurs : d'inquiétude, de mémoire, d'attente, de désir et d'adhésion, à défaut d'autres précisions. Pour l'essentiel, on reste dans le domaine de l'intoxication, de la désinformation et parfois de l'autopersuasion comme en témoigne cette anecdote rapportée ou peut-être inventée par Adèle Hugo, arrivée à son jeune frère Victor alors élève de la pension Cordier à Paris. Tandis que celui-ci se promenait avec ses camarades au Champ-de-Mars un certain dimanche 26 février, une inscription peinte sur l'une des arches du pont d'Iéna aurait attiré son attention : « 1er mars 1815. Vive l'empereur[2] ! » Tous ces récits sont postérieurs à l'événement. Une fois Napoléon débarqué avec la réussite qu'on lui connaît, il est toujours tentant de prétendre que l'on savait, au jour près, qu'il débarquerait.

3.

La lenteur

Dans ses Mémoires écrits sous le Second Empire, Charles de Rémusat a cette réflexion en parlant de 1815 : « On ne savait pas vite les choses dans ce temps-là. [...] Quelqu'un me disait, voulant faire valoir les conséquences politiques du télégraphe électrique, que s'il eût été découvert, le 20 mars eût échoué [1]. » Il faudra en effet cinq jours avant que la nouvelle du retour de Napoléon n'atteigne Paris. Napoléon débarque sur le territoire de la commune de Vallauris le 1er mars, vers quatre heures de l'après-midi. Le premier à porter la nouvelle est un brigadier de gendarmerie de l'Esterel, un nommé Picot, qui venait d'escorter les équipages du prince de Monaco jusqu'à Cannes. Rentré ventre à terre à Fréjus, il en informe le maire de la ville, Raymond de Lacépède, qui en prévient lui-même par courrier le préfet du Var à Draguignan, le marquis de Bouthillier, et le général Morangiès, commandant l'arrondissement, qui sont l'un et l'autre réveillés dans la nuit du 1er au 2 mars, à deux heures du matin. Avant de prendre les premières mesures militaires et de quitter Draguignan pour Cannes tôt dans la matinée du 2, Bouthillier dépêche un courrier extraordinaire pour Paris, mais ce dernier se casse la cuisse après Lyon sans avoir eu la présence d'esprit de donner ses dépêches au télégraphe [2]. La nouvelle arrive finalement à Lyon, de Marseille, par un message de Masséna, alors gouverneur de la 8e division militaire, envoyé le 3 dans l'après-midi. Le message parvient au général Brayer, commandant la subdivision militaire de Lyon, le 4 mars à quatre heures de l'après-midi [3]. Il fait déjà presque nuit, en mars à quatre heures du soir. Les autorités, Brayer et le préfet

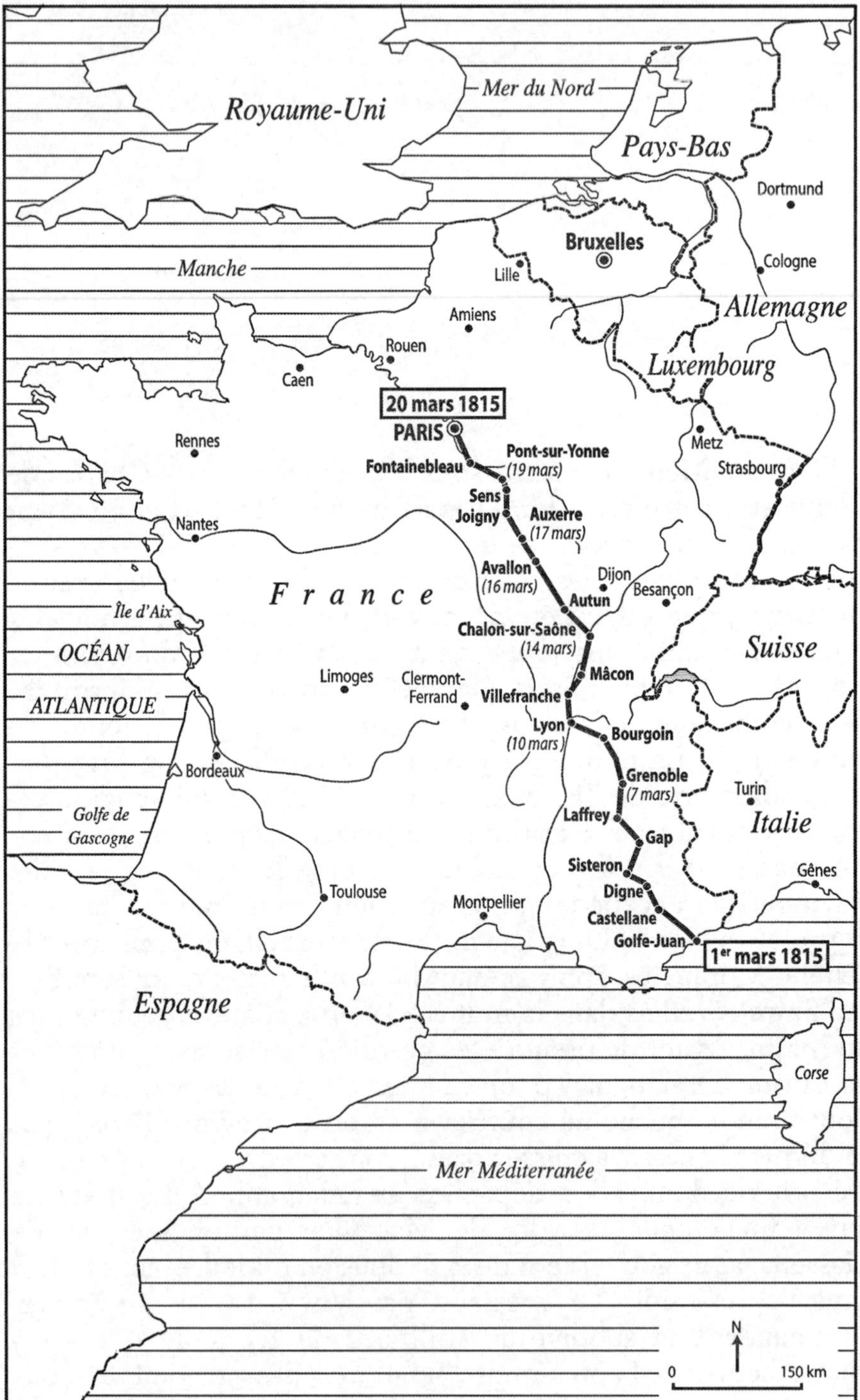

Le vol de l'aigle
(mars 1815)

Chabrol de Crussol, doivent attendre le lendemain matin pour envoyer un télégramme à Paris par le télégraphe optique. La communication est retardée par un « brouillard épais et humide » qui recouvre Paris, ce matin-là. Et le gros Chappe ne prend connaissance du message codé, à l'aide de son traducteur, qu'à une heure de l'après-midi. Le message se veut d'ailleurs rassurant : « Napoléon débarqué avec deux cents hommes, quatre pièces de canon ; toutes mesures prises, tranquillité publique assurée. » Il y en aura trois autres, de cette même teneur, avec cependant de nouveaux détails sur la résistance d'Antibes, d'ici à la fin de la journée.

La nouvelle serait-elle arrivée à Paris vingt-quatre heures plus tôt que la face du monde n'en n'eût pas été changée. Tout se joue en fait dans l'intervalle qui sépare le débarquement de Napoléon de la réception des ordres envoyés par le gouvernement de Paris dans le Midi. Pendant ces quelques jours, l'affaire est laissée, par la force des choses, à l'appréciation des autorités civiles et militaires locales. Contrairement à ce qui a été dit, celles-ci ne resteront pourtant pas l'arme au pied, muettes de terreur devant Napoléon. Elles prennent l'initiative, donnent des ordres – un peu trop peut-être –, mais toujours avec un coup de retard sur Napoléon en une sorte de jeu du chat et de la souris où le chat n'est pas toujours celui que l'on pense. On sait les choix de Napoléon. Pour éviter l'hostilité des populations de la vallée du Rhône qu'il avait eue à subir en avril 1814 lors de son départ pour l'île d'Elbe, à Orange, Avignon, Orgon, Saint-Canat et Aix, il a depuis plusieurs jours décidé d'emprunter la route des Alpes jusqu'à Grenoble. Il couche à Cannes le 1er mars, puis à Grasse le 2 au soir, traverse Castellane le 3 au matin, couche à Barrême le 3 au soir, entre à Digne dans l'après-midi du 4, à Sisteron sur la Durance le 5 peu avant midi, couche à Gap le 5 au soir, à Corps le 6 au soir. Il est à une journée de marche de Grenoble.

Devant cette avance rapide sur des routes pourtant difficiles et, à certains moments, à pied sous la neige, les autorités des départements du Midi (Bouches-du-Rhône, Var, Basses et Hautes-Alpes), passé la première surprise, réagissent dans la dispersion et bien souvent à l'aveuglette. Elles disposent par ailleurs de peu de forces. Les gardes nationales départementales, à peine formées, n'existent que sur le papier. Les troupes régulières (cinq régiments de ligne et pas de cavalerie) sont dispersées en détachements dans diverses places. De plus, dans ces régions de basse montagne, les communications sont lentes. Bouthillier quitte Draguignan le 2 au matin avec deux cents hommes, des gendarmes et une compagnie du 87e de ligne, pour Fréjus où il croit pouvoir intercepter Napoléon sur la route d'Aix, et finit par apprendre que celui-ci marche sur Grasse [1]. Le 3, le colonel Ferru commandant les gardes nationales du Var, prévenu par le même Bouthillier, a le temps de rassembler quelque six cent cinquante hommes et quitte Draguignan le 3 dans le soirée pour Castellane où il découvre que Napoléon est passé la veille. La nouvelle du débarquement parvient à Digne le 3 au matin. Duval, le préfet des Basses-Alpes, et le général Loverdo, qui commande le département, prennent alors une décision lourde de conséquences et renoncent à défendre Sisteron en faisant sauter le pont de la Durance – faute de poudre, dira Loverdo ; délibérément, diront plus tard ses adversaires. Le général n'est pas sûr non plus des détachements du 87e de ligne dont il dispose et n'a sans doute aucune envie de se retrouver face à Napoléon. Duval quitte Digne le 4 pour ne pas le rencontrer. Plus haut, à Gap, le général de Rostollant, qui commande le département des Hautes-Alpes, croyant que Napoléon longera la Durance, s'enferme dans Embrun avec des détachements du 39e de ligne, marche le 7 sur Grenoble, apprend le 9 à Corps l'entrée de Napoléon dans la capitale du Dauphiné et rentre à Gap le 12 après avoir été abandonné par une partie de ses troupes.

Tout se passe comme si le zèle était le plus souvent du côté des autorités municipales et civiles par ailleurs impropres, faute d'expérience et de moyens, à la moindre organisation militaire de défense. À Antibes, le 1er mars, le maire, bien secondé par le commandant de la place, le major Dauger, fait arrêter le capitaine Bertrand et quatorze grenadiers qui se présentent dans la soirée au nom de Napoléon afin de procéder à des réquisitions de fourrages. Si Napoléon a subi une seule contrariété dans sa marche sur Paris, c'est bien ce soir-là. On voudra faire d'Antibes un symbole de fidélité royaliste. On parlera pendant plusieurs jours, dans les déclarations officielles, des « braves officiers du fort d'Antibes » et de leur courage comme si tout le reste de l'armée avait été à leur image. La Chambre des députés votera, le 13, une récompense à la municipalité varoise qui a « bien mérité de la patrie ». Il en va de même ailleurs. À l'exception de celui de Castellane, tous les maires des communes des Basses- et des Hautes-Alpes, en particulier ceux de Sisteron et de Gap refusent le paiement des rations à fournir aux quelque onze cents hommes de troupes de Napoléon. Dans son expédition sur Castellane, le colonel Ferru est accompagné de la plupart des maires des villages environnants comme du vieux président du conseil général du Var, Périer de La Garde. Lorsque à Carcassonne le conseil général de l'Aude sera convoqué le 5 avril par les nouvelles autorités bonapartistes, aucun membre ne s'y rendra[1]. Le 8 avril, les membres du conseil général des Bouches-du-Rhône, présidé par Salavy, un riche négociant de Marseille, membre de la chambre de commerce, décideront de se dissoudre pour ne pas se rendre aux ordres bonapartistes, en promettant « de tout sacrifier pour conserver notre roi[2] ». On pourrait multiplier les exemples. Tous ces gens-là, anciens nobles, membres de la bourgeoisie commerçante ou du barreau, n'ont pas attendu 1814 et la Restauration pour reprendre le contrôle administratif de leur département. Ils ont su tirer parti, surtout à partir de 1810, de la politique de fusion nobiliaire engagée par Napoléon dans les dernières années de son règne, tout en lui étant profondément hostiles quand ils n'étaient pas secrètement royalistes. Une bonne partie des élites municipales et départementales du pays est à leur image. Il n'y a là pas plus de « trahison » qu'autre chose, mais une désaffection progressive à l'égard d'un homme qui n'était plus capable d'incarner l'ordre et la sécurité dont il avait su être le garant pendant les premières années de son règne, alors même que les « contraintes » autoritaires de son régime ne faisaient que s'accroître. Le prince, disait Machiavel, « échouera, si, la nature et les circonstances des temps changeant, il ne change pas lui-même de système[3] ». Dès lors, les Bourbons étaient apparus comme les mieux à même de relever le défi de l'éternelle contradiction des élites : assurer à la fois l'ordre, la sécurité et la liberté. En mars 1815, dans le Midi, ce sont eux que l'on cherche à défendre.

4.

Aux armes, au roi !

À Marseille, la nouvelle du débarquement de Napoléon est parvenue le 3. Le maréchal Masséna, gouverneur de la 8e division militaire, quitte la ville pour Toulon le 4. Le vieux prince d'Essling que le gouvernement venait d'irriter en l'obligeant à se faire naturaliser français pour avoir eu le tort d'être né à Nice chez les Sardes, s'en tient à une prudente réserve dans l'attente des événements tout en lâchant ce qu'il faut de bons sentiments en pâture à une population marseillaise très royaliste et de plus en plus exaspérée par son « apathie calculée [1] ». À ceux qui manifestent devant l'hôtel du gouvernement, rue Grignan, le 4 au matin, il se montre à son balcon : « Rassurez-vous, le renard est traqué ! » Le 5 à Toulon, il assure au général de Bruslart, un vieux chouan un peu exalté qui commande la Corse, que « la cocarde blanche est clouée à son chapeau et n'y serait jamais remplacée par aucune autre [2] ». Le 9, dans une proclamation qui le met à l'abri, il annonce une série impressionnante de mesures de défense et gratifie la population de Marseille, qu'il a quittée le 4 sans doute pour ne pas avoir à l'affronter, de « son zèle » et de « son dévouement ». « J'ai juré fidélité à notre roi légitime. Je ne dévierai jamais du chemin de l'honneur. Je suis prêt à verser tout mon sang pour le soutien de son trône. » Après le 20 mars, on entendra une autre musique : « Un événement aussi heureux qu'extraordinaire nous a rendu le souverain que nous avions choisi, le Grand Napoléon. Ce doit être un jour de fête pour tous les Français. Bénissons le ciel qui nous l'a redonné [3] ! » Les périodes de crise sont souvent des moments propices aux grands écarts de discours, lorsque les paroles officielles tournent en rond en une sorte de surenchère monotone et convenue, à l'encontre des sentiments réels de ceux qui les prononcent. On en verra de nombreux autres exemples. Le vainqueur de Zurich et l'ancien défenseur de Gênes en 1799 n'a plus rien à prouver. Comme le diront certains de ses détracteurs, il aurait fallu à Marseille un simple général qui eût voulu gagner son bâton de maréchal de France en arrêtant Napoléon. Le 4 mars, Masséna envoie pourtant à Sisteron, sous les ordres du général Miollis, son adjoint direct, des détachements de la garnison appartenant aux 83e et 53e de ligne. La colonne n'arrive à Sisteron que deux jours après le passage de Napoléon et poursuit sa marche jusqu'à Gap qu'elle atteint le 8 mars. La ligne est suivie par quelque six cents volontaires et canonniers des gardes urbaines de Marseille qui, retenus deux jours par les autorités militaires – par trahison, diront les royalistes, plus certainement parce que les opérations d'enrôlement volontaire ont pris du temps –, quittent la ville le 6 dans l'après-midi, sous les ordres de l'un de leurs commandants, M. de Borély dont la famille à laissé à la ville le fameux château qui porte le même nom. Ils sont à Sisteron le 11 – ce jour-là, Napoléon est à Lyon ! – alors que les gardes nationales du Var qui de Castellane ont gagné Gap rentrent déjà chez elles. Ferru sera de retour à Draguignan le 12. À Marseille, tout le monde est rentré le 20. Le chat est passé dans la souricière. On connaît la suite : le ralliement du 5e de ligne venu de Grenoble au défilé de Laffrey, devant Napoléon, le soulèvement du 7e de ligne conduit par La Bédoyère à Grenoble et l'entrée de Napoléon dans la première des grandes villes françaises – siège d'une préfecture et d'une division militaire – à passer sous son autorité, dans la soirée du 7 mars.

Toutes les opérations ont été entravées par la suspicion grandissante qui anime les compagnies de volontaires des gardes urbaines civiles contre les troupes de ligne, les unes franchement royalistes, les autres peu enthousiastes et prêtes à se retourner en faveur de Napoléon. Il faut également faire la part des désordres et des dysfonctionnements des autorités, d'un département à l'autre, entre les administrations civiles et militaires, qui agissent dans la stupeur, mais aussi, et pour cause, en dehors de toute directive parisienne. Et puis la réussite de Napoléon paraît évidente, après coup, parce qu'elle a eu lieu.

Pourtant, rien n'était joué d'avance, loin de là. Ces quelques jours, durant lesquels se noue l'échec annoncé du régime de la Restauration, sont en effet dominés par les manifestations d'un véritable royalisme populaire, en particulier à Marseille, dont les formes et la nature ont rarement été étudiées. C'est là qu'est la surprise. Le paradoxe veut en effet que Napoléon ait été contraint par la géographie de rentrer en France en l'abordant par son côté royaliste. Si les historiens se sont longuement interrogés sur les débordements royalistes d'une partie de la population du Midi après la défaite de Waterloo, à partir des derniers jours de juin 1815, ils se sont en revanche peu intéressés au mouvement général d'adhésion au roi du peuple des villes du Sud qui s'est manifesté dès les premiers jours de mars. Le mot « terreur blanche » apparaît très vite dans le vocabulaire des contemporains pour caractériser les violences de juin à novembre 1815 – les libéraux François Guizot, Odilon Barrot l'utilisent dans leurs Mémoires en référence à l'autre terreur, « rouge » celle-là, de 1792-1794 –, mais personne n'use de l'expression de « royalisme populaire ». Seul Charles de Rémusat parle dans ses Mémoires de « peuple royaliste » à propos de Toulouse en juillet 1815 [1]. Dans le camp bonapartiste, on minimise jusqu'en juin la part du peuple dans les actes d'opposition royalistes aux autorités des Cent-Jours. Le peuple ne peut être que discipliné, dévoué à Napoléon et aux ordres du gouvernement – on pense en particulier à l'encadrement policier des fédérés parisiens en mai 1815. Chez les royalistes, on se garde bien, à partir de juillet, d'endosser la responsabilité des violences qui s'exercent un peu partout au nom du roi sur les anciens fonctionnaires napoléoniens, les fédérés, les soldats ou les protestants. La férocité ne peut être royaliste et les violences des derniers mois de 1815, qui feront plusieurs centaines de morts dans le Midi, empêchent les plus convaincus de faire le lien entre un souverain « bon » et « pacifique » et un peuple cruel et irresponsable. Et puis, on l'a déjà vu, le peuple, toujours appréhendé de l'extérieur par les autorités, n'est ni royaliste ni bonapartiste, il est tout simplement dangereux. L'anachronisme a ceci d'utile qu'il permet parfois à l'historien de poser des questions que les contemporains ne se posaient pas. Il est un « outil » mis à la disposition de tous ceux qui cherchent à individualiser les différences de nature d'un même « objet » d'histoire. Dans cette optique, « royalisme populaire » et « terreur blanche » sont les deux faces encore mal démêlées d'un seul et même phénomène.

Les témoignages de la ferveur royaliste d'une partie du Midi au mois de mars 1815 sont peu nombreux. Lorsqu'il en a été parlé, c'est toujours à chaud. On répugne à se souvenir rétrospectivement de la cause de ceux qui ont été vaincus, simplement parce qu'ils ont été vaincus. À Marseille, quelques observateurs, en particulier Julie Pellizzone, une pétulante Marseillaise, modérément royaliste, séparée de son mari, un négociant de la ville d'origine italienne, ont noté dans leurs journaux des détails que les commissaires de police ne donnent pas toujours. Julie Pellizzone[1] rapporte successivement toutes les émotions survenues à partir du samedi 4 mars, ce « jour à jamais mémorable » où la nouvelle du débarquement du « tyran » se répand en ville comme un feu de poudre : les manifestations bruyantes du peuple qui demande des armes devant la résidence du gouverneur, les processions du buste du roi à travers la ville avec tambours et musiques, à la lueur des torches dans la nuit du 4 au 5 mars, les fausses nouvelles de la capture de Napoléon – les 7 et 9 mars – qui font descendre « toute la ville » sur le cours et provoquent « cris, chants, embrassades sans se connaître, farandoles, feux de joie dans tous les coins, à toutes les portes », les actes de dévotion populaire à la nouvelle de la prise de Grenoble par Napoléon connue le 11. « Le saint sacrement est exposé dans toutes les églises et la prière des quarante heures ordonnée pour le salut du roi ; tous les soirs, on chante les litanies de la vierge, le *Domine salvum fac regem*, et l'on donne la bénédiction. Tout le monde se porte en foule à ces exercices de piété et la ferveur est grande, mais, ajoute-t-elle, ce n'est pas seulement des prières qu'il faut. » Charles de Rémusat parle à propos de ces actes de contrition ostentatoires, de « dévotion espagnole ». Cette dévotion qui est au cœur du régime même d'une Restauration qui veut faire de l'expiation des victimes de la Révolution la figure allégorique de celle de la mort du Christ s'acclimate plus ou moins bien aux sensibilités régionales. Étrangère, comme on l'a vu, aux régions plus profondément déchristianisées de l'est de la France, elle est restée très vive dans les pratiques et les mentalités du Midi. La seule ville de Toulouse compte en 1815 une cinquantaine de confréries de dévotion laïque pourtant supprimées sous la Révolution et à peine tolérées sous l'Empire, dont quatre confréries de pénitents (gris, noirs, blancs et bleus), comme dans de nombreuses autres villes du Midi : Marseille, Avignon, Cahors, Montpellier, Béziers, Agde, Narbonne, Perpignan[1]. À Strasbourg, en revanche, il n'en existe aucune.

Julie Pellizzone s'inquiète encore, à partir du 13 mars, des dangers pour la sécurité publique de la « fermentation » et des « attroupements » royalistes, au point que Masséna fait venir des troupes de Toulon pour contenir le peuple. Elle note, le 16 mars, le premier « soldat royaliste tué d'un coup de sabre par son sergent au fort Saint-Jean pour avoir refusé de crier : "Vive l'empereur !" »

La composition sociale des gardes urbaines des départements du Midi diffère peu de celle des gardes parisiennes. Les gardes nationales du Var, « animées du meilleur esprit et d'un zèle enthousiaste », écrit le préfet Bouthillier, sont largement formées des représentants de la noblesse municipale des villages du département déjà en place depuis les dernières années de l'Empire. Les noms ne trompent pas : Paul de Châteaudouble, Odon d'Audibert-Caille-Favas, M. de Gasquet, maire du Thoronet. De même à Marseille, Julie Pellizzone note que les gardes qui se sont portés volontaires le 4 mars pour marcher contre Napoléon appartiennent à « l'élite des meilleures familles » de la ville. Ce qui est plus intéressant, c'est ce qu'elle dit de la composition sociale du peuple. Elle est l'une des seules à décrire ce « petit peuple » qui manifeste bruyamment son royalisme. « Les poissardes des halles, écrit-elle, les revendeurs et marchands de légumes, les portefaix du port sont très royalistes. » Ce sont eux – s'agissant des hommes, sans doute les moins nombreux comparés à l'élément féminin qui domine – qui formeront le gros des cinq « compagnies franches » recrutées à partir du 17 mars, sur les places publiques, « au bruit du tambour qui bat tous les jours depuis quatre heures du matin jusqu'à la nuit » et seront envoyés « en foule » à Nîmes le 21. Mille deux cent soixante-dix fusils et effets d'équipement leur ont été distribués. Les souscriptions publiques suivent. Elles sont alimentées en partie par l'argent des « revendeurs et des poissardes qui ont fait une masse de contributions volontaires » – 20 000 francs le 22 mars – et servent entre autres à débaucher les soldats de la troupe de ligne. À l'exemple des autres grandes villes du Midi, ce recrutement et cet armement des « compagnies franches » officiellement dissoutes sous les Cent-Jours, mais en réalité maintenues clandestinement, auront des conséquences directes sur la violence de la réaction royaliste à la fin du mois de juin. Par ailleurs, 150 000 francs mis à la disposition du préfet des Bouches-du-Rhône, le marquis d'Albertas, par les conservateurs des douanes, vont faire le fond du trésor de guerre qui servira à financer la prochaine campagne contre les troupes passées à Napoléon, conduite par le duc d'Angoulême, l'aîné des neveux du roi, arrivé à Marseille le 16 mars, depuis Bordeaux[1].

5.

Un peuple royaliste

Ce peuple royaliste que l'on retrouve un peu partout dans le Midi l'est pour des raisons qui n'ont pas non plus été étudiées en profondeur. Certaines sont évidentes, d'autres plus difficiles à individualiser. De leur combinaison, de leur dosage d'une région à l'autre, d'une ville à l'autre, dépendent la nature et la qualité de ce royalisme parfois virulent, qui semble si anachronique un quart de siècle après la Révolution.

En Provence littorale et dans la vallée du Rhône, la première chose qui saute aux yeux est la vigueur de la reprise économique dans les premiers mois de 1815. Il faut lire pour cela les rapports de police des archives départementales. La reprise du commerce maritime et colonial ne bénéficie pas seulement des nouvelles conditions de paix mais aussi d'une politique législative volontariste menée par le régime, de libéralisation des droits de douane à l'importation et surtout à l'exportation, comme sur le transit des marchandises par la loi du 15 décembre 1814. Dans ce contexte, la ville de Marseille tire très bien son épingle du jeu en retrouvant par une loi du même jour la franchise de son port et de son territoire, telle qu'elle existait avant la Révolution, de tous droits de douane sur les marchandises coloniales consommées ou transformées sur place comme sur celles qui seraient réexportées par ses entrepôts [1]. La mesure est si favorable que la municipalité dépêchera à Paris une délégation, maire en tête, chargée de présenter au roi « ses très humbles remerciements [2] ».

Par ailleurs si la Restauration ne supprime pas les contributions indirectes, ces fameux « droits réunis » si détestés sur les tabacs, le sel et les boissons, contrairement à ce que le frère du roi avait imprudemment fait espérer à la population en avril, elle contribue par une loi du 6 décembre 1814 à en alléger la perception. Les droits de 15 % sur la vente des boissons par exemple, ne sont plus perçus directement chez les marchands et cabaretiers, mais, dans les agglomérations de plus de 2 000 habitants qui supportent l'octroi, directement à l'entrée des villes. Comme dans la plupart des départements français, dans le Var les dernières manifestations contre les droits réunis ont lieu en août 1814, précisément à Aubagne le 10. Par la suite, le préfet ne pourra que se féliciter de la reprise régulière des perceptions comme de « la fin des troubles [...] excités sous le prétexte des impositions indirectes [1] ».

Pour le reste, tout le sud de la France bénéficie des bonnes récoltes et des bons prix agricoles qui en sont la conséquence à partir de septembre. Les receveurs municipaux des Bouches-du-Rhône en écrivent tous avec satisfaction au préfet. Le prix des « cultivateurs à la journée » n'a jamais été aussi élevé qu'en février : 25 à 30 francs par jour. « L'esprit public est excellent, surtout dans la classe des paysans et ménagers qui est la plus nombreuse [2]. » Comme l'écrit le receveur municipal de La Ciotat, le 4 mars : « Les contributions directes et indirectes rentrent très bien depuis septembre. Le prix du vin et des huiles ayant été très élevé, les propriétaires sont contents. Depuis douze ans que j'exerce ce métier et pour la première fois, jamais je n'ai eu la douleur d'ordonner aucune saisie, ni vente de meubles [3]. »

Mais tout ne s'explique pas par la conjoncture économique. Sans aller jusqu'à enfoncer la porte ouverte de l'adéquation d'un patriotisme bonapartiste à un « patriotisme des frontières », il n'en reste pas moins vrai que le Sud-Est comme d'ailleurs le Sud-Ouest, l'Ouest et une partie du centre du pays qui n'ont pas eu à subir les inconvénients de l'occupation militaire des armées coalisées contre Napoléon en avril 1814 réagissent différemment à la « honte » de la défaite. La méconnaissance des dangers et des exactions de l'occupant rend naturellement moins supportable l'idée même de revanche comme les conséquences désagréables d'un nouvel effort de guerre pour la défense de la patrie. Sous les Cent-Jours, dans les départements du Midi, tous les préfets souligneront des taux d'insoumission et de désertion plus alarmants qu'ailleurs. La notion de patrie n'a tout simplement plus le même sens entre un roi qui se présente comme le restaurateur de la paix et Napoléon, systématiquement assimilé à la guerre dans les placards royalistes de mars significativement traduits, pour certains, en langue provençale.

On peut également penser qu'au-delà de la mort physique du roi en janvier 1793 le vieux principe d'incarnation et d'identification du peuple aux Bourbons n'était pas si moribond que cela, y compris à leur retour en 1814. Nombre de contemporains ont insisté lourdement sur l'oubli de l'ancienne famille royale éradiquée des esprits par la censure impériale qui s'en tient à Henri IV et Louis XIV utilisés comme des faire-valoir de Napoléon. Chateaubriand se vantera à tort, dans son *De Buonaparte et des Bourbons*, publié en avril 1814, d'avoir révélé les Bourbons à la France : « C'était comme si j'avais fait le dénombrement des enfants de la Chine ; la République et l'Empire avaient envahi le présent et relégué les Bourbons dans le passé. » L'argument n'est pas innocent. Il rend d'autant plus plausible le caractère « providentiel » et « miraculeux » de leur retour conformément aux canons d'une souveraineté toujours considérée par certains comme de droit divin. L'un des biographes de Louis XVIII, l'Anglais Philip Mansel, a raison de rappeler comme une évidence que ni la Révolution ni l'Empire n'ont « pu effacer mille ans de royauté française ». Passe encore pour les jeunes générations endoctrinées sur les bancs des lycées impériaux ou dans les rangs de l'armée. Poumiès de La Siboutie jeune étudiant en médecine affirmait ainsi en avril 1814, à propos du roi, que « personne dans une réunion de trois à quatre cents élèves ne [pouvait] dire qui il était, quel nom il portait dans la famille des Bourbons, quels étaient les membres encore vivants de la famille[1] ». Poumiès voit le jour au début de la Révolution, mais qu'en est-il de tous ceux qui, nés au tournant des années 1770 en ayant parfaitement connu l'Ancien Régime finissant, avaient quarante-cinq ans en 1815 ? La mémoire est moins une affaire de régime politique que de génération. Et si elle ne suffisait pas, la propagande du nouveau régime est là pour y suppléer. Tous les discours officiels des débuts de la Restauration soulignent ce rapport d'incarnation du roi à « son » peuple, en insistant autant sur la communion du sang que sur celle du pardon. Le sacrifice qu'a fait Louis XVI de son sang aux Français sur l'échafaud est racheté et comme sanctifié par le pardon de Louis XVIII[1]. À cause du sang versé et du pardon, les liens de « paternité » qui unissent le roi à ses sujets prennent désormais une tournure plus personnelle et plus sensible. Certes, la rhétorique paternaliste et familiale des Bourbons était déjà très présente avant la Révolution. D'une certaine manière, elle ne fait que se poursuivre sous la Première Restauration. Dans ses discours, dans les écrits officiels, le roi est souvent représenté comme le « père » de ses « enfants ». Lorsqu'en décembre 1814 il reçoit les députés en corps aux Tuileries, il les accueille comme les « représentants de [mes] enfants auprès de leur père. Je voudrais que chaque Français sût, comme vous, que je suis et que je veux être pour lui son père[2]. » En mars, lorsque le gouvernement multipliera ses déclarations contre Napoléon, il parlera souvent des Français comme de « tous les enfants de la même famille[3] ». Mais ce qui change, c'est que maintenant les enfants sont malades et le roi est leur médecin. Le mot « soin » revient sans cesse dans les interventions officielles de Louis XVIII en juin, juillet et août 1814 : « Comptez à jamais sur mes soins » ; « Tout mon peuple a un droit égal à mes soins ». C'est ce mot qui caractérise le mieux les relations que le roi cherche à établir entre le pays et son régime, établi sur la paix et une Charte constitutionnelle dont le maître mot est la « fusion » de deux France antagonistes, de part et d'autre de la Révolution. Ces arguments royalistes sont évidemment diamétralement inverses de ceux qu'utilisera Napoléon, mais le but recherché est le même : l'incarnation.

La mémoire de ce peuple royaliste est aussi celle de la Révolution. On s'est peu interrogé jusqu'à présent sur la mémoire « populaire » de la violence depuis 1789. Dans les grandes villes du Midi, les effets de la réaction royaliste postthermidorienne d'août 1795 comme ceux de la répression fructidorienne (Barras, Thibaudeau) de septembre et d'octobre 1797 sont encore très présents dans les esprits en 1815. Napoléon les réactive en brandissant, comme on l'a vu, le drapeau de la Révolution. On relève au détour de certains rapports de police des actes de vengeance pure directement liés à des épisodes antérieurs. Certains habitants de Toulon seront massacrés en juillet 1815 pour avoir « dénoncé et fait guillotiner plusieurs personnes accusées d'avoir porté la cocarde blanche sous la Révolution[4] ». Ceux-là ne doivent pas se plaindre, note encore un commissaire de police d'Arles, d'avoir à subir aujourd'hui « ce que pendant vingt-cinq ans ils ont fait souffrir aux royalistes [1] ».

Tout cela représente un petit quelque chose d'une France plus disparate et contradictoire qu'on a bien voulu le dire jusqu'à présent, tandis que la nouvelle du débarquement de Napoléon chemine vers le nord, jusqu'à Paris où elle arrive le 5, à Besançon le 6, à Strasbourg, le 8.

6.

« On le pendra ! »

À Paris, on sort tout juste du carnaval, qui, précise Mme de Maillé, a été brillant. « C'étaient des fêtes continuelles, une joie qui paraissait générale. » Il est vrai, ajoute-t-elle, que l'on dansait déjà sous le Directoire dans les beaux quartiers de la capitale. « Ceux à qui on ne coupait pas la tête en 1793 dansaient, ceux qu'on ne tuait pas sur les champs de bataille, du temps de l'Empire, dansaient, et comme on ne tuait personne sous la Restauration, tout le monde dansait[1]. » Au théâtre, les Variétés donnent le 4 mars *La Jeunesse d'Henri IV* et l'Odéon, *La Journée des dupes* au titre involontairement prémonitoire. Paris vaque à ses affaires, la cour à ses intrigues. D'André, qui depuis deux mois remplace Beugnot – nommé à la Marine – à la tête de la direction générale de la police du royaume, a beau faire état dans ses rapports de ses soupçons et de ses inquiétudes, celles-ci restent vagues[2]. Ni le gouvernement, ni la cour, ni les Parisiens ne s'en alarment plus qu'à l'ordinaire.

L'exilé de l'île d'Elbe avait pourtant été la grande préoccupation de la police des Bourbons sous la première Restauration. Les inquiétudes du baron Mariotti, nommé pour la circonstance consul de France à Livourne, celles du ministre de France à Berne, Auguste de Talleyrand, averti des intrigues de Joseph Bonaparte alors installé à Prangins, près de la frontière, la mission du baron Hyde de Neuville à Turin et Florence en novembre et les certitudes qu'il en avait rapportées, des manœuvres bonapartistes en Italie, les avertissements de toutes les bonnes âmes autoproclamées conseillers secrets de la cour, comme l'ancien directeur Barras, n'avaient abouti qu'à des tentatives désordonnées[1]. On avait surtout envisagé des solutions expéditives. Dans les derniers mois de l'année précédente, il y eut mille projets d'enlèvement ou d'assassinat. Mariotti s'y était employé en octobre avec l'aval de Talleyrand[2]. À Ajaccio, le commandant militaire de l'île pour le roi, un ancien chouan un peu brouillon, s'était donné également beaucoup de mal pour infiltrer la garnison de Portoferraio, par des hommes à lui[3]. En vain. Le cynisme mal conduit est souvent plus dangereux que l'apathie. Dans l'intervalle, la surveillance navale des côtes, assurée par quatre petites frégates et un brick de guerre, le *Zéphyr*, qui, pour des raisons d'avaries, sortaient rarement en mer au même moment, restait très aléatoire. Le renforcement des croisières méditerranéennes aurait d'ailleurs été diplomatiquement compliqué à mettre en œuvre. Napoléon était le souverain reconnu de l'île d'Elbe et on n'impose pas impunément un blocus à un souverain légitime, théoriquement libre de ses mouvements, sans violer les traités qu'on a signés avec lui[4].

À force d'être accablé de mauvais présages, le gouvernement avait donc pris le parti de ne faire confiance à personne et de ne pas choisir. Le nombre et la confusion des rapports qui depuis de longs mois se croisaient et se contredisaient sans cesse autour du roi avaient fini par rendre ce dernier perplexe. D'autant plus que si le comte Beugnot, un ancien haut fonctionnaire de l'Empire, avait su résister efficacement aux nombreuses polices parallèles du royaume qui l'accablaient, en particulier celle du frère du roi, le comte d'Artois, son successeur plus tendre et moins expérimenté s'y était laissé prendre. Et puis qui, parmi tous ceux qui diront par la suite avoir tout prévu, ne serait pas tenté d'être soudainement habité d'un don de double vue ? Lorsqu'on écrit l'histoire après coup, on en connaît la fin...

En ce début de mars, à Paris, on s'en rapporte surtout aux décisions qui seront prises par le congrès des puissances alliées réunies à Vienne, pour régler le sort du roitelet d'Elbe. Après tout, ce sont elles qui se sont liées par traité à l'empereur déchu en décidant de lui accorder la pleine souveraineté de l'île. Celle-ci, si minuscule soit-elle, n'est pas une prison, comme le sera Sainte-Hélène après Waterloo, mais un royaume de droit. Sans les grandes puissances européennes, le gouvernement français ne peut rien faire. Louis XVIII s'en remet sur ce point à Talleyrand, son représentant sur place, en le pressant d'agir au plus vite. Il dispose pour ce faire d'un moyen de pression : l'argent. Tant que Napoléon ne sera pas déplacé, le gouvernement se refusera à lui payer ses deux millions de pension annuelle, comme il s'y était obligé par le traité de Fontainebleau d'avril 1814. Comme on le verra, l'arme dangereuse du chantage financier est à double tranchant. Pour la cour, le roi et le gouvernement, Napoléon n'est pas encore un homme tout a fait « fini », comme le prétend Mme de Maillé : il est en suspens. Le fantôme qui réapparaît soudain est d'autant plus encombrant.

La nouvelle, connue du gouvernement le 5, est officiellement annoncée à Paris par *Le Moniteur* le 7. La Bretonnière l'apprend par exemple par « la voix glapissante des crieurs publics » qui reprennent par les rues l'essentiel des ordonnances royales publiées dans le journal. On ne s'est pas pressé pour la divulguer au public. On a tout fait pour la tenir secrète le plus longtemps possible par peur des troubles qu'elle pourrait occasionner. Mais tout se sait toujours très vite, à Paris. L'information se répand en ville dès le 6 dans la journée « parmi un très petit nombre de personnes ». « Ce soir, rapporte d'André dans son rapport du jour au roi, beaucoup plus de personnes en parlaient, mais encore avec doute et incertitude. C'était la nouvelle des généraux et des hautes classes, elle n'était pas descendue dans le peuple et dans les casernes[1]. » Malgré les mesures, très vite prises par les autorités, de contrôle des papiers des voyageurs arrivant à Paris par le sud, la nouvelle du débarquement passe rapidement les barrières. L'ex-reine Hortense l'apprend le 6 au matin par lord Kinnaird, arrivé d'Italie à Paris la veille et qui l'a attrapée au vol sur la route, à Autun. « Savez-vous la grande nouvelle, madame ? L'empereur Napoléon est débarqué à Cannes[2]. » Elle est encore chuchotée, comme s'il s'était agi d'une conspiration, surtout dans les milieux qui se savent soupçonnés de complicité par la police. Lavalette l'apprend le même jour, d'un ami qu'il rencontre en traversant le jardin des Tuileries : « Ne faites aucun geste, ne montrez aucune surprise, ne vous arrêtez pas : l'empereur est débarqué à Cannes, le 1er mars[1]. »

Malgré les rumeurs, malgré les avertissements, on mesure l'extraordinaire de l'événement par l'incrédulité, avouée sur le moment, de la plupart de ceux qui apprennent la nouvelle. Le prestige du pouvoir officiel aidant, personne n'imagine une seconde qu'un gouvernement, muni de toutes ses armes et des lois, puisse se faire emporter comme une plume. On songe d'abord à une guerre de partisans soutenue par Napoléon dans le sud de la France ou peut-être en Italie. Comme l'écrira après coup Charles des Rémusat, même dans les milieux les mieux avertis, « l'idée de cette course directe, de Grenoble à Paris, ne nous venait pas à l'esprit[2] ». Donatien de Sesmaisons, le gendre du chancelier de France, très proche du gouvernement, écrit lettre sur lettre à son ami Barante, préfet de Nantes, pour le rassurer. « Rien d'alarmant. On ne conçoit pas cette folie [...] et je ne doute pas que tout ne soit fini dans huit jours[3]. » Le 8 mars, le comte de Jaucourt qui exerce l'intérim du ministère des Affaires étrangères et en écrit à son patron, le prince de Talleyrand, est encore persuadé que « l'illustre aventurier » se fera arrêter et prendre à Grenoble[4]. Une Anglaise mariée à un Français, le général d'Arblay, parlera dans ses Souvenirs d'« aberration générale » lorsqu'elle tentera d'expliquer après coup l'indifférence ou plutôt l'apathie marquée de la plupart des membres de l'élite parisienne dans les jours qui suivront la nouvelle du débarquement. Elle constate que cette indifférence – elle parle même d'« incroyable aveuglement » – était partagée par l'ensemble de la population parisienne et évoque ce qu'aurait été la réaction d'une ville comme Londres, face à la même nouvelle : « J'ai souvent réfléchi à la façon différente dont l'Angleterre aurait réagi si elle avait appris l'invasion de ses côtes par un conquérant célèbre dans le monde entier. Chez nous, quelle fermentation se serait immédiatement répandue dans la métropole ! Les rues eussent retenti de cris exigeant des nouvelles, vraies ou fausses. Pas une diligence n'aurait pu se montrer sans que la populace ne l'arrête pour savoir du nouveau ; pas une heure ne se serait passée sans qu'on lâche sur la foule un messager, véritable ou prétendu tel, porteur de quelque information[5]. » À ses yeux, cette apathie parisienne des 6 et 7 mars se serait expliquée par les effets encore vivaces de la chape de plomb impériale comme de la puissance sans bornes de Napoléon qui avaient donné l'habitude à tous de rester dans une prudente expectative. En dix mois, la Restauration n'avait pas eu le temps de familiariser le pays avec la liberté d'esprit et de pensée.

Après un premier mouvement d'incrédulité, il y eut des réactions cependant, mais ce furent des réactions de joie. Dans les cercles les plus exagérément royalistes, le débarquement de Napoléon est salué comme un événement heureux. Les ultras tiennent enfin, pensent-ils, l'occasion de se débarrasser une fois pour toutes du perturbateur de l'Europe. Cet optimisme béat, qui durera quelques jours, en dit long sur la méconnaissance, jusque dans les allées du pouvoir, de l'état du pays comme de la force restée intacte dans l'esprit d'une partie de la population du nom de Napoléon. Le *leitmotiv* dans les salons royalistes est à peu près celui-ci : « Grande joie ! Demain, nous apprendrons qu'il est pris[1]. » C'est presque mot pour mot ce que la petite Aurore Dupin, future George Sand, entendait à Nohant, dans les milieux royalistes des amies de sa grand-mère, Mme Dupin de Francueil : « Réjouissons-nous. Cette fois, on le pendra, ou tout au moins on l'enfermera dans une cage de fer[2]. » La cage de fer est évidemment une invention prêtée à Ney, à l'occasion d'une promesse restée célèbre, mais la reprise de cette image volontairement humiliante et tirée des heures sombres du règne de Louis XI, prouve qu'elle était dans l'air et qu'on ne donnait pas cher de la peau du Corse. Pour les uns l'expédition aventureuse de Bonaparte fera enfin connaître « les vrais amis du roi ». Elle démasquera Masséna qui est détesté et que les plus exagérés croient déjà tenir. Pour les autres, elle donnera au souverain l'occasion d'obtenir des Chambres le pouvoir absolu, « comme si cela se donnait », commente Mme de Staël qui ajoute, fataliste : « Le despotisme aussi bien que la liberté se prend et ne s'accorde pas[3]. » En matière d'irréflexion et d'aveuglement, l'exemple vient de haut. Le comte d'Artois, prévenu dès le 5 mars par Vitrolles, tout de suite après le roi son frère, prend les choses légèrement, comme à son habitude. Il refuse de changer son emploi du temps et se rend à vêpres – nous sommes un dimanche, en plein carême – puis, voyant à nouveau Vitrolles, lui parle de choses indifférentes avant de s'exclamer : « À propos, et la nouvelle du débarquement, qu'en dites-vous ? » C'est cet « À propos ! », commente Vitrolles en forme de litote courtisane, qui pouvait paraître « singulier[1] ». On voudra par la suite forcer le trait en faisant de Blacas, ce gentilhomme issu d'une illustre famille provençale, mais sorti de rien sinon de l'émigration, favori détesté du roi et ministre de sa Maison depuis 1810, le bouc émissaire de la présomption, de l'incapacité politique et de l'imprévoyance royalistes. Il faut se méfier de tous les mots que l'on a prêtés à ce pauvre Blacas, réduit par la suite au rôle de fusible des erreurs du régime, mais la réponse du roi à la réaction optimiste du courtisan qui, le 5 mars, aurait osé évoquer le « bonheur que représente pour Votre Majesté » le débarquement de Bonaparte est trop belle pour ne pas être rapportée : « Je me serais bien passé de ce bonheur-là[2] ! »

Plus prosaïquement, il existe suffisamment de lettres et de réactions prises sur le vif, dans les archives inédites des milieux royalistes, pour ne pas penser qu'en ces premiers jours de mars la folie était moins du côté de Bonaparte que de celui de la cour et des milieux bien-pensants, nostalgiques d'un Ancien Régime révolu. Ainsi le vieux Victor de Galard, marquis de Terraube, ancien officier de marine et futur député ultra du Gers, écrit-il le 7 mars dans son journal intime : « J'ai couru aux informations de toute part au sujet de l'expédition de Buonaparte, et elles ont été en général fort satisfaisantes, la physionomie de Paris parfaitement calme. Cette nouvelle était nécessaire aux gens de bien pour réparer le crime des Alliés au sujet de cet homme en lui donnant une souveraineté. C'est le complément des miracles de la providence[3]. » Décidément, dans l'esprit de certains, la providence est là où elle ne devrait pas être ! Ce jour-là, Napoléon entrait à Grenoble, mais personne ne le savait encore à Paris, et l'aurait-on su, le 7 mars, à Paris, Napoléon était condamné. D'autant plus que, contrairement a ce qui a été communément dit, le gouvernement n'avait pas perdu son temps.

7.

Louis XVIII, roi de France et de Navarre

Au cœur des décisions qui seront prises dans les jours qui vont suivre la nouvelle du débarquement est le roi. Pour en comprendre le style, il faut parler un peu de lui. Le comte de Provence, né à Versailles en 1755, est le deuxième des cinq enfants du Dauphin, le propre fils de Louis XV. À l'avènement de son frère aîné en 1774, qui prend le nom de Louis XVI, il devient un temps le premier dans l'ordre de succession au trône et ne cache pas son ambition. Il jouera un rôle complexe, sinon trouble dans les premières années de la Révolution, en cherchant, avec l'aide de Mirabeau, à se ressaisir d'une partie du pouvoir politique perdu par Louis XVI face à l'Assemblée nationale. Il quitte la France en juin 1791, entre en émigration, proclame la régence sans en demander l'avis à son frère qui n'est tout de même pas encore détrôné et recueille en 1795, à la mort officielle de son neveu le petit dauphin Louis XVII, au Temple, sa succession au trône de France. Sa légende noire date de cette époque. Elle a été servie par des auteurs de talent, pas forcément historiens, comme le romancier autrichien Stefan Zweig, qui, dans sa biographie de Marie-Antoinette, qualifie le futur roi de « sournois et ténébreux, intrigant et prudent[1] ». Son émigration, en Savoie, puis sur le Rhin, en Courlande et enfin en Angleterre à partir de 1807, est toute politique. À la différence de celle de son frère cadet, le comte d'Artois, partisan des coups de main et de la méthode forte, Louis XVIII, qui se fait alors appeler le comte de Lille, choisit la voie du renseignement par l'organisation et le financement de plusieurs agences, dont la plus importante restera active à

Paris jusque sous le Consulat, et par la propagande. Ses nombreuses proclamations diffusées en France malgré la censure du Directoire puis de Napoléon montrent une nette évolution vers la prise en compte puis l'acceptation des acquis de la Révolution. Toutefois, politiquement, il revient de loin. Il a d'abord manifesté clairement son intention de restaurer l'ancienne monarchie « sur les bases inaltérables » de son ancienne Constitution (Hamm, 28 janvier 1793). Ce n'est qu'à partir de 1799 qu'il évoque la possibilité de « modifier [ses] idées sur les voies de la Restauration » (Kalmar en Suède, 2 décembre 1804). Cela ne veut pas pour autant dire qu'il abdique ses droits et sa prérogative royale. Il suffit de lire les trois écrits théoriques qu'il a laissés sur cette question pour s'en convaincre. Dans *Les Devoirs d'un roi*, écrits à Blankenburg, duché de Brunswick, en 1797, à l'intention de son neveu le duc d'Angoulême, il se montre très louis-quatorzien et insiste sur la nécessité et le devoir qu'il s'est donnés de conserver intacts ses pouvoirs. Même position deux ans plus tard dans ses *Réflexions critiques* écrites en 1799, sur les *Cahiers et instructions de la noblesse du Poitou pour ses représentants aux États généraux de 1789*, le seul de ses écrits politiques – et pourtant le moins connu – publié à ce jour [1]. S'il commence à admettre les changements organiques de la société française, telle que la Révolution l'a faite, il défend une fois encore l'intégralité de ses pouvoirs, refuse de dissocier la responsabilité des ministres de celle du monarque et conteste l'initiative des lois à une Chambre indépendante, quelle qu'en soit l'origine. À la veille de rentrer en France, sans doute a-t-il évolué là-dessus, à la faveur de son séjour en Angleterre qui l'a certainement influencé, mais il refuse toujours, dans ses *Observations sur la Constitution sénatoriale du 6 avril 1814*, dont le manuscrit est conservé aux archives du Quai d'Orsay, d'être le roi du Sénat napoléonien qui venait de le rappeler au pouvoir et le traitait non pas comme un souverain de droit par primogéniture, mais comme le frère du dernier souverain régnant de la branche aînée des Bourbons, le roi Louis XVI. Il veut être à part entière « Louis XVIII, roi de France et de Navarre » et non « Louis Stanislas Xavier » selon l'intitulé du décret sénatorial du 4 avril 1814 qui l'appelle au trône. Ce disciple du théoricien du pouvoir régalien Jacob-Nicolas Moreau a naturellement le goût du pouvoir et est loin d'être le roi fainéant que la plupart de ses biographes ont fait de lui. Une fois à Paris, en mai 1814, il écarte la Constitution sénatoriale d'un revers de main et agit de façon à être le maître d'œuvre. « Sa » Charte constitutionnelle, délibérément « octroyée » au pays, est datée de la « dix-neuvième année » d'un règne qu'il fait commencer symboliquement à la mort officielle de son neveu, le petit Louis XVII, à la prison du Temple, en 1795. Les « dix-neuf années » feront beaucoup rire les caricaturistes qui représenteront le roi feuilletant les dix-huit premières pages – blanches – de l'histoire de son gouvernement. La Charte n'est en tout cas pas, à ses yeux, le résultat d'un quelconque pacte entre lui-même et les représentants de la nation. Louis XVIII ne se considère ni instauré ni restauré en 1814. Il est et reste simplement le roi depuis que les droits dynastiques de la maison de Bourbon l'ont amené à l'être en 1795. Sa souveraineté préexiste à toute autre, celle du peuple comme celle de la nation. Sa souveraineté est partout là où il est, en France comme à l'étranger. C'est parce que sa souveraineté se confond avec sa légitimité qu'il a su rester roi en exil de 1795 à 1814 et qu'il le sera encore dans quelques semaines à Gand, en Belgique. Ce qui est dit de tout cela dans le préambule de la Charte du 4 juin 1814 – l'octroi, la libre concession, la divine providence, la dix-neuvième année du règne – éloigne évidemment des droits de la nation. Tous les portraits officiels de Louis XVIII le représentent d'ailleurs significativement en costume du sacre – même si le roi ne se fera finalement jamais sacrer –, muni des attributs de son pouvoir divin, les fameuses *regalia* : le sceptre, la main de justice et la couronne fermée. Comme le dit justement le comte de Jaucourt dans l'une de ses lettres à Talleyrand, dans l'esprit de beaucoup, autant Napoléon leur semble avoir été élu par le plébiscite, autant le roi échappe en partie à leur pouvoir. Il n'est pas, comme l'exprime drôlement un capitaine de l'ancienne armée impériale, « le régisseur général de la grande propriété populaire[1] ». Tout cela « choque et repousse », conclut Jaucourt[2].

Pourtant le paradoxe veut que la « grâce de Dieu » ne soit pas incompatible dans l'esprit du roi avec les « droits de la nation » qui forment la première et la plus importante des parties de la Constitution de 1814. Louis XVIII sait faire des concessions à partir du moment où, en position de force, il a le sentiment de ne pas se les laisser arracher. Il est tout aussi prêt à aménager sa propre prérogative royale, pourvu qu'elle reste dominante. Ferme sur les principes et sur ce qu'il considère comme l'essentiel, il sait, en pragmatique réaliste, en fils des Lumières et en fin politique, s'adapter aux nécessités comme aux circonstances. Il a su aussi écouter, admettre et assimiler les leçons politiques de son exil en Angleterre, la plus libre – et la plus aristocratique – des monarchies européennes. Pasquier le décrit comme un « libéral, acceptant les nécessités de son temps » et « franchement partisan du gouvernement parlementaire »[1].

À Lainé, le président de la Chambre, Louis se présente dans les derniers mois de 1814 comme le meilleur défenseur des libertés, face à tous les avocats de l'Ancien Régime qui se servent de lui pour critiquer son régime : « Les Français ne me connaissent pas, ils ne savent pas que je tiens plus que personne à la Charte que je leur ai donnée, qu'elle est à mes yeux le seul palladium de la monarchie[2]. » Napoléon lui-même lui accordera paradoxalement, en forme de critique pour celui qui, à son retour au pouvoir, lui a « gâché la France », d'avoir « rendu aux idées libérales, aux idées du commencement de la Révolution, toute la force qu'elles avaient perdue[3] ».

Souverain de droit, souverain légitime, il accepte en effet des limites à cette souveraineté, partage la puissance législative avec deux Chambres, sur le modèle anglais – l'une élue au suffrage censitaire et l'autre nommée et viagère : la Chambre des députés et la Chambre des pairs – et leur accorde même l'initiative indirecte des lois. Il accepte encore d'aller plus loin que ne l'autorise la Constitution dans la pratique du contrôle parlementaire, dès la présentation, en juillet 1814, du premier projet de loi budgétaire de son régime. Les Chambres sont en effet autorisées à discuter des recettes de l'impôt, conformément à la Constitution, mais également des dépenses du gouvernement, ministère par ministère, ce dont la Constitution ne dit rien. Le budget de 1815 est, historiquement, le premier budget « moderne » de notre France contemporaine. Louis décide surtout d'entériner les conquêtes sociales de la Révolution. Les « droits publics des Français », un peu oubliés depuis 1789 et dont il n'a jamais été question dans les Constitutions de l'Empire, forment la première section de sa Charte constitutionnelle : l'égalité devant la loi, l'impôt, les emplois publics, la justice, les libertés individuelles et religieuses, l'inviolabilité des propriétés, le jury et l'inamovibilité des juges, le Code civil. Mieux encore, il prend le parti très politique de restaurer certaines des libertés bafouées par Napoléon. La conscription est abolie, les confiscations déclarées illégales, la dette publique est garantie, ce qui était loin d'être le cas précédemment et signifie que les créanciers de l'Empire seront payés. Par l'article 8 du texte constitutionnel voulu par le roi, la presse redevient libre, même s'il est fait référence « aux lois qui doivent réprimer les abus de cette liberté ». Socialement, la Charte de Louis XVIII inaugure un régime qui est à l'époque l'un des plus libéraux et des plus tolérants d'Europe. Même en Angleterre, les catholiques étaient alors privés de droits politiques et il aurait été impensable à Londres de faire d'un catholique un membre du gouvernement comme ce sera le cas à Paris sous la première Restauration pour des protestants comme Jaucourt ou Guizot. De même, comme le souligne Mme de Staël, « aucune confiscation, aucun exil, aucune arrestation illégale n'a eu lieu pendant dix mois : quel progrès, ajoute-t-elle, en sortant de quinze années de tyrannie ! À peine si l'Angleterre est arrivée à ce noble bonheur trente ans après la mort de Cromwell[1] ! »

Il n'en reste pas moins que la puissance souveraine du monarque sort renforcée de cette épreuve constitutionnelle acceptée et voulue, surtout si on la compare à celle que la Constitution de l'Assemblée nationale de 1789 laissait à son frère en 1791. C'est qu'entre-temps Bonaparte a involontairement travaillé pour le roi. Par son coup d'État de Brumaire an VIII (9-10 novembre 1799), celui-ci est parvenu à affranchir l'organisation des pouvoirs d'État de sa théorie rousseauiste, à l'œuvre depuis les débuts de la Révolution : celle d'une stricte séparation des pouvoirs associée à une écrasante domination du pouvoir législatif sur le pouvoir exécutif. Avec Bonaparte devenu Napoléon, l'exécutif s'est débarrassé du triple verrou qui l'affaiblissait : sa sujétion aux pouvoirs d'assemblée, sa division en plusieurs personnes comme sous le Directoire, sa nature élective qui s'achève avec la proclamation de l'Empire héréditaire en 1804. Louis bénéficie par ailleurs du centralisme administratif hérité du Consulat et de l'Empire. Fouché disait drôlement à ce propos que le roi s'était contenté de se coucher dans le lit de Napoléon[1]. Les préfets sont une chose bien commode à l'exercice du pouvoir. Sur ce plan, la Révolution parachève en quelque sorte ce que la monarchie avait échoué à mener à bien, face à la résistance des corps intermédiaires – groupes sociaux, provinces et villes – arc-boutés à leurs droits, privilèges et coutumes de toutes natures – ces fameuses anciennes « libertés » du royaume : le rêve d'une administration rationnelle, uniformisée et centralisée, entièrement sous la main du gouvernement. Si l'on considère que la tâche de l'administration consiste à « réaliser une volonté étatique » fondée sur la Constitution, on nage en plein dilemme, dans la mesure même où la Charte ne dit rien de cette réalité bonapartiste de l'administration. Aux yeux du roi, elle a le mérite d'exister et voilà tout. Lorsque la noblesse de Toulouse avait accueilli son neveu, le duc d'Angoulême, en avril 1814, en lui vantant les bienfaits des anciens états du Languedoc, ce dernier avait répondu à l'aréopage stupéfait préférer, quant à lui et de loin, les départements aux anciennes provinces[2]. Le préfet Barante, qui l'avait reçu à Nantes un peu plus tard, dit la même chose dans ses Mémoires tout en pensant au roi, son oncle : « Il n'éprouvait pas la répugnance des vieux émigrés pour le régime impérial. [...] Cette égalité d'obéissance, cette suppression de l'aristocratie, la régularité de l'administration et du commandement, tout cela lui souriait assez. Une sorte d'instinct ou de réflexion confuse lui disait que tout cela était une base commode pour le pouvoir[3]. » Parmi les émigrés qui ont quitté le pays au début de la Révolution et viennent de rentrer, les plus lucides, comme le très compétent duc de Richelieu qui a gouverné l'ensemble des provinces du sud de l'Empire russe pour le compte du tsar, ne peuvent s'empêcher d'en faire la remarque : « La bureaucratie est dix fois pire qu'en Russie. Il se reçoit dans les divers ministères plus de dix mille lettres par jour. Je n'ai encore vu personne qui ne se croie propre à remplir toutes les places de l'administration, pourvu qu'elles soient lucratives, et elles le sont presque toutes[4]. » L'administration est si puissante qu'elle est devenue l'éden de tous ceux qui cherchent à se placer et la tâche est difficile, d'autant que le roi a pris la mesure de son efficacité et n'a changé que très peu de fonctionnaires en 1814, sur le principe sage qu'on ne déplace pas des hommes compétents, disciplinés et miraculeusement formés par « l'usurpateur ». Grâce au roi, la même classe dirigeante reste ainsi au pouvoir, en se contentant, selon l'expression amusée de Benjamin Constant, de « sauter sur une autre branche ». Si l'on fait exception des anciens régicides le plus souvent écartés de leurs fonctions d'Empire (Chambre des pairs, Académie française, Conseil d'État, Cour de cassation), jamais transition politique n'a été aussi douce que sous la première Restauration. Si l'on prend le seul exemple du corps préfectoral, sur 43 préfets nouvellement nommés, 31 sont d'anciens préfets ou sous-préfets d'Empire déplacés ou promus [1]. La part de l'Ancien Régime se réduit à 7 anciens émigrés et à 2 royalistes exagérés [2]. Lorsque Napoléon donnera l'ordre, après son retour à Paris (14 avril), de rechercher dans toutes les administrations les noms des anciens émigrés favorisés, la liste se révélera particulièrement décevante. Sur les 147 sous-préfets et secrétaires généraux, nommés, promus ou déplacés sous la première Restauration, on ne trouvera que 25 anciens émigrés. Même chose pour les juges qui, à défaut d'avoir reçu leur investiture sous la première Restauration, ont été très largement maintenus en place. Au-delà de la situation très particulière dont il hérite, Louis a en cela un réflexe très louis-quatorzien en considérant qu'il serait mieux servi par les représentants d'une bourgeoisie nouvellement arrivée et dépendante du pouvoir par la fortune qui lui reste à faire que par ceux de « son » ancienne noblesse, moins ruinée qu'on ne l'a dit par la Révolution et dont il se méfie en se souvenant de ses traditions frondeuses et indépendantes dans les années qui précédèrent la Révolution. Ce qu'il dit de la noblesse dans ses commentaires aux *Cahiers de la noblesse du Poitou pour les États généraux de 1789*, très hostiles à la prérogative royale, est sans appel : « De quels droits une noblesse, qui dégrade la couronne, qui brise le sceptre de son roi, pourrait-elle se plaindre des bourgeois qui la dépouillent de ses titres et de ses prérogatives ? Celui qui n'a respecté ni le trône ni l'autel peut-il prétendre à du respect de la part de ses subalternes [3] ? » Tel est pris qui croyait prendre. Son aversion pour l'ancien second ordre du royaume en dit long sur la détestation, voire la haine, qu'il suscitera dans les milieux royalistes les plus purs. Louis ne fera que deux exceptions à la règle, pour sa cour et sa maison militaire.

8.

« La dignité de ma couronne »

Cette nouvelle position de force du monarque tient donc aux structures étatiques héritées de la Révolution et de l'Empire. Elle tient aussi au caractère du roi lui-même. Il est peu probable qu'au cours de sa longue vie, au cœur même des années les plus noires de son émigration, Louis XVIII ait jamais douté de la supériorité de son nom, de la justice comme de la justesse de ses droits. « Quelle idée Bonaparte a-t-il donc de moi ? [...] Qu'il apprenne à me connaître. Rien ne me fera abandonner mon droit, trahir mon devoir. [...] La couronne de France m'appartient ; nulle autre n'a de prix à mes yeux », écrit-il en 1800[1]. Lorsque Bonaparte et Talleyrand tenteront en 1802 de le faire renoncer au trône contre de généreuses compensations financières, il aura cette réponse cinglante qu'il fera transmettre de Varsovie le 28 février 1803 : Bonaparte « se trompe, dit-il, s'il croit m'engager à transiger sur mes droits, loin de là. Il les établirait lui-même, s'ils pouvaient être litigieux, par la démarche qu'il fait en ce moment. » D'ailleurs, Talleyrand lui-même n'était pas dupe. À Markov, le ministre de Russie à Paris, qui devait servir d'intermédiaire, et lui demandait si une transaction financière impliquerait le renoncement du prétendant au trône de France, il aura cette réponse : « Les actes de renonciation ne sont pas valides selon les lois de l'ancienne monarchie ; mais ce qui les rendra tels, c'est l'avilissement des individus qui sera complet de cette manière[2]. » Et dans ce domaine, il s'y connaissait. Autant l'avilissement est étranger à l'esprit et au caractère du roi, autant ce qu'il appelle « la dignité de ma couronne » est pour lui comme une seconde nature. Il ne cesse de l'évoquer dans ses écrits et proclamations, en exil comme sur le trône, au point que certains libéraux comme Charles de Rémusat lui reprocheront d'avoir trop parlé des droits de sa maison aux dépens des droits de la nation sans penser que dans son esprit les uns et les autres se confondent.

C'est aussi presque toujours ce mot de « dignité » qui vient sous la plume de ceux qui ont tenté de le décrire. Pasquier commence dans ses Mémoires le portrait de celui dont il a été plusieurs fois le ministre en évoquant cette « dignité » qui éclate « dans son air, dans son regard, dans ses paroles. Elles étaient, ajoute-t-il significativement, habituellement spirituelles, quelquefois fort habiles, mais toujours royales [1] ». Ici l'attitude du souverain est à la mesure de son état d'esprit, celle d'une supériorité naturellement assumée. Chateaubriand est celui qui a le mieux évoqué cette psychologie d'un roi qui, malgré l'exil et les échecs, le conduit à considérer le tout-puissant tsar de Russie comme le représentant d'une maison princière de seconde catégorie et les généraux alliés qui camperont à sa porte dans la cour des Tuileries, après Waterloo, comme « des vassaux qui n'avaient fait que leur devoir en amenant des hommes d'armes à leur seigneur suzerain ». Les pages qu'il consacre à la superbe du roi faite tout à la fois d'orgueil de lui-même et de son pays, de conscience bien sentie de l'ancienneté de sa race et de sens politique dont il use dans l'adversité comme d'une arme face aux puissants sont parmi les plus belles de ses Mémoires. « Louis XVIII ne perdit jamais la prééminence de son berceau ; il était roi partout, comme Dieu est Dieu partout, dans une crèche ou dans un temple, sur un autel d'or ou d'argile. Jamais son infortune ne lui arracha la plus petite concession ; sa hauteur croissait en raison de son abaissement ; son diadème était son nom ; il avait l'air de dire : "Tuez-moi, vous ne tuerez pas les siècles écrits sur mon front." Si l'on avait ratissé ses armes au Louvre, peu lui importait : n'étaient-elles pas gravées sur le globe ? [...] [Sa] foi inébranlable dans son rang est la puissance qui lui rendit le sceptre. [...] Le banni sans soldats se trouvait au bout de toutes les batailles qu'il n'avait pas livrées. Louis XVIII était la légitimité incarnée ; elle a cessé d'être visible quand il a disparu [2]. »

De ses vingt-cinq années d'exil – presque un siècle lorsqu'on mesure les transformations politiques et sociales qui s'opérèrent dans ce laps de temps –, de son retour inespéré au pouvoir en 1814, il a gardé à la fois l'assurance calme et tranquille d'un homme habitué aux coups durs et une confiance presque aveugle dans sa bonne étoile. En cela il se rapproche de Napoléon, mais c'est bien le seul point par lequel les deux hommes se ressemblent. Ce roi qui accède au pouvoir à presque soixante ans est vieux, démesurément obèse et malade. Il existe un monde de représentations entre le héros guerrier et vainqueur de quarante-six ans qui revient en France et le vieux roi pacifique et modéré périodiquement cloué dans un fauteuil par de longues crises de goutte, qui devra l'affronter. On lui reprochera le calme, que certains qualifieront de « désespérant », dont il fera montre au fur et à mesure de l'aggravation de la situation dans les premiers jours de mars 1815, sans songer au fait que ce calme presque placide était le fruit de sa longue expérience de l'exil. Il figure aussi à ses yeux la seule attitude convenable à la personne d'un monarque de son rang. Le calme imperturbable du roi que son obésité et ses infirmités accentuent aux regards de ceux qui l'observent, est évidemment un jeu de composition et d'acteur. Le baron de Frénilly, qui ne l'aime pas, lui reproche ainsi de n'être qu'un « roi comédien, toujours drapé, toujours en scène ».

On ne dira jamais assez combien la hauteur à laquelle cet homme s'est placé, en esprit mais aussi dans les moindres détails de son comportement de roi, l'a isolé du commun des mortels. Chateaubriand affirme que, sous la première Restauration, les maréchaux « étaient plus intimidés devant ce vieillard impotent que devant le maître terrible qui les avait commandés dans cent batailles ». Guizot lui concède « une apparence imposante [1] ». Le comte Beugnot, un ancien préfet de l'Empire habitué du pouvoir napoléonien et qui sera par la suite son ministre à plusieurs reprises, évoque ainsi sa première rencontre avec le roi en mai 1814 : « Une dignité calme, un coup d'œil caressant, un organe flatteur, des questions faites de haut, mais toutes à propos, nous révélèrent une sorte de puissance dont nous n'avions pas encore senti la portée. » Et lorsque celui-ci lui adresse la parole, il se décompose : « J'eus tout au plus assez de présence d'esprit pour balbutier quelques mots vulgaires de reconnaissance[1]. » L'étiquette veut qu'on n'adresse pas la parole au roi mais qu'on réponde seulement à ses questions en commençant par : « Sire, Votre Majesté... » On juge par la gêne qu'occasionne une simple présentation à un homme habitué des allées du pouvoir la difficulté que pouvaient avoir ses ministres à lui dire des choses susceptibles de ne pas être agréables à entendre. Le tsar de Russie lui-même, le monarque le plus puissant d'Europe en mai 1814, qui tenait beaucoup à faire nommer Caulaincourt, l'ancien ambassadeur de Napoléon à Saint-Pétersbourg, à la Chambre des pairs, n'osera même pas, et à deux reprises, prononcer le nom de son favori au roi, sentant ce dernier hostile à son projet. « C'était en de telles occasions que le roi avait une incontestable supériorité », commente encore Beugnot[2]. Mais celle-ci est à double tranchant. La réponse de Louis XVIII à son ministre de la Justice, Dambray, qui critiquait un jour « l'insolence » du *Nain jaune*, journal d'opposition libérale, et parlait de le supprimer, en dit long sur les silences qui devaient l'entourer : « Il m'amuse et me dit des choses que vous ne me dites pas. Que ferez-vous dans un an quand ils seront tous comme lui[3] ? »

Ni les ministres du roi ni ses courtisans les plus anciens et les plus fidèles, ceux de l'exil, comme le duc de Duras, le duc de Lévis ou le comte de Blacas, n'osent lui parler franchement. Comme l'écrit Duvergier de Hauranne : « Il se forme autour des princes une espèce de mirage qui les abuse en déplaçant les objets et en leur faisant voir dans le ciel des paysages chimériques[4]. » La cour, reconstituée dès le mois de mai 1814 sur un pied comparable à celui de Versailles, avec ses quelque mille six cents grands officiers, officiers et subalternes pour la seule maison civile, est un univers opaque, traversé de rumeurs contradictoires, enfoncé comme un coin entre le roi et le monde extérieur[5]. « Ce pays-ci », comme l'on disait à l'époque pour mieux en souligner la particularité, est le lieu des faux-semblants. Marsilly, un officier des Cent-Suisses qui appartient à la garde rapprochée du monarque, dit à ce propos dans son Journal ce que tout le monde pense : « À la cour, on ne croit pas à la vérité. On ne la dit jamais[6]. » Cette cour, qui n'est pourtant ni plus brillante ni plus imposante que celle de Napoléon sous l'Empire, est par ailleurs plus bavarde, plus frondeuse et surtout plus entichée de l'excellence de ses origines et de sa noblesse. On accédait à la cour de Napoléon par le mérite, on accède à celle du roi par « survivance ». La cour de la Restauration est un peu comme le fantôme d'un Ancien Régime qu'on croyait disparu. Charles de Rémusat appelle cela des « replâtrages d'Ancien Régime[1] ». On y fait revivre les charges les plus improbables comme celles de « premier pousse-fauteuil du roi », de « porte-arquebuse des chasses à tir » ou de « porte-cornette blanche de la bouche ». « Vieux habits ! vieux galons » qui sentent la poussière et la naphtaline. Béranger s'en moque déjà dans ses chansons[2]. À cause d'elle, de ses manières et de ses formes surannées, les apparences anciennes l'emportent sur la réalité moderne du régime. Mme de Staël observe de son côté qu'en ce début de siècle presque tous les souverains européens vivent, peu ou prou, « comme de simples particuliers ». « En France, au contraire, les princes de la famille royale ne sortent presque jamais du cercle de la cour. » Et cette cour a, selon elle, le double inconvénient de prêter au ridicule parce qu'elle est contraire aux mœurs nouvelles et cependant d'exciter l'envie et les jalousies[3]. On pourrait dire aussi, et Napoléon l'a très bien compris, qu'elle sert d'exutoire aux vanités qui en France sont particulièrement vives. Pour le roi, elle est l'un des seuls moyens dont il dispose de satisfaire en toute petite partie l'avidité débordante de « son » ancienne noblesse pour les places et les pensions.

Mais si Louis XVIII tient plus que tout au faste de sa cour, c'est aussi à cause du goût qui a toujours été le sien pour l'étiquette et l'apparat. Ses journées sont minutieusement organisées selon un protocole immuable hérité de celui de Versailles. Pour ses conseillers les plus proches, le déranger à une heure qui n'est pas prévue constitue toujours une épreuve traversée d'hésitations et d'appréhensions. En cas d'extrême urgence, l'huissier de service ne frappe pas à la porte de son cabinet pour le prévenir – ce serait impensable et malséant –, mais il y gratte. À ses ministres qui un jour arrivèrent quelques minutes en retard à une réunion de cabinet alors qu'il les attendait à l'heure dite, il a cette remarque adressée de « l'un de ces coups d'œil caressants dont il avait le secret » : « Messieurs, l'exactitude est la politesse des rois[4]. » On l'attribue généralement à son ancêtre le Roi-Soleil, alors qu'elle est bien de lui. Comme son aïeul, Louis sait son « métier de roi ». L'exactitude, les usages, le respect des formes ne sont pas seulement à ses yeux questions de politesse, ils sont aussi très politiques. La façon dont il reçoit Talleyrand à Compiègne le 1er mai 1814 en dit long sur sa capacité à se servir des usages pour affirmer son pouvoir. Il sait ce jour-là qu'il doit en grande partie son retour sur le trône au prince de Bénévent. Il sait aussi que celui-ci détient la presque totalité des pouvoirs à la tête du gouvernement provisoire instauré le 1er avril dans l'attente de son retour d'exil en Angleterre. Il sait enfin que le Sénat, convoqué par Talleyrand, l'a instauré et non pas restauré et qu'il est en théorie sous sa dépendance. D'après le protocole, le roi est assis et ses ministres debout, à moins qu'il ne les invite à s'asseoir. À ce petit jeu du assis-debout, d'une phrase, Louis XVIII, souverain exilé et sans pouvoir, s'en ressaisit et retourne la situation en sa faveur. Ce n'est pas d'apparences qu'il est question ici, c'est bien de la plus pragmatique des réalités politiques. « Monsieur le prince de Bénévent, je suis charmé de vous revoir. Il s'est passé bien des choses depuis que nous nous sommes quittés. Vous le voyez, nous avons été plus habile. Si c'eût été vous, vous me diriez : "Asseyons-nous et causons", et moi je vous dis : "Asseyez-vous et causons." » Le « nous » est un nous de majesté. Lorsque l'on sait cela, on a tout compris, et Talleyrand a dû comprendre dans l'instant. Le roi est le roi et le faiseur de rois un ministre parmi d'autres. C'est lui qui a raison et Talleyrand qui a tort [1].

Dans les archives du protocole conservées dans la famille du grand maître des cérémonies, le marquis de Dreux-Brézé, on peut lire quelques notes marginales, de la main de Louis XVIII, qui ne trompent pas. « Les personnes de notre condition doivent se souvenir de leur rang et ne jamais laisser les autres l'oublier. » Dans son esprit, les obligations imposées aux autres sont à la mesure des devoirs qu'il se donne à lui-même. On trouve aussi cette remarque : « L'égalité dans les costumes confond les rangs et mène droit à une loi agraire. » Dans le sillage de la cour de Versailles, de cette « mécanique minuscule » – pour emprunter l'expression à José Cabanis commentant Saint-Simon – où les distances sont respectées et les apparences sauves, Louis XVIII ne laisse rien passer à ses courtisans comme à ses ministres. Le premier d'entre eux, Villèle, qui un jour posait sans façon sa tabatière sur son bureau, se fera vertement remettre à sa place en ces termes : « Monsieur le comte, il y a ici une place pour votre portefeuille, mais celle de votre tabatière est exclusivement dans la poche de votre veste[1]. »

Ce roi est aussi un roi charmeur, capable de la plus grande amabilité, parfois familier et gai jusqu'à la verdeur lorsque son auditoire est exclusivement masculin. Il aime raconter, a le goût des anecdotes comme des citations qu'il cultive. Il a conservé beaucoup de ce bel esprit, mi-libertin, mi-cultivé, mais toujours raffiné du XVIIIe siècle. Un peu piqué de lettres et de littérature – ceux qui ne l'aiment pas auraient préféré le voir à l'Académie –, écrivant à ses heures, il connaît par cœur ses classiques grecs et latins – Horace est son favori – comme nombre d'auteurs contemporains[2].

Dans la distance comme dans l'abandon, il sait précisément ce qu'il veut, et surtout ce qu'il ne veut pas. Guizot lui concède ainsi les « qualités négatives ou expectantes » de celui qui sait « contenir, arrêter, déjouer ». Il a l'art de se protéger de ce qu'il appelle les « émotions », c'est-à-dire de l'obligation d'avoir à discuter une décision qui ne lui convient pas ou d'avoir à s'opposer de front à ses proches. Il y aurait beaucoup à dire là-dessus sur les rapports de sa condition physique de roi podagre et goutteux incapable depuis longtemps de monter à cheval, aux artifices permanents dont il use pour se préserver de son entourage. Un roi malade et souffrant finissant sa vie poussé dans un fauteuil roulant ne réagit pas comme un monarque à cheval. Lorsqu'un sujet ou une proposition lui déplaisent, il fait alors ce qu'il appelle sa « tête de bois », élude la question en la noyant dans beaucoup d'esprit et feint de l'oublier sur un autre terrain. Beugnot parle à ce propos de « débauche d'esprit » et de son habileté à trouver des expédients, souvent malins, toujours spirituels, pour renvoyer aux autres la difficulté qui était prête à l'atteindre. Napoléon vise juste lorsque, le comparant à son frère aîné, le roi guillotiné, il lui trouve « moins de franchise » et « plus d'esprit »[3]. « Il faisait de son fauteuil, poursuit Beugnot, une petite guerre d'espiègleries où il n'avait pas son pareil. » Certains comme Talleyrand qui y seront blessés s'en vengeront en l'appelant « le roi des niches » ou « le roi nichard ». Son esprit peut être en effet extrêmement mordant, et d'autres que Talleyrand s'en souviendront longtemps. Recevant à son retour le vieux comte de Barentin, l'un des derniers gardes des Sceaux de son frère, resté en France pendant les Cent-Jours, Louis se montre sans pitié. Le magistrat tentait, avec embarras, de se disculper d'avoir prêté serment à Napoléon : « Vous avez jurotté ; à votre âge, on ne fait plus les choses qu'à demi[1]. »

Ses colères sont rares mais toujours froides. Il a la rancune tenace et n'oublie jamais rien. « C'est un homme qui a de la mémoire », disait Talleyrand en sortant de l'audience déjà évoquée que Louis lui accorda à son retour en France après vingt-cinq ans d'exil. On se déshabitue avec lui des colères furieuses, pourtant jouées et calculées, de Napoléon. Les siennes sont silencieuses, mais tout aussi terribles. Il « n'était pas toujours maître de lui, commente Pasquier ; parfois sa nature violente le trahissait ; alors son regard était perçant, et, quand il le voulait, d'une sévérité terrible, ne laissant aucune illusion à ceux qui avaient encouru son mécontentement[2] ». Un regard froid du roi qui prend alors, comme il le dit, sa « voix de cloche » est tout aussi redouté des courtisans qu'est entendu avec bonheur, et comme une grâce pleine de promesses, un mot aimable tombé de sa bouche.

9.

Un homme seul

Louis XVIII est au fond un homme tragiquement seul[1]. Par sa naissance et sa fonction, il appartient, avec les autres souverains d'Europe, à cette race particulière et hors du commun des princes et des rois qui, par définition, n'ont pas d'amis au sens où on l'entend habituellement, mais des serviteurs, des courtisans ou, au mieux, des favoris. Leurs rapports au commun des mortels se mesure exclusivement en termes de « bonté » par les grâces qu'ils dispensent – le mot peut aussi stigmatiser à l'époque le défaut d'un caractère faible – ou d'ingratitude, en ne payant pas de retour les services de certains. Comme l'écrit un homme de cour : « J'ai appris d'une manière certaine que les princes, même pour les personnes qu'ils affectionnent le plus, les croyaient assez récompensées par l'honneur qu'elles avaient eu de leur être utiles » pour ne pas avoir a les en remercier[2].

Louis est un homme seul par sa position de roi et l'apparat dont il s'entoure, mais aussi par la géographie psychologique et généalogique très particulière de sa famille. Marié à Marie-Joséphine de Savoie en 1771 et veuf depuis 1810, il n'a pas d'enfant. Il ne peut compter pour assurer la continuité de sa dynastie que sur son frère le comte d'Artois, de deux ans plus jeune que lui, et sur le fils cadet de ce dernier, le duc de Berry, le seul en mesure d'avoir lui-même des enfants. Or tout oppose les deux frères. L'un est magnifique et l'autre familier, l'un sage et prudent et l'autre téméraire et irréfléchi. Autant Louis XVIII est un roi philosophe, ou un « roi magistrat » pour reprendre l'expression de Mme de Staël, autant son frère aime l'action pour le simple plaisir de faire quelque chose. L'égoïsme de l'un et la générosité de l'autre forment également les termes classiques d'une comparaison qui n'a pas toujours été favorable au premier. Le futur Charles X est déjà pour beaucoup le « roi chevalier », cavalier et gracieux malgré son âge, que de nombreux nostalgiques de l'Ancien Régime rêvent d'avoir pour champion. Quand il sera roi, à la mort de son frère, le baron de Frénilly, un exagéré notoire, l'appellera « le roi de mon cœur ». Car si l'un est pragmatique, réaliste et modéré, l'autre n'a « rien appris » et « rien oublié » de la Révolution dont il continue à penser qu'elle est la conséquence d'un complot et n'a pas de racines profondes dans le pays. « Charles le Simple » veut régner, certes, mais à sa manière, en déclarant ouvertement à qui veut l'entendre qu'il préférerait encore être palefrenier plutôt que roi constitutionnel comme son frère [1]. Dans son entourage, tout est toujours pur de toute compromission : « Vois-tu, disait un jour le prince à l'un de ses proches, le vieux levain révolutionnaire reparaît toujours, fût-ce au bout de vingt ans. Quand on a servi les autres, on ne vaut rien pour nous [2]. » Le malheur qu'il ne comprit jamais, c'est que l'immense majorité des Français avait « servi les autres », bon an mal an, et sans en avoir honte. Si l'absolutisme de l'un est simplement formel et d'apparence, l'absolutisme de l'autre est pensé dans la pratique même et l'organisation des pouvoirs d'État. Il est de plus compliqué d'une dévotion que Mme de Boigne qualifie de « puérile et mesquine », née en émigration sous l'influence de son confesseur, l'abbé de Latil, peu après la mort de sa maîtresse Mme de Polastron qui lui avait fait jurer de renoncer aux folies galantes et légères de sa jeunesse, du temps de la cour de Versailles. Louis assiste à la messe, car c'est le devoir d'un roi. Son frère y va par conviction. Le clergé trouvera très vite chez lui une oreille plus attentive et compatissante que celle du roi au point d'en faire rapidement le directeur occulte de ce qu'on appellera bientôt le « parti prêtre ». La fameuse alliance du trône et de l'autel, contre laquelle les libéraux et les gallicans crieront tant à la fin de la Restauration, trouve en tout cas de meilleures raisons d'exister et de se fortifier chez le cadet que chez l'aîné.

Louis XVIII est ainsi sous la dépendance quasi dynastique d'un frère agité et ambitieux qui ne lui ressemble pas et qu'il redoute. Il l'est d'autant plus que celui-ci, rentré en France quelques semaines avant lui, a eu le temps d'asseoir son pouvoir politique, fort de son titre de lieutenant général du royaume, et de tisser des réseaux de fidélité et de police qui lui serviront. Dès lors la « camarilla » du comte d'Artois, ceux du « pavillon de Marsan » comme l'on disait en désignant l'aile des Tuileries qu'il habitait, agira sans relâche pour son compte. L'opposition de ce que Charles Pouthas appelle encore « le gouvernement de l'entresol » et « le ministère du premier étage » – le pavillon de Marsan et le gouvernement du roi – se fait ainsi sentir dès les débuts de la première Restauration[1]. D'autant plus que les amis de « Monsieur », comme on l'appelle habituellement, profitent de l'« anarchie paternelle » qui préside aux premiers mois de la Restauration. C'est là l'un des plus graves reproches que l'on peut faire à Louis XVIII, celui d'avoir voulu diviser pour mieux régner. Le ministère du roi n'a de réalité que de nom. La notion même de « responsabilité collective » n'existe pas. Les ministres sont considérés par le roi, toujours jaloux de son pouvoir, comme de simples secrétaires d'État, à la façon de l'Ancien Régime. Chacun arrive au Conseil, qui se réunit deux fois par semaine, avec ses influences particulières, chacun parle au nom de sa coterie. Ce qui facilite la cacophonie.

Sous la première Restauration, Artois n'est pourtant pas encore entré en opposition ouverte avec son frère. Officiellement, il se « jette aux pieds du roi » et joue la déférence, mais on parle en son nom et cela l'enchante. La catastrophe du 20 mars va lui donner l'occasion de faire un pas de plus en affaiblissant d'autant le régime. On connaît le mot apocryphe mais plausible du vieux roi recevant son successeur toujours impatient sur son lit de mort en septembre 1824, et lui disant ironique : « Pas encore, mon frère ! »

Le comte d'Artois n'est pas seul. Ses deux fils, le duc d'Angoulême et le duc de Berry, partagent ses idées. Sa belle-fille, la fille du roi martyr, mariée en exil au duc d'Angoulême après avoir croupi dans la prison du Temple et vu son père et sa mère monter sur l'échafaud, est un reproche vivant, par la sécheresse douloureuse de son comportement, à tous les partisans de la Révolution. Napoléon est le premier à avoir compris les conséquences délétères de cette situation, comme le parti qu'il pouvait en tirer. À peine débarqué sur les côtes françaises, il prend un malin plaisir à opposer Louis, « un prince sage, éclairé par le malheur », à sa famille. « S'il avait été seul, dira-t-il du roi à Auxerre, le 17 mars, j'aurais eu infiniment plus de peine à lui reprendre la France[1]. » « Seigneur, gardez-moi de mes amis, je me charge de mes ennemis ! » Sa famille et une bonne partie de sa cour sont pour Louis XVIII une sorte d'épée de Damoclès. Cette hostilité sourde et ambitieuse isole d'autant plus le vieux roi podagre et explique en partie son goût pour les favoris – et les favorites – avec lesquels il entretient des rapports familiers et sentimentaux de substitution. Il y en eut plusieurs. Mme de Balbi à la fin de l'Ancien Régime, puis le comte d'Avaray, le comte de Blacas après 1810, Élie Decazes après les Cent-Jours et enfin Mme du Cayla à la fin de sa vie. Ils n'ont été ni amants ni maîtresses. Mme de Balbi disait en riant à l'un de ses amants, à Coblence au début de l'émigration, qu'elle ne connaissait que deux cas avérés de virginité : celle de Louis et celle de son épée[2]. L'amitié, la tendresse, l'affection presque maladive, la jalousie qu'éprouvait le roi pour eux ont été autant de formes de substitution à l'amour d'un homme stérile et manifestement impuissant.

Il reste à observer ce roi singulier au travail. Si on compare sa manière à celle qu'avait Napoléon de conduire les affaires, on tombe de haut ou plutôt on atterrit dans un autre monde. La conduite forcenée des affaires jusque dans ses moindres détails était sans doute l'une des composantes, aux yeux de Napoléon, de la légitimité de son pouvoir. On connaît l'anecdote des lumières de son cabinet des Tuileries laissées délibérément allumées tard dans la nuit, afin de donner à croire combien l'empereur s'occupait à toute heure du sort de son peuple. En l'occurrence, la légende rejoint la réalité. Mollien, son ministre du Trésor, a laissé sur sa capacité de travail des pages très convaincantes : « Il demandait compte à chaque ministre des moindres détails. [...] Il n'était pas rare de [les] voir sortir de ces Conseils accablés de la fatigue des longs interrogatoires qu'ils avaient subis [...], et il arrivait souvent aux mêmes ministres de trouver encore en rentrant chez eux dix lettres du premier consul demandant d'immédiates réponses auxquelles tout l'emploi de la nuit ne pouvait suffire[1]. » Au-delà du goût certain de Napoléon pour le détail des affaires, Mollien trouve plusieurs raisons à ce comportement. Il y voit une façon d'« attacher plus directement à sa personne les espérances » de ses collaborateurs, mais aussi le désir de « leur inspirer le sentiment de sa supériorité ». Pour le roi, nulle volonté d'acharnement. Louis XVIII n'a pas besoin de preuves par le travail. La légitimité de sa naissance lui suffit. Vitrolles et surtout Beugnot ont évoqué leur étonnement à propos des changements de style et de méthode qu'ils ont pu observer entre les séances des Conseils de l'Empire et celles de la Restauration. Lors de sa première réunion avec le roi en mai 1814, Beugnot, qui occupe alors l'intérim du ministère de l'Intérieur, entre avec son volumineux portefeuille et en use comme il en usait avec Napoléon, lisant tout, rapports et pièces justificatives. Au bout d'une heure et demie, le roi commence à manifester des signes d'impatience tout en prononçant, précise le ministre, « avec justesse » sur les différents rapports qu'il lui communique. Il finit par lui dire : « Monsieur, vous ne m'avez pas ménagé : en voilà fort honnêtement pour un début. » Le lendemain, visite un peu gênée à Beugnot du favori, le comte de Blacas, auquel le roi a probablement parlé. On lui reproche à demi-mot d'avoir été long, de s'être appesanti sur les détails. La leçon était faite et la messe dite. « Je promis de m'en corriger », ajoute Beugnot en forme de conclusion. Les ministres sauront se familiariser désormais avec l'art de la synthèse[2].

De cette différence de style on conclura un peu rapidement à la passivité et à l'indifférence d'un roi laissant ses ministres régler les affaires à sa place. Il n'en est rien. Encore une fois, Louis XVIII a le goût du pouvoir – qu'il a attendu si longtemps ! – et des affaires. Il juge vite, souvent avec pertinence. Il est derrière toutes les grandes décisions qui seront prises sous son règne, au moins jusqu'en 1821, où, malade et à quelques années de la mort, il laissera de plus en plus le pouvoir à son frère. Blacas qui devient son favori en 1810 et l'a beaucoup pratiqué sous la première Restauration, le juge comme le contraire d'un homme sous influence ou tout simplement inoccupé, au courant de tout et décidant de tout. Ce qu'il écrit là-dessus n'est pas destiné à la publication mais relève d'une lettre privée adressée à l'un de ses amis les plus intimes, Joseph de Maistre. Elle date des dernières années de l'émigration anglaise du roi, mais vaut tout autant pour la période qui suit. Blacas répond en même temps aux reproches qu'on lui fera de plus en plus, comme on le verra par la suite, d'influencer le roi. Même si on y sent la patte du favori qui cherche à vanter les mérites d'un roi prêt à revenir aux affaires, le fond du raisonnement est sans appel : « Sa tête froide, son esprit juste et droit, son jugement sain, son éloquence naturelle, ses connaissances profondes, son indulgence le mettront, dans quelques circonstances qu'il se trouve, plus en mesure qu'homme au monde de conduire les affaires, de tout diriger et de ramener les esprits. Mais il faut qu'on le sache ; il faut que personne n'en doute, et ce doit être là ma principale occupation, car c'est pervertir l'ordre des choses que de laisser les résolutions aux sujets et les déférences au souverain[1]. » Le duc de Duras, son premier gentilhomme, qui l'a beaucoup pratiqué, ne dit pas autre chose en août 1815 : « Le roi se trouve au fond de toutes les propositions, de toutes les résolutions[2]. » « C'est le roi qui dit, qui fait et qui veut tout », écrit encore, un peu plus tard, la femme du premier gentilhomme et la chère amie de Chateaubriand, la duchesse de Duras[3].

Il faut avoir dit tout cela si l'on veut comprendre les qualités et les défauts dont Louis XVIII va faire preuve au cours de ce mois de mars dans son duel contre Napoléon, et en finir avec le reproche principal que la plupart des historiens bonapartistes lui feront : celui de n'avoir rien fait. Pour commencer, il y a chez lui de la clairvoyance. Alors que la plupart de ses partisans verront dans le débarquement de Napoléon, après s'en être réjouis ou en avoir douté, une question purement militaire, il est l'un des premiers, dès le 5 mars, à comprendre que la crise qui s'annonce est d'une tout autre nature et qu'elle est essentiellement politique. Tony de Reiset, un officier des gardes du corps proche de la cour, rapporte ainsi les premières réactions du roi à la lecture du message télégraphique qu'il reçoit de Vitrolles dans le milieu de la journée du 5 mars : « Savez-vous ce que contient cette dépêche ? demande-t-il à son secrétaire d'État. – Non, Sire, je l'ignore. – Eh bien, je vais vous l'apprendre, c'est la Révolution qui recommence. Bonaparte est débarqué sur les côtes de Provence[1]. »

Tony de Reiset n'écrit pas des Mémoires mais tient son Journal au jour le jour. En cela, il n'a pas recomposé l'événement après coup en faisant du roi un personnage plus clairvoyant qu'il ne l'aurait été en réalité. Pour le reste, il est difficile de savoir ce que Louis XVIII pensait réellement de son adversaire, sur lequel il a laissé peu d'écrits personnels. Ses idées, souvent déguisées, ne sont révélées que par des actes publics qui ont varié en fonction de l'espoir qu'il avait de conquérir le trône. Au tout début du Consulat, alors qu'il était en exil, il s'était obligé à le traiter avec une certaine réserve, espérant que le général de Brumaire jouerait avec lui le rôle qu'avait joué le général George Monk avec Charles II d'Angleterre en 1660. Ce dernier avait en effet contribué, après la mort de Cromwell, à enterrer la république et à restaurer la monarchie, au profit du dernier représentant de la dynastie des Stuarts. « Mon estime vous est acquise », lui écrit-il très hypocritement peu après Brumaire. « Je ne confonds pas Bonaparte avec quelques-uns de ceux qui l'ont précédé, dit-il encore en février 1803, dans la lettre par laquelle il refuse par ailleurs d'abdiquer sa couronne. J'estime sa valeur, ses talents militaires ; je lui sais gré de quelques actes d'administration, car le bien qu'on fait à mon peuple me sera toujours cher. » Bonaparte n'est encore que consul, mais, à partir du moment où il devient empereur, tout change. Le général transitoire se mue en « usurpateur ». C'est à partir de ce moment-là que Louis XVIII commence à prononcer le mot[2]. L'exécution de son neveu, le duc d'Enghien, dans les fossés de Vincennes, n'a rien arrangé. La déclaration qu'il publie à Kalmar, en Suède, datée symboliquement du jour même du sacre de Napoléon, est sans équivoque : « Jamais on n'opposa le droit au crime, le successeur de trente rois à des tyrans éphémères, la légitimité à la révolution. » Depuis son retour sur le trône, il n'a pas changé d'avis, au point qu'il s'efforce d'agir comme si l'ex-empereur n'existait plus. Dans ses lettres à Blacas ou à Talleyrand, il n'y fait allusion que lorsque cela est absolument nécessaire et l'appelle tour à tour « le Corse », à l'instar de tous ceux qui renvoient l'usurpateur à ses origines « étrangères », ou encore, avec un goût très stendhalien pour les contractions et les mots codés, par les seules initiales de son patronyme : « BP ». En réalité, Louis devait éprouver, le 5 mars, un mélange de crainte, de fureur contenue et de mépris pour « la maligne influence de ce petit homme de cinq pieds, deux pouces », comme l'écrit Richelieu [1], qui allait le renverser tout en mettant le feu à l'Europe.

10.

L'Europe s'affole

Le drame qui se noue à Paris à partir du 5 mars est un drame français. Mais on n'en mesurerait pas toute la complexité si on ne jetait un œil dans la coulisse. Derrière la scène, derrière les frontières du royaume menacé, l'Europe s'inquiète et s'agite. Les historiens de l'Empire ont écrit et cru jusqu'à présent que les anciennes puissances victorieuses de Napoléon en 1814 avaient été un soutien et un allié pour le roi et que seul le temps leur avait manqué pour le faire savoir en France. Tout au contraire, nous pensons que l'Europe a été, dès le départ, une gêne plus qu'une aide pour Louis XVIII et que la peur panique qui s'est immédiatement emparée d'elle s'est accompagnée très vite d'une méfiance, voire d'une hostilité grandissante à l'égard du régime de la Restauration. Aux yeux des souverains européens réunis au congrès de Vienne, les Bourbons, avec qui on avait signé à Paris, grâce aux bons offices de Talleyrand, une paix plus que généreuse, sont en train de démontrer qu'ils sont incapables d'être le rempart qu'ils auraient dû être contre Napoléon en particulier, contre les ambitions françaises en général. Ils perdent en grande partie de leur utilité dans le processus de retour à la paix qui s'est mis en place depuis un an.

En mars 1815, l'Europe, gouvernements et peuples, vient à peine de commencer à panser les plaies des humiliations subies depuis vingt-cinq ans : défaites, invasions, occupations militaires, réquisitions de toutes sortes, annexion pour certains pays, mise sous tutelle pour d'autres. Le « système » napoléonien si bien décrit par Thierry Lentz a fait peur et l'Europe garde, encore toute fraîche, la mémoire de cette peur. En même temps, l'effondrement du grand empire et la reconstruction de l'Europe, à Vienne, sur ses dépouilles, ont aiguisé les appétits des uns et les ambitions des autres. « Il est impossible que la paix qui réconcilie des ennemis ne brouille pas des alliés », notait déjà Mably en 1751[1]. Les vieilles politiques expansionnistes des grandes puissances occultées pendant un quart de siècle par le danger d'une France révolutionnaire puis impériale qui ne cessait de s'agrandir, ont refait surface. Face à cela, la tout aussi traditionnelle politique anglaise de contrôle des ambitions et de maintien des équilibres continentaux reprenait de plus belle. On était à deux doigts de s'affronter, en Europe, avant le retour de Napoléon. On avait ainsi renoué avec les vieilles alliances d'autrefois, ce qui avait permis du même coup à la France, représentée à Vienne par Talleyrand, de sortir son épingle du jeu et de reprendre toute sa place dans le concert international. En janvier, l'Angleterre et l'Autriche avaient signé un traité d'alliance secret, avec la France, contre la Prusse et la Russie dont on redoutait les appétits sur la Pologne et la Saxe. Parallèlement, on avançait lentement sur les questions allemande et italienne tout en se regardant en chiens de faïence. Avec le retour de Napoléon, la France redevient brusquement le plus petit dénominateur commun de la politique extérieure des grandes puissances. Le mois de mars est à la fois pour elles une remise en cause et un recommencement. « Le congrès est dissous », aurait dit Napoléon en débarquant à Golfe-Juan. En cela, il eut certainement tort.

Tout cela doit être dit si l'on veut mesurer la violence unanime des réactions de mars en Europe. La nouvelle du débarquement parvient à Vienne le 7, en Prusse le 9, à Londres le 10. À Londres, dans un article du 11 mars, le *Times* traite l'aventurier de « misérable » (« *that wretch Buonaparte* ») dont la vie a été si imprudemment épargnée par les souverains alliés à l'époque de son abdication. La « vipère corse » est accusée de rallumer la guerre civile en France par les moyens d'un vaste complot dont Masséna serait le chef[2]. À l'étranger aussi, la thèse du complot domine et suscite les commentaires les plus débridés. Les imaginations travaillent et personne ne songe à vérifier la pertinence des propos tenus. « La bande de prétoriens qui, au temps de la Rome impériale, avait coutume de disposer des empires, est tout à fait ressuscitée », écrit encore, de Londres, lord Sheffield à un ami[1]. La presse allemande traite d'abord l'affaire par le mépris. « On a des raisons de croire que le débarquement de Bonaparte porte les traits du désespoir. Ce serait [lui] faire trop d'honneur que de vouloir le qualifier d'audacieux[2]. » Mais très vite la violence reprend le dessus. Napoléon est simplement « monstrueux ». On en appelle à la résistance, avec des accents qui sont presque ceux de la guerre sainte. L'écrivain Görres traite l'événement, dans le *Rheinischer Merkur*, de « sacrilège grave » contre « Dieu » et le « bonheur des peuples ». « Le calme n'habite jamais dans cet abîme, écrit-il encore à propos de Napoléon, où brûlent toutes les flammes de l'enfer[3]. »

Mais c'est à Vienne que se noue la crise. Vienne est alors la capitale de l'Europe. L'empereur d'Autriche y reçoit depuis le mois de septembre dernier le tsar de Russie Alexandre Ier, le roi de Prusse Frédéric-Guillaume III, des géants et des nains. Il y a à Vienne plus de petits princes souverains allemands que ne pourrait en contenir une salle de bal. Tout ce qui compte en diplomatie s'est réuni en congrès et cherche, non sans arrière-pensées, comme on l'a vu, les voies pacifiques d'un partage des dépouilles de l'ancien empire napoléonien. Metternich, le tout-puissant chancelier d'Autriche, apprend la nouvelle du débarquement dans la nuit du 6 au 7 mars, par une dépêche de son consul à Gênes. Elle annonce seulement que Napoléon a disparu de l'île d'Elbe. On mettra plusieurs jours à Vienne avant d'avoir la certitude de son débarquement en France. On le croyait d'abord à Naples chez son beau-frère le roi Murat, ou dans le centre de l'Italie, au point que le pape songera un temps à quitter Rome. Metternich – qui se vantera après coup dans ses Mémoires d'avoir tout deviné dans l'instant : « Il ira droit à Paris[4] » – devait être aussi perplexe que les autres. Talleyrand aussi s'est trompé. Mais s'il le croit pendant quelques jours en Italie, il comprend très vite la signification profonde de l'événement qui remet la paix en question et compromet son pays, quelque part entre la farce et la tragédie[5]. Il sait aussi qu'en rompant avec les traités qui avaient fait de lui le souverain de l'île d'Elbe Napoléon s'est condamné à jamais : « Il a lui-même prononcé son jugement[6] », dit-il le 11 mars. Quoi qu'il en soit, la fuite de Napoléon prend immédiatement les allures d'un grondement de tonnerre et sème la panique : « Les uns étaient terrifiés, les autres disaient que l'empereur serait pendu à la première branche d'arbre. [...] Les souverains allemands disaient "*Mein Gott*" [1]. » La comtesse Potocka, une Polonaise un peu volcanique, présente dans la capitale autrichienne, ira même jusqu'à affirmer que « souverains et ministres couchèrent le chapeau sur la tête et l'épée au côté, tant l'alarme fut grande [2] ». À Vienne, il n'est pas plus question de « vol de l'aigle » ou de « miracle » que dans les autres capitales européennes. Napoléon est tour à tour un « fou », un « brigand », un « flibustier ». Les Français doivent l'arrêter et le fusiller, comme celui-ci avait lui-même fait avec le duc d'Enghien. Voilà tout.

Ce qui n'empêche pas les uns et les autres de continuer à s'amuser pour faire bonne contenance et donner le change. À Vienne, entre deux conférences, les spectacles et les bals se succèdent à un rythme effréné. Après avoir été long à se mettre en route, en mars, le congrès marche et danse tout à la fois, pour parodier la formule célèbre du prince de Ligne qui venait de mourir. Au théâtre, le 9 mars, le célèbre acteur Hasenhuth joue le personnage de Jocrisse dans *Les Domestiques* et salue l'événement à sa manière devant un parterre de rois. Le texte veut qu'il laisse échapper à un moment l'oiseau de sa maîtresse, après avoir fait mille bêtises. On n'avait pas prévu qu'il en profiterait pour improviser une réplique qui fera rire irrésistiblement toute la salle. « Le petit oiseau a disparu », constate-t-il, et, montrant du doigt d'un air comique les souverains qui l'écoutaient : « Ceux-là ont laissé échapper le gros oiseau ! » À Vienne on ne badine pas avec la politique. L'acteur sera immédiatement embarqué par la gendarmerie et mis en prison [3].

La première réaction des souverains fut de s'accuser les uns les autres de ne pas avoir été assez sévères avec leur ennemi mortel. « On aurait dû le traiter plus durement », dit le roi de Prusse le 11 mars [4]. Talleyrand, de son côté, ne décolère pas contre « la coquetterie diplomatique de Metternich » et « les beaux sentiments » d'Alexandre, « le romanesque souverain », qui, en avril 1814, avait voulu se présenter aux Français comme un prince magnanime. C'est lui qui avait convaincu ses alliés de ne pas humilier tout à fait leur adversaire alors à terre, en lui accordant la souveraineté de l'île d'Elbe, par le traité de Fontainebleau du 11 avril 1814. « Je n'aime pas la politique sentimentale et c'est cette politique sentimentale qui nous replonge dans les malheurs de la révolution et de la guerre[1]. » Cela faisait plusieurs mois pourtant qu'on parlait de réparer les erreurs de l'année précédente. L'île d'Elbe est trop près des côtes françaises ou italiennes. « C'est le Vésuve à côté de Naples », aurait dit Fouché. Pourquoi ne pas envoyer l'inquiétant personnage plus loin, aux Açores, ou à Sainte-Hélène par exemple[2] ? Mais en vertu de quel droit ? Napoléon a signé avec les puissances alliées un traité qui lui donne légalement la souveraineté d'Elbe. Il fait partie du concert des souverains. Tout s'est passé à Vienne comme si l'on avait craint d'aborder ouvertement la question et qu'on se l'était réservée pour la fin, mais des conversations privées eurent lieu. À l'évidence, le roi et Talleyrand s'étaient fixé, à l'ouverture du congrès, de se débarrasser à la fois de Murat à Naples et de Napoléon à l'île d'Elbe. C'est ce que rapporte Pozzo d'une conversation qu'il eut avec Talleyrand en juillet, avant même le départ de ce dernier pour Vienne[3]. Pour montrer leur désapprobation d'un traité qu'ils avaient été contraints de signer après avoir été mis devant le fait accompli, le roi et son ministre des Affaires étrangères s'étaient comme on l'a vu refusés à payer la pension de 2 millions de francs que leur pays devait verser à Napoléon[4]. À Vienne, Castlereagh et Metternich s'en étaient inquiétés. Mais Talleyrand pouvait compter sur Pozzo di Borgo, un Corse volubile devenu l'ambassadeur et le conseiller d'Alexandre Ier, opposé depuis toujours à Napoléon et « dont la haine aiguisait la perspicacité », note Pasquier[5]. Le duc de Wellington, arrivé à Vienne en février, en remplacement de Castlereagh, était également convaincu de la nécessité de faire quelque chose pour la sécurité de l'Europe. Mais on en était resté là. Mme d'Arblay appelle cela, non sans raison, « un défaut général de prévoyance ». Toutes ces rumeurs avaient dû revenir aux oreilles de Napoléon. Les menaces à peine voilées, ses difficultés financières aggravées par la mauvaise volonté française, que d'aucuns jugeaient maladroite, avaient dû précipiter sa décision[6].

Il faut se souvenir de tout cela si l'on veut comprendre les hésitations et les arrière-pensées des souverains de Vienne à l'annonce du débarquement de Napoléon. Metternich, toujours un peu fanfaron, dit dans ses Mémoires avoir mis trois heures, le 7 mars, pour convaincre les deux empereurs d'Autriche et de Russie comme le roi de Prusse de mobiliser leurs armées. « Il n'a guère fallu plus de temps pour décider la guerre qu'il n'en faut pour écrire cette page d'histoire[1]. » En réalité, il fallut un peu plus de temps que cela avant que Napoléon ne redevienne l'ennemi commun d'une alliance renouvelée entre des souverains qui se méfiaient les uns des autres. Après tout, l'empereur d'Autriche est tout de même le beau-père de Napoléon et le grand-père de l'« Aiglon » retenu à Vienne[2]. Le 13 mars seulement, les huit puissances signataires du traité de paix de Paris du 30 mai 1814 signent une déclaration qui livre Napoléon à la « vindicte publique » et le place « hors des relations civiles et sociales ». C'est Talleyrand qui tient la plume et rassemble les énergies. « Ne voyez-vous pas, dira-t-il plus tard à Villemain, que, pour empêcher l'Autriche de se souvenir jamais qu'elle avait un gendre, il fallait lui mettre sa signature au bas d'une sentence de mort civile, et non d'une déclaration de guerre ? On peut toujours traiter avec un ennemi ; on ne se remarie pas avec un condamné[3]. » La déclaration du 13 mars est une arme politique formidable braquée sur Napoléon comme le canon d'un fusil tenu à plusieurs mains. Ce dernier aura finalement préjugé un peu trop rapidement des dissensions survenues à Vienne entre les puissances dans le courant de l'hiver, dissensions dont l'écho affaibli avait certainement dû l'atteindre à l'île d'Elbe. Au contraire, une fois les hésitations et la première surprise passées, la présence conjointe des souverains de l'Europe dans un même lieu a certainement dû créer un effet d'entraînement et faciliter les prises de décision. « Heureusement, c'est arrivé maintenant où nous sommes tous encore réunis », se serait exclamé un peu naïvement l'empereur d'Autriche[4].

Si la déclaration du 13 mars, qui parviendra à Paris un peu avant le 20 mars, désigne un coupable, elle est aussi une manifestation de solidarité envers sa victime, le roi de France, qui règne encore à Paris. Mais le rôle de la victime est souvent difficile à jouer surtout lorsque la pièce se termine mal. En politique, cela pardonne encore moins qu'au théâtre. Au fur et à mesure qu'on apprend à Vienne les succès de Napoléon, le « monstre » prend les dimensions de la France et la France n'est déjà plus celle des Bourbons. Dans la presse allemande, ceux-ci sont rapidement considérés comme « une colonie d'étrangers » qui « n'admettent dans leurs cercles restreints que des émigrés et des Anglais [1] ». Le 25 mars, les quatre grandes puissances de la sixième coalition de 1813 renouvellent solennellement le traité de Chaumont du 1er mars de l'année précédente, ce « grand traité d'alliance » tourné contre la France, dit le diplomate allemand Münster, qui gouvernera l'Europe jusqu'en 1848 et sera rétabli à chaque fois que la nation montrera quelques velléités de sortir des limites que les Alliés prétendaient lui imposer [2]. Il n'est déjà plus seulement question de maintenir le traité de paix de Paris, mais aussi d'en « compléter les dispositions ». La clause est menaçante. À Vienne, les souverains alliés reviennent au traité de Chaumont avec la déception d'une opération manquée. Ils regrettent déjà de s'êtres montrés trop modérés envers un roi décidément faible et commencent à chercher des garanties plus solides contre l'humeur belliqueuse et l'esprit révolutionnaire du peuple incorrigible qu'on l'a imprudemment laissé diriger. Le savant et subtil échafaudage de Talleyrand et du roi est renversé : le principe de légitimité en vertu duquel la Restauration s'était accomplie, la proclamation de ce principe par les Alliés, l'identité de ce principe avec les intérêts de la France, confondus avec ceux de l'Europe. Les « principes », selon le mot qu'affectionnait Talleyrand qui savait s'en servir lorsqu'ils lui étaient utiles, n'avaient été reconnus par les Alliés que dans la mesure où ils ne contrarieraient pas trop leurs « convenances ». « Ils n'étaient plus qu'une formule abstraite, sans valeur politique », écrit Albert Sorel [3]. On était prêt, à Vienne, à appliquer à la France la maxime d'Alexandre Ier qui avait été celle de toute l'ancienne diplomatie et qu'on commençait à réentendre depuis quelques mois : « Les convenances de l'Europe sont le droit. » À Vienne l'ambassadeur extraordinaire de Louis XVIII en sera réduit à adhérer sans gloire, le 27 mars, à un traité susceptible de devenir très vite une machine de guerre contre son pays beaucoup plus que contre Napoléon [4]. On était revenu à la situation incertaine qui prévalait en mars 1814, avant la première abdication de Napoléon.

Tout cela n'apparaît pas encore clairement à Paris dans le courant du mois de mars, mais le roi commence à le ressentir comme une menace. Il est probable que les encouragements ambigus de ses encombrants alliés l'aient conduit à se concentrer sur les seules ressources de son royaume pour s'opposer à l'usurpateur. Contrairement à ce qu'ont dit ses historiens, comme ceux des Cent-Jours, il n'a rien espéré de la déclaration du 13 mars qui, en le plaçant dans une position fausse vis-à-vis des grandes cours européennes, le gêne plus qu'elle ne l'aide. Le médecin bienveillant qui veille de l'autre côté de la porte du malade peut tout aussi bien se transformer en un chirurgien sans scrupule, capable de vous amputer d'un bras ou d'une jambe. « La cour [c'est-à-dire le roi et son gouvernement], écrira le 18 mars Boutiaguine, le chargé d'affaires russe à Paris, est mécontente des déclarations de Vienne qui électrisent les militaires et [la] font calomnier d'avoir demandé du secours aux étrangers pour se venger de la nation [1]. » Dans ses proclamations de mars, Louis parlera plus souvent de retenir le bras armé de l'Europe que d'appeler ses « alliés » à l'aide. Dans la dernière, datée du 18 mars, il suppliera encore l'armée de lui rester fidèle, afin d'« épargner à la France les trois cent mille étrangers dont je ne pourrais plus enchaîner le bras [2] ». Il refusera fermement l'aide militaire que les souverains de Vienne lui proposeront dès le 9, quand ils auront la certitude du débarquement de Napoléon sur les côtes françaises [3]. La situation est d'autant plus inconfortable que le gouvernement anglais avait cru bon, après la paix de Paris, de conserver trente mille hommes de troupe (en partie hanovriennes) sur la frontière belge. Placées sous le commandement du duc de Wellington alors à Vienne, elles étaient officiellement censées occuper le terrain dans l'attente de la proclamation officielle du nouveau royaume des Pays-Bas, formé des anciennes provinces belges du Sud enlevées à la France et confié à la dynastie batave de la maison d'Orange. Mais elles étaient aussi chargées officieusement de surveiller la nouvelle frontière française. Les Anglais ont toujours accordé une importance cruciale aux côtes de la mer du Nord et à la préservation de leurs débouchés commerciaux sur le continent par les ports d'Anvers et d'Ostende.

11.

La nation, cette belle maîtresse

Pour le roi, la menace que représente Napoléon doit rester avant tout une question de politique intérieure. Les deux ordonnances qu'il fait publier au *Moniteur* du 7 mars prouvent qu'il a pris d'emblée la mesure de ce qui est en jeu. La « nation » est au bout de son combat avec l'ex-empereur des Français. Cette question nationale, qui se complique du fait de savoir qui l'incarne et la représente le mieux, est au cœur de ces jours tragiques de mars 1815. Par une première ordonnance, Louis se réclame de l'article 14 de la Charte qui lui donne le pouvoir de faire des « règlements et ordonnances nécessaires pour l'exécution des lois et la sûreté de l'État » et place Bonaparte hors du droit commun. Bonaparte n'est ni un souverain ni même un général félon, il est, comme à Vienne, un criminel – « traître et rebelle » – passible des tribunaux et de la peine de mort. Il a violé la signature de son abdication comme celle du traité par lequel il acceptait la souveraineté de l'île d'Elbe.

On s'est moqué à juste titre de la forme de cette ordonnance qui respecte les usages comme le vocabulaire réglementaire de l'ancienne monarchie, à défaut de prêter attention au fond. Il est prescrit en effet de « courir sus » au rebelle et de le « traduire incontinent devant un conseil de guerre qui provoquera contre lui l'application des peines prononcées par la loi ». D'aucuns trouveront l'expression « lui courir sus », tirée du vocabulaire des anciennes lois, « gothique », surannée et ridicule. Évidemment Chateaubriand s'en mêle. « Louis XVIII, sans jambes, courir sus le conquérant qui enjambait la terre. [...] Courir sus !

et sus qui ? sus un loup ? sus un chef de brigands ? sus un seigneur félon ? Non : sus Napoléon qui avait couru sus les rois, les avait saisis et marqués pour jamais à l'épaule de son N ineffaçable [1] ! »

Le régime de 1814 est un peu comme une personne jeune et désirable qui se serait habillée avec les robes de sa grand-mère et que son amant – en l'occurrence la nation, un peu frivole et plus sensible aux apparences qu'à la proie – aurait négligée. La plupart des proclamations et ordonnances royales sont marquées par cette contamination du fond par les vieilles formes – vocabulaire, étiquette, cour. On parle d'« octroi », d'« ordonnance de réformation », un pair de France est appelé par le roi, dans ses lettres de convocation des Chambres, « notre aimé et féal », alors qu'il est parfaitement indépendant. Tout cela fera dire au maréchal Ney, peu après son retournement, que le roi et sa famille lui parlaient « chinois [2] ». On pourrait méditer longuement sur l'erreur politique, hier comme aujourd'hui, qui consiste à ne pas accorder les mots aux choses et à habiller des idées neuves de vieux oripeaux, ou le contraire.

Il n'en reste pas moins que Bonaparte est placé hors de la nation, alors même que, par une seconde ordonnance, le roi décide de convoquer immédiatement les deux Chambres. Ce faisant, il en appelle aux représentants de la nation dont il cherche à apparaître comme le défenseur. « Le roi, commente-t-on à l'intention des cours étrangères, a résolu de faire servir cette tentative criminelle à l'affermissement de la Charte constitutionnelle et de tous les liens d'attachement et de confiance qui unissent le souverain à son peuple [3]. » La décision a été prise par Louis XVIII en Conseil des ministres dès le 5 mars dans la soirée. Elle n'allait pas de soi face à un ministère très divisé et alors que certains auraient préféré que le monarque mette à profit la situation pour s'emparer de la totalité des pouvoirs. C'était, explique Vitrolles, donner une nouvelle preuve de « constitutionnalité ». Le comte de Jaucourt, qui, avec l'abbé de Montesquiou, a défendu en Conseil le projet de convocation des Chambres contre le maréchal Soult, le ministre de la Guerre, Dambray, le garde des Sceaux, et Blacas, le ministre de la Maison, tous partisans de la manière forte, est encore plus explicite : « Nous avons remporté une immense victoire. [...] Les proclamations et la convocation font entrer la royauté constitutionnelle dans le cœur des citoyens et dans le langage de tout le monde[1]. » Dès lors toutes les adresses des Chambres au roi, toutes les proclamations du roi à l'armée et au peuple brodent sur le même thème : l'union étroite, intime et presque fusionnelle du trône et de la nation. Il y a là évidemment une nouveauté absolue si on compare ce langage à celui d'avant 1789, à une époque où la nation n'existait pas sans le monarque, alors même que le monarque pouvait exister sans la nation. On est également loin des discours de défiance de l'Assemblée nationale de 1789 contre la prérogative royale. Pour la première fois en France depuis la Révolution, les deux puissances exécutive et législative s'accordent et s'allient face à un même danger. Qu'on en juge par les deux adresses des députations de la Chambre des pairs et de celle des députés des 9 et 10 mars. « L'intérêt de la patrie, celui de la couronne, tout ce qui est cher à la nation, l'honneur, la liberté, nous appellent autour du trône pour le défendre et en être protégés, disent les députés. [...] Les Chambres que votre confiance a convoquées ne manqueront ni au monarque ni au peuple français. Elles seront, Sire, vos fidèles auxiliaires pour donner au gouvernement la force nécessaire au salut de l'État. » Les pairs vont encore plus loin en faisant directement allusion à l'ajournement du Corps législatif par Napoléon en décembre 1813 à la suite de l'adresse de défiance que ses représentants avaient osé formuler contre la guerre et les impôts. « Vous assemblez, autour de vous, vos fidèles Chambres. La nation n'a point oublié qu'avant votre retour l'orgueil en délire osait les dissoudre et les forcer au silence, dès qu'il craignait leur sincérité. Telle est la différence du pouvoir légitime et du pouvoir tyrannique[2]. » Les termes de la comparaison sont posés et le resteront pendant tout le mois de mars. Ce sont ceux du droit contre la force, de la liberté contre la tyrannie, de la fidélité et de l'honneur contre la trahison, de la paix contre la guerre. Ces mots affrontés reviennent sans cesse dans les discours, les adresses, les proclamations officielles qui remontent jour après jour des moindres parties du pays jusqu'à Paris. Toutes les proclamations du roi vont dans le même sens, celle du 11 mars au peuple français, celle du 12 à l'armée qui s'achève par une sorte de supplication dramatique pour la défense de la patrie : « Défendez la liberté publique qu'on attaque, la Charte constitutionnelle qu'on veut détruire, défendez vos femmes, vos pères, vos enfants, vos propriétés contre la tyrannie qui les menace. [...] Votre roi vous appelle, la patrie vous réclame ; que l'honneur vous fixe invariablement sous vos drapeaux[1]. » Dans une autre proclamation, les termes de l'affrontement ne peuvent pas être plus clairement posés : « La France ne se sent point vaincue de cette lutte de la liberté contre la tyrannie, de la fidélité contre la trahison, de Louis XVIII contre Bonaparte[2]. » S'y ajoute une dernière opposition, fondamentale lorsqu'on sait que l'un des thèmes de la propagande napoléonienne sera de faire des Bourbons les agents manipulés des Alliés et de l'étranger : celle des Français unis autour du trône contre un perturbateur étranger à la nation : « Soldats, vous êtes français. Je suis votre roi[3]. » C'est ce que Benjamin Constant appelle « parler au peuple le langage de 1789[4] ».

De la part du roi, de son gouvernement comme d'une grande partie des élites politiques des deux Chambres, il s'agit de « nationaliser » la lutte contre Bonaparte et la menace grandissante qu'il constitue en cherchant à faire oublier le goût d'une partie du pays pour la gloire militaire au profit de ce que Mme de Staël appelle « l'intérêt de la liberté constitutionnelle ». Le pari est difficile et la lutte inégale quand on mesure, comme on l'a déjà vu, la force d'attraction de Napoléon, d'autant plus que celui-ci a su, au cours des quinze années passées de son pouvoir, incarner infiniment mieux que les rois ses prédécesseurs ou même que les représentants élus de la Révolution cette nation que l'on revendique aujourd'hui au nom d'un souverain tout juste installé sur le trône.

Pour la gagner, le gouvernement compte sur les Chambres, en particulier la Chambre des députés pourtant issue du Corps législatif de l'Empire, dont les premiers membres – environ 75 – se réunissent dès le 7 mars, mais aussi sur ces chambres départementales que sont les conseils généraux, partout dans le pays. Deux réalités coexistaient jusqu'alors sous la première Restauration, plus discordantes encore que l'opposition sociale bien connue des élites de l'ancienne et de la nouvelle France :

le cadre constitutionnel des institutions et la réalité bonapartiste dirigiste et centralisée de l'administration, dont la Charte ne dit rien. Du côté des libéraux, Benjamin Constant est l'un des seuls à l'avoir vu en plaidant pour le maintien des divisions administratives héritées de la Révolution et de l'Empire – les départements, les arrondissements, les communes – tout en souhaitant leur donner des responsabilités propres dès lors qu'il s'agissait de leurs affaires [1]. Cela n'allait pas de soi au lendemain d'un Empire qui avait soigneusement enlevé toute forme d'autonomie, en particulier financière, aux instances locales. C'est pourtant ce que le roi va tenter par une ordonnance du 11 mars, contresignée du ministère de l'Intérieur, en donnant aux conseils généraux, convoqués extraordinairement et en permanence, la possibilité de décider des mesures de « salut public » jugées nécessaires contre Napoléon. Ils sont invités à « agir avec patriotisme, activité et bonne intelligence ». Plusieurs circulaires du ministre de l'Intérieur et du ministre des Finances donnent des précisions. On réunira auprès du préfet un conseil des finances. Les receveurs généraux et les payeurs n'attendront plus les ordres de Paris et agiront sur simple autorisation des préfets. Les contribuables seront invités à payer en avance l'ensemble de leurs impositions et les conseils généraux, par ailleurs chargés de centraliser les « dons volontaires », « pourront affecter au besoin de tous les services militaires des fonds destinés à la défense locale ou départementale [2] ». La mesure est d'autant plus surprenante quand on sait que jusqu'alors les conseils généraux, qui n'étaient autorisés à siéger que quinze jours par an, n'avaient qu'une simple fonction consultative auprès des préfets qui fixaient leur ordre du jour. Mieux encore, par une seconde ordonnance du 15 mars, les conseils généraux sont autorisés à communiquer entre eux et à former, contre la menace représentée par Napoléon et ses partisans, des sortes de « fédérations » indépendantes du pouvoir central. C'est faire plus qu'anticiper le moment où les autorités locales ne seront plus en mesure de communiquer avec le gouvernement. C'est rompre volontairement le sacro-saint cordon ombilical qui reliait les départements à la capitale. Jamais dans toute l'histoire contemporaine de ce pays on n'avait donné et on ne donnera autant de pouvoir aux autorités départementales. Le mot « fédération » est lâché, en forme de rappel du fédéralisme girondin des premières années de la Révolution. Il sera dès lors promis à un avenir certain sous les Cent-Jours, quitte à se retourner contre le régime lui-même après son effondrement. Le risque était pourtant calculé de la part du pouvoir. Le préambule de l'ordonnance du 11 mars annonce clairement la couleur. Il commence par une injonction : « Les dangers de l'État s'accroissent », et confie aux conseils la défense de « la liberté contre la tyrannie », de « la propriété contre le brigandage », de « la Charte constitutionnelle contre un monstrueux despotisme »[1]. Une fois de plus, à l'exemple de la convocation des Chambres, le roi tente de mettre en avant le seul argument par lequel il croit pouvoir se mesurer efficacement à Napoléon : celui de la liberté. La mesure en dit long aussi sur la confiance – en grande partie justifiée – qu'avait le régime envers les élites des conseils généraux et des conseils municipaux des grandes villes, alors même que leurs membres, tous nommés, sortaient de l'Empire et n'avaient été que complétés sous la première Restauration.

Le bras armé de cette représentation nationale convoquée à tous les niveaux est évidemment la Garde nationale. Puisqu'on n'est pas sûr des troupes de ligne, on fera marcher les Gardes nationales qui représentent vraiment la nation. Dès le 7 mars, une circulaire du ministère de l'Intérieur signée de Guizot conseille aux préfets concernés par le retour de Napoléon d'en user de préférence aux troupes de ligne. « C'est dans la Garde nationale surtout, suggère-t-on aux conseillers généraux, que vous devez chercher des moyens. Elle est le point de réunion de tous ceux qui aiment le roi, qui aiment la patrie, qui veulent éviter la guerre civile[2]. » Par une ordonnance du 9 mars, le roi les appelle « à la défense, du trône, de la patrie, de la liberté contre l'ennemi qui nous menace[3] ». Mais l'article 1er du texte qui ordonne aux commandants départementaux « d'activer et de terminer leur organisation » en dit long sur l'état d'impréparation des légions rurales et urbaines qui pour beaucoup n'existent que sur le papier. Le propre des gardes sédentaires est d'assurer l'ordre en temps de paix, pas de faire le coup de feu pour lequel elles ne sont pas préparées et souvent pas équipées. Pour pallier ces insuffisances, on cherchera très vite à les enrôler au sein de bataillons de volontaires royaux encadrés par des officiers de ligne. Dans la capitale, le roi passe les légions parisiennes en revue le 9 mars, puis à nouveau le 14 mars. En pleine crise de goutte, il s'est fait traîner après la messe dans sa chaise roulante jusqu'au balcon de la salle des Maréchaux du château des Tuileries. Décidément, alors qu'on est sur le point d'affronter une guerre civile, le dieu Mars est bien mal représenté. Marsilly insiste pourtant sur l'enthousiasme des légions qui saluent le souverain de cris multipliés. Mais ce mouvement d'adhésion cache en réalité plus de prudence que de dévouement. Le directeur de la police, d'André, le note dans son rapport du 12 mars : « La Garde nationale a les meilleurs sentiments. L'immense majorité est pour le roi et fait des vœux ardents, en sa faveur, contre le tyran [...] ; mais, à en juger par ce que disent les chefs, on ne peut guère compter sur cette garde que pour le maintien de l'ordre dans Paris. Peu d'hommes consentiraient à aller se battre, si Bonaparte approchait à la tête d'un corps nombreux[1]. » On n'oppose pas de paisibles bourgeois à des troupes professionnelles. Lorsque, le 16 mars, à la fin d'une autre revue, le comte d'Artois fait un appel aux volontaires, peu se présentent. La légion Colonel-général, qui doit en principe les regrouper, ne réunit que « trois ou quatre » compagnies, soit à peu près 500 hommes. C'est peu sur un effectif théorique total de plus de 12 000 hommes. On comprend dans ces conditions que l'entrain de la compagnie Decazes (2e légion) – le futur ministre de la Police et favori du roi – qui, à elle seule, fournit quatre-vingts volontaires, ait été remarqué[2]. La bourgeoisie, certes, n'aime pas Bonaparte, mais son loyalisme pour les « princes chéris » ne va pas jusqu'à mourir pour eux. Et d'ailleurs personne ne mourra à Paris en ces jours de mars. Personne non plus ne se battra.

12.

Il faut sauver Lyon

Tandis que le gouvernement prend des mesures générales et tente de mobiliser l'ensemble de la nation, on cherche très vite aussi les moyens d'arrêter concrètement Napoléon dont on se doute qu'il marche vers Paris. La décision est ainsi prise, en Conseil des ministres, dans la soirée du 5 mars, de défendre Lyon. Louis XVIII, qui a tout de suite mesuré la gravité de la situation, donne le change en faisant de l'esprit : « Puisque M. Bonaparte veut résider en France, nous tâcherons de l'y retenir. » En réalité, la défense de Lyon est essentielle à ses yeux. Lyon, avec ses plus de 115 000 habitants, est la seconde ville du royaume et l'entrée de Napoléon dans la capitale des Gaules risquerait de faire de celui qui n'est encore qu'un aventurier un quasi-monarque, avant même son arrivée à Paris. L'opération est également politique, autant que militaire. Puisque le trône vacille, le roi décide d'employer pour le sauver ceux qui lui sont en principe les plus proches : d'une part son frère, le comte d'Artois, de l'autre son cousin le duc d'Orléans.

Les deux princes quittent Paris dans la nuit, le 6 mars à cinq heures du matin. Le premier est censé obtenir à Lyon un brevet de popularité auprès de la population et de l'armée. On l'y avait déjà envoyé en septembre de l'année précédente en une tournée qui était censée le faire connaître des populations de l'est et du midi de la France, mais le voyage s'était plutôt mal passé. Le comte d'Artois s'était contenté de distribuer des croix à tour de bras, de sourire aux vieux émigrés et de refuser à l'occasion de voir certains anciens évêques constitutionnels comme ceux de Dijon et de Besançon. Il avait ainsi plutôt contribué à diviser les populations, à confirmer les antagonismes, qu'il n'avait aidé à rallier tout le monde au nouveau régime. À Lyon, on l'avait vu à table, au théâtre, à la cathédrale. Napoléon, quand il voyageait, demandait des rapports, voyait tout, se renseignait sur tout. Monsieur se contentait de paraître. Il lui suffisait de se montrer « pour rallier tous les cœurs », comme disait *Le Moniteur*. Mais, pour le malheur du roi, Monsieur est capable de monter à cheval. Il quitte Paris à peu près aussi confiant qu'il l'avait toujours été. « Il faut graisser mes bottes », dit-il à Vitrolles qui observe, vaguement effaré : « Il conservait la plus grande aisance dans son discours, dans ses jugements sur la situation des affaires, dans les ordres qu'il donnait[1]. » Avec le comte d'Artois, l'aisance a toujours tenu lieu de sagacité et d'intelligence politique.

S'il part en sifflotant, son cousin le duc d'Orléans, chef de la branche cadette de la famille, quitte Paris le lendemain en marmonnant. Louis XVIII envoie son frère pour l'absoudre, mais il place le duc d'Orléans sous les ordres de ce dernier pour le surveiller et surtout pour le compromettre. Le comte d'Artois est une gêne pour le roi, le duc d'Orléans presque un adversaire. Le fils du régicide Philippe-Égalité, qui a servi à Valmy et à Jemmapes dans les armées de la République, a toujours pris grand soin de se démarquer de l'émigration, une fois sorti de France. Son *leitmotiv*, qui ne correspond d'ailleurs pas à la réalité puisqu'il a cherché à s'engager dans l'armée anglaise contre Napoléon, est de n'avoir jamais servi contre son pays. Son libéralisme affiché en fait un possible chef de parti, mais surtout un successeur dangereux, à la mode anglaise de 1688 lorsque les Orange prirent la place des Stuarts lors de la « Glorieuse Révolution ». Il tire sa force d'appartenir à la fois à la monarchie et à la Révolution. « Sa situation est incomparable, dit Claire de Rémusat, une amie de Talleyrand. Il est du sang des Bourbons et il en est couvert[2]. »

En recevant ses ordres du roi le 5 mars, à onze heures du soir, le duc d'Orléans comprit à la seconde le mauvais coup qu'on lui faisait. Ne pouvant s'y opposer ouvertement, il répondit par un faux-fuyant, suggérant au roi qu'il n'était pas prudent d'envoyer des princes sans troupes et d'autre part que la raison devrait lui conseiller de garder un prince auprès de lui – Angoulême était à Bordeaux et Berry devait également partir pour Besançon – en raison de la crise de goutte qui le tenait cloué dans son fauteuil. Mais Louis XVIII est têtu : « Je vous suis obligé, mais je n'ai besoin de personne et il vaut mieux que vous alliez à Lyon. » À Blacas qui le raccompagne, Orléans se plaindra ouvertement, de façon que cela se sache, que le roi venait de le réduire « à n'être en réalité qu'un aide de camp de Monsieur [1] ». Il n'avait pas tort, d'autant plus que toute l'opération avait été décidée légèrement et dans la précipitation. Le maréchal Macdonald, en route pour le Midi, avait été prié de se mettre sous les ordres de Monsieur. Au lieu des nombreux régiments promis, il ne trouvera à Lyon que deux régiments de ligne (24e et 20e), dont l'un venu de Montbrison, et un régiment de dragons (13e). Les canons devaient venir de Grenoble, mais Soult n'avait pas prévu que Napoléon mettrait la main dessus. Lyon, traditionnellement favorable à Napoléon qui avait su y développer ses activités textiles à la faveur du blocus continental et de tarifs douaniers très avantageux, est une ville ouverte difficile à défendre, sinon sur le Rhône en coupant ses ponts – ce que les Allemands feront en août 1944 – en particulier celui de la Guillotière où aboutit la route de Grenoble.

Monsieur y arrive le 8 mars, le duc d'Orléans et le maréchal Macdonald le lendemain. D'emblée tout va de travers. Le gouverneur de la division militaire de Lyon (19e) est un émigré de haute volée, le comte Roger de Damas, qui n'a pas revu la France depuis 1787 et s'est battu successivement au service de Catherine II et de Ferdinand de Naples dont il a commandé l'armée en 1806 lorsqu'il fallut la rapatrier en Sicile. Il était à Valmy mais du côté de l'armée des princes et à Fleurus mais du côté autrichien. Le seul et court séjour qu'il fit à Paris au cours de sa longue absence, en 1790, le fit fuir à toutes jambes et jurer de ne plus remettre les pieds dans le pays du chaos. « J'avais bien plus entendu parler de la Chine que de Paris, tel qu'il était alors [2]. » Damas est une sorte de chevalier de la Verte-Épée, un peu mercenaire, brave, toujours sur la brèche mais très peu au fait des réalités françaises depuis son retour en 1814. Les aides de camp – le comte d'Escars, le comte Sosthène de La Rochefoucauld, les deux frères Polignac, Jules et Armand – qui entourent le comte d'Artois lors de son arrivée à Lyon, le 8 mars au matin, ne valent pas mieux. Monsieur s'installe à l'hôtel du gouvernement, reçoit les autorités : le préfet Chabrol de Crussol, le cousin de celui de Paris, et le maire, M. de Farges, puis passe la Garde nationale en revue. Seules les gardes à cheval composées des fils des meilleures familles de la ville sous le commandement du baron de Thauriac montrent un peu d'enthousiasme[1]. Pendant quelques heures, Monsieur parle de se mettre à leur tête et de marcher sur Grenoble, mais, le lendemain, on apprend que Grenoble est aux mains de Napoléon. L'état-major de la division est convoqué : les généraux Brayer, Albert et Digeon en tête – le troisième sera d'ailleurs le seul à rester par la suite « fidèle à l'honneur et à ses serments », selon la formule consacrée – affirment d'une seule voix que la troupe ne se battra pas. Il est alors question de faire sauter les ponts, mais le maire défend bec et ongles des ouvrages utiles à sa ville et évoque la possibilité d'une insurrection populaire. Monsieur n'aime pas les insurrections. Il se souvient de celle du 14 juillet 1789 et, dans l'après-midi du 9, il parle déjà de se retirer dignement en laissant Lyon, qui décidément ne mérite pas d'être défendue, à son sort et à ses penchants bonapartistes[2]. La lettre qu'il adresse au roi le 8 au soir ne manque pourtant pas de lucidité. Vitrolles fera réveiller le roi dans la nuit, deux jours plus tard, pour la lui lire. Parlant de Bonaparte, il a cette phrase : « On n'attaque pas celui qui passe à côté de vous sans vous heurter. » Toute la fin de sa lettre est d'un pessimisme noir : « La position est grave. [...] Les troupes sont encore retenues par le sentiment du devoir, mais elles n'ont ni affection ni entraînement[3]. » L'arrivée de Macdonald dans l'après-midi du 9 décide cependant Monsieur à rester. Cet ancien partisan du général Moreau, disgracié en 1804 pour l'avoir soutenu puis nommé tardivement maréchal de France après avoir décidé de la victoire de Wagram en 1809, n'aime pas Napoléon. Le roi a eu le nez creux en faisant appel à lui, mais n'a pas assez évalué ses faibles qualités de meneur d'hommes. Lorsque le maréchal lui racontera plus tard ses déboires de Lyon en riant, le général Thiébault aura cette réaction : « Le choix du maréchal Macdonald n'était pas heureux. Sa valeur ne pouvait pas entraîner un seul brave, parce qu'elle n'était pas communicative ; il eût glacé les plus enthousiastes[4]. » Le maréchal reçoit le commandement de la ville, donne l'ordre de faire barricader les ponts (Morand et la

Guillotière) et décide d'une dernière tentative pour convaincre les troupes en les passant en revue le lendemain 10 mars à six heures du matin, place Bellecour. Les circonstances sont contre lui. L'eau-de-vie qui devait être distribuée ne l'a pas été. Le commissaire des guerres a disparu et les cabarets retentissent encore des conversations de la nuit sur l'arrivée imminente de Napoléon qui n'a pas manqué d'envoyer en avant quelques émissaires. De plus, il pleut à torrent. Macdonald fait former les carrés, plaide la cause des princes, est accueilli du bout des lèvres et décide en désespoir de cause de faire venir Monsieur qu'on n'avait d'abord pas osé montrer aux soldats, de crainte d'une mauvaise réaction. Le comte d'Artois, à cheval au milieu de son nombreux état-major, est reçu dans un silence glacial. Pas un cri de « Vive le roi ! » Monsieur, consterné, fait alors du zèle : « Le prince s'approcha d'un vieux sapeur décoré, lui parla avec bonté, le loua de son courage dont il portait la preuve sur sa poitrine : le dragon, que je vois encore, les yeux fixes, la bouche béante, resta immobile, impassible. Son colonel, plusieurs officiers qui criaient avec nous : "Vive le roi !" l'appelèrent par son nom, l'exhortèrent, le pressèrent, il resta inébranlable[1]. » Monsieur en sera rouge de colère, mais aura la sagesse de ne pas la faire éclater. La suite n'est pas plus brillante. Macdonald convoque les officiers de la garnison qui, au lieu de se montrer enthousiastes, n'en finissent pas de récriminer sur les faveurs accordées aux anciens émigrés, aux jeunes privilégiés de la toute nouvelle maison militaire du roi, qui pourtant n'ont jamais servi. Il finira par mettre Monsieur dans une voiture escortée de gendarmes et de dragons à cheval et le verra partir avec soulagement. Le duc d'Orléans, toujours aussi furieux du rôle qu'on lui fait jouer, partira également de son côté. Tout se termine au pont de la Guillotière en début d'après-midi. L'inspection du maréchal tourne court lorsque arrivent soudain des hussards du 4e envoyés en éclaireurs par Napoléon. À l'instant, les soldats des deux camps fraternisent dans une bousculade inouïe, aux cris de « Vive Napoléon ! » repris par la foule massée le long des quais. Le maréchal n'a que le temps de se sauver à cheval et de se frayer un chemin à coups de poing à travers la foule et les premiers hussards « ennemis » qui le poursuivront pendant quelques kilomètres. Le général Digeon, le colonel Dard, du 13e dragons, et Jules de Polignac, l'un des aides de camp de Monsieur resté en arrière, l'accompagnent. Décidément, l'ami de toujours du comte d'Artois et le futur ministre signataire des ordonnances de Juillet qui provoqueront la révolution du même nom, était né pour la défaite et la débandade. Tout le monde prend la route de Moulins au grand galop tandis que Napoléon entre à Lyon. Le « pauvre Digeon », dit le maréchal, aura tellement peur qu'il ne cessera de répéter jusqu'à Roanne qu'« on se fera prendre ». Macdonald en sera quitte pour quelques contusions à la cuisse, et finira par rattraper les voitures du comte d'Artois. Le prince sera tellement frappé des reproches du maréchal sur son usage exclusif des anciens émigrés pour aides de camp qu'en arrivant à Paris il s'adjoindra deux anciens généraux de Napoléon qui feront fortune sous la Restauration : Devaux... et Digeon. Pour le reste, il ne changera pas – la Révolution et les concessions qu'on lui fait sont la cause de tout – et ne conservera de sa glorieuse expédition de Lyon qu'une série impressionnante de calembours, de caricatures et de chansons :

« Monsieur d'Artois comme un lion
Saute de Paris à Lyon ;
Mais l'aigle troublant ses esprits,
Il court de Lyon à Paris ;
Monsieur d'Artois dans les dangers
Est un Achille... aux pieds légers... »

13.

On ne nous dit pas tout

Le retour de Monsieur que l'on n'attendait pas de sitôt à Paris, le 13 mars, crée immédiatement un sentiment d'inquiétude vague sur les succès de Napoléon, d'autant plus que les Parisiens étaient depuis plusieurs jours soigneusement préservés de toute mauvaise nouvelle. Depuis le 5 mars, Sauvo, aidé de Vitrolles qui en a la responsabilité au nom du roi, ont fait du *Moniteur* un organe de désinformation propre à rassurer les moins crédules. Lorsqu'on le lit après coup en s'efforçant d'oublier la suite des événements, on est un peu ahuri. Du 6 au 11 mars, la nouvelle du jour n'est pas celle de la remontée rapide de Napoléon de Golfe-Juan à Lyon, mais celle de la descente triomphale du duc et de la duchesse d'Angoulême – le fils aîné du comte d'Artois et sa femme, fille de Louis XVI – de Paris à Bordeaux où ils vont fêter le premier anniversaire (12 mars 1814) de la déclaration de la ville en faveur des Bourbons. Le 8 mars, il est question de l'arrivée du couple princier à Issoudun, le 9, à Châteauroux, puis à Limoges, à Périgueux. Ce ne sont que banquets, drapeaux blancs flottant aux maisons, demoiselles vêtues de blanc, arcs de triomphe, guirlandes de feuillage et corbeilles de fleurs. Tout cela est surréaliste, d'autant plus qu'en parallèle il est à peine question de Bonaparte, et quand il en est question, c'est qu'il est aux abois. Le 8 mars, *Le Moniteur* s'excuse de ne pas donner de nouvelles, les dépêches télégraphiques en provenance de Lyon étant interrompues par le brouillard et le mauvais temps. Le 9 mars, Grenoble – conquise depuis deux jours – manifeste le meilleur esprit pour le roi. Le 10, la petite troupe de Bonaparte dont on se garde bien de dire où il se trouve exactement continue de fondre comme neige au soleil, ses soldats sont pris dans les villages. Le 12 mars, l'usurpateur, battu par les troupes de Lyon, est en fuite dans les montagnes du Dauphiné. Les bulletins du *Moniteur* sont lus dans les théâtres et à l'Opéra. Le jeune La Bretonnière les entend ce jour-là, à l'Opéra, tandis que dans l'après-midi une rumeur persistante met Napoléon à Mâcon et confirme la fuite des princes. La Bretonnière qualifie cette journée de « journée du mensonge[1] ». Si l'on en croit toujours *Le Moniteur*, toute la France manifeste sa fidélité au roi et à la Charte, et les adresses en provenance de tous les corps constitués du royaume se succèdent en rangs serrés. S'il les avait lues, Napoléon aurait été surpris de la richesse et de la variété des expressions utilisées pour le désigner, le tour de force consistant à l'avilir sans jamais prononcer son nom : « l'étranger », « l'usurpateur », « le grand coupable », « l' homme audacieux », « l'aventurier », « le brigand », « le rebelle », sans parler des centaines d'adresses signées des officiers de nombre de régiments de l'armée, alors même que celle-ci est en train de basculer. Les badauds, quant à eux, changent prudemment d'expressions au fur et à mesure des succès de Napoléon : « Quoi, ce Corse vient de débarquer en France ? Bonaparte est entré, dit-on, à Grenoble ? Est-il vrai que Napoléon soit maître de Lyon ? Cela est fait ! Sa Majesté impériale va entrer dans Paris[2] ! » Il faudra attendre le 21 mars pour que *Le Moniteur* jette enfin le masque et finisse par appeler un chat, un chat. L'aventurier est redevenu l'empereur.

Encore une fois, les situations de crise ont cette particularité de distendre les expressions convenues des véritables sentiments de ceux qui les prononcent. D'après un bulletin de police de Metz daté du 16 mars, un habitant aurait entendu dans une auberge des officiers d'un régiment de cavalerie dire qu'ils avaient envoyé une adresse au roi, mais qu'ils n'en étaient pas moins déterminés à passer à l'ennemi à la moindre occasion[3]. Le général de Préval, chargé le 18 mars par le duc de Feltre de faire partir de Versailles deux régiments de cavalerie pour le camp royal de Villejuif, rendra compte du peu de succès de sa mission par cette boutade : « Monseigneur, j'ai obtenu de ces régiments tout ce que je leur ai demandé. Ils sont partis au cri unanime de "Vive le roi !", mais tous pour rejoindre l'empereur [1]. » Dans cet espace laissé béant entre les mots et les sentiments, le doute s'installe peu à peu et avec lui la peur panique de ne plus pouvoir reconnaître les vrais amis du régime de ses ennemis et donc de voir ces derniers partout.

Avant même le retour du duc d'Orléans le 12, puis de Monsieur le lendemain, le gouvernement savait depuis le 11 mars au matin, par une dépêche télégraphique partie de Lyon la veille, que l'arrivée de Napoléon était imminente. Le dimanche 12, la nouvelle de son entrée à Lyon, devenue publique malgré *Le Moniteur*, crée l'effroi. « Notre ridicule sécurité tombe. On apprend la dépêche de l'entrée de Bonaparte à Lyon », note le très royaliste Victor de Galard dans son Journal [2]. La bonne nouvelle de l'échec de la conspiration militaire des généraux d'Erlon, Desnouettes et Lallemand, amplement diffusée par *Le Moniteur* des 13 et 14 mars, ne suffit pas à calmer les esprits. On doute de moins en moins que Bonaparte n'arrive sans encombre jusqu'à Paris. On ne parle que du ralliement à Napoléon, devant Grenoble, du 7e régiment de ligne commandé par le colonel de La Bédoyère. On croit que le général Marchand, qui commande à Grenoble, a été tué. Les rumeurs les plus contradictoires sur l'attitude des troupes circulent à toute vitesse. Mais, à partir du 15, la rumeur se fixe : tout le monde pense que Napoléon entrera à Paris le jour anniversaire de la naissance de son fils, c'est-à-dire le 20 mars. Alexandre Dumas résume tout cela d'un trait. Décidément, « le fuyard fuyait vers Paris ».

« Quand Bonaparte parvint à Lyon, la face des choses changea, écrit Fanny d'Arblay. Une attente angoissée se fit sentir, la consternation se répandit. La rumeur se mit rapidement à faire son habituelle besogne, tantôt en excitant une terreur indicible, tantôt en endormant les appréhensions les plus légitimes. Pour moi, chaque instant devenait effrayant [3]. » Le jeune Émile Bary, un élève du collège Henri-IV, qui se promène avec son père près des Tuileries ce dimanche 12 mars, note le changement d'atmosphère : « La consternation est répandue sur tous les visages. Quelques fleurs de lys, quelques cocardes blanches sur des chapeaux ronds, indiquent le sentiment du zèle royaliste. [...] Quelques polissons crient "Vive le roi !" [4]. » Plus on s'approche du château, plus la foule est dense et plus le ton monte. L'atmosphère est d'autant plus tendue que, depuis le 10 mars, les Tuileries ont été mises en état de siège. Jusqu'au dénouement heureux de la conjuration des garnisons du Nord, on craindra plus, pendant quelques jours, une marche des putschistes sur la capitale, que Napoléon lui-même. « Journée très bruyante », note Marsilly qui est de garde aux Tuileries, le 11 mars. Les postes des gardes du corps et des Cent-Suisses ont été triplés, deux pièces de canon supplémentaires chargées. Le jardin des Tuileries est rempli de troupes de ligne. Plusieurs milliers de gardes nationaux entourent le château dans la nuit du 11 au 12 mars. La foule demande des armes. Le « plus grand trouble et la plus grande confusion » règnent au château, note encore l'architecte Fontaine[1]. Ce n'est que lorsque le duc de Berry et le roi auront reçu le 12 mars plusieurs officiers des chasseurs à cheval venus de Compiègne les prévenir de l'échec de la tentative d'insurrection que les progrès du « tyran » recommenceront, seuls, à occuper les esprits.

Les cours du château et les appartements sont journellement encombrés de fidèles et de curieux venus aux nouvelles. « On allait tous les jours, comme on va à la Bourse, au café, pour savoir des nouvelles, les nouvelles du cabinet du roi[2]. » On y trouve des exaltés ou tout simplement ceux que les crises attirent parce qu'elles sont un moyen de gagner de l'argent ou de se faire valoir. Quelques bonapartistes un peu trop téméraires se font assommer dans les jardins. À Paris, les premières et les seules victimes de mars se résument à ces « deux ou trois » pauvres bougres « mis à mort à coups de bâton et de parapluie » dans les jardins des Tuileries par une foule terrorisée et surexcitée, le dimanche 12 mars. « Plusieurs autres auraient eu le même sort, note Victor de Galard, témoin de la scène, si la garde n'était parvenue à les soustraire de la fureur publique toujours répréhensible dans les moyens[3]. » Dans les cours et sous le pavillon de l'Horloge, des gardes du corps ont dressé des tables et inscrivent les volontaires attachés aux différentes compagnies de la maison militaire qui veulent s'engager pour la cause du roi. D'après Ferdinand de Bertier, un inconditionnel, on en recrutera près de onze cents dans la seule journée du 14[4]. Tony de Reiset qui appartient aux gardes du corps assiste aux opérations : « Ici, une quantité énorme de monde emplit le jardin des Tuileries et la cour du Carrousel, les cris de “Vive le roi !” retentissent presque sans relâche, les volontaires se présentent en foule. Il y a parmi eux beaucoup d'ouvriers et de gens de la basse classe[1]. » Les volontaires du roi ne font pas toujours partie, comme on l'a souvent dit, de l'ancienne noblesse. Marsilly parle encore de « l'écume des habitants de Paris » et le général Thiébault, qui les retrouvera le 19 mars au pont de Charenton, parle de « quelques centaines de misérables, porteurs de fusils et de gibernes, et à qui on pourrait faire l'aumône s'il était prudent de montrer que l'on a de l'argent[2]. » Les 30 sols de solde journalière qu'on leur offre attirent les faubouriens du peuple comme ce sera à nouveau le cas lorsqu'ils s'engageront en avril au sein des bataillons de fédérés de la Garde nationale, cette fois pour le compte de Napoléon.

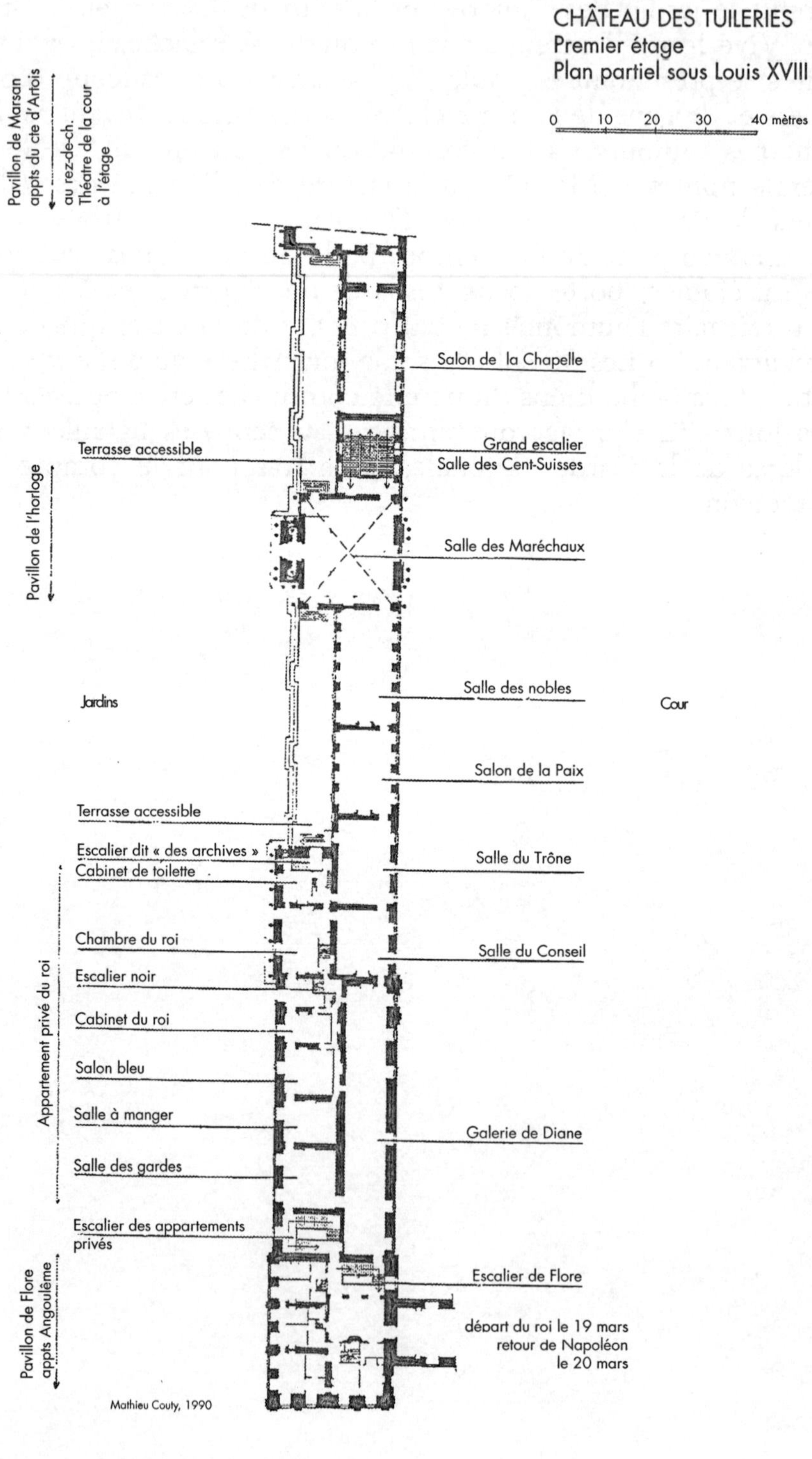
CHÂTEAU DES TUILERIES
Premier étage
Plan partiel sous Louis XVIII
0 10 20 30 40 mètres
Pavillon de Marsan
appts du cte d'Artois
au rez-de-ch.
Théâtre de la cour
à l'étage
Salon de la Chapelle
Terrasse accessible
Grand escalier
Salle des Cent-Suisses
Pavillon de l'horloge
Salle des Maréchaux
Salle des nobles
Jardins
Cour
Salon de la Paix
Terrasse accessible
Escalier dit « des archives »
Cabinet de toilette
Salle du Trône
Chambre du roi
Salle du Conseil
Escalier noir
Cabinet du roi
Appartement privé du roi
Salon bleu
Salle à manger
Galerie de Diane
Salle des gardes
Escalier des appartements
privés
Escalier de Flore
Pavillon de Flore
appts Angoulême
départ du roi le 19 mars
retour de Napoléon
le 20 mars
Mathieu Couty, 1990

14.

Les voltigeurs du roi

Pour encourager les bonnes volontés, l'étiquette du château a été légèrement modifiée et tout ce qui porte l'uniforme est autorisé à pénétrer dans les grands appartements du roi, la salle des Maréchaux et le salon de la Paix. Mme de Chastenay évoque « une foule inutile de pâles spectateurs, tandis que dans la cour on beuglait : "Vive le roi !"[1] » « C'était un mouvement, une activité dont on n'a pas idée », écrit le publiciste libéral Jal que son uniforme d'officier de marine autorise à être là et qui compte jusqu'à deux cents personnes dans le seul salon de la Paix[2]. Certains refusent de partir et couchent sur place plusieurs jours durant. On y croise de curieuses figures coiffées et poudrées « à l'oiseau royal », selon l'ancienne mode, et de singuliers uniformes : d'anciens Vendéens dans leur uniforme vert, des mousquetaires gris d'autrefois en perruque à la brigadière et bottes à l'écuyère, l'épée horizontale impeccablement portée à six pouces de la hanche, très âgés et sortis tout droit de la « douceur de vivre » du règne de Louis XV. Ceux-là aussi se sont fait inscrire comme volontaires auprès de leur corps d'origine. Auguste Jal les voit dans leur uniforme suranné et inutile, dépassés par les événements, mais fidèles au roi jusque dans ses revers. Il ne peut s'empêcher d'éprouver pour eux une sorte de pitié attendrie. Les monarchies, lorsqu'elles périssent, ont toujours l'air vieilles, tristes et dignes. Ces défenseurs d'un autre âge, baptisés par dérision « voltigeurs de Louis XIV », feront les délices de la presse libérale qui les caricaturera à l'infini[3]. Tantôt on les voit impeccablement alignés comme à la parade dans leurs chaises à porteurs, mais sans porteurs, prêts à se battre pour le roi, tantôt on les représente en béquilles sur la route de Londres, leurs « prétentions » sous le bras : vieux parchemins, arbres généalogiques et droits seigneuriaux. Les caricaturistes bonapartistes ou libéraux vont bientôt faire de ces vieux émigrés un type social anachronique et étranger à la nation en les renvoyant à leur passé par l'usure des corps et des vêtements. Une caricature à transformation représente ainsi le double portrait d'un vieil homme. À l'endroit, c'est « M. de La Jobardière » en rides et bonnet de coton. À l'envers, c'est un « voltigeur » satisfait et arrogant. Il y en aura beaucoup d'autres, aux noms tout aussi improbables, dans la veine inépuisable du goût français pour les jeux de mots. Toute une ménagerie de vieillards impotents et prétentieux peuple ainsi les boutiques et les étalages des marchands de nouveautés parisiens : M. de Fierenville, M. d'Argentcourt, M. de Haricotsec, M. de La Rodomontade, etc.

> Voyez ce vieux marquis
> Nous traitant en peuple conquis. [...]
> Chapeau bas ! Chapeau bas !
> Place au marquis de Caraba[1] !

Des militaires de l'Empire s'amusent à les parodier et dans quelques jours il n'y aura pas un pamphlétaire d'occasion qui ne traînera dans la boue ce « cortège de personnages burlesques, dont les corps étiques semblaient faire croire qu'ils étaient débarqués pour porter la famine en France » et dont « les costumes grotesques n'étaient pas moins ridicules que les prétentions ». Bref, leurs mœurs sont anachroniques, leurs manières étrangères à la nation.

Tous ces vieux émigrés dont on se moque en chansons et en images parlent du roi en disant encore « mon maître » comme s'il leur appartenait et affirment vouloir verser leur sang pour lui dans un esprit qui tient à la fois de l'honneur nobiliaire et de ce vieux lien de vassalité qui unissait idéalement la noblesse au monarque. On est là dans un univers mental qui n'a plus rien à voir avec celui de 1789. Le « choc de l'aristocratie et de la monarchie », selon l'expression de Mme de Boufflers, d'où était sortie la Révolution, l'opposition, dans les années 1770 et 1780, d'une noblesse désireuse de reconquérir ses pouvoirs face à l'« absolutisme monarchique » appartient désormais au passé. Les leçons de l'histoire ont été tirées. Il n'est plus question de scier la branche de la monarchie mais au contraire de s'y poser. La noblesse revendique désormais haut et fort le service du roi comme une chose naturelle qui lui revient par les droits du sang et de l'histoire. Ce qui n'est pas sans poser des problèmes et attiser les rancœurs. Une partie de l'ancienne noblesse avait considéré le retour du roi, en mai 1814, comme « sa » victoire. « Il n'y a pas un prétendu gentilhomme qui ne croie le roi de France rentré en France pour son bénéfice particulier », notait déjà Barante, alors préfet de Nantes, en avril 1814[1]. Tous n'ont pas forcément émigré. On ne comptait que 25 000 nobles émigrés en 1800, soit moins de la moitié de l'ancien second ordre de 1789 – mais également 36 000 prêtres parmi lesquels une minorité appartient à la noblesse[2]. Le plus grand nombre est rentré après Brumaire à la faveur des lois consulaires. Beaucoup se sont contentés de vivre « assez paisiblement et pendant de longues années, dans leurs villes et dans leurs domaines ». Ils « n'ont rien fait », comme dit Stendhal, et ne se sont pas habitués pour autant au principe de l'égalité. « Qu'un gentilhomme de campagne, note encore Barante, qui a deux ou trois mille francs de rente, ne sait pas l'orthographe, n'est agréable en rien, et n'est même pas officier de l'armée, traite de haut en bas un propriétaire, un avocat, un médecin, c'est ce qui les révolte et leur inspire un effroyable sentiment de rage. [...] Or, à présent, c'est pis que jamais ; on a perdu le souvenir exact du passé, et la vanité s'est précipitée dans l'imaginaire. Si on laissait aller les choses, les hobereaux croiraient déroger en payant les impôts et ils sont déjà fort offensés qu'on le leur demande[3]. » L'amnistie a changé de camp. Sous l'Empire, les nobles étaient les amnistiés de Napoléon. Maintenant ce sont les hommes de la Révolution et de l'Empire qui sont les amnistiés de la noblesse. Et celle-ci porte en bandoulière le souvenir de ses malheurs, de ses victimes, des vexations et des spoliations que la Révolution a exercées sur elle. La seule Grande Terreur, qui débute en juin 1793 avec la chute des Girondins et s'achève en juillet 1794 avec celle de Robespierre, a fait près de dix-sept mille victimes. Même si la noblesse n'est pas la seule à avoir goutté du couteau égalisateur de la guillotine et partage ce triste privilège avec les « terroristes » et autres « suspects » de la bourgeoisie, de l'artisanat et de la paysannerie, elle rumine d'autant sa rancune qu'à la peur et à l'humiliation de la Révolution s'ajoutent pour elle les conséquences du déclassement social que représente l'abolition de ses privilèges et de ses droits. En perdant sa légalité d'ordre, elle perd en même temps sa légitimité. Le retour des Bourbons est à ses yeux l'heure et l'occasion d'une revanche qu'elle juge juste et nécessaire. « Il y avait cette immense différence que, sous le règne précédent, les émigrés n'avaient été reçus qu'à titre de grâce et comme pardonnés, tandis que sous les Bourbons ils arrivaient en vainqueurs, et que ce qu'on leur avait imputé comme un crime devenait évidemment un mérite. Comment faire de l'émigration un sujet de reproche à qui que ce fût, alors qu'elle reprenait possession du trône ? » observe Pasquier [1]. Bien des nobles le font savoir avec d'autant plus d'arrogance qu'ils n'ont pas obtenu les places, les grades et les pensions qu'ils espéraient du nouveau régime. Venus à Paris par milliers au début de la Restauration, ils sont rentrés chez eux, pour la plupart, les mains vides, en fulminant contre l'ingratitude du roi et de ses ministres [2]. Toute cette agitation vient battre en brèche la politique de fusion entre l'« ancienne » et la « nouvelle » France tentée par le roi depuis son retour sur le trône. Mais cette politique conduite au bénéfice des seules plus hautes classes sociales, à la cour ou à travers le choix des membres de la Chambre des pairs qui regroupe à parts égales d'anciens sénateurs d'Empire et d'anciens ducs et pairs d'Ancien Régime, n'a pas porté ses fruits en province. L'« union » et l'« oubli » prêchés par le roi et par une partie de son gouvernement ne sont pas arrivés jusqu'aux oreilles des quelque quarante-cinq mille nobles de province qui ruminent leur déception et crient tout autant contre une noblesse de cour éternellement favorisée que contre la bourgeoisie.

On mesure mieux le mépris dont ont été victimes les derniers partisans du roi, en mars 1815, lorsque l'on sait cela. Depuis huit mois, les « aristocrates » et les « patriotes » sont en présence, animés les uns contre les autres de mille ressentiments, les uns pleins de présomption, les autres, de crainte et d'offense. Benjamin Constant parle encore d'« une guerre à mort entre l'insolence et la force, la vanité et l'orgueil [3] ». Napoléon saura se servir de cette situation qui ressemble étrangement à celle qui prévalait déjà en 1789. En attendant, et selon le vieux principe qu'il est toujours plus facile d'humilier quelqu'un qui est à terre plutôt que debout, on tourne en ridicule les improbables défenseurs d'une monarchie moribonde, venus aux Tuileries proposer leurs services, parce qu'ils se retrouvent à nouveau abonnés au malheur.

Par une ordonnance du 12 mars, les comtes de Vioménil pour l'infanterie et de La Tour-Maubourg pour la cavalerie ont été chargés de commander les volontaires royaux. Le binôme est typique de la politique du roi par l'association d'un ancien émigré, vétéran de la guerre d'Indépendance américaine, et d'un général d'Empire. Toutefois, on n'ira pas jusqu'à les appeler « volontaires nationaux » comme l'avait demandé La Tour-Maubourg. Les volontaires, regroupés au château de Vincennes le 15 mars, formeront quelques milliers de supplétifs inutiles, sans formation et mal armés, le plus souvent incapables de marcher au pas, ou, pour certains vieux émigrés, de marcher tout court. On comptera même une compagnie de volontaires de la marine, organisée sous les ordres de l'amiral Missiessy et qui défilera sous le balcon du roi le 19 mars. Seules quelques centaines d'entre eux, parmi les plus valides, suivront le roi sur les routes de l'exil. Les leçons de la première émigration ont laissé des traces. L'ingratitude des princes pour les services rendus à la cause monarchique au sein des armées royalistes aussi. Camille Deleuze, d'une famille de la noblesse du Gard, un ancien capitaine de l'armée de Condé, se retrouve ainsi « à pied, le sac au dos et le mousquet à l'épaule ». « Il est pénible, dit-il, à quarante-quatre ans, de recommencer son service dans de pareilles conditions. Je me soumis à mon devoir volontairement et de grand cœur, mais les tribulations que j'avais subies pendant mon premier exil ne laissaient pas que de me revenir en mémoire. » Il suivra tout de même le roi, tout en se souvenant des recommandations anciennes de sa mère : « Tu reviendras vieux et infirme en ayant pour tout bien six liards de ruban à ta boutonnière, qui seront toute ta récompense[1]. » Il est vrai que, parmi les nombreux nobles de province montés à Paris pour solliciter des places, certains officiers émigrés en étaient réduits aux extrémités à l'instar des demi-solde de l'armée napoléonienne. La caisse de secours, initiée par Blacas et alimentée par une partie de l'argent de la Caisse des jeux, était loin de subvenir à tous les besoins. Deleuze décrit quelques-uns de ces vieux débris, couchant sous une porte cochère, sans feu ni lieu, vivant d'emprunts et ne mangeant pas toujours à leur faim. Un autre de ces officiers de l'armée de Condé, Melchior d'Agay, un Provençal, est encore plus catégorique. « N'émigre jamais, écrira-t-il plus tard à son fils en commençant son testament. Fais-toi plutôt tuer sur le sol natal[1]. »

Les compagnies de volontaires royaux ne sont pas seulement parisiennes. À la suite de l'ordonnance du 12 mars, elles s'organisent un peu partout dans le pays à partir des cadres de la Garde nationale sous l'autorité des conseils généraux et des préfets. Le gouvernement les enverra à Melun former un corps de bataille susceptible de suppléer aux défaillances de l'armée régulière et d'empêcher Napoléon d'entrer dans Paris, mais les événements iront si vite que les détachements à peine formés seront encore en route alors que la partie sera déjà jouée. Il est difficile de savoir le nombre de ceux qui marcheront ainsi vers Melun et Paris. Arras annonce l'envoi d'un premier détachement de volontaires le 18 mars ; Rouen, le même jour ; Lille, les 18 et 19 – le préfet parle de 3 compagnies de 150 hommes chacune et d'une quatrième compagnie de canonniers sédentaires ; Caen et Metz, le 19 ; Amiens et Calais – une première compagnie de 70 volontaires –, le 20. À Versailles, une compagnie de 120 hommes est passée en revue le 20. On compte 200 volontaires à Dunkerque formés à partir du 17, mais qui n'auront pas eu le temps de quitter la ville. Tout cela est relativement maigre même si les opérations de recrutement n'ont pas eu le temps de s'achever. On s'interroge aussi sur la discipline et les motivations de ces hommes lorsque l'on sait qu'à Caen, le 19 mars, la compagnie, abandonnée par son commandant, s'était dispersée à quatre lieues de la ville. « Il y a loin, note Vitrolles, d'aimer un ordre politique à se faire tuer pour le soutenir[2]. » Les volontaires des villes du Midi sont plus nombreux : 5 000 à Nîmes, 400 à Toulouse le 23, et le préfet en annonce d'autres, 400 à Perpignan le 30, plusieurs centaines à Bordeaux le même jour. À Angers, le duc de Bourbon parvient à lever 1 500 volontaires, formés en partie d'anciens déserteurs, mais ceux-ci ne sont même pas armés lorsqu'on apprend l'arrivée de Napoléon à Paris[3]. Parallèlement, les dons patriotiques destinés à financer la solde et l'armement des volontaires se multiplient : 40 000 francs à Lille le 18, un million à Bordeaux le 20[1]. On a l'étrange impression d'une disproportion des moyens par rapport au but recherché, d'autant plus qu'en retirant des villes du Nord et d'une partie de l'Ouest les partisans les plus fidèles du régime, on rendait celles-ci plus vulnérables.

15.

Les traîtres et les expédients

Tout à ses préoccupations de défense plus ou moins désordonnée, le gouvernement manifeste des signes évidents de fébrilité, sinon de panique.

Si Napoléon avance toujours, c'est qu'il y a des traîtres jusqu'au sommet de l'État. On ne comprendrait rien à ces journées de mars si l'on ne disait un mot de cette obsession de la trahison partagée par le plus grand nombre dans l'entourage de Louis XVIII. C'est surtout celle de Blacas, qui en perd la tête : « Le roi est trahi. Il faut pourvoir à la sûreté du roi. » La phrase revient sans cesse. Plus les autorités jurent fidélité au roi, plus il est question de trahison. Le 11 mars, Soult, le ministre de la Guerre, accusé de connivences avec les bonapartistes, est ainsi remplacé par le duc de Feltre, également maréchal et ancien ministre de Napoléon devenu franchement « bourbonique » depuis les débuts de la Restauration. La situation militaire ne s'arrangera pas pour autant. Toute la cour croit pourtant s'être débarrassée d'un agent de l'usurpateur. Soult n'est pas renvoyé pour des raisons politiques mais dans le seul but de soulager la conscience de ceux qui pensent que tout s'explique par la trahison généralisée qui sévirait jusque dans le cabinet du roi. On se méfie de Masséna, mais on déteste franchement le maréchal Soult. Il faut dire que l'ancien commandant en chef de l'armée du Portugal, que ses soldats appelaient par dérision « Nicolas Ier » à cause de ses ambitions dynastiques dans l'ancien royaume des Bragance, s'y prête merveilleusement. Après avoir été la coqueluche des ultras auxquels il a largement sacrifié en se montrant à la fois courtisan et injuste à l'égard de ses anciens compagnons d'armes, Soult est devenu la cause de tous les malheurs. On l'accuse d'envoyer au-devant de Napoléon les troupes les plus disposées à se rallier à lui. Il a pourtant donné des gages en obligeant ses officiers à restituer leurs biens d'émigrés, en mettant à la retraite les militaires de l'armée et en activité ceux des anciens corps émigrés auxquels il a rendu un hommage « digne d'un royaliste de race » en faisant élever un monument à Quiberon aux morts de la malheureuse expédition anglo-émigrée de 1795. « La grossièreté dans le mensonge a toujours été un de ses moyens de parvenir[1] », écrit Charles de Rémusat. Et le comte de Jaucourt, qui le pratique au Conseil depuis son entrée au ministère en décembre, est encore plus sévère : « Un orateur de réunions militaires, vain, grossier et adroit et souple et flatteur et, suivant l'ancien adage, animal *capax rapax omnium beneficiorum*, et Madame la maréchale sa doublure[2]. » À partir du 10 mars, la tension est telle au sein du ministère que Blacas parle de lui brûler la cervelle. Vitrolles surprend un jour le favori du roi, plus solennel que jamais, assis dans l'attente d'un Conseil, et lui disant sans rire tout en lui montrant « un pistolet d'une bonne longueur » : « J'ai sa démission dans ma poche. » Sans avoir besoin de goûter du pistolet de M. de Blacas, Soult quitte son poste en fanfare, tirant sa grande épée dans le cabinet du roi et le suppliant de la lui reprendre. À sa sortie, Tony de Reiset, de faction dans les appartements du roi, le voit agiter frénétiquement son chapeau et se tourner vers les courtisans qui attendaient là : « Vive le roi, messieurs, vive le roi[3]. » Vive le roi jusqu'au 20 mars ! Le maréchal est un sujet de choix pour les journalistes du *Nain jaune* qui s'amuseront sous les Cent-Jours à compter les girouettes. Le 9 mai suivant, Soult devient major général de l'armée à la demande de Napoléon qui n'est pourtant pas dupe, avant de finir sa vie président du Conseil de Louis-Philippe, couvert d'or, mais plus coquin que jamais. Il avait entre-temps accepté une gratification de 200 000 francs et le collier de Saint-Louis des mains de Charles X, à l'occasion du sacre de ce dernier, en 1825. « Après Fouché, l'homme le plus loyal de France », écrit Chateaubriand en forme de boutade. Soult ne connaît que la flatterie et la brutalité qui autorisent sans doute les grands écarts de langage dont il est un virtuose. En mars, il se surpasse. « L'infâme usurpateur Bonaparte », « l'aventurier » qui cherche des traîtres (le 8 mars, dans son ordre du jour à l'armée) devient « le héros que les plus brillants triomphes ont fait admirer par l'univers » (en mai)[1].

Soult n'est pas le seul démissionné de mars. Le 13, Bourrienne, l'ancien secrétaire de Napoléon qui avait été chassé de son poste pour indélicatesse financière avant même l'avènement de l'Empire et qu'on ne pouvait taxer d'amitié pour son ancien maître, est nommé à la préfecture de police de Paris. La direction générale de la police, de moins en moins générale étant donné la situation, est tout bonnement supprimée. D'André, excellent conspirateur royaliste sous l'Empire, ne s'est visiblement pas montré à la hauteur de la situation. S'il est lucide, il ne gouverne pas sa police. Blacas espère en l'énergie de Bourrienne qui pourtant se dira sans ses Mémoires « pas très rassuré[2] » de ses nouvelles fonctions, et lui fait passer, dès le 14 mars, une liste de suspects à arrêter. On y trouve vingt-cinq noms dont ceux de bonapartistes notoires comme Savary, Réal, Maret, Exelmans, Flahaut, Lavalette, Davout, mais aussi ceux de Carnot et de Sieyès[3]. Bien sûr, personne ne sera arrêté. Les prétendus conspirateurs, prévenus par les bruits de cour ou par des amis sûrs, se sont mis à l'abri. Dès le 11 mars, la reine Hortense quitte sous un déguisement son hôtel de la rue Cerutti à la barbe des mouchards de la police qui ne devaient pas être très motivés et se réfugie chez « une vieille bonne » de son frère, rue Duphot[4]. Caulaincourt, qui ne figure pourtant pas sur la liste de Blacas, s'est caché chez l'une de ses anciennes cuisinières, le général de Flahaut chez Alexandre de Girardin et Lavalette dans les communs de l'hôtel de la reine Hortense. Dans les derniers jours qui précéderont le départ du roi, on parlera à la cour de faire sonner le tocsin et de procéder à une « Saint-Barthélemy des bonapartistes ». Comme d'habitude, les ultras crient pour se rassurer plus qu'ils n'agissent. Avec ou sans Bourrienne, pourtant « capable de tout » selon Lavalette[5], la police reste paralysée et soumise à des influences contradictoires. Dès son entrée en fonction, Bourrienne n'y croit pas et se plaint d'être pris en otage, entre sa police dont les agents n'ont souvent pas changé depuis la chute de l'Empire et se montrent pour le moins timorés, et diverses contre-polices royalistes, en particulier celle du comte d'Artois qui sème le désordre : « Beaucoup trop de gens se mêlent de police sans y rien entendre : on est ainsi, sans cesse, écrasé d'une multitude de rapports mensongers dont l'inutile vérification fait perdre à mes agents un temps précieux qu'ils emploieraient utilement à poursuivre des traces plus importantes ; mais, si l'on écarte l'avis le plus invraisemblable, celui même dont la fausseté a déjà été démontrée, il revient par les organes les plus respectables et l'on est près du soupçon, dès qu'on n'adopte pas tout ce qu'il plaît à un zèle aveugle d'accréditer[1]. »

Les royalistes exagérés, qui ont toujours préféré s'adresser directement au loup lorsque le feu est dans la bergerie, verront pendant quelques jours la résolution de tous leurs problèmes dans les services de Fouché lui-même, mais celui-ci est beaucoup trop fin pour monter sur un bateau qui coule. Ce n'est pas lui, mais Talleyrand, qui était à la manœuvre, en avril 1814, lors du retour des Bourbons. Il a été écarté du nouveau pouvoir malgré ses nombreuses propositions de service. L'ancien régicide devenu ministre de la Police de Bonaparte puis de Napoléon n'est même pas entré à la pairie, comme la plupart de ses confrères du Sénat impérial. Il s'est contenté, faute de mieux, de jouir de sa fortune en pensant à la suite des événements. Il prend les ministres du roi pour une bande d'incapables, Talleyrand excepté, mais celui-ci est à Vienne. « J'admire la patience du roi qui se résigne à vivre dans les ténèbres », écrit-il le 9 mars à son amie Mme de Custine, en espérant se faire entendre plus haut[2]. Mais les événements vont vite. Maintenant, il est trop tard. Les naïfs en seront pour leurs frais. Il a dû beaucoup s'amuser d'être pris soudain pour le « sauveur » de ceux contre qui il conspirait déjà en sous-main pour son propre compte en envoyant, le 5 mars, le général Lallemand donner le signal de la conspiration du Nord au général Drouet d'Erlon à Lille. Le chancelier Dambray le verra à plusieurs reprises de la part du roi, à partir du 13 mars, chez lui selon certains, chez le duc de Dalberg, rue d'Anjou, selon d'autres. Le comte d'Artois en personne le rencontre secrètement aux Tuileries dans la nuit du 15 au 16 mars, et lui propose en son nom le ministère de la Police[3]. Il l'avait fait introduire discrètement au premier étage du pavillon de Marsan par son capitaine des gardes, le comte d'Escars. Fouché est un mythe, passé depuis longtemps maître dans l'art d'inventer des complots pour mieux se faire valoir, tout en se jouant des uns contre les autres. L'araignée tisse sa toile, mais on ne sait jamais dans quel sens. Talleyrand, son vieux complice et adversaire qui a passé sa vie à l'égratigner, sinon à le discréditer, décrit sa manière d'un mot : « Un ministre de la Police est quelqu'un qui s'occupe d'abord de ce qui le regarde, et ensuite de ce qui ne le regarde pas. » Mais cette fois la situation n'a rien d'imaginaire. Elle est bien réelle et surtout irréversible. Fouché, prudent, se dérobe, et puisqu'il se dérobe, on décide soudain de l'arrêter. L'épisode rocambolesque de son interpellation le 16 mars chez lui, rue d'Artois, par l'inspecteur de police Foudras, sa soudaine disparition par une porte dérobée de son cabinet, sa fuite à travers les jardins de la reine Hortense, sa voisine, dont il avait la clé, donne la mesure du désordre et de l'impréparation des autorités qui ne savent plus à quel saint se vouer[1]. Fouché, qui s'y connaît en sainteté, en sera quitte pour écrire une lettre faussement indignée aux Chambres avant de se rallier à Napoléon dès le 21 mars, et d'attendre son heure. Puisque les royalistes l'ont approché une première fois, ils le rappelleront. C'est une question de temps et de circonstances.

L'épisode de l'arrestation manquée de Fouché est à la mesure de la cacophonie gouvernementale. Mme de Chastenay parle de la « profonde ineptie » et de la « terreur panique » qui régnaient aux Conseils de cabinet de la mi-mars[2]. Jaucourt dit, dans l'une de ses lettres à Talleyrand, avoir pleuré de honte en entendant pendant trois heures parler d'« arrestations » à l'occasion du conseil du 13 mars[3]. Le ministère est par ailleurs profondément désuni. Les Conseils de cabinet n'ont rien à voir avec nos modernes Conseils des ministres, responsables et solidaires. Non seulement le roi, mais son frère et son neveu, le duc de Berry, y assistent de toute leur autorité princière et contradictoire, ce qui ne simplifie pas les prises de décision. En l'absence de Talleyrand qui représente le roi à Vienne, les deux ministres forts du cabinet ont des idées diamétralement différentes sur la façon de remédier à la situation et se détestent cordialement. Blacas, le ministre de la Maison du roi, ancien émigré et partisan de la manière forte, en est arrivé à ne plus parler à l'abbé de Montesquiou, le ministre de l'Intérieur, pour qui le salut de la monarchie passe par l'adoption de mesures franchement libérales. Cet ancien agent général du clergé, président de l'Assemblée nationale à plusieurs reprises en 1789, ne manque ni d'esprit ni de finesse. Mirabeau, qui ne l'aimait pas, l'appelait « le petit serpent ». Il avait été à Paris, sous le Consulat, l'un des principaux agents de renseignement du prétendant avant d'être appelé par Talleyrand, en avril 1814, au sein du gouvernement provisoire formé dans l'attente du retour des princes. L'abbé, pourtant à l'origine d'un projet de loi restrictif sur la presse périodique en septembre 1814, afin d'endiguer, souligne Guizot son secrétaire général au ministère, les flots d'injures ultraroyalistes contre Napoléon et les acquis de la Révolution, est maintenant persuadé que le salut du trône dépend des concessions qui seront faites aux libéraux et aux Chambres. « Il aurait volontiers tout jeté par les fenêtres, comme il arrive dans une maison qui brûle[1] », critique Vitrolles, secrétaire du cabinet et proche du comte d'Artois. Montesquiou est résolu à s'appuyer sur les Chambres dont il a contribué à provoquer la réunion. Il est en relation constante avec Lainé, le président de la Chambre des députés, et reprend au Conseil plusieurs de ses idées en proposant de renouveler les députés manquants sur une base électorale très libérale, de nommer de nouveaux pairs également choisis parmi les libéraux[2]. Il ne se fait aucune illusion sur les aptitudes politiques des royalistes exagérés et les traite en bloc de « sots », dit encore Charles de Rémusat. Blacas est sa bête noire et il ne parlera bientôt plus à Vitrolles. Il tentera même sans succès, au Conseil du 16 mars, de provoquer une crise ministérielle en faisant rentrer dans le cabinet des hommes nouveaux. Il suggère les noms de Lainé et de Lally-Tollendal, un ancien constituant de 1789, d'opinions modérées[3]. Des rumeurs courent Paris pendant plusieurs jours sur d'hypothétiques changements ministériels. On parle de remplacer Blacas par le duc de Richelieu. On parle encore de d'Argenson à la Justice, de Fouché à la Police et même de Carnot, l'organisateur de la victoire en 1792, à la Guerre. La Fayette, de son côté, pourrait prendre un ministère ou le commandement des gardes nationales. Cette tentation libérale de mars est une réalité politique à double tranchant. Si le soutien des libéraux au régime de la Restauration constitue sans doute l'un des phénomènes les plus étonnants de cette période et donne à penser ce qu'aurait pu être ce régime à peine né si Napoléon n'avait pas tout balayé de sa force irrésistible, il a tout autant contribué à la désorganisation du gouvernement, par le jeu classique de la surenchère politique. Les propositions libérales de mars n'ont pas toujours été adaptées à l'urgence de la situation, même si elles n'en ont pas moins constitué une réponse sincère aux dangers d'une situation vécue comme la menace certaine du retour à la tyrannie d'un homme profondément détesté.

Charles de Rémusat, le futur doctrinaire et l'un des meilleurs théoriciens du libéralisme français, donne en quelques phrases les raisons qui l'ont conduit à soutenir le régime du roi et de la Charte : « J'avais pris très sérieusement l'empereur comme la personnification du despotisme, la Restauration comme la condition ou au moins comme l'occasion de la liberté. Je voyais devant moi une renaissance absolue et cela me chagrinait assez pour me rendre peu sensible à ce qu'il y avait d'instructif et de piquant dans la manière dont tombait pièce à pièce la Restauration[1]. » Odilon Barrot alors jeune avocat au Conseil d'État, le futur chef de l'opposition dynastique à Louis-Philippe après 1830, parle de son côté de « l'amour de la liberté » et de « la haine du despotisme de Napoléon » qui animaient alors les milieux de la bourgeoisie éclairée à laquelle il appartient[2].

16.

Vive la liberté !

Le soutien des libéraux au régime s'est incarné et concentré à Paris autour d'un personnage dont on a aujourd'hui oublié le nom, mais dont le retentissement était considérable à l'époque par le courage politique et la force de résistance dont il avait déjà su faire preuve face à Napoléon dans les dernières années de l'Empire. L'homme, Louis-Joachim Lainé, vient de Bordeaux – une ville qui a particulièrement souffert de la politique économique de l'Empire et du blocus continental – où il était avocat. Ce fils d'une créole de Saint-Domingue entré en politique en 1808 avait été traité par Napoléon de « traître payé par l'Angleterre » pour avoir osé protesté contre la guerre au nom du Corps législatif en décembre 1813. Son discours devenu célèbre lui avait valu de prendre la présidence de la Chambre des députés au retour des Bourbons. « Un vrai Romain », note Mounier. Grand orateur, grand défenseur de libertés, Lainé a « singulièrement la religion des princes et en particulier celle des Bourbons », explique son collègue Mathieu Molé. Ce « demi-libéral qui le devenait tout à fait quand il s'agissait de Napoléon [1] », comme l'écrit Charles de Rémusat, sait par ailleurs qu'une victoire de celui qu'il a déjà affronté lui vaudrait la réclusion ou au mieux l'exil comme en 1813. Il est donc particulièrement bien placé pour être l'homme de la synthèse et organise chez lui, en marge de la session parlementaire qui s'ouvre le 10 mars, une réunion informelle où se retrouvent les ténors du libéralisme, de Benjamin Constant à La Fayette, le héros de 1789 brusquement sorti de sa retraite où on l'avait un peu oublié et qui recommence à cette occasion sa vie politique. On y trouve également plusieurs des rédacteurs – le « comité des cinq » – de la fameuse adresse à Napoléon de décembre 1813, comme les députés Flaugergues, Raynouard, Maine de Biran, mais aussi les membres de ce qui deviendra par la suite en pleine réaction ultraroyaliste le parti des Indépendants, d'Argenson, le duc de Broglie, Auguste de Staël.

Il s'agit, d'une part, de dénoncer les erreurs commises depuis huit mois et, d'autre part, d'obtenir du gouvernement le maximum de concessions libérales. La démarche participe de cette illusion, souvent partagée par les plus modérés, qu'ils peuvent tirer parti des circonstances lorsqu'elles sont graves, pour faire avancer efficacement leur projet. « Si le gouvernement se rallie à la nation, tout est encore sauvé, malgré l'armée », écrivait déjà Benjamin Constant le 7 mars[1]. La clairvoyance politique ne réside pas seulement dans la pertinence des idées, mais dans la capacité d'analyser la juste adéquation de la nature du danger aux mesures prises pour le soumettre. On en est loin. Les propositions du comité sont relayées par les Chambres, en particulier la Chambre des députés qu'anime et que préside Lainé, dans une ambiance un peu survoltée de « patrie en danger » qui n'est pas sans rappeler celle du mois de septembre 1792, les massacres en moins.

Dès le 11 mars, le président de la Chambre, dans son discours d'ouverture, rappelle au gouvernement ses promesses de consolider les libertés constitutionnelles et énumère pêle-mêle la nécessité d'élargir la liberté de la presse temporairement restreinte par la loi, d'ouvrir les élections aux représentants du commerce et de l'industrie, d'adoucir la perception des impositions indirectes, de donner une définition légale à la question de la responsabilité des ministres. Toutes ces questions ne seront pas débattues faute de temps et ne seront reprises que deux ans plus tard, une fois passé le gros de la crise. Il n'en reste pas moins, comme l'écrit Pasquier, que ce discours quasi programmatique de Lainé « avait tout le caractère d'un langage concerté avec le gouvernement[2] ».

Ces convictions libérales ne sont pas seulement le fait de quelques caciques de la politique, blanchis sur les bancs des assemblées de tous les régimes depuis 1789. Elles trouvent leurs résonances dans une partie du corps social, en particulier du côté de la jeunesse, en tout cas celle des élites urbaines du pays.

Le propre de la Restauration est en effet d'avoir suscité des imaginaires radicalement différents. Si certains voient le nouveau régime comme la résurrection d'un passé idéalisé et magnifié, d'autres le considèrent comme la promesse d'un monde nouveau. En mars 1815, ses défenseurs appartiennent à deux mondes et à deux générations. D'un côté, les « voltigeurs » de l'émigration, de l'autre, ce qu'on appelait « la jeunesse des écoles » qui n'a pas connu la Révolution et associe la défense du roi à celle des libertés. La plupart des mille cinq cents élèves de l'École de droit se soulèvent le 12 mars et demandent des armes. Quelques-uns de leurs représentants en écrivent à la Chambre des députés : « Messieurs, Nous nous offrons au roi et à la patrie ; l'École de droit tout entière demande à marcher. Nous n'abandonnerons ni notre souverain ni notre Constitution. Fidèles à l'honneur français, nous vous demandons des armes. Le sentiment d'amour que nous portons à Louis XVIII vous répond de la constance de notre dévouement. Nous ne voulons plus de fers, nous voulons la liberté. Nous l'avons, on vient nous l'arracher : nous la défendrons jusqu'à la mort. Vive le roi ! Vive la Constitution[1] ! » On leur donnera pour colonel Louis-Paul Druault, un ancien major d'un régiment de chasseurs de la Guadeloupe à la solde de l'Angleterre sous l'Empire[2] et on les enverra à Vincennes sous l'autorité d'anciens officiers de l'armée de Condé avec lesquels ils s'entendront d'ailleurs mal. Certains, plus âgés, comme Odilon Barrot ou Alexandre Guillemin, qui a laissé des Souvenirs sur cette aventure, sont déjà membres du barreau et ont pour quelques-uns combattu dans les rangs napoléoniens en 1814 ; d'autres sont des élèves de l'École de médecine, et même de jeunes collégiens des lycées Henri-IV et Stanislas échappés à la vigilance de leurs professeurs. Ils sont environ mille deux cents et défileront dans Paris le 14 mars, drapeau en tête, dans un assez joyeux désordre. La devise de leur drapeau, « Pour le bon droit », indique assez l'esprit dans lequel ils s'engagent. Lamartine parle d'eux comme des pèlerins de la « jeune France » partis à la conquête d'un avenir rêvé « de réconciliation et de liberté[3] ». Il y a là une bonne partie de l'élite de la bourgeoisie libérale, des lecteurs du *René* de Chateaubriand qui ont trouvé dans le sentiment monarchique, vécu comme quelque chose d'absolument nouveau, le moyen de combler cette mélancolie lancinante qui est celle de toute leur génération. Le romantisme de ces « fils de l'Empire et petits-fils de la Révolution [1] », selon la belle expression de Musset, est ainsi né dans un rêve de chevalerie médiévale revisité par le goût des libertés et la fascination du courage malheureux. Le jeune Victor Hugo, ce fils d'un général d'Empire, écrit ses premières odes à la gloire du roi « juste » et « vertueux », sur la mort du duc de Berry, sur le destin malheureux des Vendéens et, bien sûr, sur le génie de Chateaubriand. Il parle dans ses lettres des « nobles paysans vendéens [2] » et publie ses poèmes dans *Le Conservateur* qui est à partir de 1816, par excellence, l'organe des ultraroyalistes. Si nombre d'entre eux ont évité la conscription jusqu'à leur enrôlement forcé dans les fameuses gardes d'honneur de Napoléon en 1813, beaucoup nourrissent à l'égard de l'ancienne armée des sentiments très partagés qui ressemblent un peu à ceux de notre génération vis-à-vis des anciens combattants de la dernière guerre. Le jeune Émile Bary, invité à dîner chez un ami médecin de son père, y rencontre un ancien officier de la Vieille Garde et en ressort exaspéré. Ce dernier lui a donné, dit-il, « la mesure de beaucoup d'autres soldats ; les b[ougre] et les f[outre] voltigeaient sur sa bouche. Il ne parlait que de ses campagnes, de ses blessures, de ses disputes, de son argent, annonçant toujours qu'il ne reculerait jamais et qu'il avait la main au bout du bras [3] ». La gloire des uns est vécue comme de la gloriole par les autres. Un autre élève du lycée Henri-IV note avec bonheur qu'à la chute de l'Empire la cloche remplaçait le tambour au réveil des élèves [4]. Il y a dans cette génération des envies de paix et de générosité qui ressemblent fort à une réaction violente à la militarisation croissante de la société impériale. Ce n'est que plus tard, à la fin de la Restauration et sous la monarchie de Juillet, que le sentiment romantique se fixera sur le géant malheureux de l'île de Sainte-Hélène. Chateaubriand l'a très bien vu en écrivant ses Mémoires dans les années 1830 : « La jeunesse adore aujourd'hui le souvenir de Bonaparte, parce qu'elle est humiliée du rôle que le gouvernement actuel [celui de Louis-Philippe que Chateaubriand déteste] fait jouer à la France en Europe ; la jeunesse, en 1814, saluait la Restauration parce qu'elle abattait le despotisme et relevait la liberté. [...] Ceux qui viennent nous dire aujourd'hui que la Restauration fut reçue avec dégoût et douleur par la France sont ou des ambitieux qui jouent une partie, ou des hommes naissants qui n'ont point connu l'oppression de Bonaparte, ou de vieux menteurs révolutionnaires impérialisés qui, après avoir applaudi comme les autres au retour des Bourbons, insultent maintenant, selon leur coutume, ce qui est tombé, et retournent à leur instinct de meurtre, de police et de servitude [1]. » François Guizot, qui à l'époque faisait un peu partie de cette jeunesse-là, commence ses Souvenirs par cette phrase : « Pendant la Révolution, on se battait, sous l'Empire, on se taisait ; la Restauration avait jeté la liberté au sein de la paix [2]. »

Il faut avoir su les détails de ce contexte psychologique très particulier pour comprendre la décision prise par le roi de se rendre au Palais-Bourbon le 16 mars, en « séance royale », devant les députés et les pairs du royaume, pour y renouveler son serment à la Charte constitutionnelle. Le temps presse : ce jour-là, Napoléon est à Avallon.

17.

Le pacte de la dernière chance

Il y a au premier abord quelque chose de dérisoire dans cette grande scène cathartique du 16 mars, comme si des mots et des serments pouvaient arrêter l'ennemi dans un rapport politique où la force l'emporte largement. On pense aux sénateurs romains délibérant gravement alors que les barbares sont à leur porte. Mais la scène appartient aussi à ces grands moments d'union nationale inventés sous la Révolution – alors que le pays est par ailleurs profondément divisé – dont seuls les Français ont le secret. Puisque le malade agonise, il ne reste plus qu'à le purger violemment. Cette journée du 16 mars n'est cependant pas une journée révolutionnaire. Elle est marquée par la règle de l'étiquette et la pompe du pouvoir. Trois jours avant sa chute, en un raccourci extraordinaire, la monarchie se donne une dernière fois en spectacle. Le 16 mars est un jeudi. Le roi quitte les Tuileries au son du canon à trois heures de l'après-midi, après le Conseil et la messe de semaine qu'il a suivie dans ses appartements. Le cortège passe par le pont Royal et les quais jusqu'à la Chambre des députés. Les troupes des gardes nationales et de la ligne forment la haie et laissent passer les douze carrosses attelés de six ou huit chevaux du riche cortège de la cour. Le roi est avec son frère le comte d'Artois et le fils de ce dernier, le duc de Berry. Son capitaine des gardes du corps de quartier, le prince de Poix, chevauche à cheval à la portière de droite, les capitaines de ce qu'on appelait les quatre « compagnies rouges », les plus prestigieuses de la maison militaire, entourent le carrosse royal « aux petites roues ». Un détachement de quarante Cent-Suisses à pied forme la haie de part et d'autre de la voiture, elle-même précédée des hérauts d'armes et des écuyers du roi à cheval et suivie d'un second détachement de gardes du corps. Henri-Évrard de Brézé, le grand maître des cérémonies, prévenu au dernier moment et chargé de l'organisation du cortège, est un peu contrarié et peste contre le désordre d'une séance qu'il aurait voulue encore mieux réglée. Il commence la relation inédite qu'il a laissée de cette journée par des réserves : « Je dois observer que la cérémonie de cette séance royale, ordonnée à la hâte et qui n'a eu lieu qu'à cause des événements désastreux que préparait l'arrivée de l'usurpateur, ne doit nullement être prise pour modèle pour d'autres séances pareilles [1]. » On imagine ce qu'aurait été la séance royale du 16 mars si elle avait été préparée de longue date ! C'est que le marquis de Brézé est un connaisseur. Déjà titulaire de la charge de grand maître des cérémonies avant la Révolution, il avait été chargé par Louis XVI, le 23 juin 1789, de se rendre dans la salle des Menus-Plaisirs de Versailles, afin d'ordonner aux députés du tiers état de se retirer. Il en était sorti bouleversé non pas tant parce que les députés, Mirabeau à leur tête, avaient refusé de sortir, mais parce qu'ils lui avaient demandé d'enlever son chapeau. On ne se découvre pas lorsqu'on représente le roi : du peuple ou du roi, celui qui se découvre est le serviteur de l'autre. Encore une fois, la politique est affaire de symbole et d'étiquette. Louis XVIII est accueilli au pied des marches du Palais-Bourbon par une grande délégation de vingt-cinq députés et de douze pairs. Il entre dans la salle des séances accompagné des quelque cent personnes qui composent son cortège : maréchaux, généraux, grands officiers de la couronne, jusqu'à l'estrade recouverte de velours bleu aménagée spécialement pour l'occasion au centre de l'hémicycle des gradins. Le roi est assis – et couvert – sur son trône, le comte d'Artois et le duc d'Orléans à sa droite, le duc de Berry et le prince de Condé, le héros de l'émigration militaire, à sa gauche, la foule des courtisans en arrière. Les ministres, les militaires – l'état-major complet de la 1re division militaire de Paris est présent –, les représentants du royaume qui lui font face sont debout et tête nue. Presque tous ceux qui étaient là ont insisté sur l'enthousiasme de la foule nombreuse malgré la pluie qui tombe, au passage du cortège. Frédéric Rilliet, notre jeune garde du corps suisse, précise que les voitures étaient précédées d'un escadron de cuirassiers, sabre au clair et criant « Vive le roi ! ». Il évoque aussi les « démonstrations presque frénétiques des gardes nationaux qui bordent la haie sur le passage du roi [1] ». Dans l'hémicycle, l'émotion est à son comble. Surtout lorsque le comte d'Artois prend la parole après son frère et jure, « au nom de l'honneur », fidélité à la Charte et au roi. Tout le monde dans la salle s'écrie à sa suite dans un immense vacarme : « Nous le jurons. » « Cette scène, dit Macdonald, électrisa l'assemblée et le public. » Le roi a sans doute prononcé ce jour-là l'un de ses plus beaux discours, assis, entièrement de mémoire, d'une voix claire et sonore. Certains, comme Montlosier, attribueront le texte à l'influence de Mme de Staël, mais il est probable qu'il est du roi lui-même qui a mis tout son sens politique – et sa vanité d'auteur – à l'écrire, et l'a lu en Conseil le matin même [2].

Louis XVIII s'y définit comme le meilleur représentant de la paix face au double danger de la guerre civile et de la guerre étrangère que représente Napoléon : « J'ai revu ma patrie ; je l'ai réconciliée avec toutes les puissances étrangères qui seront, n'en doutez pas, fidèles aux traités qui nous ont rendu la paix. [...] Je crains pour la France : celui qui vient allumer parmi nous les torches de la guerre civile y apporte aussi le fléau de la guerre étrangère. » Il y déploie surtout le spectacle de la loi constitutionnelle comme un rempart face au vertige des souvenirs et à la gloire de l'Empire. Il se met sous la protection de la nation et la garantie de la Charte constitutionnelle, « mon plus beau titre aux yeux de la postérité, que tous les Français chérissent et que je jure ici de maintenir. [...] Rallions-nous donc autour d'elle ! Qu'elle soit notre étendard sacré ! Les descendants d'Henri IV s'y rangeront les premiers ; ils seront suivis de tous les bons Français [3]. » Par ce discours Louis XVIII va plus loin qu'en juin 1814. La Charte n'est plus seulement octroyée, elle est le lien qui unit le roi au peuple français. Les libéraux n'oublieront jamais, par la suite, de se référer à ce discours tout en y voyant une manœuvre du roi pour faire plier son frère. Frédéric Rilliet parle dans ses Souvenirs de la « scène arrangée » du serment du comte d'Artois à la Charte qui n'a rien du « mouvement spontané et inattendu » dont se sont réjouis ses partisans. On se doutait des réserves de Monsieur envers ce texte considéré comme une épouvantable concession faite à la Révolution. On savait le danger que l'héritier au trône représentait – et qu'il représentera encore plus dans la débâcle. « Quand une telle croyance a malheureusement pris racine, commente Pasquier, il faut plus que des serments pour la détruire, il faut des actes et une conduite longtemps soutenue[1]. »

Il y a dans cette séance du 16 mars comme des relents de règlements de comptes à la faveur de l'urgence et de la crise. Sous l'unanimité apparente, on mesure à ce sujet le degré de défiance des députés pour le frère du roi et ses amis les plus intransigeants au discours incroyablement courageux de Lainé qui suivra immédiatement le départ du roi. « Non, Messieurs, ce n'est plus de la cour que peuvent venir les inquiétudes sur la liberté et les droits reconnus. [...] Non seulement le roi, mais les princes qui sont assis sur les marches du trône ont fait des promesses solennelles. Ils n'auront jamais la volonté, ni le pouvoir de les violer. De longs revers leur apprennent que plus les sujets sont grands, plus le trône est élevé. » Quand Lainé parle des « princes », il pense évidemment au comte d'Artois, et quand il évoque la cour, il désigne ses proches. « Elles étaient donc venues de la cour, ces inquiétudes[2] ? » commente encore Pasquier qui voit dans ce discours le procès des fautes d'un régime pris en otage par ses pires amis, cette ancienne émigration nostalgique de l'Ancien Régime qu'on a trop laissée parler contre le principe même d'une Constitution et contre les gages donnés par cette dernière à la Révolution, en particulier dans la masse des « propriétés nationales » déclarées « inviolables » par l'article 9. Il est indéniable que les garanties constitutionnelles données aux acquéreurs de biens du clergé et surtout de biens d'émigrés, renforcées d'autant par la décision prise par le gouvernement de vendre trois cent mille hectares d'anciennes forêts du clergé afin d'équilibrer son budget, ont été pour ces derniers une immense désillusion, à l'origine de vexations et d'intimidations à l'encontre des nouveaux propriétaires, attisées par une presse mal contrôlée, mais aussi par une propagande hostile dont le but était naturellement d'amplifier le phénomène et de crier au loup contre l'émigration. Il y eut en fait peu de véritables cas de menaces et d'intimidation – ce sont toujours les mêmes qui reviennent et, de plus, ils existaient déjà sous l'Empire –, mais un mécontentement sourd de la part des propriétaires dépossédés, encouragé par les amis de Monsieur et relayé par certains journaux comme le *Journal royal* ou le *Journal de Paris*[1]. Lorsque le loup est dans la bergerie, il doit savoir se transformer en mouton ! Rien ne sert, comme le notera justement Napoléon lui-même peu avant son arrivée à Paris, de gouverner avec « les lois du temps présent » si l'on conserve « l'esprit du temps passé[2] ». Au sein même du gouvernement, certains, comme le comte Ferrand, qui, le 13 septembre 1814, défendait maladroitement les émigrés à la tribune de la Chambre des députés, en faisant des distinctions géométriques entre « la ligne droite » de ceux qui étaient restés fidèles au roi sous la Révolution, et « la ligne courbe » de tous les autres, contribuent à jeter de l'huile sur le feu[3]. Dans ses Mémoires, le baron Maxence de Damas, rentré d'émigration en avril 1814 sous l'uniforme russe et proche des princes, donne bien le ton : « Les émigrés ruinés et malheureux se virent avec peine privés pour toujours des biens qu'ils avaient perdus pour la cause du roi ; les ennemis de la monarchie légitime affectèrent la plus vive satisfaction[4]. » En province, on crie encore plus fort. À Toulouse, le comte de Montbel parle d'« épreuve cruelle » et Villèle, le futur maire de la ville, estime que le roi a commis là la faute majeure de son règne.

Lainé a pourtant beau jeu d'accuser la cour et les royalistes exagérés d'attiser les rancunes. La Chambre des députés issue de l'Empire était elle-même en partie responsable de cette situation. C'est elle qui, en novembre de l'année précédente, avait conforté les espérances des anciens propriétaires dépossédés en refusant de fermer la voie à la possibilité d'un règlement de la question par le vote d'une indemnité proportionnée à leurs pertes[5]. C'était ouvrir la boîte de Pandore et jeter le trouble parmi les presque dix millions de propriétaires de biens nationaux – ceux que Macdonald, qui quelques jours plus tard se fera lui-même l'avocat d'un tel projet, appelait « un colosse dont l'œil ne peut mesurer la hauteur[6] ». On comprend d'autant mieux la difficulté de cette question qui a littéralement empoisonné la première Restauration lorsque l'on sait, à presque deux cents ans de distance, qu'elle fut à nouveau au cœur du processus de décommunisation des anciens pays du bloc soviétique dans les années 1990.

Le discours du roi prononcé le 16 mars a été commenté de diverses manières. On y a surtout retenu cette phrase qui va mal à l'attitude lourde et presque maladive du souverain podagre... et encore plus mal à la suite des événements : « J'ai revu ma patrie. [...] Pourrai-je, à soixante ans, mieux terminer ma carrière qu'en mourant pour sa défense ? » « Quel téméraire engagement ! » dira Pasquier, ironique. Cela aurait été très beau, en effet, si toute la cour n'avait pas décampé avec le roi, trois jours plus tard. Louis XVIII, qui par ailleurs ne manque ni de sang-froid ni de courage physique, sacrifiait là aux auteurs latins comme à l'ambiance un peu survoltée du moment, éprouvée par tous ceux qui l'ont écouté dans l'enthousiasme, en l'interrompant sans cesse de leurs cris et de leurs applaudissements. Chateaubriand en profitera plus tard pour brocarder le vieux roi, qui ne l'aimait pas et le chassera du ministère comme un valet, et disserter sur le « désaccord des paroles et des actes [1] ».

C'est pourtant lui qui a le mieux saisi après coup le côté tragique, voire pathétique de toute cette scène, en chroniqueur incomparable de l'infortune des Bourbons qu'il n'aime jamais tant que lorsqu'ils sont malheureux : « Le roi parlait encore quand un nuage répandit l'obscurité dans la salle ; les yeux se tournèrent vers la voûte pour chercher la cause de cette soudaine nuit. Lorsque le monarque législateur cessa de parler, les cris de "Vive le roi !" recommencèrent au milieu des larmes. [...] En effet, le spectacle était pathétique : un vieux roi infirme, qui, pour prix du massacre de sa famille et de vingt-trois années d'exil, avait apporté à la France la paix, la liberté, l'oubli de tous les outrages et de tous les malheurs ; ce patriarche des souverains venant déclarer aux députés de la nation qu'à son âge, après avoir revu sa patrie, il ne pouvait mieux terminer sa carrière qu'en mourant pour la défense de son peuple ! Les princes jurèrent fidélité à la Charte ; ces serments tardifs furent clos par celui du prince de Condé et par l'adhésion du père du duc d'Enghien. Cette héroïque race prête à s'éteindre, cherchant derrière la liberté un bouclier contre une épée plébéienne plus jeune, plus longue et plus cruelle, offrait, en raison d'une multitude de souvenirs, quelque chose d'extrêmement triste [1]. » Jal, publiciste libéral proche de La Fayette, évoque, pour sa part, une « cérémonie qui ressemble beaucoup à celle de l'extrême-onction administrée à un mourant [2] ». « Séance royale touchante, écrit Benjamin Constant dans son Journal. Nouvelles mauvaises. »

Encore une fois, le 16 mars, Napoléon est à Avallon, à trois journées de marche de la capitale. Il est grand temps d'unir les énergies. Mais, sur le moment, on s'est bien gardé d'insister sur le côté « fin de règne » de la séance royale. Tout a été fait au contraire pour transformer cette journée en « une journée vraiment nationale », celle de « l'union du roi et de toutes les classes de la nation », comme dit *Le Moniteur* du 17 mars, alors même que, le lendemain, les députés voteront à l'unanimité, à la suite de la déclaration du roi, une résolution qui déclare « nationale » la guerre contre Napoléon [3]. À la Chambre, on parle de « levée en masse », mais aussi de « la patrie, du roi et des libertés publiques ». L'ordre a changé et le roi n'est déjà plus en tête de la sainte trinité. Tout cela ulcère littéralement les royalistes vieux style, surtout les plus lucides comme l'ambitieux et très entreprenant baron de Vitrolles, qui redoutent « les principes excessifs » de 1789 et ne veulent pas d'une Charte « considérée comme une conséquence des Constitutions révolutionnaires [4] ». L'historien américain Steven Englund est un peu sévère lorsqu'il explique dans son livre consacré à Napoléon qu'en mars 1815 la Restauration a raté le coche de la nation [5]. Il n'en a jamais été autant question qu'à ce moment-là, jusque dans les détails et les symboles. Le roi porte pour la première fois le grand cordon de la Légion d'honneur – un peu trop tard, notera son peu charitable cousin le duc d'Orléans qui regrettera qu'il ne l'ait pas porté le jour de son entrée triomphale à Paris, le 3 mai 1814 [6]. Dans la salle des séances de la Chambre, sur les marches latérales de l'estrade royale et dans les travées de l'hémicycle, des gardes du corps du roi, des gardes nationaux et des grenadiers de la ligne, tous pêle-mêle et unis, défendent symboliquement le monarque et la nation.

La nation, et son armée ! La cérémonie du 16 mars constitue surtout l'ultime tentative de réconciliation du régime avec une armée qui se débande de plus en plus. Cela commence par quelques gestes symboliques. Le roi, après la séance, prend le temps de féliciter les maréchaux Mortier et Macdonald, l'un pour sa conduite à Lille lors de la conspiration d'Erlon, l'autre, qui sera nommé le lendemain à la tête de l'état-major de l'armée sous les ordres du duc de Berry, pour son courage à Lyon. Frédéric Rilliet, qui assiste à la scène, raconte que l'accolade du roi ébranla tellement Mortier que celui-ci s'en serait jeté à ses pieds en lui jurant une fidélité éternelle. Deux mois plus tard, ajoute Rilliet désabusé, il commandait la cavalerie de la Garde impériale [1]. Il ne sera pas le seul – on l'a déjà vu et on le verra encore – à entretenir des rapports très particuliers avec la pratique de la fidélité.

18.

Rallier les braves

Le 16 mars, on n'a jamais autant pensé à l'armée. Tout va être tenté pour resserrer les liens de plus en plus distendus du régime avec les « braves ». *Le Moniteur* et les journaux royalistes sont remplis d'anecdotes à ce sujet. Celle que raconte Dreux-Brézé est sans doute authentique. Alors que le roi, marchant mal comme d'habitude, était soutenu à sa sortie de séance par le duc de Duras et le comte de Blacas sur les marches du Palais-Bourbon, il appelle un carabinier de faction et lui dit : « Venez mon ami, c'est sur vous que je dois me soutenir. » C'est bien de soutien dont il est question. Le régime n'aura jamais autant fait pour l'armée, « la gloire et la force de notre royaume[1] », après l'avoir franchement négligée, qu'en ces quelques jours où il vacille. Elle est décidément « le clou qui tient la couronne », comme le dit un royaliste[2]. À Paris, Louis XVIII n'a jamais passé autant de revues militaires de son balcon des Tuileries qu'en ces jours de mars. Dans la presse, on rappelle – à juste titre d'ailleurs – les interventions du roi auprès du tsar, en mai 1814, en faveur des prisonniers français de l'armée russe, on évoque le panache d'Henri IV, on parle aux soldats d'honneur et de gloire, on s'empare même des victoires napoléoniennes. Dans ses proclamations, Louis XVIII en fait parfois un peu trop lorsqu'il assure par exemple s'être associé « à la gloire de vos triomphes, alors même qu'ils n'étaient pas pour ma cause[3] ». Le discours sent l'urgence et le désespoir. Il est vrai que le roi n'a jamais été un roi guerrier, qu'il s'est assez peu soucié – à tort d'ailleurs, d'un point de vue politique – de l'ancienne armée de Napoléon, en la renvoyant à la paix et à ses exigences d'équilibre budgétaire. En mars, tout change et on s'aperçoit, « mais un peu tard », comme dirait Jean de La Fontaine, de la nocivité des restrictions financières qu'on lui a fait subir. On se met à se préoccuper sérieusement de la solde des soldats. On sait qu'elle avait été l'objet de l'attention constante de Napoléon au point de l'amener à des contorsions financières franchement inconstitutionnelles et à courir éternellement après l'équilibre de ses budgets[1]. Par deux ordonnances des 9 et 11 mars contresignées du ministre de la Guerre, le roi rappelle les demi-solde à l'activité et les invite à se présenter aux généraux commandant leur département de résidence. Ils seront soldés de ce qui leur est encore dû de leur traitement de non-activité – ce qui est avouer implicitement qu'ils étaient jusqu'alors payés avec un lance-pierre – et recevront leur solde pleine à la date de leur engagement. Le préambule de l'ordonnance du 9 mars a des allures de *mea culpa* : « Si, par la suite de la paix, cette armée a subi une réduction qui ne nous a pas permis d'employer activement tous les braves officiers qui en font partie, le moment est venu, etc.[2]. » Il ne manquera pas d'esprits chagrins du côté des royalistes purs pour dire qu'on armait là le pire des opposants au régime. « Cet ordre servit de passeport à l'ennemi », écrit Madame de Chastenay[3]. Ce sont en effet, comme on l'a déjà vu, ces mêmes demi-solde qui dans les derniers jours de mars prendront la tête de l'insurrection et investiront dans certaines villes les bâtiments publics, siège de l'autorité du régime. Mais le gouvernement ne s'arrête pas là. On distribue aux troupes de la 1re division militaire – celle de Paris – 6 francs par soldat et un demi-mois d'avance de solde aux sous-officiers et aux officiers. Si l'on en croit certains observateurs, ces distributions qui précèdent les revues militaires n'auront qu'un effet limité sur les soldats de la garnison de Paris. « On a donné aux soldats avant la revue, note le 14 mars le jeune Émile Bary, une pièce de cent sous. Ils crient : "Vive le roi ! Vive la pièce de cent sous !" Puis, après avoir bu l'argent du roi ; ils crient : "Vive l'empereur !" À un officier qui le leur reproche, ils répondent : "Qu'on nous donne encore une pièce de cent sous, et nous crierons : 'Vive le roi !'"[4] »

À la Chambre, les députés ne sont pas en reste. Le 13 mars le député et général Desfourneaux propose que la solde des soldats soit payée en totalité, mensuellement comme sous l'Empire, et non plus trimestriellement, comme en avait décidé le gouvernement de la Restauration. Le 18, le député Sartelou demandera qu'un tiers des sous-lieutenances soient réservées aux sous-officiers et, invoquant l'article 69 de la Charte qui promet aux militaires la conservation de leurs grades, honneurs et pensions, exigera que la solde entière des officiers en non-activité leur soit rétroactivement payée à partir du 1er avril 1814. On s'intéresse aussi aux pensionnaires de la Légion d'honneur. Le 14 mars, sur un projet du ministre de l'Intérieur, il est décidé par une loi que les arrérages de traitement des légionnaires seront payés, quels que soient les grades, « sur le pied de 1813 [1] ». Par ailleurs, jamais on n'aura distribué autant de Légions d'honneur en plein déshonneur. Par une ordonnance du 17 mars, en une promotion monstre qui nécessite un supplément entier au *Moniteur*, le roi en distribue mille trois cents d'un coup [2]. On voudra enfin soigner les régiments de l'ex-Vieille Garde en conférant à tous les soldats le grade de sous-lieutenant. Après avoir passé huit mois à serrer les boulons et à apurer les budgets napoléoniens qui prenaient l'eau de toute part, le gouvernement lâche tout. Sans parler des gratifications individuelles, discrètement – et généreusement – distribuées sur les fonds privés du roi.

Toutes ces mesures destinées à améliorer *in extremis* le sort de l'armée se révéleront inefficaces. L'impuissance du gouvernement et des Chambres se heurte non pas tant à la situation matérielle de l'armée qu'à un état d'esprit dont personne n'a su analyser ni anticiper les conséquences désastreuses. Le capitaine Planat de La Faye, un ancien aide de camp du général Drouot mis en non-activité sous la première Restauration, résume cet esprit lorsqu'il compare, en apprenant à Paris le débarquement de Napoléon, « le souvenir des gloires de l'Empire [...] à l'état d'abjection qui lui avait succédé [3] ». L'armée n'a toujours pas digéré sa défaite de 1814 comme les traités de paix « honteux » qui suivirent. La perte de nombre de places fortes en Belgique, en Allemagne, en Italie, qui ne s'étaient pourtant pas rendues, l'abandon de la Belgique et de la frontière du Rhin ont très vite trouvé une explication qui sera à nouveau celle des Allemands après le traité de Versailles de 1919 : le coup de poignard dans le dos. Un pasteur anglais qui visitait la France au cours de l'été de 1814 avait été frappé – et agacé – de la puissance de ce sentiment. Les Français expliquent tout, résume-t-il, par la trahison. Les Parisiens d'abord : « Leur vanité, qu'ils appellent gloire, a été ternie par la capitulation de Paris. » Celle-ci, évidemment, n'a pas d'autre cause que la trahison du maréchal Marmont : « J'ai recueilli abondance de curieuses réflexions au sujet de la guerre, de la paix et des changements ; [les Parisiens] ont en tête qu'ils n'ont pas été conquis. "Oh non. Paris ne fut jamais vaincue. Elle s'est soumise, seulement !" Je laisse aux cerveaux anglais, commente-t-il, le soin de définir la différence entre soumission et conquête. » Lorsqu'il visite les champs de bataille de février et mars 1814, entre Marne et Seine, il entend le même son de cloche. « Partout où je vais, Craonne, Laon, Soissons, la victoire n'est jamais concédée aux Russes : "Oh non, les Russes étaient toujours vaincus !" » Et lorsque notre Anglais, qui tient tout cela pour de « l'orgueil » et de « l'impudence » insupportables, s'enhardit à demander pourquoi les armées françaises avaient tout de même fini par battre en retraite, la réponse est invariable. La débandade commence toujours avec la « trahison »[1]. La déroute de Waterloo, en juin 1815, n'aura pas d'autre explication. Les Français n'ont jamais eu la défaite facile, quitte à transformer celle-ci en victoire.

On reproche en fait au nouveau régime d'avoir simplement accepté le principe de la défaite en signant la paix de mai 1814. Le roi, qui en est tenu pour responsable, est généralement méprisé par les soldats. Il n'a jamais conduit une armée et a l'air si peu militaire. « Louis XVIII, écrit le colonel de Castellane, n'a jamais eu un soldat pour lui. Quelques mauvais, aimant la paix, pouvaient seuls être pour un roi "qu'il faut être six à porter". Tels étaient leurs propos[2]. » L'obésité d'un souverain « plongé dans son fauteuil » et « qui n'a que la tête et point de jambes[3] » n'en finit pas d'alimenter les plaisanteries. Louis est rapidement rebaptisé « cochon XVIII ». En se numérotant sur les rangs, les soldats avaient l'habitude de compter ainsi : « 15, 16, 17, gros cochon, 19, 20, etc.[4]. » Le comte de Puymaigre se souvient que l'aubergiste d'un hôtel de Montluçon avait été scandalisé des propos d'un officier : « Votre dîner est cher, est-ce que la viande coûte beaucoup ici ? À Paris, elle est bon marché : pour un napoléon, on a un gros cochon[5]. » Le « napoléon » était le nom commun donné à la pièce en or qui avait conservé l'effigie de l'ex-empereur. À l'opposé, Napoléon est au contraire, pour le soldat, « un souverain qui ne se méfie pas de nous[1] ».

Ce qui domine au sein de l'armée, c'est l'esprit de revanche. Lorsqu'il avait été question, en novembre 1814, de mobiliser l'armée dans la perspective d'une nouvelle guerre pour défendre les droits du roi de Saxe contre les prétentions russes et prussiennes, et ceux du roi de Naples contre Murat qui y régnait toujours, nombre d'observateurs avaient fait savoir l'impopularité d'un tel projet. La Belgique occupe l'armée, beaucoup plus que la Saxe ou que Naples. Le comte de Jaucourt en écrivait ainsi à Talleyrand, à Vienne : « Nul doute que, pour reprendre la Belgique et se reporter sur le Rhin, tous les soldats et même les recrues ne courussent ; mais dussiez-vous aller à Naples, vous ne pourriez mettre la France en mouvement qu'en passant par là[2]. » Cet état d'esprit est d'autant plus dangereux qu'on ne le trouve pas seulement dans l'armée. Depuis plusieurs mois, celle-ci a su regagner la confiance, voire l'admiration d'une partie des populations civiles. Le retour dans leurs foyers de nombre d'anciens conscrits, sans parler des demi-solde tenus de résider dans leur département de naissance, a certainement joué un rôle. Comme le note judicieusement Pasquier à la suite d'une tournée d'inspection dans le nord et l'est du pays en septembre 1814 : « L'armée, qui était autrefois la terreur des familles, est devenue sympathique et populaire depuis que les mises en retraite, les congés, la désertion ont ramené dans leurs familles un nombre considérable d'officiers et de soldats qui ne cessent de célébrer sa valeur et ses hauts faits, qui racontent sans relâche ses dangers et ses souffrances. Elle est devenue l'objet d'un très vif sentiment d'admiration, même d'affection. On ne cesse de parler de ses droits ; toutes les faveurs qui tombent sur des hommes n'en ayant pas fait partie semblent lui être dérobées. On s'associe à sa gloire qui devient une propriété nationale : chaque jour on s'y attache davantage ; à ce dernier trait vient se joindre une profonde animadversion contre les étrangers[3]. »

Au moment même où le roi réunit les Chambres, Napoléon fait tout pour exploiter cet état d'esprit mélangé d'amour-propre meurtri et de goût de la revanche. Il est d'ailleurs lui-même probablement convaincu de n'avoir pas été vaincu en 1814. Ce sont les premiers mots de sa proclamation du 1er mars à l'armée : « Nous n'avons point été vaincus. » Et dans son autre proclamation aux Français, datée du même jour : « Les Français ne furent jamais sur le point d'être plus puissants, et l'élite de l'armée ennemie était perdue sans ressource. » On ne peut évidemment pas aller plus loin dans la mauvaise foi. Pour faire bonne mesure, lui aussi accuse certains de ses maréchaux félons – Augereau devant Lyon et Marmont devant Paris – d'avoir trahi[1]. À nouveau, il parle de cette gloire qui échappe décidément aux Bourbons. « Vos biens, vos rangs, votre gloire, les biens, les rangs et la gloire de vos enfants n'ont pas de plus grands ennemis que ces princes que les étrangers nous ont imposés. » Il dira la même chose à Sainte-Hélène. Ceux qui déclament contre la gloire déclament contre la patrie : « Ils ne sont point français ! » Et Las Cases, cet ancien royaliste émigré, entré en napoléonie, lui répond comme en écho : « Les prodiges d'Ulm et l'éclat d'Austerlitz vinrent me tirer d'embarras ; je fus vaincu par la gloire : j'admirai, je reconnus, j'aimais Napoléon, et dès ce moment je devins français jusqu'au fanatisme[2]. » Toute la propagande bonapartiste du vol de l'aigle repose sur cette opposition de l'« odeur enivrante de la gloire » d'un côté, de la résignation, du deuil et de la mort de l'autre. « Les cyprès disparaissent ; les lauriers reprennent leur empire », écrivent les habitants de Grenoble dans leur adresse à Napoléon[3]. La gloire est légitimante et elle est du côté de Napoléon. Les Bourbons auront beau chercher avec Henri IV une figure de substitution susceptible d'incarner cette gloire qu'ils ne parviennent plus à saisir, ils ont oublié ou n'ont jamais compris que depuis la Révolution la gloire se conjugue désormais au présent. Ce sera leur drame. Leurs ancêtres avaient su l'incarner. Désormais, ils en sont dépossédés. Chateaubriand les avait pourtant prévenus : « La gloire d'un homme ne lui vient pas du passé, elle commence avec lui[4]. »

La séance royale du 16 mars a beau avoir été un succès, c'est un succès en trompe-l'œil qui ne suffit pas à changer l'esprit de ceux qui sont hostiles au régime et cache mal les signes tangibles de la défection des régiments de l'armée, les uns après les autres. L'un des témoins les plus lucides de cet abandon en rase campagne, le duc de Richelieu, récemment rentré de son gouvernement général de Nouvelle-Russie et plus habitué à la discipline des armées du tsar, n'en revient pas : « J'ai vu toutes ces trahisons, tous ces détails de perfidie recherchée auxquels je n'aurais pu croire s'ils ne s'étaient passés sous mes yeux. [...] J'ai vu ces infâmes soldats crier aujourd'hui "Vive le roi !" à tue-tête, et le lendemain passer à Bonaparte. Je vous jure que jamais aucun événement de ma vie ne m'a fait une impression semblable. » Et de parler de « honte » et d'« humiliation »[1].

19.

Sauve qui peut !

Le gouvernement, qui sent la fin venir, fait désormais un peu tout et n'importe quoi, dans le désordre et l'impréparation. Un jour on décide d'envoyer les maréchaux Ney à Besançon, Gouvion-Saint-Cyr à Moulins puis Orléans former avec leurs troupes une nasse toute théorique contre Napoléon ; un autre on organise à Melun un vaste camp militaire pour la défense de Paris.

On compte essentiellement sur les gardes nationales parisiennes et les volontaires royaux, « dernière barrière entre Napoléon et le trône [1] ». Il n'y aura jamais eu autant d'ordres et de contre-ordres, de marches et de contre-marches qu'en ces jours-là. Une bonne partie du pays devait ressembler à un vaste champ de manœuvre militaire. Les régiments du Nord, d'abord dispersés dans les différentes places de la frontière, sont regroupés à Douai et Péronne. Ceux de Strasbourg sont dirigés sur Belfort, sous les ordres du maréchal Suchet. Ceux de Thionville et de Metz, composés essentiellement de l'ancienne Vieille Garde sous le commandement du maréchal Oudinot, d'abord envoyés vers Dijon, font demi-tour à Chaumont sur ordre du ministre de la Guerre apporté par Mathieu Dumas. On comptait les adjoindre en renfort aux troupes de Ney puis on trouve plus prudent de les cantonner dans leurs garnisons. Toutes ces marches épuisantes ne contribuent pas à renforcer la fidélité des troupes qui obéissent de moins en moins. « Les ressources sont toutes pêle-mêle, sans direction, sans intention », note Jaucourt dès le 11 [2]. « Qu'a-t-on fait après la nouvelle du débarquement de Napoléon, demande un autre ? – Je serais bien embarrassé de répondre. On fit beaucoup et rien tout à la fois [1]. » Et Chabrol, le préfet de la Seine, regrette qu'on n'ait pas traité l'affaire dans le détail en envoyant seulement quelques bataillons choisis et sûrs contre Napoléon. « Les moyens qu'on employa consistaient à opposer de suite des masses à l'invasion, sans songer que les corps qui les composaient s'engageaient mutuellement à l'infidélité [2]. » On parlera pourtant beaucoup d'assassinat en ce mois de mars. Des propositions de primes circulent dans certains régiments. Dans les derniers jours de la crise, le général de Bourmont, fort de son expérience de la Vendée, proposera de prendre la tête d'un groupe de tirailleurs, Macdonald d'envoyer l'un des deux régiments suisses au service du roi, d'une fidélité à toute épreuve, à Fontainebleau. Mais tout cela reste lettre morte. Le gouvernement n'a pas pris la mesure de la répugnance de l'armée à se diviser et à entrer en guerre contre elle-même. Pasquier l'a parfaitement compris : « Pouvait-on penser sérieusement que les troupes qui allaient se trouver en face de lui oseraient lui tenir tête ? Des soldats français tireraient-ils les uns sur les autres ? Tous ils s'étaient rencontrés sur les champs de bataille et se regardaient comme frères. Entre eux, la guerre civile semblait donc une monstruosité [3]. »

Faute de mieux, on enverra les princes en avant comme on l'avait déjà fait à Lyon. Le duc de Bourbon part pour Angers, où il arrive le 14 mars, animer l'esprit des provinces de l'Ouest qui ne se soulèveront finalement pas ; le duc d'Orléans, pour Lille le 16 mars ; le duc d'Angoulême, déjà à Bordeaux, est chargé de se rendre à Toulouse et de prendre le commandement des volontaires et des troupes régulières du Midi tandis que sa femme reste sur place ; le duc de Berry prend le commandement de l'armée en train de se rassembler sous Paris [4]. Mais le désordre augmente y compris au sein de son état-major. Le 17 mars, Macdonald est nommé major général sous ses ordres. La manie de mettre toujours les princes en avant et de ne pas laisser aux militaires la direction effective des opérations complique tout.

Berry, le deuxième fils du comte d'Artois, a peu d'ascendant sur l'armée. Tout a été fait cependant depuis les débuts de la Restauration pour faire de Charles Ferdinand le « digne descendant d'Henri IV », selon la formule consacrée. L'association du roi de la « poule au pot » et de son lointain petit-fils est systématique dans l'écrit comme dans l'image. Henri IV s'est très vite imposé comme la figure tutélaire et presque obsédante du régime sur le thème de la réconciliation des Français – catholiques et protestants autrefois, nobles et bourgeois aujourd'hui. Du bon roi Henri, Charles Ferdinand est censé avoir hérité le courage et la faconde. La part la plus populaire de sa légende lui est réservée : le panache, la bravoure, la familiarité avec les plus humbles [1]. Berry a trente-trois ans. L'avenir de la dynastie repose sur lui et on s'occupe beaucoup de son mariage. Talleyrand a été officieusement chargé de tenter à Vienne une première ouverture auprès du tsar en lui demandant la main de sa sœur la grande-duchesse Anne. Mais le roi prend les Romanov pour des parvenus et Talleyrand, qui a déjà plaidé contre le principe d'un mariage russe du temps de Napoléon, n'aime ni le tsar ni surtout son empire. Pour l'instant, Berry n'en a cure. Il s'est marié morganatiquement à Londres en 1805 avec une Anglaise, Amy Brown, dont il a eu deux filles que son oncle n'a jamais reconnues. « Il a des mœurs fort libres, note Tony de Reiset ; on raconte même qu'il a repris toutes les habitudes qu'il avait à Londres et qu'il a fait venir à Paris certaine dame chez laquelle il avait l'habitude de fréquenter tous les jours [2]. » Ce qui n'empêche pas les maîtresses. Et elles ne s'en plaignent pas. Les faveurs accordées par la femme servent la carrière du mari. Talleyrand se souvient d'avoir vu arriver un jour dans son bureau une jolie blonde venue solliciter de l'avancement pour son mari, un billet du duc de Berry à la main : « Je recommande au prince de Talleyrand les deux plus beaux yeux du monde. » Au milieu des occasionnelles, l'élue du jour depuis son retour d'émigration est une actrice de l'Opéra, Virginie Oreille, dite au théâtre Virginie Letellier, que le prince retrouve le soir dans son petit château de Bagatelle au bois de Boulogne. Virginie vient d'accoucher des œuvres de l'entreprenant héritier [3], ce qui fera dire comiquement au père de la belle, coiffeur de son état et terrorisé à l'idée que Napoléon puisse lui faire grief de ce rejeton compromettant : « Enfin, ce qui met un comble à mon infortune, c'est que je vais avoir un Bourbon dans ma famille ! » Virginie aura plus tard un autre enfant du prince. Cussy prétend qu'à sa mort en 1820 huit femmes au moins, sans compter la sienne, étaient enceintes de ses œuvres[1]. Sur ce point au moins, le « Vert Galant » a fait des émules.

À son retour, en 1814, on a donné au duc de Berry le commandement d'un régiment de chasseurs qui porte son nom et on l'a fait voyager comme son père, autant pour lui faire oublier ses maîtresses que pour le faire connaître. Berry, qui a servi dans l'armée des princes, se pique d'être militaire, passe sans cesse des revues, visite volontiers les cantonnements et trouve parfois des mots heureux lorsqu'il s'adresse aux soldats. On lui concède d'avoir, plus que son père, « l'amour de la patrie ». Il contrôle surtout largement le choix des nominations au sein de l'armée, ce qui crée évidemment des rancœurs. Le colonel de Castellane lui trouve des excuses et note que même s'il n'a pas l'habitude du métier, il est de tous les Bourbons « celui qui déplaît le moins à l'armée[2] ». Du militaire il a le caractère et surtout le physique un peu troupier. « Court d'allure et vulgaire », dit un observateur anglais[3]. Gobineau le trouve « gros, trapu, la physionomie ouverte et franche[4] ». Dans les cercles de la cour, on se contente de dire pudiquement qu'il est de « taille médiocre[5] » et qu'il a le cou dans les épaules. Bref, il n'est pas beau : le visage rouge, un cou fort, le buste massif, les jambes courtes et un peu cagneuses. Il a, dit un autre, « l'air anglais d'un hunter ou sportsman prêt à quereller ses voisins dans une chasse au renard[6] ». C'est que le « gaillard duc de Berry » est souvent de mauvaise humeur et passe son impatience sur un peu tout le monde, tout en croyant singer Napoléon. La brutalité de l'empereur était politique, la sienne est faite d'intempérance et d'entêtement. « Il était si peu maître de lui que tout son esprit devenait inutile dans les questions politiques », note la duchesse de Maillé qui le compare drôlement à un éternel « jeune homme d'espérance » qui n'aurait pas su mûrir. À l'armée, ses colères sont devenues légendaires. Il est grossier, réprimande volontiers pour avoir l'air martial, arrache les épaulettes de l'un, injurie l'autre en le traitant de « foutre-gredin », de « drôle » ou de « misérable », menace de faire fusiller le troisième, sans se rendre compte des effets dévastateurs de son comportement[7]. Plusieurs officiers se crurent obligés de briser leur épée pour ne pas avoir à se battre en duel avec lui. Parmi ses proches, on parle plutôt de « brusquerie bienveillante[8] », ou encore d'« emportements », et on insiste sur ses qualités de cœur. Il est vrai qu'après avoir injurié sans réfléchir, le prince pardonne volontiers.

C'est sur cet homme sans véritable connaissance du pays et sans expérience militaire que repose toute la défense de Paris. Tout à ses responsabilités de généralissime qu'il prend très au sérieux, Berry s'enferme chez lui aux Tuileries « à faire des plans » avec ses cartes et son conseil de défense, et n'en bouge plus. « Tout le monde s'étonnait qu'il n'allât pas voir les troupes qui entouraient Paris », dit encore la duchesse de Maillé[1]. Et Castellane pense qu'il aurait bien pu risquer de s'exposer à la tête des troupes, même si, selon lui, celles-ci ne l'auraient pas suivi. Car tout le monde pense, à partir du 16 mars, qu'on se battra aux portes de la capitale en spéculant à l'infini sur celui qui tirera le premier. Au White's à Londres, on prend même des paris sur le futur vainqueur. Benjamin Constant note dans son Journal, le 18 : « L'ineptie continue toujours à nous diriger. Dans trois jours, une bataille, ou plus probablement une déroute, finira tout[2]. » Ce jour-là, toutes les troupes sont mises sur le pied de campagne. Les ordres du jour de la 1re division de Paris sont de plus en plus guerriers : « Soldats, vous allez marcher[3]... », mais personne ne marche et tout le monde tourne en rond.

Au lieu d'en découdre avec Napoléon, c'est avec son major général que Berry va se brouiller. Macdonald, toujours fidèle, commence à mal supporter la camarilla dorée de l'entourage du prince, et encore plus les maladresses comme l'incapacité de ce dernier. On se méfie du maréchal, on cache des papiers à son entrée aux réunions d'état-major, on demande son avis au vieux comte de Vioménil à la moindre initiative qu'il prend. « Tout se faisait ainsi en double. On ne savait à qui entendre », note Barante[4]. Il y a trop d'avis, trop de monde. On écoute les conseils les plus farfelus et on ne fait rien. Ce qui devait arriver, arriva. Au Conseil du 18, les deux hommes ont une « franche explication ». C'est une litote.

« *Berry* : Si c'était Bonaparte, vous obéiriez sans dire un mot.

– *Macdonald* : Oui, Monseigneur, il s'y connaît autrement que vous[5]. »

N'est pas Napoléon qui veut, mais son aura est telle à ce moment-là qu'elle atteint même ses pires ennemis. Macdonald donne sa démission. Le roi la refuse et tout recommence comme avant, dans le désordre. L'armée de Paris, composée de quatre régiments, d'abord dirigée sur Melun, est transportée à Villejuif le 18 puis à Saint-Denis au nord de Paris le 19. Mais elle n'obéit déjà plus. Le 18 mars, Napoléon est à Auxerre.

L'atmosphère des derniers jours de la première Restauration est crépusculaire. Vitrolles parle de « paralysie » du pouvoir, et le baron Mounier, le fils du constituant de 1789, et l'un des futurs grands ministres modérés de la Restauration, est encore plus sévère. « Jamais, je crois, le roi n'a été servi par une pareille réunion d'agents incapables et perfides. La conspiration de la trahison et de l'incapacité ont toujours marché de front et se sont donné un mutuel accroissement de forces[1]. »

La panique grandissante se devine encore à quelques signes qui ne trompent pas. À partir du 10 mars, les Anglais, très nombreux à Paris, commencent à partir. Le 15 mars, un officier des volontaires royaux qui cherche à se rendre à Vincennes court en vain après le dernier cabriolet libre et parle d'un « brouhaha épouvantable » d'Anglais mais aussi d'anciens émigrés venus à Paris quémander des places et très pressés de rentrer chez eux parce qu'ils n'avaient aucune envie de s'expatrier une deuxième fois[2]. « Il arrive tous les jours une foule d'Anglais ayant peur comme des lièvres que l'on poursuit », écrit de Calais le comte de Cély, gouverneur de la place[3]. Du côté des autorités, on prépare aussi, discrètement mais sûrement, ses bagages. La duchesse d'Orléans quitte secrètement le Palais-Royal pour Calais et l'Angleterre, dès le 13 mars. On a beau se déclarer patriote, on n'est jamais trop prudent. Le lendemain, c'est le tour de la femme du ministre de la Maison du roi, la comtesse de Blacas, et de toute sa « tribu ». Bien d'autres départs suivront. Encore plus discrètement, on fait des arrangements d'argent en prévision du pire. Ce n'est que dans les lettres privées qu'on en trouve la trace. Ainsi le comte de Serre, le futur grand orateur doctrinaire de la Chambre, écrit-il à sa mère le 13 mars : « Si vous avez des billets de banque, vous les convertirez tout de suite en argent. Vous comprenez l'importance de vous faire une petite réserve la plus forte que vous pourrez[4]. »

On fait des arrangements d'argent et on en demande. Plus le danger augmente, moins les bonnes âmes hésitent à monnayer leur fidélité. On perd la tête mais pas assez pour oublier ses intérêts. Les derniers jours de mars ressemblent à une vaste foire d'empoigne où la course frénétique à l'argent sert de contre-assurance aux incertitudes de l'avenir et de tribut aux fidélités chancelantes de nombre de généraux et de ministres. La nature humaine est ainsi faite qu'elle sort toujours du bois en montrant son plus mauvais visage, les jours de crise et de panique. Les cas de désintéressement comme ceux de Macdonald ou de Mortier, qui refusent la récompense que leur ont votée les députés pour leur conduite à Lyon et Lille, sont rarissimes. Le reste est moins réjouissant. Dès le 11 mars, le général Maison, qui commande la 1re division militaire de Paris, et Dessolle, qui commande les gardes nationales, s'en vont voir Blacas. D'abord prudents, ils insistent tous les deux sur les sacrifices qu'ils font de leur personne, de leur famille et de leur fortune au roi. Le favori s'en tient à des généralités, remercie et les assure de la reconnaissance du souverain. Ce n'est pas à ce genre de reconnaissance que ces deux-là pensaient. Un peu étonné de ne pas avoir été pris au mot, Maison se fait alors plus précis : « Il faut, ou ne pas compter sur nos services, ou nous donner à chacun 200 000 francs. » Voilà du cynisme placé à terme [1]. Du côté des ministres, le duc de Feltre fait également discrètement savoir au roi le 19 mars qu'un départ forcé du cabinet occasionnerait sans doute des dépenses que sa fortune personnelle ne pourrait supporter. Tous les ministres recevront 100 000 francs, sauf l'abbé de Montesquiou qui les refusera, ce qui n'empêchera pas le glorieux ministre de la Guerre de s'enfuir prudemment dans la nuit du 19 au 20 mars et de passer en Angleterre caché dans une botte de foin [2]. Marmont, qui prendra le commandement de la maison militaire du roi le 19 mars, reçoit 450 000 francs. Mme de Chateaubriand fait également allusion à une somme que son ami le député Clausel aurait été chargé par le chancelier de remettre aux députés [3]. Nombre de grands officiers de la cour ou de généraux reçoivent des sommes à valoir sur leurs futurs appointements ou pour frais de mission. Blacas signe à s'en donner mal à la main et le comte de La Bouillerie, l'intendant du trésor de la liste civile, met à disposition. Les « bons du roi » n'ont jamais été aussi nombreux. On a un peu le sentiment que ce sont les bons du désespoir. La somme gigantesque de 3 600 000 francs est ainsi distribuée en quelques jours, du 11 au 19 mars[1]. Les princes sont les premiers servis. Le duc d'Orléans, qui trouve encore le moyen de s'en plaindre, reçoit 500 000 francs pour sa mission de Lille[2] ; les ducs d'Angoulême et de Bourbon, autant ; le prince de Condé, 200 000 francs. De plus, du 15 au 17 mars, Blacas distribue plus de 800 000 francs en bons de 2 000 à 24 000 francs aux officiers des régiments de la division militaire de Paris. Les officiers ont touché, mais ne sont pas restés fidèles pour autant[3]. L'ingratitude humaine n'a pas de prix. On prend l'argent, avec les souvenirs en plus. D'ailleurs, le gouvernement n'est pas dupe et cesse, à partir du 18 mars, de distribuer de l'argent au peuple des faubourgs par l'intermédiaire de la police qu'il ne contrôle d'ailleurs plus. Les premières proclamations de Napoléon commencent à circuler dans Paris. Certaines sont même réimprimées discrètement sur place. « Les travaux sont suspendus, la sûreté publique est compromise. Le ministère ne s'occupe que de ses intérêts », note le chargé d'affaires russe Boutiaguine. « Il n'existe plus à Paris, écrit-il encore le 18 mars, cet enthousiasme qui faisait croire que la nation entière marcherait pour son roi. Le peuple se rassemble encore dans la cour du château, non pour crier "Vive le roi !", mais pour guetter son départ[4]. »

20.

Les silences du roi

Le roi fait des proclamations et des ordonnances, donne des assurances, distribue de l'argent, écoute les conseils, mais que pense-t-il au juste alors que son pouvoir s'effondre ? Les historiens n'ont pas été tendres pour lui. Adolphe Thiers le décrit cédant sur tout par paresse d'esprit [1]. Dans son récit consacré à cet incroyable chassé-croisé des Bourbons et de Napoléon, publié en 1908, l'historien Gilbert Stenger, résolument bonapartiste, montre le roi tantôt béatement confiant, tantôt « indécis », « sans force et sans courage » [2]. Plus tard, les romanciers en rajouteront. Au début de son *Comte de Monte-Cristo*, Alexandre Dumas consacre un chapitre entier à l'imprévoyance et à la légèreté du monarque. Il s'agit du passage où le comte de Villefort alors substitut du procureur de Marseille est introduit dans son cabinet et lui révèle le contenu de la fameuse lettre confiée à Dantès par le capitaine du *Pharaon*, dans laquelle le retour de Bonaparte est clairement annoncé. Avant que Villefort n'entre, Louis badine avec son favori et se moque de ses inquiétudes tout en annotant son Horace : « Sire, je crois, j'ai tout lieu de croire qu'un orage se forme du côté du Midi. – Eh bien, mon cher duc, je vous crois mal renseigné, et je sais positivement, au contraire, qu'il fait très beau temps de ce côté-là. »

Dumas, qui ne fait pas dans la dentelle, truffe la conversation du roi de citations latines qui sont autant d'allusions à ce qui lui arrivera dans quelques jours : « Je voudrais vous consulter sur ce passage : *Molli fugiens anhelitu* (c'est-à-dire : « Tu fuiras hors d'haleine » !) ; vous savez, il s'agit du cerf qui fuit devant le loup [3]. » Et Louis XVIIII ne se réveille de ses songes littéraires que lorsque Villefort lui révèle le pot aux roses.

Apparemment, les contemporains ont vu tout autre chose : un homme conscient de la gravité de la situation et qui fait tout pour sauver son trône. Son premier souci, cependant, est de rassurer ses semblables. La tranquillité du pays comme de l'Europe dépend de son sang-froid. Au corps diplomatique convoqué le 7 mars, il a ces mots : « Je vous prie, Messieurs, d'annoncer à vos cours que je me porte bien, à un peu de goutte près, et que je ne suis nullement inquiet sur cet événement. J'espère qu'il ne troublera pas le repos de l'Europe, ni le mien [1]. »

En apparence, Louis XVIII est imperturbable et continue son métier de roi comme si de rien n'était. Cela sent tout de même un peu la frivolité et, rétrospectivement, s'accorde mal avec la gravité des événements. Comme tous les lundis de chaque semaine – les 6 et 13 mars –, il reçoit les dames « présentées » dans la salle du Trône des Tuileries. La cérémonie, qui se déroule en présence de toute la cour, est toujours impressionnante. On « roule » le vieux monarque jusqu'à son fauteuil, puis les dames défilent une à une devant lui en lui faisant une profonde révérence, celles qui ont les « entrées » d'abord, les autres ensuite. Parfois, le souverain leur adresse quelques mots « drôles ou aimables » pour donner le change. Il y a seulement plus de monde qu'à l'habitude et la plupart des dames se sont coiffées de lys et d'immortelles en signe de fidélité. « En voyant [le roi], note Mme de Staël, il me sembla qu'à travers beaucoup de courage, il avait une expression de tristesse, et rien n'était plus touchant que sa noble résignation dans un pareil moment [2]. »

Le 12 mars, Louis reçoit l'ambassadeur de Naples en audience solennelle. Les députations diverses des municipalités, des corps constitués, des Chambres se succèdent devant lui en rangs serrés. Le 17 au soir, il accueille une dernière fois une députation des deux Chambres venue lui apporter son soutien. Les Conseils se tiennent à l'heure dite. La messe, les levers, les couchers, l'ordre – c'est-à-dire le mot de passe que le roi confie à son capitaine des gardes à l'attention de ses gardes du corps au moment du coucher – se suivent en présence de la cour, dans l'apparat intact des Tuileries. Aux uns et aux autres, Louis se montre rassurant et affirme qu'il n'a nullement l'intention de partir.

Ce n'est pas faute de le lui suggérer, cependant. Aux Conseils, dans la panique, les ministres, dont les figures s'allongent de plus en plus, rivalisent d'imagination et échafaudent les plans les plus contradictoires. Ferrand, le ministre des Postes, veut faire partir le roi pour Toulouse et prétend naïvement que c'était aussi l'avis de Fouché – du moins avant sa tentative d'arrestation [1]. Vitrolles, plus pragmatique, suggère de tirer parti des provinces de l'Ouest, qui ont dans le passé largement fait la preuve de leur fidélité, en dirigeant le roi avec le trésor de la liste civile, plus que jamais indispensable, vers Angers, au pis-aller jusqu'à La Rochelle. Là on convoquerait les Chambres et on se défendrait. Les plus exaltés trouvent l'idée excellente. « La moitié de la France serait restée au roi », commente, enthousiaste, Hyde de Neuville, un ancien conspirateur royaliste qui a déjà goûté des prisons impériales [2]. Mais, au Conseil, l'abbé de Montesquiou trouve l'idée fort peu à son goût, apostrophe violemment Vitrolles et l'accuse de vouloir, une fois de plus, faire du roi « le roi de la Vendée » et non pas celui de la France. Il n'y a qu'un ministre chouan, dit-il, pour proposer au roi de courir une pareille aventure. L'abbé, assis sur sa vision d'une France une et constitutionnelle, n'appellera plus son collègue que « le ministre chouan ». La chouannerie, c'est la contre-révolution. Quelles que soient les idées des uns et des autres, ce qui domine, c'est le passé. L'impuissance des protagonistes de ces jours dramatiques s'explique par leur incapacité à régler leurs propres souvenirs de la Révolution qui littéralement les submergent tous, dans un sens ou dans un autre. Comme le dit si bien Auguste Comte : « La doctrine qui aura suffisamment expliqué l'ensemble du passé obtiendra la présidence mentale de l'avenir. » Ou, plus modestement, du présent. Tout le monde au Conseil n'est pas pour le départ du roi. Chez Lainé, on envisage d'autres solutions dont le maréchal Marmont se fera le porte-parole. L'idée a germé dans le cerveau agité de Chateaubriand qui n'aime rien tant que les causes désespérées et a tendance à prendre la politique pour le livret d'une tragédie antique. Chateaubriand conseille d'envoyer ce qui reste des membres de la famille royale en province afin de créer autant de points de résistance, de profiter de l'arrivée des volontaires royaux qui convergent vers Paris et de résister avec le roi, conformément à la promesse que celui-ci a faite aux

Chambres le 16 mars : « Au milieu de ce mouvement, notre vieux monarque, sous la protection du testament de Louis XVI, la Charte à la main, restera tranquille assis sur son trône aux Tuileries ; le corps diplomatique se rangera autour de lui ; les deux Chambres se rassembleront dans les deux pavillons du château ; la maison du roi campera sur le Carrousel et dans le jardin des Tuileries. Nous borderons de canons les quais et la terrasse de l'eau : que Bonaparte nous attaque dans cette position ; qu'il emporte une à une nos barricades ; qu'il bombarde Paris, s'il le veut et s'il a des mortiers ; qu'il se rende odieux à la population entière, et nous verrons le résultat de son entreprise ! Résistons seulement trois jours, et la victoire est à nous. Le roi se défendant dans son château causera un enthousiasme universel. » Et, emporté par son élan, l'auteur de *René* imagine le pire avec délectation : « Enfin, s'il doit mourir, qu'il meure digne de son rang ; que le dernier exploit de Napoléon soit l'égorgement d'un vieillard. Louis XVIII, en sacrifiant sa vie, gagnera la seule bataille qu'il aura livrée ; il la gagnera au profit de la liberté du genre humain. »[1].

Tout cela est bien beau mais beaucoup trop littéraire pour être envisagé. Il y a mieux encore. Blacas, pour qui le roi est intouchable puisqu'il est de droit divin, propose un scénario encore plus rocambolesque. On ferait avancer le vieillard en calèche découverte sur la route de Fontainebleau à la rencontre de Napoléon. Il serait entouré des députés et des pairs à cheval, et accompagné de sa cour. Vitrolles, qui se moque de ce romantisme à l'eau de rose, propose sans rire que le roi se fasse précéder par l'archevêque de Paris portant le saint sacrement « comme saint Martin de Tours allant au-devant des Wisigoths ». « Tout ce cortège, ajoute-t-il, se serait avancé au-devant de l'empereur pour lui demander ce qu'il venait faire[2]. » On imagine le pittoresque du dialogue. Tous ces plans de résistance se heurtent à de multiples objections. Si le roi venait à la rencontre de Napoléon, commente Vitrolles, celui-ci se contenterait de changer de route, entrerait tranquillement aux Tuileries, tandis que la cour n'aurait plus qu'à coucher à la belle étoile. La transformation des Tuileries en forteresse imprenable n'est pas non plus prise au sérieux. Tout se terminerait évidemment très convenablement, pense encore Vitrolles. Après quelques jours de siège, Napoléon enverrait un aide de camp, embarquerait le vieux monarque et le conduirait dans un fort ou à la frontière. C'est exactement ce qu'il fera avec le duc d'Angoulême, le dernier à résister dans le Midi, et qui sera conduit à Sète, et de là en Espagne, après sa capitulation.

Il ne manque pas cependant de bons esprits pour penser que le maintien du roi à Paris embarrasserait fort Napoléon et ternirait sa marche triomphale. « Il ne peut exercer de violence, il ne lui fera pas peur, note Jaucourt qui ajoute : Si le roi se décide, au risque d'être peut-être mené à Valençay (la propriété de Talleyrand et le lieu de détention des princes espagnols sous l'Empire), il est possible qu'il salisse beaucoup ce succès inouï[1]. » Après coup Jaucourt regrettera encore plus l'abandon des projets de défense des Tuileries auxquels le roi se serait pourtant rallié par deux fois : « À vrai dire, le rôle du roi eût été superbe s'il fût resté à Paris, écrira-t-il plus tard à Talleyrand. Je ne croirai jamais que la ville de Paris l'eût laissé périr par les mains de cet homme [Napoléon], ni que les troupes eussent tiré sur nous[2]. » Mais l'esprit de sacrifice n'est pas dans les habitudes de Louis XVIII qui a dû penser par ailleurs qu'être le prisonnier – même momentané – de Napoléon risquerait de porter irrémédiablement atteinte au prestige de sa couronne. Louis a également de la mémoire. Comme beaucoup d'autres, il a dû penser au 10-Août, au massacre des Suisses et à la déchéance de son frère. En 1792, la prise des Tuileries avait conduit Louis XVI tout droit à la prison du Temple, une perspective peu réjouissante qui a de quoi faire réfléchir.

En réalité, si Louis XVIII affiche publiquement sa ferme intention de rester, voilà plusieurs jours qu'il réfléchit à d'autres solutions, sans doute avec la complicité du comte de Blacas.

21.

Portrait d'un favori dans la coulisse

Casimir de Blacas, l'homme fort du ministère, est au service de Louis depuis les débuts de l'émigration. C'est lui qui avait négocié auprès de la cour de Saint-Pétersbourg le séjour du prétendant à Mittau sous le Consulat. En août 1809, avant même la mort de son confident le plus proche, le comte d'Avaray, Louis lui donne la charge abandonnée par le duc de Liancourt de grand maître de la garde-robe, et en fait son homme de confiance et son favori en titre. Un favori très platonique. Avec le frère de Louis XVI, on est loin des débordements sexuels d'Henri III. Le prétendant était alors en exil, au château de Hartwell, dans le sud de l'Angleterre. À son retour au pouvoir, il le nomme ministre de sa Maison. Le département est important dans la mesure où il traite de toutes les affaires personnelles du roi, du domaine de la couronne, de la liste civile et de la cour. C'est Blacas qui négocie avec les Chambres le montant des dettes contractées par les princes à l'étranger, obtient la reconduction du budget de la liste civile pour toute la durée du règne, réorganise les deux maisons civile et militaire du roi. En réalité, son influence va bien au-delà de son ministère. Il est le seul à voir le roi quand il le veut, en dehors des Conseils. Les autres ministres doivent passer par lui s'ils veulent en faire autant. Louis XVIII a pris la mesure du dévouement et de l'efficacité de son favori. Il lui est attaché comme on est attaché à quelqu'un à qui on est habitué et avec lequel on est à l'aise. Il sait se décharger sur lui des importuns et des embarras. Blacas le protège comme l'on protégerait un malade qui redoute les contrariétés. Le roi apprécie la discrétion de ce serviteur « impénétrable », capable de garder pour lui seul les secrets d'argent ou de cœur de son maître, et surtout « de l'aimer pour lui-même », comme le dit justement Mme de Boigne, dans sa solitude dynastique et sentimentale. Les deux hommes partagent aussi les mêmes goûts littéraires, la même conviction que le faste de la cour est nécessaire à la grandeur du règne. Joseph de Maistre, très proche de Blacas, affirme qu'il est, comme l'était son prédécesseur le comte d'Avaray, « le seul à aimer le roi pour le roi, sans ambition et sans limites[1] ». Et Mme de Staël qui l'aimait bien et lui doit en partie le remboursement des deux millions prêtés par son père, le ministre Necker, au début de la Révolution, parle de son « attachement chevaleresque » au roi. Il y a en effet, dans ce rejeton de quarante-quatre ans issu de l'une des plus vieilles familles féodales de Provence, quelque chose qui tient à la fois à l'orgueil de sa race et à un dévouement absolu à l'ancienne royauté. Au début de la Révolution et avant d'émigrer, il signait deux déclarations publiées dans la *Gazette de Paris*. Dans la première, il protestait contre le décret abolissant la noblesse héréditaire et parlait de transmettre sa noblesse « sans tache à mes enfants, comme la plus précieuse portion de l'héritage de mes pères ». Dans la seconde, il s'offrait avec d'autres comme otage, en échange de la libération du roi de la prison du Temple. « Je suis prêt à rentrer en France pour porter la tête aux geôliers de mon roi et me rendre dans la prison qu'on voudra m'indiquer[2]. » Il y a chez lui quelque chose de l'étoffe du martyr. De là à le considérer comme un pur d'esprit, entièrement désintéressé, il y a plus qu'un pas ! Tout son parcours dénonce au contraire la constance de son ambition. L'homme serait pourtant trop simple s'il n'était qu'un nostalgique de l'ancienne monarchie qu'il a pourtant défendue au sein de l'émigration militaire. Sa correspondance, restée en partie inédite jusqu'à ce jour, le montre également ouvert aux idées nouvelles, discutant avec Lainé, à Gand, après la catastrophe du 20 mars, du meilleur mode d'élection possible de la Chambre des députés dans le cas où elle serait à nouveau convoquée, et prêt aux concessions. Mme de Staël ne s'y est pas trompée : « Monsieur de Blacas était peut-être, de tous les hommes revenus avec Louis XVIII, celui qui jugeait le mieux la situation de la France, quelque nouvelle qu'elle fût pour lui[3]. » Il y a chez lui un « homme d'État et un ambassadeur », note encore Joseph de Maistre, mais aussi un très grand mécène, l'un des collectionneurs d'antiques les plus doués de sa génération, le protecteur éclairé de nombreux artistes et savants, à la faveur de ses séjours diplomatiques à Naples et à Rome après les Cent-Jours. Champollion lui doit certainement d'avoir pu poursuivre et achever ses études sur le déchiffrement des hiéroglyphes [1]. Blacas a-t-il vécu cette passion d'amateur comme une forme de compensation à sa timidité maladive et à son malaise vis-à-vis du monde extérieur [2] ?

Pourquoi s'attarder sur cet homme ? Parce que, à tort ou à raison, la plupart de ses contemporains lui ont fait supporter « le poids immense du 20 mars [3] », au point d'obtenir, trois mois plus tard, sa disgrâce et son envoi à Naples, comme ambassadeur du roi. Pourtant, l'homme et la mesure de son influence sur le roi restent une énigme. Il est très difficile de sonder le fond de sa pensée. Blacas est peu communicatif et ne cherchera pas, par la suite, à se défendre. « Il était né pour l'immolation silencieuse », note l'un de ses biographes. Les haines qu'il a déchaînées ne tiennent pas au départ à des décisions qu'il aurait bien ou mal prises mais tout simplement à sa position de favori. L'homme de confiance du roi n'est pas dupe, d'ailleurs. « Un mot explique bien des choses : l'envie », écrira-t-il plus tard à son ami Joseph de Maistre [4]. Le métier de favori n'est pas de tout repos. Il l'a été d'autant moins pour Blacas dans les premiers moments du règne de son maître, entre les anciens privilégiés de l'Empire qui cherchaient à conserver leurs places et ceux d'avant la Révolution qui voulaient les retrouver. « Des places, des pensions, des cordons », annonce une caricature de 1814 qui représente un ancien noble ruiné par la Révolution à la conquête de la fortune. « Les pétitions devinrent une véritable frénésie, il en pleuvait. On ne pouvait être utile à tous. Il fallait envoyer d'innombrables refus. La journée ne suffisait pas aux réponses et cela était horriblement fatigant [5]. » La remarque est d'un autre dignitaire de la cour, mais elle aurait pu être du ministre de la Maison du roi. Lorsqu'on tient les clés du trésor de la liste civile, lorsque l'on dispense ou que, le plus souvent, on refuse les faveurs et les places, on fait des envieux et on a de bonnes chances de se faire traiter de maire du Palais. Pour obtenir quelque chose du roi, il faut aller à Canossa et gravir les deux étages du pavillon de Flore qui conduisent à l'appartement du puissant ministre. Et celui-ci communique directement avec celui du souverain, par l'intérieur. « Aller chez le roi ! » L'expression voulait dire quelque chose à cette époque.

Blacas est aussi un gêneur politique. À force de vouloir jouer les cerbères et de faire obstacle à tous ceux qui pensent avoir de bons avis à donner, il s'est fait détester jusqu'à la caricature. Sur l'une d'entre elles, on le représente d'ailleurs habillé en nourrice, tenant le roi par des lisières[1]. Guizot, qui par ailleurs salue sa modération, l'accuse, en mars, d'avoir fait obstacle au gouvernement beaucoup plus que d'avoir voulu gouverner lui-même et de s'être plus intéressé aux petits moyens de cour qu'aux délibérations du Conseil[2]. Les ministres ne peuvent rien faire sans lui. Toutes les bonnes volontés, tous les enthousiasmes se heurtent à lui au point qu'on l'accuse contradictoirement soit de vouloir faire rester le roi, soit de vouloir lui faire quitter Paris à tout prix. L'abbé de Montesquiou lui dira un jour, dans un accès d'humeur, ce que tout le monde pense : « La France, qui supporterait vingt maîtresses, ne peut pas subir un favori[3]. » Les jaloux sont innombrables, à l'aune de la confiance que lui témoigne Louis XVIII. On lui suppose plus de secrets qu'il n'en a en réalité et parce qu'il est à la source des faveurs, on lui reproche d'être le premier à en profiter. Les millions qu'on lui prête feront couler beaucoup d'encre et même lorsqu'on le dit intègre, c'est pour mieux le rabaisser. « Le caractère de M. de Blacas le garantissait de cette grande avidité dont on l'a accusé », dit Vitrolles avant de transformer le compliment en coup de Jarnac : « Sa taille était trop longue et trop raide pour ramasser ce qui était à ses pieds. Mais il acceptait volontiers ce qui lui venait d'en haut, et qu'il pouvait prendre sans se baisser[4]. » Les apparences mêmes sont contre lui. Ce gentilhomme de province devenu grand seigneur, « si haut, si froid, si raide, si difficile à aborder[5] », cache sa timidité naturelle derrière ses silences. Sa réserve est prise pour de l'outrecuidance. Elle sent trop, écrit encore Mme de Chastenay, « l'atmosphère du favori ». « Je ne puis guère dire de sa figure, ajoute-t-elle, que ce qu'en pensait une dame de province, assise aux Tuileries près de Mme de Matignon : "Montrez-moi M. de Blacas, lui disait-elle, on dit que c'est un blême..."[6]. » « L'expression habituelle de sa physionomie calme et froide, note le vicomte de La Boulaye qui l'a bien connu et lui est pourtant favorable, rendait généralement ses manières plus imposantes que gracieuses[1]. » On lui reproche de n'avoir pas pris au sérieux les rumeurs annonciatrices du retour de Napoléon, d'avoir été d'abord trop confiant et léger, puis ensuite trop méfiant, au point d'être incapable de prendre quelque décision que ce soit. Bref, on « hurle au Blacas comme au loup », dit Talleyrand qui, à Vienne, veut aussi s'en débarrasser. Le « gentillâtre imbécile[2] » est devenu la bête noire de tout le monde. Son incapacité et sa nullité paralysent le roi. Jaucourt se plaint sans cesse dans ses lettres à Talleyrand des « insuffisances du divin comte[3] ». C'est un « pleureur », dit Castellane[4]. Vitrolles est encore plus catégorique : « Il était, avant tout, ce qu'on appelait demeuré[5]. » L'abbé de Montesquiou, persuadé que le favori cherche depuis plusieurs mois à jouer de son influence auprès du roi pour lui faire quitter le ministère, le méprise[6]. Dans la panique des derniers jours, certains envisagent même sérieusement de le supprimer. « J'ai vu des gentilshommes me dire, écrit Mme de Maillé : "Il faut tout le respect qu'on doit au roi pour ne pas tuer M. de Blacas devant lui"[7]. » On se croirait revenu aux temps d'Henri III ou de Louis XIII, lorsque à la cour la puissance des favoris ne cessait que par le meurtre. Le 17 mars, le maréchal Marmont qui, en qualité de capitaine des gardes de service, avait le commandement du château des Tuileries, parlera même à Vitrolles de faire enlever le maudit favori pour l'éloigner du roi. « Tous les moyens étaient pris et la chose était facile ; on le conduirait en pays étranger, on l'embarquerait pour l'Amérique. [...] Le maréchal fit valoir brièvement, dans son style saccadé, tout le succès assuré à un si grand parti ; il en faisait honneur à notre capacité et à la confiance que nous ne manquerions pas d'avoir l'un en l'autre[8]. » Il fallait que la panique soit bien réelle, pour qu'on finisse, à bout de ressources, par voir dans l'élimination du favori le seul moyen de salut encore offert au régime. Blacas ne sera ni enlevé ni tué, mais il y a fort à parier que, son unique souci étant de protéger le roi, il lui conseilla très vite de s'éloigner de Paris à tout prix. Après l'entrée de Napoléon à Lyon, il n'est pas dupe. « Il sera ici avant Pâques », dit-il à Ferrand le 12 mars[9]. Le jour de Pâques tombe le 26 mars en 1815. Le favori ne se trompait que de quelques jours. S'il n'était pas persuadé de la débâcle imminente, pourquoi aurait-il fait partir toute sa famille pour l'Angleterre dès le 14 mars[1] ? « Père dit que la famille royale quittera Paris dans quelques jours. Il a des informations secrètes », écrit le jeune James Gallatin dans son Journal, le 16 mars[2]. À cette date, le roi ne voit sans doute pas d'autre solution, mais il n'est pas encore fixé sur sa destination et veut attendre jusqu'au dernier moment. Les événements du 18 mars vont le décider. Ce jour-là, on apprend la défection des régiments de l'ancienne Vieille Garde à Metz et Thionville et pis encore, celle de Ney à Lons-le-Saunier.

22.

Ney, la cage et le maréchal

De tous les maréchaux, Ney est celui sur lequel Louis XVIII compte le plus. Ney, le héros de la retraite de Russie, n'est pas compromis aux yeux de ses anciens compagnons d'armes, comme l'était par exemple Marmont. Sa réputation est intacte. Il n'a pas « trahi » Napoléon à la veille de son abdication en avril 1814 en déplaçant un corps d'armée à l'insu de ce dernier, avec l'accord du généralissime des armées alliées. Il n'est pas l'auteur de la « ragusade » – par déformation du titre de duc de Raguse donné par Napoléon à celui qui était l'un de ses plus anciens et fidèles généraux – qui colle désormais à la peau du maréchal Marmont. Il n'est cependant pas exempt de tout reproche. Son attitude à Fontainebleau en avril 1814 a été plus qu'équivoque. Chargé avec d'autres de négocier les termes de l'abdication de son maître avec les puissances alliées, il s'est publiquement rallié aux Bourbons avant même la conclusion de cette dernière. S'il y eut une « agonie de Fontainebleau », le maréchal aux cheveux rouges (il est rouquin) y a certainement contribué. Il a rompu les amarres, s'est jeté plus vite qu'un autre dans les bras des Bourbons et en a été apparemment récompensé. En juin, il a obtenu le commandement des cuirassiers, des dragons, des chasseurs et des chevau-légers lanciers de France. Il a été appelé à la pairie, puis nommé gouverneur de la 6e division militaire à Besançon. Lorsque Napoléon débarque le 1er mars, il est chez lui au château des Coudreaux près de Châteauroux. C'est là qu'il reçoit l'ordre du ministre de la Guerre de se rendre immédiatement à Besançon, sans plus de précision. Ney passe par Paris. Le 7 mars à onze heures du soir, dans le cabinet du roi aux Tuileries, a lieu la grande scène qui va sceller son destin. Elle a été diversement commentée, mais elle n'en conserve pas moins un fort relent de chevalerie. Ney, le preux chevalier, vient rendre foi et hommage à son suzerain Louis XVIII et lui promet de terrasser l'infidèle Napoléon. C'est pour cela qu'elle a suscité un tel enthousiasme parmi les royalistes. On a parlé de sept millions donnés au maréchal en gage de fidélité, mais il n'en existe nulle preuve dans les archives [1]. Ney a probablement tout simplement perdu la tête, comme beaucoup d'autres et comme il en était coutumier, en présence du vieux roi. Il en a trop fait, par caractère, par orgueil, par vanité. Lorsqu'il n'est pas sur un champ de bataille, le maréchal est un faible. Devant le roi, il a traité Napoléon de fou et d'insensé. Et puis, il y eut les célèbres paroles : « Je me saisirai de Bonaparte, je vous le promets, et vous l'amènerai dans une cage de fer [2]. » Elles n'ont peut-être pas été prononcées à ce moment-là, mais cela ne les empêchera pas de faire le tour de Paris en moins de vingt-quatre heures. La fabrique des mots considérés par la suite comme « historique » correspond souvent à un climat, à un moment psychologique. Ils ne sont pas toujours authentiques mais ils peuvent être cohérents. Il n'y a pas de fumée sans feu. La « cage de fer » en tout cas fera fortune. On plaisantera pendant quelques jours sur l'animal qu'on exposerait bientôt au Jardin des Plantes. Le roi aurait même dit en riant : « Je ne lui en demandais pas tant. C'est un singulier petit serin qu'il m'amènera là. » Ney, qu'on envoie sans le duc de Berry qu'on avait un moment pensé lui adjoindre, rassure le roi. Il n'est pas le seul à être appelé contre le « tyran ». Tous les maréchaux que Louis XVIII flatte depuis qu'il les a reçus à Compiègne sur la route de son retour en mai 1814 sont mis à contribution. Mais Ney est considéré comme essentiel à cause de sa force d'entraînement et de son ascendant légendaire sur les soldats. En outre, il a plus vite que les autres rompu les amarres avec son ancien maître. Louis XVIII a dû avoir des paroles bien aimables avec lui pour inquiéter ses plus fidèles courtisans. Le prince de Poix, futur duc de Noailles, l'un de ses capitaines des gardes, s'en ouvrira la nuit même à sa petite-fille : « Ah ! ma chère enfant, tout est perdu ! De ce coup-là, le maréchal Ney sera connétable [3] ! » Quelle horreur !

Le prince de Poix n'avait pas besoin d'avoir si peur. On sait ce qu'il est advenu de Ney. Contrairement à ce qui a été dit, celui-ci n'a cependant pas été livré à lui-même du jour où il a quitté Paris pour Besançon puis plus au sud à Lons-le-Saunier où il arrive dans la nuit du 11 au 12 mars. À la Chambre, l'abbé de Montesquiou lui prodigue des éloges sans restrictions. « Il est parti à la rencontre de l'ennemi et il brûle de l'exterminer[1]. » Le roi lui-même y croit : « C'est le prince de la Moskova qui tient en mains le sort de la France[2]. » Monsieur, de Lyon, lui envoie deux de ses aides de camp avec des nouvelles et des instructions[3]. Le premier, le comte de Bourbon-Busset, qui a servi autrefois sous ses ordres, le rejoint à Besançon. Les nouvelles sont mauvaises. Grenoble est tombée, Lyon ne tiendra pas. Le préfet de Mâcon, le comte Germain, lui écrit qu'à Chalon-sur-Saône la population est sur le point de se soulever en faveur de Napoléon. Bourbon-Busset a raconté la scène – peu connue – de son arrivée à Besançon dans la nuit du 10 mars. Il a surpris le maréchal tout nu, dans son lit, prêt à en découdre et donnant des ordres de marche sur Lons-le-Saunier. « Croyez-vous, Bourbon-Busset, parce que vous me voyez légèrement vêtu, que, voulant en agir ainsi, je pense me remettre au lit ? Non, certes, je pars à la tête de mon avant-garde ; je suis, vous le savez, assez bon tirailleur ; c'est moi qui chargerai et brûlerai la première cartouche ; c'est moi qui donnerai le premier coup de sabre, et nous verrons si, pour la première fois de ma vie, des soldats français sous mes ordres refuseront de me suivre et d'obéir[4]. » « Nous allons attaquer la bête fauve », dit-il encore à l'un de ses subordonnés[5].

Ce sont des scènes de ce genre, rapportées dans les milieux royalistes, qui feront crier plus tard au double jeu et à la trahison. Il est pourtant probable que, sous le coup des mauvaises nouvelles répétées, se sentant sur le point d'être abandonné par ses troupes, travaillé par les émissaires de Napoléon, flatté enfin par la lettre très habile que celui-ci lui adresse en l'appelant « mon cousin » et en lui proposant de le retrouver à Chalon-sur-Saône, comme après la victoire de la Moskova, Ney lâcha tout sur un coup de tête, au dernier moment, dans la nuit du 13 au 14 mars. Certains penseront d'ailleurs qu'il l'avait à nouveau perdue et qu'il était comme fou cette nuit-là. Les chocs militaires sont parfois psychologiquement plus faciles à supporter que la violence politique. Dans la matinée du 14, son ordre du jour aux troupes – deux régiments de ligne et deux de cavalerie (8e chasseurs et 5e dragons) – est celui du ralliement : « La cause des Bourbons est à jamais perdue ! [...] La dynastie légitime que la nation a adoptée va remonter sur le trône : c'est à l'empereur Napoléon qu'appartient seul le devoir de régner sur notre beau pays. » L'orgueil a dû jouer. Un homme comme Ney ne s'enfuit pas comme l'a fait Macdonald à Lyon. Il reste avec ses soldats pour donner à penser que ceux-ci le suivent. C'est l'avis de Napoléon lui-même : « Ney avait le ferme projet de m'attaquer, mais, quand il vit les troupes qu'il commandait s'y opposer, il fut bien forcé de suivre le mouvement et chercha à se faire un mérite de ce qu'il ne pouvait empêcher[1]. » Alfred de Vigny, « ce bel ange qui a bu du vinaigre », dit Sainte-Beuve, a mis ce retournement sur le compte de la haine des parvenus de l'Empire contre la noblesse de vieille roche. « Lorsqu'il dit aux soldats de l'armée qu'il entraînait : "Que la noblesse des Bourbons prenne le parti de s'expatrier encore ou qu'elle reste parmi nous, peu nous importe", son cœur débordait. Il songeait aux duchesses qui avaient offusqué sa femme et il pensait qu'il allait faire reprendre son rang à la noblesse des Napoléons. [...] Ainsi cette toute-puissante bourgeoisie, qui est devenue la nation même, se trouva jalouse des ombres du passé et des fantômes de ses anciens maîtres parce que les héritiers de leurs noms avaient reparu aux Tuileries[2]. » Il y eut bien les criailleries des anciennes dames présentées de la cour de Versailles, furieuses que désormais les duchesses d'Empire leur « passent sur le corps » du salon de la Paix à la salle du Trône, les jours de réception des dames par le roi aux Tuileries. Il y eut les remarques désobligeantes de la princesse de Léon (Rohan) à l'égard de la maréchale que la duchesse d'Angoulême persistait de son côté à appeler par son petit nom d'Aglaé. Celle-ci en avait été blessée et sera persuadée qu'elle resterait ainsi éternellement la fille de sa mère – Mme Auguié, une ancienne femme de chambre de la reine Marie-Antoinette –, et non pas la duchesse d'Elchingen et princesse de la Moskova[3]. « Nous ne connaissons pas ces femmes, disait encore une dame de la cour à lady Jersey, ce sont des maréchales[4]. » Les blessures d'amour-propre, lorsqu'elles sont trop fréquentes, finissent par infecter. Quantité d'anecdotes circulent ainsi en murmures amusés ou faussement scandalisés, d'un salon à l'autre. Le prince de Poix persiste à appeler le prince de Wagram par son nom patronymique de Berthier et arrange l'égalité à sa manière : « Par l'effet de la Révolution, vous êtes pourtant autant que moi. » La marquise de La Tour du Pin trouve pour sa part à la maréchale Soult « l'air d'une vivandière ». « Voilà les yeux de Notre-Dame du Pilar qui nous regardent ! » raille le marquis de Caraman, en se moquant de ses deux gros diamants en boucles d'oreille, sans doute « ramassés » en Espagne par son mari[1]. Tout cela froisse, surtout lorsque l'on sait la rapidité de l'extraordinaire élévation sociale des maréchaux. Sous l'Empire, le même Berthier entretenait un bataillon à sa livrée, en habit ventre-de-biche avec des doublures rouges et appointait un chambellan en perruque dont la principale fonction était d'introduire ses anciens amis auprès de sa femme, la princesse. Le prince de Wagram était devenu un trop grand personnage pour le faire lui-même. Bessières, duc d'Istrie, obligeait son laquais à faire monter ses aides de camp par la portière de gauche de sa voiture, afin que ceux-ci ne lui passent pas devant. Dans cet univers glacé des préséances, les hochets de l'Empire ont pris les grands dignitaires de l'armée à la gorge au point de rendre certains fous ou stupides. Ces « incompatibilités insurmontables », comme dit Mme de Staël, ces frictions d'amour-propre et de vanité qui nous paraissent aujourd'hui désuètes ont certainement joué leur rôle en mars 1815 entre Napoléon et les Bourbons.

Au préfet de Bourg-en-Bresse Capelle, indigné de sa défection, Ney répond qu'il « préfère mille fois être pilé dans un mortier par Bonaparte que d'être humilié par des gens qui n'ont jamais fait la guerre[2] ». Les humiliations sont là, aussi, en guise de justification d'un retournement qui passera très vite pour un acte de haute trahison. De même, lorsqu'il mentira à ses officiers en leur disant : « C'est une affaire arrangée. Il y a trois mois que nous sommes tous d'accord. » Le drame du « Brave des braves », c'est qu'on a trop compté sur lui et que lui-même a trop préjugé de ses propres forces. Comme le dit justement Mme de Staël : « Arrêter l'empereur au son du tambour, quelle démence[3] ! » Ney ne dit pas autre chose dans la nuit du 13 au 14 mars au préfet Capelle : « Je ne puis arrêter l'eau de la mer avec mes mains[4]. » L'histoire de ce retournement de mars est une histoire de masse, celle de la mutinerie de toute une armée, par entraînement, mais le tribunal de cette histoire ne connaîtra que des individus et, parmi ceux-ci, Ney comme La Bédoyère – ce « monstre de La Bédoyère », comme l'on disait dans les milieux royalistes qui pardonneront d'autant moins la « trahison » de l'un des leurs par le sang – feront de parfaits boucs émissaires. Il variera aussi. La justice n'a jamais fait bon ménage avec l'histoire. « La vie est variable aussi bien que l'Euripe », disait Apollinaire – on sait les méandres compliqués de ce fleuve mythique d'Asie Mineure. Comme les hommes qui souvent se contredisent au cours de leur vie, la justice est soumise aux aléas du temps. Non seulement elle fait de l'histoire une école de morale en séparant le bien du mal et en la réduisant à une équation simpliste et manichéenne, mais ce qu'elle dit de l'histoire, elle le dit pour un temps, en fonction du climat dans lequel elle rend ses jugements. Si Ney a été jugé par la Cour des pairs, condamné à mort à une écrasante majorité et fusillé le 7 décembre 1815, près de l'Observatoire, c'est qu'il était coupable non seulement aux yeux des pairs de la Chambre haute qui l'ont jugé, mais à ceux d'une grande partie de la population de l'époque. On se souvient des vers de Victor Hugo : « Enfin ce maréchal perfide / Ce Ney va marcher à la mort [...] [1] ». Puis le « maréchal perfide » prend bientôt la place qu'il occupe encore aujourd'hui, celle du héros aveugle et malheureux entraîné par « la contagion de l'exemple » et coupable seulement d'une « erreur d'un moment [2] ». Ney est désormais protégé par sa gloire. « La gloire est pour ainsi parler une sorte de royauté morale qui confère à ceux qui en sont revêtus une sorte d'inviolabilité [3]. » Le « traître » est réhabilité et, par un jeu de symétrie impeccable, ses juges condamnés. Dans l'un de ses dessins les plus célèbres, contemporain des débuts de la monarchie de Juillet, Daumier dresse devant le palais du Luxembourg enténébré (où siège la Chambre des pairs) le fantôme du maréchal gravant au fronton du monument : « Palais des assassins ». Comme le disait Talleyrand à Alexandre Ier à Vienne en octobre 1814 : « Sire, la trahison est une question de date. » Dans le temps de l'événement mais aussi dans celui de l'histoire. Les traîtres de la veille ne sont pas toujours ceux du lendemain. Même les royalistes les plus purs en conviendront, après 1830, lorsque la branche aînée des Bourbons aura été définitivement chassée de l'histoire et qu'ils tenteront désespérément de l'y faire rentrer à nouveau : « Son exécution, écrit Louis de Gobineau dans ses Mémoires, était un non-sens et a fait beaucoup de mal à la légitimité[1]. »

Sur le moment en tout cas, le procès de Ney est déjà jugé. Louis XVIII apprend la nouvelle le 17 mars. Elle lui est confirmée le lendemain matin par le général de Bourmont, commandant de la 6e division militaire sous les ordres de Ney[2]. L'ancien chouan est lui-même un spécialiste des volte-face. Il assiste à la proclamation de Ney à Lons-le-Saunier le 14 mars sans s'y opposer. Il lui fausse ensuite compagnie, se rend à Paris et dénonce son patron au roi. Il rallie Napoléon peu après son retour puis à nouveau le roi le 15 juin, à la veille de la bataille de Waterloo. Bourmont dira pour sa défense que, dans la nuit du 13 au 14 mars, le maréchal les aurait convaincus, lui et le général Lecourbe, du départ du roi de Paris et du succès définitif de la cause de Napoléon. Des nouvelles sûres reçues de Paris le lendemain l'auraient ensuite persuadé de son erreur[3]. Bourmont est un agité, un peu aventurier sur les bords. D'abord émigré, il était devenu l'un des chefs de l'insurrection royaliste du Maine sous le Directoire et avait pris la ville du Mans en octobre 1799, un mois avant le coup d'État de Bonaparte dont il sera le prisonnier à Besançon puis à Nantes avant de passer à son service en 1810. Il deviendra par la suite le ministre de la Guerre du cabinet le plus réactionnaire de la Restauration, sous les ordres du prince de Polignac, en 1829, puis prendra la tête de l'expédition d'Alger qu'il investira victorieusement en juillet 1830, quelques jours avant les Trois Glorieuses. Le général de Bourmont devenu maréchal de France sous la Restauration n'a pas de chance. Ses succès sont toujours à contre-temps, pour le compte d'un régime ou d'une cause qui va s'éteindre. Lorsque Bourmont est reçu aux Tuileries à six heures du matin, le roi est encore dans son lit. Il fallait que la situation soit explosive pour autoriser une telle entorse au protocole. En ayant la confirmation certaine de la défection de Ney qui, il y a encore quelques jours, lui baisait les mains et renouvelait ses serments, Louis XVIII, rapporte Barante qui tient le récit de Bourmont lui-même, resta « confondu ». « Quel misérable, il n'y a donc plus d'honneur[4] ! » Bourmont lui proposera bien de prendre la tête de quelques hommes sûrs et de marcher en tirailleurs contre Napoléon, le roi n'y croit plus. D'autant moins que tout s'écroule autour de lui. Un peu plus tard dans la journée, Macdonald lui apporte la nouvelle de la défection des premiers régiments de cavalerie du camp de Melun. Un détachement de la maison militaire commandé par le comte de Virieu a été attaqué au pont de Montereau par le 6e de lanciers et poursuivi à coups de sabre et de pistolet jusqu'à Melun pour se retrouver face à cinq escadrons du 1er régiment de dragons, rangés en bataille et « prêts à nous tomber dessus », précise l'un des officiers du détachement royaliste qui s'en sortira avec deux prisonniers[1]. La messe est dite. À Sainte-Hélène, Napoléon prétendra à juste titre que c'est cet épisode qui aurait décidé le roi à abandonner la partie[2]. Le dernier verrou militaire, placé entre lui et Napoléon, sur la route de Paris, est en train de sauter.

23.

Les bijoux de la couronne

Ce jour-là, sans aucun doute, Louis XVIII prend la décision de partir. Si l'on veut connaître les intentions secrètes de quelqu'un, il faut toujours se tourner du côté de l'argent. Louis XVIII est, en mars 1815, le seul parmi les nombreux souverains français et étrangers qui prirent la route de l'exil au cours du XIXe siècle à prévoir l'essentiel : de quoi subvenir pour un temps dont on ne mesure pas encore la durée. Louis XVI avait été arrêté sans un sou à Varennes en juin 1791. Son frère, qui a tiré les leçons des années de famine de son premier exil, quitte Paris avec une partie de l'argent de la liste civile confié à son premier valet de chambre, François Hüe. Il s'est sans doute souvenu des pires années de son émigration, lorsqu'en 1801, privé de la pension que lui versait le tsar de Russie et contraint de trouver un refuge précaire chez le roi de Prusse à Memel, il fut obligé de vendre une partie des bijoux de sa nièce, la duchesse d'Angoulême. « Je ne crains pas la pauvreté », avait-il répondu fièrement à Bonaparte qui tentait de l'acheter en 1803 [1]. Il n'empêche, deux précautions valent mieux qu'une.

L'histoire de ce transport est à elle seule rocambolesque. Tout commence le 18 mars. Ce jour-là, Blacas remet à La Bouillerie, l'intendant du trésor de la liste civile, les premières ordonnances de transfert de fonds à Hüe. Cela prouve assez que, le 18 mars, Louis XVIII était décidé au départ et savait où il irait. Les chiffres les plus fantaisistes ont été avancés sur la somme emportée. En réalité, toute l'opération est une opération à double-fond. Cette fois, le roi n'a plus envie de demander l'aumône à quiconque. Il faut distinguer les fonds la liste civile des fonds de réserve secrets du roi, alimentés par les revenus du domaine privé et par ceux de la Caisse des jeux remis à Blacas par le directeur général de la police, à raison de 300 000 francs par mois depuis les débuts du régime. Tout le monde a su que Hüe emportait avec lui les diamants de la couronne estimés à 14 millions de francs. À lui seul, le Régent, un diamant énorme, vaut 6 millions de francs [1]. Ce sont ces bijoux que Napoléon tentera en vain de récupérer début avril lorsqu'il négociera la capitulation du duc d'Angoulême. Ce que l'on sait moins, c'est le reste. Hüe fait charger sur trois caissons d'artillerie modifiés pour l'occasion, 4 millions de francs en pièces et lingots d'or sur les fonds de la liste civile, mais aussi 1,5 million sur les « fonds particuliers » du roi qui, eux, ne seront jamais connus de personne. Ce n'est pas tout. Le premier valet de chambre du roi emporte également du papier, moins encombrant mais tout aussi considérable en valeur. Il met dans son portefeuille 118 lettres de change sur Londres qui ont été négociées et achetées avec les fonds de la liste civile entre le 16 et le 18 mars, pour une valeur de 2 575 000 francs, ce qui prouve bien qu'on songeait au départ avant même le 18 mars. Hüe prend enfin avec lui des lettres de change sur les fonds particuliers du roi pour une valeur de 1 785 000 francs, sur Londres, Augusta, Hambourg et Livourne. Ces fonds proviennent en partie de l'argent reçu par le roi du gouvernement britannique peu avant son retour en France et placé chez le banquier Laffitte à Paris. La somme totale est faramineuse, surtout si l'on y ajoute ce que Blacas prendra lui-même au départ du roi [2] : soit au total 14 millions en bijoux et près de 10 millions en argent métal et papier. On reprochera beaucoup à Blacas d'avoir abandonné à Napoléon une bonne partie de ce qui restait des fonds de la liste civile. À son retour celui-ci fera en effet arrêter les comptes pour plus de 127 millions de francs, mais ceux-ci étaient constitués essentiellement de traites, délégations diverses et dettes remboursables difficilement réalisables dans l'urgence [3]. Il restait cependant quelques millions en or dans les caves du pavillon de Marsan. On se souvient des 2 millions de francs en lettres de change que Laffitte ne parviendra pas à réaliser le 20 mars [4]. Ce qu'il est important de savoir, c'est que les lettres de change sur Londres y seront secrètement déposées chez divers banquiers, en particulier Drummond et Thomas

Coutts, le banquier de la cour d'Angleterre, en avril, par le secrétaire et l'homme de confiance de Blacas, Joseph de Jonville. Ce trésor de guerre invisible d'une valeur de plus de 4 millions de francs[1] prouve que le roi songeait au pire en cette fin de mars. Les événements feront qu'il n'aura pas à s'en servir. Les fonds régulièrement et secrètement suivis par Blacas qui au passage prélèvera avec l'accord du roi de quoi arrondir sa fortune, serviront finalement quinze ans plus tard à un autre exilé, cette fois définitivement : le comte d'Artois devenu Charles X, chassé du pouvoir par la révolution de juillet 1830 et qui pouvait remercier son frère d'avoir été prévoyant à sa place[2].

Hüe fait partie de ces serviteurs silencieux et discrets élevés depuis toujours dans le sérail de la maison de Bourbon. Son père était premier greffier des chasses de Louis XV. Nommé successivement huissier puis premier valet de chambre du dauphin, il est aux Tuileries le 10 août 1792, à la prison du Temple avec la famille royale jusqu'à l'arrivée de son remplaçant Cléry. Il est lui-même emprisonné à la Force puis envoyé à Vienne avec Madame Royale, la fille de Louis XVI qui venait d'être échangée contre des prisonniers républicains. En 1799, il passe au service du prétendant qu'il rejoint à Mittau et devient commissaire général de sa maison puis son premier valet de chambre en 1814. « Le vertueux M. Hüe », comme on l'appelait à la cour, est un homme discret, dévoué corps et âme au roi et à Blacas. Dans l'une des nombreuses lettres qu'il adressera à ce dernier après sa disgrâce, il se définit d'une phrase : « J'ai des yeux, des oreilles et une langue dont à peine je me sers[3]. » Hüe quitte Paris pour Calais le 19 mars à six heures du matin avec ses fourgons. Le roi, adepte du secret et de la dissimulation, avait su s'échapper de France, contrairement à son frère le jour de Varennes. Il saura tout aussi bien en faire sortir ses joyaux et son argent. Les postillons ne portent pas de livrée et chacun des chariots est monté par deux gendarmes sûrs « fortement armés et déguisés en hommes de peine ». Le précautionneux valet suit en voiture de poste. On racontera même que l'un des chariots avait été recouvert d'un drap noir qui aurait caché les cendres de Louis XVI et de Marie-Antoinette emportées afin de les préserver de toute violation[4]. Après tout, les cendres et les diamants sont faits du même carbone... Il n'empêche que le voyage ne sera pas de tout repos. Hüe manquera de se faire arrêter une première fois à Beauvais par des municipaux méfiants, puis perdra deux barils d'or dont il faudra ramasser les pièces sur la route, une à une. À Calais, le commandant de la place refusera de le laisser prendre la mer de peur de provoquer une émeute. Hüe, croyant le roi à Lille, se résignera à changer de route puis apprendra le départ du souverain et, pour ne pas être arrêté une deuxième fois, contournera la place par les champs détrempés... en s'embourbant. Il ne parviendra sain et sauf à Tournai, en Belgique, que le 23 mars au petit matin. L'arrivée du trésor à Ostende où réside le roi, le 25 mars dans la soirée, a sans doute été la meilleure nouvelle que pouvait recevoir ce dernier au milieu de tant de catastrophes. Louis, raconte Hüe, attendait son argent « dans une grande impatience et une grande inquiétude ». Quitte à être à nouveau proscrit, mieux vaut ne pas être pauvre. Blacas dira bien sûr le contraire. Reiset rapporte que le bruit courait que le roi avait emporté cinquante millions. « On est loin du compte, ajoute-t-il. Les uns disent seize millions, d'autres seulement cinq ou six. M. de Blacas est de ce nombre, car il répète à qui veut l'entendre que le roi a bien juste le nécessaire[1]. » Riche, mais secrètement et en silence, pour ne pas avoir à satisfaire toutes les cupidités, y compris celles de l'exil. Car ce qui va se passer maintenant est bien un départ pour l'exil, même si on fera tout pour le cacher.

Le départ de Louis XVIII et l'arrivée de Napoléon.
Le 19 mars 1815 à minuit, le roi Louis XVIII (en haut) quitte précipitamment les Tuileries faute de pouvoir s'opposer au retour de Napoléon. Le lendemain, à neuf heures du soir, celui-ci (en bas) prend sa place. Les deux scènes se situent au même endroit, au pied de l'escalier du pavillon de Flore au château des Tuileries. Leur auteur, Alexandre de Laborde, également présent les 19 et 20 mars, est le premier à avoir insisté sur le contraste presque magique entre les deux événements : larmes et pleurs au départ du roi ; cris de joie et enthousiasme à l'arrivée de Napoléon. Esquissé par Laborde, dessiné par Heim, gravé par Couché fils, 1815.

Le 26 février 1815, Napoléon quitte l'île d'Elbe sur le brick l'*Inconstant* et débarque près de Cannes le 1er mars. Il n'y eut pas de complot en sa faveur contrairement à ce qu'affirmeront ses adversaires. Gravure chez Artavia, Vienne. © The Art Library / Dagli Orti.

Pour la propagande royaliste, Napoléon est simplement inhumain. L'« ogre corse » piétine les « libertés publiques » et traîne avec lui les malheurs de la guerre. La mort le précède. À droite, il dispose en riant de la France monarchique, vêtue d'un manteau bleu fleurdelisé, asservie et enchaînée. *Sujet allégorique. Bonaparte fuit de l'île d'Elbe et ramène à sa suite la discorde, la guerre et la misère ; la mort qui le précède se livre à l'allégresse.* Lacroix, déposée par Dubois le 23 septembre 1815 ; *La France outragée. Le cruel rit des pleurs qu'il fait verser.* Pierre-Marie Bassompierre Gaston, 30 août 1815, d'après un tableau de Prud'hon. © BnF.

Le Retour de l'île d'Elbe par Charles-Auguste de Steuben. Salon de 1831.
Après avoir rallié le 5e de ligne au défilé de Laffrey, Napoléon rencontre le 7e de ligne, sur le plateau de Brié, à quelques kilomètres de Grenoble, le 7 mars 1815 en fin d'après-midi. Parti de Grenoble pour arrêter Napoléon, le 7e s'était déclaré pour lui, sous l'impulsion de son colonel, Charles de La Bédoyère que l'on voit à gauche, l'épée à la main. On distingue les généraux Bertrand, derrière Napoléon tenant un drapeau, et Drouot, devant Bertrand, les mains jointes.

Charles de La Bédoyère jeune, d'après une miniature de Jean-Urbain Guérin, 1813. Inédit, coll. part.

La célèbre scène de Laffrey a suscité des dizaines d'images de propagande. « Soldats du 5e, me reconnaissez-vous ? » Celle-ci est tirée du roman populaire de Paul d'Ivoi, *Les Cinquante*, publié à la fin du XIXe siècle par les éditions Hetzel.

Napoléon entre triomphalement dans Grenoble dont les habitants ont défoncé les portes pour lui en faciliter l'entrée. Les autorités militaires de la ville, après avoir résisté jusqu'au dernier moment à l'entraînement de la garnison, ont pris la fuite. « Jusqu'à Grenoble, j'étais un aventurier ; à Grenoble, j'étais prince. » Charles Debelle, *Entrée de Napoléon à Grenoble le 7 mars 1815.* © Musée de Grenoble.

Le Factionnaire suisse du Louvre, Théodore Géricault, 1819. Les quelque 12 000 officiers de la Grande Armée, mis en demi-solde par la Restauration pour cause de paix et de restriction budgétaire, jouèrent un rôle décisif dans le succès du retour de Napoléon. Le personnage central de cette gravure est évidemment l'ancien militaire, montrant sa Légion d'honneur conquise sur les champs de bataille de l'Empire, et non le factionnaire qui lui interdit l'entrée du Louvre. Lithographie de Delpech. © Roger-Viollet.

Les royalistes ont tout fait pour habiller Napoléon du bonnet rouge des jacobins. En parlant « le langage de la Convention » sur la route de son retour, le revenant de l'île d'Elbe aura largement contribué à réveiller les passions révolutionnaires et à exacerber les vieilles divisions françaises héritées de 1789. Pierre-Marie Bassompierre Gaston, *Et l'on revient toujours / À ses premiers amours,* 1er août 1815. Museum Schwerin.

Louis XVIII méditant la Charte dans son cabinet des Tuileries par François Gérard, 1824. Le vieux roi podagre et goutteux, pragmatique et solitaire, n'aime pas seulement le pouvoir, il le comprend. En faisant par sa Charte constitutionnelle de juin 1814 une part de leurs « droits » aux Français, en acceptant le dispositif d'une représentation nationale, il a su faire preuve d'une intelligence politique malheureusement mal distribuée dans le reste de sa famille. © RMN / Gérard Blot.

À la différence de son frère aîné Louis XVIII, le comte d'Artois (à gauche en uniforme de colonel-général des carabiniers) monte à cheval et porte beau. Il deviendra vite le champion de tous ceux pour qui le temps s'est arrêté un peu avant la Révolution française, un idéal de chevalier français. Mais c'est un chevalier qui n'a rien appris et rien oublié. Son second fils, le duc de Berry (à droite en costume de cour) est l'espoir de la dynastie. Le régime a voulu faire de lui le digne héritier d'Henri IV dont on voit le buste en arrière-plan. Il sera assassiné en 1820. Portraits de Charles Duchesne, 1818, et François Gérard, 1820 (© RMN / Hervé Lewandowski ; RMN / DR.). Musée de Versailles.

Le Transfert des ossements des rois dans un caveau à Saint-Denis
par François Joseph Heim.
À force de vouloir enterrer ses morts et prier pour les victimes de la Révolution, la Restauration finira par en exaspérer plus d'un. Le point culminant de ces cérémonies eut lieu le 21 janvier 1815 à l'occasion du transfert des cendres de Louis XVI et de Marie-Antoinette à Saint-Denis, le jour anniversaire de la mort du roi.
Sceaux, musée de l'Île-de-France.
© Bridgeman - Giraudon.

Le Bon Père et *La Bonne Mère.*
L'accent est mis sous la première Restauration sur les bienfaits de la paix et de la famille. L'abolition de la conscription et des redoutables « levées » napoléoniennes – 2 millions d'hommes environ de 1800 à 1814 – est un leitmotiv de propagande d'un régime particulièrement populaire auprès des femmes. On distingue à droite et à gauche les bustes de la duchesse d'Angoulême et de Louis XVIII. Dessin de Charles, gravure de Farget. © Musée des Arts décoratifs de Bordeaux.

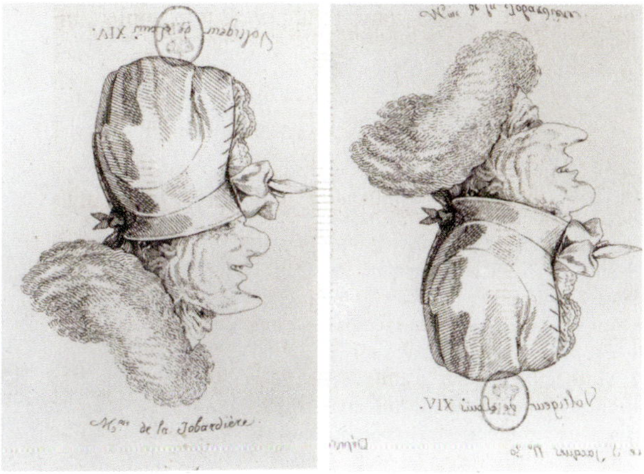

Les deux têtes n'en font qu'une selon qu'on les regarde à l'endroit ou à l'envers. D'un côté, « M. de la Jobardière », vieil émigré cacochyme en bonnet de nuit et au nom ridicule, de l'autre, un « voltigeur de Louis XIV », le même homme, prétentieux et arrogant. Les voltigeurs de Louis XIV figuraient par dérision les anciens émigrés qui voulaient en découdre avec Napoléon en mars 1815. Caricature déposée le 20 avril 1815.

Forceval, *Le Cheval lié de cinq louis.*
Le jeu de mot est dans le titre et la drôlerie dans l'image qui lui correspond. Un chevalier de Saint-Louis, rapière au côté, est caricaturé en cheval de remise attaché à un poteau par son cordon rouge. L'image vise indirectement les émigrés rentrés en 1814 qui accordaient plus d'importance à l'ordre militaire de Saint-Louis, créé par Louis XIV, qu'à celui de la Légion d'honneur créé par Napoléon.

Pour se moquer des ultras et des émigrés, les publicistes du *Nain jaune,* à l'imagination fertile, inventent le 15 février 1815 l'ordre fictif de l'Éteignoir, sur le modèle de ceux de la chevalerie. Le grand maître de l'ordre, Misophane, n'est autre que le comte d'Artois. À sa réception, le nouveau chevalier jure de combattre les Lumières qui symbolisent l'esprit de la Révolution, la main droite levée sur un éteignoir. L'assemblée entonne alors le Chant des ténèbres. Les ténèbres, c'est évidemment l'ancien régime. Caricature déposée le 14 février 1815. © BnF.

Les volontaires royaux de mars 1815 ont fait la joie des caricaturistes bonapartistes. À droite, ils prêtent serment au roi, à la façon des Horaces ; en bas, ils s'apprêtent à partir en campagne… en chaises à porteurs, sous les ordres du duc de Berry. « Monseigneur, nous n'attendons que des hommes pour nous porter en avant ! », disent-ils en cœur. « *Nous le soutiendrons ! Serment des nouveaux Horaces* », avril 1815 ; *Le Poupard anglo-français haranguant son état-major le 19 mars 1815.* © BnF.

Je reprends mon bonnet et je te laisse ta calotte.

Napoléon détrône Louis XVIII en exploitant le vieux fond d'anticléricalisme qui renaît en France à partir de 1814. Autant la prêtrise va mal au vieux Louis XVIII, resté voltairien dans l'âme, autant elle s'accorde bien à son frère, le très pieux comte d'Artois. Déposée le 12 mai 1815. © BnF.

Après avoir créé l'ordre de l'Éteignoir, *Le Nain jaune* imagine celui de la Girouette. Le publiciste Alexis Eymery s'empare de l'idée et publie peu après un dictionnaire du même nom. Tous les adeptes de ce que Mme de Staël appelle « une manœuvre selon le vent » sont épinglés. La Girouette, figure allégorique des Cent-Jours, inspirera nombre de caricaturistes, y compris à l'étranger. Frontispice du *Dictionnaire des Girouettes* (© BnF, dpt. Arts du spectacle) et *Vive le roi ! Vive l'empereur ! Vive le diable !* par Thomas Rowlandson, avril 1815. DR.

Paris – le 19 mars / Paris – le 20 mars.
La légende est tout aussi explicite :
« Je vénère le roi », peut-on lire à gauche ; et à droite : « J'aime l'empereur. »
Gravure allemande, 1815. © BnF.

Le 16 mars, Louis XVIII se rend devant les Chambres assemblées au Palais-Bourbon et jure solennellement fidélité à la Constitution. Lithographie de Couché fils, Paris, 1815. © Assemblée nationale.

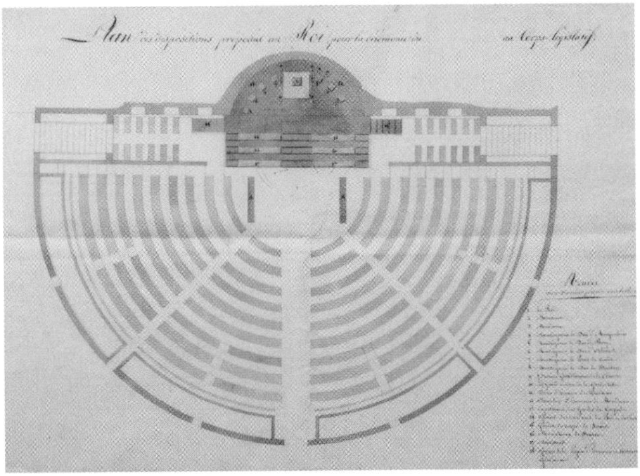

Plan aquarellé de placement du roi et des princes au Palais-Bourbon, d'après les archives du grand maître des cérémonies Dreux-Brézé. Inédit, coll. part.

Télégraphie
LIGNE

Dépêche Télégraphique d'Auxerre
du 16 Mars 1815 au Matin

L'Inspecteur G.al des lignes télégraphiques
A l'administration télégraphique

M.rs Le préfet d'Auxerre assure que Napoléon a couché cette nuit à Autun ; qu'il sera dans deux jours à Auxerre, et que, si rien ne l'arrête, il sera à Paris le 22, ou le 23.

Pour copie :
Chappe

M.rs Nous demandons par le télégraphe à l'inspecteur G.al pourquoi cette dépêche n'étoit pas au nom du préfet.

Alors que l'on parle à Paris de mourir pour le roi et la nation, Napoléon est à Autun. Le télégraphe optique a été l'un des protagonistes à part entière du vol de l'aigle. La lenteur de circulation de l'information est entrée pour partie dans le succès de Napoléon. La nouvelle n'avait atteint Paris que le 5 en fin de matinée. Cette dépêche du 16 mars est comme toutes les autres signée de Chappe, l'inventeur du télégraphe. DR.

La Revue de Louis XVIII au Champ-de-Mars par Théodore Géricault.
La scène se situe très probablement le 19 septembre 1814. Le roi est assis à droite, sur une estrade, devant l'École militaire. Géricault a mélangé à dessein les différentes armes de la cavalerie afin de donner du panache à sa composition : hussards, lanciers, chasseurs et cuirassiers. Cette spectaculaire séance de remise des drapeaux aux troupes de la division militaire de Paris cache en réalité l'indifférence du roi pour la chose militaire. Dans l'armée, le gros roi impotent est très vite surnommé Cochon XVIII. Musée du Louvre. © RMN / Michèle Belot.

Le prince de Croÿ, capitaine-commandant de la première compagnie des gardes du corps – dite compagnie écossaise – de la maison militaire du roi et son état-major aux Tuileries en 1827.
Emmanuel de Croÿ (au centre), un proche du comte d'Artois, succède à son beau-père le duc d'Havré à la tête de la compagnie écossaise, en 1825. Il porte le cordon-bleu du Saint-Esprit, le plus prestigieux des ordres du roi. Le casque d'or à chenille noire et plumet blanc des deux officiers de droite – Vignacourt et Saint-Sauveur – donne une idée de la magnificence des uniformes de ce corps au recrutement très aristocratique. La scène se passe sur le palier intermédiaire du grand escalier du château des Tuileries aujourd'hui disparu. On distingue dans l'embrasure de la porte la salle dite des Cent-Suisses et les marches qui conduisent au salon de la Chapelle. Inédit. Coll. part.

Louis XVIII quittant les Tuileries dans la nuit du 19 au 20 mars 1815 par Antoine Gros. Salon de 1817.
Le roi est représenté au centre, beaucoup moins gros qu'il ne l'était en réalité, à la porte de ses appartements privés, en haut de l'escalier du pavillon de Flore. Autour de lui, on reconnaît plusieurs des grands officiers de sa cour – son favori, le comte de Blacas, est à sa gauche – et de ses maréchaux – Marmont (figure allongée) et Berthier (à peine visible) sont au second plan dans le groupe de droite, Macdonald, un pied dans l'escalier, est à côté de Blacas. Tout est politique dans cette scène : « Un grand effet de nuit », dira Delacroix. Musée de Versailles. © RMN / Franck Raux.

Embarquement de la duchesse d'Angoulême à Pauillac par Antoine Gros. Salon de 1819.
Après avoir tenté de défendre Bordeaux contre les troupes du général Clauzel, passées à Napoléon, la duchesse d'Angoulême, qui n'est autre que la fille de Louis XVI, s'embarque pour l'Angleterre le 2 avril 1815. On distingue à sa droite son premier écuyer, le vicomte d'Agoult, et son chevalier d'honneur Mathieu de Montmorency. La scène est franchement royaliste. « L'héroïne de la prison du Temple », revenue d'exil avec le roi son oncle en 1814, distribue des plumes blanches à ses fidèles. Musée des Beaux-Arts de Bordeaux. © Ph. Josse / Leemage.

Vigny, tableau attribué à François Joseph Kinson, 1814. Musée Carnavalet. © RMN / Bulloz.

Géricault, lithographie de Feuillet d'après un portrait de 1816, BnF. © Harlingue / Roger-Viollet.

Vigny, Géricault et Lamartine.

Tous les trois appartenaient à des titres divers à la maison militaire du roi et accompagnèrent ce dernier sur les routes pluvieuses du Nord, jusqu'à Béthune, en mars 1815. Ils furent de ceux qui crurent au « pèlerinage de la jeune France à l'avenir de réconciliation et de liberté » que représentait le régime de la Charte et les Bourbons restaurés, tout en rêvant d'en découdre avec Napoléon. Leurs désillusions viendront plus tard, lorsque Géricault peindra *Le Radeau de la Méduse,* en forme de poème au naufrage de la patrie. Vigny (ici en uniforme rouge des gendarmes de la garde), Géricault et Lamartine avaient respectivement 18, 24 et 25 ans en 1815.

Lamartine, dans les années 1820, peinture anonyme XIXe siècle. Coll. part. © Rue des Archives / Tal.

La Descente de croix ou la Semaine sainte de 1815.

En 1815, le dimanche des Rameaux tombe le 19 mars, Pâques le 26. Durant ces quelques jours, le roi, les princes et leur maison militaire rallient Lille et Béthune, harcelés par les troupes régulières passées à Napoléon. Le rire et la moquerie suivent très vite. Sur les routes du Nord et en vue de la mer, un abbé, un émigré et un officier de la maison militaire retirent les croix de la Légion d'honneur qui leur ont été injustement distribuées par le nouveau régime. À l'arrière-plan, des volontaires royaux se débandent. Le titre en forme de jeu de mots plus ou moins blasphématoire résume la situation. Publiée par le *Nain jaune* le 15 juin 1815, cette caricature a été longtemps attribuée au jeune Delacroix à cause de sa signature (EX). © BnF.

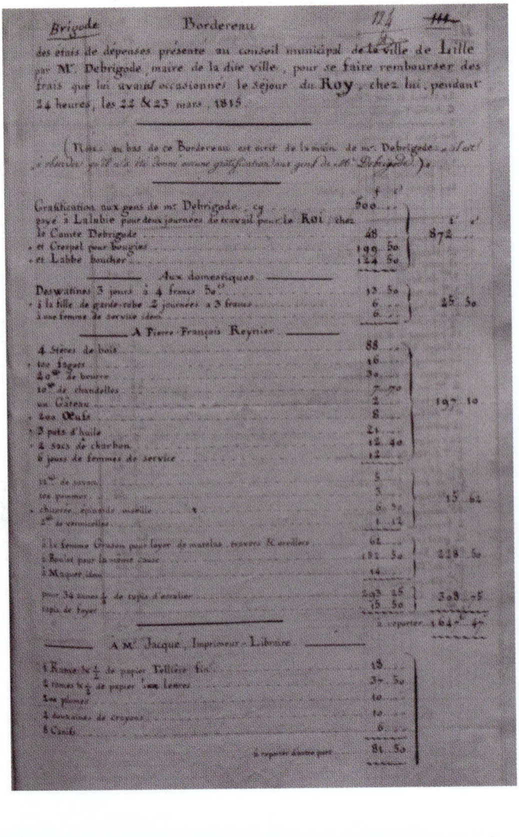

Brigode — Bordereau

des états de dépenses présenté au conseil municipal de la ville de Lille par Mr Debrigode, maire de la dite ville, pour se faire rembourser des frais que lui avait occasionnés le séjour du Roy, chez lui, pendant 24 heures, les 22 & 23 mars, 1815.

(Note au bas de ce Bordereau est écrit de la main de m^r^ Debrigode [illegible])

Gratification aux gens de m^r^ Debrigode. cy	500	
payé à Lalubie pour deux journées de travail pour le Roi chez le Comte Debrigode	48	872
et Crespel pour bougies	199 50	
et Labbe boucher	124 50	
Aux domestiques		
Deswatines 3 jours à 4 francs 50^c^	13 50	
à la fille de garde-robe 2 journées à 3 francs	6	25 50
à une femme de service idem	6	
A Pierre-François Reynier		
4 Stères de bois	88	
100 fagots	16	
20^lb^ de beurre	30	
10^lb^ de chandelles	7 70	
un Gâteau	2	197 10
200 Œufs	8	
3 pots d'huile	21	
2 sacs de charbon	12 40	
6 jours de femmes de service	12	
[illegible]	5	
[illegible]	3	15 62
[illegible]	6 50	
[illegible]	1 12	
à la femme [illegible]	62	
[illegible]	152 50	228 50
à Maquet idem	14	
pour 34 aunes ½ de tapis [illegible]	293 25	308 75
tapis de foyer	15 50	
	à reporter	1647 47
A Mr Jacqué, Imprimeur-Libraire		
1 Rame de ½ de papier Tellière fin	18	
2 rames de ½ de papier [illegible]	37 50	
200 plumes	10	
2 douzaines de crayons	10	
6 Canifs	6	
à reporter d'autre part	81 50	

Le comte de Brigode, maire de Lille, chez qui le roi séjourne les 22 et 23 mars, a vu les choses en grand. On voit que la proximité de Pâques ne coupait pas les appétits. La liste est impressionnante : des volailles, du gibier, des quantités de turbots, cabillauds et soles… « C'est le voyage d'Arlequin, dira méchamment Talleyrand, avoir peur et manger ; manger et avoir peur. » © Archives de la bibliothèque du Sénat. Photo J. Bouillon.

Départ de Louis XVIII de Lille, le 23 mars 1815.
Dans le vestibule de l'hôtel d'Avelin, le roi est prêt à partir, entouré de Blacas à sa gauche et de Macdonald à sa droite. Un détachement de la garde urbaine de Lille l'attend dans la cour. Cette image de propagande met l'accent sur la fidélité et la dévotion. Elle ne dit rien de l'état de panique dans lequel devait être le roi, alors que l'armée s'était entièrement déclarée pour Napoléon. Gravé par Debucourt d'après un tableau du chevalier de Basserode, Salon de 1817. © Bordeaux, musée des Arts décoratifs.

Le comte Casimir de Blacas, d'une ancienne famille provençale, était le favori du roi en titre depuis 1810. Grand maître de la Garde-robe et ministre de la Maison, dispensateur des grâces du roi, on ne pouvait pas atteindre ce dernier sans passer par lui. Portrait inédit par Vincenzo Camuccini. Coll. part.

Le duc de Feltre a été l'un des maréchaux de l'Empire resté fidèle aux Bourbons sous les Cent-Jours. Il rejoindra le roi à Gand en tenant le portefeuille de la Guerre. On le voit ici devant le buste de Louis XVIII, peint par Guillaume Descamps, en 1817. Musée du Louvre. © RMN / Daniel Arnaudet.

La Semaine sainte s'achève à Béthune, le 24 mars. Le lendemain, la maison militaire du roi est licenciée. Du côté royaliste, on cherche à mettre en lumière les rares actions d'éclat de son chef, le duc de Berry. À Béthune, un escadron de lanciers de l'armée régulière, passé à Napoléon, est pris à partie par les troupes du roi, beaucoup plus nombreuses. Berry, magnanime, les renvoie : « Retirez-vous. Je ne veux pas verser de sang français. » Lithographie de Seguin aîné à Avignon, d'après Lacroix. H. Cassin éditeur. © BnF.

La chanson politique était très répandue au début du XIXe siècle. À partir de quelques airs connus, on faisait varier les paroles à l'infini. Seul le chansonnier républicain Béranger est resté dans les mémoires. En réalité, nombre de ces textes éphémères n'avaient pas d'auteur reconnu. Ici, on célèbre le roi et on lui souhaite d'échapper aux griffes de Bonaparte. Partition inédite, avril 1815, coll. part.

Un grenadier de la garde royale après 1815. On reconnaît son casque à chenille et plumet, caractéristique de cette arme. Dessin inédit d'Hector de Galard. Coll. part.

TROISIÈME PARTIE

Une semaine sainte 19 – 24 mars 1815

1.

Le choix de Lille

Louis XVIII est décidé à quitter Paris, mais pour aller où ? Macdonald raconte dans ses Mémoires que c'est lui qui aurait convaincu le roi de se rendre à Lille le 19 mars dans la matinée [1]. En réalité, Louis devait y penser sérieusement depuis plusieurs jours. La veille, le chargé d'affaires russe à Paris, toujours très bien renseigné, en avertissait déjà son ministre Nesselrode : « On croit que si l'affaire de Melun échoue, le roi se rendra à Lille [2]. » L'échec de la conspiration emmenée par Drouet d'Erlon prouve que l'esprit de l'armée n'est pas si catastrophique dans le Nord. Blacas y a envoyé plusieurs émissaires qui sont revenus avec des nouvelles rassurantes [3]. Les bulletins de police des préfets sont tout aussi confiants, à la différence de ceux de l'Est. « Le département du Nord s'est montré depuis la Restauration l'un des plus dévoués au roi. La nouvelle du débarquement a donné à ce dévouement une nouvelle énergie », note le préfet Siméon le 18 mars. Et celui-ci ne manque pas de signaler l'enthousiasme des habitants de Lille rassemblés en masse devant l'hôtel du gouvernement le 13 mars, à la nouvelle – fausse – de l'arrestation de « l'usurpateur » près de Lyon [4].

Depuis 1792, Lille a souffert plus que toute autre ville française de la guerre. Les nouvelles levées d'hommes réclamées par Napoléon en 1813 et 1814 provoquèrent même un début de révolte à Hazebrouck en novembre 1813, sous la conduite du fils d'un gros laboureur, un certain Louis Fruchard qui ressemble singulièrement au Jean Cottereau (Chouan) du Maine sous la Révolution. Beugnot, préfet de Lille, parlait à l'époque de quelque vingt mille réfractaires réfugiés dans les marais d'Aire et dans les bois. De plus, les villes du Nord se portèrent très bien de la fin du blocus continental et de la reprise des relations commerciales. Malgré la concurrence anglaise et la nouvelle frontière politique du futur royaume belgo-hollandais imposé par le premier traité de Paris de mai 1814, tous les rapports de police des premiers mois de 1815 signalent une reprise de l'activité industrielle, en particulier textile, des villes du Nord et le long de la frontière. Du côté belge, la police signale un grand nombre de déserteurs partis travailler dans les usines textiles et les mines de charbon de Valenciennes, Roubaix, Tourcoing[1]... Lille est royaliste, elle a aussi l'avantage d'être fortifiée. Enfin, les régiments qui s'y trouvent ont été appelés à Péronne, par ordre de Mortier, pour inspection. En cas de siège, on pourrait compter sur les seuls volontaires royaux et la Garde nationale dont on est sûr. Lille est aussi tout près de la frontière et pas très éloignée de Dunkerque ou de Calais, s'il fallait passer en Angleterre. Il existe enfin un dernier élément qui a dû décider le roi et dont personne n'a parlé. C'est à Lille que le duc d'Orléans a été envoyé le 16 mars. Tout au long de ces jours tragiques de mars, le roi s'est déterminé autant par rapport à Napoléon que par rapport à son neveu d'Orléans qui représente à ses yeux un danger politique tout aussi considérable. Orléans est à Lille. Il s'agit de le tenir par la bride.

Si le roi est résolu au départ, c'est aussi parce qu'il sait que le sentiment dominant de ses sujets n'est ni l'amour qu'ils éprouvent pour lui, ni le culte de l'empereur, mais la peur d'une guerre civile, encore plus que d'une guerre étrangère. Pour un royaliste aussi raisonnable que Maine de Biran, le départ du roi est une assurance contre la guerre civile. La capitale une fois désertée, il est au moins certain d'une chose, c'est qu'on ne se battra pas.

Il faut enfin faire la part des propres sentiments du vieux roi. Que devait-il penser ce matin du 19 mars, alors que la nouvelle des défections de la plupart de ses régiments lui arrivait de toute part ? La peur, sentiment du plus grand nombre, touche aussi les souverains. Et Louis a dû avoir peur, même s'il s'est bien gardé de le montrer. Pour la première fois, il s'est mis à envisager la situation d'un point de vue personnel, plus que d'un point de vue politique. En cela, il a fait un premier pas vers la tombe. Rares sont ceux qui, sur le moment, l'ont vu. Lille, c'est la frontière, et la frontière, c'est l'étranger. Alors que le sentiment patriotique, pareil à des braises incandescentes sur lesquelles souffle Napoléon, est en train de se cristalliser, Louis n'a pas saisi ou n'a pas voulu saisir sur le moment le risque symbolique que représenteraient pour lui de nouvelles et inévitables compromissions avec les puissances étrangères, à commencer par l'Angleterre. Certains l'ont senti cependant, en particulier Lainé, le président de la Chambre qui au dernier moment en écrit à Blacas. Ses avertissements sont prémonitoires : « Si le roi se rendait dans le Nord après l'occupation de Paris, tout le Midi serait perdu pour lui. [...] Les pervers feraient courir le bruit qu'il invoque l'appui des secours étrangers contre son peuple. Cela donnerait à Bonaparte toutes les troupes réglées et produirait contre les étrangers un mouvement qui n'aurait pas lieu s'il se rendait à Bordeaux. Tout donne la confiance que la majorité des Chambres s'y rendra. [...] La réunion des députés des départements sous la main du roi suffira. Le malheur sera moins grand quand le roi aura momentanément un royaume séparé, moins exposé à l'invasion des étrangers, à l'abri des horreurs de la guerre. Que d'intérêts, de passions, d'affections se réuniraient là[1]. » Au lieu de cela, dans sa proclamation du 19 mars, Louis renvoie les Chambres en promettant de les rappeler, mais sans leur donner de lieu de rendez-vous et sans même dire où il se rend[2]. Avec l'éloignement du roi vers le nord, les chances de résistance du Midi vont bientôt être réduites à presque rien. Qui occupe Paris tient le pouvoir et l'onde de choc de la nouvelle du départ du roi fera tomber les dernières velléités de résistance. La duchesse d'Angoulême s'embarquera à Pauillac pour l'Angleterre le 1er avril et son mari à Sète pour l'Espagne le 16 avril. Quant au duc de Bourbon, voilà beau temps qu'on l'a déjà mis dans un bateau en rade de Paimbœuf, le 1er avril, pour l'Espagne.

La peur n'est pas rationnelle. Elle ne dépend pas forcément d'une situation objective, mais des rapports de souvenirs et de mémoires qui peuvent exister entre une situation présente et d'autres événements similaires qui l'ont précédée. En l'occurrence, si le roi a eu peur ce 19 mars, c'est de son propre passé et de celui de sa famille. Une fois de plus, l'ombre obsédante de la Révolution donne à chaque moment un relief menaçant et terrible. La route du Nord est une route fatale. Tous les protagonistes de cette histoire l'ont déjà prise à un moment où à un autre de la Révolution pour un exil interminable. C'est le comte d'Artois parti de Versailles à cheval le 16 juillet 1789, à minuit, pour Namur. Ce sont le prince de Condé et sa famille, partis de Chantilly dans une voiture dont on avait pourtant pris le soin d'effacer les armes et momentanément arrêtés le 17 juillet au soir à Péronne – « À peine avons-nous été arrêtés à la poste que le peuple est venu en foule aux portières en nous mettant des chandelles sous le nez, et cherchant à nous reconnaître[1]. » C'est le comte de Provence, le futur Louis XVIII, parti pour Bruxelles, déguisé en marchand anglais, dans la nuit du 20 au 21 juin 1791, avec son fidèle d'Avaray. C'est enfin Louis XVI lui-même, fatalement arrêté à Varennes en Argonne, ce même 21 juin à onze heures du soir. On ne sait pas si Louis XVIII pensait à Varennes, mais d'autres y pensaient pour lui, même parmi les plus jeunes qui ne connaissaient de la Révolution que les récits qu'on leur en avait faits. En entendant passer la voiture du roi sur le pont d'Iéna, dans la nuit du 19 mars, le jeune garde du corps Frédéric Rilliet évoque ce même bruit de voiture que devait entendre le jeune François de Bouillé qui attendait le roi à Varennes[2]. Le chevalier de Cussy, également des gardes du corps, arrêté dans la nuit à Saint-Denis par un voiturier géant qui le forçait à crier : « Vive l'empereur ! » compare à l'instant ce dernier au maître de poste Drouet : « Je me figurai être reporté un quart de siècle en arrière, à Varennes, et avoir devant moi Drouet[3]. » Jean-Baptiste Drouet, ayant reconnu le roi à son passage à Sainte-Menehould, l'arrêtera une peu plus loin à Varennes.

La peur du passé s'est emparée de tout le monde. La délibération du roi avec son frère et son neveu sur la meilleure manière de quitter les Tuileries le plus discrètement possible a dû ressembler étrangement à celle des premiers jours de juin 1791. On craint que la garde nationale des Tuileries n'arrête le roi aux grilles du château comme elle l'avait fait le 18 avril 1791 avec son frère qui voulait se rendre à Saint-Cloud pour faire ses Pâques. Vitrolles suggère de cacher la honte d'un départ qui ressemble trop à une fuite en partant de nuit et Macdonald imagine le même stratagème que celui qui permit au roi de Varennes de quitter les Tuileries dans la nuit du 20 au 21 juin 1791. On ferait partir les équipages de Louis XVIII en avance, celui-ci quitterait ses appartements et se rendrait par l'intérieur du château au pavillon de Marsan d'où une chaise de poste le conduirait à une voiture de ville, et cette voiture à ses équipages[1]. Tout le monde devait être terrorisé. « Le gentilhomme qui a conduit le roi en voiture dans la nuit du 19 au 20 mars a dit à mon ami Bruce que le roi était très impressionné et craignait pour sa sûreté personnelle », note l'Anglais Brougham le 20 avril[2].

Cette peur est celle du tréfonds des consciences. En apparence, cela ne se voit pas. Le roi commence sa journée du 19 mars, qui est le dimanche des Rameaux, aussi calme qu'à son habitude. « Je vis le roi et les princes traverser les salons selon l'usage, pour se rendre à la chapelle, dit Pasquier. Malgré une grande tristesse répandue sur leurs visages, ils faisaient bonne contenance[3]. » L'étiquette de la cour est observée à la lettre. L'étiquette a l'avantage de la régularité et de l'uniformité. Elle broie les bons comme les mauvais jours, donne le change et fait oublier les projets sinistres. Vitrolles a parfaitement ressenti les écarts de ce jour-là, entre l'apparence ordinaire des choses et le vertige de leur réalité : « Il faut avoir assisté à ces moments extrêmes pour comprendre la singularité de cette situation où, tout vivant encore, on sait qu'on sera mort le lendemain. J'en fus frappé en passant devant une salle du rez-de-chaussée des Tuileries, où j'aperçus un magnifique couvert en l'honneur de l'ambassadeur d'Espagne. C'était ce qu'on appelle en langage d'étiquette un traitement, c'est-à-dire un repas de vingt-cinq à trente couverts, donné au nom du roi par son premier maître d'hôtel. Et cela se passait quatre ou cinq heures avant le départ du roi ! Nous commandions encore partout ; tout le monde nous obéissait comme dans notre pleine puissance ; on venait même nous demander des ordres[4]. » Mais tout cela est factice et sans fond. Les ordres ne seront jamais exécutés et le dîner jamais donné. Au début de l'après-midi, le roi se résout, malgré ses infirmités, à passer en revue sa maison militaire au Champ-de-Mars. La maison militaire : « Mon unique espérance est dans mon désespoir », comme dirait Racine. Le roi devait se douter que quelque chose n'allait pas.

2.

Les ors de la maison militaire

La maison militaire est à la Restauration ce que serait une demi-mondaine pour un aristocrate de la Belle Époque. Un jouet superbe coûteux et inutile. Louis XVIII et Blacas y avaient pourtant consacré tous leurs soins et la voulaient aussi magnifique qu'elle l'était aux beaux jours de la monarchie, jusqu'à reconstituer certaines compagnies dissoutes par Louis XVI dans les années 1780 pour raison d'économie. Ce sont les fameuses quatre « compagnies rouges » ainsi baptisées à cause de la couleur de l'uniforme de ceux qui y servent : mousquetaires gris et noirs, chevau-légers et gendarmes de la garde. La maison militaire est théoriquement forte de six mille cavaliers qui ont tous au moins le grade de lieutenant dans l'armée régulière. Elle a été à l'époque de sa formation, en juin 1814, l'un des moyens dont a voulu disposer le roi pour assurer le prestige de sa couronne, plus encore que sa sécurité. Elle lui permet aussi de répondre – en toute petite partie – aux innombrables demandes de places et d'emplois de son ancienne noblesse : cadets de familles ruinées par la Révolution, vieux émigrés désargentés. Son recrutement répond en même temps à ce qui a toujours été son obsession, celle de la fusion des deux élites et des deux noblesses d'Ancien Régime et d'Empire. Significativement, aux quatre compagnies anciennes qui portent les noms de leur capitaine (Havré, Gramont, Noailles, Luxembourg) sont adjointes deux compagnies nouvelles respectivement confiées au maréchaux Berthier et Marmont (Wagram et Raguse). Le contrôle des simples gardes, conservé aux archives de l'armée de terre, montre également que ceux-ci appartiennent à part égale à l'émigration et à l'ancienne armée de Napoléon [1].

La maison militaire est ainsi très vite devenue une marque de prestige social et s'est mise à attirer les fils de familles de la riche bourgeoisie parisienne. Quelqu'un comme le jeune peintre Théodore Géricault, dont le père est l'associé d'une prospère manufacture des tabacs détenue par la famille, en fait partie en mars 1815. Le comte Étienne de Durfort, capitaine lieutenant des gendarmes de la garde, définit d'une phrase l'excellence sociale de ce corps d'élite : « Des gens aisés et bien nés. » Dans certaines compagnies comme celle des chevau-légers, les heureux élus sont tenus de s'habiller et de s'armer à leurs frais, à concurrence de 3 000 francs. Pour entrer dans les mousquetaires, les candidats doivent pouvoir bénéficier d'une pension annuelle d'au moins 1 500 francs versée par la famille. Ils ne jouissent d'aucune solde, sinon d'une simple indemnité de remonte et d'entretien de 600 francs. En revanche, ils pourront bénéficier d'une pension de retraite de un tiers supérieure à celle de l'armée régulière, à grade équivalent[1]. Leurs quartiers sont situés dans Paris ou aux alentours, Versailles, Sèvres et Melun, ce qui est encore un immense privilège, alors même que les régiments de l'ancienne garde napoléonienne ont été débaptisés et envoyés dans le nord et l'est de la France.

Ils portent des uniformes rutilants plus adaptés à la parade qu'à la guerre. Les gardes du corps ont un habit bleu de roi à retroussis de drap d'écarlate, des culottes de peau blanches. Leur casque est d'or à plumet blanc et chenille noire pour les officiers. Chez les mousquetaires qui appartiennent aux prestigieuses compagnies rouges, les chevaux sont choisis en fonction de la couleur de leur robe : grise pour la première compagnie, la plus huppée et la moins expérimentée, noire pour la seconde, d'où leur appellation de mousquetaires gris et noirs. Tout ce petit monde a l'immense avantage de pouvoir côtoyer le roi et sa famille presque quotidiennement. Le roi d'ailleurs s'intéresse personnellement à eux et à leur tenue. Il fait interdire le port de la moustache qui rappelle trop l'Empire et sera remplacée par de longs favoris dits « favoris à la Guise ». Il veille aussi aux bonnes mœurs de ses gardes dont certains découchent volontiers avec de jeunes personnes qui ont par ailleurs l'inconvénient d'être mariées. Le baron de Rebel, lieutenant commandant à la compagnie de Gramont, aussi volage que ses hommes, sera ainsi conduit à présenter au roi un mémoire justificatif assez drolatique dans lequel ses officiers coupables sont qualifiés de « dignes amants » et leurs maîtresses d'« angéliques jeunes femmes abandonnées par d'indignes maris ». « Il leur sera beaucoup pardonné, conclut-il, parce qu'ils ont beaucoup aimé[1]. » Les quatre compagnies rouges (gendarmes, mousquetaires et chevau-légers) envoient chacune un officier tous les jours aux Tuileries qui prend les ordres de Sa Majesté à onze heures et demie du matin avant la messe. Le mot de passe de sécurité est transmis par le capitaine des gardes de semaine en personne pour la nuit, à neuf heures du soir dans les appartements du roi. Les gardes suisses ordinaires de quartier ont alors le privilège de coucher chez le roi, deux dans la salle des Maréchaux et trois dans sa chambre de parade. Plus largement, les gardes du corps ont la charge de protéger le roi en assurant le guet à l'intérieur et à l'extérieur du château. Ils l'escortent aussi à cheval lors de ses promenades journalières ou à l'occasion de ses déplacements officiels. Autre avantage, les capitaines des gardes du corps travaillent directement avec le souverain pour les grâces et les faveurs qui peuvent être accordées à leur compagnie. En dehors des deux maréchaux d'Empire, ce sont des hommes de cour qui n'ont de militaire que leur grade et possèdent leur charge par tradition de famille. Certains, comme le duc de Gramont, sont de vieux compagnons d'infortune du roi et l'ont suivi sur les routes de l'exil. Le vieux duc d'Havré est un très grand seigneur, d'une politesse et d'une courtoisie exquises, mais il n'en est pas plus militaire pour autant. Le jeune Alphonse de Lamartine, le futur poète, nommé à la compagnie de Noailles, raconte dans ses Souvenirs la façon dont il fut reçu par son capitaine, le prince de Poix, qu'il traite de « soldat de salon ». Il s'attendait à rencontrer un officier en grand uniforme et tombe sur un petit homme « en robe de chambre de molleton blanc et en pantoufles traînantes, dont les bas retombaient sur les talons ». Si on l'en croit, sa visite de corps tourne très vite à la revue de mode : « Quelle bonne taille ! Quelle belle attitude sous l'uniforme ! Marchez, monsieur. Quelle belle démarche militaire. » Puis, se tournant vers ses officiers d'état-major : « Recevez-le à l'instant ; vous lui apprendrez vite le métier[2]. » Seuls les grenadiers de la garde commandés par Louis de La Rochejaquelein, le frère du héros de la Vendée, sont tous de vrais militaires directement recrutés parmi les meilleurs éléments des régiments de l'ancienne armée napoléonienne. Ce sont cent cinquante cavaliers ayant au moins cinq années de service, avec le rang de maréchal des logis, équipés aux frais du roi [1].

Pour le reste, tout accuse l'impréparation et le laisser-aller. Les mousquetaires gris et les chevau-légers en particulier comptent nombre de jeunes gens entrés par faveur et qui n'ont jamais servi dans l'armée. Chez les mousquetaires gris, un « état des officiers qui n'ont pas servi avant leur admission dans la maison du roi » en dénombre 98 sur un effectif complet de 235 [2]. Parmi eux, Théodore Géricault, Astolphe de Custine, le futur auteur du *Voyage en Russie*, des fils ou neveux de banquiers comme Roy, Dosne, Henri Cazenove. Pasquier, qui les a vus s'exercer place de l'Arsenal, raconte que certains d'entre eux savaient à peine tenir à cheval. « Quand cette compagnie de mousquetaires fut organisée, dit-il, ce fut une chose fort curieuse que le soin qu'il fallut prendre pour la mettre en état, non de manœuvrer, mais de marcher [3]. » Les effectifs sont loin d'être complets. Tony de Reiset compte en mars 1815 un peu moins de 4 000 cavaliers sur les 6 000 prévus [4]. Les chevaux manquent ou sont encore en cours de dressage. Seuls les officiers supérieurs, parmi lesquels une majorité d'anciens émigrés, et même parfois des vétérans de la guerre d'Indépendance américaine, sont en surnombre [5].

Avec ses dix compagnies de quatre escadrons chacune, la maison est en fait à peine capable de fournir cinq escadrons de bonne cavalerie. La discipline n'est pas non plus ce qu'elle devrait être. Les querelles de préséance entre les gardes des différentes compagnies empoisonnent la vie des chefs. Les gardes du corps de la première compagnie, celle du duc d'Havré, la plus ancienne, appelée depuis toujours « compagnie écossaise » du fait de son recrutement d'origine, traitent avec hauteur les gardes des autres compagnies. Chez les mousquetaires, les noirs agissent de même avec les gris. Lorsqu'ils ne se battent pas entre eux dans leurs quartiers ou aux portes des théâtres, leur grande affaire est de chercher querelle ou de répondre aux provocations des officiers de l'armée régulière et, pis encore, des officiers en demi-solde. Tout se termine en général au bois de Boulogne par un duel au sabre ou au pistolet. Tony de Reiset raconte ainsi comment il étendit raide mort un garde national qui l'avait injurié et frappé place du Carrousel [6]. Les duels, officiellement interdits, sont en fait tolérés et servent d'exutoire à des gardes particulièrement chatouilleux sur le point d'honneur. D'autant plus qu'ils sont universellement détestés par les officiers de l'armée régulière, au point que ceux-ci oublient qu'ils ont été souvent frères d'armes sur les champs de bataille de l'Empire.

La maison militaire a beau ne représenter que deux pour cent des effectifs de l'armée et cinq à six pour cent du budget global du ministère de la Guerre en 1815 [1], elle symbolise à elle seule aux yeux des autres officiers qui ont l'impression d'avoir chèrement gagné leurs grades sous le feu de l'ennemi le retour des privilèges et de la faveur. Même le chevalier de Cussy, lieutenant aux gardes du corps dans la compagnie de Gramont, en convient : « Il eût mieux valu conserver, en lui changeant de nom, la Garde impériale, et laisser, parmi les vieilleries de l'ancienne monarchie, toute cette maison militaire dorée qui causa tant de jalousies [2]. » Macdonald l'avait conseillé au roi au moment de son retour en mai 1814 et Napoléon aurait dit que, si Louis XVIII avait écouté les sages avis de son ancien maréchal, les Cent-Jours n'auraient jamais existé. Un autre royaliste convaincu, le comte de Montbel, parle à propos de cette coexistence dangereuse de l'ancienne armée impériale et des « corps privilégiés de gentilshommes » de la maison militaire, de « torche dans un magasin de poudre [3] ».

En effet, tout le monde a crié. Il n'y a pas un ancien militaire de l'armée impériale, fût-il d'origine noble, qui ne consacre un bon paragraphe de ses Mémoires à déverser sa bile contre des gardes du corps qui n'étaient pourtant pas si différents des gardes d'honneur levés par Napoléon en 1813 : organisation particulière, origines bourgeoises autant que nobles, uniformes chatoyants, promesse d'un brevet de lieutenant dans l'armée régulière. Une fois encore, la chose n'est rien en elle-même, elle dépend des représentations qu'on s'en fait et celles-ci varient selon que l'on se sent en position de force ou sur la défensive. En 1813, l'armée pouvait accepter sans sourciller une organisation de ce type. Un an plus tard, avec le renversement des rapports de force au sein des élites et le déclassement général des militaires du fait du retour à la paix, la situation n'est plus du tout la même. Octave Levavasseur, un aide de camp de Ney, parle de « cette nuée d'officiers improvisés » et le colonel de Saint-Chamans évoque à plusieurs reprises les rancœurs de l'ancienne armée vis-à-vis de ces « jeunes gens sortant de l'école » ou de ces « vieux incapables qu'il aurait fallu y envoyer [1] ». Dans son Journal, le colonel de Castellane, qui a fait presque toutes les campagnes de l'Empire, n'en finit pas de se plaindre. Les favorisés qu'il cite sont de son milieu, et il le supporte d'autant moins. Nous sommes à l'époque de la formation de la maison, alors que les promotions les plus surprenantes tombent comme des couperets : « 8 juillet 1814 : Beaucoup de gens n'ayant jamais servi sont nommés sous-lieutenants dans les troupes de la maison du roi, bleue, rouge ou verte. [...] [Ils] pensent maintenant que l'état militaire devra être moins pénible, moins dangereux ; ils ont un zèle étonnant pour ce métier. » Et de citer, parmi ses amis, quelques-uns des nouveaux sous-lieutenants des mousquetaires ou gendarmes de la garde avec rang de lieutenant-colonel dans l'armée. Tous sont très en vue et appartiennent aux meilleures familles de l'ancienne noblesse de cour : Sosthène de La Rochefoucauld, « qui a passé sa vie à s'amuser à Paris », Charles de Gontaut, Albert de Brancas, Auguste de Chabot, Félix de Crillon qui n'ont jamais rien fait, Humbert de La Tour du Pin qui était sous-préfet et n'a rien à voir avec l'armée, Gramont d'Aster et Mornay qui n'étaient que lieutenants dans l'armée et deviennent subitement majors dans la maison militaire [2]. Ceux-là cachent tous les autres qui ont déjà servi et sont entrés dans la maison militaire par le mérite plus que par la faveur. Mais ils sont suffisamment nombreux pour agacer. « Allez lutter contre des personnes froissées ! » dira plus tard l'un d'entre eux devenu lucide sur les blessures d'amour-propre faites au gros des officiers d'active [3].

Les gardes de la maison militaire ont beau être inexpérimentés, ils ne manquent pas d'enthousiasme. À eux tous, ils représentent, ce 19 mars au matin, alors qu'ils se rassemblent sous le commandement de Marmont au Champ-de-Mars, devant l'École militaire, la face jeune et ardente du royalisme. Jusqu'au 12 mars, ils étaient joyeux et résolument optimistes. Pour eux, tout cela devait se terminer par la condamnation à mort de « l'usurpateur » devant un conseil de guerre. Le 17 mars, ils se réjouissaient encore que celui-ci ne soit pas arrêté « trop tôt » ! L'ardeur ne rime pas toujours avec la lucidité. Le 19 mars, ils veulent plus que jamais se battre et en découdre[1]. Il y a les belliqueux pour qui l'amour qu'ils portent au roi ressemble à de la haine contre tout le monde. Leur fidélité est aussi sentimentale qu'ostentatoire. Les frères de Souilly, de la compagnie de Gramont, s'étaient ainsi présentés le matin avec des nœuds de ruban blanc à leur épée[2]. Dans les rangs, nombre de gardes du corps portent une bague sur laquelle on peut lire : « L'honneur à moi » ou « L'honneur et le roi ». Leurs certitudes tiennent aussi au poids des traditions familiales. Alfred de Vigny se présente comme le dernier rejeton d'une vieille maison de gentilshommes de l'armée et de soldats héréditaires au service du roi pour expliquer sa présence dans les gendarmes de la garde[3]. Le capitaine de Lauthonnye, fils et frère d'émigrés, évoque ainsi la lettre que lui envoie son père quelques jours avant leur départ : « Tu as aujourd'hui un devoir sacré à remplir : tu as juré de défendre la cause des Bourbons, tu suivras leur infortune et tu verseras ton sang s'il le faut pour leur cause. Je regrette que mon âge ne me permette pas de t'en donner l'exemple ; l'honneur t'appelle, tu ne seras pas sourd[4]. » Beaucoup devaient avoir en tête, ce jour-là, leur serment d'entrée en service. Prêté sur le drapeau de leur compagnie, main droite levée devant leur capitaine, il se situe quelque part entre la fidélité personnelle au roi et l'expression d'un patriotisme qui n'avait pas cours avant la Révolution, à une époque où les officiers demandaient souvent à passer au service étranger à l'occasion d'une guerre ou d'un conflit, par tradition autant que par goût du danger et de l'aventure. Cette fois, il n'est plus question de servir un « prince étranger[5] ». « Te voilà armé pour ton roi et ta patrie », écrivait Mme de Vigny à son fils, peu après l'entrée de ce dernier dans les fameuses compagnies rouges de la maison militaire[6]. Le roi, la patrie : les mauvais souvenirs de l'émigration sont passés par là.

3.

Qu'est-ce que l'honneur ?

Dans la maison militaire du roi, on a un sens exalté de l'honneur. Il en est sans cesse question dans les récits des gardes du corps. Mais les uns et les autres y mettent sans doute des significations très différentes. On se souvient du curieux dialogue mis en scène par Ridley Scott dans ses *Duellistes*. Grièvement touché lors de son deuxième combat avec le capitaine Féraud, le capitaine d'Hubert est soigné par sa maîtresse. Pour éviter que sa blessure ne se rouvre alors qu'il est sur le point d'éternuer, celle-ci cherche à le faire parler de tout et de rien. La conversation tombe sur l'honneur. « Qu'est-ce que l'honneur ? », demande-t-elle. Et Armand d'Hubert de répondre, avant d'éternuer : « L'honneur est indescriptible... irrésistible [1]. » Non seulement d'Hubert ne sait pas le définir, mais il en fait l'aveu. L'honneur serait-il aveugle, comme étaient aveugles les raisons de ses duels répétés avec son ennemi de toujours, des champs de bataille de la Révolution à ceux de l'Empire ? Vigny, qui fait partie de l'aventure de mars, s'est interrogé par la suite sur ce qu'il représentait pour lui : « L'honneur, c'est la conscience, mais la conscience exaltée. C'est le respect de soi-même et de la beauté de sa vie portée jusqu'à la plus pure élévation et jusqu'à la passion la plus ardente [2]. » Chez Vigny, cette conception très romantique du dépassement de soi est nourrie d'exemples et de figures anciennes tirés de l'histoire romaine comme de sa propre mémoire familiale. Au-delà de la fidélité, il entre sans doute pour beaucoup, dans cet honneur-là, de l'orgueil de son nom comme de la dignité de soi et de la conscience de sa valeur. La race compte ici autant que le mérite. Il s'agit de ne pas décevoir, de ne pas perdre la face et de garder son rang. L'honneur tient sans doute, pour ces jeunes gardes nobles du 19 mars, à la justesse d'une position prise en tenaille entre le regard des autres et le jugement que l'on porte sur soi. Il devait ressembler aux conseils donnés en 1729 par le vieux comte de Bernis à son fils François Joachim, le futur cardinal, sur le point de quitter sa province natale pour se rendre à la cour : « Mon fils, vous allez dans un pays où j'ai beaucoup vécu. [...] Souvenez-vous que dans ce pays-là, vous trouverez beaucoup d'égaux et un grand nombre de supérieurs. Faites-vous aimer des premiers et ne soyez jamais familier avec les autres ; sachez les respecter, mais ne soyez jamais leur complaisant. Apprenez à obéir, mais souvenez-vous que vous n'êtes pas fait pour être le valet de personne[1]. » Par le jeu des traditions et de la mémoire familiale, les gardes du corps de la maison militaire appartiennent autant à l'Ancien Régime qu'au monde moderne. Car ils ont tout autant le sentiment de défendre leur patrie, en défendant leur roi. Ils ne sont à la fois d'aucun temps et de tous les temps. La Révolution, que beaucoup, par leur âge, ont à peine connue, ne leur a pas assez appris la difficulté de tels écartèlements[2]. L'honneur, la fidélité et la patrie forment les termes contradictoires d'une équation complexe que certains sauront résoudre, et d'autres pas.

Alors que le vieux roi va les passer une dernière fois en revue au Champ-de-Mars, ils pensent encore qu'ils vont se battre le lendemain et vivent l'événement comme une sorte de veillée d'armes. Tout le monde croit que la maison militaire marchera sur Melun au-devant de l'usurpateur. Dans la matinée, Fanny d'Arblay a vu partir son mari, lieutenant d'artillerie à la compagnie de Luxembourg, avec la conviction qu'il sera tué. « Son expression reflétait un calme absolu : elle annonçait la résolution de mourir à son poste, s'il ne pouvait y vivre avec honneur et loyauté. » Le général d'Arblay est sorti de chez lui en criant « Vive le roi ! » après avoir écrit quelques mots à la hâte : « Tout paraît perdu, hors l'honneur, qu'il faut conserver. Le mien sera sans tache, et si je meurs victime de mon devoir, je ne perdrai pas pour cela l'espoir de te rejoindre dans un autre monde[3]. » Le romantisme rejoint la réalité dans la mesure même où, ce jour-là, celle-ci a été désirée et rêvée plus que vécue par le dernier carré de ceux qui pensaient se battre pour une cause déjà perdue. Lort de Sérignan, qui appartient aux chevau-légers, est l'un des seuls à avoir décrit cette attente des quelque trois mille cavaliers de la maison militaire au Champ-de-Mars, avant le passage du roi, alors que les ordres de bataille n'arrivaient toujours pas et n'arriveront d'ailleurs jamais. « Vers quatre heures moins un quart nous montâmes à cheval et fûmes établis en bataille sur quatre lignes, face aux collines qu'on a appelées depuis Trocadéro. En tête étaient déployées les quatre compagnies rouges. [...] En arrière de nous venaient les gardes du corps, les grenadiers à cheval, les gardes de Monsieur. Le ciel était chargé de nuages, le temps froid et brumeux. De moment en moment le vent, soufflant par rafales, nous jetait à la figure de glaciales giboulées ; tantôt il enroulait autour de leur hampe nos blancs étendards, tantôt il en déployait brusquement les plis, montrant à la foule d'un côté les trois fleurs de lys d'or, de l'autre la fière devise que nous tenons d'Henri IV, notre premier capitaine : *Sensere gigantes*[1]. »

« C'était un triste spectacle, mais grand et qui fortifiait l'âme, que celui de ces quelques milliers d'hommes attendant en silence leur souverain abandonné ; protestant au grand jour de leur fidélité et de leur dévouement, alors que, de tous les côtés, n'arrivaient que des bruits de défection, d'ingratitude et de trahison. En de telles circonstances apparaissent la grandeur véritable, le fonds réel des principes et des dynasties : les grandes causes seules inspirent les grands dévouements. » À quatre heures et quart, les fanfares de la garde se mettent à jouer le *Vive Henri IV*. Les derniers alignements sont pris et les cavaliers mettent le sabre au clair. Le roi passe comme un fantôme, en calèche découverte et au grand galop – « selon sa coutume », note Reiset –, salué des vivats « aussi enthousiastes que sincères » de ses derniers fidèles, puis disparaît. Frédéric Rilliet note au passage qu'il a l'air « triste et abattu ». Le poids du silence peut-être. Le roi est presque le seul à savoir, à ce moment précis, que sa garde ne se battra pas. Au lieu du dernier sursaut, il a choisi la fuite, résolution d'un homme âgé, pacifique et prudent, qui sera vécue par bon nombre de ces jeunes cavaliers du Champ-de-Mars comme une trahison.

4.

Fin de partie

S'il fallait choisir une figure allégorique à toute l'histoire de ce départ dramatique d'un roi à peine restauré, ce serait celle du secret. La chouette, oiseau de Minerve, plane au-dessus de toute la scène. *Mite sapientem et nihil dicas*. « Avec prudence et sans rien dire. » C'est en ces termes que le roi enverra Vitrolles à Toulouse organiser la résistance tout en refusant de lui en donner l'ordre par écrit. Le matin, le maréchal Macdonald, mis dans la confidence du départ, avait été invité de se rendre chez le roi en tenue civile pour ne pas alarmer son entourage. Vitrolles raconte que les ordres donnés à Marmont pour le départ tenaient dans deux petits carrés de papier, l'un daté des Tuileries le 19, l'autre de Saint-Denis le 20, sur lesquels il avait écrit : « Transporter le roi à Saint-Denis », puis : « Transporter le roi à Beauvais »[1]. On ne peut pas faire plus laconique. À ce moment-là, Marmont ne savait toujours pas que le roi comptait se rendre à Lille. Le ministre des Affaires étrangères, François de Jaucourt, ne l'apprendra quant à lui que tard dans la soirée du 19 en croisant le roi à la sortie de ses appartements. « Il m'a dit à l'oreille : "Prévenez mes ministres que je me rends à Lille, que je désire qu'il s'y réunissent, dites aux ambassadeurs que je serais charmé de les voir à Lille, mais qu'il sont bien les maîtres s'ils le préfèrent de se rendre à leurs cours respectives." » Jaucourt n'aura que le temps de rédiger une circulaire à l'attention des diplomates en poste à Paris, de faire brûler par Reinhard les papiers les plus compromettants au ministère de la rue du Bac – il en restera pourtant –, de faire briser le timbre et de monter en voiture pour Abbeville et Lille à cinq heures du matin, seul de tous les ministres à suivre le roi. Au ministère, tout le monde dormait et personne n'était au courant. Toute la chancellerie en exil se réduit à un secrétaire et à 50 000 francs[1]. Dans l'ordonnance de clôture des Chambres qu'il fait rédiger par Dambray peu avant son départ et qui sera lue au Palais-Bourbon par Lainé le lendemain à midi, le roi se garde bien de dire où il se rend. Maine de Biran, l'un des secrétaires de la Chambre, parle de cette journée du 19 mars comme de la « journée des traîtres[2] ». Il est vrai que, du matin au soir, on apprendra, l'une après l'autre, la défection de tous les régiments cantonnés autour de Villejuif. Mais on pourrait parler aussi de journée des dupes sans bien savoir d'ailleurs qui est la dupe de qui. Officiellement le roi doit se rendre à Villejuif. Blacas, questionné du matin au soir, a sa réponse toute prête : « Je ne puis vous répondre, je suis lié par un serment[3]. » En attendant, le favori fait brûler dans ses appartements des Tuileries tout ce qu'il trouve de papiers compromettants, et cela dure plusieurs heures. De longues flammèches volent dans les airs et des lettres à moitié brûlées sortent de la cheminée. Les secrets du régime partent en fumée tandis que dans les escaliers et dans les cours des valets transportent des caisses et chargent les fourgons. L'agitation est extrême. Il se prépare quelque chose, mais quoi ? Faute d'en savoir plus, ceux qui se sentent le moins en sûreté vont à la pêche aux nouvelles et aux indiscrétions dans les appartements du roi des Tuileries. Le duc de Richelieu, qui a repris sa charge de premier gentilhomme de la chambre depuis qu'il est rentré de Russie après avoir gouverné pour le compte du tsar des provinces trois fois grandes comme la France et quasiment fondé la ville d'Odessa, est allé directement voir le roi qui, après une demi-heure de conversation, ne lui a pas soufflé un mot de ses projets. En sortant, il croise le capitaine des gardes de service, le prince de Poix : « On part dans une heure, les relais sont préparés, nous allons à Lille, venez nous y rejoindre. » Furieux, Richelieu tombe peu après sur Chateaubriand aux Champs-Élysées : « On nous trompe, lui dit-il ; je monte la garde ici, car je ne compte pas attendre tout seul l'empereur aux Tuileries. » L'arrière-petit-neveu du cardinal partira si vite qu'il en mettra sa ceinture de louis d'or à l'envers. « Il plaça en bas l'entrée des petites poches, raconte son neveu le comte de Rochechouart ; le mouvement de son cheval en trottant fit sortir les pièces d'or qui se répandirent dans son caleçon, le pantalon et les bottes ; en arrivant à Beauvais le lendemain matin, il remit tout à sa place, mais on se figure les meurtrissures, les écorchures qui en résultèrent. » Il y en avait pour 10 000 francs[1]. Il arrivera la même aventure quelques jours plus tard au comte de Vaublanc, le préfet de Metz, qui, sur le point de se faire arrêter, s'enfuira à cheval en direction de Thionville. Vaublanc ne parle pas de ses blessures, mais raconte son soulagement de n'avoir pas perdu une seule des pièces d'or tombées dans son pantalon[2]. La quantité d'or emportée par les milliers de personnes qui prirent la fuite le 19 mars a dû être considérable ! Les souvenirs de pauvreté des émigrés de la Révolution ont servi de leçon. Tous ceux qui ne peuvent se rendre directement aux Tuileries font envoyer des messagers aux nouvelles. Certains, comme Chateaubriand qui n'a pas été tendre – c'est une litote – dans ses écrits, pour « l'usurpateur », ont de bonnes raisons de s'inquiéter : « Mme de Chateaubriand avait envoyé, le soir du 19, un domestique au Carrousel, avec ordre de ne revenir que lorsqu'il aurait la certitude de la fuite du roi. [...] Le domestique envoyé à la découverte revint : il avait vu défiler les voitures de la cour. Mme de Chateaubriand me poussa dans sa voiture, le 20 mars, à quatre heures du matin. J'étais dans un tel accès de rage que je ne savais où j'allais ni ce que je faisais[3]. » D'autres sont terrifiés. Fanny d'Arblay qui s'est réfugiée chez une amie, la princesse d'Henin, apprend la nouvelle du départ du roi par un billet griffonné de la main d'un proche. Tout le monde se précipite dans la voiture préparée de longue date dans la cour de l'hôtel de la princesse. Certains détails du récit de ce départ ne trompent pas. On se serre la main « à l'anglaise », ce qui n'était pas l'usage dans les milieux aristocratiques à l'époque, on embrasse les domestiques – ce qui l'est encore moins – et on se quitte en pensant ne plus se revoir. La princesse, une très grande dame de l'ancienne cour de Versailles, que Fanny d'Arblay prenait jusqu'alors pour un modèle de sérénité et de dignité, a perdu la tête, d'autres ont l'air « égaré ». Tout le monde pleure et ceux qui partent sont dans « un état proche de la panique[4] ». Le marquis de La Maisonfort, un habitué des conspirations sous l'Empire et qui en a vu d'autres, raconte ainsi son départ, alors que son fils s'apprête de son côté à partir avec la maison militaire. Il a pourtant été prévenu du projet du roi à huit heures du soir, ayant reçu l'ordre de se rendre comme commissaire du gouvernement dans les départements de l'Ouest. « Notre maison déjà entourée d'espions, des portiers nous insultant, des voisins nous menaçant [...], des achats à faire, des dettes à payer, une voiture à raccommoder, des billets à répondre, des visites à éviter, des réponses ambiguës à faire, un dîner silencieux et terrible avec mon fils, un avenir affreux, des douleurs cuisantes, enfin l'enfer déchaîné, telle fut cette effroyable journée[1]. »

Du plus haut au plus bas de l'échelle de ceux qui restent, comme de ceux qui partent, courant après passeports et chevaux, l'impression dominante est celle de la fin d'un monde, en tout cas d'un monde où habiteraient les Bourbons. « Toute confiance avait disparu, le découragement était profond ! note Pasquier. J'ai vu dans la matinée (du 20 mars) beaucoup de royalistes, d'émigrés, je n'en ai pas rencontré un seul qui ne crût que tout était irrévocablement perdu, qu'on ne reverrait jamais la maison de Bourbon[2]. »

La Maisonfort parle encore de la « vérité hideuse » de ce 19 mars. Par la suite, plus rien – illusions, candeur, « cette virginité d'espérance », comme il l'écrit encore – ne sera comme avant. Le duc de Berry, qui trouve le temps d'aller voir sa maîtresse avant son départ, est catégorique. « Il nous faut nous séparer pour toujours. Tout est fini pour nous, nous sommes perdus[3]. » Son père, le comte d'Artois, n'est pas plus optimiste. L'un des officiers d'état-major du duc de Berry le voit se mettre en colère contre ceux qui le supplient de rester, alors qu'il quitte ses appartements du pavillon de Marsan pour monter en voiture : « Non, messieurs, je ne reverrai plus la France. » À ce moment-là, le prince en veut sans doute à la terre entière d'avoir été abandonné. Comme il n'est pas dans ses habitudes d'en chercher les raisons, son désespoir se transforme en rage d'impuissance et en colère contre l'ingratitude des Français. Vieux réflexe d'émigré. « Je cite toutes ces paroles, ajoute notre témoin qui deviendra orléaniste, et j'en atteste formellement la vérité, parce qu'on les a démenties plus tard. Mais le fait est qu'à ce moment les Bourbons ne conservaient aucune espérance[1]. » Viennet raconte encore qu'Artois, accompagné de son fils et d'un très nombreux état-major, fera arrêter le cortège à l'entrée de la place Louis-XV – notre actuelle place de la Concorde et le lieu de l'exécution de Louis XVI le 21 janvier 1793 – parce qu'il avait juré de ne plus jamais y mettre les pieds par haine de la Révolution. Il faudra passer par le faubourg Saint-Honoré et la barrière du Roule pour gagner Saint-Denis et le Nord, dans un encombrement d'équipages indescriptible.

5.

La nuit du sacrifice

Le seul à rester digne au milieu de toute cette débandade est le roi lui-même. La scène de son départ est à double-fond. Il y a d'abord les récits pris sur le vif par ceux qui l'ont vécue. Et ensuite ce qu'en ont fait les apologistes royalistes en la métamorphosant en un grand et sublime moment de ferveur monarchique.

Les rares témoins qui ont décrit les Tuileries dans la soirée du 19 mars, peu avant le départ du roi, ont donné au château des allures de forteresse assiégée. Tous les postes ont été doublés par la Garde nationale, on a dressé des barricades au bout de la galerie du Musée, le long de la Seine et à l'entrée de la cour du Louvre. Place du Carrousel, les Cent-Suisses sont sous les armes et attendent les ordres. Ils partiront peu avant le roi, à onze heures du soir. Frédéric Rilliet précise que, ce soir-là, la nuit était extrêmement noire et que l'on ne voyait pas à deux pas. Il pleut continuellement. Les cours intérieures sont encombrées de volontaires et de curieux. Géricault, qui s'est rendu aux Tuileries peu avant le départ du roi, dit qu'elles étaient encombrées de gens qui vociféraient. Les équipages de voyage du roi, six grandes berlines identiques attelées de huit chevaux, attendent devant le vestibule du pavillon de Flore. Elles se sépareront aux barrières de Paris et prendront des directions différentes afin de donner le change au public sur la route prise par le roi. Les gardes du corps de la compagnie de Noailles, chargés de la protection du souverain, sont déjà à cheval, le long de la grille qui sépare les deux cours du château. Le roi partira avec son favori, le comte de Blacas, son premier gentilhomme, le duc de Duras et ses capitaines des gardes les princes de Poix et de Wagram, le duc de Luxembourg et le duc d'Havré. Son médecin ordinaire, le très curieux père Élysée dont Hüe dira à sa mort qu'« il avait eu la vie d'une vraie fille publique[1] » et que certains prennent pour un charlatan, l'accompagne également. Les sieurs Guignet et Gentil sont chargés de sa garde-robe. Le chevalier de Vergennes, écuyer cavalcadour, s'occupera des relais de poste[2].

À l'intérieur du château, la confusion qui régnait jusqu'alors a fait place au calme des grandes résolutions depuis que l'on sait de source sûre que le roi est sur le point de s'en aller. Mme de Maillé, dont le mari doit partir avec le comte d'Artois, note bien « une ou deux têtes faibles » qu'elle ne veut pas nommer, mais le gros des proches et des fidèles fait bonne contenance. « Tous ces vieillards, bottés et éperonnés pour suivre le roi où il lui plairait d'aller, perdaient de superbes existences avec une insouciante dignité qui avait bonne grâce[3]. » À onze heures et demie, les huissiers ouvrent à deux battants la porte des appartements qui donnent sur le palier du premier étage du pavillon de Flore. À l'ordre de neuf heures, le prince de Poix, capitaine des gardes de service, avait fait prévenir les commandants des gardes nationaux de faction du départ du roi et ceux-ci s'étaient massés avec leurs officiers dans l'escalier et sur le palier du premier étage. Il y a aussi des gardes du corps de faction, des courtisans, des dames de la cour : une foule nombreuse et inquiète. Le roi paraît dans l'embrasure de la porte, soutenu d'un côté par son premier gentilhomme le duc de Duras et de l'autre par le comte de Blacas. Le vieux prince de Poix, d'une loyauté à toute épreuve mais inapte à commander qui que ce soit et un peu dépassé par les événements, se tient juste derrière lui[4]. Toute la scène un peu fantomatique est éclairée de la seule lumière des flambeaux que portent les huissiers qui précèdent le souverain. Louis est habillé comme à l'ordinaire : un habit bleu à boutons d'or ornés de fleurs de lys avec de grosses épaulettes couronnées qui lui donnent un air vaguement militaire. Sous l'habit, un gilet blanc lui tombe presque jusqu'aux genoux. Il chausse de curieuses bottes de velours noir brodées d'un cordonnet d'or, les seules que ses mauvaises jambes goutteuses lui permettent de porter. Sa poitrine est ornée du grand cordon bleu de l'ordre du Saint-Esprit.

Il est coiffé à la mode d'avant la Révolution, les cheveux blancs poudrés à frimas, relevés et noués à l'arrière en forme de queue par un ruban noir. Malgré son énorme embonpoint, malgré ses jambes courtes et enflées qui le portent à peine et le font marcher avec la plus grande difficulté, il conserve comme à son habitude « l'air le plus imposant ». À cet instant précis, l'émotion est intense. Tous les protagonistes qui ont raconté la scène disent y avoir succombé. L'épaisseur de la nuit, l'ombre portée des candélabres sur la voûte des escaliers, le silence de l'attente, l'apparition soudaine du vieux roi abandonné, tout cela favorise les gestes spontanés de dévotion. Plusieurs officiers des gardes nationales se jettent à genoux aux pieds du souverain et le supplient de l'accompagner, d'autres pleurent. Le roi, jusqu'alors silencieux, jette quelques mots à la foule avant de descendre péniblement le grand escalier de pierre du château : « Mes enfants, en grâce, épargnez-moi ; j'ai besoin de force. Je vous reverrai bientôt. Retournez dans vos familles... Mes amis, votre attachement me touche [1]. » Alexandre de Laborde, qui les rapporte, les aurait-il récrits de façon à transformer ce qui ressemblait fort à une fuite en une absence momentanée ? Personne, évidemment, n'a osé raconter la façon peu glorieuse dont les gardes du corps s'y sont pris, comme à l'ordinaire, pour monter l'énorme souverain en voiture, en le poussant et en le soulevant de marche en marche tandis que l'un de ses officiers, monté avant lui, le tirait par la main [2]. Charles d'Agoult dit encore que deux personnes au moins étaient nécessaires pour lever le roi de son fauteuil. Parfois, c'était insuffisant et le gros monarque retombait lourdement sur son auguste derrière. Cela s'appelait, dit-il, « manquer le roi [3] ». Le ridicule de tout cela n'a pas été relevé, sans doute par délicatesse, mais peut-être aussi parce que personne n'avait, ce soir-là, le cœur à rire.

Alors que les voitures du roi s'éloignent dans la nuit par la grille du pont Royal, escortées par un détachement des gardes du corps à cheval de la compagnie de Noailles, Alexandre de Laborde insiste au contraire sur le « désordre de l'émotion » et sur la « familiarité du malheur » qui conduisirent la plupart des protagonistes du départ à se presser autour du roi. C'est sans doute sur son récit comme sur d'autres de la même veine que Gros s'est appuyé pour peindre la scène lorsque le roi la lui commandera en mars 1816 [4]. « Nous restâmes tous un moment immobiles, comme frappés d'un effet surnaturel » (Laborde). Gros peint une scène religieuse plus qu'un départ. Les officiers des gardes nationales de la 11e légion : Aclocque de Saint-André, Caumont et Laborde lui-même, qu'il représente en un groupe éploré à la droite du roi, ne prennent pas congé du souverain [1]. Ils semblent au contraire recevoir de lui l'onction sacramentelle. Le roi, représenté de face en pleine lumière, le visage légèrement tourné de côté, tend sa main droite vers eux comme le faisait déjà Bonaparte aux pestiférés de Jaffa, dans le tableau éponyme du même peintre. On n'est pas loin ici des fameuses écrouelles, quand les rois avaient le pouvoir divin de toucher et de guérir les scrofuleux le jour de leur sacre – « Le roi te touche, Dieu te guérit. » Le roi thaumaturge soulage son peuple de ses blessures. Et, ce faisant, il s'immole. Gros souligne ainsi le geste sacrificiel du souverain qui, par son départ, évite la guerre civile et préserve l'unité nationale. Tout est fait dans son tableau pour rappeler l'union intime du souverain et de la nation réunis : les officiers des gardes nationales vêtus de leur uniforme tricolore, la présence conjointe d'un vieux grenadier de l'armée et des gardes du corps du roi, celle de trois anciens maréchaux de Napoléon, Marmont, Berthier et Macdonald représenté à droite dans une attitude théâtrale alors qu'il n'était pas là. Ici, on acclame le roi autant qu'on le pleure comme si le sacrifice du souverain était aussi sa victoire, comme si sa légitimité tenait à l'expérience même du malheur. L'ombre du roi martyr de 1793 plane sur cet « immense effet de nuit », comme le dira plus tard Delacroix [2]. Louis se sacrifie pour qu'une fois de plus le sang de son frère ne retombe pas sur son peuple. C'est ce qu'il suggère lui-même à ses officiers de service, quelques instants avant son départ : « Je ne veux pas être cause de la moindre effusion de sang, et mon départ évitera peut-être un nouveau crime au meurtrier du duc d'Enghien [3]. » La métaphore est presque conjuratoire, car si la légitimité est morte une première fois le 21 janvier 1793 avec le mystère de l'incarnation monarchique, elle dépérit encore un peu au cours de cette nuit du 19 au 20 mars 1815, en s'abandonnant dans les ténèbres d'une fuite peu glorieuse. Toute l'histoire des représentations du 19 mars est une réponse à cette double faillite. Gros brise d'un coup le mythe de l'héroïsme napoléonien en le retournant. Avec le départ du roi, l'héroïsme est désormais dans le sacrifice. Napoléon a pour lui la gloire, Louis va faire de la douleur et du pardon un instrument majeur de légitimation de son régime. Le culte des larmes traverse toute l'histoire de la Restauration. « Ma conviction est sortie de mon cœur. J'ai pleuré et j'ai cru », écrivait déjà Chateaubriand au Livre I du *Génie du christianisme* en 1802. « Le malheur nous est utile », dit-il encore quelque part dans son *Essai sur les révolutions*[1]. Le « droit de pleurer » est l'une des caractéristiques les plus singulières de toute cette période de paix qui succède à l'Empire. Le sentiment, la sensibilité douce, celle exprimée par les femmes qui regardent le roi partir à la droite du tableau de Gros, le mouchoir à la main, sont seuls capables d'étouffer les passions guerrières et dangereuses d'un âge révolu, celui des conquêtes. D'un échec, le 19 mars devient la trame d'un vocabulaire et d'une grammaire politiques qu'on n'a pas assez remarquée. Le 19 mars, c'est la paix, la liberté et l'union, autour d'un roi qui incarne la part raisonnable de la nation. Le tableau de Gros devait être accroché à la Madeleine originellement destinée à devenir l'église mémorielle de la maison de Bourbon, puis aux Tuileries, dans la galerie de Diane du premier étage[2]. Le romantisme est en partie né de cette scène originelle reconstituée par les apologistes du royalisme, là où sont tombées les larmes du sacrifice afin que le sang des Français ne se répande plus. Le désenchantement, le sentiment de l'inutile comme celui du vide ne viendront que plus tard, lorsque la métaphore du sommeil finira par peser sur toute une génération nourrie des *Bulletins* de la Grande Armée.

Les voitures du roi, une fois les Tuileries quittées, entrent par la grille de l'École militaire et passent devant la maison militaire formée en bataille. On a cette fois commandé aux hommes le silence, ce qui fait contraste avec les acclamations de l'après-midi. « Tout était grave et triste dans ce moment », note le jeune Rilliet. Les voitures franchissent ensuite le pont d'Iéna, suivent les boulevards extérieurs et prennent sans encombre la route de Beauvais. « Nous étions jeunes et insouciants, dit encore Rilliet, et pourtant, quelle profonde émotion, quel frisson courait dans nos veines, lorsque dans l'obscurité de la nuit, rendue plus solennelle par le silence des troupes, nous entendions le bruit des voitures qui s'affaiblissait graduellement[3]. » Un peu plus tard, toute la maison militaire s'ébranle à son tour dans un grand fracas de sabres et de sabots. Seuls les chefs savent que l'on ne se battra pas et que le roi se dirige vers Beauvais. Les escadrons de cavalerie suivis des douze trains d'artillerie de la maison militaire remontent lentement les Champs-Élysées et quittent Paris pour Saint-Denis par la porte Maillot.

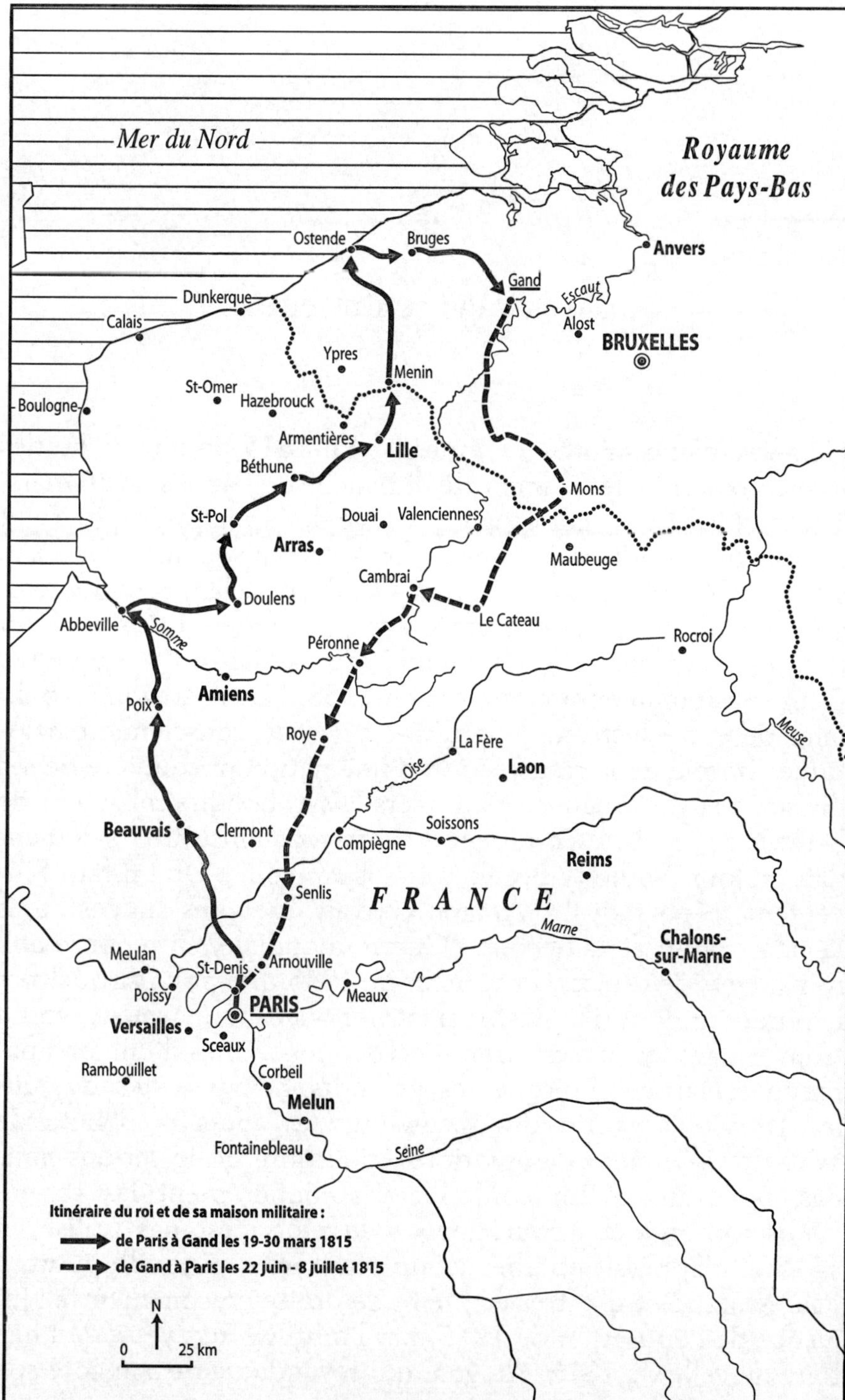

La Semaine sainte
(mars 1815)

6.

Un voyage sentimental

La « semaine sainte » commence. En 1815, le dimanche des Rameaux tombe le 19 mars ; le dimanche de Pâques, le 26 mars. Toute l'histoire de cet étrange voyage de la maison militaire et du roi, qui conduira les uns et les autres jusqu'aux frontières des Flandres et certains jusqu'à Gand en Belgique pour trois mois d'exil, est comprise entre ces deux dates. Étiez-vous du « voyage sentimental » de Gand ? demandait-on à l'époque. Dans son roman éponyme paru en 1958, Louis Aragon a voulu faire de cette histoire celle d'une prise de conscience patriotique comme de la résurrection d'une nation prisonnière de ses divisions et de ses guerres à travers la symbolique religieuse de la fête de Pâques. « Comment écrivez-vous l'histoire ? » demandait un jour Anthony Brown à Louis Aragon. « Oh ! il faut l'inventer », répondait-il[1]. Aragon écrivait quelques années après la catastrophe de la Seconde Guerre mondiale, en réponse aux romanciers de droite, ces vaincus de 1945 qui, pour disqualifier l'épuration dont ils s'estimaient les victimes, avaient voulu trouver dans les proscriptions de 1815 les termes d'une comparaison salvatrice. Puisque les proscrits bonapartistes de juillet 1815 – à la fin des Cent-Jours et après la défaite de Waterloo – étaient des patriotes, pourquoi ne le serions-nous pas, nous aussi ? En confondant volontairement les termes « proscription » et « épuration » – le mot n'est pas utilisé en 1815 et n'apparaît que beaucoup plus tard –, Anouilh, Guitry, Paul Morand et d'autres écrivains de droite en concluent à l'injustice de l'épuration de 1945, par l'inutilité aux yeux de l'histoire de celle de 1815. Aragon, qui revendique de son côté son appartenance au communisme, compare plutôt 1815 à 1940 et en fait les pôles opposés de l'émergence (en 1815) et de l'effondrement (en 1940, par la faute de la droite) de la conscience nationale[1]. Il ouvre son roman par un avertissement « au nom des droits imprescriptibles de l'imagination » : « Ceci n'est pas un roman historique. » D'autres que lui se sont servis du même événement pour d'autres raisons. Mais tous ont cherché à l'instrumentaliser. À l'historien donc de faire son travail, de découdre et de recoudre le réseau contradictoire des représentations, en cherchant, tout en la racontant, les raisons qui ont conduit les protagonistes de cette étrange aventure à se recomposer par rapport à l'événement, entre le passé et le présent de leurs récits, en démêlant aussi le passé et le présent de ceux, romanciers et même historiens, qui, par la suite, se sont engouffrés dans la brèche. Alors peut-être cette fameuse « semaine sainte » qui a tant fasciné s'inscrira-t-elle autant dans l'agonie du vendredi saint que dans la résurrection du dimanche de Pâques.

La maison fait halte une première fois sur les Champs-Élysées, et certains officiers en profitent pour écrire un dernier mot d'adieu à leur famille. « Je n'ai pu aller dire adieu à Amélie, note Tony de Reiset le lendemain à propos de sa femme. [...] Je lui ai écrit deux mots au crayon à la lueur d'une lanterne s'éteignant sans cesse dans les mains du garde qui la tenait, sur un bout de papier tout trempé de pluie, que je ne sais si elle pourra déchiffrer ; la pauvre petite va être malade d'inquiétude. Je lui recommande de faire partir à l'instant Jean avec mes chevaux et de m'envoyer tout ce qu'elle peut avoir chez elle de louis d'or[2]. » Le général d'Arblay a tout juste le temps d'écrire trois mots à la sienne sur le dos d'une enveloppe qui appartient à son commandant, le comte de Béthisy. Le ton en est désespéré : « Ma chère amie – tout est perdu ! Je ne puis rentrer dans aucun détail – de grâce, partez ! Le plus tôt sera le mieux. À la vie et à la mort – midy – midy – A. d'A.[3]. »

On s'arrête une deuxième fois sur la place Royale à Saint-Denis, vers quatre heures du matin. Certains gardes du corps ont dû penser au cortège qu'ils formaient, le 21 janvier 1815, dans une belle ordonnance, autour des cendres du roi et de la reine martyrs, transportées en grande pompe dans la basilique qui sert de sépulture aux souverains, le jour anniversaire de la mort de Louis XVI. À la sortie de Saint-Denis, le maréchal Marmont, le comte d'Artois et son fils, suivis d'une vingtaine d'officiers généraux, rejoignent la troupe. On s'arrête à nouveau au petit jour pour laisser reposer les chevaux et repartir une heure après dans la crainte que les soldats passés à Napoléon n'aient coupé le pont de Beaumont-sur-Oise en direction de Beauvais. « Nous allions en avant, note Frédéric Rilliet, comme si nous étions poursuivis par des forces immenses et nous n'avions pas un homme à nos trousses. » Ceux qui commencent à comprendre qu'on ne se battra pas disent leur colère. « L'indignation éclata sans ménagement », écrit Louis de Gobineau[1]. Beaucoup éprouvent en cette fin de nuit tragique un mélange de déception furieuse et de peur panique. Les douleurs de jambes et d'estomac trahissent le cœur et le courage. Certains se justifieront plus tard, lorsque la cause de la légitimité sera passée définitivement du côté de celle des vaincus, d'avoir suivi le roi par dignité, en réaction au spectacle de lâcheté générale qui avait rendu le pays comme ivre. Lamartine a sans doute bien exprimé ce sentiment dans le silence de l'abandon d'un pays tout entier : « On ne parlait pas. L'orgueil de la France était humilié. Cette grande désertion en masse ne pouvait rendre ce qu'elle sentait que par le silence. J'étais bien jeune, mais je puis dire que le poids de vingt révolutions pesa en ce moment sur ma poitrine. » Et dans un autre texte : « Ce fut la première fois de ma vie que je sentis dans mon âme un profond découragement des hommes. Je vis à huit jours de distance une France prête à se soulever en masse contre Bonaparte et une autre France prosternée à [ses] pieds. De ce jour je désespérai de la toute-puissance de l'opinion et je crus à la puissance des baïonnettes. Ce fut mon premier désillusionnement politique »[2]. Et d'opposer le sabre à la liberté. La vertu à la mode napoléonienne, ajoute-t-il, c'est de s'asservir soi-même. Peut-être, du fond de leur découragement, ces jeunes gens avaient-ils le sentiment de s'appartenir encore, à la différence des autres, passés à Napoléon. On se souvient de ce bref dialogue des *Duellistes*, alors qu'un général bonapartiste demandait au général d'Hubert de reprendre du service au début des Cent-Jours : « Vous appartenez à l'empereur », lui dit-il. Et d'Hubert de répondre en déclinant son offre : « Je n'appartiens qu'à moi-même[1]. »

Toute cette première nuit et cette première journée de marche de la maison militaire sont un mélange de grandeur tragique et de détails dérisoires. Au fur et à mesure de leur progression, les cavaliers en oublient le bel ordre du début, d'autant plus que certains sont sous les armes en permanence, chevaux sellés et préparés, depuis le 14 mars. La fatigue se fait très vite sentir. Les traînards se multiplient. Les chevaux peu entraînés ne tiennent pas et se blessent. « Nos chevaux étaient sur les dents, confirme Frédéric Rilliet ; le mien, parti boiteux de Paris, ne s'était guère remis en route[2]. » La confusion est partout. Le départ a été si précipité que rien n'a été préparé pour les étapes. Certains ont oublié à Paris la caisse de leur compagnie. À la demande de leurs chefs, les gardes n'ont emporté avec eux ni bagages ni provisions. Ils ont dû pourvoir eux-mêmes à leur équipement de campagne et n'ont reçu leurs armes qu'au dernier moment. Ils se nourrissent comme ils peuvent en payant l'habitant sur le chemin. Certains officiers généraux de haute volée, comme le duc de Richelieu qui chemine avec Marmont en tête de colonne, sont logés à la même enseigne que leurs hommes. « Je suis parti le même jour que le roi, à cheval, sans bagages, ni domestiques, et je suis arrivé à Ypres avec la même chemise, sans presque avoir séché sur la route, et après avoir fait soixante-douze lieues, en cinq jours et demi sur le même cheval[3]. » Le futur Premier ministre du roi, qui tentera au début de la seconde Restauration de recoller les morceaux des Cent-Jours, est un pessimiste de nature. Il a dû avoir avec l'ancien favori de Napoléon des réflexions amères et désabusées sur toute cette catastrophe à laquelle il participe bien malgré lui. Aux étapes, chacun s'installe au petit bonheur. Les ordres ne sont pas donnés. On n'exerce aucune surveillance, on ne soigne pas les chevaux. De nombreux gardes qui sont restés les grands seigneurs de leur naissance se sont fait accompagner de valets improvisés, « engeance détestable, fléau des troupes en marche », qui contribuent à augmenter le désordre.

« Je trouvai à Beaumont, note Macdonald qui tentait dans l'après-midi du 20 mars de rejoindre les princes, la queue de la maison du roi, des gardes du corps démontés, les uns menant leurs chevaux par la longe, d'autres couchés dans des charrettes, d'autres à pied, le portemanteau sous le bras ; tout cela avait l'air d'une déroute après une défaite[1]. » Certains officiers qui avaient été à Moscou diront même que les débuts de cette marche vers l'inconnu d'une armée défaite et déjà morte, pour reprendre le beau titre du roman d'Ismaïl Kadaré[2], ressemblaient à la retraite de Russie. D'autant plus que le temps est épouvantable. « La pluie avait commencé à tomber vers dix heures, se souvient Lort de Sérignan, des chevau-légers. Tout d'abord fine et sans direction, elle nous mouillait sans trop nous incommoder ; mais, vers une heure du matin, les gouttes devinrent si larges, si drues, si pressées, que nous fûmes instantanément traversés jusqu'aux os. En même temps, un vent extrêmement intense se mit à souffler. Violemment soulevées par la tempête, de véritables trombes d'eau fondaient sur nous à chaque instant, nous inondant, aveuglant nos chevaux qui, secouant la crinière et les oreilles, portaient la tête basse et refusaient d'aller plus avant. La route était déserte ; dans les rares maisons que nous trouvions çà et là, ni bruit ni lumière. Ainsi, nous cheminions, tristes et silencieux, à travers les larges flaques d'eau brusquement formées par l'orage. Il semblait que la nature eût voulu donner au tableau que représentaient ces quelques milliers de cavaliers suivant leur roi en exil un cadre digne de leur infortune. Elle nous apparaissait furieuse et déchaînée, dans ce violent appareil si propre à terrifier les hommes, et chacun de ces sifflements ardents et sonores de l'ouragan semblait nous dire de quels désastres cette nuit fatale était le prélude pour la France. La tempête dura toute la nuit ; nous marchâmes jusqu'au matin sans nous arrêter[3]. » Même la nature participe au désastre moral du pays, en une figure de style qui traverse toute la littérature romantique.

Les étapes de ce singulier voyage s'égrènent ainsi comme des défaites, malgré l'accueil chaleureux des habitants des villes du Nord. Le 20 mars, la troupe couche à Noailles, le 21 à Grandvilliers peu après Beauvais, le 22 à Abbeville, le 23 à Saint-Pol, le 24 à Béthune. À Beauvais, dans l'après-midi du 21 mars, quelque cinq cents volontaires de l'école de droit conduits par le colonel Druault et le lieutenant Bertaud du Coin viennent grossir la troupe et surtout la ralentir. Bertaud représente un type étonnant de ces volontaires du roi. Comme tous les autres, il est profondément marqué par son histoire. Il a trente-cinq ans en 1815. Né d'une famille de la bourgeoisie de Lyon, il a participé à treize ans, en 1793, à la défense royaliste de la ville contre les républicains, sous les ordres du chevalier de Précy. Il émigre ensuite, rentre en France et adhère en 1811 à la Congrégation qui est la couverture religieuse de la société secrète royaliste des Chevaliers de la foi. Arrêté et emprisonné à Sainte-Pélagie, il est libéré au retour des Bourbons, mais ne leur demande rien jusqu'à son engagement de mars. Bertaud fait partie de ces volontaires littéralement « habités » par la foi. Gobineau qui l'a bien connu parle de sa « piété angélique ». « Nous le prenions tous pour un vrai saint », ajoute-t-il. Il mourra à genoux en prière devant son crucifix à Lyon huit ans plus tard « sans aucune altération dans ses traits », note encore Gobineau [1]. Il y eut également de ces gens-là dans l'aventure de mars, partisans aussi irraisonnés que sincères du trône et de l'autel. Les volontaires sont partis à pied, le 20 mars, du pont de Saint-Maur qu'ils étaient chargés de défendre pour le compte du roi. À Vincennes ils ont refusé de mettre bas les armes et décidé de rallier les troupes du roi à marche forcée, bannière blanche en tête. À Saint-Denis, ils ont été à deux doigts de se faire fusiller sur place par un régiment entier de chasseurs à cheval passé à Napoléon. Les plus faibles sont restés en route, épuisés de fatigue. À Beauvais, on les a placés sous le commandement de Louis de La Rochejaquelein dont le régiment des grenadiers à cheval de la garde est encore en bon état. On les aide comme on peut. « Ces hommes de tous âges, dont quelques-uns sont des enfants, sont peu habitués aux marches forcées, note Tony de Reiset ; beaucoup n'ont jamais porté ni un sabre, ni un fusil, mais ils supportent tout sans se plaindre. Cependant, malgré leur courage et leur endurance, la plupart ne sont pas de force. On a dû prendre trente voitures qui suivent la colonne, et transportent les équipages et les malades [2]. » La maison militaire du roi ressemble ainsi de plus en plus à un long convoi sanitaire embourbé dans les glaises du Nord, sous une pluie qui ne cesse de tomber. La terre détrempée s'enfonce sous les pieds des hommes et des chevaux jusqu'à devenir un immense marécage. La marche est de plus en plus pénible et fatigante, et les chefs remontent le moral de leurs troupes comme ils le peuvent. Il y a là des jeunes gens en colère, d'autres qui ont peur, d'autres qui ont perdu leurs illusions, d'autres enfin qui ont su rester gais et insouciants par le seul fait qu'ils sont jeunes ou qu'ils ont voulu plus tard, en racontant leur histoire, prouver qu'ils l'étaient. On veut toujours transformer, transcender les événements auxquels on a pris part, surtout lorsqu'ils ont été malheureux. On n'y songe pas sur le moment. Plus tard seulement, on se rend compte que c'est une question de survie.

7.

Sur les routes vides du romantisme

À cause de son cheval blessé, Alfred de Vigny chemine, de son côté, en queue de convoi, avec les traînards. Il a tout juste dix-huit ans ! Il n'ira pas plus loin que Béthune et finira l'aventure interné à Amiens, mais quelle chance de l'avoir ! L'auteur de *La Mort du loup* a laissé quelques pages saisissantes, contemporaines des débuts de la monarchie de Juillet, sur cet étrange voyage qu'il réinvente à mesure en essayant d'y trouver les termes de sa propre rédemption : « La grande route d'Artois et de Flandre est longue et triste. Elle s'étend en ligne droite, sans arbres, sans fossés, dans des campagnes unies et pleines d'une boue jaune en tout temps. [...] J'étais seul, j'étais à cheval, j'avais un bon manteau blanc, un habit rouge, un casque noir, des pistolets et un grand sabre ; il pleuvait à verse depuis quatre jours et quatre nuits de marche, et je me souviens que je chantais *Joconde* à pleine voix. J'étais si jeune ! La maison du roi avait été remplie d'enfants et de vieillards ; l'empereur semblait avoir pris et tué les hommes. Mes camarades étaient en avant, sur la route, à la suite du roi ; je voyais leurs manteaux blancs et leurs habits rouges, tout à l'horizon, au nord ; les lanciers de Bonaparte, qui surveillaient et suivaient notre retraite pas à pas, montraient de temps en temps la flamme tricolore de leurs lances à l'autre horizon. Un fer perdu avait retardé mon cheval : il était jeune et fort, je le pressai pour rejoindre mon escadron ; il partit au grand trot. Je mis ma main à la ceinture, elle était assez garnie d'or ; j'entendis résonner le fourreau de fer de mon sabre sur l'étrier, et je me sentis très fier et parfaitement heureux.

» Il pleuvait toujours et je chantais toujours. Cependant je me tus bientôt, ennuyé de n'entendre que moi, et je n'entendis plus que la pluie et les pieds de mon cheval, qui pataugeaient dans les ornières. Le pavé de la route manqua ; j'enfonçais, il fallut prendre le pas. Mes grandes bottes étaient enduites, en dehors, d'une croûte épaisse et jaune comme de l'ocre ; en dedans, elles s'emplissaient de pluie. Je regardais mes épaulettes d'or toutes neuves, ma félicité et ma consolation ; elles étaient hérissées par l'eau, cela m'affligea.

» Mon cheval baissait la tête ; je fis comme lui : je me mis à penser, et je me demandai, pour la première fois, où j'allais. Je n'en savais absolument rien ; mais cela ne m'occupa pas longtemps : j'étais certain que, mon escadron étant là, là aussi était mon devoir. Comme je sentais en mon cœur un calme profond et inaltérable, j'en rendis grâce à ce sentiment ineffable du devoir, et je cherchai à me l'expliquer. Voyant de près comment des fatigues inaccoutumées étaient gaîment portées par des têtes si blondes et si blanches, comment un avenir assuré était si cavalièrement risqué par tant d'hommes de vie heureuse et mondaine, et prenant ma part de cette satisfaction miraculeuse qui donne à tout homme la conviction qu'il ne peut se soustraire à nulles dettes de l'honneur, je compris que c'était une chose plus facile et plus commune que l'on pense, que l'abnégation. » Et tout à sa réflexion sur cette idée de sacrifice volontaire qui est aussi une façon de transformer le désastre et l'échec en une ultime parade de l'honneur, Vigny revient aux paysages qu'il traverse et qu'il est sans doute le seul des protagonistes de cette aventure à décrire précisément : « Je pensais ainsi en marchant au gré de mon cheval, regardant l'heure à ma montre, et voyant le chemin s'allonger toujours en ligne droite, sans un arbre et sans une maison, et couper la plaine jusqu'à l'horizon, comme une grande raie jaune sur une toile grise. Quelquefois la raie liquide se délayait dans la terre liquide qui l'entourait, et quand un jour un peu moins pâle faisait briller cette triste étendue de pays, je me voyais au milieu d'une mer bourbeuse, suivant un courant de vase et de plâtre[1]. » Peu avant Béthune, le jeune gendarme de la garde rattrape un officier d'infanterie de l'ancienne armée de Napoléon, la Légion d'honneur au côté. Resté fidèle au roi, lui aussi chemine vers le Nord, son havresac dans une charrette tirée par une vieille mule. Il lui raconte ses campagnes, alors qu'il était chef de bataillon sous les ordres de Masséna, comme si le récit des batailles anciennes venait se substituer au vide d'un présent sans bataille. L'essence du romantisme est là, dans la réinvention du présent, mais surtout dans l'écart du passé au présent, dans lequel entre le rêve d'une gloire impossible. « J'appartiens à cette génération née avec le siècle, qui, nourrie de bulletins par l'empereur, avait toujours devant les yeux une épée nue, et vint la prendre au moment même où la France la remettait dans le fourreau des Bourbons. [...] Les événements que je cherchais ne vinrent pas aussi grands qu'il me les eût fallu [1]. » Vigny, venu après l'Empire, est condamné à vivre dans un monde où, selon le mot de Baudelaire, l'action n'est pas la sœur du rêve. Le romantisme n'est pas né seulement du côté du « sacrifice » des morts de Waterloo, il prend forme aussi et surtout dans ce sentiment de vide et d'abandon de toute une jeunesse qui eut à ce moment-là le sentiment non pas de faire le sacrifice de la vie pour qu'advienne la liberté, mais de faire celui de rester en vie. Balzac, en campant, tout en l'idéalisant, le personnage d'Auguste de Maulincour dans son *Histoire des Treize,* est l'un de ceux qui ont le mieux saisi le désenchantement de toute cette génération prise entre deux époques. Maulincour aurait pu être l'un de ces gardes du corps de la maison militaire, abandonné sur les routes du Nord : « Ce jeune homme pâle, long et fluet, délicat en apparence, homme d'honneur et de vrai courage d'ailleurs, qui se battait en duel sans hésiter pour un oui ou pour un non, ne s'était encore trouvé sur aucun champ de bataille, et portait à sa boutonnière la croix de la Légion d'honneur. C'était, vous le voyez, une des fautes vivantes de la Restauration, peut-être la plus pardonnable. La jeunesse de ce temps n'a été la jeunesse d'aucune époque : elle s'est rencontrée entre les souvenirs de l'Empire et les souvenirs de l'Émigration, entre les vieilles traditions de la cour et les études consciencieuses de la bourgeoisie, entre la religion et les bals costumés, entre deux fois politiques. [...] Cette jeunesse incertaine en tout, aveugle et clairvoyante, ne fut comptée pour rien par des vieillards jaloux de garder les rênes de l'État dans leurs mains débiles, tandis que la monarchie pouvait être sauvée par leur retraite, et par l'accès de cette jeune France [2]. » Les ingrédients décrits par Balzac sont autant ceux de 1815 que ceux des années 1960 : le retour à la paix, une génération de la guerre arc-boutée au pouvoir, un avenir incertain, le désenchantement économique et bientôt sa domination. La jeunesse sacrifiée de 1815 annonce la jeunesse cette fois littéralement « sanctifiée » des années qui suivront les événements de Mai 68.

8.

Dans un roman de Cervantès

En 1815, les malheureux protagonistes de la déroute de mars, que leurs adversaires transformeront en autant de vétérans de la peur et de l'exil, feront pourtant tout pour s'inventer un rôle et des dangers. Avec le temps, les débandades deviennent des fardeaux peu glorieux à porter. Il faut bien leur trouver un semblant de justification. Et celle-ci est toute trouvée. Si l'on a été si vite vers le nord, au point de donner le sentiment d'une fuite en avant, c'est que Napoléon voulait à tout prix faire sabrer la maison militaire et si possible capturer le roi. Cette légende est née très rapidement dans les écrits royalistes. Dès le 21 mars, Napoléon aurait donné à Davout, son nouveau ministre de la Guerre, l'ordre de faire arrêter le roi à Lille par une dépêche d'état-major portée au maréchal Mortier. Gallais, dans son *Histoire de la révolution du 20 mars*, prétend même que le tyran « aurait voulu faire tomber la tête du roi ». « Cette idée souriait à son âme féroce », ajoute-t-il pour faire bonne mesure[1]. Un tel projet semble pourtant dépourvu de fondement. Dans la nuit du 20 au 21 mars, Napoléon a bien ordonné au général Exelmans de se mettre à la tête de la cavalerie disponible, essentiellement des lanciers, pour dissoudre la maison militaire et la rejeter aux frontières. Le lendemain, il donne l'ordre à Davout, en pensant que le roi se dirigeait sur Calais, de faire fermer les places du Nord et de réunir les troupes en concertation avec Mortier, afin de mettre la main sur les diamants et le trésor de la couronne « dont la perte serait notable pour l'Empire[2] ». Deux jours plus tard, Davout demandait au général Exelmans, au cas où le roi serait à Lille, de le laisser

« aller en Belgique avec les princes et ceux qui voudraient le suivre[1] ». Napoléon voulait simplement « pousser pied à pied » hors du pays le roi et les princes, afin d'en être débarrassé. Il fera la même chose avec le duc d'Angoulême dans le Midi en acceptant *in fine* la capitulation militaire signée par ce dernier avec le général bonapartiste comte Gilly, à La Palud sur le Rhône, le 8 avril. Après tout, la meilleure façon de se débarrasser d'un adversaire consiste peut-être à faire comme s'il n'existait pas. Benjamin Constant parle du « cortège dédaigné » à propos de la fuite du roi et de sa maison militaire.

Il n'en reste pas moins que certains généraux passés à Napoléon pouvaient prendre des initiatives personnelles bien plus brutales. Pasquier se souvient, dans ses Mémoires, de l'inquiétude de Lavalette, alors à la direction des Postes, faisant demander heure par heure des nouvelles du général Lion chargé de marcher contre les compagnies du roi, à la tête de ses chasseurs de Cambrai : « Je le connais, c'est un sabreur, incapable de générosité, il les écraserait sans pitié. Les jeunes gens qui composent ces compagnies [rouges] ne sont pas en état de lui tenir tête. » On s'inquiète donc aussi, du côté bonapartiste, pour les jeunes têtes blondes des « meilleures familles de France ». « Ce serait un malheur affreux, un deuil universel. Je n'aurai pas un moment de repos, tant que je ne les saurai pas en sûreté[2]. »

Malgré tant de précautions et tant de mansuétude, il y eut pourtant des moments de panique parmi les troupes du roi, parce que la peur transfigure toujours le moindre danger imaginaire en pseudo-réalité. Il y a quelque chose des aventures de Don Quichotte dans ce voyage, où l'on prend des troupeaux de moutons pour des cuirassiers et des tas de fumier pour des chasseurs à cheval. Sur la route d'Abbeville, une première alerte immobilise toute la colonne. « Le bruit circula, note Lort de Sérignan, que le général Exelmans, parti de Paris pour nous poursuivre, était à peine à quelques lieues de nous. » Les lanciers d'Exelmans restèrent, pendant quatre jours, la terreur de l'arrière-garde des troupes du roi, dans la pagaille des canons d'artillerie et des chariots d'infanterie. Les Cent-Suisses, « un corps superbe, mais plus de parade que de combat », ferment la marche des traînards parmi lesquels les gardes de la porte commandés par le comte de Vergennes, « le corps le plus ridicule et le moins militaire que l'on puisse imaginer », ajoute Louis de Gobineau, uniquement composé de vieillards et d'enfants portant des épaulettes de colonel. À l'avant-garde, les grenadiers de La Rochejaquelein, qui dans quelques semaines ira se faire tuer en Vendée au combat des Mattes, font meilleure figure. Dans l'entourage du comte d'Artois et du duc de Berry qui suivent les grenadiers en voiture, on continue à penser que certains trahissent et donnent des renseignements sur la marche des troupes. Certains officiers ont été proches de Napoléon, comme le marquis et le comte de La Grange qui commandent les mousquetaires noirs. « Brûlez la cervelle au général de La Grange, conseille sans sourciller La Rochejaquelein à Gobineau, tout est permis contre les traîtres dans la position où nous nous trouvons[1]. » Au passage du Pont-Saint-Rémy sur la Somme, devant Abbeville, une ville toute de briques et de bois entourée de remparts, nouvelle alerte. Marmont, Lauriston qui commande les mousquetaires gris et plusieurs autres officiers généraux d'expérience sont persuadés, sur le rapport de plusieurs paysans, que la place est passée à Bonaparte et que les deux régiments de cuirassiers (5e et 7e) qui s'y trouvent vont la défendre. Louis de Gobineau, qui s'est mêlé au groupe, ne manque pas de préciser que tous ont de nombreuses campagnes militaires à leur actif et ne sont pas tombés de la dernière pluie. « Le maréchal [Marmont] est un militaire très habile, le général de Lauriston avait commandé des corps d'armée, le marquis de La Grange des divisions, tous deux étaient aides de camp de l'empereur et avaient, ainsi que presque tous les généraux qui étaient là, une grande habitude de la guerre. [...] Tous ces messieurs regardaient le tableau qui était devant nous. À nos pieds, la Somme, sur laquelle était un pont, puis des moulins et un village, ensuite un coteau au pied duquel passait la grand-route qui longeait la rivière et dans le fond Abbeville. On ne voyait personne sur le pont ni dans le village ; des points noirs bien alignés couvraient le coteau, quelques personnes paraissaient sur les remparts d'Abbeville. » Certainement les points noirs devaient être les escadrons montés des deux régiments de cuirassiers bonapartistes, en bataille devant la ville. On consulte les princes. Le duc de Berry, toujours prêt à en découdre, s'agite. Monsieur, que le départ de Paris a complètement anéanti, se contente de soupirer. Il faudra deux heures pour mettre la maison militaire en bataille. Deux escadrons de grenadiers avec deux pièces d'artillerie sont envoyés en avant pour occuper le village et, au besoin, le prendre de force. Toute la cavalerie de la maison du roi devait suivre et l'infanterie couronner les hauteurs pour couvrir le défilé et empêcher la cavalerie légère d'Exelmans d'égorger les gardes à pied. On s'engage sur le pont, et puis rien. Le village est vide. Les fameux cuirassiers se transforment en tas de fumier, à la manière des moulins à vent du chevalier de la Manche. Abbeville restée royaliste est pavoisée de drapeaux blancs et accueille les cavaliers de la garde aux cris répétés de « Vive le roi ! » « Il y avait du cœur et du mérite à agir ainsi, note encore Gobineau, car personne n'ignorait l'entrée de l'empereur dans Paris. » Le lendemain 23 mars, au passage de Doullens sur la route de Saint-Pol, on prendra encore un grand troupeau de moutons pour des cuirassiers en manteau, en bataille devant la ville. Le duc de Berry en était persuadé et son état-major aura le plus grand mal à le convaincre du contraire[1].

Le voyage hallucinatoire se poursuit ainsi jusqu'à Béthune où la petite armée royale, aiguillonnée par la peur et le spectre de la trahison, arrive dans la matinée du 24 mars. À Béthune, « petite ville laide et fortifiée », dit Vigny, a lieu un nouvel incident. Alors que les différentes compagnies de la maison préparent leurs cantonnements en ville et dans les faubourgs, un tumulte indescriptible annonce l'arrivée d'un détachement du 3e de lanciers passé à Bonaparte suivi d'un autre de grenadiers de l'ancienne Garde, venus d'Arras et en route pour Saint-Omer. Les « rebelles » conduits par le colonel Debelle ne s'attendaient pas à tomber sur toute la maison militaire du roi. L'incident sera par la suite soigneusement exploité par les royalistes pour illustrer la modération et la clémence du duc de Berry. Alors que les quelque cinq cents cavaliers bonapartistes étaient à portée des canons royalistes placés sur les remparts et à la merci du plus grand nombre, le « digne rejeton d'Henri IV » se serait avancé à leur rencontre, accompagné d'un seul aide de camp pour leur intimer l'ordre de rebrousser chemin. Et à ceux qui lui reprocheront de ne pas avoir fait charger les rebelles : « Comment voulez-vous frapper des gens qui ne se défendent pas[2] ? » En réalité c'est la scène de Lyon qui recommence. Le prince somme l'un des chefs d'escadron des lanciers de crier « Vive le roi ! » et s'emporte lorsque celui-ci le lui refuse poliment. « Rentre dans le rang, ou je te foutrai mon sabre dans le ventre jusqu'à la garde ! » Puis il traite tout le monde de « brigands » et, voyant une croix de Saint-Louis encore accrochée à la poitrine d'un autre officier, tente de la lui arracher. Tony de Reiset, qui n'était pas loin, l'a vu « hors de lui, en proie à la plus violente colère ». Tout se termine dans la pagaille et la confusion de cris mêlés de « Vive le roi ! » d'un côté et de « Vive l'empereur ! » de l'autre[1]. Béthune c'est un peu Canossa. L'humiliation est bue jusqu'à la lie. L'ancien colonel général des lanciers et chasseurs à cheval du royaume est nu, sans ascendant, sans autorité sur des hommes qu'il est supposé commander mais qui ont basculé dans un monde où il n'existe plus. Ils ne le haïssent pas, ils l'ignorent. L'affrontement a pourtant été évité de justesse. Aux portes de Béthune, les jeunes gardes du corps auraient bien voulu en découdre. Rilliet évoque leur « ardeur » et leur envie de combattre « si mal employée » par la faute de « l'ineptie décourageante des chefs ». « Je crois qu'un combat, tout à déplorer qu'il eût été, dit encore Lort de Sérignan, aurait eu du moins l'avantage de relever notre moral et de secouer la torpeur où nous avait plongés ce douloureux voyage[2]. » Le monde de ces jeunes royalistes est désormais un monde sans bataille, c'est celui du *Cuirassier blessé* quittant le feu de Géricault, où se lit la tristesse de la défaite et de la débâcle. Mais cette défaite n'est pas celle des combats d'autrefois, elle est celle des combats qui n'auront plus lieu[3]. Ce rêve d'une gloire évanouie poursuivie par toute cette génération romantique de 1815 s'exprime déjà dans l'errance et la désillusion de « l'étrange voyage » de mars.

« Personne ne comprenait rien à cette retraite ou plutôt, à cette déroute », dit Rilliet. D'autant moins qu'au milieu d'une armée hostile et sans cesse mouvante les habitants des villes et des campagnes de la Picardie, de l'Artois et des Flandres sont restés majoritairement royalistes. Le long des routes du Nord, les paysans accueillent les derniers soldats du roi de leurs encouragements. Ici Bonaparte est détesté. Le pays a été peu touché par l'occupation alliée, l'année précédente, et le commerce a repris. « Ramenez-le, nous nous joindrons à vous[4]. » « Le peuple raisonnable de ces provinces pleurait sur les portes de ses chaumières », note encore Lamartine qui parle plus loin de l'empressement des habitants de Béthune « qui nous offraient leurs demeures et leurs écuries[1] ». Après l'étape de Saint-Pol, le maréchal Marmont, qui commande toujours l'expédition sous les ordres des princes, a remis un peu d'ordre dans la troupe, même si Lamartine lui reproche de s'être conduit « avec dédain et négligence ». Marmont incarne et aimante à lui seul les innombrables critiques qui, après 1830 surtout, vont faire des protagonistes de cette petite armée qu'il conduisait vers l'inconnu les vaincus, sinon les traîtres de l'histoire. C'est un curieux destin que celui de cet ancien protégé de Bonaparte, général de la campagne d'Égypte, maréchal d'Empire à trente-cinq ans, couvert d'honneurs sous tous les régimes et qui, à trois reprises au moins dans sa vie, s'est trouvé là où il n'aurait pas dû être : en signant la capitulation de Paris le 30 mars 1814, en se ralliant aux Alliés à l'insu de Napoléon quelques jours plus tard, en commandant l'armée royale contre l'insurrection parisienne victorieuse de juillet 1830. La « ragusade » des premiers jours d'avril 1814 l'a poursuivi comme une ombre fatale. « Le duc de Raguse a certainement été l'homme le plus calomnié de ce siècle, constate le colonel Charles d'Agoult qui servait dans sa compagnie des gardes du corps en mars 1815. Après les désastres de 1814, il fallait une victime. Les jacobins et les bonapartistes ne voulaient avouer qu'ils avaient été battus. Ils aimèrent mieux crier qu'ils avaient été trahis. » Sa compagnie des gardes du corps, la compagnie de Raguse, où servent pourtant des officiers comme le comte de Virieu, l'ami de Lamartine, un « homme à la Plutarque », note encore d'Agoult, ou Danrémont, le futur vainqueur de Constantine, est rapidement rebaptisée la « compagnie de Judas ». Des caricatures peu agréables courent sur le compte du maréchal. L'une d'elles le représente avec deux visages, en général Janus. D'un côté, coiffé du plumet tricolore des armées napoléoniennes, le sabre à la main, il affirme qu'il sauvera Paris ; de l'autre, empanaché de blanc comme les émigrés, une bourse bien remplie à la main, il promet de « vendre » la capitale[2]. Dans l'armée, il est le « gueusard », anagramme, à une lettre près, de son titre de duc de Raguse donné par Napoléon en 1808 en récompense de son gouvernement des côtes dalmates. Ses amis mettent ses initiatives malheureuses sur le compte de son imagination trop vive, sur son manque de mesure et de prudence qui le conduiront par ailleurs à la faillite, dans les entreprises industrielles qu'il tentera chez lui, à Châtillon-sur-Seine. Ce rejeton d'une famille de petite noblesse originaire de Langres, fils d'un chevalier de Saint-Louis, a certainement cru, en avril 1814, qu'il pourrait être l'homme de la paix et le sauveur de la France. La vanité le conduit, comme beaucoup d'autres de ses pairs, sortis de nulle part à la faveur de l'Empire. D'Agoult raconte encore qu'en Dalmatie il était toujours suivi d'un mamelouk – comme Napoléon – et possédait des mulets superbes avec des sonnettes et des grelots d'argent. Sous la première Restauration, il avait commandé deux magnifiques portraits en pied « pour [son] salon de Châtillon » : celui de Louis XVIII et le sien : « Ce sera très beau, le roi de France et son capitaine des gardes [1]. » Mais le roi est maintenant en fuite. Son capitaine des gardes aussi, alors qu'à Paris Napoléon est en train de le rayer rageusement de sa liste des maréchaux.

Le roi, d'ailleurs, est introuvable. À chaque étape de la marche de la maison militaire, il la précède d'une ou deux journées sans avoir la bonne idée de l'attendre. Marmont et les princes courent après lui sans trop savoir ses intentions, faute de nouvelles. À Beauvais, le 21 mars, le comte d'Artois lui a envoyé un message désespéré. Il sait que son frère y est passé la veille mais n'a aucune idée de l'endroit où il se rend : Lille, Calais ou Boulogne. Dans l'expectative, il a fait envoyer l'un de ses aides de camp, le comte de Trogoff, à Dieppe pour s'y assurer du port. Artois est un adepte du « Courage, fuyons ! » Il aimerait bien que son frère choisisse de se rendre dans un port de mer et, de là, à l'abri en Angleterre. « Si vous êtes resté à Abbeville, nous y serons après-demain. Si au contraire vous avez pris le parti d'aller soit à Calais, soit à Boulogne, nous serons obligés de nous diriger sur Dieppe ou Le Tréport pour trouver des moyens d'embarquement que je fais préparer d'avance et pour éviter les camps de la garde, de manière à ce que les individus ne soient pas compromis et qu'on ne puisse les retourner. [...] Nous sommes sûrs, mon cher frère, que ma proposition est le *nec plus ultra* de ce que nous pouvons faire. Nous ne quitterons pas la maison militaire jusqu'au dernier moment. Notre présence y est nécessaire, soyez tranquille sur notre compte. Adieu ou plutôt au revoir, je vous aime et vous embrasse de tout mon cœur [2]. » Autrement dit, d'Artois n'a qu'une envie : tout planter là et se mettre à couvert. Le lendemain, il apprend à regret par un message de Blacas que son frère se dirige définitivement vers Lille et décide de poursuivre vers Abbeville et Béthune dans l'attente de nouveaux ordres. Ceux-ci sont rares, d'autant plus qu'ils sont souvent interceptés par les lanciers d'Exelmans. « On n'avait organisé aucun service d'informations, ni courriers ni estafettes, dit Macdonald ; mais on avait oublié d'interrompre les communications télégraphiques, dont on ne devait pas manquer de profiter à Paris. »

9.

Délit de fuite

Depuis son départ de Paris, Louis XVIII se soucie de sa maison militaire comme d'une guigne et ne pense qu'à lui. Il a laissé une partie de son escorte à Beauvais et a rejoint Abbeville d'une traite, le 20 mars, à cinq heures de l'après-midi. Macdonald, qui l'y rattrape le lendemain, n'a pas de mal à le convaincre de ne pas attendre sa maison et de se mettre en sûreté à Lille. Reiset a beau parler de « son sang-froid » et de « la fermeté de son attitude », Louis a peur. Il est possible que, pour la première fois dans sa longue vie d'exilé, il n'ait pas cru en son destin. Lui aussi aurait bien eu envie de rallier directement un port de mer et d'en finir avec toutes les trahisons. Cela ne dispense pas cependant de l'étiquette. À Abbeville, le roi est descendu chez le sous-préfet, M. de Verville. Son dîner est à quatre heures et Macdonald, pressé de le faire partir, aura toutes les peines du monde à obtenir qu'il l'avance d'une heure. Pas question de manquer un repas. Le roi de France a beau fuir, il mange en roi de France, c'est-à-dire de bon appétit, et trouve même le temps de féliciter son hôte pour la finesse des vins qui lui ont été servis [1]. On ne l'imagine pas une seconde dîner sur un coin de table. Cela lui permet aussi d'oublier le reste. « C'est le voyage d'Arlequin, commente méchamment Talleyrand : manger et avoir peur, avoir peur et manger [2]. » À Lille, le maire de la ville qui le reçoit chez lui n'oubliera pas de se faire rembourser de l'intégralité des frais de table occasionnés par la royale visite. Dans le mémoire qu'il envoie à la ville, il ne manque ni la moutarde ni le poivre. Le tout s'élève à la somme astronomique de 2 640 francs. Il est pourtant précisé que, le roi ayant séjourné à Lille les mercredi et jeudi saints (22 et 23 mars), il n'a pas pu faire gras. On se contente donc de 12 volailles, 4 pluviers dorés, 1 lièvre, force poissons : turbots, cabillauds et soles, le tout arrosé de 150 bouteilles de vins, dont 16 de sauternes et 12 de pommard[1]. Le « fort royal appétit » de Louis, que Reiset, ébahi de bonheur, a vu un jour avaler un plat entier de côtelettes qu'on avait placé devant lui, n'échappe pas à ses ennemis[2]. Avec eux, les « brillantes facultés » du roi gastronome deviennent un peu sales. Dans certaines caricatures, le « gros cochon » qui « chaque jour faisait dix repas » bâfre sur le dos de ses sujets et ne s'occupe de rien d'autre[3]. Les publicistes à la page s'en donnent déjà à cœur joie. À peine parti, le roi a droit à toutes sortes de chansons drolatiques sur le modèle de celle-ci :

Pas plus d'dix mois,
J'ons porté z'une couronne,
J'ons dans l'trésor, pris force picaillon ;
Deux fois par jour, hélas ! j'faisions bombance,
Est-ce qui faudra voir s'amaigrir ma pauvre panse ?
Oh ! qu'c'est vexant !
Oh ! qu'c'est vexant[4] !

Sa légende noire le suit ainsi jusqu'à Lille comme celle qui fait de lui un égoïste maladif, exclusivement occupé de son bien-être. Dans la précipitation du départ, l'un de ses portemanteaux a été oublié. Il contenait ses pantoufles. Dans le silence réprobateur de l'abandon, les pantoufles du roi deviendront proverbiales. Lorsqu'on a la goutte, c'est pourtant un détail qui compte. « Vous saurez un jour, mon cher maréchal, ce que c'est que la perte de pantoufles qui ont pris la forme du pied ! » On en fera chercher une paire, à Lille, par toute la ville. Et le maréchal Macdonald, qui rapporte l'anecdote, d'ajouter que ce n'étaient pas seulement ses pantoufles qu'il était en train de perdre, mais son royaume tout entier[5].

Tout cela fait presque oublier que si Louis perd en effet son royaume, il le perd la tête haute, non pas en souverain déchu, mais en monarque respecté et souvent acclamé. Tout son voyage de Paris à Lille, comme celui de sa maison d'ailleurs, prouve que sa restauration en 1814 n'a pas été qu'une façade trompeuse. En juin 1791, Louis XVI, fuyant Paris sous un déguisement, avait été arrêté par des autorités hostiles. En avril 1814, lorsqu'il s'était rendu de Fontainebleau à l'île d'Elbe, Napoléon aussi avait été obligé de se déguiser pour échapper à la vindicte des populations du Midi. Les autorités l'avaient évité comme la peste. En mars 1815, Louis XVIII se rend à Lille en roi, malgré l'humiliation de sa fuite. Aux étapes, il est reçu solennellement par les autorités locales. Les populations l'acclament et se pressent autour le lui. On baise religieusement ses habits en une mise en scène typique de cette période à la sensibilité exacerbée. En onze mois, le régime pacifique et libéral qu'il a mis en place a eu le temps de prendre racine, au moins dans les régions traditionnellement royalistes comme dans celles qui avaient su profiter plus que d'autres du retour à la paix. À Beauvais, à Abbeville, il est acclamé. Au relais de Saint-Pol, dans la soirée du 21 mars, toute la population se précipite dans la chambre où il se repose. La pauvre femme qui tenait la maison avait arraché une mauvaise tenture pour la mettre sous les pieds de son hôte. Les hommages des habitants étaient si bruyants et si importuns que le prince de Neuchâtel, capitaine des gardes en service, et le comte de Blacas, ministre de la Maison, furent obligés de se mettre en sentinelles à la porte du roi, l'épée nue à l'épaule, ce qui, ajoute Macdonald, donnait à Blacas une drôle d'allure. À Béthune où Louis s'arrête le 22 mars à cinq heures du matin pour changer de chevaux, toute la population accourt sur la grand-place pour le voir, hommes et femmes en chemise de nuit, « le sous-préfet lui-même à la portière du roi, une jambe à moitié nue, souliers en pantoufle, son habit sous le bras, gilet et chemise déboutonnés, et chapeau sur la tête ! Il n'avait pas pu se découvrir, ses mains étaient embarrassées de son épée et de sa cravate qu'il tâchait d'ajuster à son cou ».

Le même jour, à Lille, c'est le délire. Lorsque le roi y entre en début d'après-midi, les maisons sont tapissées de blanc, toute la ville est aux fenêtres sur son passage, on crie, des femmes en larmes agitent des mouchoirs. « Lille est une ville très populeuse, raconte le duc d'Orléans, les rues que nous traversions étaient noires de monde. L'exaltation du peuple contre Bonaparte s'y manifestait de la manière la plus énergique [1]. » Lorsque le roi quittera la ville le lendemain, des gens du peuple se précipiteront au-devant des chevaux de sa voiture pour essayer de les dételer en le conjurant de rester[1]. Macdonald dit encore avoir vu, le long de la route qui mène à la frontière belge, des populations à genoux dans la boue, les mains levées au ciel, et suppliant le roi de ne pas les abandonner. Par la suite, Louis ne manquera pas de se servir de tout cela à l'élaboration du mythe d'une France divisée en deux : le peuple fidèle d'un côté, l'armée rebelle de l'autre. « Buonaparte a donc pour lui la force armée ; tous les cœurs sont à moi : j'en ai vu des témoignages non équivoques tout le long de la route[2]. »

La seule entorse concédée par le roi à l'étiquette concerne les cérémonies traditionnelles du jeudi saint. Ce jour-là, Louis s'apprête tout de même à quitter son royaume. Il en est un qui paraît ne pas s'en apercevoir, c'est le prince de Condé. Lui aussi a fui Paris dans la nuit du 19 au 20 mars et est arrivé à Lille peu après son cousin. Le descendant du Grand Condé, le « dieu Lare » de l'émigration française, comme l'appelle Chateaubriand, a plus de quatre-vingt-deux ans et perd un peu la tête. Il parlait, la veille, à Abbeville, de « couvrir de sa personne la retraite du roi », comme s'il commandait encore un corps d'armée[3]. « Les choses étaient un peu brouillées dans sa cervelle, poursuit l'auteur des *Mémoires d'outre-tombe*. Il ne savait pas trop s'il s'arrêterait à Rocroi pour y livrer bataille ou s'il irait dîner au Grand-Cerf ; il sentait seulement dans son nom un certain accroissement de gloire, qui pouvait bien tenir à quelque Condé qu'il ne se rappelait plus[4]. » Il n'a pas oublié en tout cas sa charge de grand maître de France dont il a hérité de ses pères et ne trouve pas mieux que de demander au roi si celui-ci ferait le lendemain, jeudi saint, la cérémonie du lavement des pieds. Dans les cartons du grand maître des cérémonies, il existe un dossier entier consacré à cette reprise par le roi de la Cène primitive du Christ, abandonnée depuis la Révolution. Douze jeunes enfants pauvres sont censés représenter les douze apôtres et le souverain leur lave symboliquement les pieds à l'aide de trois serviettes respectivement imbibées de vinaigre, d'eau et de fleur d'oranger. La Cène ne mobilise pas moins de trente personnes : grand maître des cérémonies, huissiers, contrôleurs de la bouche et du gobelet, maître d'hôtel, etc.[5]. La Cène n'aura évidemment pas lieu à Lille ce 23 mars 1815, mais l'année suivante seulement aux Tuileries, dans la galerie de Diane, lorsque les temps s'y prêteront mieux. Le comte de Neuilly raconte que, par mesure de précaution, on avait remplacé les pauvres par les enfants des serviteurs de la maison et que bien sûr on avait veillé à ce que ceux-ci aient les pieds propres... avant d'être effleurés par les royales mains [1]. À Lille, pas d'estrade, ni de tuniques rouges, ni d'aiguière d'or, ni de linge de batiste. « Le moment était en vérité bien choisi ! commente Macdonald abasourdi. Le roi lui-même eut peine à se contenir [2]. » Alors qu'il est à deux doigts d'abandonner son royaume, Louis a dû avoir des pensées amusées sur l'opportunité de rappeler les droits qu'il est censé tenir de Dieu, alors qu'il était sur le point d'être privé de ceux des hommes.

10.

Cochon XVIII

Lille, située à quelques kilomètres de la frontière du royaume de Hollande, qui, par la grâce des traités de Vienne, englobe désormais les provinces belges du Sud, est une place de guerre entourée de remparts et défendue par une citadelle construite par Vauban. C'est aussi une importante place commerciale et industrielle forte de près de 65 000 habitants et la plus importante des villes du Nord. Lille se remet lentement mais sûrement de la grave crise économique de 1813 qui a provoqué la faillite de nombreuses maisons de négoce comme de plusieurs manufactures textiles dans le secteur du lin et du coton, mais aussi de sa brève occupation par les troupes russes en février 1814. D'emblée, les élites bourgeoises et propriétaires de la ville avaient accueilli avec enthousiasme « l'aurore d'un nouveau règne » en saluant avec les Bourbons le retour à la paix et à la prospérité économique. Le duc de Berry avait été reçu à Lille avec enthousiasme et ferveur en juillet de l'année précédente. Lille fut pour lui l'une des rares étapes réussies de son voyage dans le nord et l'est du royaume. Dans les premiers jours de mars, à l'annonce du débarquement de Bonaparte, la population donna très vite des signes non équivoques de fidélité à la cause monarchique. La municipalité, présidée par le comte de Brigode, un survivant de l'Empire comme de nombreux autres maires des grandes villes de France, avait envoyé à Paris une délégation porteuse d'une adresse enflammée de soutien à la monarchie. Le 15 mars, on jouait *Joconde* à l'Opéra et toute la salle avait repris en chœur l'un des vers les plus connus de la pièce : « Allons, allons combattre les infidèles ! » Le 15 mars, à

Lille, les « infidèles », ce sont encore les bonapartistes. La population s'était ensuite portée en foule à la municipalité et avait exigé des armes. « Il arrive des communes voisines un grand nombre de jeunes gens pour s'enrôler dans les volontaires », notait le préfet Joseph Siméon qui se plaignait par ailleurs de manquer de munitions et se heurtait à l'hostilité des inspecteurs aux revues absolument décidés à ne fournir ni la solde ni les vivres aux gardes nationales et volontaires de la ville[1]. Le même jour, les deux premiers bataillons de volontaires royaux – parmi lesquels de nombreux gardes d'honneur du duc de Berry – étaient envoyés à Paris avec deux pièces de canon. Un troisième suivra. Ils apprendront le départ du roi le 20 mars, à Compiègne. Jusqu'au 21 mars, les autorités n'ont qu'une vague idée des intentions du roi et ne savent pas quand il arrivera. La ville est gouvernée militairement par le maréchal Mortier, mais celui-ci a été placé sous l'autorité du duc d'Orléans dont on sait qu'il avait été envoyé à Lille par le roi le 16 mars. Dans le récit qu'il a laissé du séjour du roi à Lille, publié en 1816 puis à nouveau après sa propre abdication, en 1849, le duc d'Orléans se donne des allures de patriote pur et explique toutes ses décisions à la lumière de son amour pour son pays comme de sa haine des étrangers. L'habit qu'il se donne est évidemment taillé sur mesure pour la postérité et cache mal ses ambitions personnelles comme le jeu qu'il a tenté de jouer pour son propre compte pendant ces quelques jours. En route pour Lille, Orléans est rejoint par le maréchal Mortier et passe en revue les garnisons de Péronne et de Douai. Il prend alors la décision d'envoyer à Lille trois bataillons d'infanterie (le 17 mars) et un régiment de cavalerie (le 12e de cuirassiers, le 19 mars) afin d'assurer la défense de la place et pour couper court, dit-il, aux rumeurs qui prêtaient au roi l'intention de livrer la ville aux Hollandais et aux Hanovriens en garnison sur la frontière. Il savait pourtant que Mortier avait, par un message télégraphique du 18 mars, déjà posé la question au roi et que celui-ci lui avait répondu par la négative, mais il se garde bien de le dire[2]. Il jure par ailleurs ses grands dieux – et y consacre plusieurs pages – n'avoir été mis au courant des intentions du roi de se rendre à Lille qu'au dernier moment. La présence à Lille d'une nombreuse garnison hostile, particulièrement à partir du 22 mars lorsqu'on apprendra l'arrivée de Napoléon à Paris, va singulièrement compliquer la situation du monarque. On a surtout l'impression qu'à Lille le maréchal Mortier, d'un côté, le duc d'Orléans, de l'autre, ont tout fait pour se débarrasser le plus vite possible du roi comme d'un hôte un peu trop encombrant qui a de plus l'inconvénient de compromettre les chances de leur avenir. Mortier commence par lui expliquer qu'il ne peut répondre de ses troupes. Chateaubriand évoquait dans ses Mémoires l'air triste et consterné des grognards faisant la haie d'honneur lors de l'entrée du roi à Paris, le 3 mai 1814. Paul de Bourgoing, l'un des aides de camp de Mortier, voit, lui, « l'air moqueur » des fantassins qui font le même service, aux portes de Lille, à l'entrée du monarque, avec l'air de dire : « Rira bien qui rira le dernier [1]. » Mortier parle aussi de cocarde tricolore et de cris « séditieux ». Au lieu de simples grenadiers, il fait placer des officiers « sûrs », dit-il, aux portes de l'hôtel d'Avelin, rue de Tournai, chez le comte de Brigode qui reçoit le monarque. Il lui déconseille encore de faire venir sa maison militaire à Lille de peur que celle-ci ne soit reçue à coups de fusil par la troupe de ligne. Tout cela sent bon la mise en scène, comme les portes de la ville que le roi trouve curieusement fermées à son arrivée par la route de Béthune, le 22 mars à une heure de l'après-midi. Au cours d'un conseil de guerre qui se tient le soir même, on suggère ensuite au monarque de se rendre à Dunkerque, une place sûre, avec, à nouveau, la promesse de la mer en cas d'urgence. Louis, qui n'avait peut-être pas besoin de tous ces effets de manches pour s'inquiéter, finit par obtempérer. Il décide de quitter Lille pour Dunkerque dans la nuit du 22 au 23 mars, puis, sur les instances de Macdonald et de Blacas, pour qui la nuit sent un peu trop la fuite et la peur, remet son départ au lendemain matin. Dans un message qui n'arrivera jamais à destination, Blacas prévient Marmont de conduire la maison militaire à Dunkerque [2]. Que s'est-il passé dans l'intervalle ? On a dû insister sur les inconvénients d'un voyage le long de la frontière par des places militaires dont on avait toutes les raisons de penser qu'elles étaient en train de passer à Bonaparte. Louis ira donc à Dunkerque mais par la Belgique, en franchissant la frontière de la Lys à Menin.

Avec la montée en puissance du patriotisme sous la Restauration et la monarchie de Juillet, passer la frontière va finir par prendre le sens de passer à l'ennemi. Tous ceux qui ont commenté par la suite la décision prise par le roi, le 23 mars au matin, de quitter – même momentanément – le pays lui ont donné un caractère irréversible, culpabilisant, voire infamant. Dans leur esprit, la patrie n'est plus dans le roi dès lors qu'il la quitte. Alors les liens de fidélité tombent. Napoléon le premier, qui a tout fait pour pousser le roi hors de France, considérera cette nouvelle émigration comme « une abdication bien plus légitime que celle qu'il avait été obligé de donner à Fontainebleau au milieu des baïonnettes étrangères [1] ».

Dans la guerre de légitimité que se livrent les deux hommes, la frontière joue un rôle essentiel. Elle n'a jamais été aussi puissante dans l'imaginaire collectif qu'en cette année 1815. Le mythe des frontières naturelles, en particulier celle du Rhin, traverse toute l'histoire de la Révolution. Alors que Bonaparte lui-même était tenté sous le Consulat de définir la citoyenneté française par le droit du sol, la frontière sépare les peuples, sinon les races, et les affronte. Elle n'est pas encore l'espace de paix et d'échanges qu'elle deviendra dans la seconde moitié du XXe siècle. La frontière est indissociable de la notion de patrie, une notion charnelle et affective incarnée géographiquement – « la terre où nous habitons », comme l'écrit Rousseau – pour laquelle on se bat et pour laquelle on est prêt à sacrifier sa vie. En mars 1815, dans l'esprit du plus grand nombre, la patrie l'emporte encore largement sur l'idée de nation qui reste une instance de légitimité abstraite et toute politique [2]. Même les théoriciens du libéralisme verront dans l'abandon de la patrie par le roi, qui en la quittant n'est plus maître de la défendre, la perte de sa souveraineté. Benjamin Constant l'écrit fortement dans ses *Mémoires sur les Cent-Jours* : « J'ai toujours conçu toutes les opinions. J'ai compris qu'on voulût la monarchie ou la république, la légitimité émanant de la naissance, ou la liberté fondée sur un pacte : mais il y a une condition première, essentielle, devant laquelle tout disparaît : cette condition, c'est l'indépendance nationale, c'est l'éloignement de toute intervention étrangère, car sans cette indépendance il n'y a plus ni monarchie, ni république, ni succession régulière, ni pacte social, ni Constitution, ni liberté [3]. » Pendant les quatre-vingt-dix jours qu'il passera en Belgique, Louis aura beau se considérer toujours comme le souverain légitime de la France, il aura beaucoup de mal à se justifier de telles accusations et lorsque sa cause sera définitivement perdue en juillet 1830, elle en sera d'autant plus méprisée. En quittant son pays, Louis bascule du côté de l'émigration et de la trahison en liant, comme sous la Révolution, sa cause à celle des ennemis de son pays. L'accusation, lancée dès les débuts de la Révolution, passe d'un roi à l'autre. Elle deviendra pendant près de un siècle une constante de la propagande antibourbonienne. Il faudra attendre le gouvernement de la France libre et les discours du général de Gaulle à Londres pour que l'émigration au service de l'étranger se transforme en un exil volontaire de la patrie. Cette fois-ci, les « collaborateurs » sont en France, à Vichy, pas à Londres[1].

En 1815, on n'en est pas là. Après avoir accompagné Louis XVIII jusqu'aux portes de Lille, Mortier s'adresse ainsi sans ambages à ses officiers : « Messieurs, le roi est parti ; je lui suis resté fidèle tant qu'il n'a pas quitté la France. [...] Je ne me sépare point d'elle, et je défendrai la France face aux étrangers[2]. » Macdonald va même jusqu'à inventer une leçon de morale dont il n'a sans doute pas prononcé le premier mot devant le roi : « Sire, qui quitte la patrie, la perd[3]. » Il ira jusqu'à la frontière sans la franchir, puis rentrera chez lui. Berthier, obligé de boire le vin jusqu'à la lie et d'accompagner son souverain, dont il est le capitaine des gardes de semaine, en pays « ennemi », se serait tordu les bras de remords et de douleur à l'idée d'une telle infamie. Tous ceux-là ont beau jeu de cacher derrière un patriotisme sans tache l'inconvénient d'avoir à suivre un homme dont on pensait sur le moment qu'il était perdu. Les vaincus ont toujours tort. Il n'est pas conseillé, lorsqu'on appartient à l'élite du pays, de s'associer à une cause qui n'a plus d'avenir. La patrie, recomposée, sanctifiée et magnifiée pour l'occasion, cache en réalité la lâcheté des uns et l'ambition des autres. Ce sont peut-être eux, en 1815, « les académiciens somnolents, les hommes d'affaires manégés par les combinaisons, les généraux épuisés de grade » que de Gaulle place du côté des « traîtres », en 1942[4]. Pour faire bonne mesure et comme on ne sait jamais, certains, comme Mortier, vont inventer les moyens de rentrer en grâce en cas d'un retour de fortune du roi.

Le message télégraphique par lequel le maréchal aurait reçu l'ordre de Davout « d'arrêter le roi et tous les Bourbons qui pouvaient être à Lille » n'a jamais existé[5]. En l'évoquant tout en jurant ne pas vouloir l'exécuter, Mortier fait coup double. Il se débarrasse des Bourbons par la peur et se crée pour la suite des titres à leur reconnaissance[1]. Il passera ensuite au service de Napoléon puis, sentant à nouveau la fin, feindra la maladie pour ne pas servir à Waterloo. Mortier deviendra, comme Soult, l'un des grands dignitaires du régime de Juillet avant d'être tué par la machine infernale de Fieschi lors de l'attentat manqué contre le duc d'Orléans devenu Louis-Philippe, en juillet 1835. Preuve que « la justice de Dieu » existe, commente le très royaliste Louis de Gobineau, écœuré par tant de palinodies[2].

Louis XVIII lui-même, dans l'urgence de la situation, a mal évalué – ou n'a pas voulu les évaluer alors qu'il les craignait – les griefs qu'on allait lui faire plus tard de sa décision. Dans la mesure où il est persuadé d'incarner la France, il lui importe d'abord de se mettre en sûreté. Sur le moment, les menaces de Mortier ont certainement dû jouer leur rôle : « On prétend que ma tête est nécessaire à la France, en écrit-il à Talleyrand quelques jours plus tard ; j'ai dû pourvoir à ma sûreté, qui aurait pu être compromise si je fusse resté quelques heures de plus à Lille[3]. » Et puis, Louis a beau être acclamé par les populations du Nord, il est seul, abandonné de tous. Les diplomates en poste à Paris ne l'ont pas suivi. De tout son gouvernement il n'est accompagné que d'un seul ministre, le comte de Jaucourt, qui tient l'intérim des Affaires étrangères. Tous les autres ont fui de leur côté malgré les ordres. L'absence de son chancelier, le vieux Dambray, est particulièrement sensible à Louis qui tient strictement au principe que le roi et le chancelier de France sont inséparables, comme le corps et l'âme. Mais celui-ci a préféré se retirer prudemment chez lui en Normandie. Il y restera tranquillement quelques jours avant d'être inquiété par Napoléon. Aucun des pairs et des députés, qui se sont séparés à Paris dans la matinée du 20 mars, n'a cherché à le rejoindre. Même si leur nouveau lieu de réunion n'était pas précisé dans la proclamation royale de la veille, ils savaient plus ou moins que le roi se rendait dans le nord de la France. Lainé, le président de la Chambre des députés, choisira de se réfugier à Bordeaux, où se trouve encore la duchesse d'Angoulême, et publiera le 28 mars, sans en informer le roi dont il est sans nouvelles, une très belle protestation contre la dissolution illégale des Chambres par « l'usurpateur »[1].

En passant en Belgique, en franchissant le « Rubicon », comme dit encore le duc d'Orléans, Louis sait qu'il se jette dans la gueule d'un allié peu commode, ombrageux et jaloux, dont le pouvoir vient à peine d'être reconnu par les puissances alliées – et qu'il n'a lui-même pas encore reconnu. Le nouveau royaume belgo-hollandais, dont le souverain de la dynastie des Orange, Guillaume Ier, est comme lui un roi restauré après que son père, le dernier stathouder de Hollande, eut été déposé en 1784, est un pays trop fragile et trop peu sûr de lui pour qu'un voisin aussi puissant que le roi de France, même défait, y soit reçu sans arrière-pensées. Il est de plus toujours occupé militairement par les troupes alliées – Hanovriens à la solde du roi d'Angleterre et Prussiens. Si la situation devait définitivement mal tourner, il préférerait encore s'exiler en Angleterre. Mais alors qu'il quitte Lille, il est encore si incertain de la durée de son séjour en Hollande que les deux ordonnances par lesquelles il défend à ses sujets de payer l'impôt et licencie l'armée ont été rédigées bien plus tard, à Gand, et antidatées du jour de son départ, le 23 mars[2].

Les ordonnances du 23 mars sont aussi sa manière à lui de répondre aux manœuvres pour le moins suspectes de son cher neveu d'Orléans.

11.

Un cousin bien encombrant

En quittant Lille pour l'Angleterre dans la nuit du 23 au 24 mars, plusieurs heures après Louis XVIII, le duc d'Orléans s'est donné assez de temps pour jouer sa partition contre « le gros oncle », comme on appelait le roi dans la famille. Le chevalier de Jonville, un proche de Blacas, qui avait vu le fils de Philippe Égalité à Naples l'année précédente, résume d'une phrase tout ce qui couve de vanité blessée et de prudence cauteleuse chez cet héritier d'une branche cadette éternellement orpheline du trône : « Il a de l'attachement et du respect pour le roi, mais il m'a paru toujours peiné de ce qu'il n'en a pas obtenu la confiance et il craint que Sa Majesté ne lui suppose des vues ambitieuses outre mesure [1]. » Derrière des apparences modestes et un peu peuple, Orléans sait parfaitement ce qu'il est. Il a l'orgueil de ses origines et ne se privera jamais de claironner sa filiation directe avec le frère cadet de Louis XIV, Monsieur. Comme son oncle le roi, il a l'obsession des apparences et de l'étiquette. Il ne pardonnera jamais à ce dernier d'avoir introduit, pour la première fois depuis la Révolution, une différence entre les « membres de la famille royale » et les « princes du sang », dont il est désormais en tant que « cousin » du roi. Altesse sérénissime et non altesse royale, on ne lui ouvre qu'un seul des deux battants des portes des appartements privés des Tuileries, et cela est assez pour nourrir la rancune de toute une vie. Louis a beau lui avoir restitué ses biens immenses et une partie de ses tableaux confisqués mais invendus sous la Révolution, il a beau lui avoir donné les grades et fonctions militaires que portait son père avant 1789, le tout nouveau colonel général des hussards lui en voudra toujours de cet « abaissement ». Il y a plus encore. Le duc d'Orléans est l'héritier d'une famille que la branche aînée des Bourbons n'a cessé selon lui d'humilier, depuis le mariage forcé de son aïeul avec une bâtarde de Louis XIV, Mlle de Blois, jusqu'à la « réquisition » du château de Saint-Cloud, le joyau de la famille, peu avant la Révolution. On avait ainsi cédé à la fantaisie de Marie-Antoinette, la reine trop gâtée, qui pensait que le « bon air » de Saint-Cloud fortifierait la santé fragile de son fils aîné, Louis-Joseph, qui mourra finalement en juin 1789.

Prince blessé dans l'orgueil de sa maison, il l'est aussi dans la conduite devenue infamante de son père. On n'est pas impunément le fils d'un régicide lorsque précisément toute la propagande du régime tourne autour de la rédemption du crime par la souffrance, l'humilité et le pardon. Le duc d'Orléans est fin et très politique. Il ne manque pas non plus de charme. Alexandre Dumas, qui le rencontrera un peu plus tard, le décrit ainsi : « Il avait la figure ouverte, l'œil vif et spirituel, sans fixité ni profondeur ; une grande affabilité de paroles qui, cependant, n'allait jamais jusqu'à empêcher l'aristocratie de se faire sentir, à moins qu'il n'eût tout intérêt de caresser quelques bourgeois vaniteux. » Dans ces moments-là, ajoute-t-il, il avait une « voix agréable », « presque toujours bienveillante »[1]. Il sait y faire et on s'y laisse prendre. À Lille, il saura mettre à profit la protection que lui accordent Mortier et son état-major, pendant plus d'une demi-journée, une demi-journée de plus que le roi ! Le dernier à quitter la partie a toujours raison. Il jurera plus tard dans son Journal n'avoir reçu aucun ordre de ce dernier, au moment de son départ, et avoir été laissé libre d'agir selon sa conscience, ce qui est difficile à croire. « Vous ferez ce que les circonstances vous indiqueront[2]. » Le blanc-seing du roi le met à l'abri. Tout le reste est calculé à la virgule près. Avant de quitter Lille pour Tournai et l'Angleterre, le bon cousin laisse deux lettres soigneusement méditées. La première est adressée à Mortier à qui il recommande « de faire tout ce que votre excellent jugement et votre patriotisme si pur vous suggéreront de mieux, pour les intérêts de la France ». La seconde est envoyée à tous les généraux commandants de place de la division militaire de Lille qu'il dégage de ses ordres – et par conséquent de leur serment au roi – et laisse libres d'agir à leur guise[1]. Là encore, il est question des sacro-saints « intérêts de la France ». Et puis, il y a de petits gestes, des petites phrases qu'on se repassera et qui circuleront jusqu'à Paris pendant de longues années. À son aide de camp, le général Athalin, le duc d'Orléans aurait recommandé de reprendre la cocarde tricolore. À un autre de ses aides de camp, le général Albert, il prendra même le risque d'un petit dialogue patriotique évidemment destiné à être livré en pâture au public :

« Et vous, mon cher général, qu'allez-vous faire ?

– Défendre mon pays et reprendre ma vieille cocarde, je l'ai déjà dans ma poche, et quand Votre Altesse aura passé la frontière, je la mettrai à mon chapeau.

– Montrez-la-moi.

Et, la regardant attentivement, de murmurer en soupirant :

– Je ne me suis jamais battu que pour celle-là[2]. »

Dans l'armée, cela plaît. Un correspondant de la duchesse d'Orléans resté à Lille ne perdra pas un instant pour lui faire part des heureux résultats de ces douze heures supplémentaires visiblement bien employées par son mari : « Les colonels de la garnison de Lille m'ont fait pleurer comme un enfant hier en me parlant de Monseigneur ; que Madame aurait joui si elle avait pu les entendre : "C'est lui qu'il nous fallait, ah ! que ne l'avons-nous connu plus tôt[3] !" » Napoléon, qui fera tout pour semer la discorde dans les rangs de ses ennemis, ira même jusqu'à risquer un compliment : « Celui-là a toujours eu l'âme française[4] ! »

L'enjeu est une fois de plus le même : qui, des deux représentants de la branche aînée ou de la branche cadette des Bourbons, incarne le mieux la nation ? S'il s'est formé par la suite ce que les historiens ont un peu rapidement appelé un parti d'Orléans, c'est bien après ces événements apparemment anodins de Lille. Jaucourt ne s'y est pas trompé. Quelques jours plus tard, il juge très lucidement la situation dans une lettre à Talleyrand : « Les Bourbons finissent au roi et commencent au duc d'Orléans, cela est sûr[5]. » Le duc d'Orléans, toujours prudent et soucieux de se désolidariser de ses imprudents cousins, ne restera pas avec eux en Belgique. Certes, lui aussi s'exile, mais c'est par dévouement. Toute sa vie, Louis-Philippe s'est « sacrifié » – comme il le répétera sans cesse –, y compris lorsqu'il s'emparera du trône en juillet 1830 ! Alors c'était pour éviter la révolution. En mars 1815, c'est pour épargner « de nouveaux malheurs » à son pays. Il passera en Angleterre par Anvers, refusera de rejoindre le roi qui le lui demandera pourtant, préférant l'avoir à côté de lui à Gand que contre lui, et entretiendra sans en avoir l'air la flamme de ceux qui, de plus en plus nombreux, le considéreront comme le meilleur candidat au trône de France. Lorsque le roi rentrera victorieusement à Paris en juillet 1815, il en sera quitte pour une réplique un peu féroce dont Louis a le secret : « Quand un cousin me pique, je ne me gratte jamais, de peur qu'il y vienne une enflure et que cela s'envenime[1]. » Le cousin est une sorte de moustique désagréable, très actif en été. Orléans finira par retourner, un peu penaud, en Angleterre et ne se décidera à revenir définitivement en France qu'en avril 1817. Durant l'exil des Cent-Jours, il va être pour le roi, comme on le verra, un obstacle presque aussi redoutable que Napoléon lui-même sur la route du retour au pouvoir. Comme le note Charles d'Agoult, « le voisinage du trône et la chance d'une couronne ont, paraît-il, un attrait irrésistible pour le cœur humain[2]. »

12.

Hallali sur pied

Lorsque le roi, escorté par un piquet de la garde nationale de Lille et par quelques cuirassiers, franchit la frontière belge, le 23 mars vers quatre heures de l'après-midi, son frère et les principaux commandants de sa maison militaire n'ont aucune idée de l'endroit où il se trouve. Toute la maison est arrivée à Béthune le 24 mars au matin sans avoir jamais reçu le fameux message par lequel le souverain en fuite envoyait sa troupe à Dunkerque. Le comte d'Artois et le duc de Berry sont encore persuadés que le roi est à Lille. Ils avaient déjà envoyé une partie des caissons d'artillerie et de leurs bagages en direction de la capitale du Nord lorsqu'ils apprirent son départ. Le découragement général était déjà grand, il monta d'un cran. En fin de matinée, on improvise un grand conseil militaire chez le maire de Béthune où se retrouvent les princes, les officiers généraux et les principaux chefs de corps de la maison. Le sauve-qui-peut est général. Puisque le roi a quitté la France, autant tenter de le rejoindre en Belgique en marchant sur Ypres. Dans la panique et la peur d'être arrêté par des troupes hostiles, le maréchal Marmont et le général de Lauriston, capitaine des mousquetaires gris qui commande en second la maison militaire, choisissent un chemin de traverse, le plus court jusqu'à la frontière, par Estaires et Armentières, malgré l'avis de plusieurs habitants interrogés sur l'état des routes. Il pleut toujours à verse, ce 24 mars, à Béthune. À ceux qui préviennent que la route d'Estaires passe par les marais de la Lys et n'est qu'un cloaque, Lauriston répond, impatienté : « On ne vous demande pas le meilleur chemin, mais le plus court [1]. » Comme les différents corps de la maison militaire sont déjà en très mauvais état, on décide de laisser à Béthune les cavaliers démontés, l'infanterie, une partie des bagages et de l'artillerie sous le commandement du général de La Grange. Mille huit cents chevaux encore en état, vingt-quatre pièces d'artillerie, les équipages des princes comme de la cinquantaine d'officiers généraux qui les accompagnent quittent ainsi Béthune en début d'après-midi sous la direction de Marmont pour la pire des étapes de cette « semaine sainte ». Le jour est bien choisi. Le 24 mars est le vendredi saint. Très vite la route se révèle impraticable et disparaît sous une mer de boue. Frédéric Rilliet la décrit pavée de gros rondins de bois recouverts d'une épaisse croûte de terre glaise qui leur donnent l'apparence de vagues de boue, et bordée de canaux. Le passage de la cavalerie et des cuirassiers qui marchent en tête n'améliore pas l'état des chemins. À l'arrière, caissons, voitures et chevaux s'enfoncent dans d'« affreux bourbiers » et doivent être abandonnés malgré les secours offerts par les gens du pays. « Nos chevaux enfonçaient quelquefois jusqu'au ventre, note encore Frédéric Rilliet, et plusieurs restèrent en arrière. On attela jusqu'à trente chevaux à la voiture du comte d'Artois. Ce fut le seul équipage qui alla plus loin que Béthune[1]. » Quelques jours plus tard, le maire d'Estaires et les commissaires de la nouvelle police impériale dresseront la liste des voitures et des effets abandonnés en chemin. Cela ressemble à un curieux inventaire à la Prévert. Visiblement, le comte d'Artois et le duc de Berry ne savent pas partir en campagne sans un peu plus que le strict nécessaire. Comme les personnages de Balzac, ils ne voyagent pas, ils déménagent. Ainsi va la liste de leurs effets récupérés comme autant de prises de guerre dont on fera le 4 avril « le ridicule étalage », dit le commissaire de police, dans la cour de la préfecture de Lille. « Trois voitures à quatre roues dont deux avec les armoiries royales, un coupé jaune et deux calèches, six fourgons, quatre petits chariots de transport, quatre chevaux avec harnais d'équipage, dix-sept plats, trois douzaines d'assiettes, quatorze cloches pour le service de table, le tout en argent et aux armes du roi » et puis des selles, des casques, des sabres, des pistolets, un chapeau à plumes blanches, des effets personnels aussi divers que des nécessaires de toilette ou de cuisine embarqués dans les voitures, et dans celle du comte Charles de

Damas, capitaine des chevau-légers de la garde, une miniature à l'image de son petit-fils et une grosse montre en argent avec réveil[1]. On dirait le monde englouti de la monarchie. De nombreux officiers en seront quittes pour avoir tout perdu dans les boues du Nord. Car ce qui n'a pas été pris par les autorités impériales a été pillé ou enlevé. Cela rappellera de mauvais souvenirs au général de Rochechouart qui sert dans les mousquetaires noirs et fait partie, avec Chapt de Rastignac et Quinsonas, de ces quelques officiers français passés au service du tsar sous l'Empire dans le sillage du duc de Richelieu et rentrés en France dans les rangs de l'armée coalisée contre Napoléon en 1814. Lui aussi avait déjà perdu tous ses effets à la Berezina, mais du côté russe, comme aide de camp d'Alexandre Ier et sous les ordres d'un autre Français, le comte de Langeron. « Mon nécessaire de voyage renfermait une forte somme ; mon domestique voulut l'emporter, mais mon cocher, depuis peu à mon service, s'unissant à d'autres mauvais garnements, menaça de le tuer ; ma voiture et bien d'autres furent pillées et détruites. Je me trouvai donc, comme à la Berezina, ne possédant que ce que j'avais sur le corps ou dans mes poches, deux chevaux de selle et mon manteau ; on conçoit mon découragement[2]. »

Ce n'est plus une débandade, c'est un naufrage. À la tombée de la nuit, on frise le désespoir. « Nous étions dans une mer de vase, raconte Lort de Sérignan, de la compagnie des chevau-légers ; un cheval tomba à mes côtés et se noya. Perdus au milieu de la nuit en un immense marais, ne pouvant mettre pied à terre, égarés, notre salut à tous me parut en cet instant véritablement compromis[3]. » Le capitaine Forget, agrégé à la compagnie de Raguse, perd ainsi son cheval, comme beaucoup d'autres : « Je me vis obligé de suivre la colonne à pied m'accrochant tantôt à la queue d'un cheval, tantôt au manteau ou à la botte d'un cavalier pour éviter d'être moi-même englouti[4]. » La pluie, le vent font rage, et l'obscurité, bientôt complète, rend la marche d'autant plus périlleuse. Les grenadiers de la garde qui avaient fait la campagne de Pologne ne se rappelleront pas avoir connu des conditions aussi difficiles. « Si je racontais tout ce que j'ai vu et entendu dans cette désastreuse marche, on ne le croirait pas, écrit Louis de Gobineau. J'ai vu des hommes se laisser tomber au milieu de la boue, refuser de faire aucun effort pour se relever et résignés à périr plutôt que d'essayer de se désembourber. J'en ai vu pleurer comme des enfants, sans force, sans énergie, appelant leur mère à leur secours ; d'autres réclamer la mort et prier un de leurs camarades de les tuer[1]. » Ceux qui s'en sortent ressemblent à des fantômes. « Nous marchions pêle-mêle, mousquetaires, chevau-légers, grenadiers, tenant un front de plus de quinze cents mètres, présentant l'image d'une vaste charge en fourrageurs. Nos chevaux étaient couverts d'une épaisse croûte de boue, nos fracs rouges maculés, nos épaulettes d'or ternies et noircies[2]. » *Sic transit gloria mundi*... Cela ressemble à une défaite, mais sans bataille, sans même les honneurs d'un combat contre la cavalerie bonapartiste.

Au bout de sept heures de cette marche désastreuse, on s'arrête quelques instants à Estaires en fin de nuit pour se reposer et rejoindre enfin la chaussée d'Armentières le long de la frontière, près de Neuve-Église. « La terre ferme », commente Rilliet dans un soupir de soulagement. Les princes y sont arrivés les premiers et, toujours aussi légèrement qu'à leur habitude, ont pris la décision de licencier leurs troupes. Ils ne savent pas si le roi de Hollande les autorisera à entrer chez lui avec un fort contingent de troupes françaises, ils n'ont pas de quoi les payer, ils n'ont aucune idée de ce qui les attend, et surtout ils ont un peu perdu la tête. L'état-major du duc de Berry a franchi la Lys dans la panique au pont Rouge, près d'Armentières, suivi de près par un escadron de cuirassiers bonapartistes. Tout le monde se serait fait prendre avec le prince sans la présence d'esprit d'un officier d'infanterie belge[3] et sans l'arrivée très opportune de quelques hussards hanovriens. Manque de courage, manque de sang-froid, manque de tout. Des « jean-foutre », dira Richelieu, furieux, en passant la frontière. Les princes partis pour Ypres sans attendre, ce sont les chefs de corps qui sont chargés d'annoncer la nouvelle à leurs troupes. « Nous nous rangeâmes en bataille à dix minutes de marche de la frontière, raconte Rilliet. Chaque chef s'avance vers sa compagnie et annonce que la maison du roi est dissoute, que l'on recevrait à Armentières des feuilles de route pour ceux qui désiraient rentrer dans leurs foyers, mais que ceux qui voulaient suivre la fortune des princes devaient prendre la route d'Ypres. Du reste, liberté entière pour agir selon ses vues et ses intérêts. » Tout le monde serait passé en Belgique au « moindre encouragement », ajoute Rilliet pour qui, comme pour beaucoup d'autres, l'honneur et le service du roi l'emportent sur le patriotisme, ou plutôt, sont sa façon à lui d'être patriote. Quelque trois cents gardes des différentes compagnies entreront quand même en Belgique. Les autres rentreront à Béthune et Saint-Pol pour être licenciés par le général de Lauriston. Nombre d'entre eux iront chez eux prendre de quoi survivre à l'étranger et rejoindront leurs camarades à Gand et à Alost dans les semaines suivantes. Les plus âgés se souviennent trop des aléas de leur première émigration sous la Révolution pour avoir envie d'y goûter de nouveau. Les motivations qui les font agir, ce 25 mars, dépendent souvent de situations très personnelles. Certains sont mariés et veulent rassurer leur famille ou se rassurer sur le sort de celle-ci. D'autres n'ont pas un sou vaillant et rechignent à émigrer alors qu'ils ne savent pas si leur solde leur sera payée. Elles tiennent à la peur, à l'intérêt, au ressentiment, à la fatigue ou à l'honneur, et n'ont pas grand-chose à voir avec la grande explication patriotique inventée après coup par Lamartine. « Ce fut la première fois que je parlai en public. [...] Émigrer, dis-je, c'est se déclarer vaincu sur le terrain où il faut combattre. Nous sommes plus utiles à notre cause comme amis de l'intérieur que nous ne le serions au-dehors comme soldats. C'est par l'opinion que nous avons à combattre[1]. » Dans sa *Semaine sainte* écrite après la Seconde Guerre mondiale, Louis Aragon, qui prend Lamartine au mot et ne cherche pas à s'expliquer les raisons d'une éventuelle recomposition ultérieure de cet étrange discours, considère ce dernier comme une sorte d'acte fondateur du patriotisme et de la démocratie. Aux guerres civiles et fratricides doit succéder la politique, dans le sens le plus noble du terme. S'il faut se combattre, combattons-nous avec des mots. En 1815, comme en 1945. Mais Aragon n'a rien inventé. Cette thèse a été celle de nombre de grands écrivains passés, en quelques décennies, après l'Empire, du légitimisme au républicanisme. Ce sont eux, les premiers, qui ont cherché à faire de la rupture surmontée des Cent-Jours l'acte fondateur d'une nouvelle ère des libertés françaises. « Moins de gloire, plus de liberté. Le tambour se tait, la raison prend la parole », écrit Victor Hugo en commentant les conséquences de la défaite de Waterloo dans *Les Misérables*[2].

Tony de Reiset, qui tient toujours son Journal, raconte tout au contraire que, parmi ses amis condamnés à choisir entre deux solutions également périlleuses, l'exil ou la vengeance des officiers passés à Bonaparte, beaucoup pleuraient de fatigue et de tristesse[1]. « C'était une chose mélancolique, ajoute Rilliet, que de voir ces jeunes gens pleins de cœur et de généreuses pensées, mais inexpérimentés, connaissant peu les hommes et ayant peu réfléchi aux événements qui se passaient », s'interroger les uns les autres.

Rilliet, quant à lui, franchit la frontière, « avec la pensée que je m'exilais pour longtemps ». Il se sent triste et, pour la première fois de sa vie, orphelin de sa patrie. Le retour des autres à Béthune n'est pas plus gai. D'autant que Louis XVIII, furieux d'apprendre le licenciement de sa maison, qui contrarie tous ses plans de retour en France, obligera son frère à envoyer un contrordre, qui n'arrivera que le 26 mars et ne fera qu'augmenter la confusion. Lauriston a fait fermer les portes de la ville pour se prévenir d'une attaque des troupes impérialistes ; mais aussi pour éviter la dispersion de ses hommes. Certains crient à la trahison. Une poignée de gardes et de volontaires royaux, conduits par le colonel Druault et par Bertaud du Coin, parviennent à s'échapper jusqu'à la frontière. Les autres doivent rendre armes et chevaux, sous l'autorité du général Teste envoyé de Lille par Bonaparte. On abandonne aussi l'uniforme trop impopulaire des gardes du corps pour des habits civils. Certains ont raconté les épisodes souvent tumultueux, parfois rocambolesques de leur retour chez eux, sous les déguisements les plus inattendus, par petits groupes de deux ou trois. Selon l'humeur des autorités locales, quelques-uns n'iront pas très loin et termineront leur voyage en prison. D'autres seront pris à partie par la troupe, insultés, dévalisés, blessés ou parfois tués[2].

Il en ira de même dans le Midi. Mais, à la différence de ce qui s'était passé dans le Nord, il y eut là quelques semblants de résistance. À Bordeaux, la duchesse d'Angoulême se retrouva, fin mars, dans une situation semblable à celle de son oncle à Lille, quelques jours auparavant : des volontaires royaux en nombre, une garde nationale bien disposée et des troupes régulières (deux régiments commandés par le général Decaen) hostiles. L'irruption du général Clausel, venu par la rive droite de la Gironde prendre la ville au nom de Napoléon, provoqua un début de panique, quelques coups de fusil et quelques blessés entre volontaires royaux et grenadiers. Le 2 avril, la duchesse d'Angoulême s'embarquait à Pauillac pour l'Angleterre, après avoir tenté en vain, non sans courage, de retourner la garnison de la ville en sa faveur [1]. Napoléon dira d'elle, en pensant à son courage, qu'elle était « le seul homme de la famille », ce qui n'était pas tout à fait exact, car, dans la vallée du Rhône, au même moment, son mari résistait encore contre les forces bonapartistes. Il y eut même quelques semblants de combat, principalement contre les gardes nationales à cheval de Valence. On se battit devant Montélimar, le 30 mars, au passage de la Drôme, près de Loriol, le 2 avril. Le lendemain, Angoulême entrait dans Valence, avec l'intention de marcher sur Lyon, avant de devoir retraiter à La Palud devant la désertion de la presque totalité des troupes de ligne qui lui restaient. Il y signait le 8 avril une convention d'armistice avec le général Gilly venu de Nîmes et qui s'était déclaré pour Bonaparte dès le 2 avril. Angoulême était laissé libre de quitter le pays pour l'Espagne, à Sète. Ses troupes, une partie du 10e de ligne et quelque mille cinq cents volontaires du Gard, appuyés de dix « bouches à feu », étaient démobilisées. Il sera finalement retenu prisonnier cinq jours à Pont-Saint-Esprit, sur le Rhône, et ne s'embarquera à Sète que le 16 avril pour l'Espagne. Napoléon avait songé, pendant quelques jours, à le garder en otage afin de le négocier avec les Alliés en échange de la paix [2]. Lamartine, encore royaliste sous la Restauration, parle de « la gloire stérile » de la résistance du Midi. Angoulême qui, de l'aveu même de Napoléon, a fait « tout ce qui était possible », est le dernier des princes à quitter le pays. « Nous voilà débarrassés du dernier petit cochon », commente laconiquement un bonapartiste.

Dans l'intervalle quelques-uns de ses anciens volontaires royaux seront tués et jetés dans le Rhône à Pont-Saint-Esprit, le 9 avril par les hommes du bataillon de la Gardonnengue qui regroupait les gardes nationales protestantes des Cévennes. Une soixantaine d'autres, habitants de Nîmes, seront pris à partie sur la route du retour par la population et la garde nationale du village protestant d'Arpaillargues. Quatre sont fusillés sur place, d'autres poursuivis à travers champs comme du gibier et achevés à coups de fourche[1]. Il en ira de même des volontaires des compagnies franches de Marseille, comme de ceux des deux compagnies des gardes nationales placées sous le commandement du capitaine Reynaud de Trets, battus le 5 avril par les bonapartistes au défilé de la Saulce, sur la Durance, entre Gap et Sisteron. Ils allaient déplorer une dizaine de victimes et de nombreux blessés au combat. D'autres seront assassinés sur la route du retour[2].

La réaction royaliste de juillet 1815 trouve ses racines dans ces quelques épisodes peu connus qui vont alimenter les vieilles rancunes et l'esprit de vengeance, entre autres des catholiques contre les protestants.

La plupart du temps, l'armée régulière ne participe pas à ces scènes de violence collective qui sont autant de signes, dans les premiers jours d'avril, de quelque chose qui ressemble beaucoup à une sorte de guerre civile larvée. Le comte de Montlosier parle, quant à lui, de « guerre civile des esprits[3] ».

13.

C'est la Révolution qui recommence

L'inquiétude provoquée par les résistances royalistes du Midi suscite dans les départements du centre et de l'est du pays une sorte de levée en masse des gardes nationales urbaines et rurales regroupées en compagnies franches bonapartistes. Cinq mille volontaires se présentent à Lyon dans les premiers jours d'avril. Vingt mille autres sont recrutés en Côte-d'Or, en Saône-et-Loire, dans la Haute-Saône, le Jura et l'Ain. Lyon est mise en état de siège par Mouton-Duvernet qui en a pris le commandement au nom de Napoléon. À l'exception des violences très localisées du Midi, en haute Provence et dans le Languedoc, on relève pourtant peu de voies de fait – les bulletins de police, passés sous le contrôle de l'administration napoléonienne à partir du 25 mars, n'en signalent d'ailleurs pas. Mais l'effervescence est extrême. « Vous ne pouvez pas vous faire une idée de l'enthousiasme du peuple des campagnes, écrit un bourgeois royaliste lyonnais, le 27 mars. La haine de la noblesse l'a rangé tout entier au parti contraire[1]. » On note un peu partout des arrestations arbitraires, des visites domiciliaires et des réquisitions. À Lyon, à Nîmes, à Marseille après la reddition de la ville aux autorités bonapartistes, le 13 avril, les maisons des royalistes les plus en vue sont pillées, leurs habitants malmenés. Certains anciens volontaires sont poignardés la nuit, comme à Toulouse. « Vexations » et « outrages », résume le comte de Montbel[2].

Un observateur note la façon dont les gardes volontaires s'y prennent dans les villages du Dauphiné : « Leur premier soin, en entrant dans un bourg, est de se faire indiquer la maison du curé. Ils s'y présentent au nombre de dix à douze, s'y mettent à discrétion et saisissent l'argenterie et les objets précieux. Si le curé se trouve absent, on enfonce les portes, les meubles, les glaces sont mis en morceaux. » Des églises aussi sont profanées [1]. Un avocat de Lyon s'est amusé à noter les cris du peuple (« les hurlements de cette multitude effrénée » en langage de l'époque) et signale ceux qui reviennent le plus souvent : « Vive l'empereur ! Vive la mort ! À l'échafaud les Bourbons ! À bas la calotte ! À bas le ciel ! Vive la liberté ! Vive l'enfer ! À mort les royalistes [2] ! » On s'en prend aux châteaux et on y met parfois le feu : « Pour le moment, on brûle par-ci par-là, écrit le comte de Montlosier, le 14 avril. On a mis à quatre endroits le feu au château de Rosny. [...] C'est précisément du bon 93 [3]. » Le préfet de la Seine, qui a fui Paris trois jours après le départ du roi pour sa campagne de Riom, en Auvergne se fait arrêter à plusieurs reprises par les nouvelles autorités locales. Il note au fur et à mesure de son voyage à travers le Berry et l'Auvergne ce qui lui apparaît de plus en plus comme une subversion populaire contre les riches et les nantis, toutes origines sociales confondues : « L'esprit militaire et révolutionnaire s'est réveillé comme par une commotion électrique ; des charrettes chargées de soldats couvrent les routes ; les enfants ont tous des tambours, des drapeaux, des bâtons en guise d'armes ; les paysans insultent les gens en voiture ou les bourgeois bien vêtus, et cependant la crainte est au fond des cœurs. [...] On jette des pierres, on vocifère : "À bas les habits !" » À Riom, « les conscrits rassemblés crient : "Vive la mort ! Vive l'enfer !" et partent en buvant de l'eau-de-vie versée de la main des nouveaux magistrats ». « Je donne tous ces détails pour le pays que j'ai vu, ajoute-t-il, comme [une] peinture fidèle de cette époque ; les mêmes symptômes doivent s'être manifestés dans toute la France [4]. »

Le parallèle avec la Grande Peur de 1789 et la Terreur de 1793 vient à l'esprit de tout le monde, alors même que personne ne s'attendait à un tel phénomène. Maine de Biran, le questeur de la Chambre, qui s'est réfugié près de Périgueux, note, le 4 avril, dans son Journal : « Nous nous faisions une illusion complète sur les hommes et les choses de la Révolution. Nous supposions que tout était changé par vingt-cinq ans d'expériences et de malheurs ; les mêmes germes de discussions et de troubles subsistent. C'est l'esprit de 1789 et la direction de 93. Le petit peuple a craint le rétablissement des droits féodaux, des dîmes, le retour des nobles, des émigrés, dont les factieux lui ont fait peur[1]. » Napoléon, le premier, a donné l'exemple. Ses décrets de Lyon, datés du 13 mars, sont autant de mesures tournées contre tout ce qui de près ou de loin symbolise l'Ancien Régime ou lui a appartenu. Les biens des Bourbons sont mis sous séquestre, la maison militaire est supprimée, les ordres et les couleurs anciens également, les biens d'émigrés restitués retournent à l'État, les anciens émigrés intégrés dans l'armée sont renvoyés, ceux qui sont rentrés sous la première Restauration doivent quitter le territoire sur-le-champ, sous peine d'être jugés par les tribunaux, « conformément aux lois de nos assemblées nationales ».

Pour accentuer le trait, Napoléon rend même des décrets contre des chimères qui n'avaient plus aucune réalité juridique sous la Restauration. Les « titres féodaux » sont supprimés, la « noblesse » est abolie, alors qu'elle n'est plus un ordre depuis 1791. Benjamin Constant parle à ce propos « du langage de la Convention dans la bouche d'un prétorien[2] ». Dans la foulée, une fois rentré à Paris, il signe encore deux décrets publiés au *Moniteur* du 6 avril. Par le premier, il exile à trente lieues de Paris tous ceux qui ont accepté des fonctions ministérielles sous le gouvernement royal, une partie du conseil municipal de Paris coupable d'avoir rappelé les Bourbons en avril de l'année précédente et tous les officiers des maisons civile et militaire des princes ; par le second il défère devant les tribunaux et met sous séquestre les biens des personnes les plus compromises vis-à-vis de l'Empire[3]. Tous les anciens fonctionnaires de la Restauration sont par ailleurs tenus de prêter serment à l'Empire sous peine d'être condamnés par les tribunaux. Dans certains départements, les familles les plus royalistes sont carrément taxées de contributions forcées qui varient selon la tête du client et en fonction de l'humeur des autorités militaires[4].

Contrairement à ce qui a été dit, il y eut dans les premiers jours d'avril de nombreuses arrestations un peu partout en France sous l'impulsion de Davout et de Carnot, nommé au ministère de l'Intérieur par Napoléon[5]. De plus, Fouché réorganise sa police sur le pied des anciens décrets consulaires de 1800, à l'époque où le contrôle des individus tournait à l'obsession. La préfecture de police de la Seine, confiée à Réal, est réorganisée, des lieutenants généraux de police directement dépendants du ministre, nommés dans les villes de plus de 20 000 habitants. Des commissaires extraordinaires, créés par un décret du 20 avril, sont envoyés dans toutes les divisions militaires avec le pouvoir de destituer et de nommer discrétionnairement les autorités en place. À Lyon qui n'est pas, et de loin, la plus royaliste des grandes villes du pays, le commissaire extraordinaire de la division militaire (Jean-Philibert Maret puis Roederer) et le lieutenant général de police (Lecointre-Puiraveaux) font arrêter et incarcérer préventivement une quarantaine de notables pour faits d'opposition royaliste – il y en aura en réalité beaucoup plus parmi les couches plus modestes de la population. Parmi ceux-ci, on trouve des avocats, des agents de change, des marchands, un receveur de l'enregistrement, d'anciens gardes du corps de la maison du roi [1]. À côté des anonymes, on interne ou on assigne à résidence les principaux chefs du parti royaliste. Vitrolles est arrêté le 4 avril à Toulouse où il avait tenté d'organiser la résistance royaliste ; de même les préfets les plus compromis pour leur zèle royaliste comme Bouthillier dans le Var ou Villeneuve, l'ancien préfet de Tarbes. Une vingtaine d'autres sont en fuite et se cachent. Napoléon en révoque soixante et un d'un coup, le 6 avril [2]. De nombreuses personnalités du régime déchu sont contraintes de s'exiler hors de Paris, malgré les interventions apaisantes auprès de Napoléon de Réal qui a repris la préfecture de police de Paris [3]. Mais on reste là dans le cadre de mesures de sûreté et d'une « épuration » administrative vigoureuse. De là à parler de « terreur légale » ! Les auteurs de pétitions et de pamphlets qui plaideront, dans le courant du mois d'avril, pour la déportation en masse des prêtres et des nobles suivie de la confiscation de tous leurs biens en cas d'invasion étrangère ne seront pas écoutés par le gouvernement [4]. Napoléon se contentera, par son décret du 9 mai, de prendre des mesures d'emprisonnement contre tous ceux qui porteraient atteinte aux couleurs nationales, et ils seront très nombreux si l'on en croit les bulletins de police qui abondent en histoires de drapeaux enlevés la nuit, dans les villages, du haut des clochers des églises, remplacés par le drapeau blanc ou brûlés. Mais les émigrés qui ne seraient pas rentrés dans le délai de un mois et porteraient les armes contre leur pays sont tout de même menacés de confiscation et de mort. Au total, seuls un peu plus d'une centaine de procès seront instruits – faute de temps, diront certains – pendant les trois mois que dureront les Cent-Jours [1].

Sur le moment, quelques esprits avertis trouveront que cette « révolution » de 1815 ne ressemblait pas exactement à la première. « Il s'en faut sûrement de beaucoup, note encore Montlosier, que le mouvement d'aujourd'hui ressemble à celui de 89 à 93. Il y a de très grandes différences dans les résultats, parce qu'il y en a de très grandes dans les causes. Aujourd'hui, au lieu d'un incendie général, ce ne sont que quelques charbons que, çà et là, le gouvernement a soin d'entretenir et d'attiser pour en faire sortir le grand mouvement offensif et défensif qui se prépare, et pour achever d'extirper un reste de vie aux vieilles racines de la maison de Bourbon [2]. » Barante, de son côté, note une différence de qualité entre le vieux jacobinisme de 93 « dont les excès [étaient] compensés par une certaine chaleur de dévouement, par un abandon de sa vie et de son argent pour l'intérêt de la cause », et celui de 1815 « tout en malveillance et en jalousie [3] ».

Il subsiste pourtant, dans les manifestations d'avril 1815, quelque chose qui faisait déjà le fond du jacobinisme de la grande Révolution : des relents d'anticléricalisme populaire, un égalitarisme antiaristocratique et antibourgeois [4]. On se souvient du mot de Napoléon à Molé, le 21 mars : « Je retrouve [...] la haine des prêtres et de la noblesse aussi universelle et aussi violente qu'au commencement de la Révolution [5]. » Ces caractéristiques classiques du mouvement populaire révolutionnaire se développent sur un fond de patriotisme attisé par les défaites et l'occupation de 1814 qui lui font considérer tous ses adversaires comme des « traîtres » soldés par l'étranger. Cette rhétorique est omniprésente au sein des fédérations patriotiques qui se constituent un peu partout dans les dernières semaines d'avril pour la « défense » du pays [6] : « Nous voulons, par notre attitude, frapper de terreur les traîtres qui pourraient désirer encore une fois l'avilissement de leur patrie », disent, le 12 mai, les représentants des fédérés des faubourgs parisiens [7]. En stigmatisant les princes et leurs satellites,

Napoléon n'a fait que réveiller et exploiter en cela la vieille obsession révolutionnaire du « complot aristocratique » contre le « peuple » et du « comité autrichien » de 1792. Elle reprendra au début de la seconde Restauration lorsqu'on accusera les ultras du régime de vouloir le maintien des troupes alliées d'occupation en France pour mieux contenir l'opposition libérale. Elle poursuivra les légitimistes sous la monarchie de Juillet – le thème est constamment repris par les partisans de Louis-Philippe. En 1841, l'ancien ministre de la Justice Jean-Jacques Persil les accusera par exemple, à la Chambre, de refuser de voter le budget des fortifications de Paris pour faciliter une invasion étrangère : « Sans l'étranger, le parti légitimiste sait bien qu'il lui est impossible de ressaisir la couronne qu'il a perdue[1]. » Cela continue encore jusque sous la Troisième République. En pleine affaire Dreyfus, le vieux mythe du « complot aristocratique » réapparaît et se déplace. Cette fois, le parti de l'émigration ne cherche plus ses appuis à l'étranger, mais médite ses coups au cœur même de la nation. Une partie de la gauche dreyfusarde et pacifiste accusera ainsi les principaux officiers généraux de l'armée, Castelnau et Boisdeffre en tête, d'entretenir l'esprit de la contre-révolution, en prouvant, généalogies à l'appui, la filiation directe de plus de huit cents officiers de l'armée avec leurs ancêtres émigrés[2]. Si les mythes ont la peau dure, c'est que le principe de la volonté générale au nom de laquelle on parle depuis 1789 ne suppose pas seulement des adversaires, mais des obstacles. Il n'y a rien de tel que les traîtres pour rassembler les énergies. Brissot trouvait déjà, à la tribune du club des Jacobins, le 30 décembre 1791, qu'ils étaient essentiels à la dynamique révolutionnaire : « Je l'avouerai, messieurs, je n'ai qu'une crainte, c'est que nous ne soyons pas trahis. [...] Nous avons besoin de grandes trahisons, notre salut est là. »

Mais la comparaison s'arrête là. D'abord parce qu'une immense majorité de la bourgeoisie libérale et d'affaires n'entre pas dans la danse, comme en 1789. Les notables « démocrates » ayant conservé intactes les traditions républicaines héritées de la Convention thermidorienne et du Directoire et qui, pour certains, sont à l'origine du mouvement fédératif d'avril sont très minoritaires[1]. En 1815, le parti républicain manque de chefs incontestés. Les anciens Jacobins de 1793 restés purs et durs sont encore moins nombreux. La plupart d'entre eux se sont retirés de la vie publique ou se sont ralliés depuis longtemps, comme Carnot ou Réal, au libéralisme conservateur. Il n'a que peu d'appui à Paris, comme au sein des pouvoirs locaux, sinon dans quelques départements très localisés comme l'Isère, l'Ain ou le Rhône. L'échec de l'élection, par les assemblées primaires, des maires des communes de moins de 5 000 habitants, qui dans les premiers jours de mai reconduiront ou établiront un peu partout des édiles majoritairement royalistes, prouve *a contrario* les faiblesses intrinsèques de la poussée révolutionnaire d'avril 1815[2].

14.

Napoléon, l'homme qui doute

Très rapidement, Napoléon lui-même s'est refusé à suivre le mouvement révolutionnaire. On a déjà vu ce qu'il en était de sa conception de la légalité dans les choix qui le firent renoncer au jacobinisme dès les derniers jours de mars. Son tempérament et ses conceptions politiques et sociales expliquent également cette attitude. Il éprouve une aversion insurmontable contre l'action spontanée ou même organisée des foules. Toute sa politique consulaire et impériale avait été celle des « masses de granite ». Les « notables » sont au cœur de cette politique. Le renforcement, voulu par Napoléon, de leur suprématie sociale a pour corollaire l'encadrement nécessaire du peuple. « J'aurais dû peut-être me coiffer du bonnet rouge, éveiller les passions, mais le bonnet rouge ne m'irait guère. Je ne serais plus ce que j'ai été », dit-il au général Foy à la fin de mars [1]. Dès la fin du mois d'avril, il cherche, par l'intermédiaire des préfets, à prendre le contrôle des fédérations dont on sait aujourd'hui qu'elles comptaient, pour certaines, une forte proportion d'adhérents d'origine populaire : ouvriers et artisans [2]. S'il fait défiler aux Tuileries, le 14 mai, les tirailleurs fédérés des faubourgs parisiens, il renonce à leur donner les armes qu'il leur avait promises, veille aussi à les amalgamer aux gardes nationales bourgeoises de la capitale afin de les mettre à l'abri de toute manipulation jacobine et les fait surveiller par ses services de police. Dans certains quartiers de Paris, les ouvriers convoqués ne se présentent pas aux rassemblements, d'autres sont enrôlés de force, parfois sous la pression des patrons les plus progressistes. Les archives de la préfecture de police de

Paris montrent que la belle unanimité ouvrière en faveur d'un empereur devenu soudain l'homme du salut public n'existait que dans l'esprit de certains publicistes républicains[1].

Napoléon s'identifie au peuple, mais sans le peuple qu'il qualifie habituellement de « canaille ». Sa réaction à la déclaration du Conseil d'État, publiée au *Moniteur* du 27 mars, qui proclame clairement le principe de la souveraineté du peuple, est caractéristique. « Cette déclaration lui fut peu agréable, note Lavalette, mais il laissa faire ; il ne pouvait plus dicter la loi[2]. »

Ce sont ces flottements d'un homme qui, d'un côté, renonce à la dictature militaire au nom du peuple et du salut de la patrie – ce qu'il semblera regretter plus tard à Sainte-Hélène[3] – et, de l'autre, commence à chercher les moyens de gouverner au nom de la bourgeoisie, qui créent le désenchantement, après l'enthousiasme du retour. Napoléon, en se plaçant sur le propre terrain de ses adversaires, en décidant de donner au pays une Constitution libérale – l'Acte additionnel aux Constitutions de l'Empire du 22 avril – dont Chateaubriand dira qu'elle n'était qu'une « Charte améliorée » et prédira non sans lucidité qu'elle contenait « assez de liberté pour pouvoir renverser le tyran[4] », provoque la déception des uns et la méfiance des autres. Napoléon se refuse en effet à rompre franchement avec la tradition impériale et n'accepte que certaines modifications aux anciennes Constitutions de l'Empire, qui gardent force de loi[5]. « Que faites-vous de mes onze années de règne ? » dira-t-il à Benjamin Constant qui tentait de l'en convaincre. De même, il reste au mieux ambigu sur la question de la véritable « source » de la souveraineté. Les anciens républicains y trouveront assez d'Empire pour y voir un simple escamotage de leurs convictions égalitaires comme du dogme de la souveraineté du peuple. « L'effet, écrit l'un d'entre eux, Thibaudeau, fut prompt comme la foudre : à l'enthousiasme des patriotes succéda incontinent un froid glacial[6]. » Du côté des plus modérés, on ne prend pas la tentative libérale de Napoléon beaucoup plus au sérieux. Qu'elle soit sincère ou pas, elle représente de toute façon « une faute irréparable », selon Odilon Barrot, parce qu'elle risque de jeter au cœur du pays des germes supplémentaires de division[7].

Ce que ne disent pas les uns et les autres, dans la mesure où, pris dans l'écheveau rapide des événements, ils sont encore incapables de le sentir, c'est que, faute d'avoir su définir une politique, Napoléon, comme d'ailleurs de Gaulle de 1958 à 1962, s'est contenté de développer une propagande, quelque part entre le prestige réaffirmé de la nation et la place éminente du peuple qu'il incarne nécessairement. L'une a tenu lieu de l'autre. Ces ambiguïtés de position, le porte-à-faux permanent que va représenter, pour beaucoup parmi les élites libérales du pays ralliées à contrecœur, la politique de Napoléon, créent un malaise accentué d'autant par la certitude de l'imminence de la guerre. Après avoir fait croire à l'accord secret du gouvernement autrichien à son retour – l'impératrice Marie-Louise et l'Aiglon, relégués à Vienne sous la surveillance du congrès, devaient être bientôt reçus à Paris –, après avoir accepté les termes de la paix de Paris du 30 mai 1814 qu'il n'avait pas signée et qu'il n'avait cessé de critiquer sur la route de Paris, il finit par déchirer le voile. Les menaces contenues dans la déclaration alliée du 13 mars, dont il a essayé de dénaturer le sens et qui circule maintenant un peu partout en France malgré la police, n'échappent à personne. Il autorise Caulaincourt, son nouveau et très inutile ministre des Affaires étrangères, à publier, le 13 avril, dans *Le Moniteur*, un rapport qui ne laisse plus douter des conséquences de sa prise de pouvoir. Le rappel des militaires en congé, le 28 mars, la mobilisation, dès le 10 avril, des gardes nationales, en disent d'ailleurs plus long que tous les discours.

Au « miracle » du vol de l'aigle succèdent brutalement la peur et l'incertitude. Désormais, le sentiment du « provisoire » domine les esprits. « Le prestige est rompu à un point inconcevable », note Barante[1]. Et Guizot : « L'enthousiasme l'avait accompagné sur sa route : il trouva au terme la froideur, le doute, les méfiances libérales, les abstentions prudentes, la France profondément inquiète et l'Europe irrévocablement ennemie[2]. » Cela ne tient pas seulement aux élites restées royalistes, ni même aux anciennes élites impériales qui, pour une part, hésitent à reprendre du service auprès de lui. Le cas du comte Molé, l'ancien ministre de la Justice de 1813, qui refuse successivement trois ministères avant d'accepter du bout des lèvres une direction des Ponts et Chaussées qui le compromet le moins possible, est le plus connu, mais il n'est pas isolé. Dans toute la France, les rapports de police signalent une baisse de l'enthousiasme bonapartiste dans la seconde moitié d'avril, même dans les régions qui lui sont le plus favorables. Certains officiers ne se pressent pas pour rejoindre leur régiment et font traîner leurs demandes d'équipement dans les bureaux débordés. Les désertions suivront bientôt, encouragées par l'opposition royaliste.

Napoléon lui-même ne sait plus où il en est entre le génie du succès et de l'ordre qu'il était, et celui d'une liberté qu'il tolère tout en la craignant. Un décret du 28 mars supprime la direction générale de la Librairie et les censeurs, mais place les journaux sous la surveillance du ministre de la Police et des préfets. Napoléon semble être devenu le spectateur de sa propre destinée, une sorte d'empereur rebouilli. A-t-il si bien jugé des évolutions françaises opérées en quelques mois, de son rocher de l'île d'Elbe ? Pour un royaliste comme Chateaubriand, il est évident que non : « Il avait laissé la France muette et prosternée, il la trouvait debout et parlante : dans la naïveté de son esprit absolu, il prenait la liberté pour le désordre [1]. » Mais on doute aussi du côté bonapartiste. Le fidèle Caulaincourt, tenu en quarantaine par toutes les cours européennes qui ne daignent même pas ouvrir ses lettres officielles, voit l'avenir en noir. « L'entreprise de l'empereur est folle. [...] Dans quelle voie marche-t-il donc ? Lui-même ne le sait pas. Il fait appel aux hommes de la Révolution et les redoute par-dessus tout. Il n'ose plus se fier aux hommes honorables dont il s'était entouré depuis quelques années ; dès lors, sa marche est fausse, incertaine, illogique. Il est entièrement hors de son assiette. Enfin, comment ne voit-il pas que le sentiment qu'il inspire au plus grand nombre est la peur et que cette peur pourrait aisément reporter les esprits vers Louis XVIII [2] ? » Cette peur qui est déjà celle d'un régime auquel on ne croit plus est aussi celle d'une partie de la haute administration passée à Napoléon. Les préfets, mais aussi les « aigles du Conseil d'État », comme dit Stendhal, n'en mènent pas large et pensent déjà aux représailles royalistes qu'ils auront peut-être à subir. « Songez que votre tête est sur le même échafaud que la nôtre ! » dit-on déjà à Benjamin Constant en avril [3]. L'indulgence de certains, dans l'entourage du maître, vis-à-vis des opposants royalistes, n'a pas d'autres causes. La peur et l'intérêt peuvent aussi atténuer les violences. Fouché, qui, tout en ayant accepté de reprendre le ministère de la Police, commence déjà à tisser sa toile en prévision du lendemain, a compris tout cela. Avec quelques-uns, il est à ce moment-là de ceux qui, selon l'expression de Talleyrand, « ont de l'avenir dans l'esprit ». Il connaît la fin de l'histoire : « Son affaire sera faite avant quatre mois [1]. » Quatre mois qui ne seront finalement que trois. L'espace est suffisant pour que s'intensifie la tragédie.

Tout à l'observation de la défense de la patrie qui occupe une bonne partie de l'histoire des Cent-Jours, ses spécialistes ne se sont pas montrés très attentifs aux désillusions comme aux regrets de ce qui venait de finir. Le thème en est le suivant : on n'était pourtant pas si mal sous la Restauration ! C'est une petite musique, mais persistante, jouée dans tous les milieux et dans tous les partis. Le monde qu'on vient de quitter était un monde imparfait, sans doute un peu terne, mais les aventures que l'on s'apprête à vivre le valent-elles [2] ? « Si nous devons avoir éternellement la guerre, que de larmes nous avons encore à répandre ! écrit le 10 avril la femme d'un marchand du Mans. On commençait enfin à être heureux, et puis tout a changé dans les plus petites choses [3]. » Le bonheur domestique est souvent ce qu'on sacrifie en premier pour ne le regretter qu'après. Le publiciste Jal parle encore, en se demandant comment on avait pu ne pas s'en souvenir, des libertés confisquées comme des ravages de la conscription, et au bout du compte, des rapports très particuliers que les Français entretiennent avec leur passé. Chez eux, la gloire l'emporte toujours sur sa rançon, cet immobilisme apparent de la paix et des jours ordinaires. Lamartine en aura la fulgurance vingt-cinq ans plus tard à la tribune de la Chambre, en pleine monarchie de Juillet : « La France est une nation qui s'ennuie ! Et prenez-y garde, l'ennui des peuples devient aisément convulsion et ruines [4]. » Napoléon avait été capable de personnifier l'épopée et le mouvement, cette double passion française. Il cherche désormais les voies d'une consolidation durable en prenant à la Restauration ce qu'elle avait de mieux : la paix et la liberté.

De l'autre côté de la frontière, Louis XVIII sait un peu tout cela. Apparemment battu sur son propre terrain, il le sera bientôt aussi sur celui de l'Europe. Le 23 mars 1815, Louis XVIII, roi de France et de Navarre par la grâce de Dieu et de la Charte, n'a jamais été aussi seul.

QUATRIÈME PARTIE

« Notre père de Gand »
23 mars – 22 juin 1815

1.

La tentation de l'Angleterre

À Lille, le roi était encore chez lui. À Menin où il arrive, de l'autre côté de la frontière hollandaise, le 23 mars dans la soirée, il n'est plus qu'un simple émigré. La place, comme la plupart des autres places fortes de la frontière, est occupée par une garnison de sa gracieuse majesté George III. L'armée anglaise, forte de quelque trente mille hommes cantonnés le long de la frontière, supplée une armée hollandaise qui n'existe encore que sur le papier et surveille par la même occasion le nord de la France. On se méfie aussi à Vienne, à Londres comme à Breda où réside le tout nouveau roi de Hollande Guillaume Ier d'Orange, des velléités francophiles d'une partie des habitants des provinces belges du sud du royaume qui, il n'y a pas si longtemps que cela, étaient encore des départements français. C'est à Menin que commencent les humiliations et, avec elles, les ennuis. La petite citadelle belge est commandée par un colonel anglais (Morris) et abrite des détachements du 69e régiment d'infanterie royale. À peine prévenu de l'arrivée formidable d'un roi de France en fuite, le colonel en perd la tête et, à défaut d'instructions, refuse d'ouvrir la place aux quelque deux cents cuirassiers lillois qui escortent les sept voitures du cortège royal. Louis entre dans la première ville étrangère de son exil entre deux haies de fusiliers anglais en habit rouge qui lui présentent les armes et déploient leur drapeau. Il se serait bien passé de cette correction anglaise un peu raide. Elle a toutes les apparences d'un hommage rendu au malheur et au vaincu. L'impression qu'il n'est désormais plus tout à fait libre de ses mouvements ne le quittera plus pendant trois mois. Le soir même, le roi couche à Bruges dans un vulgaire hôtel de voyageurs au nom très champêtre : *La Fleur de blé*. Le lendemain 24 mars est le vendredi saint et tout le monde se rend à l'église Sainte-Walbruge. La presse belge, qui commence à avoir vent de la présence chez elle de ce singulier voyageur, rend compte de l'événement avec la commisération un peu affligée qui convient : « Sa Majesté a édifié par sa piété un public nombreux qui contemplait le spectacle sublime d'un grand roi dans le malheur [1]. » Le vendredi saint, rapporté à l'humaine condition, convient aux royaumes qui s'effondrent comme aux fantaisies du destin. Ce jour-là, Sa Majesté ne devait certainement pas penser encore à sa résurrection. Le soir même, le cortège entre à Ostende, l'un des grands ports de guerre du royaume des Pays-Bas, le long des côtes de la mer du Nord, face à l'Angleterre. Ostende, ce sont des dunes le long de la mer et des clochers. La ville est catholique et francophone. « Ostende est bâtie au bout d'une langue de terre et son port est une crique longue et étroite », note quelques jours plus tard un voyageur anglais qui y débarque [2]. Les rues portent des noms français et grouillent de militaires. Les opérations de débarquement des premiers régiments anglais venus en renfort des troupes déjà stationnées dans le pays, en prévision du choc à venir contre « l'usurpateur », ont déjà commencé. Des soldats des 38e et 44e régiments de ligne font l'exercice un peu partout. Les chevaux du 11e dragons attendent dans les bateaux d'être débarqués dans un grand bouillonnement de sable et d'écume. Dans la bonne société, on appelle le roi le « comte de Lille », du nom qu'il portait déjà à l'époque de son exil en Angleterre avant la première Restauration. De mauvais souvenirs en perspective. Les autorités civiles sont tout de même là pour l'accueillir, à la porte de Bruges, à son arrivée dans la soirée du 24 mars. Elles sont habillées de noir, en bas de soie, l'épée de cour au côté, le tricorne à la main, orné de la cocarde orange, la couleur de la dynastie des Orange-Nassau nouvellement régnante dans le pays par la grâce du congrès de Vienne. Aux Pays-Bas aussi, on s'essaie à la restauration, mais celle-ci s'effectue relativement doucement, dans des conditions bien différentes de celle de la France. Officiellement, le roi est venu à Ostende « pour être plus à portée de correspondre avec les différentes cours d'Europe [3] ». Dès le 25 mars en effet, il écrit au prince régent de Grande-Bretagne, à l'empereur de Russie, à l'empereur d'Autriche et au roi de Prusse, pour leur faire connaître, comme dit Blacas en langage de cour, « la situation malheureuse dans laquelle Sa Majesté se voyait placée par la trahison la plus criminelle[1] ». Dans les lettres de ce dernier, il n'est question que de se rendre à Dunkerque – ou même en Bretagne si l'on voulait – et de s'y défendre avec l'appui de la maison militaire et le soutien de la marine anglaise. Un garde du corps sûr est envoyé en reconnaissance à Dunkerque avec des lettres pour le maire, mais il sera arrêté sur place par le commandant militaire de la ville, un « officier intelligent et fidèle à l'empereur », commente le préfet de Lille le 2 avril, et en sera quitte pour passer trois mois en prison[2]. À cette date, Dunkerque, dont la population est pourtant largement royaliste, est passée à Napoléon. D'ailleurs, la maison militaire n'existe plus que sur le papier. Le roi apprend son licenciement le 25 mars par Blacas qui s'est rendu à Ypres où se trouvent le comte d'Artois et son fils. Il a su aussi les détails lamentables de l'accueil de ses derniers fidèles en Belgique. À Ypres aussi, comme à Menin, on se méfie des Français comme de la peste. Le frère du roi a trouvé les portes de la place fermées. Son commandant, un major suisse autrefois au service de la Russie, terrorisé par le retour de Napoléon, ne veut pas s'en laisser conter. Tous les militaires qui portent l'uniforme français sont suspects. Le maréchal Marmont, qui ne commande plus la maison militaire qu'en titre, se fait traiter, quant à lui, de « traître plus haut placé que les autres », voilà tout. Seul le duc de Richelieu aura le droit d'entrer parce qu'il porte encore l'uniforme russe de ses anciens commandements au service d'Alexandre. Cela donnera l'occasion au comte de Rochechouart d'infliger au pauvre Marmont qui n'en avait pas l'habitude une petite leçon d'émigration. En 1792, un petit prince allemand avait fait planter un poteau à la limite de ses États, lui explique-t-il, avec l'inscription suivante : « Défense est faite à tous les juifs, vagabonds ou émigrés de passer par ici[3]. » À bon entendeur, salut. Bienvenue en émigration !

Tant de mauvaises nouvelles ont dû avoir raison du roi. À Ostende, on a beau parler de préparatifs de guerre, on pense à l'Angleterre. Louis XVIII s'en défendra par la suite[4]. Mais il est probable que, l'espace de un ou deux jours, il ait été sur le point de tout abandonner. Un officier anglais assurera l'avoir vu pleurer à Menin. Louis lui-même, lorsqu'il évoquera plus tard, dans une lettre à Blacas, son séjour d'Ostende, dira y avoir senti « un arrière-goût d'oignon [1] ». L'ombre de Jacques II le roi détrôné de la révolution anglaise de 1688 devait le hanter, comme il l'avouera à demi à lord Stuart à Gand, le 2 avril. Dans l'une de ses lettres à Talleyrand, Jaucourt dépeint d'une phrase le caractère désespéré de la situation : « Si nous restons comme nous sommes, que Dieu ait pitié de nous, car nous sommes abandonnés à sa miséricorde. » Le Conseil du roi est réduit à sa plus simple expression : Blacas, Jaucourt et les vieux serviteurs des mauvais jours, le duc de Duras, premier gentilhomme de la chambre, les capitaines des gardes du roi, le prince de Poix, le duc d'Havré, le duc de Luxembourg qui n'ont pas plus de poids que de sens politique. Les nouvelles de France n'arrivent pas. Le gouvernement hollandais, dans l'attente de statuer sur le sort du roi, l'a déjà mis en quarantaine. Les journaux sont arrêtés aux portes de la ville, les passeports délivrés au compte-gouttes. Chacun ne pense qu'aux moyens de sauver sa tête et sa fortune. Le maréchal Berthier ne mettra pas deux jours avant de quitter le roi pour Bamberg, la capitale des États de son beau-père, le duc de Bavière. Il s'y suicidera le 1er juin – on parlera aussi d'accident –, en regardant passer les troupes russes qui marchaient vers son pays, peut-être par désespoir pour n'avoir su rester fidèle ni à son ancien maître, ni au nouveau. Merveilleux exécutant à la tête de l'état-major de la Grande Armée, il avait servi Napoléon tel un chien fidèle jusqu'en 1814. Ce dernier disait d'ailleurs de lui, à Metternich, qu'il l'aimait comme une bonne d'enfant.

Berthier, avant de partir, est l'un de ceux qui ont poussé le roi à s'embarquer sans attendre pour l'Angleterre. Assurément, Louis devait y penser. « La philosophie du roi va droit à Hartwell », note Jaucourt, toujours perspicace, le 26 mars [2]. Hartwell avait été la dernière résidence de l'exil anglais du souverain déchu, avant son retour en France en 1814. Il s'en est fallu d'un cheveu pour que Louis ne franchisse le pas, et ce cheveu ressemble à un courant d'air. Pendant cinq jours, du 24 au 30 mars, les vents contraires en mer du Nord immobilisent les paquebots qui assurent la ligne régulière d'Ostende à Douvres et empêchent toute navigation vers l'Angleterre. C'est assez de temps pour se raviser. Dans l'intervalle, le duc de Luxembourg, envoyé à Breda auprès du roi de Hollande, en revient avec l'opposition formelle de lord Stuart, l'ambassadeur anglais au Pays-Bas, à tout projet de traversée vers l'Angleterre. Stuart s'était déjà fait rabrouer par son ministre, lord Castlereagh, pour avoir facilité le départ du duc d'Orléans pour Londres sur une corvette anglaise. Pour le roi, c'est non. Le gouvernement du prince régent d'Angleterre n'a aucune envie de s'encombrer une nouvelle fois d'un souverain qu'il juge pour l'instant plus utile à la cause des Alliés en le laissant sur le continent. Le roi des Pays-Bas lui aussi préfère garder le royal fugitif en otage chez lui, comme un gage sur l'avenir, plutôt que de le voir partir pour l'Angleterre. Nombreux sont ceux qui penseront par la suite que le passage du roi en Angleterre aurait été pour lui aller de Charybde en Scylla. « Si le roi avait consenti à ce projet, jamais il ne serait remonté sur le trône », affirme Chateaubriand un peu rapidement[1]. En réalité, cela aurait sans doute simplifié un peu la situation. Au moins, le roi exilé en Angleterre n'aurait pas été mêlé aux armées étrangères. Mais les risques d'un éloignement aussi radical étaient également immenses. Les avis contraires ne manquent pas. À la fin du mois de mars, on croit encore aux chances de retour rapide de Louis en France. Blacas, tout à ses projets de tête de pont à Dunkerque, y est opposé. D'Ypres, même le comte d'Artois se fend d'un conseil frappé, pour une fois, au coin du bon sens, et considère qu'en restant trop longtemps à Ostende le roi ne finisse par donner l'impression, par trop exacte, qu'il veut s'embarquer. Mme de Chateaubriand estime au passage que ce sera le seul bon conseil que Monsieur ait jamais donné à son frère[2]. C'est encore lui qui, arrivé à Gand le 29 mars, suggère à son frère de s'y installer. La position est idéale, non loin de la frontière française et à l'intersection de toutes les routes qui conduisent à Londres et Vienne. Elle a également l'avantage d'être plus discrète que Bruxelles où réside le prince d'Orange, le fils du roi des Pays-Bas qui viendra bientôt lui-même s'y faire reconnaître et s'assurer de la fidélité des habitants de ses provinces du Sud devenus ses sujets un peu à contrecœur, tout en y accélérant la mise en place de son administration. Il a en effet bien des raisons de s'inquiéter. Les Belges supportent de moins en mois la présence de l'armée anglaise chez eux et s'inquiètent de la façon dont ils seront traités dans la future Constitution qui leur est promise. Catholiques, ils sont désormais les sujets d'un roi protestant et s'interrogent sur le sort qui sera réservé à leur religion [1]. D'autant que le commerce les lie aux intérêts français.

Dans ces circonstances pour le moins délicates, toute la cavalcade française qui débarque chez lui a de quoi le faire frémir. « Il paraît qu'il est dévoré d'inquiétudes », écrit Tony de Reiset dans son Journal le 2 avril [2]. Car les royalistes purs, les « jansénistes du royalisme », comme les appelle Mme de Staël, rêvent eux aussi d'une Belgique française. Dans l'entourage du roi et surtout de Monsieur on tiendra bientôt les propos les plus imprudents tout en flattant les velléités annexionnistes d'une partie des populations du Sud qui pour certaines, parmi les plus aisées, goûteraient volontiers de la légitimité très pacifique des Bourbons [3]. « Ce désir d'être français et ce besoin de le manifester ont plus d'une fois embarrassé le roi [de France] pendant son séjour en Belgique », note le marquis de La Maisonfort en pensant en particulier aux milieux très francophiles de la grande bourgeoisie commerciale et industrielle du Hainaut [4].

Le choix de Gand est au bout de toutes ces arrière-pensées. Louis XVIII aurait volontiers fait sienne la résidence royale de Lacken, confortable et majestueuse, près de Bruxelles, mais il se heurtera à deux reprises aux réticences à peine voilées de son hôte. Le roi Guillaume ira même jusqu'à refuser de lui rendre visite à Gand qui n'est pourtant qu'à trois heures de cheval de Bruxelles et y enverra son fils. Ce dernier poussera la mauvaise humeur jusqu'à paraître devant Louis XVIII en bottes et « presque le fouet à la main », ajoute Mme de Chateaubriand, ce qui scandalisera les Français. Le fils du roi de Hollande est un trop petit personnage pour pouvoir se permettre de telles extravagances. Les Gantois, qui s'attendaient à recevoir leur nouveau souverain dans les premiers jours d'avril, en seront quittes pour quelques arcs de triomphe inutiles [5].

Gand vers 1850

2.

Un roi sous haute surveillance

La « remise de Gand », qui sera pendant trois mois le siège de la cour de France en exil, n'est pas loin de ressembler à une prison, discrète certes, mais prison quand même. À La Haye et à Bruxelles, on est sans cesse sur le qui-vive. Les autorités administratives du pays emmenées par le comte de Thiennes qui, à Bruxelles, tient les portefeuilles de la Justice et de la Police, se montrent pour le moins tatillonnes. Pendant toute la première quinzaine d'avril, on empêchera le roi de publier des déclarations ou encore d'avoir à sa disposition un journal officiel. Les opérations de recrutement des volontaires royaux menées sur la frontière par des officiers de la maison militaire seront entravées par les autorités militaires hollandaises [1]. « Le gouvernement d'ici n'aime pas les Français », note le baron de Binder, le ministre de l'empereur d'Autriche auprès du roi des Pays-Bas [2].

Si l'on s'inquiète, à Bruxelles, l'entrée du roi à Gand, le 30 mars à cinq heures de l'après-midi, aux applaudissements parfois enthousiastes d'une bonne partie des quelque 60 000 habitants de la capitale de la Flandre maritime, n'a pas dû contribuer à rassurer le gouvernement hollandais. D'Ostende, Louis est passé par Bruges et de là le long du beau canal de Bruges à Gand jusqu'à sa destination dont il se demande sans doute encore à ce moment-là si elle sera longue ou brève. Le comte d'Artois et le duc de Berry qui l'ont précédé de quelques jours en venant d'Ypres afin de préparer son établissement sont venus à sa rencontre jusqu'au pont de Mariakerke, à quelques kilomètres des portes de la ville. Le roi voyage avec les maréchaux Marmont et Victor dans une voiture d'apparat attelée de six chevaux, vernie à l'or et ornée des armes de France. La berline de voyage un peu poussiéreuse est passée à l'arrière du cortège et on se demande encore par quel miracle de cour le service du roi a su mettre la main sur un tel carrosse des grands jours. La voiture est entourée d'une nombreuse cavalcade d'officiers généraux français et de jeunes gens des bonnes familles de la ville. La route est couverte de spectateurs et Frédéric Rilliet, qui fait partie de la suite du duc de Berry, prétend que les acclamations de la foule étaient si bruyantes qu'il eut bien du mal à entendre le compliment prononcé en l'honneur du roi par le comte Philippe de Lens, maire de la ville, devant la vieille porte fortifiée de la route de Bruges. « Sans doute, ajoute-t-il, y avait-il dans cette réception un sentiment de générosité qui rend cher et respectable un monarque malheureux et fugitif, mais il y avait, bien plus encore, l'envie de faire la leçon au roi des Pays-Bas, et ce fut dans l'intention de prouver qu'on ne l'aimait guère que l'on assourdissait Louis XVIII des cris de "Vive Louis le Désiré". » Il oublie de dire que les Gantois, éblouis par le faste de l'entrée d'un personnage aussi considérable que le roi de France, devaient aussi compter en imagination les profits qu'ils pourraient tirer du séjour de si nombreux visiteurs. La politique impériale du blocus continental puis l'occupation militaire française des premiers mois de 1814 ont considérablement appauvri la ville. Le chômage des milliers d'ouvriers des grandes manufactures de filage de la ville, comme celle de Lieven-Bauwers au couvent des Récollets, est encore massif et se résorbe doucement malgré des droits de douane français élevés, au fur et à mesure de la reprise du commerce. Alors que le roi entre à Gand, de nombreux pamphlets hostiles à Napoléon et à son administration, et saluant sa chute, circulent encore en ville :

« Où est-il donc ce Corse tyrannique /
Usurpateur des droits du roi Louis /
Banni de la florissante Belgique /
Il est parti [1]. »

L'accueil est très royaliste, mais l'appareil militaire déployé prouve assez que le roi détrôné entre dans une ville étrangère et que la guerre est au bout de son exil. Gand abrite un corps de cinq mille soldats, hussards hanovriens, fantassins anglais. Pendant tout le séjour des Français dans la ville, le passage incessant des troupes anglaises débarquées à Ostende ne fera que croître. Les rues qui conduisent Louis de la porte de Bruges à sa résidence de la rue des Champs, au cœur de la ville, sont bordées d'une double haie de fantassins. D'un côté des Belges de la toute nouvelle armée des Pays-Bas, en uniforme bleu et pantalon blanc, de l'autre des Hanovriens en uniforme noir[1]. Le cortège traverse le fossé Sainte-Élisabeth, la rue de Bruges, le marché aux légumes, le marché aux grains, à travers un dédale de ruelles étroites, de canaux et de ponts. Cela change nos voyageurs français des lignes droites et minérales de leur capitale abandonnée. Aussi bientôt trouveront-ils la ville « triste », « bizarre », et surtout « vide », « une grande ville presque sans habitants, des rues désertes, des canaux presque aussi déserts que ces rues », note Chateaubriand qui se plaît surtout, comme à son habitude, à faire de cet asile provisoire du roi de France le jouet des variations de l'histoire et du destin, de la capitale de Charles Quint au siège d'une préfecture de Napoléon, jusqu'à celui d'une province du royaume des Pays-Bas[2]. L'âge romantique du goût gothique n'est en tout cas pas encore entré dans son esprit. Il faudra attendre quelques années pour que l'ancienne capitale des Flandres, bâtie au confluent de quatre rivières et faite d'une quantités de petites îles reliées entre elles, devienne « belle ». Victor Hugo, qui s'y arrête en 1836, lui donne la configuration que nous lui trouvons encore aujourd'hui, une sorte de Venise gothique du Nord, qui fait son admiration : « Il y a une foule de maisons pittoresques, de couvents, de petits carrefours tortueux enclos de maisons crénelées qui ont toutes sortes d'attitudes et brisent leurs lignes les unes sur les autres d'une façon charmante[3]. » L'enchevêtrement gothique de Gand dominé par la masse imposante de la cathédrale Saint-Bavon n'a pas empêché les familles les plus aristocratiques de la ville de construire dans les années 1700 quelques très grands et beaux hôtels particuliers, dans le goût classique. La plus spectaculaire de ces résidences urbaines appartient au comte d'Hane-Steenhuyse. Elle présente d'un côté une façade baroque et contournée le long de la rue des Champs et de l'autre une majestueuse façade classique à fronton et pilastres qui s'ouvre sur un vaste jardin[1]. C'est là que le roi s'installe avec ce qui lui reste de sa cour. Jean-Baptiste d'Hane est un habitué des visiteurs de marque. Il a déjà reçu le roi Jérôme et sa femme la reine de Westphalie en 1811, le prince d'Orange, futur roi des Pays-Bas en février 1814, le tsar de Russie en juin de la même année. Très entiché de sa noblesse, sans doute parce qu'elle est récente, il mène un train fastueux grâce aux revenus de ses immenses propriétés aux noms qui sentent bon la Flandre : Leeuwerghem, Nieulant, Steenhuyse, Trouchiennes, Ecckhove. Il avait épousé en 1783 une fille du marquis de Rodes, souverain panetier de Flandres, Marie-Madeleine Rodriguez d'Evora y Vega, tout aussi noble que lui. S'il a pris une part active au soulèvement des provinces belges contre la domination autrichienne en signant comme député, en 1790, l'acte d'union des États-Belgiques-Unis, à Bruxelles, il s'est opposé en sourdine à leur incorporation à la République française en 1795 et n'a jamais été un grand admirateur de Napoléon. En 1811, le préfet de l'Escaut, Frédéric d'Houdetot, le déconseillait à son ministre comme maire de Gand, le jugeant « loin d'être un sujet dévoué à l'empereur » malgré « sa fortune considérable et son ancienne existence[2] ». D'Hane est royaliste et inconditionnel. En juin 1791, il proposait déjà l'hospitalité au futur roi de France, alors que celui-ci venait de s'enfuir de Paris pour Bruxelles. En 1815, il est l'un des plus solides partisans, dans le Sud catholique, du tout nouveau royaume des Pays-Bas. Le roi Guillaume l'a d'ailleurs nommé son intendant pour le département de l'Escaut, avant que celui-ci ne devienne, par la Constitution, le gouvernement de la Flandre-Orientale. Il sera par la suite chambellan de cour et membre de la première chambre des États généraux des Pays-Bas. Comme souvent, la vanité et l'ostentation ont leurs revers. Tout commence magnifiquement par un grand dîner donné à six heures et demie du soir, le jour même de l'arrivée du roi, dans le grand salon vert de l'hôtel de l'intendant dont les fenêtres donnent de plain-pied sur la rue. Louis s'y montre à la foule massée à l'extérieur et autorise même les dames des principales familles de la ville à lui être présentées. Le dîner d'une trentaine de couverts est somptueux. On compte neuf services, en commençant par la confiture et en finissant par les côtelettes – tous les Français présents à Gand n'en finiront d'ailleurs pas de s'extasier sur l'abondance de la cuisine flamande. Mais le privilège de recevoir le roi de France et d'être parfois assis à sa droite, ou à la droite de son frère, n'est pas sans inconvénient, surtout lorsque l'hôte tant désiré s'incruste « au grand détriment du propriétaire, sur les crochets de qui on a vécu, par inadvertance, assez longtemps », précise un proche de Blacas[1].

L'« inadvertance » est évidemment une spécialité du comte de Blacas peu soucieux de dilapider trop rapidement les 5,5 millions-or du trésor de guerre sauvé des Tuileries par le baron Hüe. Le comte d'Hane en sera quitte pour accepter de bon cœur au départ du roi, trois mois plus tard, des cadeaux qui, pour être magnifiques, ne valaient pas le prix de la pension. Un peu mieux tout de même que la seule et traditionnelle « tabatière en or garnie de brillants au chiffre de Sa Majesté », qui fait le fond des cadeaux diplomatiques de la cour de France. La femme de Jean-Baptiste aura droit pour sa part à une bague en diamants. Une fois rentré à Paris, le roi fera encore envoyer à la famille un service de table en Sèvres aux armes d'Hane avec l'inscription magique : « Donné par le roi » accompagnée d'un mot aimable : « Soyez persuadé que je n'oublierai jamais vos soins, votre attentive hospitalité, ni le touchant intérêt dont j'ai recueilli de nombreux témoignages dans le département dont l'administration vous est confiée[2]. » Pour le roi, d'Hane n'est tout de même qu'un vulgaire préfet à la mode hollandaise. Qu'il attende. Le roi a d'autres soucis financiers. Il attendra en effet jusqu'aux derniers jours du séjour du roi à Gand pour être payé[3]. Dans l'intervalle toute la famille est reléguée au deuxième étage de son propre hôtel. On comprend dans ces conditions que le brave intendant de Gand en ait parfois perdu son sang-froid, au point de trouver tous les prétextes possibles pour se débarrasser de son royal visiteur. Pour cela, rien de mieux que de réveiller les inquiétudes, jamais tout à fait endormies, de son gouvernement sur la sécurité du roi de France. Dans ses lettres, il fait sans cesse allusion aux « figures inconnues » et « suspectes » qui rôdent autour de la résidence du roi, évoque la possibilité de ce qu'il appelle « un coup hardi ». Sa maison située en pleine ville est très mal placée pour être convenablement surveillée. Il serait facile aux bonapartistes d'enlever le roi et de le faire conduire à Lille, de nuit, par des routes de traverse mal gardées, entre Tournai et Courtrai. Le roi serait plus en sécurité derrière l'Escaut, à Malines ou Anvers. Lorsqu'il ne se montre pas délibérément alarmiste, Jean-Baptiste d'Hane avoue entre deux lignes les vraies raisons de son mécontentement : la dépense, mais aussi « le ton d'orgueil et de suffisance » des officiers de la maison du roi qui, dit-il, « déplaît aux Flamands[1] ». On disait la même chose des émigrés, décidément incorrigibles, dans les petites cours princières d'Allemagne en 1792.

On comprend un peu sa mauvaise humeur. La résidence de Louis XVIII à Gand n'est pas un séjour, c'est un envahissement.

Plan du rez-de-chaussée de l'hôtel d'Hane à Gand (XIXe siècle).

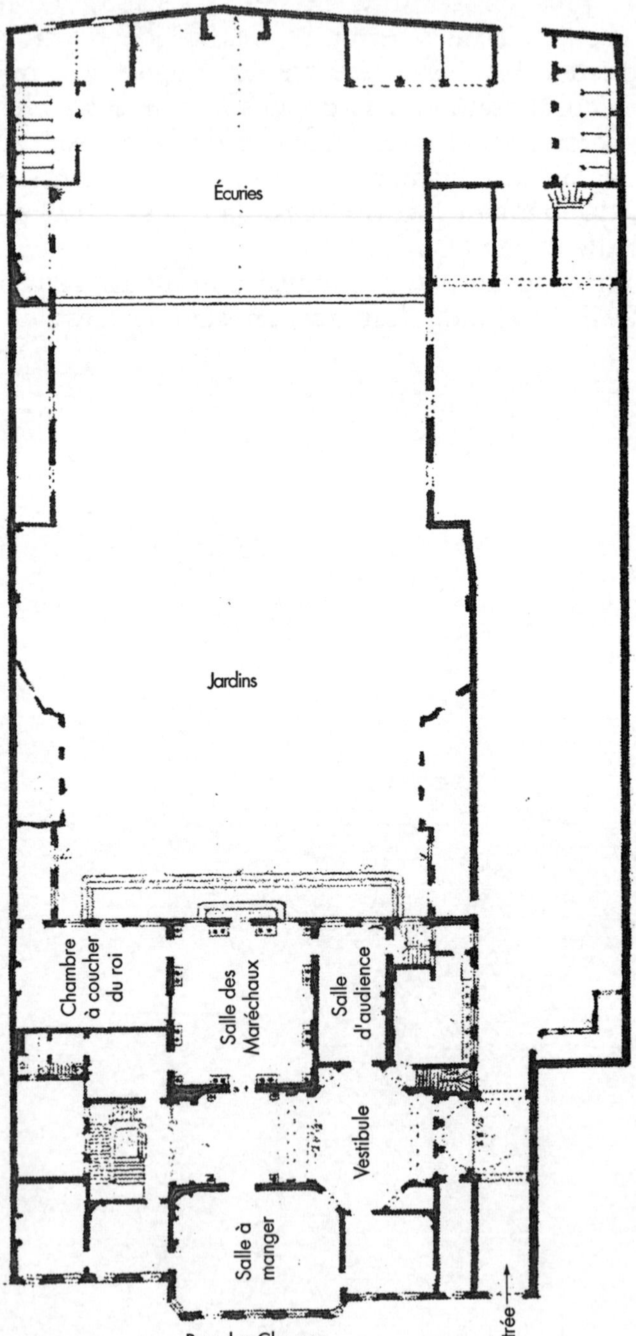

3.

La cour de Liliput

La cour du roi de France, d'abord réduite à sa plus simple expression, s'étoffe au fur et à mesure que le temps passe. Certains de ceux qui sont restés en rade aux Tuileries le 19 mars rallient Gand par leurs propres moyens, de part et d'autre d'une frontière de plus en plus poreuse. Les gages et les traitements sont irrésistibles et font prendre des risques. En juin, on compte déjà sous la direction du grand aumônier Alexandre-Angélique de Talleyrand, qui réside le plus souvent à Bruxelles, un confesseur (l'abbé Rocher) et deux chapelains (Canonne et Godinot). On trouve aussi sous les ordres du sulfureux père Élysée un chirurgien (Distel) et un pharmacien (Fabvre). Le premier valet de la chambre Hüe, qui a rejoint le roi à Ostende, dispose lui aussi, avec Gentil, également premier valet, d'un personnel de plus en plus nombreux : un garçon de la chambre (Baugé), deux garçons de la garde-robe (Content et Gonet), un valet de chambre barbier (Boutin), deux valets de pied (Baptiste et Descœurs), un écrivain du cabinet (l'abbé Fleuriel) qui est en même temps le secrétaire de Blacas. Le premier écuyer tranchant, le duc de Cossé-Brissac, supervise la table du roi [1]. Avec un maître de la garde-robe, le marquis d'Avaray, deux des premiers gentilshommes de la chambre, les ducs de Duras et de Rohan, quatre capitaines des gardes, les ducs de Gramont, d'Havré, de Luxembourg, le prince de Poix, cela commence à faire beaucoup de monde, même si parmi les grands officiers seuls l'indispensable Blacas, les ducs de Duras et de Gramont résident au premier étage de l'hôtel de la rue des Champs. Marmont, par dépit de ne pas avoir été admis au Conseil du roi, s'est retiré à Aix-la-Chapelle. Quant au duc de Richelieu, toujours aussi dégoûté de la situation, il s'est rendu directement à Francfort sans passer par Gand.

À ce compte-là, le séjour du roi chez le comte d'Hane devient tout de même un peu encombrant. Le service de la garde est très régulièrement organisé. Outre les deux gardes du corps détachés en permanence près du roi, six autres surveillent les entrées, transmettent les ordres et campent la nuit, tout habillés, dans le grand vestibule de l'hôtel. Tony de Reiset, l'un d'entre eux, précise pourtant, non sans regret, qu'ils ne portent pas le sabre nu à la main « comme cela est d'usage dans les résidences royales [1] ». Les autorités de Gand et le gouvernement de Bruxelles ont tout fait, jusque dans le moindre détail, pour que l'entourage du roi ait l'allure le moins militaire possible. La cour est autorisée certes, mais c'est une cour en sursis. Elle en a les apparences, mais c'est pour faire oublier qu'elle est sous surveillance. Le roi a d'ailleurs été aimablement invité à ne pas s'éloigner de la ville. « L'air de la campagne », comme dit Mme de Chateaubriand, lui est interdit. Ce qui reste de sa maison militaire et de ses volontaires royaux est relégué à Alost et Termonde, deux petites bourgades à mi-chemin entre Gand et Bruxelles. La surveillance extérieure de l'éphémère palais royal de Gand est assurée par une vingtaine d'officiers et de soldats de l'armée des Pays-Bas, ce qui en dit long, encore une fois, sur la méfiance des Hollandais. La ville grouille d'espions. Les autorités qui assurent l'ordre public à Gand ne sont évidemment pas françaises. Le commandement militaire de la ville est assuré par un lieutenant général prussien, la haute police par un Danois passé au service des Pays-Bas, le très curieux baron Ferdinand d'Eckstein, qui, à force de faire du zèle contre les bonapartistes, finira par arrêter des royalistes. Le général Bordessoulle, qui avait pourtant suivi le comte d'Artois jusqu'à Ypres, et le journaliste Fauche-Borel qui affirmera dans ses Mémoires que les prisons de Bruxelles étaient pleines de ses victimes, en seront pour leurs frais [2]. Le « troupeau de Gand », comme dit Rilliet, n'est pas toujours composé de gens le plus recommandables. Un jour de la fin d'avril, le comte de Semallé, chargé à Bruxelles de la police du roi, fera arrêter un certain comte de Maubreuil, entré en Belgique déguisé en marchand de bestiaux. Lui aussi est livré, à Gand, aux sbires du baron d'Eckstein. L'aventurier de sac et de corde, qui avait déjà donné du fil à retordre à Talleyrand en prétendant avoir reçu de lui l'ordre d'assassiner Napoléon à Fontainebleau dans les premiers jours d'avril 1814, est maintenant soupçonné de vouloir attenter aux jours du duc de Berry. Il sera finalement relâché faute de preuves. Mais l'épisode n'est pas isolé et montre assez l'état de peur et de psychose dans lequel on vivait à Gand[1]. D'Eckstein soupçonne tout le monde. À partir de la fin du mois d'avril, tous les Français résidant en ville seront tenus de se déclarer aux bureaux de la police sous peine d'être expulsés[2]. « Cette ville de Gand, note le baron d'Eckstein en mai, est réellement aujourd'hui le repaire de tout ce que la France à de plus intrigant[3]. »

La cour en exil, qui s'anime peu à peu dans la monotonie des jours, n'est pas seulement pour le roi une question de confort mais aussi une affaire de prestige et peut-être de revanche. Le roi a beau être relégué dans une petite ville des Flandres, il veut être servi comme aux Tuileries. On s'y croirait d'ailleurs. Les appartements du roi sont organisés comme ils l'étaient à Paris. Les deux salons situés à gauche du grand vestibule et donnant sur la rue ont été transformés en salle des gardes et en salle à manger. Cette dernière, tendue de tapisseries de haute lisse tissées de soie et tramées d'or et d'argent, est l'une des plus belles pièces de la maison. C'est là que le roi a dîné le soir de son arrivée. À droite du vestibule et donnant sur les jardins, une très belle salle de bal à l'italienne, blanc et or, bordée au premier étage d'une galerie et rythmée de nombreuses colonnes jumelles a été rebaptisée salle des Maréchaux – toujours comme aux Tuileries et cette fois, ce qui ne manque pas de sel, à la mode napoléonienne. Derrière cette rotonde et dans un retour d'aile sur les jardins, le roi a fait installer dans deux chambres son cabinet et sa chambre à coucher. En réalité, il n'y dort que lorsque ses jambes ne lui permettent pas de monter au premier étage où se trouve sa véritable chambre à coucher, à côté de celle du comte de Blacas. Le comte d'Artois s'est installé à l'hôtel des Flandres, sur la place d'armes de Gand, le duc de Berry réside à Alost, avec la maison militaire dont il a pris le commandement.

C'est pourtant à l'hôtel d'Hane que toute la cour se retrouve. Les heures y sont fixées comme aux Tuileries. Le roi se lève à six heures, déjeune à dix, généralement seul et brièvement, puis sacrifie à midi, comme à Paris, au rite de la promenade quotidienne, en voiture attelée de six chevaux, accompagné de ses gardes à cheval et de son gentilhomme de la chambre. Il fait ainsi chaque jour une ou deux lieues, à un train d'enfer autour des remparts de la ville ou le long de la belle promenade de la Coupure jusqu'à la porte de Bruxelles. Peut-être est-ce sa façon à lui de prendre sa revanche sur ses jambes qui ne le portent plus ou de se dédommager d'être un peu le prisonnier de Gand. « Un roi sans divertissement est un homme plein de misères ! » Le dimanche, le roi et sa maison se rendent à la messe à la cathédrale Saint-Bavon. Le reste des émigrés de Gand, ajoute Beugnot, accourt de toutes les rues de la ville et s'y entasse « dans un pêle-mêle assez divertissant [1] ». L'église, quoique fort vaste et pleine de trésors – dont certains manquent et seront d'ailleurs rendus par la France après Waterloo –, est comble. Louis est reçu en grande pompe par le clergé, le prince de Broglie, archevêque de Gand, en tête, à la porte de l'église. En signe de déférence, toute l'assemblée se lève lorsque le roi entre et se dirige vers le trône qu'il occupe dans le chœur. Le prince de Broglie est un catholique ultramontain, très royaliste. Il donnera par la suite bien du souci au roi protestant des Pays-Bas qui finira par l'exiler en 1816. Les Gantois, quant à eux, sont ravis d'avoir avec eux un roi catholique. Il y a bien quelques officiers protestants en garnison pour se moquer de la comédie pieuse du vieux roi libertin « agenouillé, les yeux fixés sur le crucifix au-dessus de l'autel et les lèvres en mouvement constant », et pour se plaindre amèrement de la manipulation de la religion par le pouvoir [2]. Il n'est pourtant pas sûr qu'un roi tel que Louis XVIII ait jamais cru à la prière pour retrouver le pouvoir.

Après la promenade et le Conseil qui a lieu généralement vers quatre heures, l'hôte éminent de la rue des Champs dîne à six heures et reçoit jusqu'à neuf. Les revers n'empêchent toujours pas le roi de conserver son appétit légendaire. Les huîtres de la mer du Nord en font parfois les frais. On l'aurait vu certains jours en engloutir plus d'une centaine sans autre forme de procès. Un officier belge de faction dans la rue a noté que cela faisait l'admiration de badauds au point qu'il était obligé de chasser les gamins juchés sur les fenêtres de la rue, qui comptaient tout haut le nombre de plats consommés et de verres bus. Il en restera un méchant jeu de mots à la flamande. Louis XVIII devient « Lodewÿk die Zweet », le « roi qui transpire [1] ». Les jours de grand couvert, une ou deux fois par semaine, on dîne dans la salle des Maréchaux au son d'une musique militaire placée dans la tribune. Certains diplomates, les ministres présents à Gand y sont conviés sur invitation. Le roi, raconte Beugnot, qui, arrivé à la mi-mai, y assiste à plusieurs reprises, en fait les honneurs avec la politesse de la vieille cour et sa grâce personnelle en prime. Au rôti, il découpe la viande avec une rare dextérité et offre aux convives du plat qu'il a devant lui.

Depuis Ostende, Louis a repris ses esprits et se montre à Gand, comme à son habitude, aimable et impénétrable jusque dans l'adversité. Les uns et les autres ont droit à son coup d'œil pénétrant, à quelques mots bienveillants qui deviennent, comme à Versailles, comme aux Tuileries, autant de faveurs insignes. Après le dîner, on passe au salon pour le whist de Monsieur. Le roi ne joue pas, mais juge les coups de son frère « avec cette mémoire et cette puissance d'attention qu'en semblable matière personne n'a possédées au même degré que lui », précise encore Beugnot, aussi courtisan dans la solitude de Gand qu'à Paris [2]. Il y a bien certains soirs quelques concerts donnés par la cantatrice italienne à la mode, Mme Catalini, mais tout cela n'est tout de même pas très gai [3]. L'ambassadeur d'Angleterre accrédité auprès du roi, lord Stuart, trouve la cour de l'hôtel d'Hane « ennuyeuse au-delà de l'imagination [*dull beyond imagination*] [4] » et préfère encore celle du roi des Pays-Bas à Bruxelles.

4.

Un « air d'émigration »

« L'air de cour » que l'on respire à Gand est un air un peu raréfié, comme si l'on étouffait de n'avoir rien à faire, sinon attendre et guetter les nouvelles venues de France. Il n'y a pas plus étrange et triste qu'une cour où manquent le pouvoir et les affaires et où survivent, seules, les prétentions et l'étiquette. On y trouve en même temps cette propension à s'illusionner et surtout à se rassurer qui habite toutes les cours en exil. En 1710, l'Anglais Bolingbroke se moquait déjà dans ses Mémoires des espoirs et des petitesses de l'entourage de Jacques II exilé à Saint-Germain près de Paris par la révolution de 1688[1]. Le souvenir des Stuarts déchus devait hanter les consciences de Gand, autant que ceux de Coblence. Aussi cherche-t-on à idéaliser l'avenir pour oublier l'infortune présente. « Tout le monde aime à se flatter, note Gobineau avec finesse, et ceux qui entourent un prince malheureux fondent toutes les espérances de leur fortune à venir sur son rétablissement, aussi n'accueillent-ils que ce qui peut le leur faire croire prochain. » Il n'y a pas un jour, à l'hôtel d'Hane, où on ne parle de l'amour des Français pour le roi et de la haine de la nation pour l'empereur. Le jeune Frédéric Rilliet, toujours fidèle mais toujours un peu surpris, décrit l'entourage du roi à la manière d'un aréopage de « vieillards très dévoués, mais incapables de rendre un bon service ». Certains de ceux qui arrivent viennent par peur ou par intérêt plus que par zèle. D'autres, sans tenir compte des leçons de l'expérience, traînent avec eux leurs vieux préjugés d'avant 1789, leur ineptie et leur légèreté. On y reprend comme par enchantement les mœurs et les habitudes de l'émigration. « On eût dit de l'année que nous venions de passer en France comme d'un bal masqué après lequel, une fois dehors, chacun jette son masque et reprend son habit accoutumé[1]. » Tous composent autour du roi, conclut Rilliet, « une cour de la plus funeste espèce[2] ». On s'y pousse et on s'y place autant, sinon plus qu'à Paris. Gand est le pays des songes et des chimères, de l'orgueil ennuyé et de l'intrigue oisive. C'est l'impression qu'en aura le marquis de La Maisonfort, proche de Blacas, lorsqu'il y débarquera à la fin du mois de mai, en provenance de Londres : « Je trouvai Gand comme j'avais trouvé Coblence jadis, comme on trouvera toujours un rassemblement de gens jouant gros jeu, et ayant leur existence placée entre l'honneur et la misère, les premiers emplois d'un beau royaume et la vie errante d'un émigré. Toutes les passions y étaient en jeu, on y craignait tout, on y espérait tout[3]. » De quoi méditer sur tous ceux qui, exilés ou pas, ont perdu le pouvoir et cherchent à le reconquérir.

La cour de Gand est une cour d'ombres, mais ce sont des ombres qui s'agitent et qui déplaisent. À Vienne comme à Londres, on se plaint de ce vain théâtre de Gand. On lui trouve un petit air d'émigration qui exaspère et inquiète. Le comte de Jaucourt, toujours bon juge, évoque sans cesse dans ses lettres à Talleyrand « cet air de Coblence auquel nous nous laissons aller » et pense surtout à Blacas auquel il reproche « les petits moyens, les petits subterfuges, les fausses confidences, les phrases étudiées ». La ville de Coblence, située sur le Rhin, à laquelle Jaucourt fait référence, était en 1792 la capitale des princes émigrés, et ses hôtes étaient déjà les mêmes : le comte d'Artois et le comte de Provence, le futur roi. « Il nous revient de partout, lui répond Talleyrand le 6 mai en se faisant l'avocat des diplomates de Vienne, [...] qu'en toutes choses il faut éviter les formes de l'émigration. Tout ce qui la rappelle plaît à quelques gens inutiles et nuit beaucoup vis-à-vis de tout ce qui vaut quelque chose au-dehors et au-dedans[4]. » Talleyrand, qui parle encore dans ses lettres de la « petite réunion de Gand », est le premier à se moquer des « voyageurs sentimentaux » venus se précipiter en Belgique aux pieds du roi, « fidèles parmi les fidèles ». C'est lui qui invente la formule que d'aucuns trouveront d'une « insolente dérision[1] ». Il se moquera encore plus de ceux qui se vanteront d'y être allés par dévouement, afin d'obtenir auprès de lui une place ou une pension. Entre-temps, la cause royaliste avait triomphé : « Vous étiez à Gand ? En êtes-vous sûr ? Dites-moi franchement si vous y êtes allé ou si vous n'avez fait qu'en revenir. Car, voyez-vous, j'y étais à Gand, moi... Nous y étions sept à huit cents ; et, à ma connaissance, il en est revenu plus de cinquante mille[2]. » Certains, en effet, en contact direct avec les princes, tireront parti et profit de leur singulier voyage, à leur retour en France. Mais beaucoup d'autres en pâtiront. Le capitaine de Lauthonnye, qui a rejoint Alost en mai comme volontaire royal, aura le plus grand mal par la suite, comme beaucoup d'autres, à se placer dans les cadres de l'armée : « Notre émigration était une cause pour que nos demandes fussent mises de côté. On nous répondait dans les bureaux avec un air sardonique : "Monsieur le capitaine a fait le voyage sentimental ?" » Ce qui vaudra d'ailleurs au sous-chef de bureau en question une gifle monumentale[3]. Vitrolles, qui avait lui-même émigré sous la Révolution, analyse bien ce phénomène dont sont victimes les émigrés politiques de tous les temps et plus particulièrement ceux de Gand, parce qu'ils l'ont été volontairement : « L'émigration, lors même qu'elle est passagère, porte avec elle d'inévitables conséquences. Les idées qui l'ont produite prennent au-dehors des directions divergentes, et il est plus difficile de les accommoder à mesure que cette séparation est plus complète. » Le jeune Édouard Mounier, pourtant rompu aux affaires et formé au Conseil d'État de l'Empire, en fera l'expérience à son retour de Gand : « Ce que c'est que d'être un émigré ! Pour avoir quitté la France pendant trois mois, je n'y entends plus rien[4]. »

L'absence est mortifère. Elle suppose toujours des aménagements qui prennent souvent les formes un peu dérisoires de la consolation et du repli sur soi. Jamais la fidélité au roi n'a été autant célébrée qu'à Gand. Dès la fin du mois d'avril circulent entre Alost, Termonde et Gand quantités de médailles de tailles et de gravures diverses qui toutes célèbrent les vertus de la fidélité[5]. À Alost, le *nec plus ultra* parmi les officiers consiste à porter au doigt une bague en or sur laquelle sont inscrits ces mots : « À Dieu mon âme, mon cœur aux dames, ma vie au roi, l'honneur à moi. Gand, 1815[6]. » « Nous écrivons pour notre plaisir et pour amuser les fidèles », proclame dans son premier numéro *Le Nain couleur de rose* qui paraît à Gand, à l'initiative d'un groupe d'officiers français, en réponse au *Nain jaune* parisien[1]. Dans ce contexte, la médaille de la fidélité, officiellement instituée par une ordonnance du 17 mai, sur la proposition de Blacas et du duc de Feltre qui a repris début avril son portefeuille du ministère de la Guerre, a sans doute été créée dans le but de mettre un terme à l'anarchie des médailles et des décorations fantaisistes, surtout portées par les militaires d'Alost. Elle est suspendue à un ruban bleu et blanc et présente d'un côté le profil du roi, de l'autre les mots « Fidélité – 1815 » entourés de deux branches de laurier. Dans le préambule de l'ordonnance, le roi parle de « perpétuer le souvenir d'une aussi touchante fidélité par une institution qui sera à la fois une récompense pour les Français qui n'ont écouté que leur devoir, et un encouragement pour ceux dont les circonstances n'ont pas encore secondé leur zèle[2]. » L'ennui, c'est qu'à force de sanctifier les quelques fidèles de Gand on risque de montrer méchamment du doigt tous les autres, fatalement infidèles, restés en France sous les Cent-Jours. L'embarrassante médaille disparaîtra avec le retour du roi à Paris et ne sera plus distribuée. Comme l'écrit plus raisonnablement Mme de La Tour du Pin à une amie, à propos de son fils Humbert qui a fait le voyage de Gand avec la maison militaire : « Si la fidélité n'est pas un tort, elle n'est pas un titre, soyez en sûre, ma chère Charlotte[3]. » Mais ce n'est pas l'avis de tout le monde. Avec l'aventure de Gand, le principe de la fidélité devient indissociable du choix de l'exil. En 1791 et en 1792, on n'en était pas si sûr que cela, car si l'on quittait le pays c'était en partie contre la volonté d'un roi prisonnier de la Révolution et qu'on affaiblissait d'autant. De tels doutes n'existent plus, ni en 1815 ni après 1830 avec la chute du dernier roi légitime. À partir de l'épisode de Gand, les royalistes commencent à projeter dans le passé une fidélité dont bien peu avaient eu le sens avant la Restauration. D'abord sentimentale, elle sera bientôt théorisée. Sous la seconde Restauration et surtout après 1830, certains royalistes de l'exil posent désormais le principe d'une adéquation entre le gouvernement monarchique et la stabilité politique, face à l'instabilité révolutionnaire. L'infidélité au roi est désormais un « crime envers la société ». Le baron d'Haussez, qui suivra Charles X en exil en 1830, argumente très bien là-dessus : « L'intérêt public impose comme un devoir la fidélité aux rois », et par là, ajoute-t-il, « on doit entendre tous les actes qui peuvent la rendre complète et efficace »[1]. La fidélité était alors monarchique, elle muera et prendra des formes diverses : fidélité à ses idées, à sa conscience. On la retrouvera désormais au cœur de tous les exils, jusqu'à nos jours. Jusqu'à la Révolution, l'exil – au sens classique du terme – était la conséquence d'une faute, comme l'écho éloigné du premier exil chrétien, celui d'Adam et d'Ève chassés du paradis terrestre. Désormais il va devenir l'expression du refus plus ou moins volontaire d'un système, quel qu'il soit. À ce stade, l'exil devient tout aussi bien intérieur. C'est qu'entre-temps est apparue la « volonté générale » de 1789 que Tocqueville analyse, l'un des premiers, comme une nouvelle forme de tyrannie. « La tyrannie laisse le corps libre et va droit à l'âme. Le maître ne dit plus : "Vous penserez comme moi ou vous mourrez." Il dit : "Vous êtes libre de ne point penser comme moi : votre vie, vos biens, tout vous reste, mais de ce jour vous êtes un étranger parmi nous"[2]. »

5.

Le pavillon de Marsan

Le maréchal Marmont, exclu, à Gand, des conseils du roi pour avoir suggéré au duc de Berry de licencier la maison militaire et qui se retirera devant l'hostilité des royalistes les plus ultras, analyse très bien la chance que représente pour ces derniers le traumatisme de l'exil des Cent-Jours. Le retour de Napoléon, dans la mesure où il s'apparente pour eux à une énième reprise de la Révolution, sert « merveilleusement les intérêts et les passions de l'émigration [1] ». Il a le mérite de séparer le bon grain de l'ivraie, la fidélité d'un côté, le parjure de l'autre. Cette fidélité toute conditionnelle à un roi jugé par trop révolutionnaire – le « Vive le roi quand même » prononcé par l'obscur comte de Béthisy à la Chambre des députés, au retour de Gand, aura un succès fou – cache bien des arrière-pensées. Ce n'est pas à Napoléon lui-même qu'on en veut, c'est aux hommes de la Révolution qui ont profité de l'occasion de son retour pour se remettre en selle, ces parvenus « en sabots » qui ont eu l'audace de balayer par la terreur les anciennes distinctions sociales. Ce sont les anciens conventionnels élus députés en France à la faveur des élections de mai voulues par Napoléon : les Bertrand Barère, les Garat, Félix Le Peletier, Drouet de la Marne, Garnier de Saintes, Calès, Cambon, Maignet, Poullain-Grandprey, qui sont visés et derrière eux tous les libéraux avancés, à commencer par La Fayette, qui ont accepté de jouer le jeu du nouvel Empire révolutionnaire [2]. « Il ne faut pas vous le dissimuler, ce sont toujours les mêmes hommes et les mêmes passions qui, sous des formes et des masques différents, ont constamment réglé depuis vingt ans les destinées de la

France[1] », dira l'ultra La Bourdonnaye à la tribune de la Chambre au retour de Gand. Les Cent-Jours sont l'occasion rêvée de s'en débarrasser une bonne fois pour toutes, à commencer par les anciens régicides « relaps » qui ont repris du service pour le compte de Napoléon. Dans la mesure même où le retour de la Révolution est vécu par eux comme une sorte de second régicide, celui-ci est plus que jamais perçu comme « une souillure », « une tache effrayante »[2]. La ligne de partage imaginaire qui sépare les « bons » des « méchants » les obsède et les taraude. Les premiers doivent être récompensés, les seconds punis. Les grands discours de proscription à la mode jacobine de la réaction royaliste des derniers mois de 1815 – « des fers, des bourreaux, des supplices » – ont été médités à Gand dans l'entourage du comte d'Artois. Là, pour la première fois depuis les débuts de la première Restauration, les ultraroyalistes vont traiter la Charte du roi par le mépris et chercher ouvertement à tourner le principe d'amnistie des opinions et des actes contemporains de la Révolution et de l'Empire qui la fonde. À Gand, le « pardon » et l'« oubli » du passé sont jetés aux oubliettes au nom de l'urgence du présent[3]. Cela transparaît dans le moindre des écrits des amis de Monsieur. À peine arrivé à Gand, Jules de Polignac, son aide de camp, le « cher Jules » dans l'intimité du prince, en parle ainsi à son père : « Depuis longtemps, mon cher papa, je prévoyais une catastrophe en France si l'on n'adoptait point d'autres mesures que celles qu'on prenait ; notre ministère, composé de personnes ou peu capables ou méprisables, poussait le roi dans le précipice ; cette fausse application de clémence, qui dégénérait en faiblesse, avait pour résultat de placer à la tête des principales administrations civiles et militaires des hommes ennemis du roi et de l'État, qui l'ont trahi jusqu'au dernier moment et ont rendu vains tous les moyens de sûreté qu'il a voulu prendre. Enfin, Dieu a permis cette épreuve. Elle est dure, sans doute. Sachons en profiter[4]. » On sait combien le très pieux Polignac, l'homme des apparitions et de la Sainte Vierge – comme le diront ses détracteurs qui pour certains n'avaient pas plus d'inspiration politique que l'inspiration divine du « cher Jules » – s'en remettait à Dieu. Mais ce n'est pas le doigt de Dieu qui imprime les grands projets ultraroyalistes concoctés à Gand, plutôt celui de la peur et de la vengeance. Au milieu de cette effervescence,

Monsieur campe plus que jamais sur ses convictions, à l'abri de son inébranlable bonne foi. On ne le fera pas changer d'avis. Beugnot qui s'y est essayé à Gand finira par y renoncer. C'est que Monsieur fonde ses attachements sur son intime conviction plutôt que sur des préjugés. « Il n'y a pas de conscience d'homme plus pure que la sienne », ajoute Beugnot un peu perplexe[1]. Certes, les principes, la conviction et la conscience fondent le jugement politique. Mais l'observation, l'analyse et le raisonnement qui y conduisent relèvent, eux, de l'intelligence. C'est précisément ce qui manque le plus à Monsieur. Jaucourt traduit cela assez drôlement : « Monsieur veut le but, mais ne voit pas le chemin[2]. » Dès avant son arrivée à Gand, dans ses lettres au roi, le comte d'Artois parle châtiments. D'abord l'armée, ensuite les autres : « Souvenez-vous bien, lui écrit-il dès le 27 mars, que les choses sont poussées trop loin, pour qu'il ne soit pas indispensable qu'une armée composée de traîtres et de brigands reçoive la punition sévère qu'elle n'a que trop méritée[3]. » Quelques jours plus tard, il l'encourage encore à publier de « grands actes » pour « intimider les grands coupables », « en imposer aux faibles » et « encourager les bons »[4]. Avec Monsieur tout est toujours simple et binaire. Il ne comprend rien au système de gouvernement qui a été essayé par son frère, et puisqu'il a échoué, il est forcément mauvais. Un peu de fermeté ne nuirait pas. À Beugnot encore, il explique doctement : « Il faut bien que vous conveniez qu'un système différent n'aurait pas fait pis, et qu'il n'est pas démontré qu'il n'eût pas fait mieux[5]. »

Tout le petit monde de Monsieur habite avec lui, à l'hôtel des Pays-Bas, à ses frais, à raison de 1 000 francs par jour, ce que le roi trouve trop cher. Le prince y a tous les soirs, après le jeu du roi, « une espèce de coucher » auquel assistent ses fidèles. Tout ce qui ne pense pas comme eux est suspect de « modérantisme ». On se moque des ministres du roi, en particulier de l'ex-abbé devenu baron Louis qu'on traite avec mépris de « prêtre défroqué » et des anciens maréchaux de Napoléon restés fidèles au souverain. Le brave maréchal Victor, duc de Bellune, est leur tête de turc. Lassé des quolibets et des jeux de mots inventés par les amis de Monsieur, il finira d'ailleurs par quitter Gand pour se retirer à Aix-la-Chapelle. On disait par exemple, à l'hôtel des Flandres, et on le faisait répéter, que le maréchal, qui servait avant 1789 avec le grade de sergent sous le pseudonyme sans doute inventé de « beau soleil », avait beaucoup perdu à la Révolution qui avait changé son ancien nom de « beau soleil » en celui de « belle lune » (Bellune[1]). Cela donne assez la mesure des pauvretés qui occupaient ceux-là mêmes qui se prenaient pour des foudres de guerre et de fins politiques. L'hôtel des Pays-Bas ressemble à s'y méprendre au pavillon de Marsan, la résidence du comte d'Artois aux Tuileries. Il en a le ton, les espérances et la folie. À Paris d'ailleurs, on ne s'y trompe pas. Les exagérés de Gand sont une aubaine pour la presse bonapartiste. Ils offrent une forme renouvelée à la figure classique du traître et de l'étranger déclassé que l'on opposera inlassablement pendant des décennies à celle, pure de toute compromission, du patriote. Voilà déjà plusieurs semaines que *Le Nain jaune* les brocarde en les faisant passer pour de burlesques Chevaliers de l'éteignoir réunis en un « ordre sombre » imaginaire sous la direction de leur grand maître, le comte d'Artois. « Éteignons, éteignons les lumières », disent-ils tous en chœur, en jurant de faire vœu « d'ignorance, d'impudence et de mauvaise foi » et en entonnant le chant de l'office des ténèbres qui, comme nul ne l'ignorait à l'époque, appartenait à la liturgie de la semaine sainte[2].

Gand est évidemment une ville de l'ombre qui échappe à la lumière du progrès, des idées nouvelles et de la liberté dont profite Paris. Un autre journal, *L'Indépendant*, mène en mai et en juin, sous la direction discrète de Fouché, un combat opiniâtre contre eux. On y publie des lettres fictives ou la « ligne droite » de Ferrand est évoquée comme le plus court chemin pour aller de Paris à Gand, ou encore le « songe prophétique d'un fidèle royaliste » qui se réveille en France parmi le chant des Cosaques au milieu des bonapartistes miraculeusement endormis. « Voyez-vous, écrit le royaliste supposé, comme les émigrés qui courent en avant, rentrent dans leurs biens ; voyez-vous les prêtres qui parcourent déjà les rangs des armées et des gardes nationales[3]. » Lorsque les attaques contre l'émigration reprendront avec force après la révolution de Juillet, le voyage de Gand sera considéré par la gauche française comme la pire des « flétrissures ». Tous ceux qui s'y étaient rendus seront accusés de trahison, y compris François Guizot, devenu l'un des chefs de la droite conservatrice et le principal soutien du trône de Louis-Philippe. « C'est un transfuge de Gand et pourtant il est ministre d'une nation qui vient de chasser la cour de Gand », écrira l'éditeur républicain Pagnerre en juin 1831[1]. La « cour de Gand », c'est évidemment le comte d'Artois devenu roi à la mort de son frère et chassé du pouvoir en juillet 1830.

Le pavillon de Marsan reconstitué à Gand regroupe la fine fleur des amis de Monsieur. Il y a là les aides de camp du prince, à commencer par les comtes de Bruges et de Trogoff, ce dernier devenu le chef d'état-major de la petite armée d'Alost, alors que d'après Gobineau il n'avait jamais vu le feu. Il y a aussi le « cher Jules » qui partira bientôt pour Turin et se fera prendre une nouvelle fois à la frontière du Jura en flagrant délit de conspiration, le bailli de Crussol, Sosthène de La Rochefoucauld, le général Donnadieu, toujours agité et excessif, venu à la fin du mois de mai dans le sillage de la duchesse d'Angoulême. Au sommet de la pyramide des rangs surnagent les deux premiers gentilshommes du prince, les ducs de Maillé et de Fitz-James, ses capitaines des gardes, les comtes d'Escars et de Puységur. Ces derniers sont de très grands seigneurs rentrés en France avec leur prince et qui, depuis les débuts de la Restauration, lui font sans cesse observer « que l'on s'engag[e] dans une mauvaise voie[2] ».

Tout ce petit monde-là, après avoir eu très peur le 19 mars, s'est remis à fanfaronner. À partir de la mi-avril, il n'en est pas un qui n'ait la certitude de rentrer dans les deux mois. Les nouvelles de France sont de moins en moins mauvaises. Au besoin, on les rend excellentes. On fantasme et on dit un peu n'importe quoi. Certaines des lettres adressées par le comte de Trogoff à l'une de ses amies viennoises donnent la mesure des certitudes, de la forfanterie et du délire imaginaire qui régnaient dans ce milieu. Dès le 9 mai, tout va pour le mieux. Le duc d'Angoulême est à Bordeaux, la Vendée est en armes, Ney a été arrêté par Napoléon – ce qui donne en langage ultra : « Le traître Ney a été arrêté par le monstre » – la « canaille » crie contre lui, ce dernier, d'ailleurs, ne pense qu'à se sauver. Il a fait démeubler les Tuileries et transporter le tout sur deux frégates en rade de Rochefort. « Vous apprendrez bientôt, conclut l'inflexible Breton, l'embarquement de l'infâme pour l'Amérique[1]. » Et Trogoff est une sommité parmi les amis de Monsieur ! En attendant, on fourbit ses armes et on échafaude des plans. Guizot, venu à Gand à la fin du mois de mai pour plaider la cause constitutionnelle et la modération, n'en reviendra pas lorsqu'il verra Jaucourt sortir de sa poche l'un des nombreux mémoires interceptés qui circulaient dans les milieux enragés. Sur dix hommes qui ont servi le roi, écrit l'auteur anonyme du mémoire, il y en a sept à pendre, deux à envoyer aux galères. Le dernier est à la rigueur un honnête homme, et encore, on le soupçonne[2]. Pour se faire jour, on utilisera le langage de la terreur et les mots de Marat. On terrassera l'adversaire avec ses propres armes. Barante, resté en France, entend ce même langage en mai et le retranscrit ainsi : « Il ne s'agit pas seulement d'une révolution politique ; nous avons à faire une révolution sociale. Il nous faut changer la société, telle qu'elle s'est constituée sous le régime impérial. La société ancienne a été détruite par la violence, les échafauds et les confiscations. Nous avons à employer les mêmes moyens ; sans cela, nous ne réussirons à rien ; notre succès ne sera pas durable. La France révolutionnaire reprendra le dessus si nous la laissons subsister[3]. » Quand on ne rédige pas sur place des mémoires définitifs, on en reçoit de France du même tonneau. Le vieux Ferrand, toujours terré à Orléans, chez sa sœur, où il a fui le 20 mars, ne ménage pas ses conseils. Pour être efficace, écrit-il, il ne faut pas hésiter à priver de leurs biens les coupables du 20 mars. Pour cela, on rétablira la confiscation, « dans toute sa rigueur ». Certes, la Charte garantissait aux Français leurs propriétés, quelle qu'en soit l'origine, mais, ajoute Ferrand en pensant toujours aux « coupables », « ils l'ont détruite ». La Charte détruite ! L'argument est imparable et autorise toutes les représailles. Il autorise aussi le recours à l'article 14 qui confère au roi tous les pouvoirs réglementaires au nom de la « sûreté de l'État », non pas à titre provisoire pour le besoin momentané d'une ordonnance, comme ce sera le cas à deux reprises au retour du roi, mais durablement, dans le sens de l'absolutisme. Dès cette époque, chez certains ultras, on pense déjà à utiliser l'article 14 comme on en usera en juillet 1830 pour dissoudre une Chambre rebelle et suspendre la liberté de la presse[4]. L'article 14 hante la pensée des amis de Monsieur à

Gand au point qu'on le retrouve dans nombre de leurs projets restés à l'état de manuscrits [1].

En attendant cet heureux moment, il faut par tous les moyens encourager la guerre civile en France. Tous les projets un peu hardis, les commissions spéciales données à des *missi dominici* porteurs de guerre des frontières de la Suisse aux côtes vendéennes, bretonnes et normandes ont été imaginés dans les officines de Monsieur. Pour le reste, on se méfie du roi que l'on prend plus que jamais pour ce qu'il a toujours été, « un Jacobin fleurdelisé [2] ». « Être ultra, écrit Victor Hugo dans *Les Misérables*, c'est aller au-delà. C'est attaquer le sceptre au nom du trône. » Il convient donc de doubler le pouvoir que le gros roi débonnaire s'est montré incapable d'exercer par une tutelle sévère. L'occasion, peut-être, ne se représentera plus. L'exil de Gand est le gage et le nœud de l'avenir. Monsieur doit y exercer toute l'influence dont il a renoncé à user, par délicatesse, avant la catastrophe du 20 mars. Jaucourt assure dans ses lettres à Talleyrand qu'il fut décidé dès le mois d'avril que le comte d'Artois devrait avoir quelqu'un à lui qui l'instruirait « de tout ce qui se ferait au Conseil particulier des ministres, quand il n'y serait pas » et que, jusqu'à nouvel ordre, il ne quitterait pas son frère « un seul instant [3] ». Le moment est d'autant plus propice que les partisans de la modération tardent à rallier le roi en exil.

6.

Haro sur le Blacas

À défaut de pouvoir s'en prendre directement au roi, les amis de Monsieur s'attaquent une fois de plus, et cette fois avec succès, à son très coupable favori, le comte de Blacas. Comme l'écrit l'un de ses rares amis, le marquis de La Maisonfort, ce dernier tient encore à Gand, auprès du roi, « le haut du pavé ». Il noue et dénoue les cordons de la bourse et voit le roi quand il le veut. Dans la désorganisation des services, dans la débâcle des ministères et des ministres, dans la panique presque universelle à laquelle il a d'ailleurs su en partie résister, il est plus que jamais l'homme indispensable, celui à qui tout aboutit, lettres, rapports et demandes. Il tient salon chez lui, au premier étage de l'hôtel d'Hane et reçoit tout ce qui compte de la petite cour en exil, comme les ministres français et étrangers. C'est là qu'on s'échange passionnément les nouvelles venues de Bruxelles ou de Paris, grâce aux journaux qui arrivent de Menin, tous les soirs à neuf heures, par une correspondance établie à cet effet [1]. Plus qu'un ministre de la Maison, Blacas est devenu à Gand le ministre de la plume du roi, au grand mécontentement de beaucoup. Jaucourt, dans l'une de ses lettres à Talleyrand, le trouve ainsi par trop encombrant : « Le roi vous écrira par M. de Blacas, puisque c'est lui qui écrit pour le roi, et, quand il est venu chez moi, il avait déjà votre lettre dans sa poche. Si le roi vous écrivait quelques mots de sa main et que vous y répondissiez, vous savez que si vous ne mettiez pas une feuille séparée dans votre lettre, il serait embarrassé de ne pas donner le tout à M. de Blacas [2]. » Qui plus est, l'incontournable favori se montre toujours aussi arrogant et compassé. « Il m'a semblé ici, note

Tony de Reiset, encore plus froid et gourmé, si cela est possible, qu'il ne l'était aux Tuileries[1]. » Mais Blacas n'est pas seulement un favori gênant, c'est un favori dangereux aux yeux des amis de Monsieur dans la mesure même où il défend la Charte et prêche une relative modération. Pis encore, il a conservé des liens politiques avec le président de la Chambre des députés, Joachim Lainé. De Bordeaux, celui-ci a très discrètement rejoint Gand en usant d'un nom d'emprunt, ce qui en dit long, au passage, sur la méfiance des partisans de la Constitution à l'égard des émigrés de Gand et sur leur peur panique d'être confondus avec eux. Les deux hommes s'écrivent et s'échangent leurs projets d'avenir. « Il est essentiel, écrit Blacas qui exprime en cela autant les idées de son maître que les siennes, de prévenir toute idée que le roi veuille porter atteinte à la Constitution que lui-même a donnée et qu'un intérêt bien entendu doit lui faire maintenir[2]. » Dans la perspective de son retour en France, on convoquerait les Chambres prorogées le 20 mars et on procéderait à des élections partielles afin de remplacer les députés ralliés à Bonaparte, par « tous les citoyens payant 300 francs de contribution », conformément au texte de la Charte. « Une innovation sur ce point, ajoute-t-il, [ne] serait, selon moi, ni dans l'intérêt du roi ni conforme aux principes constitutionnels dont il faut chercher à ne point s'écarter[3]. »

Ce constitutionnalisme de bon aloi partagé par un homme qui a par ailleurs l'oreille du roi n'est évidemment pas du goût des amis de Monsieur.

La campagne orchestrée contre lui par ces derniers a peu d'exemples, par sa violence et sa mauvaise foi. On fait fabriquer des libelles à Londres et on s'arrange pour faire savoir dans les cours étrangères que Blacas est décidément le principal responsable de la catastrophe du 20 mars[4]. À Londres et à Vienne, l'argument porte. Alexandre le tient pour un incapable et lui reproche surtout de s'être opposé sous la première Restauration au projet de mariage du duc de Berry avec sa sœur la grande-duchesse Anne. Pour le favori comme pour son maître, celle-ci est de bien trop petite maison pour épouser un Bourbon. À Gand, Pozzo, qui représente le tsar auprès du roi, prend le relais. Talleyrand lui-même, resté à Vienne, fait tout pour se débarrasser de celui qu'il considère comme un concurrent et un obstacle dans ses relations avec le roi. Il a même envoyé à

Gand à la fin d'avril l'un de ses diplomates, le vicomte de Noailles, dans le « but d'insinuer au roi le renvoi de Blacas[1] ». Dans la tempête, ce dernier résiste d'abord, puis décide de céder dès avant la fin du mois de mai, par grandeur d'âme, de peur que son impopularité ne finisse par atteindre le roi lui-même, diront certains. À Hyde de Neuville qui lui prédit début mai qu'il sera à Paris avec le roi avant deux mois, il répond : « Le roi y sera, je l'espère ; mais moi, non. » « Cette abnégation, commente l'ami de Chateaubriand, est digne de respect ; elle émanait d'un noble caractère[2]. » En politique pourtant, les abnégations sont souvent suspectes d'avoir été quelque peu « forcées » par celui pour qui l'on se sacrifie. Dès la mi-juin, sa démission est secrètement décidée par le roi. La lettre que ce dernier lui écrit, le 22, au moment de rentrer en France, prouve cependant que la décision n'a pas été facile. Le roi s'est toujours servi de ses favoris comme d'autant de boucliers contre le monde extérieur. Il est désormais nu. Elle en dit long aussi sur le degré d'intimité qui devait exister entre les deux hommes. « J'écris ici pour éviter de le prononcer ; l'instant du sacrifice auquel nous sommes préparé est arrivé. [...] J'espère, je crois fermement que la séparation ne sera pas longue, mais elle est nécessaire pour conjurer un orage qu'en vain nous voudrions braver. Dites-moi où vous voulez aller, je suppose que ce sera en Angleterre, dites-moi ce que vous désirez. Je le ferai, mais je dois vous dire que des gens qui s'intéressent véritablement à vous pensent qu'il ne faut pas de ces grâces qui excitent l'envie et sentent l'adieu final [...]. Je n'ai pas besoin de vous dire de compter sur mon estime et mon amitié[3]. »

Blacas quittera le roi à Mons le 23 juin. On en fera un peu vite le signe et le résultat de l'influence croissante de Monsieur sur son frère. Les diplomates accrédités à Gand auprès du roi le pensent à l'instar de lord Stuart qui évoque à plusieurs reprises dans ses lettres à Castlereagh « l'ascendant » de Monsieur. « Toutes les fois que le roi pense à loisir, Monsieur pense avec lui », écrit encore Jaucourt[4]. « Penser à loisir » consiste de la part du roi à différer une décision afin de pouvoir consulter son entourage. Et la duchesse de Maillé, dont le mari était l'un des premiers gentilshommes du comte d'Artois, le confirme :

« Monsieur voulait toujours se mêler, s'occuper d'affaires. Il était persuadé de la meilleure foi du monde que les affaires allaient mal parce que ses idées n'étaient pas exclusivement suivies, et ses hommes exclusivement employés. Le roi, qui jugeait la politique de son frère à ce qu'elle valait, était trop souvent influencé par ses tracasseries[1]. » On s'inquiète en tout cas à Vienne de cette influence « imprudente » à laquelle on prête toutefois plus de poids qu'elle n'en a. À propos de l'un des nombreux projets plus ou moins fantaisistes ruminés à Gand dans les milieux ultras et qui aurait consisté cette fois à envoyer le frère du roi à Berne afin d'y lever des régiments suisses contre Napoléon, le ministre russe Nesselrode a cette réflexion : « En général, si Monsieur pouvait se retirer en quelque coin et ne se mêler de rien, il rendrait service à la Suisse et surtout au roi[2]. »

Mais Monsieur ne bouge pas. Il est même à l'origine du seul journal publié à Gand à demi officiellement au nom de son frère à partir du 14 avril. Monsieur n'est pas puriste au point de se demander si le roi peut et doit parler au nom de la France alors même qu'il n'y est plus. Celui-ci doit avoir à sa disposition un organe officiel à la façon du *Moniteur universel* et y publier des proclamations comme des ordonnances. La puissance du roi de France a beau être « momentanément suspendue », selon l'expression d'un député anglais à la Chambre des communes[3], elle ne peut rester éternellement silencieuse. Il est urgent de faire acte de gouvernement, d'encourager les royalistes restés en France et de répondre aux critiques bonapartistes contre celui que le *Journal de l'Empire* appelle ironiquement à Paris « le comte de Lille et de Gand ». « J'avoue, écrit le comte d'Artois à Blacas dès les premiers jours de l'exil de Gand, que le silence du roi se prolonge trop, et qu'il peut agir en souverain dans un village de la Belgique comme dans son village[4]. » On n'ira pas jusqu'à reprendre le nom du *Moniteur* qui continue d'ailleurs à paraître à Paris pour le compte de Napoléon et on finira par faire imprimer à Gand chez Houdin, malgré les réticences du gouvernement hollandais, un journal de quatre pages sous le nom de *Journal universel*[5].

7.

La voix de Gand

Initié par le comte d'Artois, le *Journal universel* échappe rapidement à son contrôle. La plupart des proclamations qui s'y trouvent ont été rédigées dans les conseils du roi, « sous ses yeux », comme l'écrit Jaucourt dans une circulaire à ses agents. Le journal, payé sur les fonds de la maison du roi [1], est officiellement dirigé par un professionnel, Louis-François Bertin, l'ancien directeur du *Journal des débats*, supprimé une première fois par Napoléon en 1811 et rebaptisé *Journal de l'Empire* sous les Cent-Jours. Bertin qui avait déjà goûté des geôles napoléoniennes avait quitté Paris dans la nuit du 19 au 20 mars avec sa fille et son frère cadet Bertin de Vaux [2]. À Gand, il habite avec Chateaubriand dont il est très proche. C'est dans son journal que l'auteur des *Mémoires d'outre-tombe* écrira lorsqu'il passera à l'opposition en 1824. On connaît Bertin grâce au portrait qu'en a fait Ingres au début de la monarchie de Juillet, assis dans son fauteuil, les mains appuyées sur ses genoux, carré, presque obstiné et sûr de lui. « Le bouddha de la bourgeoisie, repue, cossue, triomphante », dira Manet.

Gand ne manque pas non plus de bonnes plumes et les rédacteurs du journal se comptent par dizaines. On en reconnaît quelques-uns par leur style, à défaut de pouvoir les repérer tous par leur signature, les articles étant anonymes, comme c'était presque toujours le cas à l'époque. Il y a les seconds couteaux, Bergasse, Lacretelle, Roux-Laborie qui écrivait déjà pour Talleyrand au ministère des Relations extérieures, sous le Consulat, Jules de Pradel, qui entrera plus tard à l'Académie des beaux-arts, et quelques grandes plumes. L'anglophile et lyrique marquis de Lally-Tollendal, « le plus gras des hommes sensibles », selon Rivarol, en est une, Chateaubriand, tout nouveau ministre du roi à Gand, une autre. Le ton du journal est beaucoup plus libre que celui du *Moniteur*, ce qui en fait tout l'intérêt. Jaucourt en prévient d'ailleurs ses agents : « Je crois devoir vous faire remarquer que le *Journal universel*, quoique rédigé dans le lieu de la résidence du gouvernement, ne doit pas cependant être regardé comme officiel ; ses articles se ressentent de la manière de voir individuelle de l'écrivain, et le gouvernement ne saurait se rendre garant de toutes les nuances d'opinions qu'on y énonce [1]. » Le journal prend en effet parfois, dans la rubrique intitulée « Affaires de France », des allures de journal de guerre civile contre Napoléon. Le ton en est très vif, voire violent. C'est là qu'est mise au point définitivement la thèse de l'assimilation systématique de Napoléon au jacobinisme et au terrorisme révolutionnaire. Lorsque Napoléon passe en revue, le 14 mai aux Tuileries, les quelque vingt mille tirailleurs fédérés, ouvriers et artisans des faubourgs parisiens, assimilés aux gardes nationales, le *Journal universel* n'hésite pas à comparer ces derniers à « l'armée de Robespierre et de Marat ». « Tout en France marche à grands pas vers la terreur. [...] La première terreur n'a pas commencé non plus par les plus grands crimes ; on a d'abord brûlé des châteaux, fait des lois comminatoires, des listes d'émigrés, avant de couvrir la France de prisons et d'échafauds. La lie de la nation est de nouveau soulevée contre le rang, la naissance, la religion, la propriété. [...] Celui qui naguère encore essayait de traiter avec les rois, d'égal à égal, recommence les orgies démagogiques qui ont précédé le 10 août, et Napoléon le Grand prend la place de Santerre à la tête des faubourgs Saint-Antoine et Saint-Marceau [2]. » Comme avant le 20 mars, « le général démocratique des ordurières phalanges » est tour à tour ingrat, parjure et féroce. Avec lui, « nationaliser » et « septembriser » ne sont qu'une seule et même chose [3]. Le ton n'est évidemment pas très gouvernemental et « déplaît généralement » à Vienne, comme l'écrit Talleyrand à Jaucourt le 17 mai. « Souvent, il est injurieux, ajoute-t-il, ce qui est au moins inutile et ordinairement nuisible. Vous devriez bien dire au rédacteur qui est, je crois, monsieur Laborie, qu'il faut qu'il ait la force de ne jamais se montrer réacteur, et pour cela il faut plus de force qu'on ne pense[1]. » La ligne politique du journal, comme on dirait aujourd'hui, est d'autant plus importante que celui-ci est diffusé clandestinement en France en dépit de la gendarmerie et des douanes napoléoniennes. Semallé, commissaire du roi à Bruxelles, explique dans ses Mémoires comment il envoyait par chacun de ses courriers plusieurs numéros du journal de l'autre côté de la frontière. C'est par eux aussi que passent les informations venues de France qui alimentent un journal trop bien informé pour être un simple journal d'émigration, mais aussi des renseignements trop confidentiels pour être publiés. Les porteurs de valises, si j'ose dire, étaient tous volontaires, recrutés parmi les gardes du corps de confiance de la maison militaire comme Lepeletier de Saint-Fargeau ou Lavalette-Morlhon, ou parmi de jeunes royalistes de Lille et des environs. Dans l'un de ses rapports, le baron d'Eckstein donne le détail de l'organisation des réseaux de part et d'autre de la frontière : « On a organisé un service de correspondance par voie d'exprès, de Paris à Gand, en plaçant chaque relais chez quelqu'un de sûr, qui ne sait, du secret, que les noms des deux personnes avec lesquelles il communique, et le mot de convention (de passe). Les stations sont organisées dans l'ordre suivant : Waton, Hazebrouck, Lille, Arras, Doullens, Amiens, Montdidier, Compiègne et Paris. On a préparé les éléments d'une police secrète d'instruction en faisant écrire dans chaque province, à deux personnes sûres, pour obtenir des renseignements sur tout ce qui peut intéresser le gouvernement. On a cherché les moyens d'obtenir des renseignements dans les ministères. On a trouvé un ancien employé de celui de la Guerre, qui y a conservé des relations et qui ne demande pas mieux que de les rendre utiles à la bonne cause. On a également un homme au ministère de l'Intérieur. On s'est assuré d'imprimeurs dans les villes de Paris, Reims et Soissons, pour faire imprimer des écrits utiles à la bonne cause[2]. » Si les Anglais seront si bien renseignés, à la veille de la bataille de Waterloo, des effectifs alignés par Napoléon, c'est grâce à ces réseaux. Des fragments du *Journal universel* sont également réédités clandestinement en France. Mme de Chastenay en parle dans ses Mémoires[3]. Chateaubriand évoque lui aussi la réimpression de son *Rapport au roi* du 12 mai par l'éditeur Le Normant fils, qui, dit-il, « joua sa vie dans cette occasion[4] ». Celui-ci « circule dans toutes les mains à Paris », écrit le publiciste Regnault de Warin qui cherche pourtant à le réfuter[1]. Malgré le luxe des précautions prises, certains messagers, parfois déguisés, disent les rapports de police de Lille, en porteballes, sont arrêtés[2]. Des femmes, comme l'étonnante Sophie de Witte, originaire d'un village voisin de Lille, prennent même le risque de passer la frontière. Celle qui sera par la suite présentée au roi comme « la Jeanne d'Arc du Nord » est chargée à la fin du mois de mai « d'une quantité de lettres contenant les ordres du roi pour nos amis politiques » et même de tenter de négocier avec le général de La Poype la reddition de la ville de Lille pour le compte du roi. Elle est la seule à évoquer dans le détail les risques de ces marches clandestines : « Je passais souvent des nuits en voyageant à pied, par d'affreux chemins de traverse et des pluies si abondantes que je me trouvai forcée de marcher dans l'obscurité, au milieu des chemins, de peur de tomber dans les fossés, n'osant me servir de ma lanterne dans la crainte d'être aperçue en France par les soutiens de l'usurpation, en Belgique, par les Anglais qui convoitaient notre beau département du Nord[3]. » Le service du roi émigré n'exclut donc pas le patriotisme. À Paris, les royalistes purs organisent eux aussi un comité de renseignement et de police dirigé par Morin, un affidé de Semallé qui avait déjà joué sa partition à l'occasion du premier retour du roi à Paris en mai 1814. Mais leur but est moins le renseignement que la préparation d'un soulèvement pour la cause royale, à la manière de celui de 1814, en diffusant de fausses informations, en répandant des tracts, en affichant la nuit des placards lacérés le lendemain par la police. C'est dans leur mouvance qu'est imprimé un petit journal clandestin très violent, le *Journal du Lys*, distribué dans la capitale de porte en porte[4]. De leur côté, les constitutionnels modérés qui se réunissent régulièrement à Paris chez Pierre-Paul Royer-Collard font également parvenir à Gand des renseignements sur les évolutions de la situation en France. Des élèves de Royer-Collard et de Guizot servent de courriers jusqu'à ce que Guizot lui-même se décide à se rendre à Gand. Royer-Collard, après avoir enseigné l'histoire de la philosophie à la Sorbonne dans les dernières années de l'Empire, avait été nommé directeur de la Librairie sous la première Restauration et chargé comme conseiller d'État de la réorganisation de l'ancienne université impériale. Le futur chef du parti doctrinaire et ami de Guizot, à la fois royaliste et partisan d'un système parlementaire qu'il imagine encore à l'époque de façon très restrictive, est lui-même un spécialiste du renseignement pour avoir déjà dirigé à Paris, de 1799 à 1804, un conseil royal secret pour le compte du futur Louis XVIII. En avril 1815, il réunit à nouveau autour de lui un groupe de hauts fonctionnaires de la première Restauration tous issus de l'Empire, d'anciens préfets, d'anciens députés convaincus, à partir des premiers jours de mai, de l'imminence de la chute de Napoléon[1]. On y trouve Pasquier, revenu à Paris le 2 mai, Barante qui avait démissionné de sa préfecture de Nantes, Becquey, Portalis, Tournon, l'ancien préfet de Rome, et d'autres.

C'est un peu grâce à eux et à leurs informations souvent très pertinentes qu'est publié dans le *Journal universel* du 12 mai le fameux *Rapport au roi* de Chateaubriand. Le texte tranche par sa relative modération sur le contenu général du journal. On sait par les lettres de Chateaubriand qu'il fut non seulement rédigé avec l'accord du roi, mais corrigé par ce dernier[2]. À lui seul, son titre lui donne d'ailleurs le poids d'une pièce officielle d'origine gouvernementale : *Rapport sur l'état de la France au 12 mai 1815, fait au roi dans son Conseil à Gand*[3]. Le rapport est d'abord une réponse à la politique engagée par Napoléon à Paris. L'Acte additionnel aux Constitutions de l'Empire paraît au *Moniteur universel* du 23 avril 1815. Rédigé par Benjamin Constant, il a été examiné en quelques jours par « une espèce de comité de Constitution », et âprement discuté avec Napoléon[4]. Il est soumis dans les dix jours à l'approbation de tous les citoyens âgés de plus de vingt et un ans et jouissant de leurs droits civiques. Au moment de la rédaction du rapport, les résultats du plébiscite qui ne seront proclamés que le 1er juin ne sont pas encore connus. De même les opérations qui conduiront à l'élection des 629 députés de la Chambre des représentants des Cent-Jours n'ont pas encore commencé et se dérouleront dans la seconde moitié de mai.

L'Acte additionnel constitue néanmoins, sans l'ombre d'un doute, un coup dur pour la politique du roi et pour la Charte. Certaines de ses dispositions y sont en effet un peu plus libérales que celles de la Charte notamment en ce qui concerne les modalités d'élection et les pouvoirs de la Chambre des représentants, ceux aussi de la Chambre des pairs qui bénéficie de l'hérédité de ses membres pour gage de son indépendance. Il n'en reste pas moins que le principe de la responsabilité gouvernementale n'est toujours pas vraiment compris, que le droit d'amendement reste très restrictif et que le monarque ne dispose pas seulement du droit de dissolution de la Chambre mais également d'un délai de six mois, ce qui constitue un recul par rapport à la Charte, pour procéder à de nouvelles élections. Quant aux garanties et aux droits donnés aux citoyens, ils sont à peu près identiques dans les deux textes. Mais la liberté de la presse, celle des cultes, l'autonomie du pouvoir judiciaire par rapport à l'exécutif sont plus clairement affirmées dans l'Acte additionnel. En revanche, rien n'y est dit comme dans les articles 10 et 12 de la Charte sur l'abolition du droit de confiscation comme sur celle du principe de la conscription[1]. Si, en France, les républicains et les anciens Jacobins, dont la critique domine largement celle des libéraux, reprochent à la Constitution du 22 avril d'être en quelque sorte entée sur les anciennes Constitutions de l'Empire auxquelles elle est rattachée, à Gand on va plus loin et on refuse tout simplement catégoriquement à Napoléon le droit de régner. Certes, Napoléon est « passagèrement » en France mais le pouvoir légitime reste évidemment du côté du roi. « Le roi s'est retiré un moment ; la monarchie est restée tout entière. La nation, par ses larmes et par le témoignage de ses regrets, a montré qu'elle se séparait de la puissance armée qui lui imposait des lois[2]. » Dans ces conditions, le rapport balaie d'un revers de main l'article 67 de l'Acte additionnel qui écarte *sine die* les Bourbons du trône de France. « L'excès de la précaution annonce l'excès de la crainte ; interdire au peuple français le droit de rappeler son roi, c'est prouver qu'il veut le rappeler[3]. »

Une fois la question des principes réglée, il reste celle des libertés. Tout se passe comme si l'on se battait entre Paris et Gand pour obtenir un prix d'excellence en libéralisme constitutionnel. Il n'est pas question dans le *Rapport au roi* d'attaquer l'Acte additionnel, comme le font les républicains en France, sur le principe de l'égalité comme sur celui du droit de suffrage des citoyens[4]. Peu importe si celui-ci a été élaboré en catimini, en quelques jours au Conseil d'État, à la barbe du peuple appelé seulement à l'approuver par acclamation à l'occasion de la cérémonie projetée du Champ de mai où doivent se réunir les électeurs du plébiscite. Chateaubriand se garde d'ailleurs bien, sur ce point, de rappeler que la Charte elle-même avait été élaborée dans les mêmes conditions.

Ce n'est évidemment pas la question de la souveraineté populaire, prise en otage à Paris et carrément escamotée à Gand, qui est ici en jeu. Les pièces du procès contenu dans le *Rapport au roi* sont d'une autre nature. C'est un procès en libéralisme que l'on fait à Napoléon. D'après le *Rapport au roi,* l'ex-empereur n'est pas sincère et le restera tant qu'il n'aura pas vidé sa querelle avec les puissances européennes coalisées contre lui. S'il devait être un jour victorieux il retournerait à ses anciennes amours despotiques. Chassez le naturel, il revient au galop. Napoléon est accusé de jouer en 1815 le jeu qu'il avait déjà joué en 1802 et 1803. Le consul généreux et libéral du coup d'État de Brumaire cachait le terroriste et le despote de l'Empire qui supprime le Tribunat et réduit ce qui reste de la représentation nationale au silence. Bonaparte est dangereux parce qu'il avance masqué : « Il n'embrasse la liberté que pour l'étouffer. [...] Quand il aura obtenu [la victoire], il jettera le masque, se rira de la Constitution qu'il aura jurée, et reprendra à la fois son caractère et son empire [1]. » Les arguments de Gand, puissamment relayés par une partie de la presse française [2] comme par certains royalistes à qui on laissera publier sous forme de brochures les raisons de leur hostilité [3], stimulent une méfiance déjà quasi générale. Benjamin Constant, à qui Napoléon demandait pourquoi sa Constitution était si critiquée, répondra du tac au tac : « Sire, c'est qu'on n'y croit guère. Faites-y croire en l'exécutant [4]. » Dans le *Rapport au roi,* la comédie est du côté de Napoléon et la sincérité du côté du roi. Chateaubriand annonce ainsi clairement au nom du roi les bases futures d'un programme de gouvernement très libéral. Non seulement celui-ci est fondé sur la Charte, mais il est susceptible d'en améliorer certaines dispositions. La surenchère politique en matière de libéralisme a au moins cela de bon. On annonce ainsi pêle-mêle la solidarité ministérielle, l'hérédité de la pairie, un accès facilité à la représentation nationale, la suppression des lois de censure par l'élaboration d'un Code pénal susceptible de régler la question des délits de presse. On ne parle évidemment ni de vengeance contre les coupables des

Cent-Jours ni de proscription[1]. Tout cela n'empêchera pas Chateaubriand, passé à l'ultracisme après avoir perdu son ministère au retour de Gand, de réclamer du roi en août le « commencement de ses justices » contre les traîtres bonapartistes[2]. Mais à Gand, comme dit Jaucourt, Chateaubriand « marche en Constitution[3] ». Certains ont beau le traiter « d'amateur[4] », il est très fier de son ministère *in partibus*. Parmi les grands habitués des affaires et de la précision, on trouve le style de son rapport un peu trop poétique, voire « insoutenable ». « Lorsque par hasard on y rencontre un peu de prose, la chose est passable », écrit Pozzo[5]. Le roi supporte son ministre par intérim du bout des lèvres parce qu'il lui est utile à Gand, mais il n'aime ni ses poses, ni ses prétentions d'écrivain. Il ne l'appelle que « *le* Chateaubriand » et le traite d'« Atala des salons ». Il y a peut-être là autant de jalousie de plume que de bon sens. Tout cela n'empêche pas l'auteur de *René* d'être persuadé d'avoir une fois de plus sauvé la monarchie. « Je suis sûr, sans être aveuglé par mon amour-propre, écrit-il à Blacas sans sourire, qu'un rapport signé de mon nom ne laissera pas les Français indifférents[6]. » Dans ses Mémoires, tout en se vantant, il jauge tout de même les circonstances politiques dans lesquelles son rapport a été publié à leur juste mesure. Malgré « ses périodes élégantes et trompeuses » (Regnault de Warin), le texte ne manque pas de courage : « Ces pages étaient écrites dans les États des souverains alliés, parmi des rois et des émigrés qui détestaient la liberté de la presse, au milieu des armées marchant à la conquête, et dont nous étions pour ainsi dire les prisonniers : ces circonstances ajoutent peut-être quelque force aux sentiments que j'osais exprimer[7]. »

8.

Les « constitutionnels »

Le *Rapport au roi* publié dans le *Journal universel* de Gand n'est pas isolé. Il ressemble à s'y méprendre au *Manifeste délibéré au Conseil du roi* publié séparément en mai et rédigé dans le même esprit par Lally, un ancien membre du conseil privé du roi qui joue les sirènes et prône la réconciliation, comme il le faisait déjà à l'Assemblée nationale en 1789[1].

On discerne derrière tous ces textes l'influence grandissante, dans les conseils du roi et en dehors, de ceux qui s'appellent eux-mêmes les « constitutionnels » et commencent à affluer à Gand dans le courant du mois de mai. Ce sont, comme à Paris, autour de Royer-Collard, d'anciens hauts fonctionnaires de l'Empire, d'anciens préfets comme Capelle et Vaublanc ou d'anciens directeurs généraux d'administration comme Anglès, Mounier, Rayneval et bientôt Guizot. L'ancien président de la Chambre, Lainé, arrivé clandestinement à Gand le 29 avril, inonde également les uns et les autres de ses conseils. C'est cela qui donne à Gand son visage particulier si complexe et contradictoire, ce que Villemain appelle dans ses Souvenirs « une émigration d'espèce nouvelle[2] » dressée face à la vieille émigration de toujours. Dans l'une de ses lettres à Talleyrand, Jaucourt résume leur programme : « Si notre objet est de rétablir le roi sur le trône, et de l'y maintenir honorablement, il faut qu'il y remonte et non qu'il y soit replacé ; il faut qu'il agisse et non qu'il attende le succès des événements ; il faut que la nation s'émeuve pour lui et non qu'une poignées d'émigrés s'agitent autour de sa personne ; il faut enfin qu'il soit réclamé au nom de la liberté[3]. » Ces émigrés-là regrettent la Charte autant que la liberté. Les amis du comte d'Artois les soupçonnent et les détestent. Même Chateaubriand y passe. Dans l'entourage de Monsieur, on le considérait alors, dit sa femme, comme « un honnête homme au fond, mais qui avait un dada, une idée fixe », bref, comme un constitutionnel incorrigible. Beugnot prétend qu'à la fin du mois d'avril les attaques des amis de Monsieur furent si vives contre les conseillers modérés du roi que ces derniers offrirent leur démission. Dans un mémoire qu'il aurait rédigé avec Lally pour leur défense, l'ancien préfet de Napoléon définit clairement les deux groupes en présence au sein de cette cour en miniature, sans pouvoir, mais grouillante d'ambitions : « Les uns sont les partisans des institutions créées par la Charte, les autres des institutions anciennes. Ces derniers sont les princes de votre famille... » C'était désigner presque nommément le comte d'Artois. La démission des ministres modérés sera finalement refusée, mais la lutte restera vive. Elle paraît vaine au premier regard, mais elle ne l'était pas en réalité dans la mesure même où elle engageait l'avenir. Guizot, plongé tout à coup à la fin du mois de mai dans ce capharnaüm politique en miniature, et venu à Gand plaider la cause constitutionnelle –, en a parfaitement mesuré les enjeux : « On s'est souvent complu à sourire et à faire sourire en racontant les dissensions, les rivalités, les projets, les espérances et les craintes qui se débattaient parmi cette poignée d'exilés, autour de ce roi impotent et impuissant. C'est là un plaisir peu intelligent et peu digne. Qu'importe que le théâtre soit grand ou petit, que les acteurs y paraissent dans la haute ou dans la mauvaise fortune, et que les misères de la nature humaine s'y déploient sous de brillantes ou de mesquines formes ! La grandeur est dans les questions qui s'agitent et les destinées qui se préparent. On traitait à Gand la question de savoir comment la France serait gouvernée quand ce vieux roi sans États et sans soldats serait appelé une seconde fois à s'interposer entre elle et l'Europe ; le problème et l'événement en perspective étaient assez grands pour préoccuper dignement les hommes sérieux et les bons citoyens. » Et de conclure : « La lutte était engagée entre la Charte et l'Ancien Régime[1]. »

De loin tout cela ressemble pourtant à un filet de voix au milieu des décombres. Car, à Gand, le roi est seul et sans pouvoir. Sa royauté est « spéculative », comme dit Alfred Nettement[1]. Ses espoirs d'une reconquête rapide du pouvoir se sont éteints avant les derniers jours d'avril.

9.

Un gouvernement « in partibus »

L'échec de la résistance royaliste dans l'Ouest puis dans le Midi, le départ du duc de Bourbon et du couple d'Angoulême tombent à Gand comme autant de très mauvaises nouvelles[1]. Lord Stuart, qui en informe sa cour, parle de « consternation ». On comptait là-dessus pour établir un point d'appui en France et faire intervenir rapidement les troupes anglaises du duc de Wellington revenu de Vienne à Bruxelles dans la nuit du 4 avril. C'est là que le « noble duc » installe son quartier général et fait à partir du 8 avril de fréquents séjours à Gand où il habite près du roi, rue des Champs, à l'hôtel Clemmen-Durat. Dès la mi-avril, Wellington, nommé généralissime des armées alliées de Belgique, juge avec le bon sens qui le caractérise que la fin de l'opposition armée royaliste en France conforte la position militaire de Napoléon qui dispose désormais de l'ensemble de ses troupes, et l'oblige à attendre l'arrivée des forces de la coalition aux frontières pour agir en puissance. Toutes les demandes d'intervention rapide des troupes alliées de la part du roi comme de Blacas se heurteront désormais à une fin de non-recevoir : « Le retard de l'arrivée des troupes est malheureux mais il est dans la nature des choses », écrit Wellington, le 16 mai. Les régiments de Sa Gracieuse Majesté rallient en effet Ostende en avril et mai des quatre coins du monde. On rapatrie certaines troupes d'Amérique avec laquelle l'Angleterre était en guerre jusqu'à la signature de la paix à Gand en décembre 1814. De Lisbonne, on dépêche ce qu'il reste du corps expéditionnaire anglais envoyé à l'époque de la guerre d'Espagne contre Napoléon. Quant aux troupes autrichiennes et russes, elles sont encore loin et il n'y faut pas songer. Le gros des troupes autrichiennes n'arrivera sur le Rhin qu'à la mi-mai. Les Espagnols ne sont pas plus pressés de s'engager, malgré leur bonne volonté, faute de troupes et d'argent. Ce n'est qu'en juin que les Anglais livreront – très chichement – par la mer, en Vendée et plus au nord dans l'embouchure de la Vilaine, puis dans le golfe du Morbihan, des armes et des munitions aux royalistes vendéens et bretons insurgés contre Napoléon. Mais les lenteurs alliées qui gênent tant le roi dans la course de vitesse qui l'oppose à Napoléon ne sont pas seulement stratégiques. Comme souvent, l'explication se trouve du côté de l'argent. À Vienne, on ne s'entend pas sur les conditions financières du traité d'alliance du 25 mars. Les Russes en particulier exigent des Anglais une augmentation du montant des subsides promis par soldat engagé contre Napoléon en raison de l'éloignement de leur pays et des frais supplémentaires que risque d'occasionner le retour de leurs troupes. Faute de s'accorder, on attend [1]. De même, les Anglais conditionneront toujours leur aide au roi au règlement des dettes particulières contractées par le gouvernement français depuis la Révolution. Ce « remboursement » leur avait été consenti dans le principe par le traité de Paris de mai 1814, mais son montant n'était pas encore fixé. « *We want our monay back.* » La mémoire financière des Anglais est aussi légendaire que tenace. Ils conditionnent également leur aide à la promesse faite par le roi d'abolir formellement la traite des Noirs dans ses colonies. Des négociations à Paris puis à Vienne avaient été engagées sur le sujet avec Wellington, mais rien n'était encore décidé devant les réticences françaises, alors qu'à Paris Napoléon décrétait cette abolition dans des colonies qu'il ne contrôlait d'ailleurs pas. La question n'était évidemment pas morale aux yeux des Anglais, elle était intimement liée à la défense de leurs droits maritimes [2]. Lorsque le roi sollicitera en mai du gouvernement anglais un emprunt de 12 millions de francs, celui-ci demandera à ce qu'il soit gagé sur les bijoux de la couronne qui avaient été sauvés, comme on s'en souvient, des griffes de Napoléon et sur les revenus des possessions françaises dans les Indes orientales [3]. Mais le plus extraordinaire tient dans le fait que l'une des conditions très secrètes mises par les Anglais à cet emprunt consistait en une autorisation donnée par le roi à frapper dans les ateliers monétaires de Londres des louis d'or de 20 francs – les « louis de Gand », comme les Belges les appelleront – à son effigie et à les mettre en circulation en Belgique et en France jusqu'à la paix. Wellington avait déjà usé du même procédé en Espagne en faisant frapper des napoléons-or à l'effigie de l'empereur. Dans les deux cas, l'opération est très politique et vise à se concilier les autorités des pays occupés en les payant avec leur propre monnaie. Près de 700 000 livres Sterling en louis d'or seront ainsi frappées à partir du 7 juin 1815, l'équivalent de 17 420 000 francs[1].

Dans l'attente de l'argent anglais, le roi fait des économies et se donne même la peine d'expliquer à Talleyrand que ses finances sont « très mesquines en ce moment[2] ». Blacas répond de son côté aux innombrables solliciteurs qui lui demandent de l'argent, en disant qu'il n'en a pas. En prévision du pire, le favori s'est assis sur les fonds secrets du roi, les 1 500 000 francs en or emportés par Hüe sur ses chariots en mars. Personne n'est au courant de l'existence de ces fonds déposés chez Bataille, le banquier de la cour à Gand et dont Hüe, dans ses lettres privées à Blacas, ne parle que comme du « magot », du « fonds de réserve ». C'est notre « poire pour la soif », dit-il encore[3]. Rapportés intacts à Paris en juin, ils serviront à payer les fidélités malheureuses de certains volontaires royaux parmi les plus pauvres comme sans doute à en acheter d'autres. Personne n'est averti non plus bien sûr des fonds du roi en lettres de change secrètement réalisés à Londres. Malgré ces trésors cachés de prévoyance, la situation financière de Louis reste « des plus médiocres », comme le dit Jaucourt. Elle deviendrait catastrophique si l'exil de la cour se prolongeait. L'argent a bien une odeur à Gand, une odeur un peu rance et qui obsède tout le monde, exactement comme à Coblence.

En attendant, le roi tente de donner le change. Il y a bien un gouvernement et une administration à Gand, mais l'un et l'autre sont au pouvoir ce que le rêve est à la réalité. On administre des chimères et on gouverne des projets. Comme l'écrit le comte de Serre, un futur grand ministre du roi, réfugié près de Trèves, pour accepter de conseiller le roi à Gand, « il faudrait autre chose que l'art des phrases, des systèmes et des bonnes intentions[4] ». En avril, le Conseil du roi se compose en tout et pour tout de Blacas à la Maison du roi, Chateaubriand à l'Intérieur, Lally à l'Instruction publique, Jaucourt aux Affaires étrangères, Feltre à la Guerre et Beugnot à la Marine. Le vieux chancelier de France Dambray, « en habit vert et chapeau rond, un roman sous le bras », écrit ironiquement Chateaubriand qui le tient pour quantité négligeable, n'arrivera à Gand que le 2 mai ; le baron Louis, le 14. On se réunit de temps en temps un peu comme des conspirateurs, dans le grand salon à l'italienne de l'hôtel d'Hane autour d'une table recouverte d'un tapis vert, avec les membres du corps diplomatique accrédités auprès du roi. « Les ambassadeurs, raconte Beugnot, nous y donnaient confidentiellement des nouvelles de leur cour qu'ils voulaient rendre publiques. Nous leur donnions avec la même discrétion des avis bien secrets qui nous arrivaient de Paris et dont ils composaient leurs dépêches[1]. » Chaque ministre travaille également directement avec le roi, une fois par semaine. Mais il n'y a ni impulsion ni direction précise. « La cour de Gand est malheureusement dans une anarchie ministérielle complète », note Pozzo[2]. « Personne ici n'a de place fixée, écrit encore Jaucourt, il n'y a pas de plan arrêté ; le zèle de chacun et la portion de crédit plus ou moins grande dérivent des efforts journaliers[3]. » L' « anarchie paternelle » de Paris se prolonge à Gand malgré les injonctions de Talleyrand qui, de Vienne, exhorte le roi à former « un ministère constitutionnel[4] ». Blacas, toujours omniprésent, en dépit des attaques lancées contre lui, se contente « d'être l'agent de correspondances et le confident des communications. »

10.

En attendant Talleyrand

Dans cette ambiance délétère, à demi désabusée et à demi désespérée, Jaucourt et ses amis attendent Talleyrand comme le Messie. L'ancien ministre de Napoléon passé au service de Louis XVIII est à Vienne depuis six mois. Caché derrière sa légende et fort de sa réputation de « prince des diplomates », il est autant craint que recherché. Lui seul pourrait assurer la direction d'un ministère qui n'en a pas. « Nous aurions besoin de vous ici, moins encore pour nous donner des plans et des idées, que pour fixer et régler ce que l'on fait et ce que l'on doit faire. Il y a d'ailleurs trop besoin de vous à la confiance du roi et à son intimité. Il reçoit tout ce que nous disons, il écoute tout ce qui lui vient d'ailleurs et nous restons sur le terrain éternel des conversations et des discussions [1]. » Chateaubriand, qui s'en mordra les doigts par la suite, le supplie et se fait suave : « Votre présence ici est absolument nécessaire : venez ; prévenez nos nouvelles sottises. Il faut que vous vous mettiez à notre tête ; que nous formions un ministère dont vous serez le guide et l'appui [2]. » Le roi lui-même, qui pourtant ne l'aime pas mais sent la nécessité de sa présence et préférerait l'avoir avec lui plutôt qu'à Vienne où il ne le contrôle pas, lui demande formellement de le rejoindre dès la fin du mois d'avril. D'autant qu'il se méfie. Il a eu vent, en avril, de certains conciliabules, de certains allers et retours entre Paris et Vienne, qui ne lui disent rien de bon. Les intermédiaires des mauvais jours, les interlopes sans scrupules qui n'ont jamais quitté l'entourage du ministre de tous les régimes, ne manquent pas, en effet. Parmi eux, et non des moindres, le comte Casimir Mouret de Montrond, le commensal de Talleyrand, son conseiller et son confident depuis les beaux jours un peu affairistes du Directoire, grand joueur comme lui, aux cartes comme en politique, débarque dans la capitale autrichienne et s'installe sans crier gare au palais Kaunitz où réside l'ambassade française[1]. Montrond n'a sans doute pas été envoyé par Napoléon, comme certains l'ont prétendu. Il a quitté Paris trop tôt pour cela et ne serait sans doute jamais arrivé jusqu'à Vienne, à l'instar du comte de Flahaut qui, lui, s'est fait arrêter à Stuttgart, si cela avait été le cas. Il n'empêche que les deux complices ont dû se raconter beaucoup de choses. Montrond apporte de Paris des informations fraîches et fiables. Avec lui, Talleyrand peut méditer à son aise sur les chances des uns et des autres, évaluer aussi celles du duc d'Orléans dont le mystérieux envoyé a peut-être plaidé la cause auprès de son ami, comme auprès de Nesselrode et de Metternich qu'il a également vus. On prêtera toujours à Talleyrand beaucoup plus de complots qu'il n'en a jamais ourdi. Mais il est peu probable qu'il ait songé, à ce moment-là, à changer de camp. Cela aurait remis en cause toute son œuvre, fondée depuis les débuts de la première Restauration, à laquelle il a largement contribué, sur le principe de la légitimité. Il a certainement été sensible, en revanche, aux arguments du duc d'Orléans, rapportés par Montrond. Charles Stuart qui avait vu le duc à Breda, en route pour l'Angleterre, écrivait déjà le 31 mars que « les récits du duc d'Orléans offrent, j'en suis convaincu, le meilleur critérium pour juger de l'état véritable du royaume[2] ». Le libéralisme affiché du duc est un atout dans le jeu que Talleyrand mène avec la cour de Gand. En agitant la menace du redoutable cousin, comme on le verra un peu plus loin, il pourra d'autant mieux plaider auprès du roi le programme libéral qu'il compte lui faire adopter. Pour le reste, sait-on jamais ce que réserve l'avenir ? « Il faut qu'une porte soit ouverte ou fermée », a écrit Musset. Le prince des diplomates a une conception beaucoup plus souple de l'usage des portes. Parlant du duc d'Orléans, il a cette réflexion typique du personnage : « La porte n'est pas ouverte encore, mais si elle venait à s'ouvrir, je ne vois pas la nécessité de la fermer avec violence[3]. »

En attendant, à Gand, on s'inquiète de plus en plus de tout ce remue-ménage. « Nous faisons des combinaisons à perte de vue sur le voyage de Montrond », écrit Jaucourt[1]. Fort de toutes ces mauvaises prémonitions, le 2 mai, le roi renouvelle ses injonctions à son ministre. Cette fois, c'est un ordre : « Je vous ai mandé de venir me joindre aussitôt que vous auriez signé en mon nom l'acte final du Congrès ; mais je me sens aujourd'hui plus pressé de vous revoir. Ainsi, [...] partez sans attendre ; il est assez indifférent que ce soit tel ou tel de mes plénipotentiaires qui signe le traité ; mais il m'importe fort de vous avoir près de moi[2]. » Louis l'attendra en vain et Talleyrand n'arrivera à Gand qu'au lendemain de la bataille de Waterloo alors que le roi venait tout juste de quitter la ville pour la frontière française. Le diable boiteux ne s'est jamais pressé certes, mais pour une fois il n'est pas arrivé à temps. Son absence ne sera pas oubliée, ni pardonnée. Dans l'intervalle, Talleyrand invente mille prétextes pour rendre sa présence à Vienne indispensable et quitte la capitale autrichienne le 11 juin, peu après la signature de l'acte final du congrès. Il n'a au fond aucune envie de se retrouver du côté des vaincus, dans ce trou de Gand, à côté de Blacas. C'est à Vienne qu'il peut exercer toute son influence sur la diplomatie européenne, même s'il est devenu tout à coup le représentant d'un souverain sans couronne. C'est là qu'il juge le mieux de la situation. Il y est au centre des affaires, prévenu de tout, au courant de tout. Il n'y a nulle trahison derrière les lenteurs calculées de Talleyrand, comme le prétendront certains de ses détracteurs, seulement beaucoup de diplomatie. Il faut dire que la description que l'Anglais Croker fait de lui, à peu près au même moment, ne plaide pas en sa faveur. Elle appartient comme beaucoup d'autres à la légende noire du ministre aux treize serments, au pouvoir depuis le Directoire, qui fera de lui le traître de toutes les causes. En 1815, le prince boiteux a soixante ans : « Il est plutôt gras pour un Français, ses chevilles sont faibles et ses pieds déformés, et il trottine d'une façon bizarre. Son visage n'a aucune expression, à moins qu'il ne s'agisse d'une espèce de stupeur alcoolique ; en fait, il a l'air d'un maître d'école de village, vieilli, ivre, boiteux ; sa voix est profonde et rauque[3]. » Au même moment circulait à Paris une caricature publiée par *Le Nain jaune* qui prêtait six têtes au ministre de tous les régimes. Chacune criait successivement :

« Vive les notables ; vive la liberté ; vive le Ier consul ; vive l'empereur ; vive le roi. » Un blanc était réservé à la dernière tête. C'est tout dire[1].

Chacun sait bien pourtant que le centre des affaires n'est pas à Gand. Il est à Paris, à Vienne et même à Bruxelles où résident Wellington et la plupart des ministres alliés accrédités auprès du roi, à l'exception de sir Charles Stuart qui représente l'Angleterre. Le *shadow cabinet* de Gand fait ce qu'il peut et se débrouille avec les moyens du bord. Les ministres s'aident parfois de spécialistes pour la préparation de certains travaux. Capelle, l'ancien préfet de l'Ain, est chargé fin avril d'un projet de nomination de commissaires royaux auprès des armées alliées. Ceux-ci seraient chargés de jouer les intermédiaires entre les populations et les états-majors des régiments alliés, le jour de l'entrée des troupes de la coalition sur le territoire français. Le comte de Rayneval, un ancien directeur du ministère des Affaires étrangères, assiste Jaucourt dont les agents restés en poste au nom du roi manquent de tout et se plaignent de n'être pas assez informés. La Bouillerie, le trésorier général de la maison du roi, est arrivé en renfort auprès de Blacas. Mais les moyens sont dérisoires. Beugnot avoue en riant qu'il remplissait à lui seul toutes les places de son département, celle de ministre, de directeur et même d'expéditionnaire. Il faut dire que le ministre de la Marine, sans mer et sans bateaux, n'avait pas grand-chose à faire et se contentait de dresser l'état des officiers de marine présents à Gand. Chateaubriand qui tient le ministère de l'Intérieur par intérim, à la place de l'abbé de Montesquiou, tout en gardant officiellement son titre de ministre plénipotentiaire auprès du roi de Suède où il n'a jamais été, est encore plus ironique : « Ma correspondance avec les *départements* ne me donnait pas grand'besogne ; je mettais facilement à jour ma correspondance avec les préfets, sous-préfets, maires et adjoints de nos bonnes villes, du côté intérieur de nos frontières ; je ne réparais pas beaucoup les chemins et je laissais tomber les clochers ; mon budget ne m'enrichissait guère ; je n'avais point de fonds secrets ; seulement, par un abus criant, je cumulais ; j'étais toujours ministre plénipotentiaire de Sa Majesté auprès du roi de Suède[2]. »

11.

Le pain quotidien de l'exil

Depuis le mois d'avril, la petite colonie française de Gand s'installe comme elle le peut dans les quelques quinze auberges de la ville ou chez les bourgcois les plus accueillants[1]. Lally y est arrivé comme beaucoup de ses compagnons d'infortune en passant par Bruxelles où il a laissé sa vieille amie en titre, la princesse d'Henin, et se console à Gand avec la très jolie Mme Charles qui a abandonné son vieux physicien de mari à Paris et que Lamartine immortalisera plus tard sous les traits d'Elvire. Le jeune Édouard Mounier, le fils du célèbre constituant de 1789, la trouve tout à fait à son goût. « Elle est jeune et agréable, et toujours si bien arrangée, si bien tirée, si bien plissée dès le matin qu'elle n'en est que plus séduisante[2]. » À défaut d'affaires, les intrigues amoureuses et sentimentales, à la française, occupent un peu les « bannis » de Gand. Les Flamandes que le jeune James Gallatin trouve pourtant « laides » intéressent particulièrement les officiers français. *Le Nain couleur de rose* fait ainsi paraître des annonces amoureuses assez pittoresques : « La jeune et jolie dame qui, l'autre jour, à la promenade, a lancé, en souriant, un regard à un colonel, est priée de vouloir bien se faire connaître par un ruban attaché à son sein » ; « Une dame a pressé la main d'un officier français à la sortie de l'église, elle lui fait savoir qu'elle croyait presser la main de son voisin » ; « Le chevalier Émile D. attend avec impatience la réponse au billet doux qu'il a glissé dans la main d'une demoiselle, il y a près de quinze jours »[3]. Les Françaises venues à Gand dans le sillage de leur mari sont moins accessibles mais néanmoins très présentes en ville. Ce sont en général de très grandes dames de la cour. Le duc de Duras est venu avec sa fille, la duchesse de Rauzan, et sa femme, Claire, la « chère sœur » et grande amie de Chateaubriand. C'est elle et elle seulement, prétend sans rire ce dernier, qui a de l'ambition pour lui et l'a fait nommer à Gand au Conseil du roi, comme s'il n'en avait pas lui-même à revendre. Chateaubriand aussi est venu avec sa femme qui inlassablement note les mille faits dont elle est témoin et serviront de trame aux futurs *Mémoires d'outre-tombe*. Fanny d'Arblay, elle-même réfugiée à Bruxelles, la trouve « de la plus grande élégance, mais d'un maintien froid, réservé, presque hautain[1] ». Le duc de Lévis, un proche du roi nommé à la pairie en 1814, arrive également à Gand, un peu sur le tard, avec la sienne, « très belle, très bonne », mais sans un sou et sans même une paire de bas que Chateaubriand lui prête, pour aller faire sa cour au roi. Tout ce petit monde se reçoit, discute, gesticule, trotte, dit Chateaubriand, « de chez le roi chez Monsieur, de chez Monsieur chez le roi[2] ». On vit à l'économie, un peu chichement, par peur de se retrouver comme autrefois, sans un sou. Les uns logent chez l'habitant, comme les Chateaubriand qui disposent de deux pièces chez les Van der Bruggen, rue de la Croix, et dînent parfois chez les d'Ops, de bons Flamands très catholiques, qui ont surtout l'avantage d'avoir lu le *Génie du christianisme*, ce qui n'est pas pour déplaire. Les dîners chez les bourgeois de Gand sont copieux et interminables, depuis une heure de l'après-midi jusqu'à huit heures du soir, précise Mme de Chateaubriand[3]. Mais il n'y a pas grand-chose à faire à Gand. On peut traîner à table. L'ordinaire, toutefois, est plus modeste. « Nous dînions à table d'hôte, à 3 francs par tête, explique Beugnot ; nous déjeunions avec une jatte de lait et nous soupions avec un verre d'eau sucrée. » Beugnot, qui habite également chez l'habitant avec l'abbé Louis, s'amuse, tout en riant un peu jaune, de la situation : « Voulez-vous savoir l'état que tenaient à Gand les ministres du roi très-chrétien ? Un domestique commun faisait nos lits, frottait nos appartements, battait nos habits et nettoyait nos bottes. [...] Ce régime avait le double avantage d'être fort sain et fort économique. » Édouard Mounier, formé à la pépinière du Conseil d'État napoléonien, habite, lui, chez une vieille femme, « une petite chambre à 24 francs par mois. [...] J'ai un lit propre, une grande table pour écrire, un secrétaire pour enfermer mes effets et une servante pour me servir moi seul[1]. » C'est presque un luxe. Le dimanche après la messe, on se promène à la Coupure ou sur la place d'Armes dont l'une des allées abrite ce jour-là le marché aux fleurs[2]. Lorsque le temps s'y prête, et les beaux jours se font plus nombreux au fur et à mesure que le temps passe, on s'offre une partie de campagne dans une gargote des bords du canal de Bruges. Le programme, raconte encore Beugnot, consiste en un énorme plat de poissons et un plat de pommes de terre, « le tout accompagné à l'anglaise et arrosé de bonne bière de Louvain[3] ». Chateaubriand parle lui aussi, mi-réjoui et mi-mélancolique, de ces dîners de poissons « tutti quanti [...] dans une guinguette ». Cela vous a un petit air de sous-préfet aux champs et fleure bon les grandes vacances. De quoi faire oublier le luxe de la table auquel tous ces grands hommes étaient tout de même habitués depuis des années. Personne n'a de voiture. On se visite à pied, les uns les autres. On se console du vide des journées de Gand par la conversation, l'esprit, les projets politiques, les rêves d'ambition. On se retrouve à l'auberge devant une tasse de chocolat, au Lion d'or, au Chat noir, le plus célèbre estaminet de la ville, tenu par M. Van der Eecken, ou dans les quelques salons français reconstitués sur le modèle parisien. Tony de Reiset en parle de l'air d'un militaire qui n'aime pas les mondanités : « Mmes de Rauzan, de Duras et de Lévis ont chacune leur salon et reçoivent presque journellement ; aussi les petites coteries se sont reformées, et les petites intrigues marchent leur train. C'est dans le salon de Mme de Duras, son amie chère, que triomphe Chateaubriand[4]. » La duchesse de Duras est un peu la reine de Gand. « Jolie, simple et aimable[5] », dit Cussy, elle approche de la quarantaine, alors qu'elle n'en fait pas trente. Par sa naissance, son mariage et ses relations, elle occupe une très haute position sociale tout en restant accessible. Romancière à ses heures – elle est l'auteur d'*Ourika*, célèbre en son temps –, elle est beaucoup plus libérale que sa position de cour n'aurait dû le permettre. « On y causait librement et plus raisonnablement qu'ailleurs », dit Mme de Boigne qui fréquentera assidûment son salon à son retour à Paris[6]. À Gand, on se moque volontiers, chez elle, des préjugés et des travers des « voltigeurs » de l'émigration, on parle littérature et Constitution. Chateaubriand qui est son héros et la voit tous les jours, la traite dans ses Mémoires de « femme supérieure » mais ne dit pas qu'à sa mort en 1818 il l'oubliera vite et se consolera d'elle dans les bras de Mme Récamier[1].

« La vie habituelle n'avait rien de triste », note Beugnot qui parle des réunions de Gand comme de quelque chose de tout à fait amusant parce qu'il s'y retrouvait par le jeu du sort et du hasard des esprits distingués et de nature différente. « Leur choc faisait jaillir des étincelles d'un bout de la table à l'autre. »

Les groupes se forment selon les affinités politiques. Les anciens émigrés de la cour d'un côté, les politiques autrefois au service de Napoléon de l'autre. Les deux partis se rencontrent chez le roi, au spectacle, à la promenade sans vraiment se parler. Tous les jours, on compte de nouveaux arrivants. À la fin du mois de mai, les Français ne sont pas moins de trois à quatre mille en ville sans parler des militaires cantonnés à Alost et Termonde. « On ne fait pas un pas dans la rue sans se trouver nez à nez avec des figures qui vous sont familières », note Tony de Reiset, amusé, le 29 mai[2]. Seul Chateaubriand qui, tout à son exception, dit vouloir échapper aux intrigues de la colonie française en se promenant dans l'enclos du béguinage de la ville, parle de « la solitude accoutumée de Gand ».

12.

Rêves d'armée

De tous les ministres du roi présent à Gand, le seul à mener grand train est le duc de Feltre, le ministre de la Guerre. Il habite un bel hôtel particulier « qui, à Paris même, n'eût pas été au-dessous de sa fortune » (Beugnot), sort dans une voiture élégante, toujours suivi de deux valets de pied en livrée, et porte des souliers à boucles d'or. Ce fils d'un réfugié de petite noblesse irlandaise a, sans qu'on sache très bien pourquoi, une extrême vanité de sa naissance, la manie des généalogies et toute une prétention aristocratique. Ses façons sont gourmées et officielles. Mêlé à la partie vaniteuse des royalistes, il s'y trouve naturellement comme dans son milieu au point d'en avoir adopté les idées. Il est aussi le plus occupé des ministres du roi à Gand[1]. Dès l'installation de la cour en Belgique s'est posée la question de savoir si le roi devait et pouvait disposer d'une armée face à l'armée française redevenue napoléonienne. De Vienne, Talleyrand y pousse. Si le roi revenait dans ses États à la tête de ce qu'il appelle « une armée nationale », il exercerait dans les provinces qui lui seront soumises, comme dans celles qui ne le seraient pas encore, « une puissance d'opinion bien différente que s'il n'y revenait qu'à la suite des armées étrangères[2] ». Seulement, on va s'apercevoir assez rapidement qu'une telle armée risquerait fort de ressembler à l'ancienne armée de Condé de 1792, une armée d'émigrés, étrangère à la nation. Le roi le sent et s'y montre dès le début hostile. Son armée ne pourrait être que supplétive aux troupes alliées. Il n'entend rien au militaire, mais comprend parfaitement, pour l'avoir déjà commis en 1792, les conséquences politiques d'un tel faux pas.

Comme dit Barante, il n'y aurait rien de pire au monde que les « voltigeurs [du roi] appuyés par les Cosaques et les Prussiens [1] ». Le comte d'Artois n'a pas de tels scrupules et proposera tout uniment au duc de Wellington en mai de prendre la tête des troupes saxonnes qui s'étaient mutinées à Liège contre leur commandement prussien [2]. Il poussera aussi sans cesse et sans succès à la réorganisation des anciens régiments suisses licenciés par Napoléon après le 20 mars [3]. Si le roi consent à la reconstitution d'une garde royale pour le prestige de sa couronne, il ne veut pas aller plus loin et se refuse surtout à l'utiliser militairement [4]. D'ailleurs, il n'a pas le premier sou pour constituer une armée. De plus, ni le gouvernement des Pays-Bas ni même Wellington ne trouvent l'idée à leur goût. Et puis de quoi serait formée cette armée royale ? Lorsqu'on commencera, fin avril, à reconstituer l'ancienne garde royale, on sera bien en peine de la fournir en hommes. Feltre dépêche dans diverses places de la frontière des commissaires royaux chargés d'établir des communications avec l'intérieur de la France, d'accueillir les volontaires qui se présentent et d'encourager les désertions au sein de l'armée française. Les déserteurs, d'abord acheminés à Tournai, devront ensuite être regroupés à Ninove et Termonde, près d'Alost [5]. Mais la pêche est maigre. Les quelques centaines de volontaires qui rallient la Belgique sont pour la plupart d'anciens gardes du corps restés en France. Leur expédition est souvent mouvementée. Certains se font arrêter et mettre en prison [6]. Le capitaine de Lauthonnye a raconté de quelle façon il était parvenu à franchir l'Escaut de nuit, près de Saint-Amand, sur un radeau de fortune et sous le tir croisé des douaniers français [7]. Les déserteurs de l'armée française sont encore moins nombreux. Ce n'est pas faute de s'être donné du mal. À la fin du mois de mai, on publie et on distribue de l'autre côté de la frontière un « Appel aux braves » qui enjoint aux soldats de « quitter l'étendard de la révolte pour rejoindre le drapeau sans tache du monarque le plus digne de rendre heureux un grand peuple [8] ». Il est difficile, faute de sources, de connaître exactement le nombre de ceux qui rallieront la petite troupe du roi en mai et juin 1815. Cela a dû être modeste. Lorsqu'il passe journellement pendant une semaine, trente soldats et huit à dix officiers, on parle triomphalement de désertion « considérable [9] ». C'est indiquer assez la misère des jours ordinaires. De plus, l'opération est risquée. De l'autre côté de la frontière, les embaucheurs arrêtés sont traduits devant un conseil de guerre et fusillés. Du côté belge et luxembourgeois, les commissaires français postés au milieu des cantonnements prussiens et hessois éprouvent les plus grandes difficultés à se faire respecter. Les Prussiens détestent les Français quels qu'ils soient, royalistes ou napoléoniens. Rilliet, chargé de l'embauchage des déserteurs dans la région de Namur, les trouve « insolents » et raconte qu'il fut raccompagné chez lui, à deux reprises, par la gendarmerie prussienne qui refusait de comprendre « toute l'étendue de mes dignités de commissaire du roi[1] ». La haine est d'ailleurs réciproque et Rilliet se demande en vain ce qu'il faudrait faire, pour faire battre les Prussiens tout en se débarrassant de Napoléon. Au bout du compte, ce que l'on parvient à réorganiser à Alost de maison militaire n'est pas brillant. « Toute l'armée qu'on a réunie, écrit Stuart le 2 juin, consiste en six cents cavaliers et mille cinq cents fantassins, dans un état de désorganisation qui ne permet aucun espoir de rendre leur service efficace en tant que corps militaire[2]. » Les gardes du corps sont cantonnés à Alost, les volontaires à Termonde. Le tout a été placé sous le commandement du duc de Berry et du général Maison. Comme d'habitude, l'état-major est pléthorique[3]. Les Anglais fournissent chichement des uniformes, des armes et des munitions, mais refusent les chevaux[4]. La plupart des anciens gardes du corps à cheval sont démontés. On fait la manœuvre de l'artillerie avec des charrettes de laitier et on manque de tout. La solde est payée très irrégulièrement. « Mes fantassins, écrit le duc de Berry à Blacas le 14 juin, n'ont pas de quoi s'acheter une chemise, encore moins un habit[5] ». « Nous rêvions d'honneur et de gloire, soupire Rilliet, et tout cela aboutit à mourir de faim dans une auberge. » À l'appel du matin, conformément aux traditions d'Ancien Régime, l'officier supérieur responsable enlève son chapeau à l'énoncé de chaque nom, comme pour saluer le malheur, comme si la politesse et le désespoir se donnaient en partage. À l'occasion du séjour de la duchesse d'Angoulême, venue de Londres à Gand à la fin du mois de mai, Berry se risque à faire manœuvrer sa petite armée, à la stupéfaction de Wellington qui assiste à la parade. « Nous défilâmes raconte Lauthonnye qui fait partie du bataillon des volontaires. Nous avions l'air, étant sans armes, de prisonniers de guerre[1]. » « Pour défiler, guides à droite », ordonne le duc de Berry au général marquis du Bouchet qui commande le corps des officiers sans troupe, tous vieux émigrés de souche. « Guides à quoi ? » demande du Bouchet, qui, tout aussi vieux que ses hommes, était sourd comme un pot[2]. Tout cela serait ridicule si ce n'était profondément triste. La pauvre armée du roi – « cette façon d'armée », dit Rilliet – n'est qu'une ombre contrefaite échouée au hasard de la défaite quelque part entre Gand et Bruxelles, alors que des armées formidables et parfaitement équipées s'apprêtent à s'affronter dans les plaines de Waterloo. L'histoire n'est faite que de cela, de cette coexistence étonnante entre les temps. Tandis que le passé défile à Alost dans un nuage de perruques poudrées, à quelques kilomètres de là, presque au même moment, le présent en appelle au passé par le spectacle défait et nu du sang et des morts. La juxtaposition de mondes si différents est hallucinante. Et pourtant, passé et présent sont également tragiques.

13.

L'otage de l'Europe

Sans argent, sans armée, dépassé par des décisions sur lesquelles il n'a pas prise et prisonnier de l'intérêt bien compris des Anglais, le roi doit se contenter de regarder par sa fenêtre passer les troupes anglaises venues d'Ostende, en direction de Bruxelles, en prévision des batailles futures. Début mai, Gand ressemble en effet plus que jamais à une ville de garnison. Chaque jour, des régiments anglais, hanovriens, brunswickois traversent la ville [1]. Les officiers et sous-officiers sont logés chez l'habitant, au grand mécontentement de bourgeois de Gand. La ville est pleine de canons, de mortiers, de caissons d'artillerie. On voit des fournisseurs conduire des troupeaux de bœufs, des chevaux au râtelier, des canonniers mettre à terre des trains d'artillerie, des vivandières débarquer avec sacs et enfants. Les jeunes recrues, miliciens belges, fantassins anglais en habit rouge, Écossais en kilt, font l'exercice sur les places et sous les arbres des promenades. Ils manœuvrent tous les jours place d'Armes et place Saint-Pierre où Wellington les passe en revue le 7 mai. Dans quelques semaines, ils iront mourir à quelques dizaines de kilomètres de là, dans les champs de blé de Waterloo. Le grand nombre de soldats qui campent en ville et dans les faubourgs contribue au renchérissement du prix des denrées et surtout de la viande, ce dont les habitants se plaignent. Au même moment, des milliers de journaliers et d'ouvriers du textile travaillent sous la direction d'ingénieurs anglais au renforcement des remparts et à la construction de redoutes et de batteries aux différentes portes de la ville [2]. Début mai, on abattra même les maisons de certains faubourgs au sud de la ville pour en inonder les abords[1]. Gand est en effet une ville stratégique, placée à l'intersection d'un double axe : Ostende-Bruxelles et Lille-Anvers. La campagne de 1814 et l'occupation de la ville par le général Maison en février le disent assez. En fortifiant la ville, on renforce une position alliée contre la France, aux yeux et à la barbe du roi de France. Ce n'est pas le moindre des paradoxes de cette histoire tragique.

Il n'est pas étonnant dans ces conditions que l'on ait un peu rapidement fait de Louis un roi fantoche. À Paris, les royalistes les plus avisés le réduisent à une sorte de marionnette sans vie tout juste bonne à être le jouet des circonstances. « Il y a là si peu de force et de capacité que c'est un élément négligeable dans la crise actuelle, écrit Barante. Le roi semble un être passif, que telle ou telle circonstance perdra ou sauvera sans qu'il y soit pour rien[2]. » Dans ses Mémoires, Chateaubriand, qui n'est jamais aussi à l'aise que dans le registre des causes désespérées, en rajoute : « Louis XVIII était là dans un coin, complètement oublié ; à peine recevait-il de temps en temps un billet du prince de Talleyrand revenant de Vienne, quelques lignes des membres du corps diplomatique résidant auprès du duc de Wellington en qualité de commissaires. On avait bien autre chose à faire qu'à songer à nous ! Un homme étranger à la politique n'aurait jamais cru qu'un impotent caché au bord de la Lys serait rejeté sur le trône par le choc des milliers de soldats prêts à s'égorger : soldats dont il n'était ni le roi ni le général, qui ne pensaient pas à lui, qui ne connaissaient ni son nom ni son existence. De deux points si rapprochés, Gand et Waterloo, jamais l'un ne parut si obscur, l'autre si éclatant. La légitimité gisait en dépôt comme un vieux fourgon brisé[3]. » Brisé et trop silencieux. L'apparente passivité du roi en agace plus d'un. Guizot, qui est reçu à l'hôtel d'Hane le 1er juin, lui reproche de ne pas se prononcer assez clairement sur la politique qu'il entend mener à son retour en France. Lui aussi parle d'« inconcevable sommeil ». « Il vaut mieux dormir en paix, poursuit-il ; du moins quand on dort, on ne voit pas le précipice, et l'on y tombe sans avoir eu le tourment de la prévoyance[4]. » Mais était-il dans la politique comme dans le caractère de Louis XVIII de s'exprimer dans le détail devant celui qui après tout n'était pour lui qu'un petit secrétaire général au ministère de l'Intérieur, encore un peu jeune en affaires ? Et le pouvait-il dans les circonstances où il se trouvait ? Villemain, qui voit plus juste, parle de son côté d'une inaction de bon sens, « constante et assez fière ». Louis pense avoir assez fait en réaffirmant les principes : « Je tiendrai tout ce que j'ai promis dans la Charte[1]. » Il l'a déjà dit le 2 mai dans la seule déclaration signée de son nom et publiée à Gand[2]. Il veut surtout éviter tout ce qui pourrait « avilir ma cause », comme il le dit à Hyde de Neuville début juin, et donc ne pas être le roi de l'étranger[3]. Il juge assez bien la situation et s'il attribue toujours à l'armée la catastrophe qui l'a conduit à Gand, il reconnaît qu'elle a eu pour auxiliaires les intérêts nés de la Révolution et qu'il est donc plus que jamais indispensable de les ménager et de se les concilier. Pour le reste, après avoir douté quelques jours entre Lille et Ostende, il est à nouveau animé à Gand de cette « confiance tranquille dans la force de son nom et de son droit », comme dit Guizot. « Il croyait fortement, dit encore Beugnot, que la France ne pouvait se passer de lui, et que s'il y restait encore bon nombre de volontés qui lui étaient contraires, la nécessité ferait plier ces volontés[4]. »

Cette confiance est d'autant plus remarquable que sa position politique est à ce moment précis l'une des plus difficiles qu'il ait jamais connues au cours d'une longue vie qui n'a pourtant pas manqué de surprises ni de rebondissements. En un mot, à Gand, le roi est pris en otage entre la France et l'Europe. Entre ces deux puissances antagonistes, la porte est étroite et le chemin qui peut le conduire à nouveau au pouvoir, pavé de périls. Talleyrand avait adhéré au nom du roi, le 27 mars – conformément à l'article 8 – au traité d'alliance de l'avant-veille, signé par les puissances contre « Napoléon Buonaparte ». Le roi était bien décidé à tout faire pour en maintenir les principes originels : le respect du traité de paix qu'il avait signé avec ces mêmes puissances à Paris le 30 mai de l'année précédente, mais aussi le maintien des buts de guerre annoncés dans le traité, par lesquels celles-là s'engageaient solennellement à « soutenir la France » contre « les entreprises de Buonaparte et de ses adhérents » (article 1er)[5]. Seulement, au fur et à mesure de l'évolution des rapports de force entre les « Alliés », le roi et Napoléon, les beaux principes du 25 mars étaient en train de voler en éclats et le roi de France allait se retrouver peu à peu l'associé impuissant et ligoté de l'Europe redevenue l'ennemie de la France. Toute la quadrature du cercle de la position du roi est inscrite dans ce paradoxe. Les partisans modérés de la monarchie, à Paris comme à Gand, l'ont senti. Les Cent-Jours font définitivement de la cause royaliste celle des étrangers. « Le roi a été pris des mains des étrangers. S'il faut le recevoir pour condition de la paix, jamais il ne s'établira[1] », écrit Jaucourt. Charles de Rémusat consacre quelques lignes admirables à cet imbroglio des Cent-Jours dans la partie restée inédite de ses Souvenirs. C'est Talleyrand, cette fois, qui est l'accusé : « On engageait les Bourbons dans une solidarité avouée avec les ennemis de la France, on les déclarait officiellement complices d'intention de crime contre la patrie et, dans l'action, impuissants pour le commettre, puisqu'ils ne devaient coopérer à la guerre que par leur signature et leurs vœux. On leur préparait à leur retour, grâce à l'odieux d'un concert avec l'Europe armée, la résistance morale de tous les cœurs froissés, de tous les droits violés, de tous les intérêts atteints par les impunités de la victoire[2]. » C'est cela, beaucoup plus que les « erreurs » de la première Restauration, qui marquera l'échec de la Restauration libérale, malgré tous les efforts tentés par le roi à son retour. Dans la mesure même où, selon l'esprit du temps, l'indépendance nationale et les libertés ne sont qu'une seule et même chose, celles-ci ne peuvent plus vraiment s'incarner dans une dynastie, celle des Bourbons, et dans un principe, celui de la légitimité, également marqués du sceau indélébile de la collaboration avec l'ennemi. La Restauration – comme le régime de Vichy en 1944 – sortira des Cent-Jours flétrie du signe de la défaite. Mais la comparaison s'arrête là.

La position est d'autant plus cruelle qu'à Vienne, dans l'intervalle du 20 mars, le roi est passé du statut d'allié soupçonnable à celui d'allié infréquentable. En Europe, on ne croit plus aux Bourbons pour assurer la tranquillité de la France. Le nouvel effort de guerre auquel s'obligent les Alliés contre Napoléon est en général impopulaire parmi leurs opinions publiques. La guerre n'est guère approuvée qu'en Allemagne où la haine des

Français l'emporte sur tout le reste. Tous les rapports venus d'Allemagne, rapporte Eynard, annoncent que l'on fera une « guerre de bête féroce, et, soit en Allemagne, soit en France, l'envie de s'égorger est devenue la fureur nationale[1] ». Les Russes, pour leur part, sont mécontents de l'absence de leur empereur qui se prolonge depuis deux ans. Ils savent très bien qu'à l'abri de leurs immenses steppes ils ne craignent rien de Napoléon et n'ont pas grand-chose à gagner non plus à cette guerre nouvelle à laquelle seul Alexandre tient par amour-propre. La dette autrichienne rend également la guerre insupportable à Vienne où, parmi l'élite, on craint qu'un succès des armées alliées n'accroisse la puissance d'Alexandre et n'aiguise ses appétits en Pologne. En Angleterre, le gros de la nation « consulte froidement son égoïsme et ne voit dans cette nouvelle lutte qu'une augmentation de ses taxes[2] ». Si l'on fait la guerre, il faudra donc que ce soit la dernière et que l'on favorise en France un système de gouvernement désormais capable d'en prévenir les risques. Or tout le monde s'interroge sur la capacité de Louis XVIII à assumer cette tâche difficile. Un peu partout en Europe, en avril, on ne donne pas cher du « pauvre roi », comme dit Wellington[3]. Alexandre le premier ouvre le feu, à Vienne, contre les Bourbons. Talleyrand s'en fait l'écho au roi en rapportant une conversation de l'empereur de Russie avec le diplomate anglais lord Clancarty : « Le rétablissement du gouvernement du roi fût-il facile, tant que l'on n'aurait pas une certitude de sa stabilité future, que ferait-on en le rétablissant, sinon de préparer à la France et à l'Europe de nouveaux malheurs[4] ? » Il est donc hors de question, du côté russe, de « se laisser influencer par l'esprit du cabinet de Gand qui n'en a pas ». Au contraire, Alexandre, tout à ses vieilles lubies libérales de 1814, projette à nouveau de laisser la nation française choisir elle-même son monarque et son régime. La Charte qu'elle a reçue en 1814 lui a été imposée. Le roi devrait donc remettre sa souveraineté en jeu, convoquer une assemblée constituante et laisser cette dernière libre de l'appeler ou non, de ses suffrages[5]. Alexandre est par ailleurs excédé de l'arrogance de Louis XVIII. Son aversion tourne à la détestation. Pour qui se prend ce gros roi qui l'a accueilli à Paris en mai 1814, lui, le libérateur, comme un prince de seconde zone, qui ne lui a même pas remis l'ordre du Saint-Esprit, qui a eu l'outrecuidance de s'opposer au projet de mariage de sa sœur, la grande-duchesse Anne, avec le duc de Berry ? De Gand, les conseils de prudence de Pozzo di Borgo n'y font rien. De plus, la découverte du traité d'alliance secret signé par Talleyrand le 3 janvier 1815 avec Castlereagh et Metternich pour faire pièce aux ambitions russes et prussiennes sur la Saxe et la Pologne n'a rien arrangé à l'affaire. Napoléon, qui en avait trouvé une copie négligemment oubliée aux Tuileries, s'était empressé de la lui faire parvenir[1]. Nesselrode, qui nie contre toute évidence les velléités conquérantes de son maître, qualifie le traité du 3 janvier de « monument de légèreté et de faiblesse[2] » et en tient Talleyrand et le roi de France pour principaux responsables. À Londres, le prince régent, son Premier ministre lord Liverpool et lord Castlereagh son ministre des Affaires étrangères, sont les seuls à soutenir encore le roi, malgré leurs doutes. Il n'entre chez eux nulle considération théorique. Personne à l'époque ne croit plus, dans les cours européennes, aux belles envolées de Talleyrand sur la légitimité. Les Anglais sont avant tout pragmatiques. Ils connaissent le roi pour l'avoir recueilli de longues années. Ils sont en négociation d'affaires avec lui et le considèrent comme un moindre mal dans un pays qui leur a fait la guerre pendant si longtemps, pourvu qu'on l'y replace à leurs conditions et pourvu aussi qu'il se montre lui-même pragmatique en acceptant de gouverner avec les hommes de la Révolution[3]. Toutes les lettres officielles ou privées des responsables anglais, à Londres, Vienne ou Gand vont dans ce sens. Ce sont pourtant les Anglais qui vont déclarer publiquement par une note du prince régent datée du 25 avril, annexée à la ratification du traité d'alliance du 25 mars, qu'ils ne peuvent faire de la restauration des Bourbons une « condition *sine qua non* » de la guerre qui va s'engager contre Napoléon[4]. L'adhésion anglaise au traité du 25 mars, est-il expliqué dans la note, « ne doit pas être entendue comme obligeant Sa Majesté britannique à poursuivre la guerre dans le but d'imposer à la France aucun gouvernement particulier[5] ». Officiellement il est question de ne pas gêner le roi de Gand vis-à-vis de l'opinion publique française en l'associant trop étroitement à la coalition européenne[6]. Il y a là aussi, tout aussi officiellement, quelque chose de la vieille politique anglaise qui consiste à n'intervenir que le moins possible dans les affaires intérieures des puissances continentales.

En réalité, le gouvernement anglais obligé de soumettre le principe même de la guerre contre Napoléon au feu des discussions parlementaires et aux réserves de son opposition whig, minoritaire mais très véhémente, veut ménager son opinion publique[1]. Il veut aussi et surtout garder les mains libres et s'arrangera très bien de l'incertitude qu'il fait planer dans l'opinion française sur son futur gouvernement, pour dicter ses conditions et affaiblir encore un peu plus son vieil adversaire.

Le jeu anglais, dans la guerre qui se prépare contre Napoléon, est, comme souvent, d'une grande subtilité, à l'image de celui qui le conduit, lord Castlereagh. Le 9 mai, à Vienne, les représentants des trois puissances continentales donnent leur accord aux réserves anglaises à l'adhésion du roi de France au traité du 25 mars et, le 12 mai, une nouvelle déclaration des Alliés précise les buts de la guerre à venir. Il n'est plus question de faire la guerre pour aider les Bourbons. « Les puissances ne se croient pas autorisées à imposer un gouvernement au peuple français. » Il n'est plus question non plus de la faire à Napoléon seulement. « Le consentement formel de la nation française » à son retour l'implique désormais tout entière et délie les Alliés du traité de paix de Paris qu'ils ont signé avec elle le 30 mai de l'année précédente. « Il ne s'agit plus aujourd'hui de maintenir le traité de paix. Il s'agirait de le refaire[2]. » Qu'on ne s'étonne pas dans ces conditions d'entendre de plus en plus souvent à Vienne les mots de « partage de la France » ou de « diminution de territoire » en cas de succès des armées alliées. Puisque la France récidive, elle sera châtiée. Tout cela est un échec cuisant pour Talleyrand, le père de la paix miraculeusement clémente de 1814, qui n'en pipe mot dans ses lettres au roi. Pour un diplomate de sa stature, il convient bien sûr de ne s'étonner de rien et, surtout, de ne jamais parler de ce qui fâche[3]. Quelle humiliation pourtant, d'être obligé de signer une déclaration qui remet formellement en question l'existence même du souverain qu'on représente ! Mais comme toujours dans des cas de figure aussi extrêmes, Talleyrand préfère encore y être que de s'abstenir. Les choses changent si vite !

Si par ailleurs les puissances continuent d'accréditer des ambassadeurs auprès du roi à Gand, c'est plus pour le contrôler et le surveiller que pour l'aider. Sir Charles Stuart pour l'Angleterre, le baron de Vincent pour l'Autriche, le comte de Goltz pour la Prusse et le comte Pozzo di Borgo pour la Russie sont désormais auprès du roi des tuteurs aussi encombrants qu'obsédants, intervenant sans cesse dans ses décisions, le conseillant toujours. Charles-André Pozzo di Borgo, arrivé de Vienne à Bruxelles à la mi-avril, est le seul partisan inconditionnel de Louis XVIII. « Les Bourbons sont une institution, non une famille. [...] L'Europe a besoin d'eux pour être en paix, la France ne peut s'en dispenser pour être libre », dit-il en mai à Nesselrode qui lui reproche d'être trop « crûment bourbonnique[1] ». La « sagacité » et « l'expérience parfaite », dit Jaucourt, que porte ce rejeton d'une vieille famille corse, dans les affaires du roi, sont largement inspirées par sa haine tenace de Napoléon dont il s'est déclaré « l'ennemi personnel ». Chez Pozzo, toujours parlant, toujours gesticulant, toujours pressé, c'est presque une habitude depuis qu'un certain jour de 1796 il avait dû fuir les rivages de son île conquise par la République, sur un bateau anglais. Pendant près de vingt ans, il a servi plusieurs pays, et surtout la Russie à partir de 1804, il a couru de Londres à Vienne, de Vienne à Saint-Pétersbourg, des côtes de l'Adriatique à celles de la mer Baltique, exclusivement occupé à négocier des alliances et à rassembler inlassablement les énergies contre l'usurpateur. Pour Pozzo, le séjour de Gand est le dernier épisode de cette vendetta. Quoi qu'il en soit des hommes et de la personnalité des diplomates présents à Gand, la mise en coupe réglée du roi par les puissances européennes commence effectivement en Belgique. Elle se prolongera à Paris jusqu'en novembre 1818, lorsque par le traité d'Aix-la-Chapelle il sera décidé d'évacuer les dernières troupes d'occupation alliées entrées sur le territoire à la suite de la défaite de Waterloo[2].

14.

Tiers parti

La neutralité affichée des Alliés vis-à-vis des Bourbons va avoir pour conséquence immédiate non pas d'aider ces derniers en les déliant de l'alliance étrangère, mais de leur compliquer singulièrement la tâche auprès de l'opinion publique française. S'ils ne sont plus soutenus par l'Europe, alors tout redevient possible lorsque se posera la question de savoir qui mettre à la place de Napoléon, en cas de défaite militaire. On parle ainsi de plus en plus à Paris comme dans les cours européennes d'un mystérieux « tiers parti » qui pourrait favoriser et soutenir une solution médiane qui ne serait ni celle de la Restauration ni celle de Napoléon. L'armée, c'est-à-dire les officiers, y serait en partie favorable. Parmi l'ancien personnel politique de la Révolution, on s'y intéresse aussi. Ce que Jaucourt appelle « la jacobinière » regroupe en réalité à la fois des libéraux de gauche déçus de la première Restauration et d'anciens thermidoriens de la République directoriale, revenus de la terreur jacobine et déçus du libéralisme en trompe-l'œil de Napoléon, comme de sa Constitution. Tous ont en commun, à des degrés divers, la défense de la patrie, celle de la propriété comme des droits politiques inaliénables des Français. Comme le dit l'un d'entre eux, Marc-Antoine Jullien, dit Jullien de Paris, dans *Le Conciliateur*, une brochure au nom significatif, ils veulent « finir une fois (pour toutes) la Révolution [1] ».

Derrière ce qui n'est encore qu'une sensibilité et ne constitue aucunement un parti politique se profile l'ombre toujours menaçante du duc d'Orléans. À Paris, en avril et mai, on prononce son nom de plus en plus souvent. À Londres, on est parfaitement averti de sa popularité. Castlereagh en écrit à Liverpool : « Des circonstances variées venues à notre connaissance tendent à confirmer l'affirmation que le duc d'Orléans a en sa faveur un très considérable parti civil et militaire[1]. »

Wellington confirme de Bruxelles : « La faction jacobine désire voir aux affaires le duc d'Orléans ou quelque autre, ils désirent prendre un moyen terme entre Bonaparte et les Bourbons contre lesquels l'empereur de Russie fait toujours de grandes objections[2]. » On a déjà vu quels étaient les atouts politiques du duc d'Orléans. À Vienne, Alexandre Ier, qui avait songé à la régence de Marie-Louise en 1814, pense maintenant à lui et Talleyrand s'empresse d'en faire part à son souverain en lui rapportant dans les détails l'une des conversations du tsar avec le diplomate anglais lord Clancarty : « Je ne vois de propre à tout concilier que M. le duc d'Orléans. Il est français, il est Bourbon, il est mari d'une Bourbon ; il a des fils ; il a servi, étant jeune, la cause constitutionnelle ; il a porté la cocarde tricolore, que, je l'ai souvent dit à Paris, on n'aurait jamais dû quitter. Il réunirait tous les partis[3]. » Il en est un à Paris, et combien redoutable, qui a saisi depuis longtemps ce que la solution d'Orléans présente d'intérêt, c'est Fouché, le ministre de la Police de Napoléon. Ce vieux flibustier de l'intrigue, cet artiste de la corde raide et des coups durs a plus d'une carte dans son jeu. Son heure n'est pas encore venue, mais il la prépare. Cependant, on a voulu faire de lui un adepte de l'art pour l'art, des combinaisons sans politique et de la politique sans raisons. Il faut toujours faire la part, chez l'ancien régicide, de la nécessaire survie par temps d'orage, du goût du pouvoir et de ce qui représente aussi une constante de toute son action : la défense des intérêts révolutionnaires pour lesquels il militait déjà comme ministre de la Police du premier consul en 1800. Sur ce plan, le duc d'Orléans est un bon cheval, mais il n'est pas le seul. Au moment où il envoie Antoine Didier à Londres et Dufresne de Saint-Léon, un vieux complice d'affaires de Talleyrand, à Vienne, afin de sonder les uns et les autres sur les chances du duc, ou sur celles d'une régence au nom du roi de Rome, il multiplie les contacts avec Gand et les amis du comte d'Artois auxquels il dépêche à deux reprises la femme de Vitrolles, toujours prisonnier à Vincennes et qui bien sûr plaide la cause du ministre de la Police[4]. Les premiers envoyés de

Fouché eurent peu de succès. Didier, refoulé à Douvres, ne parvint jamais à Londres. Dufresne de Saint-Léon, chargé de voir Talleyrand avec une lettre de Fouché cachée dans la sellette d'un harnais de sa voiture, n'obtint rien, au point que Talleyrand n'accepta de le voir qu'en présence de Metternich et de Nesselrode. Mais dès ce moment-là les manœuvres de Fouché étaient éventées par Napoléon. À la suite du séjour de Montrond à Vienne, Metternich avait adressé à Fouché à la fin du mois d'avril un message oral par l'intermédiaire d'un commis d'une maison de banque viennoise, Eskelès et Cie. Le ministre de la Police était prié d'envoyer un homme de confiance à Bâle pour y rencontrer un émissaire autrichien, le baron d'Ottenfels, conseiller aulique de l'Empire. Après avoir vu Fouché à deux reprises, le pauvre homme d'affaires s'était fait arrêter par la police de Réal et dénoncer à Napoléon qui décida d'envoyer à Bâle, à la barbe de Fouché, un homme à lui, Fleury de Chaboulon, afin d'y démêler la nature des agissements plus que suspects de son ministre. Fouché, secrètement prévenu par Réal, ira tout uniment s'expliquer benoîtement devant Napoléon lui-même, le jour du départ de Fleury, le 28 avril. On connaît la scène. Napoléon, furieux, injurie son ministre : « Vous êtes un traître, Fouché, je devrais vous faire pendre. » Et Fouché, imperturbable : « Sire, je ne suis pas de l'avis de Votre Majesté. »[1]. La réponse est d'anthologie. On en mesure toute l'ironie froide, mais aussi tout le courage. Il s'en tirera pour cette fois. Plus tard, à Sainte-Hélène, Napoléon regrettera de ne pas l'avoir fait fusiller : « Je n'ai connu qu'un traître véritable, un traître consommé : Fouché. » Ce qui du même coup exonère tous les autres, à commencer par Talleyrand ! Napoléon ne saura jamais par contre que Fouché envoyait au même moment à Londres l'un des jeunes secrétaires de l'ambassade de Vienne qui avait quitté la capitale autrichienne le 1er avril, Charles-Joseph Bresson, afin de prendre directement contact avec le duc d'Orléans, sous couvert d'affaires à régler pour le compte de Talleyrand. Charles de Rémusat en parle comme d'un « homme d'affaires en sous-ordre, intelligent, mystérieux et ayant toute la probité compatible avec son intérêt[2] ». Le jeune diplomate doit également voir à Londres le vieux général Dumouriez, un autre vétéran en conspirations. Dumouriez, réfugié à Londres depuis des années, avait déjà été considéré par les Girondins, dans les premiers mois de 1792, comme l'homme de la situation. Le duc d'Orléans avait servi sous ses ordres à Jemmapes. « Le duc d'Orléans, écrit Fouché à Bresson, est un moyen de composition entre les extrêmes. Dumouriez l'a rêvé longtemps. L'Europe s'arme contre l'empereur, il succombera inévitablement, il sent déjà le cadavre. La branche aînée n'offre pas de sécurité aux intérêts révolutionnaires, nous devons donc nous jeter ailleurs. Le duc d'Orléans est bien disposé, il acceptera la couronne aux conditions qui lui seront imposées. Il a de l'ambition et des antécédents parfaits[1]. » Bresson a raconté par la suite à Rémusat son entrevue avec d'Orléans. « Le prince, dit-il, avait eu l'air de prendre l'ouverture comme une marque très aimable de bienveillance et rien de plus. » « On causa, dit-il encore, comme s'il s'était agi d'un autre. »[2]. Comme le dit brutalement Jonville, l'envoyé de Blacas qui surveille discrètement le duc, s'il « ne tend pas les bras à ses séducteurs, il est disposé à se laisser violer[3] ». Le fils du régicide est un fin renard. Il n'est pas encore prêt à rompre l'acte de soumission qu'il a jadis signé au roi. S'il avait voulu lancer un appel à la résistance nationale à Bonaparte et au roi, il aurait pu le faire de Lille. Certains y ont sans doute pensé pour lui, mais le moment est passé. Il a l'intelligence de sentir que la situation actuelle se prête mal à une prise de pouvoir. Lui aussi serait tôt ou tard assimilé au roi des étrangers. Il pense enfin que le fruit n'est pas mûr dans l'opinion. En attendant, il a décidé de rester à Londres et de faire « bande à part », comme dit Jonville. À Gand, le roi commence à s'inquiéter sérieusement. Non seulement Talleyrand n'arrive pas, mais le duc d'Orléans le boude. Lorsque Jaucourt lui présente un mémoire signalant le danger que représente pour lui son cousin, il soupire et l'écarte d'un revers de main « comme pour éloigner de son esprit un sujet importun[4] ». Le 10 mai, il se décide à lui écrire et lui demande instamment de le rejoindre afin de « prévenir » avec lui ou, du moins, de « tempérer les maux que la guerre entraîne à sa suite[5] ». De leur côté, les ministres du roi rivalisent d'idées pour le faire venir. Chateaubriand propose de faire de l'encombrant duc un connétable, ou au moins un généralissime des armées, ce qui ne manquerait pas d'être « poétique », ironise Jaucourt qui mesure immédiatement les dangers d'une telle position : « L'armée pense tellement à lui que ce serait peut-être lui offrir un moyen de s'exprimer trop facile et trop dangereux[1]. » Mais la réponse du duc d'Orléans tombe comme un couperet. Il ne viendra pas. Cela commence comme d'habitude par une série de plaintes, sur le thème classique de la « nullité » dans laquelle on l'a cantonné jusqu'à présent. Puis viennent les vraies raisons politiques de son refus. Il ne veut pas être mêlé à des troupes étrangères, dans la reprise du pays au « Corse ». « Voilà ce que j'appelle l'émigration, dit-il par ailleurs à l'un de ses proches, avec quoi j'ai toujours craint d'être confondu[2]. » Sa longue lettre au roi date du 17 mai[3]. Orléans, qui s'y connaît en propagande, en adresse tour à tour des copies au prince régent, à Wellington, à Stuart et à Talleyrand. À bon entendeur salut... Le premier acte avait eu lieu à Lille. Fin du second acte. Après une brève visite à Paris en juillet, au roi et au comte d'Artois qui, toujours clairvoyant, lui trouve « très bon cœur », il retourne à Londres et persiste dans son opposition feutrée. Si je devais rentrer, écrit-il en décembre, « je réclamerais la Charte qui est violée de toute part, sans déguisement[4] ». Cela rappelle déjà une petite musique que l'on entendra dans quinze ans lorsque ses partisans feront afficher dans Paris, le 30 juillet 1830, en pleine révolution, des placards l'appelant au pouvoir : « Le duc d'Orléans est un prince dévoué à la cause de la Révolution. Le duc d'Orléans ne s'est jamais battu contre nous [...]. Le duc d'Orléans s'est prononcé ; il accepte la Charte comme nous l'avons toujours voulue et entendue[5]. » Et le lendemain, dans sa proclamation au peuple français : « La Charte sera désormais une vérité. » La boucle est bouclée. Pour le duc d'Orléans comme pour presque tout le reste, 1830 est contenu dans 1815.

15.

Des royalistes contre Napoléon

Les ombres menaçantes des absents obscurcissent encore un peu plus la petite cour de Gand. Décidément, la capitale des Flandres est une ville d'ombres et personne n'oserait parier, au début du mois de mai, sur les chances du vieux roi. Trop de mauvaises nouvelles. Pourtant, dans le courant du mois, une légère éclaircie semble se lever sur la France. Le roi peut d'abord se réjouir de quelques satisfactions personnelles d'amour-propre. Dès la mi-avril, les maires de diverses communes des départements du Nord sont venus lui proposer de l'aide et de l'argent. Bayart, le maire d'Armentières, est à leur tête[1]. Ils reviennent une deuxième fois, à la mi-mai, avec l'assurance d'un appel à l'insurrection au premier signe et 500 000 francs d'une souscription volontaire qui a été levée en son nom, mais le roi la refuse. D'autres délégations venues de Dunkerque, de Boulogne, d'Abbeville, de Montreuil se succèdent[2]. Pour la première fois, le roi s'entend appeler « Louis le Désiré », qui lui restera jusqu'à Paris. « Ce mot est sincère, écrit Bayart à un ami en mai. Il augmente mes malheurs quand je dois l'employer[3]. » Il y a donc encore des royalistes en France ! Le 3 mai, jour anniversaire de son entrée dans Paris, une trentaine de négociants parisiens arrivent également à Gand, y faire le service de garde de sa résidence, comme cela avait été accordé à la garde nationale parisienne en 1814, chaque jour anniversaire de l'entrée du roi, en remerciements de ses services[4]. De là à dire comme Charles Quint que « Paris est dans mon Gand », il y a plus qu'un pas. Tout cela n'est encore qu'un peu de baume sur le cœur d'un proscrit.

Le plus important est ailleurs, dans les rapports de plus en plus optimistes sur la cause royaliste en France, venus d'un peu partout au cours du mois de mai. Tous les rapports préfectoraux envoyés des départements à Paris confirment la multiplication des manifestations royalistes plus ou moins spontanées en France. Il est difficile sur ce point de faire la part du rôle des organisations royalistes secrètes qui se reconstituent après le traumatisme de mars. Certaines d'entre elles sont dénoncées par la police sous des appellations aussi variées que poétiques : le Cabinet littéraire à Moulins, la Société du château à Nevers. Les anciennes bannières départementales des Chevaliers de la foi reprennent également leurs activités particulièrement dans les villes du Midi [1]. Elles sont à l'origine de certains comités royaux clandestins qui, comme à Marseille le 25 juin, se substitueront aux autorités bonapartistes. Toutes ces associations parfois bien organisées ont certainement joué un rôle dans la guerre d'opinion qui s'intensifie en mai contre le régime des Cent-Jours : placards, chansons, fausses proclamations, fausses nouvelles destinées à jeter le découragement et le doute parmi les partisans de Napoléon.

Mais le vrai baromètre du royalisme est dans le langage des gestes, par la multiplication des drapeaux tricolores arrachés de nuit aux clochers des villages et remplacés par des drapeaux blancs, des proclamations impériales lacérées aux portes des églises, par le nombre des rassemblements, des charivaris royalistes dans les campagnes, surtout les jours de messe, le dimanche, et de marché, par le refus, enfin, de payer l'impôt. Les préfets multiplient les avertissements, comme celui de Lyon dès le 27 avril : « L'esprit public s'affaiblit, le parti royaliste se ranime [2] » ; celui de Toulouse, le 29 : « L'audace des royalistes augmente chaque jour [3]. » Dans le diocèse, les prêtres prient pour le roi et non pour l'empereur, à la messe du dimanche [4]. La fermentation est telle dans certaines villes du Midi que l'état de siège est décrété à Marseille, à Nîmes, fin avril, alors que la ville se soulève à la nouvelle, fausse, du rétablissement du roi. Nîmes comme Marseille sont désormais quadrillées par des détachements d'infanterie de ligne [5]. À Montpellier, le 13 mai, le commandant militaire de la ville annonce l'organisation de colonnes mobiles et la mise en place d'une commission militaire pour juger les dissidents, ce qui, commente d'Alphonse, le commissaire extraordinaire de la division militaire, augmente l'impopularité de Napoléon, le roi ayant supprimé toute forme de juridiction militaire extraordinaire[1]. Les rixes urbaines dans les cafés, sur les places publiques, entre militaires bonapartistes et citadins royalistes de toutes origines sociales, se multiplient comme à Marseille, Avignon, Aix, Agde, Montauban. Dans cette dernière ville, le préfet signale un duel collectif entre quinze jeunes gens royalistes et quinze autres bonapartistes. Les premiers portent une rose blanche à la boutonnière ; les seconds, une rose rouge[2]. La rose blanche semble d'ailleurs avoir été le signe de ralliement des royalistes dans tout le Midi. À Marseille encore, à Toulouse, la gendarmerie qui procède au désarmement des anciennes compagnies franches comme des bataillons de volontaires royalistes se heurte à de fortes résistances. Les officiers royalistes restent en contact avec leurs hommes, distribuent de l'argent, délivrent des certificats. Nombre de départements du Midi, de l'Ouest comme du Nord échappent presque entièrement au contrôle des autorités bonapartistes. Le rapport très alarmant du préfet de Draguignan sur « l'esprit de royalisme » qui règne dans les Basses-Alpes est loin d'être isolé. Celui-ci signale le 8 mai un charivari à Manosque. Les habitants affichent délibérément aux portes de leur maison des emblèmes et des chansons royalistes, des proclamations royales. L'esprit est le même à Forcalquier, à Sisteron, à Riez, aux Mées. Les contributions ne rentrent pas, les militaires rappelés ne se présentent pas à leurs cantonnements[3]. Tout est en place pour un passage à l'insurrection à la première mauvaise nouvelle. « Les nouvelles du Midi sont alarmantes, la guerre civile s'organise », écrit le préfet de Montauban, le 16 mai.

Les résultats très contrastés des opérations de recrutement des trois cent mille gardes nationales mobiles – des célibataires de 20 à 40 ans – destinées à faire le service des places, ordonnées par le décret du 28 mars et qui commencent réellement dans les premiers jours de mai, donnent également la mesure du refus du régime napoléonien et de la guerre, sinon du sentiment royaliste. La décision est essentielle pour Napoléon, tout à sa stratégie de défense du territoire. Les gardes mobiles sont censées compenser la faiblesse des effectifs de l'armée d'active

– environ deux cent vingt mille hommes – et, dans un deuxième temps, doivent contribuer à les renforcer. Elle est aussi très politique, alors même qu'elle constitue un retour déguisé à la conscription. Toute la difficulté pour Napoléon consiste en effet à « nationaliser » la guerre inévitable qui se prépare, en mobilisant les énergies autour de lui et en se présentant comme l'homme de la patrie par excellence, le mieux à même d'assurer la défense du sanctuaire national. Mais, ici et là, on se souvient des efforts démesurés déjà demandés après la campagne de Russie. Au cours des trois dernières années de l'Empire, plus de 320 000 conscrits avaient été incorporés dans l'armée régulière. Trop, c'est trop ! La mauvaise volonté est d'abord du côté des autorités elles-mêmes : certains maires, comme ceux de l'arrondissement de Châteauroux dans l'Indre, « refusent de fournir les listes des habitants sujets au service de la Garde nationale [1] ». On est alors dans un contexte d'élection des maires des communes de moins de 5 000 habitants, et certains feignent de croire qu'ils ne seront pas réélus ou démissionnent pour ne rien faire, d'autres promettent d'entraver les opérations pour se faire réélire. La propagande royaliste joue également. Les placards alarmants ne manquent pas : les troupes de la coalition fusilleront les gardes nationaux qui seront pris, ou les déporteront en Sibérie. Du côté des appelés, il est de plus en plus question dans les bulletins départementaux de « troubles » et de « fermentation » au moment des opérations de levée dans les chefs-lieux de canton et d'arrondissement. Les conseils d'examen se déroulent parfois dans un climat de grande tension sous le contrôle des soldats de ligne, rangés en bataille, fusils chargés, comme à Bordeaux le 2 mai, ou à Lyon un peu plus tard. La désertion peut se produire avant l'appel, par le refus de se présenter au bureau de recrutement, ou après le départ pour les cantonnements. Elle est de l'ordre, dans certains départements du centre, du Sud-Est, de l'Ouest ou du Nord, de 4 appelés sur 5 [2], voire de 9 sur 10 [3]. Lorsque le chiffre des désertions est signalé par les préfets à leur ministre, c'est évidemment que la situation est grave. Celles-ci ne sont donc pas symptomatiques d'une situation d'ensemble, mais montrent qu'ici et là la désobéissance était massive. Plus grave encore, à partir de la fin de mai, les préfets évoquent la multiplication des bandes de réfractaires et de déserteurs, réfugiés dans les bois, parfois armés comme en Ariège ou en Lozère. Le phénomène se développe surtout dans les départements de l'Ouest et du Nord. Devant la reprise de la conscription, les vieux réflexes chouans de résistance au pouvoir central jouent à nouveau à plein. Il n'y a pas là forcément un phénomène d'adhésion au roi et à son régime comme l'a très bien montré Michel Denis pour la Mayenne[1]. On réquisitionne des armes chez l'habitant, on pille les caisses publiques ou on séquestre les rôles des contributions directes et indirectes, on attaque les voitures et les voyageurs sur les routes. Comme c'était déjà le cas à la fin du Directoire, on est là à la limite de la délinquance armée. Les notables royalistes, peu rassurés, ont d'ailleurs beaucoup de mal à encadrer le mouvement, tout comme les officiers nobles qui se disputent entre locaux et parachutés de Londres ou de Gand avec des pouvoirs divers et souvent peu précis. Les préfets signalent dans les premiers jours de mai des bandes armées en Loire-Inférieure à Cambon près de Savenay, à Ancenis, Châteaubriant, en Maine-et-Loire près de Doué puis autour d'Angers, en Ille-et-Vilaine autour de Fougères et de Vitré et dans l'extrême sud-est du département, de Ploërmel et de Josselin, dans le Morbihan autour de Carnac et d'Auray, dans les Côtes-du-Nord autour de Guingamp, dans la Sarthe à La Flèche et dans les environs du Mans puis à Malicorne et Bonnétable, en Mayenne dans le Sud, à Meslay et Cossé-le-Vivien, en Seine-Inférieure près d'Yvetot. Les heurts avec les colonnes mobiles formées de soldats de ligne, de gendarmes et de douaniers se multiplient. L'état d'urgence a été décrété dans tous les départements de l'Ouest, et, le 21 mai, Napoléon nomme Lamarque généralissime à Angers, à la place de Travot, en lui envoyant deux régiments de la Jeune Garde sous Brayer. À la fin du mois, une bonne partie du sud de la Bretagne, de la Vendée, de l'Anjou et du Maine est en quasi-insurrection. « Les trois quarts du département sont en insurrection, signale le préfet de la Vendée le 22 mai. La route de La Rochelle est la seule encore libre[2]. » Le général Bigarré, qui commande à Rennes, dit la même chose du Morbihan, le 26 mai. On passe insensiblement de la résistance armée à quelque chose qui ressemble fort à une sorte de guerre civile larvée, de part et d'autre de la Loire.

Au sud, les anciens chefs de la Vendée militaire reprennent du service, tout à leur organisation, à leurs armées aussi impeccables sur le papier que volatiles sur le terrain et à leurs vieilles dissensions. Suzannet, Sapinaud, d'Autichamp ont connu les temps héroïques. Les Charette sont représentés par le neveu d'Athanase, Ludovic ; les La Rochejaquelein, par les deux frères d'Henri, Louis et Auguste. L'aîné, Louis, débarque à Croix-de-Vie en face de l'île d'Yeu le 15 mai, en venant de Londres, promet des munitions et des armes anglaises et tente de prendre la direction des opérations au nom du roi. Mais l'action apaisante de Lamarque, qui refuse d'avoir recours à la politique de prise d'otages que lui suggère Davout, le ministre de la Guerre, le travail de sape de Fouché qui envoie des émissaires à Angers à la fin du mois de mai et parvient à semer la zizanie parmi les chefs, provoquent la débâcle. Après quelques combats isolés, les troupes de Suzannet et d'Autichamp sont battues une première fois à Aizenay dans la nuit du 20 au 21 mai. Louis de La Rochejaquelein est tué aux Mattes, près de Saint-Gilles, le 4 juin, alors qu'il venait d'assurer une partie du débarquement des munitions et des fusils anglais à Croix-de-Vie.

On rejouait la Révolution en mars, on rejoue la Vendée en mai. Mais les passions sont beaucoup moins vives. Les chefs de paroisse qui marchent en tête de leurs hommes ne sont plus ceux de la grande Révolution qui sont d'ailleurs presque tous morts. Ce sont, dit Puymaigre qui prendra la préfecture de Nantes après les Cent-Jours, de gros cultivateurs, des notaires, des juges de paix attachés aux mœurs et aux pratiques qu'ils ont toujours connues et liés aux anciens seigneurs locaux par un sentiment de reconnaissance mutuelle et de services rendus[1]. Cela durera encore un bon siècle. Aux élections de 1893, Victor de Broglie, candidat de l'arrondissement de Château-Gontier, avait fait coller de belles affiches à son nom sur lesquelles on pouvait lire : « Votez le prince de Broglie, votre candidat conservateur. » Ce qui ne manque pas de poésie... Sa fille Pauline, alors âgée de cinq ans, intriguée par le mot « conservateur », en avait demandé la signification au régisseur de la propriété de ses parents en Anjou, qui lui avait répondu : C'est quand on est « blanc » et pour les curés, contre les « bleus »[2]. Mais déjà en mai 1815, le soulèvement de ces quelques milliers de paysans de l'Anjou et de la Vendée n'a plus rien de spontané. Ce ne sont plus, comme en 1793 ou même en 1799, les paysans qui viennent chercher leurs anciens seigneurs pour les sommer de se mettre à leur tête, ce sont les anciens chefs qui vont chercher leurs hommes au fond de leurs chaumières. Le préfet de Nantes parle même de menaces contre ceux qui ne veulent pas marcher. Certes, on compte les morts de part et d'autre. Le combat du 4 juin fait 15 morts et 90 blessés du côté bonapartiste. Pourtant, comme le note encore notre préfet : « Les événements prouvent que l'esprit n'est pas le même qu'aux premières guerres de Vendée[1]. » Après l'affaire du 4 juin, les blessés de la colonne du général Travot, venu de Nantes, sont recueillis et soignés à Saint-Hilaire et Saint-Légé, qui, note le préfet, sont des communes insurgées.

La situation est, en un sens, plus grave au nord de la Loire et surtout dans la région de Vannes. Les bandes armées y sont moins organisées et conduites par des officiers qui agissent isolément : Joseph Cadoudal, un officier des gardes-côtes, le frère du célèbre Georges, et Saint-Julien, un ancien lieutenant de la garde nationale de Lorient, dans la région de Vannes, un noble déclassé et ancien conspirateur royaliste, de Sol de Grisolles, dans la région de Ploërmel, d'Andigné dans le sud de la Mayenne. Carnac est occupée le 22, Auray le 24, Ploërmel le 30, Redon est attaquée le 4 juin. Mais les insurgés ne tiennent que peu de temps dans les villes, ce qui prouve assez leur faiblesse. Le préfet d'Ille-et-Vilaine note qu'ils sont deux à trois mille à Baden, entre Vannes et Auray, le 29 mai. Ce sont des paysans du golfe du Morbihan, des marins, des artisans et des manouvriers d'Auray et de Vannes, quelques dizaines d'élèves du collège de cette dernière ville. Là aussi les combats contre les forces très inférieures en nombre du général Rousseau qui commande à Vannes ont essentiellement pour objet le contrôle des armes anglaises. Deux premiers débarquements de 4 000 à 5 000 fusils ont lieu les 10 et 11 juin, dans l'embouchure de la Vilaine, près de La Roche-Bernard. Un autre échoue le 20 juin, près d'Auray[2]. On se bat à Muzillac le 10 juin, et surtout à Auray, le 21 juin. Les morts se chiffrent par dizaines du côté des troupes bonapartistes et des étudiants fédérés de Rennes qui leur ont été adjoints, sans doute par centaines du côté des insurgés. Le général Bigarré, venu en renfort de Rennes, est blessé le 21 juin à Auray. Tandis que l'insurrection s'apaise en Vendée après un nouveau revers le 20 juin entre La Rocheservière et Légé, qui coûte encore une centaine de tués aux Vendéens dont Suzannet, l'un de leurs commandants, et grâce à Lamarque qui parvient à obtenir la soumission des chefs vendéens le 26 juin à Cholet, la situation reste très tendue dans le Morbihan, en Mayenne, dans la Sarthe.

La reprise tardive des vieux affrontements entre « bleus » des villes et « blancs » des campagnes de l'Ouest n'a fait qu'embrouiller et affaiblir un peu plus la politique du roi. La belle proclamation de Louis de La Rochejaquelein publiée le 15 mai en Vendée paraît étrangement décalée à la lumière des événements : « Je ne viens point ici pour allumer le flambeau de la guerre civile, et attirer à ma patrie les malheurs qui l'ont rendue si célèbre ; je viens, par ordre du roi, pour détruire les factions [1]. » On verra que l'insurrection des villes du Midi, qui suivra à la fin du mois de juin, ne fera que compliquer encore un peu les antagonismes entre partisans modérés du roi et adeptes ultras de son frère. Il est très probable qu'à Gand le roi a plutôt cherché à freiner les prises d'armes qu'à les susciter, contre l'avis de sa famille. Le voyage de la duchesse d'Angoulême à Gand, venue de Londres à la fin du mois de mai, tout auréolée de sa défense « héroïque » de Bordeaux, est en cela très politique. La duchesse cherche à obtenir du roi des instructions, des pouvoirs et de l'argent dans la perspective d'une insurrection générale, tant espérée par les ultraroyalistes, des côtes de la Bretagne aux Pyrénées. Mais son oncle lui résiste : « Sa Majesté, qui est ennemie de la violence et préfère généralement temporiser, n'a pas voulu accéder aux mesures de rigueur qu'on lui proposait et devant l'insistance de sa nièce, il s'est un peu fâché », écrit Tony de Reiset [2]. La duchesse d'Angoulême quittera finalement Gand le 4 juin « après une scène un peu vive ». Ce genre d'opposition frontale est extrêmement rare de la part de Louis XVIII. L'orpheline du Temple, la dernière fille survivante du roi martyr, est un peu l'alibi dont il se sert pour couvrir et faire oublier son attitude plus qu'ambiguë vis-à-vis de son frère aîné au début de la Révolution. C'est sans doute pour cela qu'il s'était décidé à la marier, alors qu'il était en exil, à son neveu le duc d'Angoulême. Au contraire, les instructions qu'il envoie début juin aux ducs d'Angoulême et de Bourbon, réfugiés en Espagne, sont empreintes d'une grande modération. L'un dans le Midi et l'autre dans l'Ouest apporteront tous leurs soins à empêcher « les réactions » et « les vengeances » et chercheront à « n'exercer que l'influence de la prudence et de la persuasion [1] ». La lettre qu'il adresse le 4 juin au maréchal Gouvion, chargé de prendre le commandement des troupes de l'Ouest sous les ordres du duc de Bourbon, est tout aussi modérée. « Je n'ai pas besoin de vous recommander le soin particulier qu'exige la direction d'une population entière animée par le sentiment le plus exalté, mais qui ne peut se comparer à une armée régulière. » Quant à la duchesse d'Angoulême, reléguée à Londres chez le comte de La Châtre qui tient toujours lieu d'ambassadeur du roi de France, elle devra se contenter de vagues pouvoirs en faveur des « intérêts des royalistes armés dans les provinces de l'ouest de la France [2] ».

Mais c'est là une autre histoire qui relève de la reprise en main de la situation par les autorités royalistes après l'abdication de Napoléon. Pourtant, les quelque huit mille fantassins et cavaliers bonapartistes mobilisés dans l'Ouest à la fin du mois de mai manqueront cruellement à Waterloo, le 18 juin.

16.

Un pouvoir sans forces : les élections napoléoniennes

La concentration des armées aux frontières, dans la seconde moitié de mai, ce qui diminue d'autant les garnisons cantonnées dans les villes de l'intérieur, a certainement joué dans l'affaiblissement du pouvoir napoléonien à la fin des Cent-Jours. Mais ce n'est pas là le plus important. L'autorité a surtout pâti de la démission des administrations civiles, à tous les niveaux, parfois par royalisme, le plus souvent par attentisme prudent, face à une situation jugée de plus en plus désespérée. Pour la première fois, Napoléon n'est plus le maître de son administration. Cela commence avec les préfets. Soixante et un des quatre-vingt-sept de la Restauration sont révoqués et remplacés par décret du 6 avril. À la fin des Cent-Jours, douze préfets de la première Restauration seulement restent en place dont quatre qui changent de préfecture. Les proscriptions ont beau avoir été massives, elle se révéleront peu concluantes [1]. « La nomination des préfets fut pour Napoléon l'occasion de déplaisirs fort sensibles, note Pasquier qui s'y connaît en la matière. Il essuya un grand nombre de refus, même de la part de personnes qui n'avaient pas été bien traitées par la Restauration. » Cet « éloignement pour les fonctions jusqu'alors les plus désirées » lui apparaît, à juste titre, comme « une manifestation d'opinion très significative [2] ». Les nouveaux promus ne se pressent absolument pas de rejoindre leur poste. Des départements comme l'Aude restent sans préfet, parfois jusqu'à la fin de mai, d'autres comme la Côte-d'Or, l'Hérault ou celui du Tarn-et-Garonne voient se succéder quatre ou cinq titulaires différents d'avril à juin.

Certains préfets sont nouveaux et ne connaissent pas leur département, d'autres, par exemple celui du Lot, sont signalés comme « royalistes ». Dans leurs rapports, les commissaires extraordinaires de Napoléon parlent souvent d'« anarchie » (Aude) ou de « langueur » (Gers) administrative. Le général Vandamme, qui commande un corps de l'armée du Nord, ne retrouve plus rien de l'administration du département des Ardennes qu'il avait connue sous l'Empire lorsqu'il commandait la division militaire de Lille : « Je suis désespéré de voir ce département perdre le beau caractère qu'il a toujours montré. Les administrateurs, faibles et ineptes, sont abâtardis[1]. » On le voit, les militaires – commandants de département, gouverneurs de division militaire – sont furieux. Les conflits avec les autorités civiles, jugées trop laxistes, se multiplient.

À Paris, Carnot, qui hésite à changer massivement son personnel, n'est pas toujours à la hauteur, à tel point que Napoléon devra lui retirer, fin mai, certaines de ses prérogatives au profit des militaires dans les départements les plus difficiles[2]. Ce qu'écrit le préfet de l'Oise à son ministre en juin est un leitmotiv de la correspondance préfectorale des Cent-Jours : « J'attends, avec la plus vive impatience, les instructions que j'ai sollicitées de Votre Excellence[3]. » C'est toute l'administration d'un département qui est parfois grippée. Les rapports préfectoraux qui se succèdent sont souvent alarmants. À Morlaix, le préfet de police suggère, le 17 avril, de changer l'ensemble des fonctionnaires tous suspects de royalisme : le maire, le sous-préfet, le procureur impérial et les juges de paix[4]. Ici et là, les préfets se plaignent du nombre des démissions ou du refus d'accepter les postes laissés vacants. Parmi les personnes soupçonnées de royalisme, les préfets désignent souvent leurs propres petits fonctionnaires locaux. Celui de Metz signale ainsi le 30 mai les opposants notoires du canton de Sarreguemines : le greffier du tribunal d'instance, l'entrepreneur des tabacs, l'inspecteur des domaines, l'inspecteur forestier, le percepteur d'une commune avoisinante[5]. Ce genre de rapport est typique et se retrouve régulièrement dans les bulletins du ministère de la Police. Dans la magistrature, la situation n'est pas beaucoup meilleure. De nombreux juges démissionnent pour ne pas prêter le serment à Napoléon imposé par le décret du 8 avril. Des tribunaux entiers ne siègent simplement pas comme à Libourne, Ribérac, Bergerac [1].

Cette fronde des élites administratives s'aperçoit très nettement en mai à l'occasion de l'élection des maires et adjoints des communes de moins de 5 000 habitants décidée par décret du 30 avril. La mesure, très libérale, voulue par Napoléon qui espérait en cela changer en sa faveur le personnel communal qu'il lui savait en partie hostile, va se retourner une fois de plus contre lui. La plupart des anciens maires, souvent royalistes, sont réélus, fin mai, dans la proportion de 2 sur 3 [2]. Dans certains départements, des maires royalistes qui venaient d'être destitués par le préfet sont largement réélus. D'autres avaient démissionné ou refusé de prêter serment à Napoléon. Près de la moitié d'entre eux n'ont pas participé au plébiscite portant approbation de l'Acte additionnel aux Constitutions de l'Empire qui a lieu quelques jours avant les élections municipales. Étant dépositaires des registres de vote, ils ont en cela certainement contribué à influencer le nombre des abstentionnistes du scrutin qui représentent près des quatre cinquièmes de la population [3]. Cela donne parfois lieu à des situations ubuesques comme celle du maire d'Yvetot qui refuse de prêter serment à Napoléon mais qu'on ne peut juger, ni condamner, explique le préfet de Rouen, « car tout le tribunal d'Yvetot est royaliste [4] ». Dans la Vienne, « les trois quarts des communes ont pour maires des anciens nobles ou des émigrés qui altèrent le bon esprit des habitants [5] ». Avant même les élections, les pronostics des préfets sont pessimistes. Dans le Gard, « les maires qui seront nommés dans les communes seront presque tous d'anciens nobles ou des hommes de parti [6] ». « Le parti royaliste a obtenu presque toutes les mairies [7] », explique le préfet du Puy (Haute-Loire), le 7 juin.

Les élections municipales sont bien les seules auxquelles les élites censitaires royalistes ont bien voulu s'associer sous les Cent-Jours. Leur grande erreur tient surtout dans leur refus de participer aux élections législatives de mai, une abstention massive encouragée à Gand comme à l'intérieur des frontières [8]. La légitimité est devenue tellement essentielle aux yeux du roi et de ses partisans que ceux-ci vont finir par s'y enfermer au point d'en devenir, bien involontairement, les prisonniers. On ne participe pas à des élections forcément illégales, organisées au nom d'un usurpateur. Ces abstentionnistes censitaires, particulièrement dans les collèges de département, se recrutent bien sûr parmi la noblesse terrienne, mais aussi et spécialement le long des façades maritimes, là où l'économie dépend du commerce extérieur, dans la bourgeoisie d'affaires. Il y a là une abstention d'intérêt autant que politique. « Le retour de Bonaparte, écrira après coup Benjamin Constant, fut un coup mortel pour les commerçants de France qui avaient recommencé des spéculations lointaines, dont la réussite dépendait de la paix »[1].

Ce que note, le 24 mai, le général Fressinet dans son rapport sur la situation de la 15e division militaire qui s'étend de Rouen à Lille vaut pour toutes les autres régions côtières. La crainte d'une guerre maritime, dit-il, attise l'opposition de la bourgeoisie à Napoléon. Les marchands « trouvent dans leurs fortunes et dans leur clientèle des moyens d'agiter les esprits. On peut craindre, ajoute-t-il, qu'ils ne rallient à leur parti un certain nombre de gens qu'ils emploient[2] ». Et surtout, ces gens-là ne votent pas. Il y a là un recul par rapport à l'attitude plus nuancée des royalistes qui, une vingtaine d'années auparavant, acceptaient de participer, non sans un certain succès, aux élections des assemblées du Directoire. Mais la personne de Napoléon, particulièrement depuis son retour, leur est apparue comme la figure absolue de l'usurpation. Ce premier grand refus royaliste – il y en aura d'autres – s'apparente à une sorte d'exil politique intérieur aux conséquences dramatiques. Il va les empêcher de transformer politiquement leur poids dans le pays, au sein de la Chambre des députés qui, une fois Napoléon éliminé, jouera un rôle considérable au moment du retour du roi en France. Ceux, très rares, qui, comme Lainé, regretteront cette abstention des royalistes, ne parviendront pas à faire entendre leur voix[3]. Sur les quelque 67 000 électeurs des collèges départementaux et d'arrondissement, 32 600 votent, c'est-à-dire moins de un électeur sur deux[4]. Seuls les électeurs des départements du Nord-Est et de l'Est votent majoritairement, au-delà d'une ligne qui irait approximativement de Chalon-sur-Saône à Grenoble. Si l'on prend les seuls collèges départementaux dont les électeurs sont désignés parmi les 600 plus imposés de chaque département, l'abstention est souvent impressionnante. À Marseille, 13 électeurs sur environ 250 inscrits élisent 3 députés ; à Draguignan, ils sont 25 à voter sur 267 ; à Montpellier, 35 sur 233 ; à Carcassonne, 46 sur 238 ; à Bordeaux, 38 sur 284 ; à Nantes, 57 sur 211 ; à Évreux, 65 sur 277 ; à Caen, 71 sur 285 [1]. Tous les abstentionnistes ne peuvent évidemment être gratifiés de royalisme. Il faut faire la part des mécontents, des indécis, des attentistes et des timides, mais la tendance est forte, soulignée par nombre de rapports envoyés par les préfets. À Tours, le préfet Chasset note que les royalistes sont restés à l'écart, « très probablement par un système suivi entre eux [2] ». « On a remarqué, note le préfet d'Évreux, Maurice Duval, que les personnes qui ont fait partie de la maison du roi, celles attachées aux Bourbons, et la plupart des anciens nobles ne se sont point présentés dans les assemblées ou se sont retirés au moment de prêter serment [3]. » Mais il y a là plus que la volonté de ne pas prêter le serment à l'usurpateur, inévitablement obligatoire au moment du vote, il y a l'expression d'un déni absolu du régime en place, dans la continuité des ordonnances royales du 23 mars qui refusaient aux contribuables le paiement de l'impôt et interdisaient aux citoyens de participer à quelques opérations de recrutement ou de conscription que ce soit. Dans les rares départements où les royalistes se sont prononcés massivement, comme dans le Lot, ce sont deux de leurs candidats qui sont élus. La Chambre des Cent-Jours n'en sera pas plus bonapartiste pour autant. Napoléon est tout juste considéré comme le « moindre des maux », par une majorité d'élus plus ou moins libéraux mais profondément attachés aux acquis de la Révolution et issus pour une bonne moitié d'entre eux des anciennes assemblées qui ont marqué la vie législative de toutes les époques de la Révolution. À eux seuls, les conventionnels sont une quarantaine. Napoléon, qui avait cherché, quitte à prendre un risque, à rétablir la confiance politique dans le pays par l'organisation anticipée des élections législatives, avant même l'annonce des résultats de son plébiscite sur l'adhésion à la Constitution du 22 avril, subit en cela un grave revers [4]. Fouché et sa patte sont probablement derrière cet échec.

On ne pourrait comprendre autrement que par l'abstention le retournement spectaculaire qui allait s'opérer entre ces élections et celles d'août 1815, qui, trois mois plus tard, allaient porter à Paris une Chambre si largement ultraroyaliste que le roi lui-même la qualifiera d'« introuvable ». Non seulement ce ne sont pas les mêmes électeurs qui votent, mais ceux qui votent ne votent ni pour les mêmes raisons ni dans le même contexte. On vote en mai dans la perspective d'une guerre inévitable avec la coalition européenne, par « patriotisme » tout en associant souvent celui-ci à la défense des acquis politiques et sociaux de la Révolution, sur fond d'opposition aux propositions constitutionnelles de Napoléon. Comme on l'a déjà vu, l'Acte additionnel aux Constitutions de l'Empire est très mal reçu, particulièrement dans la frange la plus radicale des vieilles élites républicaines postthermidoriennes. En août, après les Cent-Jours, on votera pour de tout autres raisons. C'est rétrospectivement la peur de la terreur révolutionnaire, systématiquement mise en avant par la propagande royaliste, qui anime la majorité des électeurs. Les clivages politiques qui se dessinent entre ces deux élections ne sont pas forcément ceux auxquels on pense naturellement. Ce n'est ni la distinction entre nobles et bourgeois, ni le degré de fidélité passée aux Bourbons, ni même les différences de fortune qui déterminent le vote, mais l'adhésion, la résignation ou la répulsion à la Révolution que le retour de Napoléon a fait renaître brutalement de ses cendres. Les uns la considèrent comme leur conquête, tandis que les autres l'assimilent à l'instabilité et au désordre, sinon au mal absolu [1].

17.

Veillée d'armes

Toutes les nouvelles qui arrivent au roi, à Gand, par de multiples canaux, indiquent une situation certes encourageante, mais aussi de plus en plus décomposée, volatile et incertaine. S'il existe une conviction, à Gand comme à Paris, à la fin du mois de mai, c'est que la décision se fera par les armes. On l'espère d'autant plus que l'on sait la position militaire de Napoléon fragilisée par les revers de Murat en Italie. Le retour de Napoléon a largement contribué à la chute de son beau-frère. Murat comme Metternich s'en servent de prétexte pour reprendre l'initiative et rompre l'alliance qui lie leurs deux pays, l'Autriche et le royaume de Naples, depuis l'année précédente, l'un pour appeler toute l'Italie aux armes et à l'indépendance, l'autre pour se débarrasser de l'encombrant « Napoléonide » et se rapprocher, fin avril, des anciens Bourbons de Naples cantonnés en Sicile. Dès le 29 mars, Murat franchit la ligne de démarcation qui sépare ses armées de celles de l'Autriche. À Tolentino le 2 mai, il perd à la fois en quelques heures la bataille et le trône. Tandis que Murat s'embarque à Gaète, pour Cannes, le 21 mai, les Autrichiens entrent dans sa capitale le 28. Murat était le seul allié de Napoléon, il est aussi la première victime du conflit qui se prépare. Caulaincourt lui enverra le 3 juin un émissaire de la part de son maître. Le roi déchu est invité à se faire oublier quelque part dans le Sud. Paris lui est interdit jusqu'à nouvel ordre. Ce qu'écrit Caulaincourt à son sujet est sans appel : « Il a perdu la France en 1814, en 1815, il l'a compromise et s'est perdu lui-même [1]. » Murat tombé, les Autrichiens sont d'autant plus menaçants du côté des frontières italiennes.

Malgré cela, malgré la concentration des troupes alliées en Belgique, Napoléon a attendu le plus longtemps possible afin de se donner le temps de reconstituer une armée qui au début du mois de juin reste modeste par ses effectifs et moins brillante, moins bien équipée que ses thuriféraires ont bien voulu le dire. L'un des agents de Fouché, Hennecart, qui passe la frontière belge à plusieurs reprises en mai et a l'occasion de voir les armées en présence, le dit à Viennet : « J'ai traversé l'armée ; elle est bien résolue, mais elle est bien faible, et il y aura bien du monde en face [1] ! » La désorganisation des autorités administratives, la désertion, l'insurrection latente de plusieurs départements à l'ouest et au midi, l'empêchent surtout de disposer des réserves dont il espérait. Plus grave encore, le pays n'est pas en état de se défendre. Malgré les milliers d'ouvriers qui travaillent aux fortifications de Paris et de Lyon, celles-ci sont loin d'être achevées. Sur les quatre-vingt-dix places fortes des frontières, seule une dizaine d'entre elles sont en état de résister [2]. L'argent manque : la dette publique a déjà repassé allégrement la barre des 630 millions de francs, comme en avril 1814 et, surtout, il n'y a plus d'énergie. L'enthousiasme de 1793 n'est qu'un rêve évanoui. Il s'est réfugié dans l'armée. L'immense majorité de la population n'y croit plus. Napoléon, lui aussi, est seul ; il est condamné à agir. « Ma politique veut un coup d'éclat », dit-il à Carnot peu avant de partir [3]. Les 124 000 hommes des six premiers corps de son armée et de sa garde, qui s'ébranlent dans les premiers jours de juin vers la frontière du nord, depuis Paris, Lille, Laon et Metz, constituent son seul espoir de prévenir l'arrivée massive des troupes autrichiennes et russes et de marquer un premier point en divisant par surprise dans les plaines de Belgique les armées anglo-hollandaises de Wellington et prussiennes de Blücher.

On est bien placé, à Gand, par les renseignements qui arrivent de Paris comme de la frontière, pour connaître sur le bout des doigts les effectifs des troupes françaises. Guizot a rejoint la Belgique à la fin du mois de mai, avec des renseignements. Un officier royaliste parti de Paris le 4 juin y arrive également quelques jours plus tard avec un tableau des effectifs de l'armée, précis et exact, tiré directement des bureaux du ministère de la Guerre [4]. Le 10 juin, on croit déjà savoir à Gand et à Bruxelles que Napoléon a quitté Paris et que ses armées sont en marche. Mais on ne s'attend pas qu'il entre si rapidement en campagne. Blücher avec ses 120 000 Prussiens et Saxons cantonnés entre Charleroi et Liège, Wellington avec ses 105 000 Anglais, Hanovriens et Hollandais répartis autour de Bruxelles n'envisagent pas le commencement des hostilités avant la fin du mois. « Nous sommes trop forts pour être attaqués ici », écrit Wellington le 14. Le lendemain, la cavalerie puis l'infanterie française franchissent la frontière à Beaumont, en direction de Charleroi.

Tout commence donc, comme d'habitude avec Napoléon, par un vaste coup de bluff et un effet de surprise réussi. À Gand on est de plus en plus fébrile et le roi ne cache pas son impatience. Si l'on est à peu près sûr de la victoire des Alliés, un peu plus tôt ou un peu plus tard, on n'en est pas moins inquiet pour autant. Tout ce qui a été tenté depuis un mois soit pour devancer les armées alliées en prenant pied sur le territoire français quelque part entre Lille et la mer, soit pour atténuer les effets désastreux de leur prochaine et probable occupation du territoire en leur dépêchant des commissaires qui interviendraient au nom du roi, a échoué Sur le premier point, Wellington s'est montré inflexible. Dans ses lettres au duc de Feltre, il traite les projets français de soulèvement des populations royalistes de l'Artois et de conquête partielle de certaines places françaises de la frontière, de « mesures accessoires » et de « curiosités » par rapport aux « grandes opérations militaires » qui seules décideront de tout[1]. À Blacas qui insiste un peu trop, il répond d'un ton cassant et définitif : « J'ai plus d'expérience en matière de guerre civile, surtout en France, que beaucoup d'autres[2]. » En revanche, le duc de fer est plus ouvert au projet français de commissaires dépêchés auprès des différents corps d'armée alliés. La situation est au fond un peu la même que celle que connaîtra le général de Gaulle en juin 1944 vis-à-vis du gouvernement américain. Comment substituer aux armées occupantes des autorités civiles qui agiront au nom du roi au fur et à mesure de leur progression ? À Gand, une ordonnance royale avait été préparée à ce sujet dès la fin du mois d'avril[3]. On aurait désigné quatre commissaires français auprès des quatre armées alliées. Ceux-ci feraient exécuter les réquisitions en échange de bons royaux garantis et à valoir sur le gouvernement royal, une fois celui-ci rétabli à Paris. Cela aurait l'avantage d'amortir la brutalité de l'occupation et d'intéresser les populations occupées au succès de la cause royale dans la mesure même où le remboursement des réquisitions dépendrait de celui-ci. Comme l'écrit Blacas le 17 juin : « Tout autre mode d'administration exigerait que l'on prenne les formes de la conquête, et quelque modérée qu'elle soit, l'expérience a montré combien elle excite de mécontentement. Les provinces où les armées alliées ont pénétré l'année dernière sont encore, pour cette seule raison, les moins bien disposées. Les commissaires, en allégeant le fardeau de la guerre, rendraient en même temps l'approvisionnement des armées plus sûr et plus facile [1]. » Seulement malgré l'appui de Wellington qui réalise parfaitement les avantages d'un tel système, le projet se heurte à Vienne à une fin de non-recevoir de la part des puissances [2]. Les souverains veulent garder les mains libres et disposer comme ils l'entendent de leurs administrations militaires [3]. De Londres, Castlereagh lui-même insiste pour que les Alliés se réservent « le plein droit de la guerre » au cas où les propositions françaises ne seraient pas acceptées [4]. C'est dire clairement que non seulement on ne fait pas officiellement la guerre pour le roi, mais qu'on se réserve en plus le droit de piller son pays comme on l'entend.

18.

Dans le cul de la bataille de Waterloo

Le 15 juin, l'exilé de Gand, roi sans royaume et sans alliés, est plus que jamais nu, condamné à assister en spectateur impuissant au grand drame qui se prépare, tandis que les armées en présence s'apprêtent à s'affronter. Nombre d'historiens ont décrit, raconté, analysé dans le détail les batailles de Ligny et de Waterloo. La bataille à laquelle nous allons assister n'est pas une bataille, c'en sont les coulisses, les alentours, les commencements et l'agonie, la panique et les morts. C'est celle que découvre Thénardier dans *Les Misérables*, alors qu'il se prépare en maraudeur, après les charges et la canonnade, à officier sur les cadavres, à les dépouiller de leurs derniers secrets : une montre, quelques pièces d'argent, un anneau d'or. C'est la bataille à minuit : « Après le dernier coup de canon tiré, la plaine de Mont-Saint-Jean resta déserte. [...] La lune était sinistre sur cette plaine. Vers minuit, un homme rôdait, ou plutôt rampait, du côté du chemin creux d'Ohain [1]. » Louis-Ferdinand Céline parle, à propos des faubourgs de Paris, de son « grand derrière de boîtes de conserves ». C'est le grand derrière de la bataille que nous allons voir ici, l'envers du décor. Gand n'est après tout qu'à quelques dizaines de kilomètres de Waterloo. En un raccourci formidable de l'histoire le vieux roi podagre d'une légitimité malade et le général à cheval, « le grand bûcheron de l'Europe », comme dit Victor Hugo, se croisent une dernière fois. Ce jour-là, seuls l'espace et le bruit d'une canonnade emportée par le vent les séparent. Chateaubriand qui n'a voulu retenir que cela, s'est lui-même formidablement mis en scène à Gand, le 18 juin. Il se décrit promeneur solitaire dans la campagne belge, assis au pied d'un peuplier, un exemplaire des *Commentaires* de César à la main, entendant le « roulement sourd » d'une bataille qui ne porte pas encore de nom. « Auditeur silencieux et solitaire du formidable arrêt des destinées, j'aurais été moins ému si je m'étais trouvé dans la mêlée : le péril, le feu, la cohue de la mort ne m'eussent pas laissé le temps de méditer ; mais seul, sous un arbre, dans la campagne de Gand, comme le berger des troupeaux qui paissaient autour de moi, le poids des réflexions m'accablait[1]. » Il y a là toute la complicité imaginée de l'écrivain visionnaire et du génie malheureux de la démesure. Gand, dans les jours qui précédèrent la bataille, n'avait évidemment pas cet aspect calme des campagnes prospères qui favorise la méditation et les songes. Chateaubriand devait trembler, comme les autres.

Les premières nouvelles sont venues de Bruxelles. Mme de La Tour du Pin raconte dans ses Mémoires qu'elle assistait le 15 juin, avec son mari, au bal donné en l'honneur de Wellington par le duc et la duchesse de Richmond. Ces derniers avaient loué un hôtel particulier à Bruxelles, rue de la Blanchisserie, afin d'être plus près de leurs trois fils, officiers dans l'armée britannique. Alors qu'elle traversait les salons au son des cornemuses des *Highland Reel and Sword Dance* au milieu des deux cents invités de la soirée, la nouvelle était tombée comme un couperet : les Français ont passé la frontière. Une cinquantaine d'« habits rouges » quittent le bal immédiatement, tandis que le duc de Wellington se penche sur ses cartes : « Si Napoléon n'est pas arrêté aux Quatre-Bras, je dois le battre ici[2]. » Ici, c'est le Mont-Saint-Jean. L'histoire est trop belle pour être vraie ! Avant de partir, Wellington a fait prévenir le roi à Gand où commence à souffler un vent de panique dans la journée du 16. Les premières voitures de blessés arrivent de Charleroi dans l'après-midi. Dans la soirée, on apprend par un fuyard, raconte Rilliet, la défaite de Blücher à Ligny, puis l'engagement très incertain des Anglais et des Hollandais aux Quatre-Bras, au sud de Bruxelles. On travaille en urgence dans la nuit aux derniers travaux de fortification de la ville, le salaire des ouvriers est doublé, une partie des prairies qui entourent les remparts ont déjà été mises sous eau[3]. Gand se remplit de fugitifs terrorisés venus avec leurs bestiaux des campagnes environnantes, tandis qu'elle se vide d'une partie de ses habitants. On évacue dans une cohue indescriptible les principaux services municipaux, les réserves de la milice et tout ce qui peut être pris par les Français. La route d'Anvers devient, dans la journée du 17 et surtout dans la soirée du 18 juin, le spectacle même de la désolation. « Voilà les Français ! » Ce soir-là, des escadrons de hussards de Hake venus tout droit du plateau du Mont-Saint-Jean où la bataille est largement engagée et où, vers six heures, les carrés de Wellington sont sur le point de céder, sèment la panique dans les rues de Bruxelles. « Ces malheureux traversèrent toute la ville au grand galop se tenant aux crins, frappant leurs chevaux les uns aux autres avec leurs sabres nus, et faisant galoper de même des chariots de blessés et de bagages. » Mme de La Tour du Pin, qui assiste à la débandade, n'en croit pas ses yeux : « Toute la route était hérissée de malles, de portemanteaux, de bonnets, de manteaux. [Les escadrons en fuite] imprimèrent la terreur à tout ce qu'ils rencontraient et les malheureux blessés de la veille se faisaient emporter sur la route d'Anvers sur des chaises, des matelas, des chevaux. C'était la fin du monde[1]. » Un officier hollandais, Justus Swaving, venu de Gand et chargé de l'arrière-garde des dépôts militaires acheminés à Anvers, dit la même chose : « La route était encombrée de voitures, de chevaux, de blessés, de bourgeois en fuite, de diligences remplies à ras bord de fonctionnaires, de malades et d'invalides, de piétons par centaines portant leurs effets sur la tête ou tirant des voitures à bras surchargées. » Rien ne ressemble plus à un exode qu'un autre exode, jusqu'en juin 1940. Au passage de l'Escaut, les plages d'embarquement du bac pour Anvers sont jonchées de malles, de coffres, de sacs de toutes sortes, de caisses d'armes et d'équipements militaires. Des piles de draps et de chaussures, sauvés des dépôts, dérivent maintenant au fil de l'eau ou disparaissent dans le pillage[2]. « On est allé jusqu'à arracher les bébés des bras de leurs mères ou de leurs nourrices terrifiées », ajoute Fanny d'Arblay, également présente[3].

À Gand même, tout annonce un prochain et rapide départ du roi et de la cour. Dans la matinée du 17, plusieurs fourgons ont été dirigés par précaution vers Anvers avec les diamants de la couronne, l'argenterie et les réserves en or de la maison du roi. Hüe qui joue une fois de plus les conducteurs du malheur, est chargé de faire passer le tout en Angleterre en cas de nouvelle victoire de Napoléon. D'Alost, le duc de Berry a eu des nouvelles de la bataille incertaine qui s'est poursuivie la veille au soir jusque dans la nuit, aux Quatre-Bras. Il en écrit à son père dans la matinée du 17 : « Mon bien cher papa, vous verrez qu'il n'y a pas un moment à perdre pour que vous partiez de Gand[1]. » Comme d'habitude avec les princes, le salut est dans la fuite. Le 18 dans l'après-midi, il s'est mis lui-même en marche, malgré les ordres du roi, avec une partie de la maison militaire, pour Dendermonde et Ostende. Après quelques heures d'une mauvaise marche, toute la campagne de Waterloo se résumera pour le comte d'Artois et le duc de Berry à bivouaquer militairement et à visiter les postes du château de Gyseghem sur la route de Hollande où une plaque rappelle encore ce glorieux fait d'armes[2].

À Gand aussi, ce jour-là, les voitures du roi, attelées et prêtes à partir, stationnent dans la cour de l'hôtel d'Hane. Le premier escadron des gardes du corps et quelques compagnies de l'infanterie royale, curieusement habillées à la prussienne, attendent dans les faubourgs, prêts à servir d'escorte au souverain. En ville les portes sont hermétiquement closes et l'abattement est complet. Reiset parle des « trembleurs » du 18 juin. Un habitant de Gand, qui s'embarrasse moins de circonlocutions, écrit que certains émigrés avaient tellement peur qu'ils en « ch... dans leur froc[3] ». On passe sans cesse de la joie à la crainte, selon les nouvelles qui arrivent et se contredisent, alors qu'on entend le canon et que le flot des fuyards augmente d'heure en heure. Les uns attendent, d'autres demandent partout des passeports et des chevaux pour Anvers. À dix heures du soir, raconte encore Mounier, un conducteur de diligence arrive en criant que Bruxelles est prise. « Dans un moment, tout Gand est en rumeur, on allait, on venait, on criait, on se croisait sans savoir ce que l'on cherchait. Jamais je n'ai tant vu de gens qui eussent perdu la tête[4]. » À l'hôtel d'Hane, le roi reste longtemps à ne pas vouloir partir et se bat contre « le plus dégoûtant des spectacles » de tous ceux de son entourage qui le lui conseillent. Reiset parle une fois de plus de son incroyable « sang-froid » : « Messieurs, je n'ai rien reçu d'officiel, si le malheur était aussi grand que vous le dites, je serais prévenu. Je ne bougerai pas d'ici que j'y sois forcé par les circonstances les plus impérieuses ; que ceux qui ont peur partent[5]. » C'est comme s'il était fatigué de fuir, comme s'il avait décidé une bonne fois pour toutes de ne plus céder à Napoléon, cet athlète de la guerre qui l'a fait courir presque toute sa vie à travers l'Europe entière, l'obligeant à quitter Venise en avril 1796, le duché de Brunswick en 1798, puis Mitau, dans le duché de Courlande, puis Varsovie et Mitau à nouveau, jusqu'à devoir affronter les tempêtes de la mer Baltique au cœur de l'automne de 1807 pour finir au fin fond de l'Angleterre, le dernier endroit où l'usurpateur ne pouvait aller le chercher. À Gand, il n'a jamais été aussi près de son ennemi de toujours, mais il reste ferme. Le 18 juin est un dimanche, et Louis va à la messe, comme tous les dimanches, à Saint-Bavon. Alors qu'à onze heures du matin l'empereur de la guerre, sûr de sa victoire, murmure un : « C'est dommage ! » de pitié hautaine à l'attention des escadrons écossais de Wellington qu'il observe de sa lunette, le roi de la paix s'en remet au destin en faisant comme s'il n'existait pas. Tard dans la soirée pourtant, au su des nouvelles de plus en plus alarmantes qui lui sont envoyées de Bruxelles par Semallé, il fixe son départ pour Anvers à minuit[1]. Les positions de Wellington au centre du dispositif de défense anglais, sur le plateau du Mont-Saint-Jean, sont en effet sur le point de céder. Personne ne se doute encore de l'arrivée des Prussiens de Bülow et Blücher par la route de Nivelles. On croit que toute l'armée anglaise retraite vers Bruxelles dans la forêt de Soignes, qu'une colonne française se dirige sur Mons et sur Gand. Le comte de Semallé est forcément bien informé puisqu'il était lui-même dans l'après-midi au quartier général de Wellington sur le champ de bataille, alors que ce dernier se trouvait sous son fameux orme, à quelques centaines de mètres de la Haye-Sainte. Il y eut ainsi de nombreux Français, officiers d'ordonnance ou simples cavaliers, le prince Fernand de Croÿ Emmanuel de Solre, les comtes de La Ferronnays et de Guitaut, Bellerive, Trannoy, Lauthonnye et d'autres, qui firent la navette entre le champ de bataille et Bruxelles pour porter des nouvelles[2]. Pozzo est là aussi, bien que blessé au talon, à côté de Wellington, fixant les lignes françaises de sa lunette et se demandant si cette journée serait décidément celle de sa revanche. Le cours d'une bataille change si vite. Les nouvelles, elles, prennent le temps d'arriver. À neuf heures du soir, après avoir reçu l'un des derniers courriers de la journée, Blacas est sorti, l'air sinistre, de chez le roi : « Nous sommes battus[1]. » Le « nous » est évidemment celui de Wellington. Décidément, Blacas a toujours été à contretemps, mais cette fois-ci, il n'y peut rien. La nuit du 18 au 19 juin est l'une des seules nuits de la vie du roi où il ne s'est pas couché. Reiset note qu'il est à ce moment-là manifestement nerveux et agité. On le serait à moins. « Il ne dissimule plus son émotion et son anxiété grandissante semble lui faire avoir retrouvé ses jambes. Il marche et va et vient avec agitation dans le salon, se lève presque seul de son fauteuil, et va perpétuellement à la fenêtre, croyant, au moindre bruit, à l'arrivée d'un courrier apportant des nouvelles[2]. » Ses ministres et les diplomates alliés accrédités auprès de lui sont depuis longtemps rentrés chez eux faire leurs paquets. « Les chevaux étaient commandés, dit Chateaubriand qui cette fois, n'enjolive pas. Nous, fidèles ministres, nous aurions pataugé derrière, nos portefeuilles sous le bras[3]. » Mais à minuit, des nouvelles moins alarmantes décident le roi à rester. La nuit est longue, et à sept heures du matin arrive Semallé, de Bruxelles, une lettre de Pozzo di Borgo dans la poche. Elle est datée de Bruxelles, à cinq heures du matin. C'est la délivrance : « Le duc de Wellington, que j'ai quitté à minuit, m'a chargé d'informer Votre Majesté des événements de la journée d'hier. Sa Seigneurie a gagné la bataille la plus complète, la plus contestée, la plus glorieuse et peut-être la plus conséquente de l'histoire. Le tyran et les ennemis de la France ont été vaincus après neuf heures de combat. Le duc s'est surpassé en héroïsme et sa science militaire n'a jamais été mise à une plus grande épreuve. L'ennemi est en pleine déroute. Il a perdu son artillerie et perdra aujourd'hui les restes de son armée désespérée.

» J'aurai l'honneur de soumettre à Votre Majesté les détails de cette fameuse journée[4]. »

19.

Une victoire à la Pyrrhus !

La première réaction du roi, de la cour et des émigrés de Gand à la nouvelle de la défaite de Napoléon fut celle d'un immense soulagement. Il n'est désormais plus question de fuir mais de rentrer chez soi. Waterloo ouvre au roi les portes de la France. Vitrolles, dans ses Mémoires, parle de « victoire » à propos de la bataille du 18 juin et un autre royaliste écrira de Paris que la nouvelle du succès de Wellington « nous mettait tous dans la joie ». Mme de Chateaubriand toujours caustique commente le tout sans ménagement : « L'abattement avait été complet : la jactance revint avec le succès des Alliés. Les préparatifs de départ commencés pour Amsterdam furent achevés pour Paris. » En apparence, la journée du 19 juin est pour le roi une journée triomphale. À midi toutes les cloches et tous les carillons de la ville se mettent en branle en signe de réjouissance. « À deux heures, note Reiset, le roi est monté en calèche et s'est montré dans les principales rues de la ville ; il y avait une telle affluence de monde, que c'est au pas que la voiture devait avancer ; les ovations, les cris de joie éclataient à chaque instant sur son passage. Ce soir, la ville est illuminée et des musiques jouent dans tous les carrefours et les promenades des hymnes en l'honneur du roi de France [1]. » Dans sa voiture Louis semble de très belle humeur et répond, en saluant de son chapeau, aux cris qui lui sont adressés. Au dîner, il porte devant le maréchal Victor, qui devait tout de même ne pas en croire ses yeux, un toast très politique au « repos du monde » et surtout à « ses » alliés. « Nous pouvons saluer leur victoire sans cesser d'être Français. » Les historiens bonapartistes y ont vu la quintessence de l'esprit d'émigration, un roi de France saluant la victoire des ennemis de son propre pays[1]. En réalité le petit discours du roi, qui sera publié le 20 juin par le *Journal universel*, avait dû être étudié au mot près. En rappelant avec force l'alliance pourtant bien fragile qui le lie avec les puissances de la coalition victorieuse à Waterloo, le roi cherche désespérément à reprendre le contrôle de la situation alors qu'il sait maintenant que son pays est sur le point d'être occupé.

« Jamais je ne pardonnerai à Napoléon d'avoir réussi de la sorte à déshonorer la grandeur de la France[2]. » Guizot écrit cela de façon extraordinairement prémonitoire le jour même de la bataille. Gageons que le vieux monarque devait penser la même chose. Car la « victoire » de Waterloo est pour Louis XVIII une victoire à la Pyrrhus. Trop belle et trop complète, elle risque de se retourner contre lui en aiguisant les appétits de conquête de ses redoutables amis. Au fond, pour lui aussi, Waterloo est une défaite. Chateaubriand l'a bien compris. Comment faire des chariots d'ambulance remplis des grenadiers mutilés d'une bataille perdue, les carrosses dorés du sacre de la royauté[3] ? Les exilés de Gand, dans les récits qu'ils firent des jours qui suivirent la bataille, ne peuvent se départir d'un sentiment de malaise, comme s'ils étaient déjà les protagonistes de la « vingt-cinquième heure », prisonniers de leur passé et des événements. Ce qu'ils virent de la bataille de Waterloo, ce ne sont pas les charges héroïques des cuirassiers de Crabbé ou des lanciers de Jacquinot, ce sont les mutilés et les morts du lendemain. Ceux qui fanfaronnent ne sont qu'une minorité[4]. Chez tous les autres la tristesse le dispute à la compassion. Le roi et le duc de Feltre s'occupèrent très vite d'aider aux soins et au rapatriement des blessés. Les traîtres d'hier ne sont plus que les agonisants d'aujourd'hui, quelque 20 000 morts et blessés français, 6 000 à 7 000 prisonniers envoyés en Angleterre. Le 24 juin, on emploie trois mille paysans des environs à enterrer les morts. À Bruxelles, les commissaires du roi Semallé et Édouard Dillon sont chargés de se mettre en rapport avec les autorités belges et anglaises afin de procurer aux blessés français « tous les soins possibles[5] ». D'autres officiers sont envoyés sur le champ de bataille. Mme de La Ferronnays, la femme du premier gentilhomme du duc de Berry, rapporte ainsi le récit que lui fit son mari des lendemains de la bataille : « Votre père alla de bonne heure sur le champ de bataille voir s'il ne pouvait pas être utile aux blessés français. Il m'a fait bien souvent la description de cet affreux spectacle des morts et des mourants, l'un sur l'autre entassés. Tout ce qu'il put faire pour aider au transport des blessés et leur faire donner des soins, il le fit. Il voulait, disait-il, en finir[1]. » Louis de Gobineau, envoyé à Bruxelles dans l'après-midi du 19 juin, a du mal à contenir son émotion. Vingt-cinq ans plus tard, à l'époque où il écrit ses Mémoires, elle est encore intacte. « Mon âme fut brisée par tant de sentiments et d'émotions divers que je ne peux, même à présent, les analyser et qu'il ne me reste que le souvenir d'une indéfinissable angoisse. » La ville est submergée de blessés. Les charrettes manquent pour les transporter. Les établissements publics ne peuvent plus les contenir et on les dépose un peu partout dans les maisons particulières, dans les corridors, à l'abri des portes cochères. Les rues dégagent une odeur fétide, ce qui oblige les habitants à se baigner le visage d'eau de Cologne pour se garder « des effluves pestilentiels », dit encore Fanny d'Arblay qui, avec d'autres Françaises, s'occupe exclusivement à fabriquer de la charpie en guise de pansements. « On n'entendait que des jurements, des plaintes ou le râlement des mourants. Par toutes les rues, du sang, des hommes, dont les vêtements en étaient couverts, ayant des figures pâles, des traits décomposés, l'expression de la haine, de la colère et de la douleur[2]. »

Car les haines subsistent à travers l'odeur de la mort. Les plaies bien réelles de Waterloo ne résorbent pas l'autre blessure, celle qui sépare des hommes et des choix si différents, ceux du roi et ceux de Bonaparte. Celle-là mettra des décennies à guérir : « Retire-toi, tu es traître à ta patrie », lance un vieux grenadier de la Garde à Gobineau qui veut lui donner sa bourse. Il existe des dizaines d'anecdotes de ce genre rapportées par ces officiers royalistes qui avec le temps ne savent plus se situer dans le moment revisité de leur récit et rêvent encore à l'impossible combinaison d'une victoire de l'armée française qui aurait été aussi celle du roi[3]. La bataille de Waterloo sera le nœud gordien de la Restauration jusqu'en 1830. Comment la traiter sinon par l'oubli et le pardon ? La dissolution de ce qui reste de l'armée de Napoléon, sa nécessaire réorganisation à partir de 1816 supposent à terme qu'on lui réinvente une continuité en lui trouvant des excuses. Le comte de Montbel, un royaliste convaincu, le dit dans ses Mémoires. « Au Mont-Saint-Jean, du moins, les soldats combattirent avec une valeur digne d'une meilleure cause, et s'ils furent décimés, c'est après une lutte à outrance[1]. » Le publiciste royaliste La Martelière parle de la « mort des braves[2] », et Casimir Delavigne, dans le premier grand poème consacré à la bataille, publié en 1818, fait l'éloge de l'héroïsme malheureux des soldats du 18 juin tout en appelant sur eux le respect du silence dû aux morts : « Ils ne sont plus ; laissez en paix leurs cendres[3]. » Mais qu'elle ait été vécue comme une défaite cruelle ou « glorieuse », la bataille de Waterloo n'est pas encore envisagée dans ses conséquences à long terme, comme le nouveau creuset des libertés françaises. C'est bien son paradoxe, en effet, d'avoir à la fois considérablement gêné la Restauration en faisant du roi le triste sire de la défaite et l'allié des ennemis de la France, d'avoir creusé les antagonismes français hérités de la Révolution, tout en consolidant, par-delà la succession des régimes et grâce à la paix, les vertus constitutionnelles et libérales du pays. C'est ce que dit le philosophe Victor Cousin, de sa chaire de la Sorbonne en 1828, en faisant de Waterloo une bataille sans vaincus, ni vainqueurs sinon la civilisation, les libertés et la Charte[4]. Victor Hugo l'écrit encore autrement vingt ans plus tard, dans *Les Misérables*, en associant la bataille à « la date stupéfaite de la liberté[5] ».

Si, en quittant la scène, Napoléon permet aux libertés de s'épanouir, celles-ci vont pourtant très vite le rattraper, pour sa plus grande gloire. Dans le creux des souvenirs et des « imaginations qui travaillent », comme le dira un préfet de la Restauration en 1818, inéluctablement, Waterloo renvoie les Bourbons à l'Ancien Régime et rapproche Napoléon de la Révolution. « Merde », lançait Cambronne, au milieu du dernier carré de la Garde impériale. Hugo ira jusqu'à dire que le général, assailli par les Anglais qui le sommaient de se rendre, jetait là son mot « au passé, au nom de la Révolution ». Ce défi restera désormais accroché aux lambeaux des dernières fumées de la bataille. Interrogé par le procureur général de la Cour des pairs sur les motifs qui l'avaient poussé à assassiner le duc de Berry en mars 1820, rue de Richelieu, à Paris, Louvel répondra : « Depuis le 18 juin 1815, j'ai toujours entendu retentir le canon de Waterloo. » « Jamais on ne comprendra bien cette époque, commente Ernest Legouvé, jeune écrivain libéral résolument hostile à la Restauration, tant qu'on ne donnera pas une part immense à ce souvenir de Waterloo. Il était au fond de tous nos sentiments. Nous aussi nous entendions sans cesse le canon de cette affreuse bataille, et ainsi s'explique notre animosité contre les Bourbons qui en avaient bénéficié, notre sympathie pour Napoléon qui y avait succombé avec nous, notre indulgence pour Louvel qui l'avait maudit [1]. » La défaite de Waterloo n'a pas exorcisé les divisions françaises, elle les a au contraire exacerbées, comme elle l'a fait aussi des dissensions européennes, entre Anglais et Prussiens, Belges et Hollandais. Il faudra attendre longtemps, jusqu'à la consolidation de la IIIe République, pour qu'elle soit enfin perçue comme le ciment d'une réconciliation des Français avec eux-mêmes, à travers le souvenir partagé des sacrifices et des souffrances. C'est ce que dit Renan à la Sorbonne en 1882 en forme de réponse à une autre défaite, celle de 1870, et, comme pour conjurer l'humiliation de l'annexion de l'Alsace et d'une partie de la Lorraine au nouvel Empire allemand : « En fait de souvenirs communs, les deuils valent mieux que les triomphes, car ils imposent des devoirs, ils commandent l'effort commun [2]. » Mais là encore la lame des mots est à double tranchant. La nation réunie par ses malheurs n'aspire plus qu'à la revanche. Le nationalisme et le militarisme que l'on retrouve toujours au cœur des commémorations dédiées par la République à ses défaites héroïques : Sidi Brahim, Camerone, Bazeilles et jusqu'à la statue de l'Aigle blessé de Waterloo inaugurée sur le champ de bataille en 1904, conduisent tout droit aux deux grandes hécatombes européennes de 1914 et de 1940 [3].

20.

Wellington : « un héros de notre temps »

Les seuls vainqueurs de la bataille de Waterloo, dans les jours qui suivirent ce qui ressemble tout de même à une boucherie, ne sont évidemment pas le roi de France, plus faible que jamais, ni Napoléon qui pourtant le deviendra par la suite à titre posthume, mais le duc de Wellington, le gouvernement et le peuple anglais. Blücher et les Prussiens, dont le rôle a pourtant été essentiel, ne viendront que plus tard. À Londres, le délire de joie à la nouvelle de la victoire est indescriptible. « Nous pûmes juger par nos yeux, écrit le baron de Frénilly qui s'y trouve parmi les émigrés français, ce qu'est l'enthousiasme forcené du peuple anglais quand il joint une haine vengée à un orgueil triomphant[1]. » Les Anglais ont de quoi se réjouir. Au même moment, à Genève, le très avisé diplomate suisse Jean-Gabriel Eynard en explique les raisons : « La gloire de Wellington passera aux siècles des siècles. Sa victoire a des résultats trop importants pour que rien puisse l'affaiblir. La postérité dira que c'est depuis ce jour, 18 juin, que la puissance française a été réellement anéantie. [...] Les Anglais par terre et par mer sont aujourd'hui le premier peuple. Ils ont la gloire d'avoir renversé deux fois le colosse français. Cette dernière chute est terrible[2]. » La boucle est en effet bouclée. La gloire française qui s'était allumée à Jemmapes et à Fleurus s'éteint vingt ans plus tard, à quelques kilomètres de là, dans les mêmes plaines de Belgique, à Ligny et Waterloo. À Londres, les illuminations spontanées, d'une profusion et d'une magnificence inouïes, durent trois jours. Le nom, les armes, le portrait du duc de Wellington, sont affichés en lettres de feu sur tous les murs de la ville. On ne parle que de lui et le peuple crie son nom un peu partout sur les places et dans les rues. À la fin du mois de juin, un entrepreneur habile aura l'idée d'exposer dans un musée les dépouilles de Bonaparte saisies sur le champ de bataille et ce trophée à un shilling la visite fera sa fortune. Waterloo est décidément une bonne affaire pour les Anglais.

Le 27 juin, John Roworth, le correspondant parisien du célèbre banquier londonien Nathan Mayer Rothschild, lui écrivait ceci : « Je sais que vous avez très bien su tirer parti de la nouvelle précoce que vous aviez de la victoire de Waterloo » [*I am informed that you have done well by the early information which you had of the victory gained at Waterloo*] [1]. La légende veut que Nathan Mayer ait été présent en personne à la bataille de Waterloo, aux côtés de Wellington. Nathan Mayer était en fait à Londres à ce moment-là. Une seule chose est sûre. Le banquier disposait d'agences très efficaces établies à Ostende, Dunkerque et Calais. Son service de chevaux organisé de Douvres à Londres avait la réputation d'être de loin le plus rapide de tous. On ne saura jamais qui était le courrier du banquier qui apporta la nouvelle de la victoire à Londres. Était-il sur le champ de bataille, ou à Gand, le 19 juin, tôt dans la matinée au moment où l'information parvenait au roi ? Toujours est-il qu'il fut le premier à arriver à bon port, probablement dans la nuit du 19 au 20 juin 1815, un ou deux jours avant le courrier officiel de Wellington, Henry Percy, qui ne délivrait la nouvelle de la victoire à lord Bathurst que le 21 juin, à onze heures du soir. Nathan Mayer Rothschild fit donc acheter à terme des billets de l'Échiquier à 3 % pour les revendre le 28 au prix fort. Mais les bénéfices ne furent, encore une fois, certainement pas ceux des millions de la légende, sans doute plusieurs dizaines de milliers de livres, ce qui est déjà énorme [2].

Au lendemain de la bataille, Wellington n'a pas encore le triomphe facile. Malgré la victoire, les pertes anglaises sont importantes, près de 7 000 morts ou disparus, plus de 10 000 blessés. Nombre de ses amis ont été blessés ou tués autour de lui : lord Uxbridge, Fitzroy Somerset, le colonel Lancey, Alexander Canning, Gordon, Picton. L'un de ses officiers, Basil Jackson, l'a vu quitter le champ de bataille à dix heures du soir « sombre et abattu », ne disant pas un mot à son état-major [3]. « J'espère ne plus voir une autre bataille ; celle-ci a été trop choquante », dit-il dans la nuit même, à son ami sir William Lancey qui mourra de ses blessures quelques heures plus tard. Elle lui a coûté, explique-il encore au marquis de La Tour du Pin, ceux qu'il aimait, ceux qui savaient les secrets de son âme. Il ne veut plus de renommée à ce prix [1]. Le lendemain soir, à Bruxelles, il invite Semallé à dîner et cela n'a rien de gai : « Vous voyez, monsieur, que nous sommes ici en deuil ; vous voudrez bien partager le repas douloureux que nous allons faire [2]. »

Mais la tristesse est très vite submergée par les éloges. Personne n'a été plus couvert de louanges que Wellington à ce moment-là. Waterloo est « un de ces coups du ciel qui ne frappe que par ses élus », lui écrit Metternich [3]. Et Talleyrand en rajoute : « Wellington fait tout seul les affaires de tout le monde. C'est un homme admirable. Il est sur le champ de bataille une espèce de Dieu [4]. » L'élu de Dieu est aussi « le premier général du monde », celui par qui « le triomphe » a été « décisif » [5]. « Il faut que je vous revoie, lui écrit Mme de Staël, des bords du lac de Genève où elle s'est réfugiée, l'âme s'agrandit en vous contemplant [6]. »

Avec « le bon sens infaillible » qui le caractérise, comme dit Molé, Wellington se rend compte qu'il est en train de devenir le maître absolu de la situation. Il est en première ligne. Blücher, tout à ses pillages, ne s'occupe pas de politique. Les Autrichiens sont sur la frontière du Rhin et les Russes, encore loin. Les empereurs sont en Allemagne. Paris est à sa portée. Ce qui reste de l'armée française lui résiste moins qu'il ne le prévoyait. Enfin, Napoléon ne sera bientôt plus là. Le 24 juin, alors qu'il est au Cateau, il apprend par le *Journal de l'Empire* l'abdication de celui qu'il appelle drôlement « mon confrère ci-devant de l'île d'Elbe [7] » mais qu'il continue pourtant, après Waterloo, à tenir pour redoutable. Il est bien décidé à jouer à Paris les premiers rôles qu'Alexandre avait tenus l'année précédente. Contre l'avis et les réserves de tous, y compris ceux de son propre gouvernement, il est également décidé à jouer la carte des Bourbons [8]. Il considère en effet, à tort ou à raison, qu'ils sont encore les seuls garants d'une paix durable. Par ailleurs Wellington est essentiellement anglais et pragmatique. Par un article du traité de Paris du 30 mai 1814, le gouvernement du roi s'était engagé à régler les créances anglaises particulières sur tous les litiges survenus depuis les commencements de la guerre avec les différents gouvernements de la République et de l'Empire. L'enjeu financier est considérable. Comme ambassadeur du roi d'Angleterre à Paris jusqu'à son départ pour Vienne en janvier 1815, c'est lui qui avait été chargé de présenter les innombrables réclamations de ses concitoyens. Wellington est un homme d'ordre, de parole et de justice. Il a commencé dans de bonnes conditions cette négociation cruciale avec les Bourbons, il la terminera avec eux. Il est tout aussi pragmatique lorsqu'il pense également pouvoir se servir du roi et de son nom dans sa marche vers Paris pour se faire ouvrir certaines places et ainsi économiser des vies, du temps et de l'argent. Enfin, une fois le roi à Paris, toutes les spéculations cesseraient. Le fait l'emporterait sur les projets, les intrigues et les cabales.

Le roi, de son côté, n'a pas le choix. Quitte à s'en remettre à quelqu'un, le général en chef des armées anglo-hollandaises est encore le plus fréquentable. Wellington ne partage pas avec Blücher un quelconque sentiment de haine contre la France. L'Angleterre n'a pas été humiliée comme la Prusse par la conquête française de 1806 et la paix catastrophique de Tilsit en juillet 1807. La proclamation qu'il publie à son entrée sur le territoire, le 22 juin, est l'une des plus modérée de toutes : « J'entre dans ce pays non comme ennemi [...], mais pour aider les Français à secouer le joug de fer sous lequel ils sont opprimés. » De plus, le roi et le duc s'estiment et s'apprécient. Wellington éprouve pour le plus anglophile des rois de France du « respect et de la considération [1] ». Ce dernier le lui rend bien. Il l'a reçu l'année précédente à Paris, alors que le duc représentait le roi d'Angleterre, avec « une extrême satisfaction » et d'une manière « qui ne peut se décrire », écrit Fanny d'Arblay à son mari [2]. Il lui sait gré de la discipline qu'il a su maintenir dans son armée dans les premiers mois de 1814 alors qu'il occupait le sud-ouest du pays. Il en fera bientôt, bien que protestant, l'un de ses chevaliers du Saint-Esprit et lui offrira le domaine de Grosbois, l'ancienne propriété du maréchal Berthier, ce que Wellington déclinera. Mais il refusera toujours, comme le lui conseilleront certains, d'en faire l'un de ses maréchaux, ce qui aurait constitué selon lui non seulement une faute politique, mais, pis encore, une atteinte à sa dignité [3]. Les deux hommes ont en commun une incroyable obstination. C'est elle peut-être, au-delà des goûts anglais du roi, qui les rapproche le plus. Il faut lire le portrait que Molé dresse du « duc de fer » pour comprendre le fond du caractère de ce dernier. L'extraordinaire force de sa volonté est le secret de sa gloire et de sa vie. « Il possède cette volonté imperturbable, qui, calme et constante, use toutes les résistances ; aucun embarras ne l'étonne, aucune difficulté ne le rebute. » Il n'est « jamais enivré par la victoire, ni aveuglé par le succès »[1]. En cela, le roi lui ressemble étrangement, mais la comparaison s'arrête là. Autant l'un est secret et parfois tortueux, autant l'autre est simple, solide et droit. L'un aime le bel esprit et les plaisirs de la conversation, l'autre est laconique et circonspect. On lui reprochera beaucoup d'être dur, froid, raide et un peu étroit, « peu généreux », ajoute Charles de Rémusat. Il ne s'émerveille de rien, ne s'étonne de rien, déteste les enthousiasmes, les effets de manches à la française. « Un véritable Anglais, un Anglais de la vieille roche », résume encore Victor de Broglie qui dit avoir éprouvé pour lui à la fois « de l'éloignement et du respect[2] ». À une grande dame passionnée qui lui reprochait d'avoir attendu longtemps avant de franchir l'Adour qui sépare l'Espagne de la France, en janvier 1814, il finira par répondre, légèrement impatienté : « Madame, il y avait de l'eau[3]. » S'il affecte les manières et les goûts les plus simples, il aime les femmes et s'affiche parfois ostensiblement avec d'innombrables et ébouriffantes maîtresses. Il apprécie les honneurs, parfois sans discernement. Auguste de Staël le décrira ainsi alors qu'il le retrouvera chez Mme de Duras, à Paris, en août 1815 : « Lord Wellington est entré en bottes et en frac, suivi d'un aide de camp magnifiquement brodé. Ses manières sont plus simples encore qu'avant Waterloo, mais [...], involontairement ou autrement, il y a une atmosphère de prince autour de lui[4]. » C'est cet homme qui tient dans ses mains, à la fin du mois de juin, les clés du destin de la France.

Louis XVIII aurait voulu pouvoir échapper à la tutelle contraignante du « vainqueur de Waterloo ». Il sait bien que, par cela même, le duc a peu de chances d'être populaire en France. Les « fourgons de l'étranger » que l'on reprochera tant au roi sont en l'occurrence ceux du commandant en chef de l'armée anglaise, celui par qui l'humiliation arrive. On en veut forcément toujours à celui qui vous a battu si platement. Lorsque Wellington sera devenu généralissime des armées d'occupation, un particulier tentera sans succès d'attenter à sa vie et un poème en forme d'épigramme courra les rues de Paris :

« L'imbécile visa trop haut,
Il l'avait pris pour un grand homme[1]. »

Victor Hugo, qui a le sens inné des légendes saisies au vol, fera plus tard du duc de fer un général de la vieille école – « la précision, la prévision, la géométrie, la prudence, la retraite assurée, les réserves ménagées, la guerre réglée montre en main » – face à « l'intuition », « la divination » de Napoléon, ce « génie vaincu par le calcul[2] ».

Stuart assure avoir eu beaucoup de mal à retenir le roi à Gand après la bataille de Waterloo, jusqu'à ce que Wellington lui en donne « l'ordre »[3]. Dans une lettre qu'il adresse au duc, par Blacas, en une sorte d'ultime parade, Louis le supplie une dernière fois de le laisser agir à sa guise : « La France ne doit pas perdre l'estime d'elle-même, elle ne doit pas rester dans une inaction qui condamnerait son honneur. Il faut qu'elle contribue à sa délivrance[4]. » Mais au moins le roi peut-il quitter Gand pour Paris. Alexandre aurait voulu l'y laisser en attendant qu'on décide de son sort. Metternich pensait l'envoyer à Nancy ou à Dijon, derrière les lignes autrichiennes. Wellington aussi devait attendre. Mais Pozzo di Borgo, d'accord avec ce dernier, fera mine d'avoir oublié les ordres de son souverain, alors à Mannheim en Allemagne. Les absents ont toujours tort. Le 20 juin arrive à Gand la lettre libératoire de Wellington, adressée au duc de Feltre dans un français un peu incertain : « Comme je compte passer la frontière et entrer en France demain, je crois que le temps est arrivé quand Sa Majesté devrait se mettre en mouvement. » Il lui conseille de prendre par Grammont, Ath et Mons et envoie l'un de ses aides de camp, le colonel Torrens, faire « les quartiers du roi » à Grammont. Du Cateau, Wellington expédie une nouvelle lettre le 22 juin : « Sa présence est très importante. Je trouve tout le monde très disposé pour sa cause. Nous voyons des pavillons blancs dans beaucoup d'endroits (...)[5] »

Il est temps pour le roi de tous les exils de quitter la coulisse pour le pouvoir. Jamais un souverain n'était rentré chez lui dans de si catastrophiques conditions.

CINQUIÈME PARTIE

Le roi des ruines
22 juin – 8 juillet 1815

1.

Un chemin de fleurs... et de pleurs

La cour quitte Gand le 22 juin à huit heures du matin et couche à Grammont le soir même. Elle franchit la frontière dans la matinée du 24 juin et entre au Cateau, première ville française d'importance, le même jour, à huit heures du soir. Wellington y séjourne déjà et des piquets de troupes anglaises et hollandaises campent aux environs. Louis y est pourtant accueilli aux acclamations de la population, comme un libérateur. Le maire et le conseil municipal précédé de la musique bourgeoise, accompagné d'un détachement de la Garde nationale et suivi d'un « char de triomphe » garni de jeunes demoiselles vêtues de blanc, l'attendent depuis cinq heures sur la route de Bavay. À son arrivée, on joue le *Vive Henri IV*. La place de l'hôtel de ville est couverte de drapeaux blancs, toutes les cloches de la ville sonnent dans un brouaba de cris de joie, de pétards et de boites à feux. Le clergé aussi est du cortège, en habits sacerdotaux, précédé de la croix. Chacun y va de son compliment, le maire, les dames de la ville, le doyen de l'église, et la réponse du roi, laconique et courtoise, ressemble déjà à celle qu'il fera par la suite aux innombrables discours qui se succéderont sur sa route jusqu'à Paris : « Je suis content de vos bons sentiments ; j'en conserverai le souvenir. » Les bons sentiments des habitants du Cateau ne s'arrêtent d'ailleurs pas là. Comme cela deviendra l'usage à chacune des étapes du retour du roi, une trentaine de jeunes gens en veste et pantalons blancs dételent les huit chevaux de sa voiture et traînent le carrosse jusqu'à sa résidence[1]. Au Cateau, Louis habite l'hôtel du maréchal Mortier qui est né là, dans le faubourg de France. Il n'est évidemment pas seul. Sa maison militaire, son frère, sa cour, les diplomates étrangers accrédités auprès de lui, l'accompagnent. Plusieurs milliers de personnes logent en ville et dans les environs. Du Cateau, on attend, pour s'y installer, la reddition de la place de Cambrai assiégée par les Anglais. Cela ne durera que deux jours. Le 25, la garnison de la citadelle se rend au nom du roi et sous la pression des habitants qui placent eux-mêmes des échelles le long des remparts pour faciliter l'entrée dans la ville. Des délégations de tous les villages environnants font, ce jour-là, le déplacement, drapeau blanc en tête[1]. De quoi donner le vertige aux exilés de Gand et en griser plus d'un. Basil Jackson, l'un des officiers anglais délégués à l'état-major du duc de Feltre, trouve très vite l'ambiance insupportable et se moque de ses compagnons de route, soudain emportés par le succès, qui « parlent beaucoup et bruyamment, font les fanfarons et se donnent des airs de conquérants[2] ». Il est vrai que le royalisme des populations du Nord a de quoi en réjouir plus d'un et jette un écran de fumée sur tout le reste. « La joie du peuple n'était ni jouée ni commandée, écrit La Maisonfort qui voyage avec la maison du roi. Nous marchions entre deux haies. La population des campagnes affluait sur notre route[3]. » Le roi lui-même est content. Comme il le dit à Guizot, il se sent désormais « du bon côté de la glissoire[4] ». Il est aimable avec tout le monde. Stuart écrit de Cambrai à sa femme qu'il n'a jamais été aussi bien traité par le roi que depuis le retour en France de ce dernier (« *I receive kisses and loves from him daily*[5]. ») Louis en écrit lui-même à Blacas : « J'ai été accueilli de la manière la plus touchante à Bavay, encore mieux au Cateau-Cambrésis et ici [à Cambrai] au-delà de toute expression. J'en ai joui. [...] L'espérance d'un meilleur avenir me soutient[6]. » Mais les apparences sont trompeuses et le triomphe bien fragile. Certes, Arras, Douai, Péronne, Le Quesnoy, Hazebrouck, Estaires, Bouchain et quelques autres places du Nord se rendent aux officiers royalistes envoyés par le roi avec la complicité de Wellington. Le général de Bourmont a pris le commandement de la division militaire de Lille et soumet progressivement l'Artois et le Cambrésis[7]. Mais Lille n'arbore le drapeau blanc que le 15 juillet. Pendant plusieurs semaines, les régions du Nord fleurtent avec la guerre civile entre gardes mobiles venues des départements du Nord-Ouest pour la défense des places et gardes bourgeoises royalistes. On se bat entre Français à Armentières, Saint-Omer. Lille évite l'insurrection de justesse. Le général de La Poype, qui commande la place, tient ainsi plusieurs jours, assailli par la population royaliste de la ville, protégé par deux canons placés devant l'hôtel de la division [1]. Les Prussiens de leur côté ne veulent entendre parler ni des émissaires du roi ni des autorités royalistes qui se mettent en place plus ou moins spontanément. « La cause de la légitimité était peu de chose pour eux », écrit Pasquier [2]. Le roi, qui a envoyé de Cambrai un émissaire au quartier général de Blücher pour demander que les places fortes investies par son armée le soient en son nom et sous sa protection, s'est heurté à une fin de non-recevoir [3]. Blücher veut agir à sa guise. Les populations, qu'elles soient royalistes ou bonapartistes, seront traitées de la même manière, par la force et la violence. Sur la route de Cambrai, la maison du roi entre dans des villages livrés au pillage, des habitations brûlées ou détruites par les avant-corps des troupes prussiennes qui la précèdent de quelques jours. Au fur et à mesure qu'on approche de la capitale, la désolation augmente. Hériot de Vroil, l'un des volontaires royaux qui accompagnent Louis à son retour, insiste sur les difficultés rencontrées par la maison militaire à chaque étape de son voyage. Après Senlis, « on ne trouve [dans les villages] ni propriétaires ni vivres ; dans les maisons, pas un meuble, point de corde aux puits, tout en désarroi [4] ». Les Prussiens ont tout pris. On tue, on viole, on pille surtout les châteaux et les maisons bourgeoises isolées. Viennet raconte que l'un de ses amis, M. de La Chabeaussière, pourtant bon royaliste, avait été enchaîné, roué de coups et laissé pour mort, chez lui, dans sa propriété de la vallée de Montmorency [5]. Un officier prussien s'étonnera, le 3 juillet, en entrant chez Christophe-Philippe Oberkampf, à Jouy dans la vallée de la Bièvre, du bon état de sa maison et de ses manufactures. Toute la famille s'était réfugiée là. « Quoi, des meubles ! des glaces ! des femmes ! Vous devriez être tous dans les bois [6]. » À partir de la fin de juin, les généraux anglais finiront par placer des sentinelles pour protéger les propriétés. « Partout ailleurs, note le lieutenant Woodberry, il ne reste rien grâce à la rapacité des Prussiens, nos braves alliés [7]. » Le roi lui-même aura l'occasion de se frotter très directement à la délicatesse allemande. En s'approchant de Paris, sa voiture, un moment isolée de son escorte, s'était embourbée en pleine campagne dans une fondrière jusqu'aux essieux, empêchant par la même occasion un convoi de voitures sanitaires prussiennes de passer. Le jeune médecin militaire Wenzel Krimer, qui dirigeait le convoi et raconte la scène, décide sans préambule de se débarrasser de l'encombrante berline en la faisant porter sur le bord du chemin par des artilleurs à pied qui passaient par là. Qu'elle appartienne au roi de France lui importe peu : « Que diable, là-bas, on a bien plus besoin de moi que du roi de France pour assister mes camarades blessés. Agissons sans façon ! Jetez-moi cette boîte d'enterrement dans le fossé pour que nous puissions avancer. » Survient alors un dialogue presque surréaliste. Une portière de la voiture s'ouvre et « un monsieur corpulent, l'air aimable » fait signe au jeune officier médecin à cheval : « Savez-vous, monsieur, à qui vous adressez la parole ? » C'était le roi de France. « Cela me déconcerta quand même un peu », ajoute le narrateur qui, de la conversation des postillons de la royale voiture ne retiendra que ceci : « Sacré nom de Dieu, chiens de Prussiens ! »[1]. « Les Prussiens sont venus en France, écrit Auguste de Staël à Paris, avec l'exprès commandement de leurs compatriotes de ne pas y laisser pierre sur pierre, et quand on pense que chaque courrier leur apporte des lettres où on leur reproche leur faiblesse, leur coupable indulgence, il faut presque admirer leur retenue[2]. » Il est vrai qu'en Allemagne la presse se déchaîne. Avant même la bataille de Waterloo, un journaliste du *Mercure du Rhin* parlait d'« exterminer » le peuple français et son armée « élevée dans la rapine, le pillage et dans une scélératesse insigne[3] ».

L'invasion puis l'occupation prussiennes de juin 1815 avec leur triste cortège d'exactions et de violences inaugurent et enracinent dans les consciences un siècle et demi de haines franco-allemandes. Celles-ci ne s'éteindront qu'après la Seconde Guerre mondiale. En 1815, le contentieux est déjà lourd. À l'époque de son triomphe, Napoléon n'avait ménagé ni les provinces prussiennes ni les principautés allemandes. L'humiliation d'Iéna, la paix honteuse de 1807, les *Te Deum* joués à Berlin en son honneur, l'occupation française et la famine de 1808, la ruine du pays à demi dépecé, soumis aux indemnités de guerre, aux contraintes contre nature du blocus continental imposées par les conquérants nourrissent l'esprit de vengeance depuis des années. La Ligue de la vertu (Tugendbund) plus ou moins protégée par Gneisenau, le chef d'état-major de Blücher et auquel sont associés de nombreux officiers de l'armée, les sociétés secrètes patriotiques encouragées par les grandes proclamations vengeresses de Fichte, d'Arndt, de Schlegel, de Stein contre Napoléon n'en ont été que les conséquences [1]. Si le nationalisme allemand est né et s'est développé à travers les grands mythes nationaux français, à commencer par celui de Jeanne d'Arc, il s'est également fortifié et littéralement nourri des défaites comme de l'abaissement de la France, en 1815 comme en 1870. Après tout, c'est dans la galerie des Glaces de Versailles, le 18 janvier 1871, que Guillaume Ier se fera proclamer empereur d'Allemagne. En juin 1815, les Prussiens et les Allemands en général ont le sentiment d'avoir laissé passer l'occasion de leur vengeance en se montrant trop cléments après la première abdication de Napoléon. L'heure a maintenant sonné. Blücher incarne à lui seul cette haine prussienne, d'autant qu'il a été malmené à Ligny et a bien failli se faire prendre par les cuirassiers de Milhaud. Blücher veut faire fusiller Napoléon, certes, et Heinrich Steffens, un écrivain allemand qui l'a beaucoup côtoyé, affirme qu'il était convaincu d'en avoir la vocation, mais il méprise également le roi. Il est furieux qu'on ait laissé ce dernier s'échapper de Gand et fait comme s'il n'existait pas. Le vieux maréchal de soixante-treize ans que ses hommes appellent *Vorwaërtz* (en avant !) et qui n'a rien perdu de son ardeur n'a qu'une idée, c'est de prendre Paris de vive force, les armes à la main. Il l'écrit à Metternich dès le 22 juin dans son langage de corps de garde : « Si les Parisiens ne tuent pas le tyran avant notre arrivée, nous tuerons les Parisiens. C'est un peuple parjure [2]. » « Le quartier général prussien est dans une espèce d'ivresse », note Pozzo di Borgo quelques jours plus tard. Gneisenau, dit-il encore, montre une dureté qui va jusqu'à la vengeance et déclare à qui veut l'entendre qu'il n'aime pas le roi parce qu'il a contrarié les prétentions de son pays au congrès de Vienne, à l'égard de la Saxe [3]. On ne s'étonnera pas dans ces conditions que les jugements portés par les Français sur le maréchal *Vorwaërtz* soient peu avenants. Viennet le traite de « véritable héros d'estaminet, joueur, ivrogne et travaillé par toutes les idées de vengeance qui fermentaient dans les têtes prussiennes[1] ». « Un ours indécrottable », dit encore le chevalier de Cussy qui le rencontrera peu avant sa mort, à Berlin. Il se vantait publiquement, raconte le jeune diplomate, d'avoir volé certains tableaux de la Malmaison, dont le beau portrait de Pauline Bonaparte, et détestait tellement la France qu'il refusait absolument de prononcer un mot de français en laissant ses aides de camp répondre à sa place[2]. Les Français n'ont évidemment pas vu combien cet homme incarnait à la fois son pays et son armée, dans la reconquête de l'honneur perdu du grand Frédéric de Prusse. « Un juge intransigeant trouverait bien des choses à critiquer chez lui, écrit Heinrich Steffens, et pourtant il constitue le centre moral intense de toute la guerre[3]. »

Beaucoup plus tard, alors qu'entre-temps Blücher a été fait maréchal par le prince régent d'Angleterre, Foch qui recevra la même distinction du roi George V en 1918, ne pourra s'empêcher de remarquer à l'adresse de son lointain prédécesseur, en forme de revanche goguenarde : « Je suis bien content de lui rendre la pareille ! »

2.

Coup de théâtre

Au milieu de ses alliés, intéressés pour certains, franchement hostiles pour d'autres, le roi doit aussi se débrouiller de sa cour et de sa famille. L'effervescence monte au fur et à mesure que l'on avance vers Paris et les enjeux sont immenses. Quelle politique, quelle attitude le roi adoptera-t-il à l'égard de tous ceux qui ont suivi Napoléon dans son aventure, comment traitera-t-il ce que l'on appelle de plus en plus l'« interrègne » des Cent-Jours : par l'oubli, le pardon ou la réaction ? Si Louis XVIII est décidé à publier une proclamation à l'occasion de son retour en France, reste à savoir ce que l'on y mettra. Sur la route de Paris, entre Mons, Le Cateau et Cambrai, l'air est aux intrigues de couloirs et l'atmosphère fleure bon la révolution de palais. Au Cateau, Louis XVIII est serré de près par son frère et les membres les plus réactionnaires de son ministère. Il s'est séparé de Blacas à Mons. Depuis des années, il avait pris l'habitude d'un favori capable de le protéger et au besoin de jouer les boucs émissaires à seule fin de lui donner le temps de prendre les bonnes décisions. Pour la première fois, il est seul. Il l'est d'autant plus qu'à Mons il s'est également séparé de Talleyrand venu tout droit le rejoindre depuis Bruxelles, persuadé de son importance et bien décidé à s'imposer sans concessions. Les deux hommes se sont vus à Mons pendant une heure dans la soirée du 23 juin et ne se sont pas entendus [1]. Beugnot prétend que Talleyrand se serait « emporté outre mesure contre l'ingratitude et l'extravagance du roi ». Il est peu probable que les choses se soient passées ainsi. Talleyrand, ce prince « sans grimace ni sourire », comme dit Sainte-Beuve, n'est pas homme à s'emporter. Mais il est arrivé en maître, sûr de ses succès de Vienne et fort de l'appui des puissances. Il demande au roi d'attendre avant de franchir la frontière, de ne pas se mêler aux armées alliées et de se rendre dès que possible à Lyon où il convoquerait les Chambres et organiserait son administration. Talleyrand, d'accord avec Metternich, se place en cela sur le terrain des symboles et de la nation. Le roi ne doit pas apparaître aux yeux des Français comme le supplétif des armées alliées[1]. Mais en un sens la bataille des symboles est déjà perdue. De plus, le roi se serait retrouvé à Lyon, tout comme à Paris, au milieu des troupes d'occupation, et qui plus est dans un univers resté très bonapartiste. Si la ville capitule le 11 juillet devant les armées autrichiennes, elle n'arborera le drapeau blanc que le 17. Il faut également faire la part des arrière-pensées de Talleyrand, peu soucieux d'exposer la cause du roi et, par la même occasion, sa propre réputation, aux aléas des combats d'avant-garde de Blücher et de Wellington. Un revers est si vite arrivé. Il obligerait le roi à rebrousser chemin. Talleyrand est avant tout prudent. Comme l'écrit le comte de Goltz, « il a voulu se ménager, à tout événement, l'opinion des différents partis » en n'apparaissant pas comme celui qui aurait conseillé de marcher en avant au milieu des camps ennemis. Or c'est précisément ce que le roi est décidé à faire avec la complicité de Wellington. Louis se montre en cela plus pragmatique que son ministre. Il sait que sa couronne est à Paris, c'est donc là qu'il faut aller, et le plus vite possible. Le comte Pozzo, qui est également d'avis de ne pas perdre de temps, dit la même chose : « L'asservissement de la France entière à l'influence de Paris est tel que les ordres datés des Tuileries seront la raison suffisante d'un changement universel[2]. » Le roi considère également que le moment n'est pas venu, comme le lui demande Talleyrand, de former un nouveau ministère et de l'y placer à sa tête. Il ne juge pas non plus opportun, ou n'a pas le courage, d'en écarter son frère. Seul Blacas, dont le départ est déjà décidé, fera les frais de la discussion. Pour le reste, le roi n'aime pas Talleyrand. Il ne lui fait pas confiance et se souvient qu'il n'est pas venu à Gand alors qu'il en avait reçu l'ordre formel. Louis ne veut ni être brusqué, ni se faire dicter sa conduite sans ménagement. « Sa Majesté Très Chrétienne a été très mécontente de la manière d'agir du prince de Talleyrand », note encore Goltz[1]. Talleyrand, toujours aussi sûr de lui, donne sa démission. Le roi la refuse, mais le laisse libre d'agir à sa guise. Le lendemain matin, il fait comme si de rien n'était et se prépare à monter en voiture pour Le Cateau. Talleyrand, qui n'en croit pas ses yeux, boite jusque chez son maître et le croise dans l'escalier. Chateaubriand, tout à ses rêves d'histoire, lui a fait dire le mot du duc de Guise avant qu'Henri III ne le fasse assassiner : « Il n'osera ! » Et pourtant, le roi ose. Soutenu par le duc de Duras, Louis s'arrête, se retourne et, sur le mode badin, feignant l'étonnement : « Prince de Bénévent, vous nous quittez ? Les eaux vous feront du bien. Vous nous donnerez de vos nouvelles[2]. » Talleyrand, comme on le sait, était un grand adepte des villes d'eaux où il allait chaque année soigner sa mauvaise jambe.

Le signe de la disgrâce est tombé comme un couperet dans la plus pure des traditions monarchiques. Tandis que le roi s'éloigne, l'ex-vice-grand électeur de l'Empire reste à Mons avec ses partisans et les ministres « libéraux » de Gand. Ce qui s'est passé ce jour-là est grave. Il n'y a plus de Conseil, plus de gouvernement, plus rien. Au Cateau, le roi est désormais livré à son seul frère, au vieux chancelier Dambray, qui en est resté aux parlements d'Ancien Régime, et au duc de Feltre qui ne connaît qu'une phrase : « Si veut le roi. » On entraperçoit la violence de l'affrontement à la lecture des Mémoires de La Maisonfort, toujours proche des amis du comte d'Artois. L'ancien agent royaliste décrit Talleyrand arrivant à Mons « pour replonger la France dans le bourbier dont elle sortait ». Dans son esprit, ce bourbier-là est évidemment révolutionnaire. Le « Fouché de cour, le Figaro de la diplomatie, le Méphistophélès de l'Europe », comme dit encore le baron de Frénilly, est évidemment « moins occupé à restaurer le trône que de l'empêcher de se relever trop puissant ». Ses amis sont précisément ceux qui ont provoqué le 20 mars, des « rêveurs philanthropiques » trop dangereux pour gouverner. Le baron Louis est « l'âme de ce Conseil infernal » avec sa liste de préfets déjà toute faite, ses plans et son caractère décidé. Derrière lui suivent « Beugnot avec des plumes taillées et le projet de n'en pas avoir, Jaucourt avec l'habitude de la servitude et tous les fidèles avec la souplesse accoutumée et l'espérance de tirer parti du moment[3] ».

Au Cateau, Monsieur et ses amis prennent une revanche très provisoire. Le roi y publie le 25 juin une proclamation contresignée du duc de Feltre qui a tout lieu d'être inquiétante. Il y est question de « récompenser les bons » et de « mettre à exécution les lois existantes contre les coupables ». Ceux-ci ne sont pas nommés et la menace a de quoi en inquiéter plus d'un. On reconnaît dans le texte les divisions manichéennes et morales chères à Monsieur qui cette fois se voit près de triompher avec ses amis. D'ailleurs, ses partisans ne s'y trompent pas. Villèle parle d'une proclamation « pleine de sens et de dignité ». « Elle permettait quelques espérances aux gens de bien », dit encore Frénilly[1]. Mais le triomphe sera de courte durée. Très vite, les bonnes âmes s'activent. Pozzo di Borgo, resté à Mons, tente de faire entendre raison à Talleyrand pour éviter le « grand scandale » d'une disgrâce définitive. De son côté Wellington voit le roi au Cateau, plaide la cause de son ministre qu'il presse par ailleurs de venir. Talleyrand qui n'avait nullement l'intention d'abandonner la partie se décide enfin, le 26 juin, à rejoindre le roi. La nouvelle de l'abdication de Napoléon, qu'il apprend par Wellington, y a sûrement été pour quelque chose[2].

Décidément, les événements se précipitent. Le drame se dénoue à Cambrai. Talleyrand y rejoint le roi avec une nouvelle déclaration royale toute prête rédigée par Beugnot, à laquelle il fera quelques corrections de dernière minute. Louis y déclare avoir voulu se placer entre les armées alliées et les Français. Il avoue avoir pu faire des fautes par le passé, rassure les propriétaires de biens nationaux, promet de nouvelles « garanties » à la Charte qui fonde son gouvernement et appelle autour de lui tous les Français, sans distinction de classe ou d'origine. Il dit enfin vouloir pardonner en masse, à l'exception des quelques « instigateurs » de la « trame horrible » ourdie par Bonaparte dont il ne prononce d'ailleurs pas le nom. « J'aperçois beaucoup de mes sujets égarés et quelques coupables. » Ceux-ci seront traduits devant les tribunaux par les Chambres qu'il se propose d'assembler prochainement. La déclaration est lue en Conseil, le 27 juin à dix heures du matin, dans une atmosphère tendue et glaciale. Selon Beugnot, Louis l'aurait écoutée à deux reprises « non sans quelques émotions ». Les « fautes » avouées sont évidemment contraires à sa dignité. Monsieur et le duc de Berry surtout réagissent violemment. Parmi les garanties consti-

La ville de Gand, dans le tout nouveau royaume des Pays-Bas créé au congrès de Vienne, comptait quelque 60 000 habitants en 1815. 5 à 7 000 Français en tout y séjourneront du 30 mars au 22 juin 1815. Sous des apparences flatteuses, le roi y était moins l'hôte que le prisonnier des autorités hollandaises qui le surveillaient discrètement. On voit ici l'arrière de la cathédrale Saint-Bavon, prise d'un canal, sous le pinceau de Pierre-François de Noter. 1831, musée des Beaux-Arts, Gand. © Akg-images / Paul M. R. Maeyaert.

Un grenadier de l'infanterie hollandaise chargé de la garde de l'hôtel d'Hane.

Façade de l'hôtel du comte d'Hane, rue des Champs. On y renouvellera les rites et les usages de la cour des Tuileries. Derrière les apparences glacées de l'étiquette, on y respirait un air confiné de rivalités et d'ambitions, de projets et de chimères. Chez Genty, rue Saint-Jacques. Tous droits réservés.

Le très prospère comte Jean-Baptiste d'Hane de Steenhuyse appartenait à l'aristocratie flamande. Il occupait en 1815 l'une des plus hautes positions administratives des provinces du sud des Pays-Bas à la tête de l'intendance du Hainaut. Il trouvera très vite ses hôtes français par trop encombrants et remuants. D'après le portrait de Pieter van Hanselaere, 1817. Bijlokemuseum, Gand. DR.

La chambre du roi, au rez-de-chaussée de l'hôtel d'Hane. DR.

François-René de Chateaubriand et sa femme, Céleste de Lavigne. Tous deux séjournèrent à Gand avec le roi. C'est elle qui tint la plume la première, en rédigeant dans ses *Cahiers rouges* ses souvenirs des Cent-Jours, mais c'est lui qui s'imposera, dans ses *Mémoires d'outre-tombe*, comme le barde des libertés, le héros de la lutte mortelle engagée contre l'« usurpateur » et le dernier survivant des causes désespérées. Peinture de Girodet, 1808, Salon de 1810. Musée de Versailles (© RMN / Gérard Blot) et gravure d'après le portrait en forme de camée de Mlle Lorimier (© Roger-Viollet).

Fanny Burney, l'épouse du général français Alexandre d'Arblay, a décrit de façon poignante l'arrivée des blessés français de Waterloo à Bruxelles, au lendemain de la bataille. Gravure d'après le portrait d'Edward Francesco Burney. National Portrait Gallery, Londres. © Héritage Images / Leemage.

Claire de Kersaint, duchesse de Duras, femme de l'un des premiers gentilshommes du roi, tenait un salon à Gand comme à Paris. Le « noble vicomte » y lisait ses productions récentes. On y entretenait le bel esprit, la passion de la patrie et des idées libérales. Miniature par Henri-Joseph Hesse. © Roger-Viollet.

Le Congrès de Vienne. Gravure de Jean Godefroy, d'après J.-B. Isabey, 1819.
La réapparition brutale du « perturbateur du repos du monde » va rapprocher les souverains réunis depuis plusieurs mois pour réorganiser l'Europe sur les ruines de l'ancien Empire français. Dès le 25 mars, l'ancienne coalition de 1813 se ressoude contre Napoléon, puis contre la France, et par voie de conséquence contre Louis XVIII lui-même, qui n'aura jamais eu des « alliés » aussi hostiles, vindicatifs et encombrants. © BnF.

Mr tout à tous !!! Le modèle de la reconnaissance au congrès de Vienne.
Talleyrand, conseillé par le diable, rédige la déclaration signée le 13 mars par les principaux souverains réunis à Vienne. Très virulente, elle place Napoléon « hors des relations civiles et sociales ». Commentaire de Talleyrand : « Vous mettez à Paris Bonaparte hors la loi ; ici, nous faisons mieux, nous le mettons hors du genre humain. » Gravure déposée le 20 avril 1815. © BnF.

Contre toute attente, Talleyrand restera fidèle au roi sous les Cent-Jours. Il ne quittera cependant pas Vienne où il pouvait tout à son aise user de son influence et jouer de la surenchère pour imposer ses idées au souverain déchu. Il ne le rejoindra qu'au dernier moment, à Mons, le 24 juin, sur la route du retour à Paris pour redevenir, non sans un formidable coup de théâtre, son principal ministre. « Voyez-vous, disait-il, je ne me suis jamais pressé, et pourtant, je suis toujours arrivé à temps. » Talleyrand à Londres, vers 1830. Coll. part. Ph. Josse.

En avril 1814, Alexandre Ier, tsar de toutes les Russies, s'était fait prier par Talleyrand pour accepter la restauration de Louis XVIII. Un an plus tard à Vienne, il tient décidément le roi déchu pour un incapable et ne veut plus entendre parler de lui. Tout est à recommencer. Portrait de François Gérard, 1814. Musée de Malmaison. © RMN / Daniel Arnaudet.

Le duc d'Orléans, réfugié près de Londres, et non à Gand avec Louis XVIII, tisse la toile qui, quinze ans plus tard, le conduira au pouvoir. Le cousin du roi hérite de la longue tradition d'opposition de la branche cadette, face à la branche aînée des Bourbons. « Sa situation est incomparable, dit l'une de ses amies, il est du sang des Bourbons et il en est couvert. » Portrait d'Horace Vernet, 1818. Musée Condé, Chantilly. © ND / Roger-Viollet.

Le 1er juin 1815, au Champ-de-Mars, Napoléon fait proclamer les résultats du plébiscite en faveur de l'Acte additionnel aux constitutions de l'Empire. Les grands électeurs des départements réunis en délégation sont invités à lui jurer fidélité. La plupart des témoins, y compris les plus favorables à Napoléon, parlent pourtant de « simulacre ». L'enthousiasme de la foule au moment du serment n'était sans doute pas celui que lui prête le peintre Heim, dans une évocation tardive de l'événement. Musée de Versailles.

Le 14 mai 1815, Napoléon passe en revue, devant les Tuileries, les bataillons des tirailleurs fédérés recrutés, non sans mal, dans les faubourgs parisiens et destinés à servir de force supplétive aux gardes nationaux, dans la perspective de la guerre à venir. Caricature déposée le 18 mai 1815.

Napoléon Ier à Fontainebleau, à l'époque de sa première abdication en avril 1814.
Paul Delaroche peint ici un Napoléon de légende, longtemps après la mort de ce dernier en 1821. On peut pourtant l'imaginer ainsi à la veille de la bataille de Waterloo, lourd, affaissé et accablé par son destin. À Waterloo, il se montrera étrangement immobile et ne quittera pas son observatoire de la ferme du Caillou, du début à la fin de la bataille. Musée de l'Armée, Paris.
© The Art Library / Dagli Orti.

Les Cuirassiers français chargent les carrés anglais par Henri Félix Philippoteaux.
Les charges furieuses lancées par Ney à quatre heures de l'après-midi contre l'infanterie anglaise sont restées dans la légende. À sept reprises, les escadrons français repartent à l'attaque et épuisent leurs forces dans de vains assauts. Victoria and Albert Museum, Londres. © The Art Library / Dagli Orti.

Vers huit heures et quart du soir, le 18 juin 1815, le duc de Wellington donne aux troupes anglaises l'ordre de marcher en avant, après l'échec de l'attaque de la garde impériale. Durant toute la journée, il a eu à ses côtés de nombreux officiers d'état-major français, chargés d'informer les autorités de Bruxelles et de Gand. Aquarelle de James Atkinson. British Museum, Londres. © The Art Library / Dagli Orti.

Wellington en 1815, dessiné d'après nature par Hector de Galard. Follement acclamé à Londres et en Europe après sa victoire de Waterloo, détesté à Paris, le « duc de fer » contribua puissamment à la restauration de Louis XVIII en qui il voyait le seul garant de la paix, contre l'avis des principaux souverains de la coalition européenne. Dessin inédit, coll. part.

Le Grenadier de Waterloo par Nicolas-Toussaint Charlet. Des presses de Lasteyrie, 1817-1818. Pour beaucoup, Waterloo a été une défaite glorieuse. Avant de faire éclore les libertés françaises en éliminant Napoléon de la scène, la célèbre bataille a pourtant été le signe de l'abaissement de la France, le prétexte et le ferment de ses divisions. Coll. part.

Le libéral Benjamin Constant sous la Restauration. La Constitution napoléonienne des Cent-Jours, la « Benjamine », lui doit beaucoup. Celle-ci n'en sera pas moins unanimement décriée parce qu'elle ne fondait pas un nouveau régime, mais s'inscrivait dans la continuité des Constitutions de l'Empire. Hercule de Roches, *Benjamin Constant*, vers 1824-1827. Musée Carnavalet.

Le Marquis de La Fayette par Samuel F. B. Morse, 1825. Tous les quinze ou vingt ans environ, La Fayette sort du placard, tel le lapin du chapeau, pour prêcher candidement la « meilleure des républiques ». Son intervention a été désastreuse en juin 1815, notamment auprès des puissances alliées qui l'ont berné, mais elle l'a solidement arrimé sur le devant de la scène politique française. Étude pour le portrait en pied conservé au City Hall de New York. Tous droits réservés.

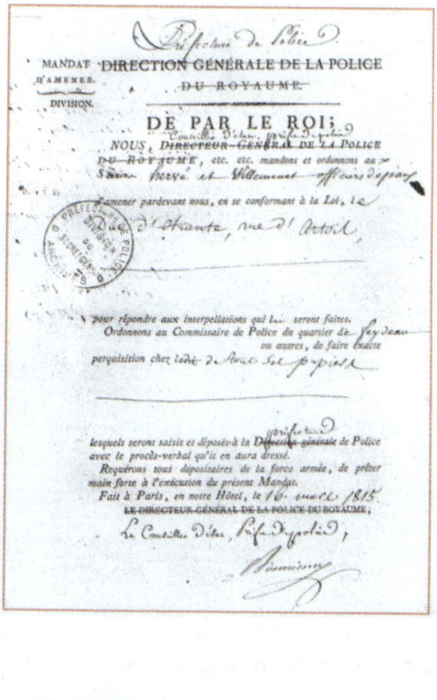

Préfecture de Police

MANDAT D'AMENER. DIVISION.

DIRECTION GÉNÉRALE DE LA POLICE DU ROYAUME.

DE PAR LE ROI;

NOUS, DIRECTEUR GÉNÉRAL DE LA POLICE DU ROYAUME, etc. etc. mandons et ordonnons au Sieur Hervé et Villemenet officiers de paix

d'amener pardevant nous, en se conformant à la Loi, le Duc d'Otrante, rue d'Artois,

pour répondre aux interpellations qui lui seront faites.

Ordonnons au Commissaire de Police du quartier de Feydeau ou autres, de faire exacte perquisition chez ledit

lesquels seront saisis et déposés à la Préfecture de Police avec le procès-verbal qu'il en aura dressé.

Requérons tous dépositaires de la force armée, de prêter main-forte à l'exécution du présent Mandat.

Fait à Paris, en notre Hôtel, le 16 mars 1815

LE DIRECTEUR GÉNÉRAL DE LA POLICE DU ROYAUME,

Le Conseiller d'État, Préfet de police,

Les Cent-Jours sont un peu le chant du cygne de Joseph Fouché toujours extraordinairement habile, actif et entreprenant en période de trouble. Il sert (mal) Napoléon à son retour avant de le faire tomber après Waterloo pour reprendre son ministère de la Police des mains de Louis XVIII. Cette dernière pirouette lui sera fatale. En mars 1815, en pleine panique, le gouvernement du roi avait déjà pensé s'assurer les services de Fouché puis, inquiet de ses refus successifs, avait tout bonnement cherché à l'arrêter. L'ordre (à droite) date du 16 mars. C'était sans songer aux escaliers secrets et aux portes tournantes familiers de cet artiste de la dérobade. École française, XIXe siècle, château de Versailles (© RMN / Gérard Blot) et archives de la Préfecture de police.

Louis XVIII sur la route de Paris, le 8 juillet 1815.
Le roi voyage dans une berline aux armes de France. Il est accompagné de son frère qui monte un cheval gris. Des gardes nationaux et des bourgeois l'acclament. Esquisse anonyme et inédite. Tous droits réservés.

Vœu des royalistes ou la seconde entrée triomphante, le 5 mai 1815. Louis XVIII rentre chez lui, en croupe sur le cheval d'un cosaque, au milieu des décombres. Le mythe des « fourgons de l'étranger », né en 1814, reprend en 1815. La propagande royaliste tentera en vain de le faire oublier. À droite, Louis XVIII, singulièrement maigre, s'avance, une branche d'olivier à la main. Au second plan, Napoléon s'enfuit, monté sur des échasses. © BnF.

Le 8 juillet au matin, sur ordre d'Élie Decazes, le nouveau préfet de police de la Seine nommé le jour même par Talleyrand, un piquet de gardes nationaux empêche les députés de la chambre des Cent-Jours d'entrer en séance au Palais-Bourbon. La chambre est dissoute. De nouvelles élections auront lieu en août. © Assemblée nationale.

Après Waterloo, Blücher voulait raser Paris et tuer tous les Parisiens. Le « général en avant » incarnait au plus haut point, aux yeux de ses compatriotes, l'esprit de revanche de la Prusse après les humiliations d'Iéna, de Berlin et de Tilsit. Dessin inédit (et sans moustache !) par Hector de Galard, 1815. Coll. part.

Un grand général et un petit empereur. Blücher est glorifié et Napoléon ridiculisé. Johann Michael Voltz, 1815. Staatliche Museen zu Berlin, Kunstbibliothek. Tous droits réservés.

La Grande Misère de la patrie par Philip Otto Runge, 1809. Une jeune femme tient la charrue et laboure le sol allemand fait du cadavre du vieux Saint Empire romain germanique, aboli en 1806. La renaissance de la nation allemande s'est nourrie de ses victoires sur l'Empire français, de Leipzig à Waterloo, autant que de la diffusion des idées révolutionnaires en Allemagne. Hamburger Kunsthalle. Tous droits réservés.

Le 7 juillet, les troupes anglo-prussiennes entrent dans Paris qui s'est rendu le 3. Plusieurs dizaines de milliers de soldats s'y installent. Les Russes et les Autrichiens suivront bientôt. Pendant quelques jours, certains quartiers de la ville seront soumis au pillage. Les comportements diffèrent cependant selon les nations. Les Anglais dont on voit ici un campement au bois de Boulogne sont les mieux supportés. Les Prussiens et les Allemands, les plus violents. En haut le campement anglais au bois de Boulogne. En bas, l'un de leurs bivouacs au Champ-de-Mars. Un chargement de paille réquisitionné leur est distribué. © Héritage Images / Leemage ; *Military and naval anecdotes*, Edward Orme, 1817.

Les exactions alliées en France durant l'été et l'automne 1815 ont été peu représentées. Ici, en Alsace, les Prussiens procèdent à une prise d'otages et au dépouillement des habitants. Les fonctionnaires royaux qui résistent sont envoyés en forteresse, en Allemagne ou en Prusse. Erbauliche Geschichte der Überrheiner, novembre 1815. © BnF.

Louis XVIII dans les jardins des Tuileries à son retour à Paris, le 8 juillet 1815.
On chante et on danse sur l'air mis à la mode pendant l'exil du roi par les dames des Halles : « Rendez-nous notre père de Gand. » Le roi est accompagné de quelques gardes nationaux (à droite). La bourgeoisie domine. C'est elle, surtout, qui à Paris associe le retour du roi à la paix. Cette scène d'allégresse cache pourtant mal les difficultés de la situation. Dessin de Martinet, gravé par Alix, 1815. Musée Carnavalet, Paris. © Roger-Viollet.

Les empereurs de Russie et d'Autriche, Alexandre Ier et François II, le roi de Prusse Frédéric-Guillaume III (à droite) entrent à Paris le 11 juillet. Le 18, ils assistent à une grande revue de leurs troupes qui défilent sous les fenêtres des Tuileries. Paris est bien occupé. Martinet libraire, 1815. BnF, Estampes. © Roger-Viollet.

La commission provisoire du gouvernement, présidée à Paris par Fouché, avait prévu d'envoyer l'empereur déchu aux États-Unis sur deux frégates françaises, la *Saale* et la *Méduse*. Mais le blocus anglais de Rochefort fera échouer le projet. Le 15 juillet, Napoléon s'embarque finalement sur le *Bellérophon*, capitaine Maitland, en rade des Basques, près de l'île d'Aix. Il se rend à la discrétion du prince régent d'Angleterre et de son gouvernement qui l'enverront où l'on sait. Gravure d'après l'ouvrage : *Pictures of English History*, 1850. © Héritage Images / Leemage.

Arboration du drapeau royal à Bourg-en-Bresse.
Le régime napoléonien s'effondre comme s'était effondrée la première Restauration, trois mois plus tôt. Après l'abdication de Napoléon et avant même le retour du roi à Paris, le 8 juillet 1815, de nombreuses villes se déclarent pour lui, parfois dans la violence comme à Marseille. Les préfets et les fonctionnaires napoléoniens en fuite sont remplacés comme par miracle par leurs prédécesseurs royalistes, comme ici à Bourg-en-Bresse, début juillet. © BnF.

En juillet et en août 1815, alors que les nouvelles autorités royales sont à peine installées, le pays, livré aux pillages des armées alliées, s'abandonne également aux désordres de la guerre civile. Les populations royalistes des villes du Midi se soulèvent contre les bonapartistes et les anciens révolutionnaires. Le 2 août, le maréchal Brune qui venait d'abandonner son commandement militaire de Marseille est assassiné à Avignon et jeté dans le Rhône. D'autres victimes suivront. Gravure de Philippoteaux. © Photothèque Hachette.

Le maréchal Ney est la victime la plus célèbre des Cent-Jours. Condamné à mort par la cour des Pairs, il est fusillé le 7 décembre 1815 près de l'Observatoire de Paris. Traître en 1815, il deviendra peu à peu le héros malheureux, entraîné par la force des événements, qu'il est encore aujourd'hui. Comme l'écrivait Talleyrand : « La trahison est une question de date »… et de représentations. Gravure de Couché, d'après Martinet. BnF, Estampes. © Roger-Viollet.

15 juillet 1815.

Il s'embarque sur le *Bellérophon*.
... Vivant, il ne foulera plus le sol de France.

45

15 octobre 1815.

Il est cloué à Sainte-Hélène.
Ce roc, la nuit, semble un petit chapeau. Seule, une lumière y brille, celle de son génie dictant le *Mémorial*.

« Tout est calme. Seules les imaginations travaillent », écrit le préfet d'un département du Midi en 1818. La légende est en marche. À la fin du siècle, le dessinateur Job s'y abandonne encore, non sans imagination. La France se lève à l'horizon alors que Napoléon la quitte pour une fameuse île qui, brusquement, prend la forme de son chapeau. Jusqu'à l'avènement de Napoléon III au moins, Napoléon Ier incarnera la nation auprès d'une partie des Français. J. de Marthold et Job, *Le Grand Napoléon des petits enfants*, s.d.

tutionnelles promises aux Français, la formation d'un ministère uni et solidaire les met directement en cause en leur ôtant toute possibilité de siéger au Conseil avec les ministres et donc de participer au gouvernement du roi. Le duc de Berry s'emporte et Monsieur se fâche. De toute la discussion, Beugnot a retenu cet étrange dialogue entre le frère du roi et le ministre à peine sorti de sa disgrâce. Là où le premier juge la déclaration avilissante pour la royauté, le second la défend comme nécessaire : « Le roi a fait des fautes ; ses affections l'ont égaré ; il n'y a rien là de trop. » Par « affections », il faut entendre bien sûr, dans l'esprit de Talleyrand, l'influence néfaste de Monsieur et de son parti. « Un parti qui a ses propres vues en opposition avec nos vrais intérêts nationaux et avec les principes proclamés par les souverains alliés », dit-il encore à Wellington. Le comte d'Artois ne s'y trompe pas : « Est-ce moi qu'on veut indirectement désigner ? – Oui, puisque Monsieur a placé la discussion sur ce terrain ; Monsieur a fait beaucoup de mal. – Le prince de Talleyrand s'oublie ! – Je le crains ; mais la vérité m'emporte[1]. »

On imagine la violence de la scène, en présence même du roi. C'est tout juste si le duc de Berry ne met pas la main à l'épée. Mais Talleyrand, appuyé par le baron Louis et par Jaucourt, finit par avoir gain de cause. La déclaration de Cambrai du 28 juin, qu'il contresigne cette fois en s'imposant par là même comme le futur chef du gouvernement, est une déclaration de guerre à tous les extrémismes. Les ultras, qui se croyaient déjà dans la place, sont furieux. Villèle parle d'une déclaration « si humiliante et si féconde en conséquences révolutionnaires ». Elle n'est qu'une « basse et honteuse palinodie », dit encore Frénilly, où le roi non seulement pardonne, mais demande pardon, où il ne châtie plus, ne disgracie plus. Les fragilités à venir du régime s'enracinent aussi là, dans la mise à l'écart brutale de l'héritier du trône et l'humiliation d'un parti qui cherchera désormais à prendre une revanche éclatante.

3.

Paris ne veut pas de messe

Malgré les garanties, malgré les paroles rassurantes, la partie n'est cependant pas jouée. Si Paris vaut bien une messe, la messe constitutionnelle dite par Talleyrand, avec l'accord tacite du roi, suffira-t-elle ?

Louis parle de convoquer les Chambres alors que celles-ci existent déjà à Paris où elles se sont réunies dans les premiers jours de juin. Quels que soient leur légalité ou leur degré de représentativité, elles se vivent comme le seul pouvoir légitime en France surtout après le 22 juin lorsqu'elles obtiennent, grâce à La Fayette, l'abdication de Napoléon. « Je m'offre en sacrifice à la haine des ennemis de la France. [...] Ma vie politique est terminée. » Le « sacrifice » à nouveau évoqué par Napoléon à Sainte-Hélène cache en réalité des abîmes d'impuissance. Waterloo indique assez l'ampleur du désastre. À ce moment précis, l'empereur n'a ni financièrement, ni matériellement les moyens de reconstituer son armée. Ce qu'il en reste murmure d'ailleurs contre lui, en particulier à l'état-major du maréchal Grouchy qui en a pris le commandement. Il dira plus tard avoir renoncé à renverser les Chambres pour éviter le sang et la violence. Mais ce sont là des raisons de polichinelle. L'opinion publique lui était largement hostile, l'armée désorganisée et démoralisée. Avait-il lui-même l'énergie d'un tel coup de force ? Du côté des Chambres, la chose est entendue. Son abdication est le prix de la paix. Les Alliés, qui refusent de négocier avec lui, y sont évidemment pour quelque chose. Napoléon est tombé par sa défaite, mais aussi par les doutes qu'il inspire sur ses convictions libérales. Il a surtout été sacrifié, comme son fils au nom duquel il a abdiqué et qui a été reconnu en trompe-l'œil, le lendemain, sur l'autel de la nation elle-même. La commission provisoire exécutive de gouvernement de cinq membres nommée par les Chambres le 22 juin publie très vite ses déclarations « au nom du peuple français » et non au nom de « Napoléon II ». Le conseil de régence demandé par les bonapartistes, minoritaires dans les deux Chambres, ne sera jamais institué. Par leur attitude, les Chambres ne vont cesser de rappeler à Napoléon comme au roi ce qui s'est passé en 1789. En juin 1789, la souveraineté bascule brutalement de la personne du roi à celle, collective, de la nation. Les représentants du tiers constitués en Assemblée nationale ne l'ont ni amandée ni limitée par de quelconques garanties, ils l'ont déplacée. Ils se sont du même coup proclamés les seuls représentants légitimes du nouveau souverain, originel et indivisible, désormais incarné par et dans le peuple. Toute la question de l'organisation des pouvoirs publics est désormais subordonnée à ce principe fondateur [1]. Au fond de chacune des crises politiques françaises qui vont désormais se succéder tout au long du XIXe siècle, on trouve ce même conflit de souveraineté. Le drame français est dans ses abstractions et dans son incapacité à trouver des solutions pragmatiques et médianes à ses crises. Tout se passe en juin 1815 comme si Napoléon comme Louis XVIII avaient été pris au piège de leur libéralisme, qu'il ait été sincère ou pas, au nom de deux conceptions antagoniques et radicales de la souveraineté, héritées de 1789 : le droit divin ou le peuple, et consécutivement de deux visions de la société : organique et différenciée ou purement égalitaire. Entre ces deux termes, la voie moyenne et mixte héritée des traditions libérales françaises depuis Montesquieu est étroite. Or c'est précisément le choix que font Napoléon et Louis XVIII. La légitimité du premier est composite, par la victoire, le peuple, le sacre et, avec l'Acte additionnel, par la représentation nationale, celle du second est évolutive, par l'hérédité, l'histoire et, depuis 1814, par la Charte, qui, sans que cela soit officiellement avoué, est concédée au nom de l'opinion publique et des acquis sociaux de la Révolution. Mais la crise de juin 1815 renvoie les deux protagonistes à leur passé. Elle oblige l'un à quitter le jeu, même si Sainte-Hélène et la légende l'y feront rentrer à nouveau par procuration dans quelques années, et force l'autre à reprendre la main par la grâce des armées étrangères et par le biais de négociations de couloir menées par Fouché, maître en la matière. La grande majorité des membres de la Chambre des représentants des Cent-Jours, qui refusera jusqu'au dernier moment de rappeler le roi, est habitée par cette vision manichéenne de la souveraineté. Ce n'est pas la nation et le roi, c'est la nation ou le roi. D'un côté, le déshonneur et la contre-révolution, de l'autre la défense de la patrie et quelque chose qui ressemble fort à la république, sous le couvert de la nation. « Que ne proposez-vous la république ? » répondait un député à Dupin qui, dès le 23 juin, demandait qu'on se batte, qu'on gouverne, qu'on négocie au nom de la nation. « Ils prétendent, dit des Bourbons le député Garat, le 30 juin, ne point accepter le trône de la nation, mais le reprendre par droit héréditaire. Nul de vous, messieurs, ne peut reconnaître un pareil droit. » C'est oublier un peu vite le serment prêté par le roi à la Charte devant les Chambres, le 16 mars précédent. Mais qui s'en soucie à ce moment-là ? La hantise du passé l'emporte sur le présent et la peur du présent obscurcit l'avenir. Les députés de juin 1815 ont une conception démocratique et non pas constitutionnelle de la monarchie. Leur déclaration d'intention, lue le 5 juillet par Dupont de l'Eure, le prouve assez. En affirmant qu'« un monarque ne peut offrir des garanties réelles, s'il ne jure d'observer une Constitution, délibérée par la représentation nationale et acceptée par le peuple », ils disent clairement qu'ils se soucient peu de questions dynastiques mais que le principe de la souveraineté du peuple est au centre de leur préoccupation[1]. Le projet constitutionnel sur lequel les députés vont se pencher à partir du 20 juin, sous le prétexte de soumettre l'Acte additionnel de Napoléon à une sévère révision, est de loin le plus progressiste de tous les projets délibérés à cette époque. Napoléon avait suggéré le 11 juin, avant de partir en campagne, des améliorations à l'Acte additionnel, mais il n'avait pas imaginé que sa Chambre des représentants se transformerait de façon d'ailleurs parfaitement illégale en Assemblée constituante. On nomme 87 députés – un par département – qui eux-mêmes élisent le 28 juin une commission de Constitution de 9 membres[2]. Un premier projet est soumis à la Chambre le lendemain. Il comporte, sous l'apparence d'une monarchie bicamérale, bien des similitudes avec la Charte et l'Acte additionnel. Pourtant, jamais depuis la Constitution de 1791 la prééminence de la nation n'a été si clairement prononcée. L'égalité civile *et* politique de tous les citoyens y est établie, la noblesse est abolie, les Chambres ont l'initiative des lois, le droit d'accuser les ministres et les chefs de l'armée. Le monarque ne peut introduire des troupes étrangères ou quitter le territoire national, déclarer la guerre ou faire la paix sans le consentement des Chambres, il ne peut commander personnellement les armées, ses agents peuvent être poursuivis devant les tribunaux sans l'autorisation préalable du Conseil d'État[1]. Le projet du 29 juin restera en l'état, puisque sa discussion article par article sera brutalement interrompue le 7 juillet. Il devait être soumis à l'acceptation du futur monarque. Dans ces conditions, l'appartenance dynastique de ce dernier importe peu, pourvu qu'il n'ait rien à voir avec la branche aînée des Bourbons dont l'armée ne veut d'ailleurs pas plus que les Chambres[2]. L'article 67 de l'Acte additionnel, qui les exclut, sera d'ailleurs relu à plusieurs reprises à la tribune[3]. Les députés y sont d'autant plus encouragés qu'ils prennent à la lettre le jeu de dupes que leur proposent de jouer les Alliés. Si ceux-ci jugent désormais, plus ou moins à regret, les Bourbons de nouveau inévitables, ils refusent toujours de se prononcer officiellement sur le futur souverain appelé à régner en France. En cela, ils cherchent à garder les mains libres le plus longtemps possible dans leurs opérations de conquête et d'occupation de la France. Même le silence anglais n'est pas dénué d'arrière-pensées. Dans un mémorandum du 30 juin, lord Liverpool évoque toutes les possibilités d'avenir, avec ou sans le roi, en y assortissant des garanties plus ou moins contraignantes. On serait moins sévère avec Louis XVIII, mais, même avec lui, on songe déjà à s'emparer de « quelques forteresses frontières, y compris Lille[4] ». Les Prussiens, de leur côté, réclament la ligne des Vosges ; les Hollandais, la Flandre française. Le but des Alliés est bien d'affaiblir la France en gagnant du temps. En cette fin de mois de juin 1815, les journées comptent pour des mois.

4.

Jeu de dupes : le général des deux mondes négocie

La délégation chargée le 23 juin par le gouvernement provisoire de Paris d'ouvrir des négociations d'armistice avec les puissances, à Haguenau, derrière les lignes alliées, n'entend rien au double langage des puissances coalisées et prend à la lettre les diverses proclamations officielles publiées à l'occasion de l'entrée de leurs troupes sur le territoire français : les Alliés n'en veulent pas à la France ; la France choisira.

Les plénipotentiaires français ne sont pourtant pas nés de la dernière pluie. On trouve dans la délégation deux diplomates chevronnés, La Forest et Pontécoulant, sans parler de Sebastiani, ancien ambassadeur à Constantinople, et de Voyer d'Argenson. Le général La Fayette ouvre la marche. Benjamin Constant fait office de secrétaire. La Fayette, comme d'habitude, se remet à débiter son rôle de répertoire. Il quitte Paris avec la réputation d'avoir été le « tombeur » de Napoléon. C'est lui qui, le 21 juin, a fait mettre la Chambre en permanence au nom des vieux principes de 1789. C'est lui qui a poussé Napoléon à l'abdication le lendemain. On aurait cru voir, dit Chateaubriand, la Révolution personnifiée sortir du tombeau et se présenter pâle et ridée à la tribune [1]. Tous les quinze ans environ, le héros des deux mondes, le général de la guerre d'Indépendance américaine, l'ancien colonel général des milices parisiennes de 1789, réapparaît, tel le lapin du chapeau, pour réclamer comme en 1830, lorsqu'il adoubera le duc d'Orléans, « la meilleure des républiques », tout en rêvant d'être pour la France ce que le général Washington avait été pour les États-

Unis. Le banquier Laffitte le compare à « un monument qui se promène pour chercher un piedestal[1] ». Depuis la Révolution, le svelte et beau marquis a vieilli. Il a pris de l'embonpoint et s'aide désormais d'une canne devenue nécessaire à la suite d'un accident à la hanche mal soigné en 1803. Mais il est toujours aussi enthousiaste et prononce avec la même ferveur les mots de liberté, d'égalité et d'ordre public. Comme le comte d'Artois, mais pour des raisons diamétralement opposées, il n'a pas changé depuis vingt-cinq ans[2]. Il ne croit pas à la croisade furieuse des peuples de l'Europe contre la France de la Révolution et pense qu'il lui suffira d'évoquer les libertés et les conquêtes de 1789 pour que l'invasion s'arrête d'elle-même. C'est ainsi que le général devenu diplomate promène sa belle image de probité candide à travers les lignes prussiennes. Il a la simplicité de penser que l'invasion de plusieurs centaines de milliers de soldats alliés constitue une heureuse occasion d'achever l'œuvre de sa vie. Le pays veut sa souveraineté, son indépendance, la liberté et la paix. Pas les Bourbons. Le problème avec les images d'Épinal, c'est qu'elles ne sont bonnes qu'à faire pleurer dans les chaumières.

Les plénipotentiaires sont si sûrs d'eux-mêmes et si peu conscients de l'état d'esprit de leurs adversaires qu'ils ont pour mission de négocier la paix sur la base des frontières de 1814 et si possible d'obtenir un peu mieux. Les frontières naturelles ne sont toujours pas oubliées. De Laon où ils rencontrent le 26 juin un aide de camp du général Blücher qui les assure benoîtement que les Alliés laisseront le pays libre d'appeler qui bon lui semblera pour souverain, ils écrivent à Paris, pleins de confiance et de certitude que « la France ne serait en aucune façon gênée dans le choix de son gouvernement ». La lettre arrive le lendemain alors que, pour la première fois, à l'occasion d'un Grand Conseil réuni aux Tuileries, on s'interroge, à l'initiative de Davout, le ministre de la Guerre, sur l'opportunité de demander aux Chambres le rappel des Bourbons. Les assurances trompeuses des plénipotentiaires arrêtent net la discussion. À Haguenau on leur refuse pourtant de voir les souverains qui y sont réunis et on leur fait rencontrer le 30 juin des diplomates de seconde zone. Lord Stewart, le frère de Castlereagh, qui représente l'Angleterre, fait mine de ne rien comprendre, écourte la discussion et disparaît. Le lendemain, les représentants des trois autres cours leur adressent une « note verbale » dans laquelle ils déclarent ne pouvoir négocier qu'à quatre et d'un commun accord. On leur refuse de rester au quartier général allié et on les renvoie à Paris, par Bâle, sans autre forme de procès. Il n'a évidemment été question ni d'armistice ni même d'une suspension d'armes de quelques jours. La messe est dite.

Le choix du futur souverain de la France a en revanche certainement été évoqué dans des conversations particulières. Benjamin Constant et Sebastiani s'en défendront par la suite, mais le nom du duc d'Orléans a dû circuler et peut-être aussi celui d'un prince étranger « disponible ». Pasquier, qui tient ses informations du duc de Richelieu alors auprès d'Alexandre, affirme qu'il fut, entre autres, question d'un prince de la maison de Saxe[1]. C'est une habitude chez les patriotes. En 1791, ils pensaient déjà au duc de Brunswick ; en 1799, au prince Henri de Prusse. En 1817, on évoquera encore le nom du prince d'Orange[2]. Dans leur lettre du 26 juin, les plénipotentiaires d'Haguenau avait recommandé l'envoi en urgence d'une seconde délégation diplomatique auprès de Wellington afin de négocier une suspension d'armes directement avec lui. La Chambre ne manque pas de diplomates et dépêche cette fois à Estrées, au nord de Paris, le général Andréossy – « Ah ! Andréossy, de l'artillerie », disait Talleyrand lorsque celui-ci avait été nommé ambassadeur à Londres par Bonaparte en 1802 –, le général de Valence, La Besnardière, un ancien collaborateur de Talleyrand, et deux caciques des assemblées françaises, Boissy d'Anglas et Flaugergues. Mais à Estrées, le 29 juin, Wellington jette cette fois le masque et renvoie les envoyés à leurs illusions constituantes. Il commence par ne pas reconnaître la légalité des plénipotentiaires parisiens. « Les Alliés ont déclaré le gouvernement de Napoléon une usurpation ; toute autorité qui émane de lui doit donc être regardée comme nulle et d'aucun pouvoir ; or les Chambres émanent de lui, la commission exécutive émane des Chambres ; nous n'avons à nous entretenir ni avec l'une ni avec l'autre, elles n'ont qu'à démissionner[3]. » Il déclare ensuite qu'il n'acceptera ni trêve ni armistice tant que Bonaparte sera à Paris et en liberté[4]. Or ce n'est que ce jour-là que Napoléon quitte la Malmaison pour Rochefort, sous la surveillance du général Becker.

Et lorsque les plénipotentiaires français lui demandent, en guise d'arrangement, s'il accepterait le choix d'un prince étranger pour souverain français, sa réponse est on ne peut plus claire : Paris doit accepter le roi sans condition. Il représente la meilleure chance de conserver la paix. Tout autre candidat chercherait à consolider son pouvoir par la guerre et la conquête [1]. Bref, ce serait Napoléon qui recommencerait. L'alternative est simple aux yeux de Wellington : les Bourbons ou le démembrement du pays. Le duc de fer est décidément l'homme clé de toute cette histoire. Mais il doit aussi composer avec Blücher. Lorsqu'il conviendra, à partir du 1er juillet, de la nécessité d'une convention pour la reddition de Paris, il aura beaucoup de mal à en convaincre le vieux moustachu. Wellington sait maintenant de source sûre que Napoléon est en route pour Rochefort. Il a également reçu la nouvelle de la signature d'une suspension d'armes entre le maréchal Suchet et le général autrichien Frimont, du côté de Lyon. À Paris aussi on est convaincu de l'opportunité de cette convention. Davout lui-même, qui a pris le commandement direct de l'armée à la place de Grouchy et a installé son quartier général à La Villette, en est persuadé. Il avait, le 1er juillet, une bataille gagnée à portée de main grâce à l'imprudence des Prussiens qui, la veille, avaient opéré à découvert un mouvement tournant à l'ouest de Paris, au-delà de la Seine. Mais, malgré les défenses de la capitale, plus solides qu'en 1814, malgré un semblant de réorganisation de l'armée rescapée des plaines de Belgique, celle-ci, forte d'environ 70 000 hommes, n'est pas de taille à affronter durablement les 70 000 Anglais de Wellington qui campent devant Saint-Denis et les 60 000 Prussiens de Blücher arrêtés entre Versailles et Saint-Germain. Les généraux, comme d'habitude, crient à la trahison, mais la reddition de Paris est devenue inévitable. Ce qui est en jeu, c'est tout de même le pillage et l'incendie de la capitale française.

Pendant quatre jours, les échanges discrets se multiplient entre les parties. Des émissaires spécieux ou spéciaux traversent sans cesse les lignes alliées, munis de passeports délivrés soit par Fouché au nom de la commission de gouvernement, soit par Davout, entre Paris, Gonesse où est établi le quartier général de Wellington et Versailles où se trouve celui de Blücher. Le métier n'est pas de tout repos. Le 29 juin, le général Le

Sénécal, de l'état-major de Grouchy, se fait surprendre dans sa voiture à la sortie de Meaux en compagnie d'un major prussien par des officiers d'un régiment de chasseurs. C'est donc un traître. On le jette dans le fossé, on lui arrache ses épaulettes et on l'aurait sabré sur place si le général Exelmans n'était intervenu [1]. Pasquier, qui est constamment chez Fouché et donc très renseigné, décrit bien l'atmosphère de Paris au cours de ces quelques jours de grande incertitude : « L'agitation et l'inquiétude dans lesquelles nous avons tous vécu [...] sont impossibles à décrire. » Nous étions, dit-il encore, « continuellement ballottés entre la crainte et l'espérance, redoutant le dénouement presque autant que nous le désirions, vivant pendant quatre mortelles journées dans les appréhensions d'une bataille qui se livrerait peut-être dans les rues de la capitale, que l'incendie pouvait détruire, comme avait été détruite, il y avait trois ans à peine, la ville des tsars » [2]. Pasquier fait évidemment allusion au sort de Moscou. À partir du 30 juin, on entend le canon au nord de Paris. La ville a été mise en état de siège l'avant-veille. On se bat au mont Valérien, à Aubervilliers, prise et reprise plusieurs fois, à Sèvres et à Meudon. La capitale est encombrée des habituelles charrettes de blessés et de réfugiés. Les boutiques sont fermées, les spectacles ouverts. Des piquets de gardes nationales stationnent sur les places où l'on a dressé des tentes. La Garde impériale campe au Champ-de-Mars. Dans les mairies, on arme les fédérés destinés à la défense des barrières et aux travaux de fortification qui se poursuivent, en particulier sur la butte Montmartre [3]. Masséna les fait défiler, en uniforme jaune et blanc, place Vendôme, le 30 juin. Au même moment, les négociations vont leur train, cahin-caha. Après plusieurs essais infructueux, Blücher accepte enfin, le 2 juillet dans la soirée, sur les instances de Wellington, de négocier [4]. Les nouveaux plénipotentiaires français envoyés sur ordre du gouvernement provisoire – Bignon, le ministre des Affaires étrangères, Bondy, le préfet de la Seine, et Guilleminot, le chef d'état-major de Davout – rencontrent leurs homologues anglais et prussiens, le colonel Hervey et le général Müffling, au château de Saint-Cloud dans la journée du 3. Mais ils voient d'abord Blücher et Wellington. C'est avec eux que les discussions les plus sérieuses ont lieu [5]. Une fois de plus, le duc de fer joue les modérateurs. Blücher ne dit quasiment rien.

C'est Wellington qui porte constamment la parole[1]. Il défend Louis XVIII en signifiant clairement aux plénipotentiaires français que la reddition de Paris est une condition préalable à son retour et les empêche de réserver la question dynastique aux Chambres. Il dissuade par ailleurs son homologue prussien d'imposer le désarmement de l'armée et obtient que celle-ci se retire en armes derrière la Loire dans un délai de trois jours. Paris est mis sous la protection de la Garde nationale. Par l'article 12 de la convention, la sûreté des personnes et des biens est garantie quelles que soient les fonctions, les opinions et la conduite passée de tous ceux qui, résidant à Paris au moment de la capitulation, sont ainsi formellement mis sous la protection des vainqueurs. On reprochera beaucoup à Wellington et aux Alliés de n'avoir pas, par la suite, tenu tête au gouvernement royal lorsque celui-ci ne se considérera pas lié par la convention de Saint-Cloud à laquelle il n'avait participé en rien. C'est ainsi que Ney et La Bédoyère, alors présents à Paris, seront envoyés au poteau d'exécution et les régicides en exil. Le texte du 3 juillet n'est pas une convention d'armistice. Il n'y en aura d'ailleurs pas jusqu'à la paix, le 20 novembre 1815. C'est une suspension d'armes partielle qui ne concerne que les troupes en présence sous les murs de la ville, destinée à faciliter la reddition de la capitale. La boucle est pourtant bouclée. En juillet 1792, le duc de Brunswick promettait dans son célèbre manifeste de mettre Paris à feu et à sang si l'on touchait à la tête du roi, mais faisait demi-tour à Valmy. En juillet 1815, Wellington sauve le roi qui lui-même sauvera Paris des fureurs de Blücher.

5.

Les eaux troubles de la division

Il était temps, car, à Paris, depuis plusieurs jours, tout ce qui a été tenté en faveur des Bourbons s'est soldé par un échec. Le comité des royalistes constitutionnels réunis chez Pasquier, rue d'Anjou, dans le faubourg Saint-Honoré, manœuvre en vain depuis dix jours auprès des Chambres, du gouvernement provisoire et de l'armée pour les faire reconnaître. Le 22 juin, la minorité des députés royalistes de la Chambre avait échoué à faire élire le maréchal Macdonald, rentré clandestinement à Paris et favorable au roi, à la commission provisoire de gouvernement[1]. La commission se retrouvait donc avec trois régicides sur cinq membres, Fouché, qui la préside, Carnot et Quinette, ce qui ne présageait rien de bon. Il y eut bien quelques autres tentatives comme celle du député Malleville qui, le 27 juin, établissait dans une brochure que le rappel des Bourbons serait le seul moyen de prévenir l'humiliation et le démembrement du pays, mais elles furent toutes violemment prises à partie par la majorité[2]. Du côté du conseil général de la Seine, Molé, qui en fait partie, tente en vain quelques jours plus tard de faire adopter à l'Hôtel de Ville une adresse favorable aux Bourbons, mais se heurte au silence gêné de certains et à la fureur de quelques autres, comme le manufacturier Richard-Lenoir qui propose tout uniment de mettre le récalcitrant en prison. Même les plus royalistes se taisent. L'année précédente, le conseil municipal de Paris avait voté à la majorité une adresse semblable dès le 1er avril. On mesure par cet exemple la distance qui sépare les conditions d'avènement des deux Restaurations de 1814 et de 1815. La destitution et la nomination par

Napoléon et Carnot de douze conseillers « fidèles » (sur vingt et un) n'explique pas tout[1]. C'est définitivement la peur, le ressentiment et la certitude de n'avoir plus rien à perdre qui dominent parmi les édiles parisiens alors que la Garde nationale dirigée par Masséna n'est pas entièrement acquise au roi malgré l'accord secret des chefs de légion en contact avec le comité royaliste de la rue d'Anjou, et que les fédérés s'agitent à partir du 4 juillet à l'annonce de la capitulation de Paris.

Le climat est désormais à l'insurrection. Les fédérés chargés des fortifications de Belleville et de Montmartre se mutinent, fraternisent avec les soldats de la ligne et les artilleurs de place, pillent les magasins de poudre et menacent de tourner leurs pièces contre Paris. Dans la soirée et dans la nuit, les gardes nationales, sur les dents, font le coup de feu contre eux. En rentrant chez eux par bandes de plusieurs centaines, certains déchargent leur fusil en criant à la trahison, d'autres en appellent à Bonaparte et transportent son buste en procession, comme à la mairie de la rue Saint-Martin. Des postes de gardes nationales sont attaqués, boulevard du Temple, près du Château-d'Eau, rue Saint-Denis, sur le pont Henri-IV, le long des quais du Louvre et des Grands-Augustins, place de l'Odéon[2]. On compte quelques morts et des blessés. Paradoxalement, la « capitulation inespérée » du 3 juillet, l'émeute qui lui succède, rapprochent les milices bourgeoises, avant tout soucieuses d'ordre, de la solution pacifique que représente le roi. De leur côté, les tirailleurs fédérés ne sont sans doute pas en nombre suffisant pour prendre le dessus. L'historien Tønnesson en dénombre moins de cinq mille à la fin du mois de juin[3]. De plus, très contrôlés par la police et placés sous les ordres des officiers de la Garde nationale, ils n'ont été que partiellement armés[4]. Malgré les appels à la révolte des journaux les plus enragés comme *Le Patriote de 89* qui, le 3 juillet, parle d'« une masse terrible d'hommes » prête à en découdre, les conditions d'une véritable insurrection populaire ne sont pas réunies en juillet 1815. On a vu qu'en mai l'enrôlement des fédérés avait été largement provoqué, parfois sous la contrainte, par les contremaîtres de certaines grandes manufactures parisiennes comme celles de Richard-Lenoir que Molé qualifie par ailleurs de « Santerre de 1815 ». Le patriotisme de certains ne suffit pas à la politisation des masses plus préoccupées de leur salaire de la fin de la semaine que du régime à venir. Réal, le préfet de police de Paris, expliquait déjà dans les premiers jours de juin l'agitation ouvrière de certains ateliers, comme celui de la rue de Charonne destiné à la fabrication des armes, par le défaut de paiement des maîtres et par la baisse des « prix à la façon »[1]. Les salaires comptent décidément beaucoup, et si l'armée consent à se retirer sur la Loire à partir du 4 juillet, c'est parce qu'on a pris grand soin de verser leur solde aux soldats, avec 2 millions de francs prêtés par les banquiers Laffitte et Perrégaux, clients de Fouché. On assiste bien, ces jours-là, à une sorte de répétition de toutes les révolutions du siècle, mais c'est en miniature, avec cette grande différence que, cette fois, la Garde nationale ne fraternise pas avec les insurgés fédérés qu'elle déteste par les risques de désordre qu'ils représentent, et dont elle assurera le désarmement à partir du 15 juillet. Dans l'intervalle, le gouvernement provisoire aura fait sortir quelques centaines de tirailleurs de la capitale, sous les ordres d'officiers de ligne, à la queue de l'armée dirigée, non sans mal et sans désertions, vers Orléans. En juillet 1815, il n'y a ni assez de « patriotisme » ni assez de conscience de classe dans les faubourgs pour couvrir la capitale de barricades ou la transformer en commune insurrectionnelle.

L'armée qui quitte Paris à contrecœur les 4 et 5 juillet est résignée mais pas soumise au roi pour autant. De ce côté-là aussi, toutes les tentatives menées par les royalistes avant la reddition du 3 juillet pour rallier les chefs militaires à leur cause ou éviter l'entrée des troupes alliées dans la ville se sont soldées par des échecs. Pasquier et le général Alexandre de Girardin cherchent une première fois à joindre le maréchal Grouchy, du côté de Soissons, mais sont arrêtés à Ermenonville. Quelques jours plus tard, le 29 juin, le baron de Vitrolles, élargi de prison par Fouché et autoproclamé, avec la bénédiction de ce dernier, commissaire du roi à Paris, rencontre Davout, accompagné d'Oudinot, à son quartier général de La Villette. Le général en chef, conscient du déséquilibre des forces en présence, est convaincu depuis deux jours de la nécessité de rappeler les Bourbons. Il en avait écrit à Fouché : « Nous devons proclamer Louis XVIII, nous devons le prier de faire son entrée dans la capitale sans les troupes étrangères qui ne doivent jamais mettre le pied à Paris. [...] Louis XVIII doit régner avec l'appui de la nation[1]. » Seulement, une grande partie de son état-major, les généraux des différents corps de l'armée placés sous son commandement crient de leur côté à la trahison et, mauvaise conscience aidant, ne veulent pas entendre parler du gros roi. La scène de La Villette tient à la fois du vaudeville et de la tragédie. La conversation s'engage, puis Davout, incapable d'assumer seul ses responsabilités, conduit brusquement l'émissaire du roi à l'étage du dessous où se trouvent quelques-uns des généraux de son armée et une délégation de la Chambre des députés venue porter une adresse d'encouragement à l'armée, votée le jour même. Vitrolles est immédiatement pris à partie par les plus violents, les généraux Dejean, Fressinet et Kellermann. On lui reproche les « crimes » des Bourbons, on lui parle de la « honte » d'avoir à les subir et on l'accuse une fois de plus de trahison. Vitrolles s'en sort tant bien que mal. Il en sera quitte pour se cacher à nouveau quelques jours dans Paris. Tout ce qui est royaliste vit encore à demi clandestinement dans la capitale. Jusqu'à l'entrée des Prussiens dans la ville, le 6 juillet, il ne fait pas bon se déclarer tel. Quelques gardes du corps à cheval qui se risqueront ce jour-là à arborer leur cocarde blanche se feront assaillir à coups de pierres par la foule près du Luxembourg[2]. D'autres y laisseront la vie.

« Nous ne parlons pas le même français », avait répondu Vitrolles à Davout en quittant le quartier général de La Villette. La tragédie est bien dans ces mêmes mots d'intérêt et d'indépendance de la patrie que les uns et les autres se jettent à la figure sans jamais y mettre le même sens[3]. On discute et on se déchire alors que les loups sont aux portes de la ville. Mais, derrière les grands principes, il est aussi question de défendre sa peau. Alors que personne n'a encore lu la déclaration royale de Cambrai, Davout et Grouchy ne parlent que d'amnistie pleine et entière pour tous les acteurs du 20 mars. Ils se refusent également absolument à la dissolution de l'armée. La légalité sépare désormais les uns et les autres. Comme le fait dire Barante aux députés : « À quoi bon nous parler d'un homme qui ne peut pas nous reconnaître et dont le premier acte sera de nous dissoudre[4] ? » De son côté l'ex-préfet de Rome, Camille de Tournon, est envoyé à Versailles pour y rencontrer Blücher et le persuader de laisser le roi entrer dans Paris avant que les Prussiens n'occupent la ville, mais en vain[5]. Tout cela se fait dans le désordre d'une situation très volatile, qui évolue d'heure en heure. « Chaque jour, la disposition des esprits change deux ou trois fois », note Mme de Montcalm le 3 juillet[1]. Les royalistes manquent aussi cruellement de nouvelles et de directives du roi et de ses ministres dont on ne sait même pas où ils se trouvent. « Pas un émissaire, pas une instruction, pas une lettre, ne vint guider les efforts et soutenir le courage de tant de gens prêts à se dévouer », écrit Molé un peu découragé. « C'est ainsi que cette cause a toujours été servie », ajoute-t-il perfidement[2]. Ces instructions existent pourtant, mais elles datent déjà de un mois et sont peu adaptées aux événements. Elles ont été confiées à un conspirateur d'expérience, le baron Hyde de Neuville. Celui-ci quitte Gand le 13 juin, et n'arrive à Paris que le 30, *via* Londres et Le Havre. Il cache dans ses fontes des lettres patentes de Louis XVIII signées à Gand le 1er juin et nommant à Paris une commission royale extraordinaire de neuf membres autour de Macdonald et d'Oudinot. Celle-ci est chargée de rétablir par tous les moyens « l'autorité légitime », de dissoudre l'armée comme les autorités irrégulières constituées dans Paris et de former dans la Garde nationale une légion d'élite chargée de la police de la ville[3]. Le programme est irréaliste, inadapté aux circonstances et surtout dangereux. La commission se réunit deux ou trois fois, chez le maréchal Macdonald, et décide prudemment, le 4 juillet, de ne rien faire. On sait pourtant ce jour-là que le roi a quitté Cambrai et se rapproche de la capitale. Depuis la reddition de la ville, l'opinion évolue rapidement en faveur d'une seconde restauration de l'exilé de Gand. L'attentisme pragmatique de la bourgeoisie parisienne la pousse vers celui qui représente à nouveau l'ordre et la paix. Pourtant Vitrolles plaide la force des événements et, sans le dire, cherche à ne pas gêner Fouché dans ses manœuvres. Le fruit tombera de lui-même, pense-t-il. D'autres expliqueront plus tard n'avoir pas voulu provoquer un soulèvement royaliste afin d'éviter de faire porter au roi le poids d'un combat fratricide dans Paris. Ils n'osent s'avouer, en réalité, qu'ils n'avaient pas, à ce moment-là, les moyens de leurs ambitions[4].

6.

Joseph Fouché : la pieuvre

Au cœur de ces événements, immobiles par le refus obstiné des uns et des autres de changer de position, mais aussi incroyablement changeants par la force des choses et des armes, se cache un homme dont on n'a pas encore beaucoup prononcé le nom mais qui a pourtant été l'âme – noire, diront certains – de ces quelques jours d'incertitude et d'interrègne. C'est Joseph Fouché. Les hommes de la dimension de Fouché ne sont pas seulement ce qu'ils sont, ils sont aussi ce que leur réputation a fait et fera d'eux. Dans *Une ténébreuse affaire*, Balzac dresse de son personnage principal, le sénateur Malin, un portrait qui ressemble beaucoup à celui du ministre de toutes les polices et de tous les régimes, l'un de ceux aussi qui fondent la légende : « Cet obscur conventionnel, l'un des hommes les plus extraordinaires et les plus mal jugés de ce temps, se forma dans les tempêtes. Il s'éleva sous le Directoire à la hauteur d'où les hommes profonds savent voir l'avenir en jugeant le passé, puis, tout à coup, comme certains auteurs médiocres qui deviennent excellents, éclairés par une lueur soudaine, il donna des preuves de dextérité pendant la rapide révolution du 18 Brumaire. Cet homme au pâle visage, élevé dans les dissimulations monastiques, qui possédait le secret des montagnards auxquels il appartenait, et ceux des royalistes auxquels il finit par appartenir, avait lentement et silencieusement étudié les hommes, les choses, les intérêts de la scène politique[1]. » En 1815, Fouché est déjà perçu par ses contemporains à l'aune de ces hommes qui, comme dit encore Balzac, « ont tant de faces et tant de profondeur sous chaque face qu'ils sont impénétrables au moment où ils jouent et qu'ils ne peuvent être expliqués que longtemps après la partie ». La distance de sa légende est aussi celle de sa naissance. Les élévations de ceux qui partent de loin sont d'autant plus spectaculaires. Le petit bourgeois de Nantes, l'ancien oratorien, l'obscur répétiteur du collège de Juilly est bien l'homme de ses œuvres. Les événements – et avec Fouché, il n'en est pas un qui ne soit bon à saisir – ont fait le reste. Le passé révolutionnaire du conventionnel régicide, du proconsul de Nantes et de Nevers, du mitrailleur de Lyon, du tombeur de Robespierre, sa longue coexistence avec le pouvoir et les réseaux d'une police qu'il a largement contribué à créer au point d'en faire « sa » police, le rendent définitivement inquiétant jusque dans son apparence physique. En 1815, à cinquante-six ans, il a depuis longtemps précocement vieilli. Toute sa personne témoigne des passions qui ont agité sa vie. Il est grand et sec, un peu voûté, le visage d'une pâleur qui venait surtout de ce que, dans sa jeunesse, ses cheveux avaient été ou dû être d'un blond très fade. Ses yeux sont petits, rapprochés, très rouges, des yeux de « perdrix rouge », dit Barras qui le déteste, des yeux « éraillés et perçants », dit encore un autre. Charles Nodier lui trouve pour sa part « le regard glauque, d'une fixité curieuse et exigeante ». On l'a souvent comparé à une hyène. Molé lui trouve « je ne sais quoi de féroce, d'élégant et d'agile qui le fait ressembler à une panthère [1] ». Il a, comme Talleyrand, mais dans un autre ordre, la réputation de ces hommes qui ont un secret, de ceux à qui l'on suppose des profondeurs, des liens cachés, des armes occultes. Sa vie se divise en deux parties. Dans la première, il s'est fait jour en parvenant au plus haut degré de la fortune et de l'ambition jusqu'à ce titre fastueux de duc d'Otrante, si « longtemps attendu et désiré », dit Mme de Chastenay qui l'a bien connu par l'intermédiaire de Réal. Dans la seconde, il a cherché à se faire pardonner et à se maintenir. En juin 1815, Fouché a largement entamé la seconde moitié de sa vie. L'ancien ministre et sénateur de Napoléon n'a pas l'intention de se laisser déposséder ni de sa gloire ni des biens patiemment acquis sous l'Empire : les millions des anciens fonds secrets de la police, le vaste domaine de Ferrières dans la région parisienne, son bel hôtel particulier de la rue d'Artois dans le faubourg Saint-Honoré. Il est aussi de ceux qui ne veulent ni ne peuvent rester à l'écart de l'éternel jeu du pouvoir. Le pouvoir n'est pas pour lui un moyen comme un autre de parvenir, il est sa façon de vivre et sa raison d'être.

Le défaut de la cuirasse est peut-être là. Les événements qui se sont précipités depuis le retour de Napoléon à Paris lui ont donné l'occasion de s'en ressaisir. Les Cent-Jours sont un peu son chant du cygne. Avec un incroyable sang-froid, par son sens inné de la manœuvre dans l'orage – par « charlatanisme », diront ses détracteurs –, il va réussir à se placer au faîte du pouvoir, tout en se rapprochant cruellement, par cela même, de sa chute. Le pari de Fouché est un extraordinaire pari sur le présent. Tout doit disparaître et surtout le passé, alors même que celui-ci revient en force avec Napoléon. L'amnésie en politique est le jeu le plus dangereux qui soit. Dans ce jeu subtil, Napoléon est condamné d'avance et le roi, tel le magicien d'Oz, est celui par qui l'ancien régicide va tenter de mourir à la Révolution pour renaître, amnistié et pardonné, à sa nouvelle vie. Fouché est bien à l'intersection de ces jeux de mémoire qui sont l'enjeu essentiel de toute cette période. Lorsqu'il se révèle un peu, dans ses lettres les plus intimes à ses amies de toujours, la princesse de Vaudémont ou Delphine de Custine, il n'est question que de cela. « Les passions nous jettent sans cesse dans le passé, je ne me laisserai pas distraire par leurs bruits. Rien ne me fera fermer les yeux sur le présent. Tout notre avenir y tient, tout notre bonheur et notre repos en dépendent. Je conserverai ma renommée[1]. » Avec lui, on pourrait croire qu'il n'a jamais fait fusiller personne à Lyon, et peut-être le croit-il lui-même. Voilà longtemps qu'en prestidigitateur consommé il prépare le terrain de sa reconversion entre un Empire un peu fané qu'il trahit, et ce qui va suivre. S'il a choisi d'être à nouveau le ministre de la Police de Napoléon sous les Cent-Jours, c'est précisément pour cela. Faute de mieux, la fonction lui donne l'occasion, comme on l'a vu, de réorganiser ses réseaux de police sur le pied où ils étaient au commencement du Consulat. On n'a pas assez prêté attention à l'énorme travail accompli par Fouché dans ce domaine au cours des trois mois du « règne trimestriel » de Napoléon, comme dit Charles de Rémusat. Des archives inédites récemment découvertes le montrent mieux encore que ce qu'il en reste dans les fonds de la préfecture de police de Paris. Dans les derniers jours de mars, Fouché multiplie les projets de réorganisation de la police générale, à la signature de Napoléon. Il rédige nombre de circulaires aux préfets et place ses hommes de manière à les soustraire le plus possible des décisions du ministre de l'Intérieur comme de la surveillance de Savary qui, à la tête de la gendarmerie, est spécialement chargé de le marquer. Ses anciens agents de l'Empire, peu employés et généralement mal payés sous la première Restauration, affluent dans les antichambres ministérielles du quai Malaquais. Si les commissaires de police placés dans les villes de plus de 5 000 habitants dépendent des préfets et des sous-préfets, les lieutenants de police « d'arrondissement », d'autres, « extraordinaires », affectés à certaines villes particulièrement difficiles, les quatre inspecteurs généraux de police chargés au ministère de la correspondance ordinaire relèvent directement de lui. Vers lui converge aussi tout ce qui dans les rapports de police concerne ce qu'il appelle « l'esprit public » et « la sûreté générale »[1]. Dans une circulaire qu'il adresse aux préfets le 31 mars, Fouché parle à propos de ce qu'il est en train de mettre en place de « police libérale et positive » ou encore de « police d'observation » qu'il veut « calme dans sa marche, mesurée dans ses recherches, active dans ses poursuites [2] ». Fouché, bien sûr, ne contrôle pas tout. Réal, à la tête de la préfecture de police de Paris, le surveille discrètement. Les services de police des villes du Midi sont en partie dépassés par la force de l'opposition royaliste. Mais il en sait suffisamment pour pouvoir fermer les yeux ici, gracier là, élargir celui-ci de prison, délivrer des passeports à cet autre, alterner tour à tour la sévérité et l'indulgence en se créant ainsi autant d'obligés dans tous les partis. Au ministère ou chez lui, rue d'Anjou, il voit tout le monde, fait parler tout le monde, exprime ses doutes sur les chances de Napoléon et prépare les siennes. Il résiste à l'avenir et ne le montre pas alors même qu'il le connaît, tient les uns en haleine, sans décourager les autres. « On entrevoyait sa manœuvre, dit Mme de Chastenay, comme des travaux d'abeilles dans une ruche de verre, qu'on n'ose pourtant pas épier de trop près, dans la crainte de quelque piqûre[3]. » Les royalistes comptent sur lui pour ne pas se faire massacrer. Les révolutionnaires lui demandent de les défendre contre les progrès de la réaction. Dans ce jeu tout d'audace et de prévoyance, le ministre de la Police est à ses semblables ce que le chat est aux souris. Il attend et fait attendre. À partir du

20 juin seulement, une fois sûr de la défaite militaire de Napoléon, il abat ses cartes, mais il les abat une à une vis-à-vis de chacun des joueurs avec lesquels il joue, sans montrer aux autres le reste de son jeu. Chaque fois, il fait une levée.

Le plus coriace d'entre eux est évidemment Napoléon. Il sera le premier éliminé. Fouché le fait tomber en deux jours par la peur et les grands sentiments. Aux uns, il fait croire que le général vaincu veut se saisir de la dictature ; aux autres, il explique que le moment est venu de défendre les libertés et que les Alliés laisseront au pays les mains libres. À la Chambre, ses affidés, le jeune avocat Manuel qu'il a fait élire à Aix, Antoine Jay qui habite chez lui et travaille à ses journaux jouent sa partition. Mais c'est La Fayette qui lui sert de paratonnerre. C'est ce dernier qui tour à tour fait de celui qui oserait dissoudre la Chambre un traître en puissance, puis parle à mots couverts de déchéance. La partie qui oppose Fouché à Napoléon est d'autant plus mortelle qu'elle est faite de grimaces et de silences, comme elle l'avait été contre Robespierre, dans les mêmes lieux, vingt ans auparavant. Fouché ne parle pas plus à la tribune de la Chambre le 21 juin 1815 qu'il n'avait parlé à celle de la Convention les 26 et 27 juillet 1794. Il mène la lutte dans l'ombre et la coulisse et il la mène à sa façon, avec l'ironie froide des grands cyniques, par intérêt probablement plus que par tempérament. Alors que La Fayette parle à la Chambre contre Napoléon, il est, lui, à l'Élysée, avec Napoléon dans ses habits de ministre de la Police. Il est encore à ses côtés le lendemain lorsque ce dernier, à court d'énergie, se décide à abdiquer. C'est même lui qui tient la plume et rédige sous sa dictée, l'acte d'abdication qu'il lira cette fois à la tribune dans la matinée du 22, en s'offrant le luxe d'un hommage appuyé à celui qu'il vient de faire tomber.

Avec Fouché, la cruauté maîtrisée n'est jamais loin de la tragédie. Puisque la tombe est creusée et le cadavre presque enterré, on peut bien y jeter quelques fleurs. L'essentiel est fait. Ceux qui vont suivre sont des seconds couteaux. De La Fayette, il parvient à faire un diplomate d'occasion en l'envoyant négocier loin de Paris un hypothétique armistice dont il sait d'avance l'impossibilité. À Carnot, élu comme lui le 22 juin, mais avec un nombre plus élevé de voix, à la commission provisoire de gouvernement, il souffle la présidence en lui donnant, faussement généreux, sa voix tout en s'assurant de celle des autres. Il n'est pas jusqu'à Davout qui ne se soit fait manipuler. « Fouché avait soufflé sur lui », écrit, énigmatique, le général Berthezène. Tout l'art de Fouché a consisté, pendant ces quelques jours de crise, à se rendre indispensable à tous sans jamais se donner à personne. Contre ceux qui l'accusent de double jeu, et ils seront nombreux, il se protège derrière les circonstances et la force des choses. « Ce n'est pas moi qui trahis ; c'est la bataille de Waterloo, ce sont les événements qui a chaque instant nous trahissent[1]. » Il sait mieux qu'un autre que tout se terminera par le retour du roi à Paris, mais il cherche avant tout à gagner du temps. « Qu'on ne me presse pas », répète-t-il sans cesse à Pasquier[2]. « Il voulait, écrit Molé, ne rien brusquer, ménager sa popularité dans tous les partis, sortir des nuages et se déclarer le plus tard possible, afin qu'aux yeux des révolutionnaires il parût céder à une nécessité inévitable, et que le roi se crût redevable à lui seul de sa couronne et de son retour[3]. » Certes, il y a les principes et on ne peut lui reprocher de ne pas les avoir défendus. Le roi a tout intérêt à se soumettre à la Révolution. Dans son esprit, cela s'appelle imposer des garanties. Tous les émissaires secrets qu'il enverra auprès du souverain, le frère de Talleyrand, Archambaud de Périgord, à Cambrai, son homme de confiance Gaillard, à Roye, en demanderont. Mais celles-ci tomberont les unes après les autres.

Lorsqu'il lui apparaîtra que non seulement le roi refusera de se faire reconnaître par les Chambres, qu'il n'en acceptera ni la légitimité ni les couleurs, il finira par céder sur presque tout, sinon sur lui-même. Il y a de la présomption et de la vanité chez Fouché. Quelle meilleure garantie pourrait-il offrir à la Révolution que lui-même ? L'ancien conventionnel est un révolutionnaire qui ne veut plus de révolution. Il ne faut pas l'étouffer pour autant, il faut la régulariser. C'est sur ce dernier point qu'il insiste surtout en juin 1815. Il faut l'avoir entendu parler de cela aux royalistes, à Vitrolles, à Chabrol, l'ancien préfet de la Seine qui le redeviendra dans quelques jours, pour comprendre comment il a su s'imposer auprès d'eux comme le dernier partisan de l'ordre et de la paix, tout en amusant la galerie. « Les révolutions sont agréables quand on est jeune ; elles donnent du mouvement, c'est un spectacle. À mon âge, elles n'intéressent plus, et puis elles sont devenues trop chères à tout le monde[1]. » Encore une fois, derrière tout cela, Fouché pense d'abord à lui. On verra ensuite pour les autres, mais sauvons-nous nous-même de la proscription et de l'exil. La méthode est simple. En ouvrant au roi les portes de Paris, on s'ouvrira du même coup celles de son ministère. Elle n'en est pas moins dangereuse. À force de créer des difficultés à tout le monde, à force de susciter la peur, d'empêcher les uns et les autres d'agir tout en les encourageant en sous-main, on finit par provoquer les inimitiés[2]. Les menaces ne sont d'abord pas venues tant des royalistes que de ses anciens amis. De ce côté, on a très vite crié à la trahison. Dans son admirable biographie de Fouché, Stefan Zweig fait de son personnage la figure du traître absolu. Zweig ne le considère pas comme un traître d'occasion ou de circonstance, mais comme un traître consommé dont il aurait eu le génie. Dans cette perspective, la trahison n'est pas seulement son intention ou sa tactique, elle est sa nature fondamentale[3]. Il est vrai que, pendant ces quelques jours de crise, le président de la commission provisoire de gouvernement a fait mieux que donner des gages à la trahison, comme si la situation était faite sur mesure pour lui, en tournant tour à tour le dos à l'Empire, à la régence, à la République, à la Convention régicide. C'est ainsi en tout cas que ses contemporains l'ont perçu, au point d'en faire très vite « le coquin le plus diffamé de France », pour emprunter l'expression au baron de Frénilly[4]. Les périodes ambiguës ou ambivalentes portent en elles-mêmes les germes de la trahison et puisque tout le monde s'y fait plus ou moins prendre, on s'amende en criant au loup. La lèpre hideuse de l'immoralité d'un seul sert d'excuse à tous les autres. Ainsi naissent les légendes. Mais la réalité n'est pas plus enviable. À partir du 28 juin, ses amis de la Chambre, républicains et anciens régicides, commencent à le montrer du doigt. Ce jour-là, Regnaud de Saint-Jean-d'Angély, Durbach, Félix Desportes viennent le menacer directement chez lui. Le lendemain, lorsqu'on aura vent de ses manœuvres auprès de Davout et des généraux par l'intermédiaire de Vitrolles, les mêmes chercheront à fomenter un complot contre lui, en mettant le général Vandamme à la tête de l'armée. Après la capitulation de Paris, on fera défiler les fédérés sous les fenêtres de son ministère du quai Malaquais. Les uns y déchargeront leur fusil, d'autres crieront contre lui, à la trahison. Ses papiers personnels regorgent de lettres d'intimidation et de menaces de mort.

Fouché sait tout cela et n'entend pas se laisser déborder ou se faire enlever. Dès le 29 juin, il fait garder son hôtel de la rue d'Anjou par un piquet de la Garde nationale. Ce jour-là, il écrit à son amie Delphine de Custine : « Vous n'avez rien à craindre, reposez-vous sur moi ; cependant, je tiens seul tête à l'orage[1]. » Les jours de tempête lui conviennent. Plus la situation est dangereuse et tendue, plus il sait être maître de lui-même. Peut-être méprise-t-il trop ses semblables pour avoir peur. Il traite tour à tour ses amis républicains de « fous » et les royalistes de « bêtes ». « Ce mépris, disait Talleyrand en pleine forme, tient à ce que M. Fouché s'est beaucoup étudié. » Pasquier, qui le voyait constamment ces jours-là, ne peut tout de même pas s'empêcher d'admirer la force de son jeu. « M. Fouché avait besoin d'un grand sang-froid, d'une grande impassibilité pour se maintenir dans la position où il était placé. Cette qualité, il l'avait acquise dans sa vie de conspirateur et de révolutionnaire. En butte à tous les hasards, sa conduite forcément ambiguë attirait sur lui les menaces de tous les partis ; ces méfiances allaient souvent jusqu'à l'insulte, la menace, surtout de la part des bonapartistes et des révolutionnaires, ses anciens amis. Tous cependant affluaient chez lui ; ses salons offraient le plus extraordinaire assemblage ; chacun y trouvait sa place, y rencontrait ses amis, ses adversaires. Quant à lui, il allait de l'un à l'autre avec la même aisance que s'il eût le même langage à tenir à tous. Combien de fois ne l'ai-je pas vu sortir d'une embrasure de fenêtre, où sa conversation avec l'ancien camarade, avec le conventionnel Thibaudeau avait eu toutes les apparences de l'intimité, pour venir dans celle où je me trouvais avec mes amis, où je lui parlais de quelque messager expédié à Cambrai (près du roi) ! Or Thibaudeau était connu comme le plus ardent, le plus emporté de tous les adversaires de la maison de Bourbon. Il est vrai que bien peu de temps après, M. Fouché ne s'est fait aucun scrupule de porter sur la liste des hommes qui furent désignés à la vindicte nationale et provisoirement expulsés de la capitale : Thibaudeau[2] ! » Mais cela est une autre histoire.

Le paradoxe de cet homme, c'est qu'au moment même où il n'a jamais autant trompé et trahi tout le monde il n'a également jamais autant inspiré confiance. Wellington ne jure que par lui. Depuis le début du mois d'avril, le ministre de Napoléon a réussi à persuader le général anglais qu'en cas de victoire des Alliés il serait infailliblement l'homme de la situation. Prudent, il lui demande aussi sa protection au cas où les choses tournerait mal[1]. Après Waterloo, alors que les troupes alliées se rapprochent de Paris, il multiplie les contacts secrets. Outre Gaillard, Macirone, un ancien aide de camp de Murat et le général de Tromelin, un ancien chouan reconverti, sont envoyés à travers les lignes ennemies. Parmi les généraux qui prêchent la résistance, on est persuadé que l'unique objet de ces contacts était de supplier l'Anglais d'arriver au plus vite, en lui promettant qu'il ne lui serait pas livré bataille[2]. Il est probable que les arguments de Fouché ont dû être plus subtils, si l'on en croit sa lettre du 27 juin à Wellington. Tout en lui demandant de laisser la nation décider de son sort, il le flatte et fait de lui l'arbitre de la situation. Barras appelle cela un peu brutalement « empaumer Wellington[3] ». Il faut la lire pour en respirer tout le parfum : « Mylord, vous venez encore d'agrandir votre nom par des victoires ; c'est par vous surtout que les Français doivent être appréciés. Dans le conseil des souverains, votre influence et votre crédit ne peuvent pas être moindres que votre gloire. Votre droit des gens a toujours été la justice et votre politique la conscience. La nation française veut vivre sous un monarque, mais elle veut que ce monarque vive sous l'empire des lois. [...] Tous les regards sont fixés sur l'Angleterre ; nous ne prétendons pas être plus libres qu'elle, nous ne voulons pas l'être moins[4]. » Fouché met Wellington en position d'être magnanime et de couper court aux emportements des Prussiens. Il agit avec lui comme Talleyrand l'avait fait avec Alexandre en avril 1814. Une fois Napoléon conduit à Rochefort sous la garde du général Becker, ce que Wellington considérait comme un préalable indispensable à toute entrée en matière, les négociations pour la reddition de Paris en seront facilitées d'autant. À cette occasion, les biographes les plus indulgents de Fouché, à l'instar de Louis Madelin, ont fait de leur héros le sauveur de Paris[5]. Cela est vrai en un sens, même si le sauvetage aurait pu avoir lieu plus tôt et même si l'ancien régicide ne fut évidemment pas le seul à y contribuer. Une fois signée, la convention du 3 juillet lui donne les coudées larges. Les grandes manœuvres peuvent commencer. Et Fouché n'y va pas par quatre chemins. Les 3 et 4 juillet, ses émissaires se multiplient auprès de Wellington dont le quartier général est à Gonesse. « Je désire, lui écrit-il le 4, que votre seigneurie me désigne un lieu où je puisse librement épancher mon âme dans la sienne [1]. » Ce matin-là, Macirone a une entrevue secrète avec Wellington en présence de Talleyrand et de Pozzo. Il lui fait part du ralliement de Davout et lui assure que les Chambres se déclareront pour le roi dès que l'armée aura quitté Paris, ce qui est aller un peu vite en besogne. Seulement, il faut des garanties. Ceux qui sont compromis doivent être amnistiés, tous, sans exception [2]. On convient cependant d'un rendez-vous avec Fouché lui-même, le lendemain soir à Neuilly, dans l'ancienne et jolie maison de Pauline Borghèse qui avait été avant la Révolution la folie campagnarde du riche financier Baudart de Saint-James. Tout le monde est là : Wellington, Talleyrand, Pozzo di Borgo, le comte de Goltz, Stuart, Beurnonville. Fouché, de son côté, est venu de Paris, avec Molé, Manuel et le général de Valence, en faisant croire à ses « amis » du gouvernement provisoire que sa démarche pourrait être avantageuse « dans l'intérêt commun ». « L'intérêt commun » se réduira bien vite à celui du seul Fouché.

7.

Les portes du ministère

À Neuilly où l'on a discuté jusqu'à quatre heures du matin, chacun est resté sur ses positions, mais tout le monde s'est mis d'accord sur le dos des absents, les Carnot et autres conventionnels de la Chambre. On a joué serré, on a récité sa partition pour l'histoire, et on s'est tu sur la seule chose qui était évidemment dans toutes les têtes : l'entrée de l'ancien régicide dans le cabinet du roi. « Votre duc d'Otrante ne nous a rien dit du tout », dira Talleyrand à Vitrolles en sortant de la réunion. Et Fouché de répondre au même Vitrolles : « Que voulez-vous que je dise à des gens qui ne parlent pas [1] ? » Pour le reste, tout s'est passé comme convenu. Wellington a plaidé la cause de Louis XVIII et soutenu la nécessité de punir les coupables du 20 mars. Fouché les a défendus en présentant le retour de Napoléon comme un accident de l'histoire. « Sa mauvaise foi était évidente », commente Molé, qui assistait, un peu médusé, à la scène. « Aux arguments du duc de Wellington, il composait ce babil révolutionnaire qui lui est particulier, il parlait de la révolution du 20 mars comme d'une espièglerie, d'un tour d'écolier qu'on ne pouvait trop tôt, ni trop complètement oublier. Il savait mieux que personne ce qu'il en fallait penser [2]. » Talleyrand écoute et parle peu. Il se contente de minimiser les sévérités promises dans la déclaration de Cambrai en les présentant comme un moyen moral de conserver le respect de l'autorité du roi, plutôt que comme le dessein d'inquiéter et de punir. Il argumente, mais à sa manière, nonchalamment, pour la forme, en homme qui sait très bien ce que veut Fouché et par où tout cela finira. On s'est accroché cependant sur la question des couleurs et du drapeau. Wellington, consulté, se prononce nettement contre la conservation des couleurs nationales. Il y aurait été, dit-il, favorable l'année précédente, mais désormais les trois couleurs représentent la révolte. Le roi, explique-t-il, ne peut arborer le drapeau sous lequel l'usurpateur a fait la guerre à toute l'Europe. De plus, les villes du Midi, de l'Ouest et du Nord qui se sont insurgées depuis la fin du mois de juin au nom du roi, ont toutes arboré le drapeau blanc. Cette opinion partagée par une partie des royalistes n'était cependant pas majoritaire dans le pays. Les républicains les plus abordables, Fouché en tête, font du maintien des trois couleurs une condition non négociable au retour du roi. Fouché les défend longuement à Neuilly. Il en est question dans la lettre qu'il remet, ce soir-là, à Wellington, pour le roi. Nous n'en connaissons pas le texte définitif, mais la pensée, grâce aux différents brouillons qui en ont été conservés jusqu'à ce jour. Fouché y compare Louis à Henri IV et parle des nécessaires concessions qui doivent être faites. « Si le roi ne veut faire aucune concession, on peut lui dire avec vérité et avec force que, plus tard, si la guerre civile se déclarait et qu'il veuille régner en paix, il ne pourrait lui-même se dispenser de [les] faire, qu'elles seraient un aveu de faiblesse pour son autorité. » Il parle de « sagesse » et de « prévoyance » et pose surtout très clairement les enjeux du problème des couleurs. « Cette question, frivole en apparence, décide de tout. C'est la question de l'étendard sous lequel on se ralliera, c'est la question du triomphe d'un parti sur l'autre. La couleur du ruban décidera de la couleur du régime[1]. » On ne peut reprocher à Fouché d'avoir été clairvoyant sur ce point. On croirait l'entendre annoncer la future révolution de Juillet qui se fera quinze ans plus tard au nom des trois couleurs et beaucoup plus loin, la naissance de la IIIe République en 1875 après le « grand refus » du comte de Chambord, le petit-fils du comte d'Artois resté fidèle au drapeau blanc : « Il a flotté sur mon berceau, je veux qu'il ombrage ma tombe[2]. » Fouché s'est battu jusqu'au bout sur les couleurs. Il est certainement derrière l'ordre du jour à la Garde nationale de Paris publiée par Masséna le 6 juillet et qui prescrit la conservation de la cocarde tricolore. Le même jour, la presque totalité des chefs de légion écrivait dans le même sens à la Chambre des députés[3]. Les couleurs nationales, disent-ils, ne pourront être abandonnées sans danger. La garde représente la bourgeoisie et l'opinion modérée qui, à Paris, penchent nettement pour « Louis l'Inévitable », à défaut d'adhérer à « Louis le Désiré ». La plupart des royalistes constitutionnels sont du même avis. Pasquier dit dans ses Mémoires avoir envoyé plusieurs notes au roi à ce sujet dans les premiers jours de juillet. Dans l'entourage de ce dernier, on ne parle que de cela. Marmont lui-même plaide la cause des trois couleurs. On signifie à Louis qu'il les portait au début de la Révolution. On ajoute que si la cocarde blanche avait été nécessaire pendant les derniers événements, pour distinguer les partisans de la monarchie, elle devenait inutile maintenant que celle-ci allait être rétablie [1]. À l'évidence, le roi a dû hésiter. Pour donner le change, il feint de prendre la chose à la légère et parle en riant de « hochet » à propos de la cocarde. Mais la « dignité » de sa couronne l'emporte une fois de plus. S'il avouera avoir regretté de ne pas avoir cédé en 1814, quand il en était encore temps, il considère qu'il est maintenant trop tard. Les trois couleurs sont devenues cette fois une affaire personnelle. C'est par elles qu'il a été chassé de France en mars. Il ne les prendra pas et gardera le blanc. De Masséna venu le voir au château d'Arnouville, aux portes de Paris où il réside depuis le 4 juillet, il dira à Vitrolles : « Le voilà qui me parle encore de sa cocarde ; mais je suis ferme comme un roc. » Une fermeté toute relative, car, sur ce sujet, Louis se heurte une fois de plus à l'opposition unanime de sa famille, à commencer par celle de son frère. Ce dernier, déjà humilié à Cambrai, fait comme d'habitude. Il joue le tout pour le tout et menace tout net de quitter la France avec ses fils, si le roi adoptait des couleurs contraires à son « honneur » [2].

La messe est donc dite, ou plutôt n'est pas dite. On s'achemine tout doucement vers ce que Benjamin Constant appelle « le rétablissement sans pacte [3] ». Fouché n'en sera pas moins ministre. Il a pris soin, le 6 juillet, alors qu'il retrouve à nouveau Wellington à Neuilly, de soulever des difficultés de dernier moment pour mieux convaincre de sa nécessité. Les plénipotentiaires de Haguenau sont rentrés à Paris la veille, toujours aussi convaincus que les Alliés laisseront les Chambres appeler le prince de leur choix [4]. Fouché lit leur rapport à Wellington et parle à ce sujet de l'« émotion » des Chambres. Ce qu'il ne dit pas, c'est qu'en réalité il ne les contrôle plus. « Le salut public est dans le plus prompt achèvement de la Constitution », déclare Lanjuinais au même moment. Pour les députés, il s'agit de mettre le roi devant le fait accompli. Toute leur philosophie tient dans ce qu'écrivait La Fayette à son fils Georges, quelques jours auparavant : « Il convient que vous fassiez une Constitution sévère. Si nous réussissons, il faudra bien prendre ce que nous donnons ; si nous sommes culbutés, il faut que le peuple sache ce qu'il a perdu et ce dont il doit se ressaisir[1]. » Paris est un terrain miné, et ce sont des mines à mèche lente. Le jeu de Fouché consiste donc à cacher son impuissance tout en environnant le roi et les princes de terreur afin de se rendre inévitable. Et sur le moment presque tout le monde l'a pensé. Depuis Gand, le comte d'Artois et ses amis, toujours prêts à user des expédients les plus tordus, soutiennent qu'il n'y a pas d'autre voie de salut. Le roi n'entrera pas à Paris sans que Fouché n'entre au ministère. « Un noir vertige s'était emparé des esprits », note Mme de Chateaubriand. Tout le faubourg Saint-Germain, accouru à Arnouville depuis Paris, le réclame. On a même fait venir pour le convaincre la comtesse de Narbonne, une vieille amie d'émigration, qui a « gardé le plus d'empire sur l'esprit du roi », dit Beugnot, et qui avait été la dernière dame d'honneur de sa femme Marie-Joséphine de Savoie. Avec Fouché qui tient les Jacobins dans ses mains, pense-t-on, on dormira enfin sur ses deux oreilles[2]. Wellington, un peu naïf en politique, le veut absolument. Talleyrand, qui pourtant le déteste, s'est laissé convaincre en se disant que Fouché lui servirait d'alibi au cas où certains auraient envie de lui reprocher son passé. Certes, il a mis les mains dans l'assassinat du duc d'Enghien, mais l'autre a fait pire. Il commet là une faute grave et signe, à terme, la chute de son ministère, alors que celui-ci n'est même pas encore formé. Au Conseil du 6 juillet, à Arnouville, Chateaubriand est le seul à s'opposer au projet. « Une couronne vaut-elle un pareil sacrifice[3] ? » Louis se tait. Talleyrand, comme d'habitude, reste vague. « Ce fut à Arnouville, écrit encore Mme de Chateaubriand, que l'on commença à jouer les grandes marionnettes. » Son mari, en effet, y perdra son ministère, et, furieux, passera à l'ultraroyalisme. Beugnot a raconté dans ses Mémoires qu'en signant l'ordonnance de nomination de Fouché le roi, rempli de tristesse, aurait soupiré et même pleuré. « Il le faut donc ! allons[4] ! » C'est faire bon marché de son pragmatisme. La nécessité d'appeler Fouché lui a été prouvée. Il ne veut pas non plus se brouiller une fois encore avec son frère. Il l'accepte donc sans états d'âme. Pour le reste, on peut toujours renvoyer un ministre[1]. Il se méfie tout de même. À peine entré en fonction, Fouché qui surveille tout le monde sera lui-même surveillé. Louis demande à Vitrolles qui en chargera Foudras, un inspecteur de la préfecture de police de la Seine, celui-là même qui avait tenté d'arrêter l'ancien conventionnel le 16 mars, de lui communiquer des rapports réguliers sur les agissements de son ministre[2]. « Téméraire, mais prudent », comme dirait Pierre Fresnay, *alias* le commissaire Wens, dans un célèbre film de Clouzot[3].

Sur le moment, tout se passe très calmement. Le 6 au soir, Louis donne carte blanche à Talleyrand. « Vous allez à Neuilly, vous y verrez le duc d'Otrante, faites tout ce que vous croirez utile à mon service ; seulement ménagez-moi et pensez que c'est mon pucelage[4]. » Le dépucelage du roi consiste à prendre pour ministre un homme qui a voté la mort de son propre frère. Mais s'en soucie-t-il vraiment ? L'affaire est rondement menée. Un peu plus tard, Talleyrand et Fouché remontent en voiture pour Arnouville. « Le plus révolutionnaire des hommes comme il faut » vient présenter au roi « le plus comme il faut des révolutionnaires », comme dit Molé[5]. « Je voudrais bien entendre ce que disent ces agneaux », murmure Pozzo à son voisin en les voyant partir ensemble[6]. Les dés sont jetés. Ce jour-là, presque personne n'y trouve à redire. Ce n'est que plus tard que l'on criera. Le fait est qu'on se demandera après coup ce qui a bien pu rendre Fouché si nécessaire. « Jusqu'ici, je ne vois que des phrases, il faut cependant que les services précèdent les récompenses[7] », disait Louis à Jaucourt, à propos de Fouché, en mai, à Gand. Deux mois plus tard, on ne voit pas plus de services. Les Chambres délibèrent toujours contre le roi, et maintenant que Paris s'est rendu, la voie est libre, avec ou sans Fouché. Pozzo est le seul à avoir vu clair à ce sujet. « Ne comptez pas trop, je vous prie, sur les intrigues de Fouché, écrivait-il dès le 4 mai à Wellington ; cet homme se réserve d'être à nous quand nous n'aurons plus besoin de lui et qu'il voudra se servir de nous pour rester maître du pavé en dépit de tous[8]. » Rémusat parlera plus tard à propos de la nomination de Fouché de « triomphe puéril » ; Guizot, de décision inutile. « Personne n'était en état ni en humeur d'arrêter très longtemps le flot qui ramenait le roi [1]. » Mais ceux-là s'indignent trop tard. Il est bien temps, des dizaines d'années après l'événement, de soulever la question morale en évoquant « la triste honte » d'un tel choix. Le fait est que l'affaire, toute politique, dépasse les bornes de la bienséance. Tandis que le président d'un gouvernement provisoire légalement élu vend son pays pour un poste de ministre, un prétendant au trône oublie son honneur pour une couronne de roi. Celui qui, le 16 janvier 1793, avait accusé ses collègues de la Convention de chanceler « devant l'ombre d'un roi », celui qui avait qualifié la mort de Louis XVI d'« acte éclatant de justice », est devenu très protocolairement le « cousin » du roi. « Je prie Dieu, lui écrira désormais Louis XVIII, qu'il vous ait, mon cousin, en sa sainte et digne garde. » Dieu y retrouvera les siens. En attendant, la tractation ne manque pas de sel. Ce qui va suivre non plus.

Le lendemain, 7 juillet, Fouché se rend à Saint-Denis où le roi est arrivé dans l'après-midi, pour lui prêter serment. Talleyrand l'accompagne. Il est presque minuit. La scène se passe dans les bâtiments de la maison de la Légion d'honneur, qui existent encore aujourd'hui, à l'ombre de l'abbaye des rois de France. Par chance, Chateaubriand est là, avec Beugnot et quelques autres, dans la grande salle de la surintendance qui précède le cabinet du roi. Il faut le laisser parler. Sous sa plume, la scène est inoubliable. « Je rôdais à l'écart dans les jardins [...], je n'étais plus appelé ; les familiarités de l'infortune commune avaient cessé entre le souverain et le sujet. [...] Le soir, vers les neuf heures, j'allais faire ma cour au roi. [...] J'entrais d'abord dans l'église ; un pan de mur attenant au cloître était tombé ; l'antique abbatiale n'était éclairée que d'une lampe. Je fis ma prière à l'entrée du caveau où j'avais vu descendre Louis XVI : plein de crainte sur l'avenir, je ne sais si j'ai jamais eu le cœur noyé d'une tristesse plus profonde et plus religieuse. Ensuite je me rendis chez Sa Majesté : introduit dans une des chambres qui précédaient celle du roi, je ne trouvai personne ; je m'assis dans un coin et j'attendis. Tout à coup une porte s'ouvre : entre silencieusement le vice appuyé sur le bras du crime, M. de Talleyrand marchant soutenu par M. Fouché ; la vision infernale passe devant moi, pénètre dans le cabinet du roi et disparaît. Fouché venait jurer foi et hommage à son seigneur ; le féal régicide, à genoux, mit les mains qui firent tomber la tête de Louis XVI entre les mains du frère du roi martyr ; l'évêque apostat fut caution du serment. »

Cela a été écrit longtemps après l'événement. Sur le moment, Chateaubriand est saisi de stupeur. Fouché est ministre. Il est maintenant certain qu'il ne le sera pas. Beugnot se tourne alors vers lui et lui chuchote à l'oreille : « Ce que nous voyons là est digne du pinceau de Tacite. » Le pinceau vengeur du « noble vicomte » – une vulgaire « plume de corbeau », dira Talleyrand – n'est pas mal non plus [1]. Fouché restera ministre un peu moins de trois mois. Il sera ensuite nommé ministre plénipotentiaire du roi à Dresde avant de subir la loi d'exil votée contre les régicides en février 1816 par la Chambre introuvable et ultraréactionnaire de septembre 1815, contre la volonté du roi. Il mourra donc de dépit et de solitude, loin de son pays, à Trieste, en décembre 1820. Ministre, il n'a rien su empêcher. S'il ne l'avait pas été, il aurait été exilé tout autant. En choisissant le grand écart, il n'a pas su mesurer l'incroyable difficulté de sa situation et il est tombé.

Il avait pourtant bien préparé les choses. Alors qu'il a sa nomination de ministre du roi dans la poche, Fouché en fait part, comme si de rien n'était, le 7 mars au matin, aux membres de la commission de gouvernement réunis aux Tuileries. Carnot est furieux et se sent définitivement joué. Les deux anciens révolutionnaires, l'organisateur de la victoire et le mitrailleur de Lyon, se seraient alors échangé des mots doux : « Où veux-tu que j'aille, traître ? – Où tu voudras, imbécile. » Le dialogue est trop beau pour être vrai. Le nouveau ministre du roi n'aura même pas à dissoudre lui-même la commission de gouvernement qu'il présidait jusqu'alors. En pleine séance, un officier supérieur prussien entre dans la salle des délibérations du gouvernement et intime à ses membres l'ordre qu'il a reçu de faire évacuer le château. Des détachements prussiens sous les ordres du général Henkel occupent déjà les jardins. La commission est donc dissoute de fait. Tout avait commencé le 20 mars par l'entrée triomphale du sauveur dans l'ancien palais des rois. Tout se termine le 7 juillet par l'occupation du même palais – et pour la première fois depuis toujours – par les Prussiens entrés les premiers à Paris la veille. Fouché, qui savait parfaitement ce qui allait arriver, en prend acte mais ne peut s'empêcher pour ménager ses arrières de publier un message de sa façon aux Chambres, afin de leur annoncer la dissolution du gouvernement. Il est au fond mécontent de n'avoir obtenu du roi aucune des garanties qu'il demandait pour ses amis. Chabrol, qui le verra chez lui dans l'après-midi, l'entendra parler du roi comme « du moins crétin des princes de sa famille », et reprocher à ce dernier d'avoir la manie de régner à tout prix. Le choix des couleurs y passe aussi. « Avec cela, dévouez-vous à de pareilles gens [1]. » Ces gens-là vont être servis. Dans son message aux Chambres, Fouché se lâche. Il met l'entrée du roi à Paris, qu'il annonce pour le lendemain, sur le dos des armées alliées, se garde bien de parler de sa nomination et fait comme si on lui avait forcé la main. C'est faire publiquement du Bourbon le roi des étrangers, alors même qu'il est son ministre. En prenant connaissance de cet étrange testament, Talleyrand se mettra, pour une fois, en colère et Pozzo traitera le tout d'« imposture ».

Ce n'est pas Fouché non plus qui débarrasse le roi de l'encombrante Chambre des Cent-Jours. Le 7 juillet dans la soirée, les députés toujours aussi surexcités s'offrent une dernière fois le luxe de parodier 1789. Manuel s'élance à la tribune et rejoue le Mirabeau du 23 juin 1789 : « Nous sommes ici par la volonté du peuple ; nous n'en sortirons que par la puissance des baïonnettes. » Mais les députés du tiers de 1789 étaient d'une autre trempe que ceux de 1815. Ce sont finalement les baïonnettes de la Garde nationale qui auront raison de Manuel et de ses amis. Le 8 juillet à l'aube, quelques officiers bien choisis parmi les royalistes font fermer les grilles qui entourent le palais législatif et renvoient les députés à leurs foyers, sans autre forme de procès [2]. L'opération à été rondement menée par un nouveau venu. Il avait été la veille discrètement nommé à la préfecture de police de Paris au nez et à la barbe de Fouché. Le baron Louis, qui le connaît bien et correspondait avec lui à Gand, l'a recommandé. Talleyrand, en le voyant pour la première fois, lui avait trouvé « l'air d'un très joli garçon perruquier ». C'est ainsi qu'Élie Decazes commence sa fulgurante carrière. Souvenez-vous de ce nom-là. David aurait pu le représenter dans son tableau du sacre de Napoléon. Il avait été sous l'Empire le secrétaire des commandements de la mère de l'empereur. Reconverti au royalisme en 1814 comme le symbole vivant de l'adhésion de la bourgeoisie à la nouvelle monarchie, il deviendra bientôt l'un des plus puissants ministres du roi, et son nouveau favori, avant d'être fait duc et de fonder une ville qui porte encore son nom. Pour faire bonne mesure et jouer les perturbateurs, Fouché a fait fermer le même jour les portes de Paris au flot des sympathisants venus voir le roi à Saint-Denis et a prédit à ce dernier une entrée difficile dans Paris. En réalité, Paris est calme et attend son nouveau maître, sous la botte de ses occupants.

8.

« Paris occupé, Paris martyrisé... »

Depuis le 6 juillet, les bataillons prussiens défilent en rangs serrés dans les rues de la capitale et occupent, contrairement aux stipulations de la convention du 3 juillet qui sera violée de part en part, les édifices publics de la ville. En don de joyeux avènement, Blücher a chargé l'intendant général de son armée et conseiller d'État, M. de Ribbentrop – l'ancêtre du ministre des Affaires étrangères d'Hitler, que l'on connaît mieux – de lever sur la ville une contribution extraordinaire de 100 millions de francs [1]. Les Anglais installent leurs campements sur les Champs-Élysées bientôt couverts de tentes. Les Prussiens, de loin les plus nombreux et les plus indisciplinés, sont partout et prennent progressivement possession des ponts, des places et des principaux monuments de la ville. Dans la soirée du 7 juillet, un piquet d'infanterie s'installe dans les cours du Carrousel. Du linge flotte aux grilles d'entrée. On braque les canons de Waterloo contre les Tuileries et le Luxembourg. D'autres sont disposés de façon à pouvoir prendre les quais de la Seine et les rues qui y conduisent en enfilade. Le général Müffling, nommé gouverneur de Paris, installe son quartier général quai Voltaire. Il menacera bientôt de faire tirer sur tous ceux qui s'opposeraient aux sentinelles prussiennes postées un peu partout dans la ville et Blücher voudra dissoudre la Garde nationale pourtant chargée d'assurer l'ordre public par la convention du 3 juillet.

Il y eut dans les premiers jours des rassemblements, quelques échauffourées sérieuses entre le peuple et les troupes d'occupation. Wenzel Krimer raconte qu'on trouvait presque chaque jour des militaires prussiens égorgés à la morgue [2]. L'animosité des Parisiens contre les Prussiens va très vite tendre la situation.

Elle est à la mesure des exactions de l'occupant. Les 10 et 11 juillet, certains quartiers de Paris, comme celui du faubourg Saint-Marceau, sont délibérément livrés au pillage. Les habitants s'enfuient, les viols et les meurtres se multiplient [1]. La ville est occupée par 150 000 soldats et tout le monde, riches et pauvres, est astreint aux billets de logement militaire. L'Hôtel de Ville est également investi et le préfet de la Seine sommé de payer la contribution exigée par Blücher. On réunira un syndicat de banquiers qui rassemble d'abord 300 000 francs, mais ce n'est pas assez. Laffitte raconte dans ses Mémoires comment il fut pris en otage et gardé en permanence par un officier prussien jusqu'au paiement de la somme. Les 600 000 francs que coûta quotidiennement l'occupation de la ville dans ses premiers moments furent finalement acquittés par un impôt extraordinaire de 12 millions décrété par le gouvernement du roi [2]. Cela n'empêchera pas le préfet de la Seine et le nouveau préfet de police nommé au nom du roi le 7 juillet d'être tour à tour menacés d'un petit voyage disciplinaire dans une forteresse allemande [3].

Blücher ne se contente pas de saigner les Parisiens à blanc. Il veut surtout venger l'honneur de son pays. Resté à Saint-Cloud, il donne très vite l'ordre de miner tous les monuments de Paris censés lui rappeler les victoires et l'occupation française de Berlin en 1806. Les ponts d'Iéna et d'Austerlitz, l'Arc de triomphe, qu'il assimile à la porte de Brandebourg profanée naguère par Napoléon, l'École militaire devaient sauter. On se contentera d'une tentative avortée au pont d'Iéna, qui finira dans un grand nuage de fumée [4]. Ce jour-là, la poudre prussienne était apparemment de mauvaise qualité. Le lendemain 9 juillet, Talleyrand ne trouvera pas mieux que de faire signer en urgence par le roi une ordonnance qui restituait aux édifices publics parisiens les noms qu'ils portaient au 1er janvier 1790. Le pont d'Iéna redevenu pont des Invalides est encore là. Le scénario d'août 1944 était pourtant en place en juillet 1815. « Paris brûle-t-il ? » Non, mais de justesse, grâce à l'arrivée du roi le 8 juillet, puis des empereurs d'Autriche et de Russie quelques jours plus tard. En apprenant l'installation de Louis XVIII « bombardé à l'improviste » aux Tuileries, selon l'expression plaisante de Pozzo, le vieux Blücher entrera dans une colère noire : « Je suis le roi de Paris, ici personne d'autre n'a à commander ! On m'a librement donné le pouvoir ; j'ai tenu ma parole et conquis Paris. Si nous n'affamons pas les Français, nous les aurons à nouveau au bord du Rhin d'ici à un an[1]. » Talleyrand fera dire et publier par la suite que le roi aurait menacé de se faire porter sur le pont d'Iéna et de sauter avec lui[2]. Il n'en a évidemment rien été. Imagine-t-on Louis XVIII faire une chose pareille ?

Personne ne sait, en revanche, qu'il se fit conduire jusqu'à Saint-Cloud, afin d'amadouer le vieux Blücher, ce qu'il a dû vivre comme une humiliation particulièrement cuisante, contraire à la dignité de sa couronne[3]. Mais la démarche se révélera efficace. Sur un ordre du général Thielmann, les Prussiens ne se priveront pas, cependant, de faire enlever au Louvre, « sous le prétexte que ces objets leur appartiennent », tous les bronzes du Muséum[4]. Ce n'est que plus tard, sous la conduite de Wellington, qui y verra une « grande leçon de morale », que les Alliés décideront d'enlever systématiquement du Louvre les œuvres d'art prises par voie de conquête sous la Révolution et l'Empire[5]. Les Autrichiens démonteront également de l'arc du Carrousel le fameux quadrige de Venise rendu à la basilique Saint-Marc. Ils déboulonneront même les écrous des plaques de bronze de la colonne Vendôme, mais, finalement, les plaques resteront. À la fin du mois de juillet, la capitale du royaume fantôme de Louis est encore à peu près intacte certes, mais largement pillée et occupée par le militaire. « Paris est un étrange spectacle, écrit Auguste de Staël à sa mère : des sentinelles de toutes les couleurs, des canons à mitraille braqués sur chaque pont. » Des Prussiens, des Autrichiens, des Russes, des Anglais, « petits, grands, rouges, bleus, verts, qui marchent, qui trottent, qui galopent » dans tous les sens[6]. Tout cela sera vécu avec douleur et humiliation, tout en attisant chez les Parisiens des relents de patriotisme frustré qui se retourneront en partie contre le régime restauré dans la mesure même où celui qui l'incarne est, à son corps défendant, désormais et durablement associé aux « fourgons de l'étranger ». Louis devra pourtant tout subir, inviter les souverains alliés à sa table le jour de leur arrivée, remettre à Alexandre le cordon bleu du Saint-Esprit, ce qu'il s'était bien gardé de faire l'année précédente, et même assister du balcon des Tuileries au défilé triomphal des troupes alliées, le 18 juillet[7]. Aux Tuileries, il fait enlever les portraits de Ney et de Davout de la salle des Maréchaux, mais il refuse de faire chanter un *Te Deum* à Notre-Dame en l'honneur de son retour. Dans son esprit, les convenances et la tristesse de la situation l'emportent largement sur les réjouissances. « Je porte une couronne d'épines », dit-il, demi-souriant, à Wellington[1].

Les alliés du roi sont tout de même de singuliers amis, qui, un peu partout à l'exception des quelques régions où ils reculent face à l'enthousiasme royaliste – particulièrement la Provence et une partie de la Bretagne –, pillent les caisses publiques, rançonnent, déportent en Allemagne les autorités royalistes nouvellement nommées et attaquent certaines places qui ont pourtant arboré depuis longtemps le drapeau blanc. Huningue, sur le Rhin, qui prend le drapeau blanc le 22 août, est bombardée par les Autrichiens le lendemain. Il en est de même pour les places de Mézières, près de Sedan et de La Fère près de Soissons. Malgré leur soumission au roi vers la mi-juillet, elles continuent à être bloquées et assiégées par les troupes prussiennes, jusqu'au 3 septembre pour la première, jusqu'au 5 novembre pour la seconde. À Besançon, le fort Saint-André est encore bombardé par les Autrichiens le 14 septembre[2]. On pourrait multiplier les exemples[3]. En Alsace, autour de Chartres, des villages entiers sont rasés par représailles ; leurs habitants, fusillés[4]. Dans toutes les régions occupées, les gouverneurs alliés contrôlent étroitement la presse et obligent les journaux à se taire sur leurs vexations. Les armées alliées, prussienne, saxonne, wurtembergeoise, hessoise, bavaroise, russe, anglaise, hollandaise, autrichienne s'élèvent au chiffre astronomique de 1 226 000 hommes à la fin du mois de juillet[5]. On trouve même des Piémontais et des Espagnols qui feront en août des incursions en Provence, à Perpignan et à Bayonne. Les dernières troupes russes entrent encore en France en septembre. Castlereagh évalue les frais d'occupation à 1 710 000 francs par jour au début du mois de juillet. À Paris, les Alliés pressent le gouvernement français de licencier l'armée de la Loire qui a pourtant fait sa soumission au roi par une proclamation de Davout, le 17 juillet. Pendant quelques jours, Louis XVIII et Talleyrand seront tentés de la conserver comme leur dernier moyen de résistance face à la pression de l'occupant. De fait, l'ordonnance de licenciement de l'armée, datée du 5 août, ne sera mise à exécution, dans certains gouvernements comme celui de Rennes, que fin octobre, dans le seul but de contenir l'avancée des troupes alliées.

Il faut, de plus, solder l'armée. Le manque d'argent provoquera des mutineries sur la Loire, dans quelques régiments de la Vieille Garde, à Strasbourg, début septembre, parmi les régiments de l'armée du Rhin placée sous le commandement du général Rapp. La lettre magnifique qu'adresse Louis XVIII à Talleyrand le 22 juillet, en lui demandant de la communiquer aux souverains alliés, est à la hauteur d'une situation qui confine au désespoir. « La conduite des armées alliées réduira bientôt mon peuple à s'armer contre elles comme on a fait en Espagne. [...] J'aime mieux vivre dans une prison que de rester ici témoin passif des maux de mes enfants. Que ceux qui, même après la capture de l'homme auquel ils ont déclaré la guerre, continuent à traiter mon peuple en ennemi, et doivent par conséquent me regarder comme tel, attentent à ma liberté ; ils en sont les maîtres[1]. » À force de menacer de se retirer en Espagne, le roi finira par obtenir le 25 juillet la remise aux autorités françaises, par les puissances alliées, de l'administration des départements occupés, puis, le 6 août, un arrangement ferme sur le paiement des indemnités d'occupation : 50 millions pour les mois d'août et de septembre. Il n'empêche que, dans cette perspective, les Cent-Jours auront été, comme le dit justement Pierre Branda, « les plus chers de l'histoire de France[2] ».

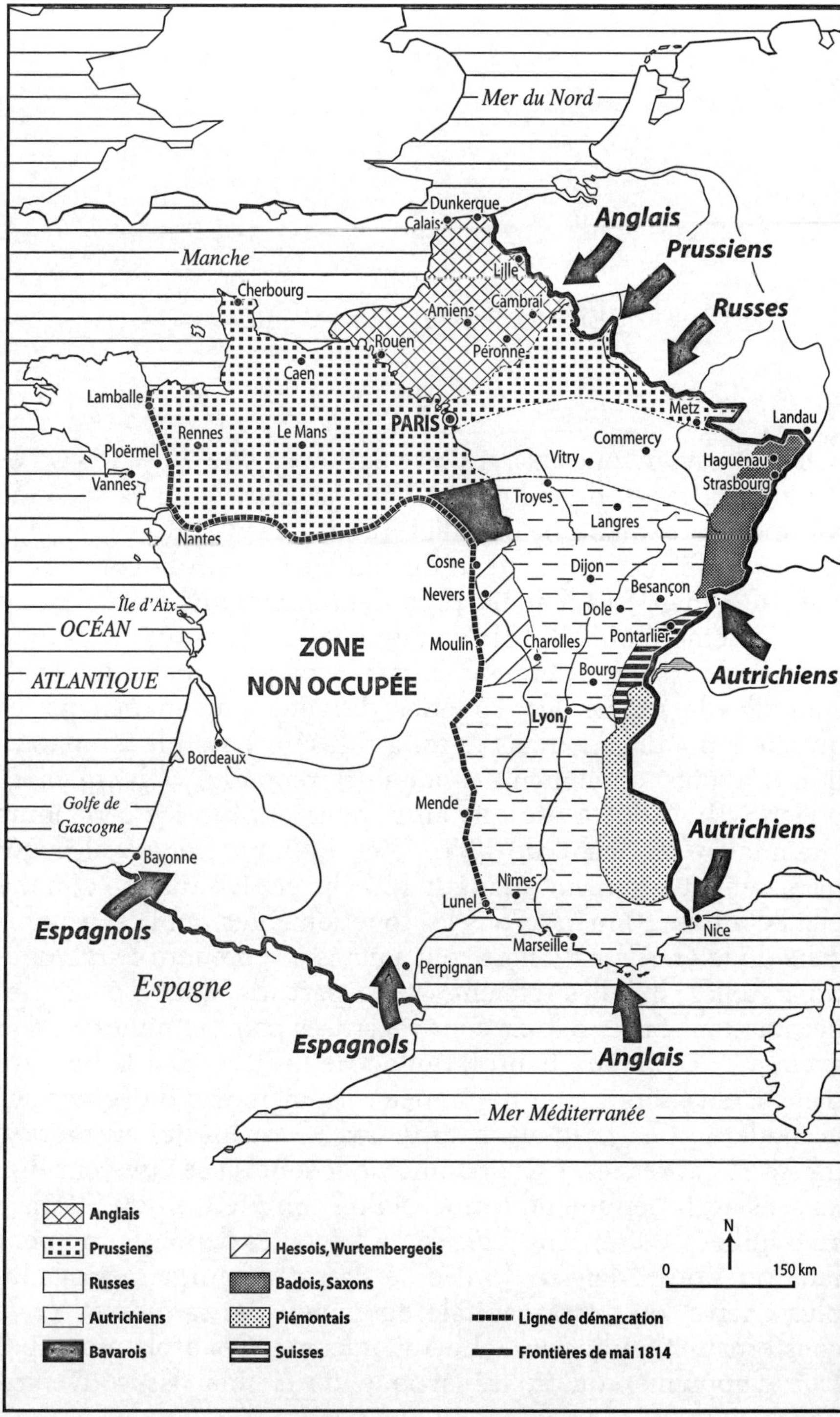

Occupation des armées alliées (juillet-décembre 1815)

9.

Dernière entrée royale

Il faut savoir tout cela si l'on veut avoir une idée précise et juste de la façon dont Louis XVIII est entré pour la seconde fois dans sa capitale, le 8 juillet 1815, dans l'après-midi. Une entrée en forme de politesse du désespoir si on la compare à celle du 3 mai 1814, l'année précédente, mais une entrée royale quand même. Louis XVIII l'a voulue telle, avec toute la pompe et le faste qui conviennent à sa personne. Fouché lui avait conseillé de gagner les Tuileries discrètement en évitant les quartiers populaires, mais le roi a refusé. « Là où le roi paraît, il n'y a plus de ligueurs », aurait-il répondu, à la manière d'Henri IV. Tout a été fait aussi pour oublier les cent jours cuisants qu'on vient de vivre. Les ordonnances royales qui paraissent au *Moniteur* du matin rétablissent la situation comme elle l'était au 20 mars. Tous les fonctionnaires publics, les officiers de la Garde nationale sont invités à reprendre leurs fonctions telles qu'elles étaient au départ du roi. Toutes les nominations faites depuis sont regardées comme nulles et non avenues. Le préfet Chabrol, qui accueillera le roi à la barrière Saint-Denis, croira bon de rappeler les malheurs du prince sur le mode un peu larmoyant du temps. C'est lui qui au passage invente l'expression « Cent-Jours » qui sont en réalité cent dix, au sens arithmétique du terme, si l'on compte bien du 20 mars au 8 juillet : « Sire, cent jours se sont écoulés depuis le moment fatal où Votre Majesté, forcée de s'arracher aux affections les plus chères, quitta sa capitale au milieu des larmes et de la consternation publique. » Le roi, raconte Chabrol, n'eut pas l'air d'apprécier qu'on lui évoque de si mauvais souvenirs, même sur le ton le plus suave possible. Il dut prendre cela comme une méchante piqûre de rappel. « Le prince affecta un air sévère, abaissa la glace pour m'écouter, ne dit mot et la referma aussitôt [1]. » Chez les royalistes, on préférera désormais parler pudiquement d'« interrègne ». Cent jours, c'est trop long. Le calendrier réserve pourtant des surprises et d'étranges parallèles. Le 8 juillet, alors que le roi rentre chez lui, Napoléon s'embarque à Rochefort sur la *Saale*. Deux frégates françaises, la *Saale* et la *Méduse*, devaient le conduire, lui et sa suite, aux États-Unis. Mais les jours perdus à Rochefort, les vents contraires, donneront le temps aux Anglais de bloquer la rade. Le 15 juillet, il se rendait à bord du navire anglais le *Bellérophon* et, « comme Thémistocle », remettait son sort entre les mains du prince régent d'Angleterre. On sait ce que les Anglais firent de lui. Au moins Louis XVIII n'eut-il pas à le traîner devant ses tribunaux. Il en aura déjà assez de Ney et de La Bédoyère. Les Anglais jugèrent, à raison, son gouvernement trop faible pour le charger d'une telle responsabilité. L'histoire est toujours facétieuse. La *Méduse*, au lieu de traverser l'Atlantique avec son illustre passager, échouera exactement un an plus tard sur un banc de sable au large des côtes du Sénégal. Mal commandée par Duroy de Chaumareys, un vieil émigré qui n'avait pas navigué depuis la Révolution, son naufrage et le radeau qui va avec serviront de prétexte au premier grand procès de presse intenté par les libéraux à ceux qui n'avaient « rien appris et rien oublié ». La *Méduse* aurait pu être célèbre en juillet 1815, elle le fut un peu plus tard, grâce à Géricault et à son tableau éponyme exposé au Salon de 1819. L'ancien garde du corps du roi, qui avait fait, avec enthousiasme, le voyage sentimental de Gand, réglait ainsi ses comptes avec les Cent-Jours et ses illusions. *Le Radeau de la Méduse* prend les allures d'une pièce de procès. Le naufrage de la *Méduse* pourrait bien être aussi celui de la patrie. « C'est la France elle-même, c'est notre société tout entière qu'il embarque sur ce radeau », note Michelet [2]. Il ne fallait rien de moins que le génie pathétique de Géricault pour peindre le poème allégorique de ces trois mois emblématiques et premiers de toute notre histoire contemporaine, où passèrent comme en tempête la réalité palpable des divisions françaises, des rêves de gloire travestis en cauchemars, et au bout du compte l'échec tout entier d'un pays occupé au seuil de ses libertés.

Il est pourtant question de libertés au moment de la rentrée du roi dans Paris. Du côté du nouveau gouvernement présidé par Talleyrand, si l'on veut oublier le passé, on cherche aussi à rassurer sur l'avenir. Tout va être fait pour entourer les pouvoirs du souverain d'un maximum de garanties. Aux yeux de Talleyrand, la légitimité du roi ne pourra s'imposer que si elle est mixte et évolutive. Elle doit prendre en compte, comme il le dit lui-même « les vœux de la raison moderne[1] ». Elle relève bien sûr du temps et de l'histoire, mais également de l'état de l'opinion publique. « Le principe de légitimité était attaqué, écrivait-il déjà à Vienne dans son *Rapport au roi pendant son voyage de Gand à Paris*, par les fautes des défenseurs du pouvoir légitime qui, confondant deux choses aussi différentes que la source du pouvoir et son exercice, se persuadaient ou agissaient comme s'ils étaient persuadés que, par cela même qu'il était légitime, il devait être absolu. Mais quelque légitime que soit un pouvoir, son exercice doit varier selon les objets auxquels il s'applique, selon les temps et selon les lieux. Or l'esprit des temps où nous vivons exige que, dans les grands États civilisés, le pouvoir suprême ne s'exerce qu'avec le concours de corps tirés au sein de la société qu'il gouverne[2]. » Ici, ce sont les réacteurs et les amis du comte d'Artois qui sont visés. Fouché dira exactement la même chose, lorsque, critiquant l'esprit de réaction qui allait bientôt souffler sur le pays, il écrira à son amie, la princesse de Vaudémont : « Le mot légitimité retentit partout, mais la chose n'est nulle part[3]. » Le gouvernement que forme Talleyrand le 8 juillet n'est pas seulement solidaire dans son principe, il est également composé de ministres modérés qui tous ont donné des preuves récentes de constitutionalisme. Aucun autre ministère de la Restauration ne sera aussi libéral. On y trouve sous sa présidence désormais incontestée le duc d'Otrante à la Police, le baron Louis aux Finances, le baron Pasquier à la Justice et à l'Intérieur, le maréchal Gouvion-Saint-Cyr à la Guerre, le comte de Jaucourt à la Marine. Le duc de Richelieu, appelé à la Maison du roi, refusera cependant d'y paraître pour ne pas avoir à croiser Fouché[4]. Dans deux mois, il sera nommé à la tête d'un nouveau ministère à la place de Talleyrand. C'est pourtant un profond renouvellement. Blacas est disgracié, le duc de Feltre remercié malgré sa fidélité, le vieux Dambray relégué à la seule place honorifique de chancelier de France. Les princes de la famille royale sont désormais exclus du Conseil. On assure, écrivait dès le 5 juillet le *Journal de l'Empire* – qui portera encore ce nom pendant deux jours –, que ce nouveau ministère est composé d'« hommes habiles et connaissant parfaitement la France et le changement qui s'est opéré depuis vingt-cinq ans dans les mœurs et les opinions publiques ». Le 13 juillet, une autre ordonnance soumet à la révision des Chambres plusieurs articles de la Constitution sur les élections et l'organisation de la puissance législative, en particulier sur l'initiative des lois, le droit d'amendement, l'augmentation du nombre des députés, l'âge à partir duquel on peut élire ou être élu député. Celui-ci est abaissé respectivement à vingt et un et vingt-cinq ans[1]. Un peu plus tard, une autre ordonnance rendra les membres de la Chambre des pairs héréditaires et, par cela même, plus indépendants vis-à-vis du pouvoir royal[2]. Là encore, on applique ce qui était considéré à l'époque comme un dogme constitutionnel. Le principe de l'hérédité de la pairie avait été annoncé dans l'Acte additionnel aux Constitutions de l'Empire, il avait été voté le 7 juillet par les députés de la Chambre des Cent-Jours. « Le roi, note Jean-Gabriel Eynard, loin de restreindre les pouvoirs du peuple, les augmentera donc et la Charte sera encore plus libérale qu'elle ne l'était. Il y a bien des gens à qui cela déplaira[3]. » Louis XVIII, le premier, avait été difficile à convaincre en résistant longuement au principe de l'hérédité de la pairie. Toujours dans ce même esprit libéral, on décide de dissoudre la Chambre des députés telle qu'elle existait avant le 20 mars et de provoquer de nouvelles élections qui auront lieu en août. Personne n'imagine à ce moment-là, à commencer par Talleyrand et Fouché, que l'occupation du territoire par les troupes alliées, les malheurs du temps, la peur et l'esprit de revanche conduiront à Paris une majorité de députés ultraroyalistes qui aura rapidement raison du « ministère anglo-libéral », comme on appelait alors le gouvernement Talleyrand-Fouché parmi les royalistes purs. Pour une fois, l'ex-évêque d'Autun a manqué « d'avenir dans l'esprit ». Par cette série de mesures qui président au retour du roi à Paris, il n'en a pas moins posé les bases libérales et modérées à l'exercice d'un pouvoir « constitutionnalisé » et moderne, tel qu'on le retrouvera au cours du siècle.

Sous ces auspices prometteurs, le roi fait son entrée dans Paris. Il a quitté Saint-Denis le 8 juillet à deux heures de l'après-midi au milieu des bivouacs prussiens. Il fait chaud, le ciel est bas et couvert. Le temps est à l'orage. À Paris le drapeau blanc a été hissé un peu au dernier moment au sommet du pavillon de l'Horloge des Tuileries. Il ne flottera à l'Hôtel de Ville que dans l'après-midi. Jusqu'à l'entrée du roi, tout Paris est encore tricolore. À quelques minutes des barrières, la garnison du fort de Vincennes refuse toujours de faire sa soumission. Contrairement à Fouché qui voulait faire rentrer le roi « par la chatière », comme dit Frénilly, à la barrière de Clichy en prétextant un risque d'attentat, celui-ci décide d'entrer comme prévu par la barrière de Saint-Denis, là où il était annoncé depuis la veille. On n'est tout de même pas très rassuré et l'on a pris soin d'emporter avec soi quelques canons chargés à mitraille. De même la voiture du roi est suivie de trois autres exactement semblables de façon à ne pas la reconnaître trop facilement. Mais Louis a pris soin d'interdire aux troupes alliées de l'accompagner. Le matin même, deux mille fantassins anglais entraient encore en ville avec des canons et de la cavalerie. Les étrangers sont partout, et on fait comme s'ils n'existaient pas. La route est bordée de gardes nationaux. Ce sont ceux de Lille, la fleur de lys au fusil et drapeau blanc en tête, qui ouvrent le cortège en marchant vingt hommes de front. Dreux-Brézé, dans le compte rendu qu'il écrira par la suite de cette journée, parle de « fête de famille ».

Les royalistes ont certainement voulu faire de cette seconde entrée de leur souverain dans Paris la preuve vérifiée par le succès de sa légitimité. « C'est encore plus le vœu de la France que celui de l'Europe qui le ramène parmi nous, écrit l'auteur anonyme d'une des innombrables brochures qui ont paru sur le sujet ; tous ceux qui auront été témoins de l'entrée de S.M. dans sa capitale se seront bien convaincus qu'elle n'a pas été reçue par violence, jamais l'expression franche de l'assentiment national ne s'est manifestée avec plus d'abandon et de liberté[1]. » Victor de Broglie est plus près de la vérité lorsqu'il parle de cette journée comme d'« un 18 Brumaire royal » qui met définitivement fin aux quinze années du Consulat et de l'Empire[1]. Un coup d'État, en somme. Mais les apparences du cortège royal qui pénètre dans Paris font oublier les manœuvres du matin et la fermeture musclée de la Chambre sous les protestations des députés.

Pour une fois, le protocole a été laissé de côté. Tout le monde marche dans un assez joyeux désordre. « Une rentrée de carnaval » dit Hobhouse, resté bonapartiste de cœur[2]. D'abord les troupes d'élite de la maison militaire, puis les volontaires royaux suivis d'un nombreux état-major chamarré où l'on prend soin de compter le nombre des anciens maréchaux de Napoléon exhibés comme autant de preuves supplémentaires du consentement de la nation au retour du roi. Il y en a six exactement : Gouvion-Saint-Cyr, Marmont, Macdonald, Oudinot, Victor et Clarke. Le roi suit en carrosse attelé de huit chevaux entouré comme d'habitude de son encombrante famille, le comte d'Artois et le duc de Berry qui caracolent à cheval. La gendarmerie à pied et à cheval ferme le cortège. Ce dernier se prolonge en une innombrable cohue de voitures de toutes sortes, phaétons, cabriolets, fiacres et autres vis-à-vis remplis de ceux qui ont rejoint le roi à Saint-Denis la veille. Les cloches de toutes les églises de la ville carillonnent. Aux Invalides, à trois heures, cent coups de canon annoncent l'arrivée du roi aux barrières. Le cortège passe par la rue du faubourg Saint-Denis, les boulevards, la rue de la Paix, la place Vendôme et la rue de Rivoli. Aux balcons des maisons, on agite des mouchoirs, surtout les femmes. Des draps improvisés en guise de bannières pendent le long des façades. « La voiture de Sa Majesté allait au pas, raconte le marquis de Dreux-Brézé qu'on ne peut soupçonner d'être hostile, traversant les flots d'une multitude ivre de joie et que personne ne cherchait à éloigner. Les habitants de Paris couraient le long des voitures, tous portaient, ainsi que la Garde nationale, la cocarde blanche, et criaient : "Vive le roi !"[3]. » Évidemment, la réalité est plus contrastée. Presque tout le monde convient qu'en fait d'enthousiasme et d'émotion cette journée du 8 juillet ne peut se comparer avec celle du 3 mai de l'année précédente, lorsque le roi entrait dans Paris pour la première fois et montait sur le trône après un quart de siècle d'exil. « L'enthousiasme n'était plus si général, note

Mme de Maillé qui était présente. Bien d'autres, ainsi que moi, ne retrouvaient plus les émotions vives et sans mélange que nous avions éprouvées au premier retour du roi. La facilité du départ, le manque de foi de l'armée, la légèreté de cette Garde nationale qui paraissait, en effet, si contente qu'on lui eût ramené son roi qu'elle n'avait pas su défendre, le sentiment que personne n'avait bien fait son devoir, ces pensées nous glaçaient tous [1]. »

La réception de juillet 1815 fut certainement moins démonstrative que celle de mai 1814. « Sur les boulevards, constate Macdonald, on était encore plus froid que dans le faubourg et la rue Saint-Denis. » Ce n'est qu'en arrivant au centre de Paris que les esprits se réchauffèrent. Reiset note que les soldats « gardaient partout le silence ». Même les gardes nationaux ne sont pas unanimes. Le chevalier de Cussy en croisera certains, dans la nuit, en rentrant chez lui au Marais. « Aux regards que quelques-uns me lançaient, à moi, garde du corps du roi, il était aisé de reconnaître que pas mal de "citoyens" voyaient sans plaisir cette seconde restauration [2]. » Quelques Anglais, présents le long du cortège, ne sont pas moins critiques. Leur mépris est à la hauteur de leur victoire. « Je sais que certains ont trouvé ce spectacle magnifique, écrit le lieutenant Woodberry. Pour moi, je n'ai jamais vu de plus sales va-nu-pieds que ceux qui précédaient le roi et qui s'intitulaient son armée. Il n'y avait pas la vingtième partie de la foule que nous nous attendions à voir. » Woodberry a tout de même le temps de noter la satisfaction du roi. « Le vieillard paraissait heureux. Il souriait et saluait tout le monde [3]. » On lui avait tant dit qu'il entrerait dans une ville insurgée que, par contraste, le monarque des causes désespérées voulait bien, et largement, se contenter de ce qu'il trouvait. Il en écrira quelques jours plus tard à son vieil ami, le comte de La Châtre : « Dieu seul connaît le fond des cœurs ; mais à en juger par les apparences (qui ne trompent guère quand elles sont aussi générales) la journée du 8 juillet a été plus belle que celle du 3 mai [4]. » Aux abords des Tuileries en effet, l'accueil est cette fois enthousiaste. La garde d'élite du roi se range en bataille vis-à-vis du pavillon de l'Horloge. La foule, massée dans la cour du Carrousel, crie son adhésion. Louis apparaît au balcon. Un officier de la Garde nationale s'avance vers lui, met un genou à terre et lui baise la main. La petite scène, préparée à l'avance, fait évidemment le bonheur des caricaturistes. Le surlendemain, on représentera le roi recevant une bannière sur laquelle les mots « Vive notre père de Gand » seront représentés par deux gants [1]. Sur une autre, plus troublante, on voit le roi rentrer chez lui, en croupe sur le cheval d'un Cosaque [2].

Les dents qui grincent, les canons prussiens braqués sur les Tuileries, la diversité des opinions, n'enlèvent pourtant rien à l'émotion profonde qu'éprouve le roi ce jour-là. Du balcon, il s'adresse directement à la foule, mais l'émotion, dit un témoin, ne lui permet de prononcer que deux mots : « Mes amis [3]... » C'est pourtant la première fois qu'un monarque européen s'adresse directement et familièrement à ses sujets. Louis ne sait pas qu'au même moment une page se tourne. Il est le dernier des rois de France à entrer triomphalement dans sa capitale et ferme ainsi le vieux cycle des « entrées royales » qui ont scandé plus de deux siècles du règne des Bourbons depuis Henri IV. Dans la soirée, il décide même de descendre dans les jardins des Tuileries, entouré seulement de quelques courtisans. C'est du délire. On baise ses mains et les pans de la redingote. Ce faisant, Louis inaugure nos modernes bains de foule politiques. Aucun autre souverain ne s'était jusqu'alors « promené » au milieu du peuple, sinon déguisé ou sous la contrainte. Louis XVI avait bien traversé les jardins des Tuileries, le 10 août 1792, pour se réfugier dans la salle du Manège alors occupée par l'Assemblée législative. Mais c'était au bruit du canon et sous les injures des révolutionnaires. Cela avait fini au Temple et sur l'échafaud.

Le 8 juillet 1815, les circonstances sont bien différentes. « Les jardins sont envahis par la foule, mais c'est une foule joyeuse. » « La joie la plus franche se lisait sur tous les visages, et des acclamations et des chants exprimaient le sentiment général », note Tony de Reiset. On chante et on danse aussi une partie de la nuit. Un Anglais qui assiste à la scène pense que les danseurs étaient surtout des commerçants parisiens venus avec leur épouse, mais aussi de riches fermiers des environs. Il note aussi la ferveur particulière des femmes [4]. Louis est décidément le roi de la paix, malgré les circonstances graves de ce nouveau début de règne. Ce ne sont pas les ouvriers des faubourgs qui dansent pour lui, ce sont, une fois de plus, des bourgeois, qui, désormais, constitueront le fond de clientèle de tous les régimes modérés à venir. Les danses et les rondes se renouvelleront chaque soir pendant plusieurs semaines. « Je ne puis croire que les Français soient si heureux de leur défaite », note un autre Anglais, un peu étonné, dans son Journal. Dans la soirée du 8 juillet, la ville s'illumine spontanément. Le lendemain, les journaux remarqueront que l'hôtel de Cambacérès, l'ancien archichancelier de l'Empire, avait été particulièrement éclairé. Son éminent propriétaire en sera félicité pour sa « sagesse ». Il est des circonstances où les volte-face sont, en politique, une vertu. Le 8 juillet, à la fin de la journée, dans les salons des Tuileries, on s'écartera avec respect devant le restaurateur de la monarchie, Joseph Fouché, duc d'Otrante. Monsieur lui serre longuement la main et le félicite avec effusion du succès de la journée. Le roi, qui se disait fatigué, le reçoit seul dans son cabinet, pendant une heure. Mais cela ne durera pas.

Napoléon traitait déjà les Parisiens de « ramas de badauds ». Les habitants de Paris sont « ingrats et légers », disait-il encore à Thibaudeau. Le fait est que ce qui, de cette journée, a le plus frappé les observateurs, à commencer par les étrangers, c'est une fois de plus la versatilité parisienne et française. *Vox populi, vox Dei*... On se souvient de la nouvelle éponyme de Villiers de L'Isle-Adam dans ses *Contes cruels*. L'auteur y met en scène un mendiant assis aux portes de Notre-Dame et répétant indéfiniment : « Prenez pitié d'un pauvre aveugle, s'il vous plaît ! » alors que le peuple, tout aussi aveugle, crie successivement : « Vive l'empereur ! Vive la République ! Vive la Commune ! Vive le maréchal [Mac-Mahon] [1] ! » La voix populaire est changeante. Le thème deviendra un grand classique de la littérature romantique. Hobhouse, en voyant, le 8 juillet, la population entassée aux fenêtres des maisons qui bordaient le parcours du cortège royal, et criant de joie, avoue n'y rien comprendre. « Cela tenait de la féerie et je me frottais les yeux [2]. » Woodberry, de son côté, est convaincu, alors qu'il entend les ovations de la foule devant les Tuileries, que si Napoléon était revenu dans l'instant, tout le monde aurait crié : « Vive Napoléon ! » « Où étaient ces fédérés, cette populace menaçante ? » se demande encore Molé. La présence des troupes alliées dans Paris fait taire les uns, l'entrée publique du roi s'exprimer les autres qui jusqu'alors se taisaient. Le 8 juillet révèle au pays et à sa capitale la coexistence de deux peuples. Jamais la France n'a été aussi divisée. « Paris et l'opinion publique n'étaient pas changé, note encore Molé ; le mouvement et les témoignages seuls avaient changé de côté. Ceux qui se taisaient la veille sans même qu'il parût trop leur en coûter parlaient maintenant et ne criaient que trop haut. Au contraire, ceux qui s'exprimaient avec tant de violence gardaient un silence morne et menaçant[1]. »

10.

Conclusion : les passions françaises

Ce 8 juillet, Louis XVIII et le régime constitutionnel qu'il représente ont gagné en apparence, mais en réalité le roi a déjà perdu la bataille des symboles et des représentations. Définitivement associé aux armées étrangères et aux ennemis du pays, il est sorti de la nation et n'y rentrera plus. Il est et incarne désormais pour beaucoup, le « déshonneur ». La défaite de 1815 a réveillé les éléments d'un patriotisme revanchard et belliqueux contraire à l'esprit pacifique et européen qui représente la meilleure part de son régime. L'expérience « libérale » de l'Empire de 1815 n'a pas seulement été un échec, elle a contribué à diviser profondément le libéralisme français, déjà minoritaire, et qui avait été jusqu'alors presque unanime à soutenir le régime de la Charte. Il n'y aurait pas eu de légende napoléonienne s'il n'y avait pas eu les Cent-Jours, ou tout au moins elle aurait été différente. C'est cette légende qui attrapera durablement certains libéraux français dans ses rets, en les radicalisant. Les plus clairvoyants, à l'exemple du général Lamarque, comprendront vite qu'en s'emparant de la légende, ils rallieront le plus grand nombre. « Il n'est avec la masse du peuple qu'un point de contact, c'est le souvenir de la gloire passée, à laquelle le plus mauvais hameau, la plus petite cabane ont pris une part active ; car dans tous les hameaux, sous les toits de toutes les cabanes sont les guerriers de la vieille armée[1]. » Tandis qu'à Sainte-Hélène Napoléon se fait tailler sur mesure, par Las Cases, des habits aux couleurs de la liberté, en France et ailleurs les amis de La Fayette et de Lamarque finiront par communier avec lui, aux mânes de la nation et de la gloire. Les romantiques suivront.

Si les libéraux sont divisés, tout le pays l'est aussi. La souveraineté, la légitimité, la nation ne sont pas seulement redevenues des lignes de partage spéculatives. Elles cristallisent des sensibilités et des imaginaires diamétralement opposés, entre les anciens et les modernes, les patriotes et les étrangers, ceux qui rêvent d'un monde sans Dieu et ceux qui ne l'envisagent qu'habité par lui, entre ceux qui comprennent et ceux qui ne comprennent pas, autour du mythe des origines de la Révolution. Cela ressemble un peu à ce que la génération qui nous a précédés a connu, pendant la guerre et dans l'après-guerre, entre pétainistes et gaullistes. Les Bourbons forment cette fois la ligne de partage de deux France haineuses, l'« ancienne » et la « nouvelle », selon les catégories en usage à l'époque. Depuis les Cent-Jours, dit sous la monarchie de Juillet le beau-père de Victor Hugo, Pierre Foucher, « les opinions [...] sont devenues des causes de division jusque dans l'intérieur des familles[1] ». Beaucoup plus tard, sous le Second Empire, un observateur aussi pertinent que Charles de Rémusat enfonce le clou : « Ce funeste épisode de la Révolution française a pour ainsi dire tout gâté. » Quant à la France : « Deux fois conquise, humiliée, rançonnée, asservie, elle est restée ulcérée de défiance et de ressentiments, condamnée par sa folle vanité à ne pas attribuer ses maux à leurs vraies causes et à se tromper éternellement sur leur remède comme sur leur origine. Tous les partis ont conservé d'implacables griefs, un levain d'aigreur qui fermente encore. Le libéralisme, refoulé sur le bonapartisme par la communauté des revers et des ennemis, a contracté avec lui des liens inextricables. Le patriotisme a mis entre la nation et la Restauration une cause éternelle de récrimination, de soupçon et de haine. Oui, les Cent-Jours ont été irréparablement funestes à l'Europe, à la France, aux libéraux, aux patriotes, aux royalistes, aux Bourbons et à Napoléon[2]. » Rémusat ne se trompe que sur le dernier point. À Sainte-Hélène, la légende remettra Napoléon en selle. Tandis que la silhouette de Louis XVIII s'estompe peu à peu dans la noirceur des souvenirs, ceux d'un gros roi retors, égoïste et anachronique, celle de Napoléon ne fera qu'embellir. Napoléon y a veillé et Las Cases a signé. Tout est là, d'un bout à l'autre du *Mémorial* : les fautes des Bourbons et la nécessité impérieuse de son retour, les hasards miraculeux et la magie de sa marche vers Paris, l'adhésion constante du peuple, la justification de son échec à Waterloo par la trahison et l'incompétence des généraux, les raisons de son abdication et de son renoncement à recourir à la violence, le 21 juin, par la dictature, l'affirmation répétée de ses convictions libérales. « Après lui, on entendit un grand bruit, note Musset dans ses *Confessions*. C'était la prière de Sainte-Hélène qui venait de retomber sur l'ancien monde [1]. » Le Napoléon des Cent-Jours est à Sainte-Hélène un Napoléon prêt à incarner éternellement le génie de la nation, il est déjà là, nimbé du prestige des héros malheureux, tel que le dessinera Job quelques décennies plus tard, les bras croisés sur le pont du *Bellérophon*, contemplant la France qui s'élève à l'horizon. Les Cent-Jours, plus que toute autre période de notre histoire, ont été dominés par l'imaginaire. Le roi y a tenté une politique sans propagande, Napoléon, en artiste consommé, y a développé une propagande qui est venue enrichir et compléter celle du Consulat et de l'Empire. Tout à coup, le héros des champs de batailles s'est fait celui du peuple [2]. Cette propagande a tenu lieu de politique et cela a suffi. Ne serait-ce qu'en cela, et au regard de l'avenir, ces trois mois s'inscrivent, comme un coin, dans la modernité de notre XXe siècle.

L'avenir s'annonce lourd de conséquences, et le présent n'est pas plus gai. Personne, même les royalistes les plus convaincus, ne croit vraiment à la durée du règne qui recommence. « Une habitude de crainte, de trouble et de critique porte à prévoir de longs malheurs parce qu'on en a beaucoup éprouvé », note Mme de Montcalm [3]. Un ami anglais de Wellington, bien informé, fait le même constat au moment de la rentrée de Louis XVIII dans Paris. « La position du roi [...] est moins avantageuse à ce prince que celle du 20 mars dernier, qu'il quitta sa capitale. Il s'est fait une curieuse révolution dans l'esprit de la nation française depuis quelques jours ; la boîte de Pandore est ouverte sur ce malheureux pays [4]. » « Cette restauration est plus difficile, plus orageuse que l'autre [celle de 1814] », note encore Barante [5]. Le pari d'une révolution sans la terreur et d'une monarchie sans l'absolutisme semble plus utopique que

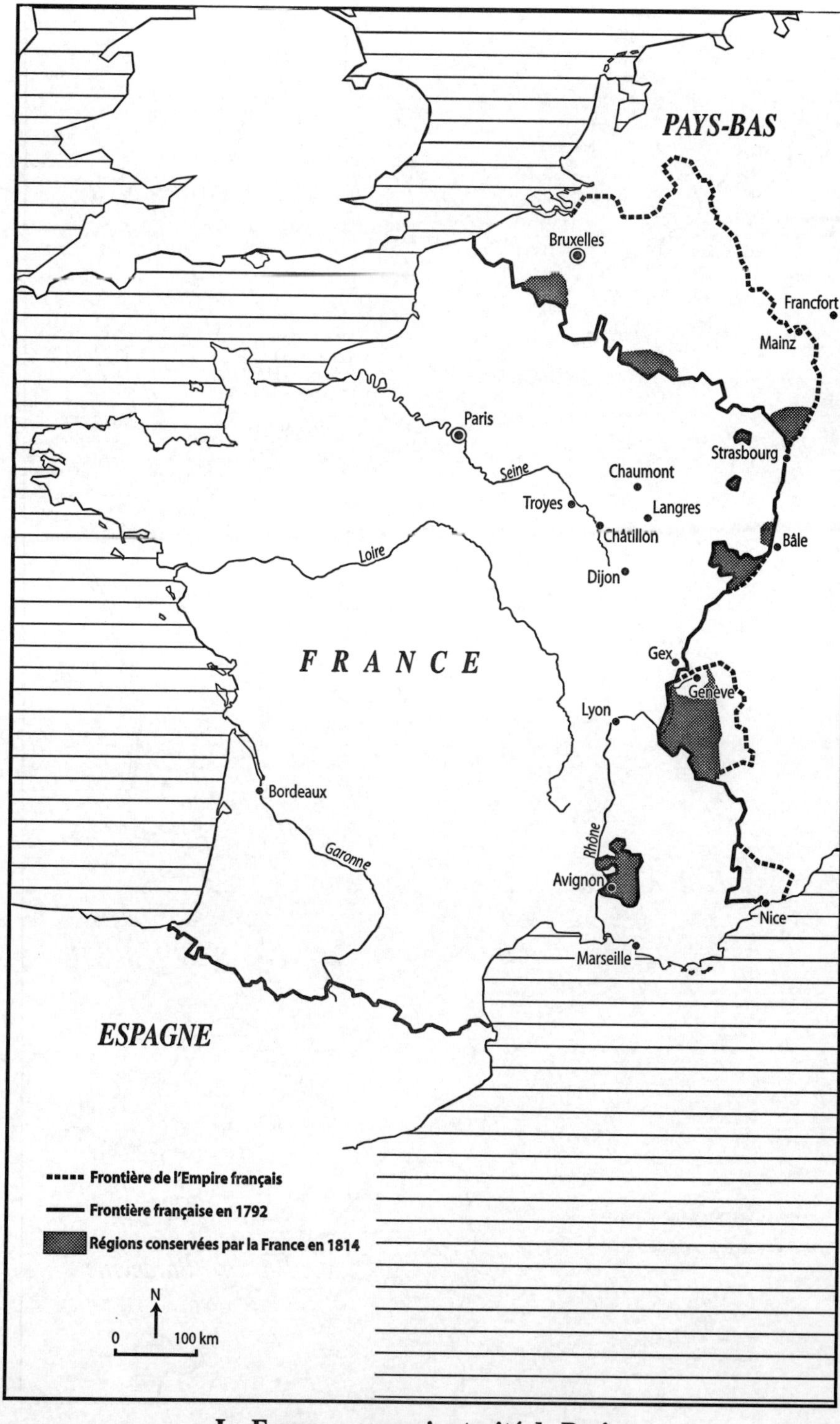

La France au premier traité de Paris (30 mai 1814)

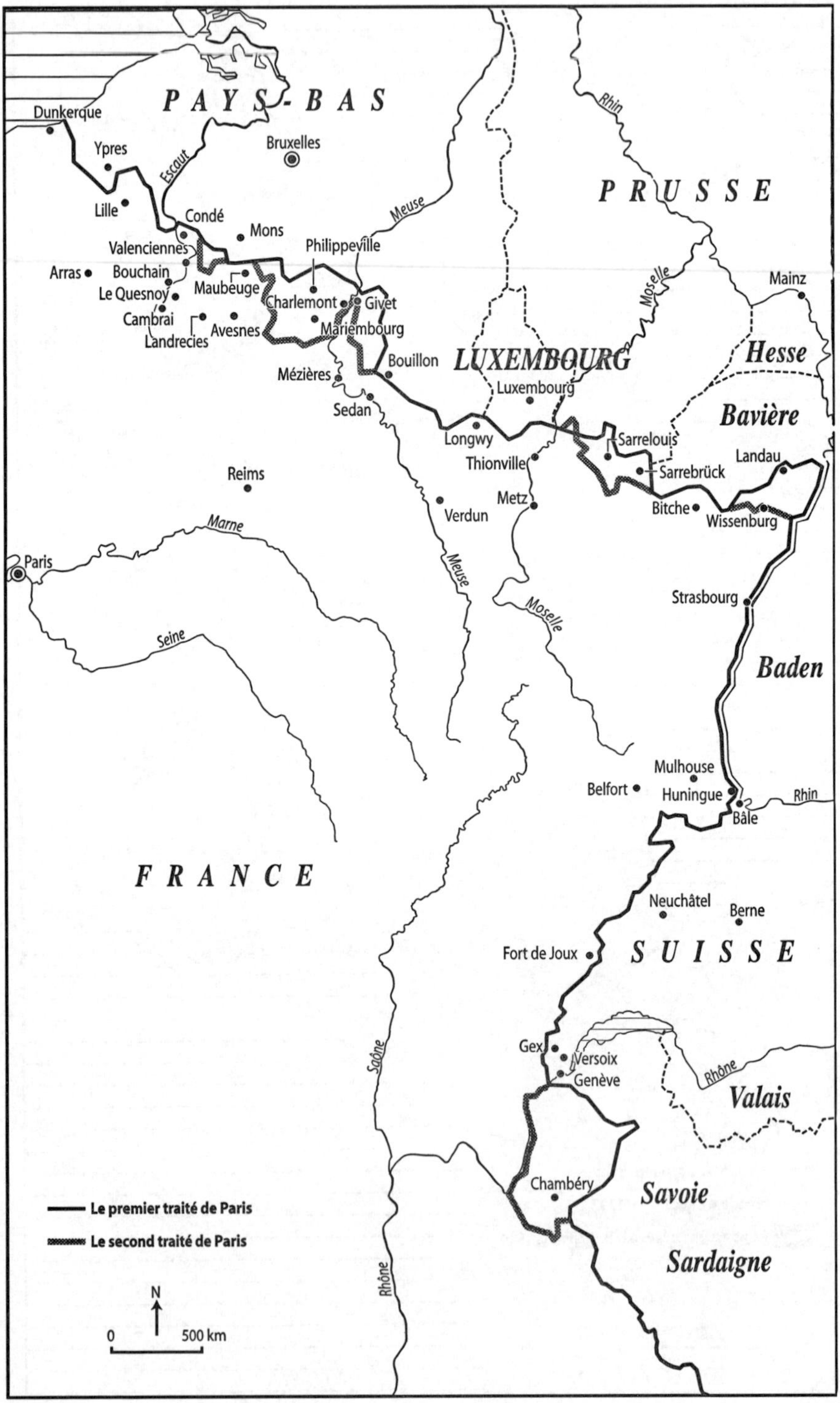

La France au second traité de Paris (20 novembre 1815)

jamais. Tout le monde est mécontent. Seuls les radicaux du droit divin et de la république sortent renforcés des Cent-Jours. Les extrêmes se regardent et veulent en découdre. Le pays est au bord de la guerre civile. Il est occupé comme il ne l'a jamais été, son économie est ruinée. La France passe, politiquement et financièrement, sous la coupe de la coalition victorieuse à Waterloo.

La seconde paix de Paris, signée avec l'Europe le 20 novembre 1815, sera loin d'être aussi avantageuse que celle de l'année précédente. La France devra supporter des rectifications de frontière en perdant une partie de la Savoie, la destruction de certaines de ses places fortes. Elle devra payer une lourde indemnité de guerre de 700 millions de francs qui servira à l'édification d'une ligne de places défensives tournées contre elle le long de la frontière hollandaise. Elle est condamnée à entretenir une armée d'occupation de 150 000 hommes pendant cinq ans. Les Alliés veulent des garanties. Ils ne supportent plus les récidivistes. Pour la première fois, la France est traitée comme elle avait elle-même traité l'Europe pendant près de un quart de siècle, durement et sans ménagement. Pour la première fois aussi, l'Europe ne la craint plus. Elle l'écrase parce qu'elle peut le faire sans danger. En un sens, c'est un tort, car Napoléon, en jouant les revenants, a réveillé la révolution qu'il avait lui-même endormie.

L'onde de choc de 1815 se fera bientôt à nouveau sentir dans toute l'Europe en 1820, puis en 1830 et encore en 1848, avec les conséquences que cela aura sur les monarchies absolutistes du Nord. De plus, la révolution renaissante de 1815 traîne dans son sillage son avatar de toujours, la réaction. C'est à elle que Louis XVIII aura d'abord affaire. Le Midi et une partie de la Bretagne sont en pleine insurrection. Marseille s'est soulevée dès le 25 juin. À la nouvelle de l'entrée du roi à Paris, toutes les autres villes du Midi suivent, en particulier Nîmes le 16 juillet. Ce petit peuple urbain et catholique du Sud-Est, du Sud-Ouest, d'une partie du centre et de l'Ouest prend les armes au nom du roi, mais pas de celui que veut être Louis XVIII. Leur roi est un roi vengeur dont ils vont faire l'instrument de leur revanche sur les élites révolutionnaires, parfois protestantes, devenues bonapartistes. « La France entière veut que le roi cesse d'être bon », écrit un publiciste marseillais en juillet[1]. Ce jacobinisme blanc, populaire et violent, constitue une chance unique aux yeux de tous ceux qui dans la noblesse et la bourgeoisie considèrent que la Charte, l'oubli et le pardon sont autant de fautes impardonnables qui ont ramené « l'ogre » tout droit à Paris. Ils vont tenter de la saisir. Le duc d'Angoulême, après avoir franchi la frontière espagnole et traversé l'Ariège à cheval, fait son entrée à Toulouse le 23 juillet. Fort des pouvoirs extraordinaires que lui a conférés le roi en mars, il fait, pendant quelques semaines, de la ville rose la capitale d'un gouvernement quasiment autonome par rapport à celui du roi, nomme et confirme des administrateurs et des commandants militaires qui ne dépendent que de lui. Le marquis de Rivière à Marseille, le marquis de Montcalm à Montpellier, le baron de Damas à Toulouse, le comte de Damas-Cruz à Bordeaux gouvernent en son nom, favorisent ou laissent faire la réaction afin d'imposer à Paris un projet politique traversé des rêves d'un Ancien Régime idéalisé, où le clergé et la noblesse recouvreraient toute leur place. Il faudra des mois au gouvernement parisien pour rétablir la situation.

La Chambre introuvable majoritairement ultraroyaliste élue en août, les mesures légales de répression auxquelles elle pousse ne vont faire que compliquer la situation. Le drame de Louis XVIII, c'est que la réaction porte les couleurs vertes de son successeur direct, celles de son frère, le comte d'Artois. Prisonnier des passions françaises, la voie modérée dont il va tenter l'expérience connaîtra pourtant quelques années de réussite puis échouera un peu avant sa mort en 1824, comme elle échouera à nouveau sous la conduite de son grand adversaire, son cousin Louis-Philippe, en 1848. La France n'est décidément pas le pays des voies moyennes et les Cent-Jours en cristallisent l'échec durable pour des décennies. En 1815, la Révolution est encore moins qu'en 1799 « fixée aux principes qui l'ont commencée [1] ». Elle n'est pas « finie », elle continue. « Ils m'ont gâché la France », disait Napoléon des Bourbons le 20 mars 1815, en retrouvant un pays parlant et écrivant, alors qu'il l'avait quitté muet un an plus tôt. En rentrant à Paris le 8 juillet 1815, Louis XVIII aurait pu dire la même chose de Napoléon : « Il m'a gâché la France. » La nation lui échappe, ses alliés le rudoient.

Le pays s'en est retourné à ses vieux démons, ceux de la confrontation et de la division. Il s'offre à nouveau le luxe d'une guerre civile. À la lumière de cette situation, on peut s'interroger une dernière fois sur la nature profonde de la prise du pouvoir par Bonaparte, entre le 1er et le 20 mars 1815. À l'évidence, le 18 Brumaire de Bonaparte, le 2 décembre 1851 de Louis-Napoléon sont des coups d'État. On les a longuement différenciés en insistant sur la quasi-légalité du premier et sur l'illégalité du second. Il est vrai qu'en Brumaire, Bonaparte prend grand soin de ne pas froisser la légalité républicainc. Le 18 Brumaire, il se sert de la légalité des conseils pour se faire nommer commandant militaire de Paris et obtenir leur transfert à Saint-Cloud, sous le prétexte d'un complot jacobin. Le lendemain lorsque tout est consommé, c'est au nom de la Constitution de l'an III qu'une poignée de députés vote dans la soirée la création d'une « commission consulaire exécutive » et de deux « commissions législatives » chargées de statuer sur les changements à apporter aux « dispositions organiques » de la Constitution. Mais entre-temps, les grenadiers de Murat ont tout de même vidé le conseil des Cinq-Cents, le plus hostile à Bonaparte, de sa majorité jacobine. On se souvient du très efficace : « Foutez-moi tout ce monde-là dehors », lancé par Murat à ses hommes. Dans sa technique du coup d'État, l'italien Curzio Malaparte se sert de l'exemple de Brumaire pour qualifier les formes modernes de la prise du pouvoir à l'origine, selon lui, de la « marche de Rome » de Mussolini en 1922 [1]. Il invente ainsi la formule du renversement « parlementaire » des régimes parlementaires. Le 19 Brumaire, Bonaparte revient à la légalité par le recours momentané à la force. Il parvient à concilier « l'emploi de la violence et le respect de la légalité ».

La « révolution du 20 mars », comme l'on disait à l'époque, s'inscrit dans un schéma très différent. Le 1er mars 1815, lorsqu'il débarque sur les côtes françaises, Bonaparte n'est plus le jeune général de la République de Brumaire, ni celui qui a su gagner sa légitimité au bout de son épée, à Marengo. Il est devenu entre temps l'Empereur héréditaire des Français. Dès lors, deux légalités, deux légitimités se sont face, la sienne et celle des Bourbons. Lorsqu'à Lyon, le 13 mars, Napoléon dissout par décret les Chambres du roi et en convoque d'autres au nom des anciennes Constitutions de l'Empire [2], il est autant l'homme du renversement d'un régime que celui d'une restauration. « C'était, dit Las Cases, "l'abeille de Napoléon", un souverain qui n'aurait jamais quitté ses sujets [3]. » Ses adversaires auront beau crier à l'illégalité de l'opération, ses partisans la considérer comme parfaitement légale, là n'est pas vraiment la question. Ce qui compte, c'est qu'en mars 1815, cette « restauration » n'aurait pas été possible sans le concours de l'armée. Si en 1799 l'armée avait joué les supplétives – quand elle n'était pas hostile –, elle occupe en mars 1815 une place essentielle dans le retour de son héros et en tirera d'ailleurs pleinement les bénéfices par un regain de considération et d'honneurs. Le 7 mars à Laffrey, le 20 mars aux Tuileries, Napoléon est véritablement porté par une insurrection militaire contre le pouvoir des Bourbons. Cela n'exonère pas pour autant les royalistes lorsqu'ils interprètent l'événement en le qualifiant de complot, de conjuration ou de *pronunciamiento* militaire. Le pouvoir qui se met en place après le 20 mars n'est pas plus militaire que sous l'Empire.

Ce qui se joue là, ce n'est pas, comme en Brumaire, la République sans la Révolution du Consulat, contre la République d'un Directoire moribond, enkysté dans la Révolution, c'est l'Empire contre la monarchie, c'est l'affrontement de deux pouvoirs héréditaires. Le retour en force de la Révolution est dès lors inévitable. Bonaparte était en Brumaire le prétendant quasi légitime à l'héritage de la République, au point que certains historiens ont qualifié un peu vite l'événement d'« élection ». Napoléon l'est-il tant que cela en mars 1815 ? C'est en condottiere qu'il marche vers Grenoble et Lyon. Il n'a pas fait, comme en Brumaire avec le Directoire, l'économie de l'agonie tumultueuse du régime de la Restauration, il a au contraire rendu sa déliquescence inévitable. La terreur blanche, mot dont on se sert pour qualifier la réaction royaliste des derniers mois de 1815, n'est pas la cause, mais la conséquence du 20 mars. Le miracle de cette journée mémorable qui se serait accompli sans qu'un seul coup de feu soit tiré cache en réalité les presque deux mille morts de guerre civile qui suivront, sans parler des victimes de la guerre étrangère, celles de Waterloo et d'ailleurs. Au lieu de réunir, Napoléon divise. Il défait ce qu'il a fait et met à nouveau des « jacobins », des « royalistes », des « modérés » à la place des « Français ».

Benjamin Constant parlait de Brumaire comme d'une « rechute de la Révolution », il ne se trompait que de quinze ans, c'est le 20 mars qui est une rechute de la Révolution. En Brumaire, Bonaparte avait su terminer, très provisoirement, la

Révolution, mais dans le silence. En 1815, il empêche le régime de la Charte de renouveler l'expérience, et cette fois dans la liberté.

Il provoque et déchaîne surtout une véritable crise de la légitimité politique qui mettra un temps infini à se résoudre et occupera le devant de la scène pendant des décennies. On n'a pas assez réfléchi au fait que c'est là une spécificité bien française. Le mot existait avant la Révolution. On parlait à la renaissance du « roi légitime » pour évoquer le droit supérieur et juste du monarque, mais jusqu'en 1789 la légitimité coïncidait toujours avec la légalité. C'est avec la Révolution qu'elle passe véritablement en politique, prend des sens contradictoires suivant ceux, républicains ou royalistes, qui l'invoquent et devient surtout une arme de combat contre la légalité du régime adverse. À la même époque, le mot existait bien chez nos voisins – *legitimacy* en Angleterre, *Legitimität* en Allemagne, *legitimitta* en Italie – mais il n'a jamais occupé chez eux la place centrale qu'il a tenue en France. L'opposition française de la légitimité et de la légalité est unique en son genre. Elle est révélatrice, plus que toute autre, des fragilités et des instabilités qui ont marqué notre histoire sur le long terme. Après 1830, plusieurs légitimités coexistent en France, la « quasi-légitimité » du régime orléaniste de Juillet, pour emprunter l'expression à Guizot, la légitimité des légitimistes et celle des républicains. Entre 1940 et 1944, de Londres, de Gaulle oppose à nouveau sans cesse la légitimité de son combat à la légalité douteuse du régime de Vichy. Drapé dans cette même légitimité supérieure de la nation, il prend le pouvoir en mai 1958. C'est encore contre la légalité représentative et parlementaire de la République que l'on marche sur la Chambre des députés en février 1934, que l'on élève des barricades en mai 1968, au nom d'une utopie légitime et au cri, repris par Sartre dans *Les Temps modernes*, d'« Élections, piège à cons ». Si, à gauche et même à droite, le principe de la souveraineté du peuple est désormais admis, celui de la légitimité morale de la République « telle qu'elle est constituée » ne l'est pas toujours, au nom même de son idéal : la corruption par l'argent, les vices et l'immobilisme des modes d'élection, les insuffisances du droit d'élire sont tour à tour dénoncés.

Avec 1815, la voie étroite d'une construction pacifiée et raisonnable de la nation, toute imparfaite qu'elle ait pu être, celle aussi d'une marche progressive vers la démocratie, cette « tentation de l'impossible », prend les allures d'un sentier de montagne encombré d'éboulis. Tout est désormais différent. Il faudra des années, au mieux jusqu'aux débuts de la Troisième République, pour réparer, restaurer et réconcilier les Français avec eux-mêmes. Victor Hugo parle à ce sujet de « cette immense concession réciproque que chacun doit à tous et que tous doivent à chacun, et qui est toute la vie sociale [1] ». Le 8 juillet 1815, Louis XVIII rentre chez lui, certes, et il y restera jusqu'à sa mort, mais il ne sait pas encore qu'il est déjà, et peut-être la France avec lui, le vaincu de l'histoire.

REMERCIEMENTS

Ceci n'est pas une longue litanie. Des rencontres chaque fois singulières et parfois des amitiés durables justifient et expliquent tout à la fois les noms qui vont suivre. Je voudrais d'abord remercier ceux qui, propriétaires d'archives conservées souvent avec soins et attentions dans leur famille, m'ont permis d'y accéder, en ne comptant ni leur temps, ni leur patience : Béatrix de Blacas, le marquis de Quinsonas-Oudinst, la comtesse de Chabannes, le comte de Colbert, le comte Othenin d'Haussonville, le comte Guy de La Bédoyère, le comte Jean de Rohan-Chabot, Victor de Galard, Benoît de La Morinerie, le docteur Catinat, Florence de Baudus, Jacqueline du Pasquier, Mme Poisson. À Gand et à Bruxelles, Philippe de Béthune, Wim Œrs, Valérie Bockaert, Marie Storms, François Antoine, aux Archives générales du royaume de Belgique, m'ont été d'un précieux conseil. Le prince Olivier de Croÿ a bien voulu m'ouvrir ses collections. À Paris quelques historiens continuent de penser que leurs intuitions et leurs avis relèvent autant de la passion pour leur sujet que de l'amitié qu'ils veulent bien me porter : Frédéric d'Agay, Olivier Blanc, Bruno Centaurame, Annie Jourdan, Thierry Lentz, Philip Mansel, Laurent Nagy, Guy Stavridès, Laurent Theis. Je voudrais remercier tout particulièrement Carlos d'Arenberg qui a bien voulu, une nouvelle fois, être l'un de mes tout premiers lecteurs lorsqu'un livre n'est encore qu'un manuscrit bordé de points d'interrogation. Denis Maraval, fidèle au poste, est resté mon éditeur doublé d'un ami, autant qu'un ami habillé en éditeur. L'obsessionnel compulsif autant que convulsif que je suis remercie enfin tous ceux, et ils sont nombreux, que j'ai pu croiser tout au long de ces cinq années consacrées à trois petits mois d'une histoire si singulière, et qui ont bien voulu m'écouter et m'encourager en ayant l'air d'oublier combien nos conversations tournaient parfois au monologue.

NOTES

Page 12

1. Chateaubriand, *Mémoires d'outre-tombe*, édition du Centenaire établie par Maurice Levaillant, Flammarion, 1982, I, p. 4.

2. Le mot est prononcé par le comte de Montlosier dans l'une de ses lettres à Prosper de Barante. *Souvenirs du baron de Barante*, II, 1898, p. 132. Paris, 11 avril 1815.

3. L'auteur de cette lettre est la femme de Francois Bresson, un ancien conventionnel, le seul à avoir refusé de juger Louis XVI, et l'inamovible chef de la division des Fonds au ministère des Affaires étrangères. C'est elle qui, avec la complicité de son mari et de l'un de ses amis, Amable de Baudus, cachera Lavalette après l'avoir fait sortir de prison où il était condamné à mort, en décembre 1815. La suite de sa lettre est éloquente : « Quand du creuset des crises politiques qui se succèdent depuis vingt-cinq ans en France sortent purs et sans tache quelques individus, il faut leur vouer un culte et les adorer. » Madame Bresson à un ami, Paris, le 23 mars 1815. Archives Baudus, coll. part.

Page 13

1. Damien Zanone, *Écrire son temps. Les Mémoires en France de 1815 à 1848*, Presse universitaires de Lyon, 2005, p. 36.

Page 14

1. Adolphe Thiers, *Histoire du Consulat et de l'Empire*, vol. XIX, 1861 et vol. XX, 1862 ; Henry Houssaye, *1815*, 3 vol., 1895-1899 ; Émile Le Gallo, *Les Cent-Jours*, 1924 ; Georges Blond, *Les Cent-Jours*, 1983 ; Dominique de Villepin, *Les Cent-Jours ou l'esprit de sacrifice*, 2001.

2. « De même que les juifs ne désignent pas sans nécessité le nom de leur Dieu, on désigne rarement ici Napoléon par son nom, on l'appelle presque toujours "l'Homme", mais on voit son image partout en estampe, en plâtre, en métal, en bois et dans toutes les situations. » Heinrich Heine, Paris, 19 janvier 1832, in *De la France*, Gallimard, 1999.

3. J. de Marthold / Job, *Le Grand Napoléon des petits enfants*, Librairie Plon, s.d.

4. Edgard Quinet. *Histoire de la campagne de 1815*, Paris, Michel Lévy frères, 1867 ; Hippolyte Taine, *Origine de la France contemporaine*. Hachette, 1901-1904, volume 3.

Page 15

1. Gilbert Stenger, *Le Retour des Bourbons. D'Hartwell à Gand, le règne des émigrés, 1814-1815*, Paris, 1908, Introduction, II.

2. Jean Tulard, *Les Vingt Jours, Louis XVIII ou Napoléon ?*, Fayard, 2001.

3. *Journal de Jean-Gabriel Eynard*, Paris, Plon, 2 vol., 1924, II, 6 juin 1815, p. 167.

Page 18

1. Victor Hugo, *Les Misérables*, Gallimard, 1995, I, p. 466.

2. Balzac, *La Comédie humaine*, t. V., Ferragus, Gallimard, La Pléiade, 1977, p. 801.

Page 19

1. Alexandre Dumas, *Le Comte de Monte-Cristo*, Gallimard, 1981, I, p. 94 *sq*, « Le petit cabinet des Tuileries ».

2. Cauchois-Lemaire, *Lettres sur les Cent-Jours*, Paris, de Persan, 1822, p. 2, Première lettre, 25 octobre 1819.

3. Charles de Rémusat, *Mémoires de ma vie*, BN Manuscrits NAF 14416, *Mémoires*, t. III. Il s'agit de la partie supprimée de l'édition Pouthas, t. I, p. 210.

4. *Mémoires, Souvenirs et Journaux de la comtesse d'Agoult*, Mercure de France, 1990, I, p. 64.

Page 20

1. Arthur de Gobineau, *Ternove*, Bruxelles, 3 vol., 1848 ; rééd. Paris, 1922. Octave de Ternove, le héros de l'histoire, est la contre-figure du Théodore d'Aragon. Issu d'une famille dont les parents ont été guillotinés sous la Terreur, noble et pauvre, officier dans la maison militaire, il nourrit dans son âme « ce sentiment d'orgueil sauvage et secret qui est l'apanage des tribus persécutées par une nation victorieuse ». Arthur de Gobineau est par ailleurs mieux connu pour son *Essai sur l'inégalité des races humaines*.

2. Aragon, *La Semaine sainte*, Gallimard, 1958, p. 591.

Page 27

1. Bibliothèque de l'Observatoire de Paris, Ms AF1-19, « Relevés météorologiques, mars-juillet 1815 ».

2. *Histoire des quinze semaines ou le dernier règne de Bonaparte*, Paris, août 1815.

3. D'après l'*Almanach royal* de 1815.

4. À Paris, Richard-Lenoir emploie plus de 14 000 personnes dans 34 ateliers.

5. Jean Tulard, *Paris et son administration, 1800-1830*, 1976, p. 352-353. D'après les statistiques de la préfecture de police, on compte, en avril 1813, 21 950 chômeurs sur 66 850 ouvriers recensés.

Page 28

1. G. de Bertier de Sauvigny, *Nouvelle Histoire de Paris. La Restauration, 1815-1830*, 1977, p. 139 *sq*.

2. A.N. F7 3785, cité par Jean Tulard in *Paris et son administration, 1800-1830*, 1976, p. 374.
3. *Revue historique*, 1877, III, « Lettres de Sismonde de Sismondi à sa mère », 20 mars 1815, p. 343.
4. La Martelière, *Conspiration de Buonaparte contre Louis XVIII*, Paris, Dentu, 1815, p. 57.
5. *Souvenirs du duc de Broglie*, I, 1886, p. 296. La Martelière, lié à Schiller dans ses jeunes années, est l'auteur de nombreux romans et pièces de théâtre sous la Restauration.

Page 29
1. Voir Catherine Clerc, *La Caricature contre Napoléon*, Promodis, 1985, p. 191 et 200.
2. Duchesse de Maillé, *Souvenirs des deux Restaurations*, 1984, p. 29.

Page 30
1. Dans l'une de ses brochures, *De la restauration de la monarchie des Bourbons et du retour à l'ordre*, Paris, Chaignieau aîné, 1814. Jean-Gabriel Roques, dit le comte de Montgaillard, commis au ministère des Affaires étrangères sous l'Empire et la Restauration, était le frère de l'abbé, agent secret pendant la Révolution et l'Empire. Viennet, dans ses Mémoires, attribue le mot à son ami Henri Carrion-Nisas, un ancien tribun devenu militaire et auteur de plusieurs pièces de théâtre. Il dirigera sous les Cent-Jours le service du personnel au ministère de la Guerre. La phrase exacte est : « Ils n'ont rien oublié et rien appris » (*Mémoires et Journal*, p. 267-268).

Page 32
1. *Mémoires et Souvenirs du comte de Lavalette*, 1994, p. 329.
2. Voir, sur la question du drapeau, les travaux d'Hervé Pinoteau.

Page 33
1. Regnault de Warin, *Cinq Mois de l'histoire de France ou la fin de la vie politique de Napoléon*, Paris, Eymery, 1815, p. 63.

Page 34
1. *Mémoires de Constant*, nouv. éd., 1967, p. 648. Le valet de chambre de Napoléon rapporte ici le récit de l'un de ses amis, sergent de la Garde nationale, de service aux Tuileries le 20 mars.
2. Henri Forestier, *L'Yonne au XIX*e *siècle*, Auxerre, 3 vol., 1959, I, p. 159 : « Registre de la correspondance des préfets, 8 août 1815 ».
3. *Mémoires de la reine Hortense*, 1927, I, p. 325.
4. E. La Bretonnière, *Souvenirs du Quartier latin*, 1863, p. 200.

Page 35
1. Alexandre de Laborde, *Quarante-Huit Heures de garde au château des Tuileries*, 1815, p. 17. Odilon Barrot, le futur leader du parti du mouvement sous la monarchie de Juillet, également de garde au château des Tuileries ce jour-là (dans la 11e légion), raconte le même événement dans ses Mémoires et désigne le général de division Brayer parmi les officiers agressés. Brayer, couvert de nombreuses blessures sur tous les champs de bataille de l'Empire,

s'était rallié à Bonaparte le 10 mars à Lyon et fut nommé gouverneur des Tuileries dans la soirée du 20 mars. Il est peu probable qu'il s'agisse de lui. L'architecte Fontaine, qui rapporte également l'événement, parle quant à lui, et sans doute plus sûrement, du général (Pierre-François) Boyer qui avait été mis en non-activité sous la première Restauration.

Page 36

1. Constant, *Mémoires intimes de Napoléon I*[er], 1967, p. 647.
2. Archives Blacas, vol. XLIII, Lettre inédite de l'abbé Rocher au comte de Blacas, 11 avril 1815. Collection particulière.
3. Jean-Jacques Coulmann, *Réminiscences,* 1973, I et II, p. 83. Le jeune Coulmann, futur député et futur conseiller d'État de la monarchie de Juillet, était le frère de la générale Walther qui fut reçue aux Tuileries quelques jours après le retour de Napoléon.

Page 37

1. *Ibidem,* p. 84.
2. *Mémoires de Laffitte,* 1932, p. 66. Voir également, dans les archives Blacas, une lettre de Laffitte aux banquiers londoniens Doxat et Divett, du 20 mars 1815. Il s'est présenté aux Tuileries pour recevoir l'argent, mais « la force armée s'y est opposée, par conséquent notre reconnaissance devient sans effet ». Carton 69 : « État des fonds que j'ai emportés de France le 23 mars ». Coll. part.
3. Constant, *Mémoires intimes de Napoléon I*[er], 1967, p. 647.

Page 38

1. AD Bouches-du-Rhône, Marseille, 1M 544, « Mémoire pour M. le comte de Forbin-Janson », texte imprimé, s.d.
2. *Curiosités révolutionnaires,* « Lettres d'un jeune soldat de la Grande Armée », Paris, 1910-1911 ; Odilon Barrot, *Mémoires posthumes,* 1875, I, p. 27.
3. Fontaine, *Journal,* ENSBA, 1987, I, *1789-1824,* p. 448.
4. *Souvenirs du baron de Barante,* 1898, II, p. 62.

Page 39

1. *Bulletin de Paris ou relation historique des événements qui sont arrivés en France en 1814 et 1815,* Paris, Lerouge, 1815, p. 160.
2. Emmanuel de Waresquiel, *Le Duc de Richelieu,* Perrin, 1991, Lettre du duc de Richelieu à l'abbé Nicolle, janvier 1815, p. 213.
3. *Journal intime de Maine de Biran,* 1927, I, p. 128, 4 avril 1815. « Par peuple, écrit encore un publiciste des Cent-Jours, j'entends cette tourbe inépuisable qui n'a point d'état, point d'instruction, point de volonté ; qui appartient à quiconque veut l'acheter et s'en emparer » (M. Gallais, *Histoire de la révolution du 20 mars,* 1815, p. 198). Dans les jours qui suivront le retour de Napoléon, certains tenteront pourtant de décrire cette foule qui continue à se masser aux grilles des Tuileries pour acclamer Napoléon. Sismonde de Sismondi la qualifie de « très petite bourgeoisie » et Chabrol de « populace grossière [et] mal vêtue ».

Page 41

1. Circulaire du 20 août 1814 aux préfets, citée par Louis Girard, *La Garde nationale, 1814-1871*, 1964, p. 35.

Page 42

1. Alexandre de Laborde, p. 14.

Page 43

1. Charles de Rémusat, *Mémoires de ma vie*, 1958, I, p. 196.
2. Voir là-dessus Pierre Serna, *La République des girouettes*, 2005, p. 328 *sq*.

Page 45

1. Michel Bruguière, *La Première Restauration et son budget*, 1969.
2. *Ibidem*, p. 83.

Page 46

1. Parmi les officiers « italiens » mis en demi-solde à leur retour en France, le général de Vaudoncourt, qui a laissé des Mémoires, donne des détails sur les contraintes de la procédure dont il se dira la victime. *Mémoires du général de Vaudoncourt*, éd. Laurent Nagy, Teissèdre, nouv. éd. à paraître.
2. Voir Jean Vidalenc, *Les Demi-Solde. Étude d'une catégorie sociale*, 1955, p. 9 *sq*.
3. Lort de Sérignan, « Mon voyage à Gand en 1815. Souvenirs anecdotiques d'un chevau-léger de la garde de Louis XVIII », *Le Correspondant*, 25 octobre 1877, p. 327.

Page 48

1. *Souvenirs du maréchal Macdonald*, 1892, p. 368.
2. Capitaine Routier, *Récits d'un soldat de la République et de l'Empire (1772-1830)*, nouv. éd., 2004, p. 172.

Page 49

1. Ces deux documents sont conservés au service historique de l'armée de terre, 2YG, « dossier Cugnet de Montarlot ». Voir sur le personnage la belle thèse encore inédite de Laurent Nagy : *Le Romantisme en action ou représentations et réalités subversives dans une France postrévolutionnaire (1814-1824)*, Paris-VIII, juin 2006.
2. *Voyage des frères Bacheville en Europe et en Asie après leur condamnation par la cour prévôtale du Rhône en 1816*, Paris, Béchet aîné, 1822.

Page 50

1. Le général Bonnaire, ancien volontaire de 1792, mis en disponibilité en septembre 1814, commandait la place de Condé après Waterloo. Il fera tirer sur un officier royaliste qui lui demandait de rendre la place « au nom des alliés ». A. Jay et E. Jouy, *Les Ermites en prison*, Ladvocat, 1823, p. 73.
2. *Quarante-Huit Heures aux Tuileries*, *op. cit.*, p. 19. La version du capitaine Routier est beaucoup moins consensuelle, mais également moins probable. D'après lui, les gardes nationaux auraient été obligés de se retirer (p. 174).

Page 51

1. Routier (p. 175) et Coulmann (I et II, p. 84). C'est le capitaine Moura, un officier de cavalerie appartenant au corps de Vandamme en 1813, qui, d'après ses souvenirs, hissa le drapeau tricolore en haut du pavillon de l'Horloge (Arthur Chuquet, *Lettres de 1815*, 1re série, 1911, « 56. Le capitaine Moura »).

Page 52

1. *The Diary of James Gallatin*, Londres, Heinemann, 1914, 20 mars 1815. Traduction de l'auteur.
2. E. Jouy, *La Gazette de France*, article du 22 avril 1815. Voir également A. Jal , *Souvenirs d'un homme de lettres*, 1877, p. 278.

Page 53

1. La Martelière, *Conspiration de Buonaparte..., op. cit.*, p. 71.
2. Voir le *Comment voter contre le bolchevisme*, dessiné par Adrien Barrère à l'occasion de la campagne électorale de 1919.
3. *Souvenirs inédits de M. le comte Chabrol de Volvic*, 2002, p. 23.

Page 54

1. *Souvenirs du baron de Barante*, II, p. 50-52 et 120. Voir également sur cet épisode : Lavalette, p. 326 *sq*, et les Mémoires inédits du général Sebastiani mis en forme par son médecin privé, le docteur Fauconneau-Dufresne en 1875, archives Choiseul, p. 48.

Page 55

1. B. Constant, *Lettres à Madame Récamier (1807-1830)*, 1976, 19 mars 1815, p. 148.
2. Voir l'article *in* Benjamin Constant, *Recueil d'articles, 1795-1817*, édition Ephraïm Harpaz, 1978, p. 149-151.

Page 56

1. *Souvenirs du baron de Barante*, II, p. 127.
2. Regnault de Warin, *Cinq Mois de l'histoire de France ou la fin de la vie politique de Napoléon*, Paris, Eymery, 1815, p. 36.
3. E. de W., *Le Duc de Richelieu*, Perrin, 1991, p. 213. Lettre du duc de Richelieu à l'abbé Nicolle, janvier 1815.
4. *Dictionnaire des girouettes ou Nos contemporains peints par eux-mêmes... par une société de girouettes*, Paris, Alexis Eymery, juillet 1815.
5. Baron Alibert, *Psychologie des passions*, Paris, 2 vol., 1827, I, p. 48.

Page 57

1. Las Cases, *Mémorial de Sainte-Hélène*, 1968, I, p. 205.
2. B. Constant, *Journaux intimes*, édition de la Pléiade.
3. Archives de Coppet. Lettres inédites d'Auguste de Staël à sa mère, année 1815, 21 et 30 avril (pour la suivante) 1815.

Page 58

1. Chateaubriand, *Mémoires d'outre-tombe*, édition du Centenaire, 1892, III, p. 385.

Page 59

1. Voir là-dessus les pages très brillantes de Stéphane Rials au chapitre III (« Les sensibilités légitimistes ») de son « Que Sais-je ? » sur la question (PUF, 1983).

2. Cité par Mme de Chastenay dans ses Mémoires, 1897, II, p. 525.

Page 60

1. *Le Nain jaune*, 30 mars et 5 avril 1815. Un commentaire très pertinent de ces articles du *Nain jaune in* Pierre Serna, *La République des girouettes ...*, 2005, p. 201 *sq*. A. Jal donne dans ses Souvenirs des détails sur la création du *Nain jaune* par les publicistes Jouy, Étienne, Lefèvre, Merle et Bory de Saint-Vincent, à partir du *Journal des arts* qui appartenait à Cauchois-Lemaire (*Souvenirs d'un homme de lettres*, p. 461-464 et 470). On trouve dans des papiers inédits de Fouché la copie d'une curieuse liste des rédacteurs et coopérateurs du *Nain jaune* qui aurait été imprimée et distribuée le 16 mars 1815. Tous sont placés dans la mouvance secrète de Savary, l'ancien ministre de la Police de Napoléon. Cauchois-Lemaire est ainsi décrit, copropriétaire du journal et gérant d'un cabinet de lecture, rue des Francs-Bourgeois. « Le petit singe est un bien mauvais garnement et on le dit des plus dévoués au parti rouge. » Collection particulière. De son côté, le *Dictionnaire des girouettes*, publié chez Eymery, 30, rue Mazarine, en juillet 1815, aura un tel succès qu'il sera réédité trois fois avant la fin de l'année. Il compte environ mille noms, plus ou moins politiquement volages, selon le nombre de girouettes qui leur sont attribuées. Fontanes, Fouché, Talleyrand battent tous les records, avec douze girouettes.

Page 61

1. *Souvenirs du baron de Barante*, II, p. 135. Lettre au comte de Montlosier, avril 1815.

2. Maine de Biran, *Journal intime*, 28 mars 1815, I, p. 124. À Vienne, Talleyrand, bon connaisseur du caractère humain, dit la même chose, sans faire de morale et sans pour autant parler de trahison. Mais son propos est profondément désabusé : « Tous les noms qui il y a huit jours étaient au bas de toutes les adresses faites au roi sont aujourd'hui au bas des adresses faites à Buonaparte. Quelle pauvre chose que les hommes ! Leur cervelle et leur cœur, dont ils se vantent tant, ne valent pas les bons sentiments des animaux attachés. Je parle là des hommes qui ont éprouvé vingt-ans de révolution et qui ont été offensés par elle. » Lettre à la duchesse de Courlande, Vienne, 5 avril 1815, *in* G. Palewski, *Le Miroir de Talleyrand*, Perrin, 1976, p. 160.

3. Benjamin Constant, *Mémoires sur les Cent-Jours*, éd. Pozzo di Borgo, 1961, p. 67. Voir également les *Considérations sur la Révolution française* de Mme de Staël.

4. L'expression est de Carnot, dans une lettre au comte de Vaublanc, préfet de Metz sous la première Restauration, citée dans les Mémoires de ce dernier, 1883, p. 453.

5. *Mémoires d'outre-tombe*, II, p. 551.

Page 62

1. Charles de Rémusat, *Mémoires de ma vie*, I, p. 188. Benjamin Constant trouve encore une explication à cette domination « moderne » des intérêts particuliers sur l'intérêt général. Il y voit l'une des différences majeures qui séparent le gouvernement des « anciens » de celui des « modernes », par le renversement des rapports de domination entre la vie de la Cité et celle des citoyens, entre la sphère publique et la sphère privée. « À notre époque avancée de civilisation, chacun pouvant arranger à son gré sa vie indépendamment des événements, l'ordre social n'étant plus intimement lié aux formes politiques [...], il reste aux individus, quels que soient les malheurs publics, tant de jouissances personnelles que le sacrifice de ces jouissances est presque au-dessus des forces humaines », *Mémoires sur les Cent-Jours, op. cit.*, p. 201.

2. *Souvenirs du baron de Barante*, II, p. 125.

3. Alfred de Vigny, *Mémoires inédits*, Gallimard, 1958, p. 88.

Page 63

1. Edgar Quinet, *Histoire de mes idées. Autobiographie*, 1880, p. 137-138. Voir, sur la question du serment, la belle thèse inédite de Jean-Yves Piboudès, *Le Serment politique en France, 1789-1870*, Paris-I, 2003.

Page 64

1. Lavalette, p. 331.

2. Alexandre de Laborde, *op. cit.*, p. 19.

Page 65

1. *Souvenirs du chevalier de Cussy*, 1909, I, p. 56.

Page 66

1. Cité par Henry Houssaye, *1815*, 1896, p. 327.

Page 67

1. A. Chuquet, *Lettres de 1815*, 1re série, H. Champion, 1911, n° 76, Lettre du 24 avril 1815.

2. *Mémoires du général comte de Saint-Chamans (1802-1832)*, 1832, p. 286.

3. *Mémoires du général baron Thiébault*, 1895, V, p. 291.

Page 68

1. Hélie de Saint-Marc, *Mémoires. Les champs de braises*, Perrin / Tempus, 2002, p. 263-265.

2. *Journal du général Fantin des Odoards*, Plon, 1895, p. 421.

3. Edgar Quinet, *Histoire de mes idées. Autobiographie*, 1881, p. 110.

4. Voir, là-dessus, Thierry Lentz, *Nouvelle Histoire de l'Empire*, III, Fayard, 2007, p. 164.

Page 69

1. *Souvenirs du comte de Puymaigre*, p. 198-199.

2. Arthur Chuquet, *ibidem*. C'est encore la thèse de Benjamin Constant dans ses *Mémoires sur les Cent-Jours*, pour qui les officiers généraux de l'an-

cienne armée impériale n'étaient pas « dévoués à Bonaparte ». « Ils n'auraient pas excité l'opinion contre lui ; ils auraient au moins gardé le silence. Aucun officier supérieur, si l'on excepte ceux qui se sont vus subjugués par des circonstances au-dessus de la force humaine, ne délaissa le gouvernement avant le moment où il se délaissa lui-même. » Édition de 1961, p. 64.

3. *Journal du capitaine François*, Tallandier, 2003, p. 725 et *Souvenirs du comte de Puymaigre*, Plon, 1884, p. 186.

Page 70

1. AN F7 10356, Minutes des rapports de police, avril-juillet 1815, « Bulletin du 7 avril 1815 : Mende, le 30 mars ; Cahors, le 2 avril ».

2. La commission avait été créée le 12 octobre 1815. Voir J.-Y. Piboubès, *Le Serment politique en France, 1789-1870*, Thèse non publiée, Paris-I, 2003, p. 301.

3. C'est Montesquiou, dans *L'Esprit des lois*, qui distinguait la « vertu », comme étant le principe de la démocratie, de l'« honneur » comme étant celui de la monarchie.

4. *Mémoires du général Rapp*, 1823, p. 356.

Page 71

1. *Vie de Planat de La Faye...*, 1895, p. 199 et 201.

2. *Vie historique et inédite du maréchal Sebastiani*, par le docteur Fauconneau-Dufresne, Châteauroux, 1875, Manuscrit inédit, archives Choiseul, p. 48.

3. Saint-Chamans, *op. cit.*, p . 291.

Page 72

1. *Correspondance de Jacques Boucher de Perthes (1788-1868)*, 1947, p. 135.

2. Laborde, *Quarante-Huit Heures...*, *op. cit.*, p. 20.

Page 73

1. *Vie de Planat de La Faye*, 1895, p. 200.

2. Routier, *Récits d'un soldat de la République et de l'Empire...*, 1899, p. 176.

3. *Journal du capitaine François*, 2003, p. 727.

Page 74

1. *Mémoires du général baron Thiébault*, 1895, V, p. 204.

2. Lavalette, p. 333.

3. Arthur Chuquet, *Lettres de 1815*, 1re série, 1911, « 56. Le capitaine Moura ».

4. Ce mot est rapporté par Jean-Gabriel Eynard dans son Journal, d'après « une personne qui n'a pas quitté Bonaparte depuis son retour ». Paris, Plon, 2 vol., 1924, II, p. 264-265, 8 août 1815.

5. Adolphe Thiers, *Histoire du Consulat et de l'Empire*, 1861, XIX, p. 225. L'émotion du 20 mars contraste en tout cas avec l'indifférence affectée de Bonaparte, notée par tous les témoins, lorsque celui-ci prit possession des Tuileries, l'ancien palais des rois, pour la première fois, le 19 février 1800.

Mme de Staël parle dans ses *Considérations* de « quelque chose de vague et d'insouciant dans sa physionomie ». « Ses regards n'exprimaient que ce qu'il lui convient toujours de montrer, l'indifférence pour le sort, et le dédain des hommes. »

Page 75

1. Fleury de Chaboulon, *Les Cent-Jours*, 818-820, I, 266.
2. Miot de Melito, *Mémoires*, 1858, III, p. XXX.
3. *Mémorial de Sainte-Hélène*, II, p. 1468.
4. Saint-Chamans, p. 289.
5. James Gallatin, 24 mars 1815.
6. Archives Blacas, carton 43, lettre de l'abbé Rocher au comte de Blacas, 11 avril 1815.

Page 76

1. « Entrée triomphante des oiseaux de proie dans la capitale le 20 mars 1815 », caricature en couleurs gravée par Pétion, dépôt légal du 29 juillet 1815, Paris, BHVP. La propagande bonapartiste répond à ces critiques en reconstituant, dans plusieurs images d'Épinal, une entrée triomphale de Napoléon dans Paris, en plein jour, avec carrosse et cortège, sur le modèle d'une entrée royale classique. « Entrée de S.M. Napoléon Ier dans sa bonne ville de Paris, le 20 mars 1815 », 1815, Paris, musée Carnavalet. La nuit renvoie également à la mort. Dans plusieurs caricatures consacrées au retour de l'île d'Elbe et publiées après les Cent-Jours, « Buonaparte » ou « Nicolas », sobriquet populaire utilisé par les royalistes qui veut dire le fanfaron, est suivi ou précédé du squelette faucheur de la mort. Voir en particulier : « Retour de l'île d'Elbe. Il ramène la liberté » ; « Sujet allégorique. Bonaparte fuit de l'île d'Elbe et ramène la discorde, la guerre et la misère ; la mort qui le précède se livre à l'allégresse » ; « Arrivée de Nicolas Buonaparte aux Tuileries ». Voir Catherine Clerc, *La Caricature contre Napoléon*, Promodis, 1985, p. 208, 206 et 215. Dans la première de ces trois caricatures, c'est Satan qui conduit le cortège. Une caricature anglaise de juin 1815, mentionnée par Eynard (II, p. 250), montre également Napoléon débarquant de l'île d'Elbe accompagné d'une cohorte de squelettes. Elle est intitulée : « Le cortège de la mort ».
2. Fleury de Chaboulon, *Les Cent-Jours*, Londres, Murray, 1818-1820, I, p. 265.
3. *Mémoires de Madame de Chastenay*, 1897, II, p. 487 et *Souvenirs du baron de Frénilly*, 1987, p. 294.

Page 77

1. François Furet, *La Révolution française*, Hachette, 1988, II, p. 80.
2. *Mémoires d'outre-tombe*, II, p. 550 et 555.
3. Marmont, *Mémoires de 1792 à 1841*, 1856, III, p. 336-340, cité par Thierry Lentz.
4. *Ibidem*, II, p. 555.

Page 78

1. Eugène Welvert, *Napoléon et la police sous la première Restauration*, Paris, R. Roger, s.d., p. 300. Lucien Bonaparte dira au diplomate suisse

Eynard, en avril, à Genève, que son frère avait suggéré le choix de l'île d'Elbe lors des négociations du traité de Fontainebleau en avril 1814 parce qu'il pensait déjà rentrer en France et que l'île était commodément située pour cela (Eynard, II, p. 134).

2. *Le Prince*, chapitre XXIV. Cité par Thierry Lentz qui se sert très judicieusement du grand écrivain de la Renaissance pour brosser un portrait remarquable de Napoléon en introduction du volume III de sa *Nouvelle Histoire de l'Empire* (Fayard, 2007, p. 20) : « Le prince et le temps ».

3. Cité par Émile Le Gallo, *Les Cent-Jours*, 1924, p. 48.

4. Guizot, *Mémoires pour servir à l'histoire de mon temps*, 1858, I, p. 60 et 66. Talleyrand avait déjà la même analyse. Il disait au diplomate suisse Eynard, à Vienne, en octobre 1814, que Napoléon tenait constamment sous l'Empire, avant une bataille décisive, des « propos de joueur hardi qui prédit qu'il gagnera le coup », mais qu'il n'en était pas dupe (*Journal de Jean-Gabriel Eynard*, *op. cit.*, I, p. 63, 24 octobre 1814).

Page 79

1. Madame de Staël, *Considérations sur la Révolution française*, 1983, p. 496 et *Souvenirs* du baron de Frénilly, *op. cit.*, p. 309.

2. Cité par A. Jal, *Souvenirs d'un homme de lettres*, 1877, p. 253.

3. Benjamin Constant, *Mémoires sur les Cent-Jours*, 1961, p. 84.

4. Charles de Rémusat, *Mémoires de ma vie*, I, p. 191 et BN Manuscrits NAF 14416 : *Mémoires manuscrits de Charles de Rémusat*, t. III.

Page 80

1. *Journal de Jean-Gabriel Eynard*, 1924, II, *Les Cent-Jours*, mardi 14 mars, p. 21.

2. Alexandre de Laborde, *Quarante-Huit Heures...*, p. 20.

3. *Mémoires du général baron Thiébault*, p. 295.

Page 81

1. Balzac, *Le Médecin de campagne*, chap. III : « Le Napoléon du peuple », Pléiade, *La Comédie humaine*, IX, 1978, p. 534-535.

2. Cité par S. Hazareesingh, *La Légende de Napoléon*, 2006, p. 67, AN F7 3788, 15 février 1817.

Page 82

1. Journal de Fontaine, p. 447.

2. A. de Laborde, p. 20 et 21.

Page 83

1. *Royauté ou Empire... Rapports inédits du comte Anglès*, 13 mars 1815, p. 291.

Page 84

1. BHVP Ms 1013, « Lettres familières d'un bourgeois à sa femme », Paris, 9 mars 1815.

2. *Souvenirs de campagne du sergent Faucheur*, éd. Jacques Jourquin, Tallandier, 2004, p. 321.

3. AN AF 3733, « 1814-1815 ».

4. Cité par Paul Leulliot, *La Première Restauration et les Cent-Jours en Alsace*, SVEPEN, 1958, p. 182.

5. Frédéric Rilliet, « Souvenirs de 1815 », in *Soldats suisses au service de l'étranger*, III, 1910, p. 254.

6. Fanny d'Arblay, *Souvenirs d'une Anglaise*, 1992, p. 228.

Page 85

1. Alain Peyrefitte, *C'était de Gaulle*, rééd. Gallimard, 2002, p. 441-442.

2. Proclamation de Napoléon au peuple français, Golfe-Juan, le 1er mars 1815.

Page 86

1. Benjamin Constant, *Mémoires sur les Cent-Jours*, p. 134.

2. Las Cases, *Mémorial*, p. 1250 et 1252. Sur le moment, Napoléon fait publier dans le même sens une « Relation sur la marche de Napoléon » dans *Le Moniteur* du 23 mars. Voir également la « Relation » publiée dans la *Correspondance générale*, édition du Second Empire, nº 21690.

3. *Ibidem*, p. 69.

Page 87

1. Charles Weiss, *Journal, 1815-1822*, Les Belles Lettres, 1972, 16 avril 1815, p. 45. L'auteur, bibliothécaire à Besançon et proche de Charles Nodier, désigne particulièrement les paysans « de la Haute-Saône et du Jura ».

2. A. Thiers, *Histoire du Consulat et de l'Empire*, 1845-1862, I, p. 69-70. Voici ce qu'il écrit à propos des « maux publics » du Directoire : « C'est beaucoup de faire cesser le mal d'imagination, car on diminue le sentiment du mal réel, et on inspire à celui qui souffre la patience d'attendre la guérison et surtout la disposition à s'y prêter. »

3. *De l'exil au retour de l'île d'Elbe. Récits de contemporains*, Teissèdre, 2001, « Napoléon à Autun », p. 116 (relation du maire d'Autun, Jean-Baptiste Pignot).

4. Voir Claude Isabelle Brelot, *La Noblesse réinventée. Nobles de Franche-Comté de 1814 à 1870*, 1992, I, p. 220 *sq*, et Jean-Luc Mayaud, *Les Paysans du Doubs...*, 1986, p. 59 *sq*.

Page 88

1. *Mémoires de Marchand*, Paris, Plon, 2 vol., 1952-1955, I. Marchand situe la scène aux Tuileries, le 26 mars, après la réception par Napoléon de son gouvernement.

Page 89

1. Par deux ordonnances des 10 juin et 13 août 1814.

2. Dans sa thèse inédite : *Mort et politique à Paris sous la monarchie censitaire. Mises en scène, cultes, affrontements, 1814-1835*, Paris-I, décembre 2003, Emmanuel Fureix donne le décompte de ces cérémonies, à Paris, de mai à octobre 1814 : 14 mai, service funèbre à Notre-Dame à la mémoire des victimes royales de la Révolution ; 27 mai, service funèbre à la mémoire des victimes de la grande terreur, à Picpus ; mai-juin, services funèbres dans

toutes les églises parisiennes à la mémoire des victimes royales de la Révolution ; 25 juin, service funèbre à l'église Saint-Louis à la mémoire des généraux Cadoudal, Pichegru et Moreau ; 2 septembre, service anniversaire aux Carmes à la mémoire des prêtres victimes des massacres de Septembre ; 5 septembre, service à l'église Saint-Leu pour le repos de l'âme de la princesse de Lamballe ; 6 octobre, service à la mémoire des gardes du corps de la reine morts le 6 octobre 1789 ; 15 octobre, messe à la mémoire de Marie-Antoinette célébrée à la chapelle des Tuileries. I, p. 232.

3. De nombreux contemporains, comme Jean-Guillaume Viennet dans ses Mémoires, insistent sur le côté ridicule de la cérémonie, alors que l'authenticité des restes du roi et de la reine était loin d'être prouvée : « Cette cérémonie, toute imposante qu'elle était en principe, ne parut dès lors qu'une vaine parade, elle excita des murmures, des impiétés, des atrocités même » (éd. Raymond Trousson, Champion, 2007, p. 258). Voir également les Mémoires de Thibaudeau, Paris, Plon, 1913, p. 442.

Page 90

1. Charles Weiss, *Journal, 1815-1822, op. cit.*, 21 et 22 mars 1815, p. 37-38. Les meneurs sont selon Weiss d'anciens officiers de la compagnie des francs-tireurs de Besançon organisée l'année précédente à l'occasion du blocus de la ville par les Autrichiens. On arbore le drapeau tricolore, on enfonce et on pille les boutiques des commerçants de la ville connus pour leurs opinions royalistes.

Page 91

1. Jean Tulard, *Les Vingt Jours. Louis XVIII ou Napoléon Ier ? 1er-20 mars 1815*, Paris, Fayard, 2001. L'auteur s'attarde en particulier sur le cas de Fiévée, préfet de Nevers, dont il est aussi le biographe. Là, l'insurrection est provoquée par le projet annoncé par les autorités de couper le pont de la Nièvre pour empêcher le passage de Napoléon. Fiévée tiendra cependant dans sa préfecture jusqu'après l'entrée de Napoléon à Paris. Il sera remplacé au pied levé par le doyen des conseillers de préfecture, M. Piron. Caran, AF 3733, « Bulletin du 29 mars 1815 – Nevers, 26 mars ».

2. Paul Leulliot, *La Première Restauration et les Cent-Jours en Alsace*, Svepen, 1958, p. 190.

3. Les pièces des procès de La Bédoyère et de Ney conservées au service historique de l'armée de terre ont été largement utilisées par Henry Houssaye (vol. I de son *1815*, 1896). De multiples relations, lettres et rapports sur le vol de l'aigle ont été publiés par Arthur Chuquet à partir de 1911 (*Lettres sur les Cent-Jours*) et plus récemment dans divers recueils comme celui publié par les éditions Teissèdre (*De l'exil au retour de l'île d'Elbe. Récits de contemporains*, 2001). Certaines pièces des procès des derniers mois de 1815 et de 1816 ont été utilisées dans des études particulières comme : Paul Gaffarel, « Les Cent-Jours à Dijon », in *Révolution française*, t. XXVII, août 1894, repris dans *Dijon en 1814 et 1815*, Dijon, 1897 ; Gonnet, « Les Cent-Jours à Lyon », in *Revue d'histoire de Lyon*, 1908, ou dans la thèse de Paul Leulliot, *La Première Restauration et les Cent-Jours en Alsace*, Svepen, 1958.

Page 92

1. *Journal de l'Isère*, 9 mars.
2. *Tableau historique des événements qui se sont passés à Lyon depuis le retour de Bonaparte jusqu'au rétablissement de Louis XVIII*, Lyon, 1815, p. 36. La brochure est d'inspiration royaliste.
3. *De l'exil au retour de l'île d'Elbe. Récits de contemporains*, Teissèdre, 2001, p. 117. Relation du maire d'Autun, Jean-Baptiste Pignot.

Page 93

1. *Proclamations à l'armée et au peuple français*, 1er mars 1815.
2. *Examen rapide du gouvernement des Bourbons en France depuis le mois d'avril 1814 jusqu'au mois de mars 1815*, À Lyon, 1815, p. 21 ; *Du gouvernement de Louis XVIII ou les causes de la journée du 20 mars*, par M. Jacques, Paris, Martinet, 23 mars 1815, p. 4.
3. Voir les *Souvenirs d'un officier de la Grande Armée* de Jean-Baptiste Barrès : « La cocarde tricolore fut quittée avec douleur et la cocarde blanche arborée avec un serrement de cœur » (p. 156).
4. Edward Stanley, *Un Anglais sur les traces de Napoléon Bonaparte*, La Vouivre, 2003, p. 46.
5. Voir en particulier dans ses *Œuvres complètes* (Paris, Fournier, 1840), « La cocarde blanche » (1816, p. 173) et « Le vieux drapeau » (1820, p. 272). Ce dernier texte est une ode mélancolique, consacrée au souvenir du drapeau tricolore proscrit sous la seconde Restauration : « Quand secouerai-je la poussière / Qui ternit ses nobles couleurs ? »

Page 94

1. Jules de Marthold, *Histoire d'un bonnet à poil*, Librairie de l'éducation de la jeunesse, Paris, s.d., p. 100.
2. François Guizot, *Mémoires pour servir l'histoire de mon temps*, vol. I, 1858, p. 29.
3. Cité par Adolphe Thiers, *Histoire du Consulat et de l'Empire*, 1861, XIX, p. 200.

Page 95

1. Voir Ch. Durand, « Le pouvoir napoléonien et ses légitimités », in *Annales de la faculté de droit et des sciences politiques d'Aix-Marseille*, 1972, p. 7-33. Frédéric Bluche insiste sur cette évolution de la légitimité napoléonienne à Sainte-Hélène dans son ouvrage *Le Bonapartisme*, Nouvelles Éditions latines, 1980, p. 178-179.

Page 96

1. *Le Moniteur* du 21 mars.

Page 97

1. Dans sa *Nouvelle Histoire du Premier Empire*, III, Paris, Fayard, 2007.

Page 98

1. À Sainte-Hélène, d'après Montholon (II, p. 45) et Las Cases (Points Seuil, 1968, II, p. 1250) : « Une fois dans Grenoble, j'étais devenu une véritable puissance. »

2. Voir les inédits publiés par G. Mazel in *Un héros des « Vingt-Jours »*, *op. cit.*, p. 104.
3. Cam Hobhouse, lord Brougham, *Souvenirs d'une longue vie*, I, p. 248, 23 mars 1815.
4. *Journal de Jean-Gabriel Eynard*, Plon, 1924, II, p. 5, « 9 mars 1815 – du même jour à 3 heures ».
5. *Journal du capitaine François*, *op. cit.*, p. 723-724. Il existe de nombreuses variantes aux mots célèbres du défilé de Laffrey. La version officielle qui en est restée pour la postérité, d'après la relation du général Marchand et le récit de son aide de camp, le capitaine Randon, est la suivante : « Soldats du 5e ! je suis votre empereur, reconnaissez-moi », « S'il est parmi vous un soldat qui veuille tuer son empereur, il peut le faire. Me voilà. »
6. Hennet de Goutel, « Les derniers jours de l'Empire racontés par un Cent-Suisse, d'après le Journal inédit de M. de Marsilly (1814-1816) », in *R.E.N.*, janvier-juin 1918, vol. XIII, p. 271, 10 mars 1815 : « Si les troupes passent de son côté, nous pouvons nous considérer, nous autres de la garde du roi, comme la provision de la semaine, trop heureux si nous pouvons être utiles au roi dans sa retraite, car je prévois que sous peu de jours, il ne pourra rester à Paris. »

Page 99
1. Fleury de Chaboulon, *Les Cent-Jours*, Londres, 2 vol., 1818-1820, I, p. 266. Le propos rapporté par Fleury aurait été prononcé par Napoléon le 20 au soir, aux Tuileries. Il dit la même chose à la reine Hortense : « Je n'ai pour moi que le peuple et toute l'armée jusqu'aux capitaines (...) » (*Mémoires de la reine Hortense*, III, p. 4).
2. AN AF 3733 (1814-1815, « bulletin du 23 mars : Haut-Rhin, 16 mars »).

Page 100
1. Allan Forrest, *Napoleon's Men. The Soldiers of the Revolution and Empire*, Londres/New-York, 2002, p. 102-104 et Nathalie Petiteau, *Lendemains d'Empire*, B.H., 2003, p. 48.
2. Edgar Quinet, *Histoire de mes idées*, p. 118.
3. Pierre Lévêque, « La révolution de 1815. Le mouvement populaire pendant les Cent-Jours », *Les Cent-Jours dans l'Yonne, à l'origine d'un bonapartisme libéral*, Paris, Éditions de la Maison des sciences de l'homme, 1988, p. 54.

Page 101
1. Cité par Henry Houssaye, *1815*, I, p. 367.

Page 102
1. Voir sa thèse : *Paris et son administration (1800-1830)*, 1976, p. 375.

Page 103
1. Voir les Mémoires de Mollien, le mot est souvent cité avec des variantes, entre autres par Guizot (I, p. 57) dans ses Mémoires et Barante (II, 123).

2. Souvenirs du duc de Broglie, 1886, I, p. 296. On peut faire un parallèle avec le mot de Cromwell : « Ces gens-là crieraient encore plus fort et plus joyeusement s'ils me voyaient mener pendre. »

Page 104

1. Cité par Walter Benjamin à propos de Blanqui, *Paris, capitale du* XIXe *siècle,* 2002, p. 136.

Page 108

1. Circulaire du ministre Decazes aux préfets, 15 décembre 1815, AD Bouches-du-Rhône, 1M 544, « Administration générale. Esprit public, 1815-1819 ». Également partiellement cité par Émile Gabory *in* « La terreur blanche dans l'Ouest », *Revue des études napoléoniennes,* janvier 1918, t. XIII, p. 313, Decazes au préfet de Nantes, 15 décembre 1815.

2. Napoléon cite ce chiffre dans une conversation avec Claude-Marie Raudot, le maire d'Avallon, *in* Cl.-M. Raudot, *Mes oisivetés,* 1862.

Page 109

1. Cité par Laurent Nagy dans sa thèse *Le Romantisme en action (1814-1824), op. cit.*

2. *Rapports inédits du comte Anglès, op. cit.*, p. 76 et 79, 24 juillet 1814.

3. *Ibidem,* 8 février 1815, p. 249. Cette nouvelle est corroborée par un rapport du préfet de Marseille daté du lendemain et cité par Sudhir Hazareesingh, *op. cit.*, p. 65.

4. AN AF 3733. Le préfet de Saône-et-Loire, 1er et 6 mars 1815.

Page 110

1. *Journal du capitaine François, op. cit.*, p. 722-723.

2. *Le Nain jaune,* 5 mars 1815. Le journal prête ces lignes à un mystérieux correspondant : « J'ai usé dix plumes d'oie à vous écrire sans pouvoir obtenir de réponse ; peut-être serai-je plus heureux avec une plume de cane ; j'en essaierai. »

Page 111

1. Voir là-dessus les *Souvenirs inédits d'un conspirateur* de Ferdinand de Bertier de Sauvigny, 1990, p. 144 *sq,* et les « Souvenirs du père Grivel sur les PP. Barruel et Feliero » in *Le Contemporain,* juillet 1878. Les Mémoires de Barruel, revus et corrigés par l'auteur en 1818, ont été réédités avec une introduction de C. Lagrave en 1976.

2. Chateaubriand, *De la monarchie selon la Charte,* 1816, chapitre LXXXV. Voir ce qu'il dit encore là-dessus dans ses *Mémoires d'outre-tombe,* II, p. 550.

3. Cité par Sudhir Hazareesingh, *La Légende de Napoléon,* Paris, Tallandier, 2004, p. 42.

Page 112

1. Alexandre Dumas, *Mes Mémoires,* Bouquins, 1989, I, p. 263. Sur la conspiration du Nord, voir le mémoire de maîtrise inédit, sous la dir. de Jean Tulard, de Walter Bruyère-Ostels : *L'Opposition à la première Restauration : le « complot du Nord »,* Université de Paris-IV Sorbonne.

Page 113

1. Fleury de Chaboulon, I, 126.
2. *Mémoires du chancelier Pasquier*, III, p. 130.
3. Henry Houssaye, *1815*, I, 1896, p. 188.
4. Villemain, *Souvenirs contemporains*, Paris, Didier, 2 vol., 1855, II, p. 78.

Page 114

1. Voir Albert Espitalier, *Deux Artisans du retour de l'île d'Elbe : le chirurgien Émery et le gantier Dumoulin*, Grenoble, B. Arthaud, 1934. Voir également Geneviève Mazel, *Un héros des « Vingt-Jours », le général de La Bédoyère à travers sa correspondance inédite*, SPM, 2004. Dumoulin sera envoyé en mission à Bordeaux sous les Cent-Jours.
2. *Victor Hugo raconté par Adèle Hugo*, Plon, 1985.

Page 115

1. *Mémoires de ma vie*, I, p. 191.
2. Ces détails sont donnés par Donatien de Sesmaisons dans les Souvenirs de Barante, II, 100, et confirmés par Vitrolles dans ses Mémoires, 1884, II, p. 285.
3. *Campagnes de Lyon en 1814 et 1815*, par J. Guerre, Lyon, 1816.

Page 118

1. De nombreux détails d'après les archives départementales sur la défense du Var en mars 1815, *in* Frédéric d'Agay, « La première Restauration dans le Var », *Revue de la Société d'histoire de la Restauration*, n° 2, 1988, p. 21 à 43.

Page 119

1. AD Bouches-du-Rhône, 1M 538, « Récit des événements qui se sont passés à Carcassonne au mois d'avril 1815, par C.J. Trouvé, préfet de l'Aude, 18 août 1815 ».
2. AD Bouches-du-Rhône, 4M3 Police, « Extraits des délibérations du conseil général des Bouches-du-Rhône », 21 juillet 1815.
3. *Le Prince*, chapitre XXIV, cité par Th. Lentz, in *Nouvelles Histoire de l'Empire*, t. III, p. 20.

Page 120

1. *Esquisses historiques. Marseille depuis 1789 jusqu'en 1815, par un vieux Marseillais*, 1845, II, p. 303.
2. *Souvenirs militaires du colonel de Gonneville*, 1876, p. 330.
3. Masséna éprouvera le besoin, comme beaucoup d'autres, de publier un mémoire justificatif sur sa conduite en mars 1815. Il est peu connu et a pour titre : *Mémoire sur les événements qui ont eu lieu en Provence aux mois de mars et avril 1815*, Delaunay, 1816.

Page 122

1. Charles de Rémusat, *Mémoires de ma vie*, I, p. 215.

Page 123

1. Julie Pellizzone, *Souvenirs. Journal d'une Marseillaise*, II, *1815-1824*, 2001, p. 21 à 31.

Page 124

1. Pierre Genevray, *L'Administration et la vie ecclésiastiques dans le grand diocèse de Toulouse*, 1941, p. 584.

Page 125

1. AN AF 3733, « Bulletin du 31 mars 1815 », Marseille, 22 mars, lettre interceptée de Masséna à Feltre.

Page 126

1. Voir les procès-verbaux des séances de la Chambre des pairs pour l'année 1814, t. III, p. 1603 *sq*.

2. Archives municipales de Marseille, Délibérations du conseil municipal 1D 40 (1813-1815), séances des 2 et 7 octobre, 24 décembre 1814. Le maire de Marseille est le marquis de Montgrand.

Page 127

1. Lettre du directeur des contributions indirectes du département du Var au préfet, 12 août 1814, citée par F. d'Agay, « La première Restauration dans le Var », *op. cit.*, p. 29.

2. AD Bouches-du-Rhône, 1M 534, « Opinion publique (1814-1815) », Lettre du maire de Roquevaire au sous-préfet, 3 mars 1815.

3. *Ibidem*, Lettre du receveur de La Ciotat au préfet, 4 mars 1815.

Page 128

1. Poumiès de La Siboutie, *Souvenirs d'un médecin de Paris*, Éd. Joseph Durieux, Paris, Plon, 1910. Charles de Rémusat, alors en rhétorique au lycée impérial à Paris, dit la même chose : « J'ignorais absolument ce qu'était le duc d'Angoulême, comme je n'avais jamais bien pu savoir ce qu'était le duc d'Enghien. Qu'il existât des frères de Louis XVI, je n'en avais aucune idée », *Mémoires de ma vie*, I, p. 134. Voir également les Souvenirs d'Edgar Quinet.

Page 129

1. Les paroles prononcées par Louis XVI sur l'échafaud, le 21 janvier 1793, sont au cœur de cette rhétorique : « « Je meurs innocent de tous les crimes qu'on m'impute. Je pardonne aux auteurs de ma mort et je prie Dieu que le sang que vous allez répandre ne retombe jamais sur la France. » Ces paroles formeront le texte de nombreuses gravures publiées sur la mort du roi sous la Restauration. Le testament « fabriqué » de Marie-Antoinette, lu solennellement par le ministre de la Police Decazes à la Chambre des pairs le 22 février 1816, vient en complément : « Je pardonne à tous mes ennemis le mal qu'ils m'ont fait. » À partir de ces deux textes fondateurs, il existe de nombreuses variantes à cette rhétorique politico-religieuse. On peut encore voir dans certaines églises de France un ex-voto de marbre noir délivrant une prière « à la mémoire du vertueux Louis XVI ». Le thème en est le suivant : Dieu a envoyé Louis XVIII pour racheter le peuple de ses fautes

et du crime commis contre son frère. L'auteur anonyme de ce texte prend le peuple à partie : « Dans sa juste colère, le ciel, pour te punir, te laisse à l'abandon ; mais à tes maux sensible, il te gardait un père pour venir à sa voix prononcer ton pardon ; qu'au moins, ton repentir égale sa clémence ; que ton amour pour lui soit digne de son cœur [...]. 21 juin 1814 » (église d'Artonne près de Riom, Puy-de-Dôme).

2. Maine de Biran, I, p. 99, 13 décembre 1814.

3. *Le Moniteur*, vendredi 10 mars 1815, Déclaration du chancelier Dambray à la Chambre des pairs, 9 mars.

4. AD Bouches-du-Rhône, 4M3 Police, « Rapport sur les fédérés de Château-Renard », février 1816.

Page 130

1. *Ibidem*, Lettre de dénonciation au préfet, Arles, 24 février 1816.

Page 131

1. Duchesse de Maillé, *Souvenirs des deux Restaurations*, p. 23.

2. Georges Firmin-Didot, *Royauté ou Empire. La France en 1814 d'après les rapports inédits du comte Anglès*, Paris, Didot, s.d. En particulier le rapport du 21 janvier 1815 : « Lettre d'un agent de l'île d'Elbe » : « Il faut qu'il se trame quelque chose, mais j'ignore en quel sens ! », p. 236. On peut cependant s'interroger sur l'auteur (ou les auteurs) de ces rapports attribués à Anglès par Firmin-Didot. Anglès, formé sous l'Empire, avait été commissaire au département de la police générale à l'époque du gouvernement provisoire présidé par Talleyrand. Il fut nommé conseiller d'État en juillet 1814. Eugène Welvert, dans un autre recueil tiré des papiers de la police, publie des rapports souvent identiques jusqu'à la date du 3 décembre 1814, qu'il attribue plus sûrement à Beugnot. Les rapports suivants, publiés par Firmin-Didot, sont plus probablement du chevalier d'André, un ancien député de l'Assemblée nationale et agent royaliste rentré en 1814.

Page 132

1. *Mémoires de Barras*, IV, p. 271 *sq* ; *Mémoires du baron Hyde de Neuville*, 1890, II, p. 28 *sq*.

2. Voir les lettres du général Dupont, ministre de la Guerre, à Talleyrand et du chevalier Mariotti au duc de Dalberg (octobre 1814) *in* Weil, I, p. 404-406, et Jung, *Lucien Bonaparte et ses Mémoires*, p. 221-222. Il était question de tirer parti des expéditions de Napoléon sur l'île de Pianosa en circonvenant le commandant du brick qui l'y transportait.

3. Le colonel de Gonneville, chef d'état-major du chevalier de Bruslart à Ajaccio, donne là-dessus de nombreux détails peu connus, dans ses Mémoires : *Souvenirs militaires du colonel de Gonneville*, Paris, Didier, 1876.

4. Ce sera l'argument de lord Liverpool et de lord Castlereagh à la Chambre des communes, le 7 avril 1815. Les ministres du roi d'Angleterre se défendaient alors du reproche qu'on leur faisait de n'avoir pas mieux fait surveiller l'île d'Elbe. Cet argument est repris par Beugnot dans une note justificative d'octobre 1815, citée par Eugène Welvert, *Napoléon et la police sous la première Restauration*, Paris, R. Roger, s.d., p. 304.

Page 133

1. *Royauté ou Empire..., op. cit.*, 5 et 6 mars 1815, p. 273.

2. *Mémoires de la reine Hortense*, II, p. 311. Mme de Chastenay, les La Tour du Pin apprennent le débarquement par un autre Anglais, lord Lucan, parti la veille au soir de Paris pour l'Italie et rentré aussitôt avec la nouvelle (*Mémoires de Mme de La Tour du Pin*, 1989, p. 355). Dans la foulée, Mme de Chastenay en profite pour accuser les Anglais de tous les maux, en particulier d'avoir servi d'informateurs entre l'île d'Elbe et Paris (*Mémoires de Mme de Chastenay*, II, p. 475).

Page 134

1. *Mémoires et Souvenirs du comte de Lavalette*, p. 321.

2. *Mémoires de ma vie*, I, p. 191.

3. *Souvenirs du baron de Barante*, II, p. 99-100, Lettres de Sesmaisons à Barante, Paris, 6 et 7 mars 1815.

4. *Correspondance du comte de Jaucourt*, 1905, Lettre de Jaucourt à Talleyrand, 7 mars 1815, p. 226.

5. Fanny d'Arblay, p. 192.

Page 135

1. *Mémoires du baron Hyde de Neuville*, II, p. 48.

2. George Sand, *Histoire de ma vie*, in *Œuvres autobiographiques*, I, 1970, Gallimard, La Pléiade, p. 782.

3. Madame de Staël, *Considérations ...*, p. 495.

Page 136

1. Vitrolles, II, p. 290.

2. *Mémoires de la duchesse d'Abrantès*, X, p. 587.

3. Archives de Terraube, Gers. Journal inédit du marquis de Galard, 7 mars 1815.

Page 137

1. La première édition du *Marie-Antoinette* de Zweig date de 1932. Grasset, Le Livre de poche, p. 166.

Page 138

1. *Manuscrit inédit de Louis XVIII, précédé d'un examen de sa vie politique jusqu'à la Charte de 1814*, par Martin d'Oisy, À Paris, chez Michaud, 1839, p. 239-385.

Page 139

1. *Souvenirs historiques du capitaine Krettly*, p. 151.

2. *Correspondance du comte de Jaucourt*, Ostende, le 27 mars 1815, p. 250.

Page 140

1. *Mémoires du chancelier Pasquier*, VI, p. 11.

2. Jean-Pons-Guillaume Viennet, *Mémoires et Journal, 1777-1867*, éd. R. Trousson, Paris, Champion, 2007, p. 256.

3. Marquis de Noailles, *Le Comte Molé*, Paris, Champion, 1922, I, p. 208. Molé rapporte une conversation qu'il eut avec Napoléon le 21 mars 1815.

Page 141

1. *Considérations*, p. 493.

Page 142

1. Le mot est cité par Taine dans *Les Origines de la France contemporaine*.
2. *Mémoires et correspondance du comte de Villèle*, I, p. 248.
3. *Souvenirs du baron de Barante*, II, p. 74-75.
4. E. de Waresquiel, *Le Duc de Richelieu*, Perrin, 1991, p. 213-214, Lettres du duc de Richelieu à son ami l'abbé Nicolle resté à Odessa, janvier 1815.

Page 143

1. Une liste exhaustive des mutations préfectorales de la première Restauration est donnée par Jean Tulard, in *Les Vingt Jours*, Paris, Fayard, 2001, p. 47-52.
2. Une bonne étude du mouvement des préfets dans Charles Pouthas, *Guizot pendant la Restauration*, 1923.
3. « Réflexions critiques écrites en 1799 par le roi Louis XVIII à l'occasion des Réflexions sur les cahiers de la noblesse du Poitou aux États généraux de 1789, publiées par M. le chevalier de La Coudraye », in *Manuscrit inédit de Louis XVIII précédé d'un examen de sa vie politique jusqu'à la Charte de 1814*, par Martin d'Oisy, Paris, Michaud, 1839, p. 375.

Page 144

1. Projet de réponse de Louis XVIII à Bonaparte, à la suite du refus de ce dernier d'accéder à sa demande de lui remettre son trône. Il avait été vaguement question à cette époque de lui promettre en échange la couronne de Pologne. Cité par le duc de Castries, *La Fin des rois*, Paris, Tallandier, 1972, I, p. 230.
2. Cité par Ernest Daudet, *Histoire de l'émigration*, Paris, Hachette, 3 vol., 1907, III, p. 255.

Page 145

1. Pasquier, VI, p. 10.
2. Chateaubriand, *Mémoires d'outre-tombe*, III, p. 582-583.

Page 146

1. Guizot, I, p. 41.

Page 147

1. Beugnot, II, p. 149-150.
2. *Ibidem*, II, p. 157.
3. Jean-Pons-Guillaume Viennet, *Mémoires et Journal, 1777-1867*, Paris, Champion, 2007, éd. R. Trousson, p. 257.
4. Duvergier de Hauranne, *Histoire de la monarchie constitutionnelle*, III, p. 575.

5. Voir la thèse inédite de Philip Mansel, *The Court of France (1814-1830)*, University College, London, 1978.

6. Hennet de Goutel, *Les Derniers Jours de l'Empire racontés par un Cent-Suisse d'après le Journal inédit de M. de Marsilly (1814-1816)*, *in* R.E.N., janvier-juin 1918, vol. XIII, deuxième partie, p. 271.

Page 148

1. Charles de Rémusat, *Mémoires de ma vie*, I, p. 184.
2. Béranger, *Chansons*, 2 vol., 1821, I, p. 143-146, novembre 1814.
3. Madame de Staël, *Considérations sur la Révolution française*, p. 483.
4. Beugnot, II, p. 263.

Page 149

1. Beugnot (II, p. 147-149) et Pasquier (II, p. 403). Tous les deux tiennent la phrase de Talleyrand lui-même qui en la leur citant, feignait d'avoir été traité par le roi sur un pied d'égalité. C'est vrai, dans la mesure où Louis l'invite à s'asseoir, mais en apparence seulement.

Page 150

1. Michel de Dreux-Brézé, *Les Dreux-Brézé*, 1994, p. 374 et archives du château de Brézé.
2. Il publiait parfois anonymement des poèmes dans les journaux. Il fera également paraître en 1823, chez l'éditeur Baudouin, une *Relation d'un voyage de Paris à Coblentz* dans laquelle il raconte sa propre fuite en 1791. De ce texte, un journaliste du *Miroir*, chargé d'en rendre compte, écrivait : « Si l'ouvrage est de l'auguste personnage auquel on l'attribue, il est au-dessus de la critique ; s'il n'est pas de lui, il est au-dessous » (Alexandre Dumas, *Mes Mémoires*, Bouquins, 2003, I, p. 630). Stendhal trouvait par ailleurs que Louis faisait des « fautes de français ».
3. Marquis de Noailles, *Le Comte Molé*, Paris, Champion, 1922, t. I, p. 206. Molé rapporte une conversation qu'il eut avec Napoléon, au sujet du roi, le 21 mars 1815.

Page 151

1. Beugnot, II, p. 276.
2. Pasquier, VI, p. 11.

Page 152

1. Cette solitude royale a été très bien notée et rendue par Stephen Frears dans son film *The Queen* produit en 2006. On y voit une reine d'Angleterre doublement isolée, ne comprenant pas ce qui se passe et n'étant elle-même pas comprise, aux prises avec la mort de Diana, le 31 août 1997. L'exergue du film tiré du *Henri IV* de Shakespeare : « Il est agité, le sommeil de la tête qui porte la couronne », pourrait tout autant correspondre à Louis XVIII.
2. *Mémoires du comte Louis de Gobineau*, Érasme, 1955, p. 21-22.

Page 153

1. *Mémoires de Laffitte*, p. 144.
2. Cité par José Cabanis dans son *Charles X, roi ultra*. Gallimard, 1974.

Page 154

1. Charles-H. Pouthas, *Guizot pendant la Restauration*, Paris, Plon, 1923.

Page 155

1. Cité par Adolphe Thiers, *Histoire du Consulat et de l'Empire*, 1861, XIX, p. 200.
2. *Souvenirs du chevalier de Cussy*, I, p. 166-167.

Page 156

1. Mollien, *Mémoires d'un ministre du Trésor public*, Paris, Guillaumin, 1898, t. I, p. 379.
2. Beugnot, II, p. 159.

Page 157

1. *Joseph de Maistre et Blacas, leur correspondance inédite...*, 1908, Hartwell, 4 septembre 1810, p. 115-116.
2. Archives Blacas, carton 42, Lettre du duc de Duras au comte de Blacas, 1er août 1815.
3. *Ibidem*, la duchesse de Duras au comte de Blacas, 10 janvier 1816.

Page 158

1. Reiset, III, p. 75.
2. Le 6 juin 1804, dans une lettre de protestation aux souverains européens. Il parle d'« usurpation ». Voir sa biographie par Philip Mansel.

Page 159

1. E. de Waresquiel, *Le Duc de Richelieu, 1766-1822*, Perrin, 1991, p. 215. Archives Richelieu, bibliothèque de la Sorbonne.

Page 161

1. Gabriel Bonnot de Mably, *Principe des négociations pour servir d'introduction au droit public de l'Europe*, rééd. 2001, p. 138, cité par Thierry Lentz.
2. *The Times*, Londres, samedi 11 mars, 1815.

Page 162

1. Edward Stanley, *Un Anglais sur les traces de Bonaparte*, La Vouivre, 2003, Lettre à sir John Stanley, Londres, 24 mars 1815, p. 126.
2. *Leipziger Zeitung*, 8 mars 1815. Traduction pour l'auteur.
3. *1813-1815. Die deutschen befreiungskriege in zeitgenössischer schilderung*, von Friedrich Schulze, Leipzig, 1912. *Rheinischer Merkur*, 19 mars 1815, p. 286-287. Traduction pour l'auteur.
4. *Mémoires de Metternich*, Paris, Plon, 1880, I, p. 206.
5. Weil, II, p. 320.
6. Weil, II, p. 316, n° 1861, Rapport de Goehausen à Hager, 11 mars 1815.

Page 163

1. Comtesse de Choiseul-Gouffier, née Sophie de Tisenhaus, *Réminiscences*, Besançon, 1862, p. 208.
2. Comtesse Potocka, *Mémoires*, éd. Stryienski, 1897.

3. *1813-1815, op. cit.*, Extrait des Mémoires du général Ludwig von Wolzogen, p. 285. Traduction pour l'auteur.
4. Weil, II, p. 316, n° 1861.

Page 164
1. Weil, II, p. 328, Rapport du 13 mars 1815 et p. 377, Rapport du 24 mars 1815, c'est cette fois le duc de Dalberg, le bras droit de Talleyrand à Vienne, qui parle. Voir également la lettre de Talleyrand à Mme de Staël du 21 octobre 1814, *in* Duc de Broglie, *Revue d'histoire diplomatique*, 1890, deuxième partie, p. 209-221.
2. Le *Journal des débats* du 19 novembre 1814 (Vienne, 5 novembre) rapporte ce projet dont on ne sait au juste à qui il revient. Il y en eut bien d'autres. Mais cette destination était prémonitoire.
3. *Correspondance de Pozzo di Borgo et du comte de Nesselrode*, Paris, 1890, I, Lettre de Pozzo à Nesselrode, Paris, 13/25 juillet 1814, p. 41. Voir également la correspondance de Talleyrand avec Louis XVIII, Talleyrand à Louis XVIII, Vienne, 13 octobre 1814, p. 45 ; Louis XVIII à Talleyrand, Paris, 21 octobre 1814, p. 71. Talleyrand proposait d'envoyer Napoléon dans une île des Açores, « à cinq cents lieues d'aucune terre », et le roi l'approuvait. Il consentirait à payer une somme plus importante encore que celle prévue au traité de Fontainebleau « si l'excellente idée des Açores était mise à exécution ». Si la question de la souveraineté de Murat est abordée dans les instructions de Louis XVIII à Talleyrand, relativement au rôle que celui-ci devait jouer à Vienne – instructions qu'il a lui-même rédigées –, celle de Napoléon à l'île d'Elbe n'est simplement pas mentionnée. Ce qui n'empêchait pas les arrière-pensées.
4. Par l'article 3 du traité de Fontainebleau. Cette pension de 2 millions devait compenser l'abandon par Napoléon de sa fortune personnelle estimée à 150 millions de francs. Le traité engageait la France à payer la somme totale de 5,5 millions de francs à la famille de l'empereur : 2 millions à Napoléon et Marie-Louise, 2,5 millions aux membres de la famille impériale et un million à Joséphine.
5. *Mémoires du chancelier Pasquier, op. cit.*, I, p. 120.
6. Pierre Branda a bien montré que Napoléon ne pouvait pas matériellement vivre dans son île sans entamer rapidement ses réserves : quelque 4 millions de francs emportés de France. L'entretien de sa petite armée de 1 500 hommes (1 million de francs), celui de la maison impériale (400 000 francs) dépassaient largement les modestes revenus de l'île et le déficit risquait d'atteindre au moins 1,6 million de francs dès la première année (*Le Prix de la gloire*, Fayard, 2007, p. 60 *sq*).

Page 165
1. *Mémoires de Metternich*, I, p. 204.
2. Villemain, *Souvenirs contemporains*, II, p. 81. En notant le « trouble » de Metternich, Villemain rapporte sans doute les propos de Talleyrand qu'il qualifie d'« expert et malin témoignage ». Il n'en reste pas moins qu'il y aura à Vienne, dès la fin du mois de mars, des partisans d'un retour à la solution

de la régence de Marie-Louise, pour le compte de l'Aiglon. Schwartzenberg, généralissime des armées autrichiennes, en était un.

3. Villemain, *Souvenirs contemporains*, Didier, 2 vol., 1855, II, p. 87.

4. Commandant H. Weil, *Les Dessous du congrès de Vienne, op. cit.*, Goehausen à Hager, Vienne, 11 mars 1815, II, p. 316.

Page 166

1. *Rheinischer Merkur* du 28 mars. Paris, le 21 mars. Traduction pour l'auteur.

2. Vienne, le 25 mars 1815 ; Paris, le 20 novembre 1815 ; Aix-la-Chapelle, le 15 novembre 1818. Le texte du traité du 25 mars est reproduit dans les *Mémoires* de Talleyrand, édition Broglie, 1890, III, p. 136-139.

3. Albert Sorel, *L'Europe et la Révolution française*, rééd. Tchou, Les Introuvables, 2003, VIII, p. 421-422.

4. Par son article 8, le traité du 25 mars invitait le roi de France à se joindre aux quatre grandes puissances signataires qui chacune s'engageaient à mobiliser 150 000 hommes, dans la mesure de ses moyens.

Page 167

1. A. Polovtsoff, *Correspondance diplomatique de Russie en France et de France en Russie, 1814-1830*, Saint-Pétersbourg, 1902., t. I, *1814-1816*, Boutiaguine à Nesselrode, 18 mars 1815, p. 170.

2. *Le Moniteur* du 19 mars.

3. Des officiers porteurs de dépêches pour le roi quittent Vienne pour Paris dès le 9 mars. Cf. une lettre du duc de Wellington à Castlereagh du 12 mars (Foreign Office, Londres, 92/14), citée par G. de Bertier de Sauvigny, in *Metternich et la France*, Hachette, 3 vol., 1968, I, p. 14. Le roi de Hollande se montrera le plus pressant. Il fera une première offre, par l'intermédiaire de l'un de ses officiers d'ordonnance arrivé à Paris le 18 mars et la renouvellera le 22 mars par un autre officier envoyé à Lille. Romberg et Malet, *Louis XVIII et les Cent-Jours à Gand*, Paris, 2 vol., 1902, Lettre du comte de Goltz, ministre de Prusse à Paris, au prince de Hardenberg, Paris, 18 mars 1815, II, p. 196 ; archives Blacas, carton 12 bis, Lettre du prince d'Orange (le fils aîné du roi de Hollande) au roi, Bruxelles, 22 mars 1815 : « Ayant lieu de croire que V. M. se trouve à Lille, je crois de mon devoir comme commandant en chef de l'armée alliée dans ce pays, de lui offrir mes services, devançant par là les intentions du gouvernement. »

Page 169

1. *Mémoires d'outre-tombe*, II, p. 563-564.

2. *Mémoires du capitaine François*, p. 728. Lorsqu'il prendra connaissance des proclamations de Bonaparte, le 12 mars, à Lons-le-Saunier, il aura cette remarque : « On n'écrit plus comme cela ; le roi devrait écrire comme cela ; cela plairait davantage aux troupes » (cité par E. Le Gallo, *Les Cent-Jours*, p. 84).

3. A. Polovtsoff, *Correspondance diplomatique des ambassadeurs et ministres de Russie en France et de France en Russie, 1814-1830*, I, p. 154, Circulaire de Jaucourt aux agents, 7 mars 1815.

Page 170

1. *Correspondance du comte de Jaucourt*, Lettre de Jaucourt à Talleyrand, 7 mars 1815, p. 224. Pour Jaucourt le roi s'est rangé de l'avis minoritaire de certains de ses ministres ; pour d'autres, comme la duchesse de Maillé (p. 25), il a pris cette décision seul.

2. *Le Moniteur* des 10 et 11 mars 1815.

Page 171

1. *Le Moniteur* du 13 mars.

2. *Ibidem*, Proclamation du roi au peuple Français, 11 mars 1815.

3. *Ibidem*, Proclamation du roi à l'armée, 12 mars 1815.

4. Benjamin Constant, *Mémoires sur les Cent-Jours*, p. 77.

Page 172

1. Voir *De l'esprit de conquête et de l'usurpation* (chapitre « De l'uniformité »), 1814, et *Principes de politique* (« Du pouvoir municipal... »), 1815.

2. AD Nord, M 134 1 Police générale, Circulaire du ministère de l'Intérieur aux préfets, 12 mars 1815 et *Le Moniteur* du 15 mars 1815.

Page 173

1. *Le Moniteur* des 13 et 15 mars 1815. Voir également les circulaires de Guizot, secrétaire général du ministère de l'Intérieur, aux préfets, citées par Charles Pouthas in *Guizot pendant la Restauration*, 1923, p. 73-75. Rudolf von Thadden évoque les ordonnances royales de décentralisation de mars dans *La Centralisation contestée*, 1989, p. 100-103.

2. AD Nord, M 134 1 Police générale, Circulaire du ministre de la Police aux préfets, 13 mars 1815.

3. *Le Moniteur* du 12 mars 1815.

Page 174

1. *Royauté et Empire*, p. 288.

2. A. de Laborde, *Quarante-Huit Heures aux Tuileries*, p. 9.

Page 176

1. Vitrolles, II, p. 291.

2. Charles de Rémusat, *Mémoires de ma vie*, I, p. 189.

Page 177

1. *Journal du duc d'Orléans*, p. 6 et 7.

2. *Mémoires du comte Roger de Damas*, 1912, I, p. 127.

Page 178

1. Plusieurs opuscules, tous royalistes, ont été publiés par la suite sur les événements de Lyon. Voir en particulier : *Tableau historique des événements qui se sont passés à Lyon depuis le retour de Bonaparte jusqu'au rétablissement de Louis XVIII*, À Lyon, chez Guyot, 1815.

2. Certains royalistes considéreront que la préservation des ponts de Lyon, par la faute du maire, pourtant royaliste, fut l'une des fautes majeures de ce mois de mars. « M. de Farges a causé un mal plus réel que celui d'une

trahison théâtrale, et peut-être tout le mal du 20 mars » (Chastenay, II, p. 478).
3. Vitrolles, II, p. 302-303.
4. Thiébault, V, p. 278.

Page 179
1. Macdonald, 1892, p. 337.

Page 182
1. La Bretonnière, *Souvenirs du Quartier latin*, p. 191. Voir également ce que dit le duc d'Orléans dans son *Journal*, Paris, Michel Lévy, 2 vol., 1849, sur ces opérations de désinformation – faux courriers délivrant de fausses nouvelles sur l'affaire de Lyon, I, p. 57.
2. Cité par Émile Bary, *Cahiers d'un rhétoricien de 1815*, p. 132.
3. AN AF 3733 (1814-1815), Bulletin du 18 mars.

Page 183
1. Thiébault, V, p. 290, note.
2. Archives Galard, Terraube, Journal inédit de Victor de Galard, 11 mars 1815.
3. Fanny d'Arblay, p. 192.
4. Émile Bary, *Cahiers d'un rhétoricien*, p. 5, 12 mars 1815.

Page 184
1. Journal de Fontaine, I, p. 443, 13 mars 1815 et Hennet de Goutel, 11 mars 1815.
2. Jal, p. 258.
3. Archives Galard, Terraube, Journal inédit de Victor de Galard, dimanche 12 mars.
4. F. de Bertier de Sauvigny, *Souvenirs d'un conspirateur*, p. 240.

Page 185
1. Reiset, III, p. 98.
2. Thiébault, IV, p. 281.

Page 187
1. Chastenay, II, p. 479.
2. Jal, p. 255.
3. Voir BN Est. série Qb1 M 1080 et 1081. La plus drôle, datée d'avril et intitulée « Le poupard anglo-français haranguant son état-major le 19 mars 1815 », montre le duc de Berry et le comte de Vioménil devant une série de chaises à porteurs supportant des vieillards à la perruque en ailes-de-pigeon. « J'espère que vous me servirez comme vous avez servi mon bisaïeul », dit la légende. Et les voltigeurs répondent : « Monseigneur, nous n'attendons que des hommes pour nous porter en avant » (M 108045). Cussy cite une variante de légende à cette caricature (I, p. 62). Il existe de nombreuses autres caricatures sur le même thème : « Grande distribution de balais en 1815 », etc. Voir le cahier hors-texte.

Page 188
1. Voir mon article « La caricature antiroyaliste sous la première Restauration, de l'émigration à l'ultracisme, mars 1814-mars 1815 », in *Histoire,*

images, imaginaires, CNRS, 1998. Ce que les royalistes appellent les « insolences » bonapartistes à l'égard des émigrés est relevé dans plusieurs Mémoires, en particulier Cussy (I, p. 59), Montbel (p. 136), Reiset (III, p. 57). Jal donne dans ses Souvenirs des détails sur l'invention du personnage fictif de M. de La Jobardière et de ses aventures. Elle reviendrait à un officier de la Garde impériale, M. Durieu. Lourdoueix mettra par la suite le tout en caricatures (p. 398). Le personnage sera si populaire sous les Cent-Jours qu'il suscitera de nombreuses chansons et brochures publiées et distribuées à la pièce dans la capitale. L'une d'entre elles, sous le titre : *Oh qu'c'est vexant ! ! ! Complainte de la grande famille des La Jobardière*, met drôlement en chansons les désillusions de toute la famille royale après le 20 mars : « le papa » (le roi), « le frère » (d'Artois), « la nièce » (la duchesse d'Angoulême), « le neveu » (le duc d'Angoulême) et « l'autre neveu » (le duc de Berry). BN Caran, F7 6630. Je remercie Laurent Nagy de m'avoir communiqué ce pamphlet.

Page 189

1. *Souvenirs du baron de Barante*, II, p. 59.
2. Sur environ 145 000 émigrés en 1800.
3. *Souvenirs du baron de Barante*, II, p. 96, Lettre de Barante à Montlosier, Nantes, 15 décembre 1814.

Page 190

1. Pasquier, III, p. 3-4.
2. Sur cet « envahissement » d'avril et de mai 1814, voir les Mémoires de Tony de Reiset et de Mme de Chastenay. Vitrolles, qui était secrétaire d'État du Conseil du roi et a eu personnellement à affronter les multiples demandes de places d'une noblesse avide, s'en moque dans ses Mémoires. Alors qu'il siégeait au conseil militaire chargé d'examiner les innombrables demandes de grades et de pensions de l'ancienne noblesse, souvent absente du service depuis de longues années, il aura cette réflexion à propos d'un ancien lieutenant de vaisseau qui demandait le grade de contre-amiral : « Répondez-lui négativement en lui disant qu'il a oublié qu'il a été tué à la bataille de Trafalgar ». Vitrolles publiera même anonymement, dans le *Journal des débats* des 29 mai et 2 juin 1814, des « Lettres du cousin et de la cousine », dans lesquelles une cousine de province accable un parent bien placé de demandes diverses et variées au nom de toute la famille (*Mémoires du baron de Vitrolles*, II, p. 448-454). La duchesse d'Abrantès raconte dans ses Souvenirs que l'un de ses amis royalistes espérait en toute bonne foi une pension à la maison d'éducation de Saint-Denis pour sa fille, une bourse pour son fils afin de le faire entrer à Saint-Cyr, et pour lui le grade de lieutenant général avec une pension de 12 000 francs.
3. Benjamin Constant, *Mémoires sur les Cent-Jours*, p. 40. Guizot théorisera cette situation après les Cent-Jours, en reprenant la vieille idée de guerre des races émise par les défenseurs de l'ordre de la noblesse au XVIIIe siècle. Voir mon *Histoire à rebrousse-poil. Les élites, la Restauration, la Révolution*, Paris, Fayard, 2005, p. 89-120.

Page 191

1. Camille Deleuze, *Mémoires d'un ancien officier de l'armée de Condé, in* Paul Bonnefon, *Souvenirs et Mémoire. Recueil mensuel de documents autobiographiques,* Paris, L. Gougy, 6 vol., 1818-1901, V.

Page 192

1. Archives du château d'Agay.
2. Vitrolles, II, p. 349.
3. Le duc de Bourbon avait décrété à Angers la levée de 18 000 volontaires, par ordonnance du 18 mars. Ceux-ci devaient être regroupés à Orléans sous les ordres du maréchal Gouvion-Saint-Cyr. Seuls les volontaires de Maine-et-Loire, sous l'impulsion du conseil général présidé par François-Régis de La Bourdonnaye, commenceront à se former. Les anciens chefs royalistes de l'Ouest reprocheront par la suite au duc de Bourbon d'avoir laissé passer l'occasion du premier enthousiasme et d'avoir cherché à suivre de façon purement administrative les ordres du roi, en recrutant d'abord les soldats en congé de solde et en fixant des quotas par cantons, au lieu de réactiver les modes de recrutement spontané des paysans des guerres de l'Ouest, par villages, autour de leurs anciens chefs. Voir là-dessus les *Mémoires du général d'Andigné,* rééd. Yves Floch, Mayenne, 1990, II, p. 205-206. Voir également les *Mémoires sur la guerre de Vendée en 1815* du général Canuel, Dentu, 1817, et la *Réponse à Monsieur le lieutenant général Canuel* du général Lamarque.

Page 193

1. AN AF 3733, Bulletins de police, mars 1815, pour tous les détails sur le recrutement des volontaires royaux dans les départements.

Page 195

1. *Mémoires de ma vie,* I, p. 186.
2. *Correspondance du comte de Jaucourt,* Jaucourt à Talleyrand, 11 février 1815, p. 190.
3. Reiset, III, p. 95. Soult, comme Masséna, éprouvera le besoin de se défendre après les Cent-Jours. Ses *Mémoires justificatifs de Monsieur le maréchal Soult* (Paris, Le Noument, 1815) sont un plaidoyer d'orthodoxie royaliste.

Page 196

1. Voir l'ordre du jour à l'armée du ministre de la Guerre dans *Le Moniteur* du 8 mars et sa lettre à Mortier citée par Arthur Chuquet (p. 49) où il parle à propos des conjurés de la conspiration du Nord de « faire traduire devant un conseil de guerre » le « misérable Drouet » d'Erlon, et de le faire « fusiller dans les vingt-quatre heures ».
2. *Mémoires de Bourrienne,* V, p. 464.
3. D'après Boutiaguine, le chargé d'affaires russe, on parle d'arrestations dès le 8 mars, et la liste des suspects est encore plus large. On y trouve les noms de Champagny, Pontécoulant, Caulaincourt, le banquier Perregaux, le comte de Ségur et parmi les militaires : le maréchal Davout, Brune, Sebas-

tiani, Lefebvre-Desnouettes, etc. Polovtsoff, I, p. 157 : Boutiaguine à Nesselrode, 8 mars 1815.

4. *Reine Hortense*, II, p. 318.

5. *Lavalette*, p. 325.

Page 197

1. *Royauté ou Empire*, Rapport du 14 mars 1815, p. 294.

2. Cité par Louis Madelin dans son *Fouché*, rééd. 2002, II, p. 281.

3. Baron Despatys, *Un ami de Fouché, d'après les Mémoires de Gaillard*, Paris, Plon, 1911, p. 318. D'après le comte de Montbel, ils se seraient rencontrés chez une vieille amie de Fouché férue d'intrigues, la princesse de Vaudémont : *Souvenirs du comte de Montbel*, 1913, p. 152. C'est également la version de Thibaudeau, 1913, p. 448.

Page 198

1. Sur cet épisode digne d'un roman noir, voir Despatys et les Mémoires de la reine Hortense, II, p. 316 ; de Pasquier, III, p. 147 ; de Barante, II, p. 110. De nombreuses versions existent sur les entretiens secrets de la cour avec Fouché. Pour certains, l'ancien ministre aurait également vu Blacas venu de la part du roi.

2. Madame de Chastenay, II, p. 477.

3. *Correspondance du comte de Jaucourt*, 14 mars 1815, p. 237.

Page 199

1. Vitrolles, II, p. 328.

2. Dans son discours du 13 mars à la Chambre, il dépassera même la décision du Conseil en annonçant que le roi se proposait d'inviter les Chambres à pourvoir elles-mêmes aux vacances et en faisant l'éloge des écrits libéraux de Benjamin Constant et de Comte dans *Le Censeur*. Voir aux AN son projet d'ordonnance sur la nécessité de compléter les députations incomplètes (F1C II, 47). Voir aussi, là-dessus, Ch. Pouthas, *Guizot pendant la Restauration*, 1923, p. 71-72.

3. *Ibidem*, II, p. 327 et *Souvenirs du baron de Barante*, II, Benoist à Barante, 14 mars 1815, p. 108.

Page 200

1. Charles de Rémusat, *Mémoires de ma vie*, I, p. 196.

2. Odilon Barrot, *Mémoires posthumes*, 1875, I, p. 14.

Page 201

1. Rémusat, I, p. 192.

Page 202

1. Benjamin Constant, *Lettres à Mme Récamier*, p. 140.

2. Pasquier, III, p. 137.

Page 203

1. 13 mars 1815. L'École de médecine enverra le lendemain une pétition similaire. Voir A. Guillemin, *Le Patriotisme des volontaires royaux de l'École de droit de Paris*, Paris, Adrien Egron, novembre 1822, p. 8 et 9. Jean-Claude

Caron, dans *Générations romantiques. Les étudiants de Paris et le Quartier latin, 1814-1851*, Armand Colin, 1991, évoque à peine cet épisode. En revanche, quelque 200 élèves de l'École polytechnique refuseront de signer une adresse au roi, ils refuseront également de se séparer et de quitter Paris. Ils seront licenciés le 13 avril 1816. Voir *Examen des circonstances qui ont donné lieu à l'ordonnance royale du 13 avril 1816, contenant le licenciement des élèves de l'École polytechnique*, par G.L., Paris, 1816. Le livre sera censuré par le ministre de l'Intérieur Vaublanc. On retrouvera des élèves de Polytechnique sur les barricades de 1830.

2. Sur le colonel Druault, qui prendra après les Cent-Jours le commandement du 2e régiment de cavalerie de la Garde royale, voir les *Mémoires* du comte Louis de Gobineau (le père d'Arthur), 1955, p. 187-188.

3. A. de Lamartine, *Mémoires de jeunesse*, Tallandier, 1990, p. 168. Pasquier évoque également l'enthousiasme royaliste des élèves de Royer-Collard à la Sorbonne : « On ne saurait dire combien il y avait dans cette jeunesse de zèle pour la cause royale, qui s'alliait alors dans leur esprit à celle de la liberté », *Mémoires*, III, p. 217.

Page 204

1. A. de Musset, *La Confession d'un enfant du siècle*, Gallimard, Folio, 1973, p. 25.

2. Victor Hugo, *Correspondance familiale et écrits intimes*, I, *1802-1828*, Bouquins, 1988, p. 116, Lettre du 11 juillet 1820. Voir ses *Œuvres poétiques complètes in* La Pléiade, vol. I, 1964 : *Vive le roi, Vive la France*, décembre 1815, p. 15 et aussi, p. 38, 41, 313, 375.

3. *Souvenirs d'un rhétoricien de 1815*, p. 48.

4. Alfred de Vigny, né en 1797 et qui fit toutes ses études sous l'Empire, dit encore ceci : « Nos précepteurs ressemblaient à des hérauts d'armes, nos salles d'études à des casernes, nos récréations à des manœuvres et nos examens à des revues. » *Alfred de Vigny intime*, Paris, Comité Alfred-de-Vigny, 1912, p. 58.

Page 205

1. *Mémoires d'outre-tombe*, II, p. 560.

2. François Guizot, II, p. 54.

Page 207

1. Archives du château de Brézé, carton 98 « séances royales », doss. 3.

Page 208

1. Rilliet, p. 254.

2. Voir là-dessus ce que raconte Vitrolles et comment, Napoléon ne pouvant « allumer les horreurs de la guerre civile », le roi finit par admettre qu'il valait mieux qu'il en allume « les torches », II, p. 332.

3. Le texte du discours, *in* Pierre Rosanvallon, *La Monarchie impossible*, 1994, p. 265-266.

Page 209

1. Pasquier, III, p. 141.

2. *Ibidem*, III, p. 143.

Page 210

1. *Journal royal* du 5 février 1815, *Journal de Paris* du 12 février 1815. Voir également *La Quotidienne*. Tous ces journaux abordent la question sous la forme d'anecdotes plutôt qu'à travers des articles de fond. Tantôt il est question d'un propriétaire qui rend une propriété « nationale » dont il venait d'« hériter », tantôt d'un autre qui refuse d'acquérir une propriété nationale au dixième de sa valeur, parce qu'il « n'a pas confiance ».

2. Cité par Adolphe Thiers, *Histoire du Consulat et de l'Empire*, 1861, XIX, p. 200. Il aurait dit cela à Auxerre, le 17 mars, devant le préfet Gamot.

3. Dans sa présentation à la Chambre des députés du projet de loi gouvernemental sur la restitution à leurs propriétaires des biens confisqués sous la Révolution et non vendus. *Le Moniteur* du 14 septembre 1814.

4. *Mémoires du baron de Damas*, I, p. 184.

5. Par le rejet le 3 novembre 1814 de l'article 16 du projet de la commission chargée d'examiner le projet de loi gouvernemental sur la restitution des biens d'émigrés non vendus (loi du 5 décembre 1814), ainsi libellé : « Il ne sera à l'avenir accordé aucune indemnité aux anciens propriétaires de biens nationaux ». Lainé lui-même était favorable au principe de l'indemnité.

6. Discours du 10 décembre 1814 à la tribune de la Chambre des pairs. Voir, sur cette question, André Gain, *La Restauration et les biens des émigrés*, Nancy, 2 vol., 1928, I, première partie, « La restitution des biens non vendus (1814-1816) ». On trouvera également des exemples de « vexations » exercées par les anciens propriétaires dépossédés sur les acquéreurs ou leurs héritiers dans nombre de monographies départementales ou régionales sur la période : refus de sacrements de la part de certains prêtres à des propriétaires de biens nationaux en Picardie, en Franche-Comté, dans le diocèse de Toulouse (Genevray, p. 121 et 133), tentatives de certains nobles pour rentrer en possession de leurs anciens domaines, par intimidation, en Bretagne et dans le Poitou, etc. Tout cela ne date pas de la première Restauration et existait déjà sous l'Empire. Par ailleurs, ces cas sont peu nombreux si on les compare au grand nombre de négociations amiables qui eurent lieu entre dépossédés et nouveaux propriétaires : ratifications des ventes contre indemnités, rétrocessions amiables à la valeur d'achat assignat du bien, etc. Ce que ne manque pas de souligner Beugnot, le rédacteur de l'article 9 de la Charte : « On devrait pourtant admirer que, parmi tant de propriétaires dépouillés, et dans une classe ardente et armée, les choses n'eussent point été poussées plus loin » (Mémoires, II, p. 184). Les cas précis sont assez rarement signalés dans les bulletins de police. Pour le reste, la jactance et la rumeur l'emportent le plus souvent sur les faits. On en trouve nombre d'exemples aux Archives nationales. Ainsi, le bulletin de police du 6 mars, pour l'Orne : « Quelques royalistes [...] annoncent l'espoir de déposséder un jour les acquéreurs de biens nationaux » (AN AF 3733). Jusqu'au règlement de la question par la loi d'indemnité d'avril 1825 (« le milliard des émigrés »), les biens nationaux, qu'on oppose toujours aux biens patrimoniaux, accuseront sur le marché une décote d'environ 20 à 30 % par rapport à leur valeur réelle, du fait de leurs origines « douteuses » et des risques

auxquels pouvaient s'exposer les nouveaux propriétaires. André Gain, en étudiant les procédures d'indemnisation, à la suite de la loi d'avril 1825, compte 25 000 cas de liquidation pour environ 67 000 bénéficiaires sur une population de 31,8 millions d'habitants (II, p. 207-208).

Page 211
1. *Mémoires d'outre-tombe*, II, p. 565.

Page 212
1. *Ibidem*, p. 559.
2. A. Jal, *Souvenirs d'un homme de lettres*, 1877, p. 258.
3. Sur une proposition du général député Augier.
4. Voir en particulier le discours prononcé le 18 mars à la Chambre par le père d'Odilon Barrot in *Procès-verbaux*, *op. cit.*, p. 26-28.
5. Steven Englund, *Napoléon*, p. 515. Plus tard, à Sainte-Hélène, Napoléon lui-même conviendra devant Las Cases que le roi avait su se faire « national » sous la première Restauration. Il le dit pour mieux souligner qu'il ne pouvait plus l'être après les Cent-Jours à cause de la réaction royaliste à son retour. *Mémorial*, I, p. 285 et 344.
6. Duc d'Orléans, *Mon Journal. Événements de 1815*, Paris, Michel Lévy, 2 vol., 1849. I, p. 127. Il existe une première édition partielle de ce Journal : *Extrait de mon Journal du mois de mars 1815*, Twickenham, Imp. De G. White, 1816. Par ce Journal, le duc d'Orléans montre à quel point il éprouvait le besoin de se justifier d'avoir voulu renverser la branche aînée des Bourbons tout en cherchant à donner de lui l'image du prince idéal. Tout le texte est un plaidoyer sur sa conduite patriotique de 1815 en contraste avec celle de ses cousins de la branche aînée. Il est publié stratégiquement à deux reprises, une première fois (1816) à l'époque de son exil plus où moins forcé en Angleterre au début de la seconde Restauration, une seconde fois (1849) après la révolution de 1848 qui le renverse du trône. Pour les besoins de la cause, il en fait un peu trop. La scène de la Légion d'honneur qu'il raconte est censée se passer dans la voiture du roi en route pour la Chambre alors que, d'après les papiers du grand maître des cérémonies, le duc d'Orléans, précédant le roi, l'attendait au Palais-Bourbon.

Page 213
1. Frédéric Rilliet, *Souvenirs de 1815*, p. 256.

Page 214
1. Proclamation du roi aux armées, 12 mars 1815. *Le Moniteur* du 13 mars 1815.
2. Lettre d'Aimé de Clermont-Tonnerre à sa femme, 15 juillet 1815. AN, 359 AP : « Papiers Clermont-Tonnerre ».
3. Proclamation du roi « à nos braves soldats », 15 mars 1815. Voir également sa proclamation du 12 mars 1815.

Page 215
1. Voir Pierre Branda, *L'Argent de la gloire*, 2007.
2. *Le Moniteur* du 11 mars.

3. Madame de Chastenay, II, p. 481. Voir également Ferdinand de Bertier, *Souvenirs d'un conspirateur*, p. 236. C'est cette mesure, surtout, que les royalistes reprocheront le plus à Soult qui devra laisser le ministère de la Guerre au duc de Feltre le 13 mars.

4. Émile Bary, *Les Cahiers d'un rhétoricien de 1815*, 1890, p. 12, 14 mars 1815.

Page 216

1. La proposition en avait été faite par le député de la Seine, Lajard, le 13 mars. Sur tout cela, voir les *Procès-verbaux des séances de la Chambre des députés. Session extraordinaire du 15 au 20 mars 1815*, Paris, imp. de A. Henry, 1844.

2. *Le Moniteur*, 18 et 19 mars 1815.

3. *Vie de Planat de La Faye*, p. 197.

Page 217

1. Edward Stanley, *Un Anglais sur les traces de Napoléon Bonaparte*, La Vouivre, 2003, p. 46-47 et 75.

2. *Journal du maréchal de* Castellane, I, p. 282.

3. Capitaine Routier, *Récits d'un soldat de la République et de l'Empire*, p. 170.

4. Cité par Cam Hobhouse, Lord Brougham, *Souvenirs d'une longue vie*, Paris, Félix Juven, 2 vol., 1910, I, *1809-1816*, p. 254, 29 mars 1815.

5. Comte de Puymaigre, *Souvenirs sur l'émigration, l'Empire et la Restauration*, p. 182. La scène se passe sous la première Restauration.

Page 218

1. *Journal du capitaine François*, p. 725.

2. *Correspondance du comte de Jaucourt*, Jaucourt à Talleyrand, Paris, 29 octobre 1814, p. 58. Voir également p. 52.

3. *Mémoires du chancelier Pasquier*, III, p. 46. Rapport à l'abbé de Montesquiou, ministre de l'Intérieur. Pasquier était alors directeur de l'administration des Ponts et Chaussées.

Page 219

1. À l'île d'Elbe, il savait déjà parfaitement que l'armée serait incapable de se résigner à la défaite et à la perte de la Belgique. C'est ce qu'il dit, entre autres choses, au fils de lord Glenbervie, Frédéric Douglas, qui lui rend visite en janvier. Ses propos sont rapportés par Edward Stanley, *op. cit.*, p. 125. Il dira encore à Fontaine, aux Tuileries, le 21 mars : « La France, orgueilleuse de la gloire de ses armes, fière des lumières de son siècle, ne pouvait obéir plus longtemps à des chefs qui, au lieu d'aller devant, marchaient toujours derrière », Journal de Fontaine, I, p. 449.

2. *Mémorial de Sainte-Hélène*, I, p. 488, 27 mars 1816.

3. *Le Moniteur* du 21 mars.

4. Cité par l'historien américain Steven Englund qui consacre les meilleures pages de son *Napoléon* à cette question de l'identification de son personnage à la gloire (éd. de Fallois pour la traduction française, 2004).

Page 220

1. Lettre du duc de Richelieu au gouverneur d'Odessa, avril 1815 *in* E. de Waresquiel, *Le Duc de Richelieu, 1766-1822*, Perrin, 1991, p. 216.

Page 221

1. A. Polovtsoff, *op. cit.*, Boutiaguine à Nesselrode, 16 mars 1815.
2. Jaucourt, p. 231.

Page 222

1. *Souvenirs du comte de Rochechouart*, 1892, p. 371.
2. Chabrol, *Souvenirs inédits*, p. 21 et 22.
3. Pasquier, III, pp. 133-134.
4. L'armée de Paris, communément appelée le « camp de Melun » regroupe 20 000 hommes sur le papier. Le 1er corps, sous les ordres de Maison, est à Chevilly ; le 2e, sous Rapp, à Bourg-la-Reine. Le fils du maréchal Kellermann commande la cavalerie. Macdonald commande en second sous Berry, Belliard est chef d'état-major.

Page 223

1. Le catalogue de l'exposition de Sceaux (2007) : *La Duchesse de Berry entre cour et jardin*, est très parlant à ce propos. On y retrouve sans cesse la figure d'Henri IV jusque dans les moindres objets de la vie privée du couple. Toutes les brochures à la gloire du duc de Berry font constamment référence à Henri IV, jusqu'à celle de Chateaubriand publiée après la mort de celuici, qui consacre le parallèle de l'assassinat des deux princes. *Mémoires sur S.A.R. Monseigneur le duc de Berry*, 1820. Sur les représentations d'Henri IV sous la Restauration, voir Marcel Reinhard, *La Légende de Henri IV*, Paris, 1936.
2. Reiset, II, p. 549.
3. Virginie Oreille avait été la maîtresse du maréchal Bessières avant de devenir celle du duc de Berry. Des deux fils qu'elle eut de ce dernier, l'aîné, né le 4 mars 1815, portera le nom de Charles de Carrière et servira dans l'armée autrichienne, vicomte de Reiset, *Les Enfants du duc de Berry*, Paris, Émile Paul, 1905).

Page 224

1. *Souvenirs du chevalier de Cussy*, I, p. 266.
2. *Journal du maréchal de Castellane*, I, p. 259.
3. Stanley, 154. « C'est un petit individu qui a l'air d'un bossu », dit encore l'Anglais Woodberry.
4. Gobineau, 149.
5. Reiset, II, 549.
6. D'après les souvenirs du colonel Vergnaud, officier d'artillerie à Strasbourg. Cité par Paul Leulliot, in *La Première Restauration et les Cent-Jours en Alsace*, Svepen, 1958, p. 163.
7. Castellane donne des détails là-dessus en le décrivant lors d'une manœuvre à la plaine Monceau en octobre 1814 (I, 265-266). Voir également Thiébault, V, p. 266.

8. Charles d'Agoult, *Mémoires*, 2001, p. 177. Voir également Vitrolles, II, p. 135.

Page 225

1. Maillé, p. 26.
2. Benjamin Constant, *Lettres à Madame Récamier*, p. 148.
3. *Le Moniteur* du 17 mars 1815, Ordre du jour de la 1re divison militaire, signé du général Maison, 16 mars.
4. Barante, II, p. 112.
5. Castellane, I, p. 282. Voir également Macdonald, p. 358.

Page 226

1. *Comte d'Hérisson, Un secrétaire de Napoléon Ier*, 1894, Lettre de Mounier au prince de Poix, Weimar, 13 avril 1815.
2. Commandant de Lauthonnye, *Ma vie militaire (1807-1819)*, 1997, p. 294.
3. AN AF 3733, « Bulletin du 29 mars », lettre interceptée du comte de Cély à Blacas, Calais, 21 mars 1815.
4. Correspondance du comte de Serre, 1876, II, p. 14, Colmar, 13 mars 1815.

Page 227

1. Vitrolles, II, p. 337. L'auteur situe la scène dans le cabinet de Blacas aux Tuileries, le soir du 16 mars, et parle de 200 000 francs par tête. D'après les « bons du roi », Maison et Dessolle reçoivent 300 000 francs chacun dès le 11 mars.
2. Vitrolles, II, p. 354.
3. *Mémoires de Madame de Chateaubriand,* p. 85. Il s'agit en fait de 300 000 francs remis au secrétaire de la Chambre, Maine de Biran, le 19 mars (Maine de Biran, II, p. 121).

Page 228

1. Le budget des dépenses voté par les deux Chambres en septembre 1814 dote la liste civile, c'est-à-dire le budget du ministère de la Maison du roi, de 25 millions de francs pour l'année 1815, auxquels s'ajoutent 8 millions destinés à la famille royale, une somme un peu supérieure à celle de la liste civile de Napoléon (28,3 millions en 1813) et comparable à celle de Louis XVI en 1789 (33 millions). Il est à noter que la maison militaire du roi était payée sur le budget du ministère de la Guerre. Voir M. Bruguière, *La Première Restauration et son budget*, 1969, p. 52.
2. Duc d'Orléans, *Journal de 1815*, I, p. 117.
3. AN 03 627, « Bons du roi, mars 1815 ». On compte une cinquantaine de bénéficiaires, dont les noms sont mentionnés : parmi ceux-ci nombre de courtisans comme le premier gentilhomme de la chambre, le duc de Duras (20 000 francs le 11 mars et sa femme 24 000 francs le 19 mars), le duc de Coigny (50 000 francs le 12 mars), le marquis d'Avaray (12 500 francs le 19 mars), le comte d'Escars, capitaine des gardes de Monsieur (*idem*) ; des royalistes envoyés en mission, comme La Maisonfort ou Vitrolles à Toulouse, qui touche 60 000 francs, ou des officiers commandant des compa-

gnies de la maison militaire du roi comme les deux La Rochejaquelein (Louis et Auguste). Par ailleurs la somme de 15 000 francs est attribuée le 15 mars à Gaillard, le secrétaire de Fouché, ce qui laisse penser que les négociations pour le ministère de la Police ont été accompagnées de propositions sonnantes et trébuchantes.

4. A. Polovtsoff, *op. cit.*, Boutiaguine à Nesselrode, 18 mars 1815.

Page 229

1. A. Thiers, *Histoire du Consulat et de l'Empire*, 1861, t. XIX, p. 17.
2. Gilbert Stenger, *Le retour de Bourbons*, 1908, p. 338.
3. Alexandre Dumas, *Le Comte de Monte-Cristo*, Gallimard, Folio, 1981, I, p. 99, chapitre x : « Le petit cabinet des Tuileries ».

Page 230

1. A. Polovtsoff, *Correspondance diplomatique des ambassadeurs et ministres de Russie en France et de France en Russie, 1814-1830*, I, *1814-1816*, Saint-Pétersbourg, 1902, Lettre de Boutiaguine à Nesselrode, 7 mars 1815, p. 154.
2. Madame de Staël, *Considérations...*, p. 495 ; Madame de Chastenay, II, p. 483. Sur la présentation des dames, voir les *Mémoires de Mme de La Tour du Pin* (p. 353) et les Souvenirs inédits de Mme de La Ferronnays (*Souvenirs d'une pauvre vieille*, archives Blacas, vol. II, p. 129).

Page 231

1. Ferrand, p. 124.
2. Vitrolles, II, 323 *sq*, et Hyde de Neuville, II, p. 52.

Page 232

1. *Mémoires d'outre-tombe*, II, p. 561-562 ; *Mémoires du maréchal Marmont*, VII, p. 88-90.
2. Vitrolles, II, p. 321.

Page 233

1. *Correspondance du comte de Jaucourt*, Lettre de Jaucourt à Talleyrand, 14 mars 1814, p. 237.
2. *Ibidem*, Gand, 4 avril 1815, p. 260.

Page 235

1. Lettre de Maistre au chevalier de Rossi, citée par E. Daudet, in *Histoire de l'émigration*, 1907, III, p. 459.
2. *Gazette de Paris*, 1791 et 1792. Sa première déclaration est datée de Nice, le 20 octobre 1790. Cité par le chanoine Lecigne, in *Deux Ouvriers de la Restauration, Joseph de Maistre et Blacas*, publication de la Société d'études historiques et littéraires, archives Blacas.
3. Madame de Staël, *Considérations...*, p. 472. Mme de Boigne dit la même chose dans ses Mémoires et le juge « plus modéré, moins exclusif que les autres émigrés rentrés avec le roi ». Voir également ce que dit Guizot là-dessus (I, p. 40) : « Il était modéré par froideur d'esprit et par crainte de compromettre le roi [...] plutôt que par clairvoyance. »

Page 236

1. Voir sur cet aspect du personnage l'article d'Andrea Milanese, « Pierre-Louis-Jean-Casimir duc de Blacas (1771-1839), collectionneur et mécène entre Florence, Rome, Naples et Paris », *Collections et marché de l'art en France, 1789-1848*, Rennes, 2005, p. 327-347.

2. Ce que le comte de Montbel est le seul à souligner dans ses Mémoires (1913, p. 129). « Le duc de Blacas éprouvait en effet une extrême timidité avec les personnes qu'il ne connaissait pas beaucoup, et il échappait à l'embarras par la réserve. » On retrouve des remarques sur cette timidité dans le Journal inédit de la belle-sœur de Blacas, la comtesse de La Ferronnays, conservé par ses descendants : *Souvenirs d'une pauvre vieille*, II, p. 94 (année 1814).

3. Marquis de La Maisonfort, *Mémoires d'un agent royaliste*, 1998, p. 266.

4. *Joseph de Maistre et Blacas*, 1908, Lettre de Blacas à Maistre, Naples, 14 décembre 1815, p. 296.

5. Mémoires inédits de la comtesse de La Ferronnays, *Souvenirs d'une pauvre vieille*, II, p. 115, juin 1814, archives Blacas. Le mari de l'auteur, le comte de La Ferronnays, était maréchal de camp et premier gentilhomme de la chambre du duc de Berry. Elle parle pour lui, lorsqu'elle évoque ces innombrables demandes de place.

Page 237

1. Reiset, II, p. 568. Cussy cite encore une autre caricature qui circulait à Paris en février 1815 et qui ne subsiste pas dans les collections des estampes de la B.N. Elle représente la famille royale dans une voiture traînée par un âne noir, et sur le point de verser dans un précipice. Sa légende anglaise est conçue sur le principe classique du jeu de mots : *The Black Ass* (Blacas) : « l'âne noir ». (I, p. 61.)

2. Guizot, I, p. 40.

3. *Souvenirs du comte de Montbel*, p. 129.

4. Vitrolles, II, p. 311

5. Bertier de Sauvigny, *Souvenirs d'un ultraroyaliste*, 1993, p. 461. Bertier convient par ailleurs, avec beaucoup d'autres, qu'en privé le ministre était tout autre, sensible et chaleureux.

6. Madame de Chastenay, 2e éd., pp. 450-51

Page 238

1. *Notice historique sur M. de Blacas*, Paris, Adrien Le Clere, 1840.

2. L'expression est de Barras, voir IV, p. 271 et 349.

3. *Correspondance du comte de Jaucourt*, Gand, le 4 avril 1815, p. 260.

4. Castellane, I, p. 280.

5. Vitrolles, II, p. 311.

6. Pasquier, III, p. 60.

7. Duchesse de Maillé, *Souvenirs des deux Restaurations*, p. 27.

8. Vitrolles, II, p. 343.

9. *Mémoires du comte Ferrand*, p. 123.

Page 239

1. Il fait également envoyer divers effets de valeur chez le banquier Harman à Londres, pour 13 500 livres Sterling, le 16 mars, à disposition de sa femme (archives Blacas, carton 69).

2. *The Diary of James Gallatin, op. cit.*, 16 mars 1815. Traduction de l'auteur.

Page 241

1. Lord Brougham, *Napoléon, Byron et leurs contemporains. Souvenirs d'une longue vie*, 1910, I, p. 273, 13 avril 1815. Lord Brougham tient l'information d'une amie anglaise, lady Kinnaird, alors à Paris. Voir également les Mémoires de Thiébault, V, p. 238.

2. Octave Levavasseur, *Souvenirs militaires*, 1914, p. 260. Levavasseur était l'un des aides de camp du maréchal. Il existe de multiples témoignages sur la fameuse phrase, mais aucun par un témoin direct de la scène. La cage de fer nourrira l'imagination des caricaturistes après la seconde abdication de Napoléon. Il existe même une caricature allemande intitulée : « Das neue Elba », sans date ni nom d'auteur, mais sans doute de la fin de juin 1815, qui s'inspire de ce thème. On y voit Blücher montrant Napoléon dans la cage d'un zoo aux trois souverains vainqueurs : François Ier, Alexandre Ier et Frédéric-Guillaume III. Le maître déchu tient convulsivement une mappemonde entre ses mains. Sa cage est entourée de deux autres qui abritent respectivement un tigre et une hyène. Au-dessus de lui trône un singe grimaçant. Sur le socle de la cage, on peut lire l'inscription : « Malmaison. » Saint-Pétersbourg, musée de l'Ermitage, département des Estampes.

3. Rémusat, I, p. 195.

Page 242

1. *Le Moniteur* du 17 mars 1815. Le discours du ministre de l'Intérieur date du 13 mars.

2. Reiset, III, 110. Le mot daterait du 16 mars.

3. Bourbon-Busset puis le duc de Maillé, le 12 mars, à Lons-le-Saunier.

4. *Mémoires de la duchesse de Gontaut*, 1891, p. 143. La scène lui a été rapportée par le comte de Bourbon-Busset lui-même.

5. A. Chuquet, *Lettres de 1815*, 1re série, n° 36.

Page 243

1. *Mémoires de la reine Hortense*, III, p. 4.

2. A. de Vigny, *Mémoires inédits*, Gallimard, 1958, p. 77. L'extrait de l'ordre du jour cité par Vigny est exact.

3. Mme de Boigne, éd., 1982, I, p. 259. On a, par le récit de cet incident, une illustration parfaite des différences de sensibilité dans les rapports que l'ancienne et la nouvelle noblesse entretiennent avec les princes de la maison de Bourbon. Pour Mme de Boigne née Adèle d'Osmond, et dont la mère occupait une charge à la cour de Versailles, c'est une marque de faveur que de se faire appeler par son prénom par la duchesse d'Angoulême ; pour la maréchale Ney, c'est une familiarité déplacée qui lui rappelle ses origines.

4. Cité par Benjamin Constant dans ses *Mémoires sur les Cent-Jours*, p. 40.

Page 244

1. Marquise de La Tour du Pin, *Journal d'une femme de cinquante ans*, 1989, p. 352. Le capitaine Alphonse d'Hauptoul raconte une histoire assez semblable qui concerne la maréchale Ney. Son mari s'était emparé de l'immense statue en argent de Saint-Jacques après avoir investi Compostelle, capitale de la Galicie. La tête du saint était en or et ses yeux en diamants. Plus tard, dit d'Hauptoul, « on vit la maréchale porter en collier les yeux de Saint-Jacques ».

2. Cité par Éric Perrin, *Le Maréchal Ney*, 1993, p. 280.

3. Charles de Rémusat, *Mémoires de ma vie*, I, p. 194.

4. La déposition du préfet Capelle, comme beaucoup d'autres détails donnés ici, est reproduite dans Arthur Chuquet et dans le *Procès du maréchal Ney*, imprimerie Michaud, Paris, 1815. Voir également ce que Capelle rapporte à Jean-Gabriel Eynard, à Genève, le 17 mars, dans le Journal de ce dernier, 1924, II, p. 27-30, 36.

Page 245

1. Victor Hugo, *Œuvres poétiques I*, Pléiade, 1964 : « Vive le roi ! Vive la France ! », novembre 1815, p. 16.

2. D'après Duvergier de Hauranne, qui représente l'historiographie libérale de la Restauration, dans son *Histoire du gouvernement parlementaire*, 1859, III, p. 300.

3. Cité par Louis de Viel-Castel dans son *Histoire de la Restauration*.

Page 246

1. *Mémoires du comte Louis de Gobineau*, Érasme, 1955, p. 221. Gobineau écrit ses Mémoires autour de 1835. Il cite même une phrase prêtée à la duchesse d'Angoulême pourtant résolument favorable à l'exécution du maréchal en 1815 : « Ney avait déserté notre cause... mais le prince de la Moskova devait vivre pour l'honneur et la gloire de la France. »

2. Reiset, III, p. 109-110. Plusieurs mémorialistes, dont Macdonald (p. 360), situent, à tort, l'arrivée de Bourmont le lendemain 19 mars.

3. Voir sa biographie par Gustave Gautherot (*Un gentilhomme de grand chemin, le maréchal de Bourmont*, 1926) dans laquelle est reproduit, entre autres, le texte de sa déposition de Lille en octobre 1815 sur l'affaire de Lons-le-Saunier, et ses confidences à Barante, dans les Souvenirs de ce dernier (II, 105-106). Bourmont quitte Dole à l'insu de Ney dans la nuit du 15 au 16 mars, avec Lecourbe et le colonel Clouet, l'un des aides de camp du maréchal. D'autres officiers, comme le colonel Jarry, commandant l'un des régiments de ligne à Lons, refuseront de le suivre. (A. Chuquet, *Lettres de 1815*, 1re série, no 36.)

4. Reiset, III, p. 110.

Page 247

1. « Heurs et malheurs d'un garde du corps de Louis XVIII : lettres inédites de Gabriel Vaquier de Lamothe », *Histoires de l'histoire*, no 14, mars 1960, p. 76-84.

2. Las Cases, *Mémorial*, II, p. 1252.

Page 248

1. Lettre de Louis XVIII au président Meyer, 26 février 1803, citée par M. Bruguière, in *La Première Restauration et son budget*, p. 51.

Page 249

1. La liste des bijoux de la couronne est donnée en annexe dans les *Souvenirs du baron Hüe*, Calmann-Lévy, s.d., p. 305-306. Mais tous n'ont pas été enlevés. D'après un mémoire du « joallier de la couronne » Menière du 23 mars 1815, conservé dans des papiers inédits de Fouché, il restait chez ce dernier un lot de diamants et saphirs non montés pour une valeur de 603 598 francs, de même que diverses boîtes entourées de diamants, pour 61 813 francs. Archives Fouché, collection particulière.

2. Archives Blacas, carton 69 : « Comptes du roi » : « État des fonds que j'ai emportés de France le 23 mars 1815. » Il s'agit d'une reconnaissance du baron Hüe, trésorier général de la maison militaire. Hüe prend en compte les fonds transportés hors de la frontière par Blacas, Marmont ou Berthier : 800 000 francs en billets de banque sur les fonds de la maison militaire remis à Hüe à Gand le 1er avril 1815. Sur les 54 500 francs-or emportés par Berthier – il s'agit des fonds de la caisse la compagnie de Wagram –, 34 600 francs sont remis à Hüe à Ostende le 25 mars. À Lille, le 22 mars, le trésorier général de la ville remet également 25 000 francs-or à Blacas. Soit, en tout, 860 000 francs qui s'ajoutent aux 5 500 000 francs-or, des fonds de la liste civile et des « fonds particuliers ».

3. Voir l'article de Pierre Branda, « La liquidation du trésor de l'empereur en 1815 », *Revue du Souvenir napoléonien*, n° 449, p. 25.

4. *Mémoires de Laffitte*, p. 66 et archives Blacas, carton 69 : « État des fonds que j'ai emportés de France le 23 mars 1815. »

Page 250

1. *Ibidem*. 117 763 000 livres Sterling proviennent de fonds de la liste civile, 68 000 livres Sterling des fonds particuliers du roi. Jonville les place au nom de Blacas dans le courant du mois d'avril en billets de l'Échiquier à 3 % et en fonds Navy à 5 % : soit 193 454 000 livres avec les intérêts, au 24 juin 1815. Le change étant à l'époque de 22 francs la livre, cela donne environ 4 241 000 francs. Les effets sur les autres places financières des fonds privés du roi sont déposés chez Bataille à Gand. Voir la correspondance entre Blacas et Jonville au carton 35 de ses archives. Leurs lettres très confidentielles étaient acheminées « par porteur ». Jonville, ancien émigré, avait été employé par Blacas à des missions confidentielles auprès du roi de Sicile en 1811-1813. Après la « disgrâce » de ce dernier, il le suivra comme attaché à ses ambassades de Naples et de Rome. À Rome il a été peint par Ingres, que Blacas aidait à obtenir des commandes.

2. Il y aura de nombreuses spéculations sur l'utilisation de ces fonds, deux tiers de la liste civile, un tiers des fonds privés du roi chez Laffitte, par l'ancien favori. Vitrolles, dans ses Mémoires (II, p. 340), puis à sa suite plusieurs historiens, dont Thiers, lui reprocheront d'avoir fait main basse sur la totalité de la somme d'ailleurs évaluée de façon très fantaisiste. En réalité, Blacas, en bon gestionnaire, l'aura fait fructifier en la plaçant en billets de

l'Échiquier. De juillet 1815 à 1824, date de la mort du roi, on constate deux retraits sans nom de bénéficiaire de 48 000 livres au total (un peu plus de un million de francs) (mai 1819, novembre 1820). Les 200 000 livres Sterling prêtées par le gouvernement anglais au roi en avril 1814 et qui n'avaient pas été comprises dans la loi de remboursement des dettes étrangères des princes, déclarées dettes de l'État, votées par les Chambres en septembre 1814, ont été également payées sur ces fonds secrets. Blacas fait par ailleurs un dépôt personnel également confié à Jonville en avril, de 1 500 napoléons-or (30 000 francs) chez Coutts. En août, de passage à Londres après sa disgrâce, il dépose également chez le banquier Harman l'équivalent de 13 000 livres en or (300 000 francs). Carton 69 : « Rapport sur les fonds du roi qui sont à Londres, 8 octobre 1824. »

3. Archives Blacas, carton 69, Lettre de Hüe à Blacas, Paris, 5 août 1815.

4. Baron de Frénilly, *Souvenirs d'un ultraroyaliste*, p. 294. La légende est née du fait que, arrêté à Beauvais, Hüe devra de pouvoir poursuivre sa route qu'au mensonge du maire de la ville, M. de Nully d'Hécourt, expliquant que les chariots emportaient les cendres du roi martyr. Voir pour cet épisode et les suivants : A. de Maricourt, « François Hüe et le transfert des diamants de la couronne hors de France en 1815 », *Le Correspondant*, 25 novembre 1901, p. 783-794, et les Souvenirs de Hüe, d'après ses notes, p. 276-280. Les dates indiquées dans ce dernier texte sont inexactes.

Page 251

1. *Souvenirs du vicomte de Reiset*, III, p. 170, Gand, 28 mai 1815.

Page 255

1. *Souvenirs du maréchal Macdonald*, p. 359.

2. A. Polovtsoff, *op. cit.*, Boutiaguine à Nesselrode, 18 mars 1815, p. 170.

3. Parmi ceux-ci, Guillaume Viennet, officier d'état-major du duc de Berry, est envoyé *incognito* en Picardie le 16 mars, avec mission de se renseigner sur la position et l'esprit des régiments. Il en revient le 18, avec des nouvelles très contrastées sur les troupes, *Mémoires et Journal*, 2007, p. 260-261.

4. AN AF 3733 (1814-1815), « Bulletin du 23 mars ».

Page 256

1. François Antoine, « Les autorités "hollandaises" et la frontière franco-hollandaise durant les années 1814-1815 », actes du colloque *Frontières et espaces frontaliers du Léman à la Meuse*, université de Nancy, 2004.

Page 257

1. Archives Blacas, carton 12 bis, liasse 5, Lainé à Blacas, Paris, 18 ou 19 mars 1815.

2. *Le Moniteur* du 20 mars

Page 258

1. Catalogue Charavay, n° 41718 : « Manuscrit du duc de Bourbon relatif au départ et à l'itinéraire des princes au cours des premiers jours de la Révolution. »

2. Rilliet, p. 259.
3. Cussy, II, p. 55.

Page 259
1. Macdonald, p. 364-365.
2. Cam Hobhouse, Lord Brougham, *Napoléon, Byron et leurs contemporains. Souvenirs d'une longue vie*, I, p. 294.
3. *Mémoires du chancelier Pasquier*, III, p. 149.
4. Vitrolles, II, p. 354.

Page 260
1. SHAT XAD 14, « Gardes du corps, généralités ». Au sein des six compagnies de gardes, les lieutenants (six par compagnie) qui ont rang de maréchal de camp (général de brigade) dans l'armée régulière ont été nommés à ce grade à part égale par tiers : avant 1789 (11), sous la Révolution et l'Empire (9), en 1814 (15).

Page 261
1. SHAT XAD 14, « Gardes du corps, généralités. 1814 ».

Page 262
1. Cussy, I, p. 38.
2. Alphonse de Lamartine, *Mémoires de jeunesse (1790-1815)*, 1990, p. 170-171.

Page 263
1. SHAT XAD 11, « Compagnie des grenadiers à cheval du roi ».
2. SHAT XAD 10, « Première compagnie des mousquetaires (gris) » En revanche, dans la deuxième compagnie (noirs), sur un effectif de 184 mousquetaires au 1er janvier 1815, seuls 3 anciens des armées émigrées n'ont pas servi dans la Grande Armée. Soixante-treize sortent de l'école de cavalerie de Saint-Germain, 13 d'un régiment de cavalerie de l'ancienne armée, 4 d'un régiment de cavalerie de la Jeune Garde, 24 des gardes d'honneur de 1813 et 7 de divers autres corps (infanterie, marine). Les autres compagnies de cavalerie sont composées à peu près sur le même pied. Parmi les officiers supérieurs, les vieux officiers des armées émigrées sont généralement regroupés au sein des états-majors des compagnies. On compte 8 anciens mousquetaires de 1789 parmi les 11 maréchaux de camp de la deuxième compagnie de mousquetaires : le comte de Caumont a soixante et onze ans, le comte de Villemontée, soixante-deux, mais ce sont des exceptions. La moyenne d'âge de la compagnie prise dans son ensemble est de vingt-cinq à trente ans. Les seules compagnies « de faveurs » étaient en fait celles des mousquetaires gris (comte de Lauriston) et des chevau-légers (comte Charles de Damas).
3. Pasquier, III, p. 52.
4. Les archives de Vincennes ne donnent pas les effectifs précis de la maison militaire en mars 1815, mais entre les congés pour convenances personnelles, les missions individuelles et les surnuméraires sans solde (12 par compagnie, âgés de seize ans), les seules six compagnies des gardes du corps

théoriquement fortes de 360 gardes chacune ne devaient pas en aligner plus de 200 le 19 mars.

5. L'infanterie, représentée par les deux compagnies des Cent-Suisses et des gardes de la porte, n'est par ailleurs forte que de 300 hommes (SHAT XAD 8 « Compagnie des Cent-Gardes suisses ordinaires du roi »).

6. Reiset, III, p. 44-45. Ferdinand de Bertier, des chevau-légers, raconte même qu'à Versailles où était cantonnée sa compagnie avec celle des gendarmes de la garde les chefs de corps encourageaient ces duels, avec témoins, jusqu'à ce que mort s'ensuive. Il témoigne personnellement dans trois affaires survenues à la sortie du spectacle, à la suite d'injures adressées par des demi-solde à des gardes du corps (*Souvenirs d'un conspirateur*, p. 231-232).

Page 264

1. SHAT XAD 14, « Gardes du corps : généralités », Rapport du comte de Durfort au roi sur l'ordonnance de rétablissement des gardes du corps, 23 mai 1814. La dépense globale annuelle des seules six compagnies de gardes du corps de la maison militaire est estimée en mai 1814 à 5 538 000 francs sur un budget global de la Guerre de 200 millions en 1815.

2. Cussy, I, p. 35.

3. *Souvenirs du comte de Montbel*, p. 132.

Page 265

1. *Mémoires du général de Saint-Chamans*, p. 270.

2. *Journal du maréchal de Castellane*, I, *1804-1823*, p. 257 et 260.

3. Commandant de Lauthonnye, *Ma vie militaire (1807-1819)* 1997, p. 294.

Page 266

1. Lort de Sérignan, *op. cit.*, p. 325.

2. *Souvenirs du chevalier de Cussy*, I, p. 38.

3. *Mémoires inédits d'Alfred de Vigny*, *op. cit.*, p. 65.

4. Commandant de Lauthonnye, p. 295.

5. SHAT XAD 12, « Gardes du corps, généralités » : « Vous jurez et promettez à Dieu et sur votre honneur de bien et fidèlement servir le roi. Si vous apprenez quelque chose qui se passe contre sa personne ou le bien de son service, vous en avertirez votre capitaine ou le capitaine des gardes de service. Vous ne recevrez ni appointements, ni pensions, ni décorations d'aucun prince étranger sans sa permission. – Je le jure et le promets. »

6. *Alfred de Vigny intime*, Paris, Comité Alfred-de-Vigny, 1912. « Conseils à mon fils commencés le jour de son second départ pour Versailles, le 23 février 1815 », p. 52. Dans cet extraordinaire document dominé par l'idée du devoir chrétien, on trouve encore cette phrase : « Ne laisse pas éteindre le feu sacré de l'amour de ton pays et du roi qui ne font qu'un : il te conduira dans le chemin de l'honneur, et ton intérêt, bien entendu, s'y trouvera toujours. » (p. 52.)

Page 267

1. Ridley Scott, qui invente la scène, n'est pas fidèle au texte original de

la nouvelle éponyme de Joseph Conrad dont il s'inspire, *Le Duel* (1908). Traduction de l'anglais par Michel Desforges, Toulouse, Ombres, 1991.

2. Alfred de Vigny, *Servitude et grandeur militaires*, 1835, Paris, Alphonse Lemerre, 1885, p. 295.

Page 268

1. *Mémoires du cardinal de Bernis*, Mercure de France, 1980, p. 39. Sur l'honneur nobiliaire au XVIIIe siècle, voir Hervé Drévillon, *L'Impôt du sang, le métier des armes sous Louis XIV*, Tallandier, 2006.

2. En faisant une distinction entre l'honneur, d'essence aristocratique, et le patriotisme, la vertu, d'essence démocratique, l'historien américain Jay M. Smith montre bien les efforts tentés par certains publicistes, dès avant la Révolution, pour réconcilier les principes d'honneur et de patriotisme à travers une « noblesse nationale », une « noblesse moderne ». *Nobility Reimagined : The Patriotic Nation in Eigtheenth-Century France.* Cornell University Press, 2005. Chateaubriand se fera sous la Restauration le chantre de cette conception moderne de la noblesse.

3. Fanny d'Arblay, *Du Consulat à Waterloo*, p. 198 et 202.

Page 269

1. Lort de Sérignan rédige ce récit dans les années 1830 peu de temps après la chute de Charles X (p. 336). À propos de la devise : « Les Géants l'ont senti », celle-ci était accompagnée d'un « foudre », faisceau d'éclair qui personnifiait la puissance de Jupiter (et d'Henri IV) contre les Géants, ces êtres monstrueux, fils de la Terre qui, dans la mythologie, voulurent escalader l'Olympe.

Page 270

1. Vitrolles, II, 352

Page 271

1. *Correspondance du comte de Jaucourt*, Lettre de Jaucourt à Talleyrand, Gand, 2 avril 1815, p. 254-255.

2. Maine de Biran, *Journal intime*, I, *1792-1817*, p. 121, 19 mars, dimanche.

3. Marquis de La Maisonfort, *Mémoires d'un agent royaliste*, p. 252.

Page 272

1. Comte de Rochechouart, *Souvenirs de la Révolution*, 1892, p. 372.
2. *Mémoires du comte de Vaublanc*, 1883, p. 455.
3. Chateaubriand, *Mémoires d'outre-tombe*, II, p. 567.
4. Fanny d'Arblay, *Du Consulat à Waterloo* (...), p. 212-213.

Page 273

1. Marquis de La Maisonfort, *Mémoires d'un agent royaliste*, p. 253.
2. Pasquier, III, p. 156.
3. *Mémoires de la reine Hortense*, II, p. 326.

Page 274

1. Jean-Pons-Guillaume Viennet, *Mémoires et Journal*, *op. cit.*, p. 264.

Page 276

1. Archives Blacas, carton 42, liasse 2, Lettre de Hüe à Blacas, 26 novembre 1817.

2. Archives Blacas, carton 69, comptes du roi : « Sommes payées sur les fonds du roi » au cours de son voyage de Gand.

3. *Mémoires de la duchesse de Maillé*, p. 28.

4. Fanny d'Arblay, *Du Consulat à Waterloo*, p. 186.

Page 277

1. Laborde, p. 15. Voir également les Souvenirs de Tony de Reiset et de Lort de Sérignan qui n'étaient pas là, mais rapportent les récits de leurs amis des gardes du corps (III, p. 174 et p. 339-340). Ce dernier insiste également sur le : « À bientôt, nous nous reverrons bientôt. »

2. D'après les *Souvenirs du comte de Neuilly*, p. 383-384.

3. *Mémoires de Charles d'Agoult*, 2001, p. 220.

4. Voir Valérie Bajou, « L'œuvre du peintre Gros. Louis XVIII quitte les Tuileries, nuit du 19 au 20 août 1815 », *Revue du Souvenir napoléonien*, n° 463, février-mars 2006, p. 24 *sq*. Alexandre de Laborde est également l'auteur d'une autre esquisse du départ du roi, cette fois représenté en bas de l'escalier du pavillon de Flore, devant sa berline de voyage. Il en publiera l'eau-forte, redessinée par François-Joseph Heim sous le titre de : *Départ du roi*, en frontispice de son petit écrit : *Quarante-Huit Heures de garde aux Tuileries*, avec son pendant : *Retour de Bonaparte*. Le contraste de la douleur et de l'enthousiasme des deux scènes est frappant. Le dessin préparatoire de Heim est conservé au musée Bonnat à Bayonne, inv. 2192. Il existe plusieurs autres variantes gravées de cette scène.

Page 278

1. Les apologistes de la fidélité royaliste ne manqueront pas de souligner par la suite que le père d'André Aclocque, commandant la 11e légion de la Garde nationale, était déjà auprès de Louis XVI aux Tuileries le 20 juin 1792. Alexandre Guillemin (*Patriotisme des volontaires royaux*) fera même dire au roi : « L'histoire dira que ma famille a toujours retrouvé la vôtre au 20 juin 1792 et au 20 mars 1815 » (p. 28).

2. Cité par Valérie Bajou, p. 32.

3. *Souvenirs du vicomte de Reiset*, III, p. 175-176.

Page 279

1. François-René de Chateaubriand, *Essai historique politique et moral sur les révolutions anciennes et modernes considérées dans leurs rapports avec la Révolution française*, Londres, 1797 ; rééd. 1826, chapitre XIII.

2. Le programme iconographique de la Madeleine, arrêté par ordonnance royale du 14 février 1816, regroupait dix-huit tableaux, dont douze autour du thème du dévouement des Français à leurs rois. Le tableau commandé à cette occasion pour 10 000 francs ne fut jamais exposé à la Madeleine. Le roi décidera finalement très rapidement d'abandonner tout le programme qui, à ses yeux, évoquait trop les heures sombres de la Révolution (20 juin et 10 août). Il fut décidé par la suite de le reprendre autour d'un nouveau

thème : celui des liens de la monarchie avec l'Église. Il restera finalement inachevé après avoir été définitivement arrêté en 1830. Entre-temps, on songera à nouveau au *Roi quittant le château des Tuileries dans la nuit du 20 mars* en pendant d'un autre, commandé au même peintre sur le même thème : *L'Embarquement de la duchesse d'Angoulême à Pauillac le 1er avril 1815*, pour le décor de la galerie de Diane aux Tuileries qui devait représenter alternativement les grandes heures des règnes d'Henri IV, Louis XVI et Louis XVIII. Le projet arrêté sur un rapport du bureau consultatif des arts du 20 avril 1816 sera finalement mené à bien, mais les deux tableaux de Gros, celui du roi exposé au Salon de 1817 et celui de la duchesse d'Angoulême exposé au Salon de 1819, seront finalement remplacés par d'autres. Là encore, le mauvais accueil réservé par la critique aux deux tableaux conduira l'administration de la maison du roi à ne pas installer les tableaux aux Tuileries et à les faire oublier en province. « De pénibles souvenirs se rattachent à cet épisode de notre histoire moderne », écrit Antoine Jal en 1817. Et le très royaliste O'Mahony n'est pas moins réservé dans un article du *Conservateur* qu'il consacre en 1819 au second tableau de Gros : « Quand les Bourbons s'en vont, il faut les pleurer ; c'est quand ils reviennent qu'il faut les peindre. » Le départ de la duchesse d'Angoulême sera envoyé à Bordeaux où il est encore, au musée des Beaux-Arts. Celui du roi, à Aix-en-Provence en 1825. Il ne rentrera au Louvre qu'en 1835 avant d'être envoyé par Louis-Philippe à Versailles pour son nouveau musée consacré à l'histoire de France. Il s'y trouve encore roulé dans les réserves. Voir, sur le projet de la Madeleine : E. Fureix, *Mort et politique à Paris sous la monarchie censitaire*, Thèse d'université, Paris-I, décembre 2003 ; sur l'aménagement de la galerie de Diane aux Tuileries : Geneviève et Jean Lacambre, « La Galerie de Diane aux Tuileries sous la Restauration », *La Revue du Louvre et des musées de France*, 1975, nº 1, p. 39-50.

3. Frédéric Rilliet, *Souvenirs de 1815*, p. 259.

Page 282

1. Richard Kostelanetz, *Conversations avec John Cage*, Présentation de Marc Dach, Paris, éd. des Syrtes, 2000. Je remercie mon ami Marc Dachy de m'avoir communiqué ce texte.

Page 283

1. Louis Aragon, *La Semaine sainte*, Gallimard, 1958. Voir sur ce travail d'instrumentalisation l'article d'Anne Simonin, « 1815 en 1945 : les formes littéraires de la défaite », *Revue XXe siècle*, juillet-septembre 1998, nº 59, pp. 48-61.

2. Reiset, III, p. 122.

3. Fanny d'Arblay, p. 207.

Page 284

1. *Mémoires du comte Louis de Gobineau*, 1955, p. 123. Gobineau, le père du futur écrivain, appartenait à ces quelques officiers de la Garde nationale qui avaient rejoint la maison militaire au Champ-de-Mars.

2. Lamartine, *Mémoires de jeunesse*, 1990, p. 195, et *Les Confidences*, 1862, livre XIX, p. 316. Sur la présence effective de Lamartine le 19 mars à Paris, voir l'article « Les services militaires de Lamartine et de ses ancêtres », *Carnet de la Sabretache*, n° 265, mai-juin 1920, p. 143-151. L'auteur anonyme de l'article reste réservé, n'ayant trouvé aucune trace de service du jeune garde officiellement en permission à Mâcon, en mars 1815, aux archives de Vincennes, ce que nous avons vérifié. Toutefois, les *Mémoires de jeunesse* et *Les Confidences*, le *Manuscrit de ma mère* publié en 1905 (à la date du 22 juillet 1815), certaines lettres du poète récemment publiées (*Correspondance générale*, 2e série, t. I, *1807-1815*, Champion, 2004, Lettre à Antoine de Fontenilles, novembre 1815), dans laquelle il sollicite une sous-préfecture et retrace son parcours (p. 526), constituent autant d'éléments convergents qui laissent penser que Lamartine était effectivement présent sinon dans les rangs de la maison militaire, au moins tardivement après l'avoir ralliée en cours de route, lors du voyage de Paris à Béthune.

Page 285

1. Là non plus, ce passage n'existe pas dans la nouvelle de Joseph Conrad.
2. Frédéric Rilliet, *Souvenirs de 1815*, p. 262.
3. E. de Waresquiel, *Le Duc de Richelieu*, *op. cit.*, p. 217. Sorbonne, fonds Richelieu : *Journal de mon voyage en Allemagne*.

Page 286

1. *Souvenirs du maréchal Macdonald*, p. 368.
2. *Le Général de l'armée morte*, Albin Michel, 1970.
3. Comte Lort de Sérignan, *Mon voyage à Gand*, p. 340.

Page 287

1. *Mémoires du comte Louis de Gobineau*, p. 76-77.
2. *Souvenirs du vicomte de Reiset*, III, p. 123.

Page 290

1. Alfred de Vigny, *Servitude et grandeur militaires*, 1835, Paris, Alphonse Lemerre, 1884 : « Laurette ou le cachet rouge », p. 31 à 35.

Page 291

1. Alfred de Vigny, *Servitude et grandeur militaires*, *op. cit.*, p. 6. Lort de Sérignan confirme le récit de Vigny dans ses *Souvenirs* (p. 341). Voir également A. Jarry, « Contribution à une histoire de la carrière militaire de Vigny », Association des amis d'Alfred de Vigny, bulletin n° 5, 1972-1973. Ce passage d'Alfred de Vigny est à mettre en parallèle avec celui de Musset dans *Confession d'un enfant du siècle*, Paris, R. Simon, 1934 : « Le miracle des armes avait ensorcelé toute la jeunesse. »
2. Balzac, *Histoire des Treize*, in *La Comédie humaine*, Gallimard, Bibliothèque de la Pléiade, t. V, 1977, p. 801. Balzac écrit l'*Histoire des Treize* au début des années 1840.

Page 293

1. Gallais, *Histoire de la révolution du 20 mars*, Paris, 1815, p. 243. Voir

également *Itinéraire de Buonaparte de l'île d'Elbe à l'île de Sainte-Hélène*, Paris, Le Normant, 1816, p. 147. Dans le premier numéro du *Journal universel* publié à Gand et qui sera l'organe officiel de la monarchie en exil, il est également question d'un message télégraphique de Maret au préfet de Lille. Là aussi, il aurait été demandé au préfet d'arrêter le roi, ce que Fleury de Chaboulon dément formellement dans ses Mémoires (I, p. 305) tout comme Napoléon dans ses notes sur les mémoires de Fleury. Pour ce dernier, un tel ordre d'arrestation n'aurait pu être donné que par la chaîne du commandement militaire. On ajoutera que Napoléon devait connaître parfaitement les sentiments royalistes du préfet Siméon, encore en place à Lille à ce moment-là. De toute évidence, le mythe de l'arrestation du roi a été instrumentalisé par la propagande royaliste. Voir là-dessus Henri Houssaye, *1815*, I, p. 383.

2. Napoléon, *Correspondance générale*, t. XXVIII, Plon, 1858 : n° 21692, Napoléon à Davout, 21 mars 1815.

Page 294

1. Cité par Henri Houssaye, *1815*, I, p. 383. Davout à Exelmans, Paris, 23 mars 1815.
2. *Mémoires du chancelier Pasquier*, III, p. 167-168.

Page 295

1. Louis de Gobineau, p. 127.

Page 296

1. Lauthonnye, p. 168.
2. Édouard Hocquart, *Le Duc de Berry ou les vertus et belles actions d'un Bourbon*, Paris, Didot, 1820, p. 39. Voir également Alexandre Guillemin, *Le Patriotisme des volontaires royaux*, p. 60 *sq*. Le mot est avancé pour la première fois par Chateaubriand à Gand, dans son *Rapport sur l'état de la France fait au roi dans son Conseil*, publié par le *Journal universel* de Gand le 12 mai.

Page 297

1. *Souvenirs du vicomte de Reiset*, p. 128. De nombreux protagonistes du voyage de mars ont laissé des souvenirs de cette scène. Les paroles de Berry sont rapportées diversement, mais presque toujours dans le sens de l'indignation généreuse : Gobineau, Lamartine, Lort de Sérignan, Lauthonnye, Semallé, Gabriel Vaquier de Lamothe, Vigny, Theobald Wolfe Tone. Lamartine va même jusqu'à proposer une figure de style parallèle à celle des paroles prêtées à Napoléon au défilé de Laffrey, le 7 mars, face aux soldats du 5e de ligne : « Tirez si vous l'osez sur le frère et le neveu de votre roi, ou retirez-vous et obéissez au moins à la décence et au malheur » (*Mémoires de jeunesse*, p. 198).
2. Lort de Sérignan, p. 343.
3. Salon de 1819. Voir le catalogue *Géricault*, Réunion des musées nationaux, 1991. Voir également le commentaire de Michelet sur ce tableau dans lequel il voit à la fois une allégorie de la chute de l'Empire et de « l'avènement du vrai peuple », in *Jacques-Louis David et Théodore Géricault*, Rumeur des âges, 2006, p. 35 *sq*.

4. Frédéric Rilliet, p. 262.

Page 298

1. Lamartine, *Mémoires de jeunesse*, p. 196 et 198.
2. Cité par Pierre Serna, in *La République des girouettes*, p. 157.

Page 299

1. *Mémoires de Charles d'Agoult*, p. 187-188.
2. Archives Blacas, carton 12 bis, liasse 1, Le comte d'Artois au roi, Beauvais, mardi 21, onze heures. Une lettre de Trogoff à Blacas envoyée le lendemain de Dieppe confirme le projet des princes de s'embarquer pour l'Angleterre : « La ville est bonne. On n'y a reçu aucun courrier de Paris. Le duc de Castries a pris le commandement. Les moyens d'embarquement y sont faciles et peuvent être nombreux. » Il ajoute que le duc de Castries a pris sur lui d'écrire au prince régent d'Angleterre pour le prier d'envoyer quelques bâtiments à Dieppe (12 bis, liasse 6).

Page 301

1. Tony de Reiset, III, p. 125-126.
2. Le mot est cité par Stendhal, in *Correspondance*, éd. Paupe, Paris, Charles Bosse, 1908. II, Lettre de Stendhal à M. Stricht, 9 avril 1823, p. 300. Stendhal commente dans cette lettre la *Relation d'un voyage à Bruxelles et à Coblence*, sans doute écrite par le roi, publiée en 1791 et rééditée à Paris en 1823. Ce texte, dans lequel Louis raconte sa fuite de Paris en juin 1791, sera réédité à deux reprises : partiellement par Martin d'Oisy, in *Manuscrit inédit de Louis XVIII...*, Paris, Michaud, 1839, et par André Castelot, in *Le Rendez-vous de Varennes ou les occasions manquées*, Paris, Perrin, 1971.

Page 302

1. Bibliothèque du Sénat, manuscrit Duprat-Taxis, *La Nouvelle Pairie française, d'après la Charte, organisée par l'ordonnance du 25 août 1815. Ouvrage critique, historique et généalogique*. Le mémoire est annexé à l'entrée Brigode (p. 122). L'ancien chambellan de Napoléon et maire de Lille sera créé pair de France en récompense de ses services, en août 1815.
2. Reiset, III, p. 59.
3. Le zoomorphisme du cochon n'est pas nouveau et avait été abondamment utilisé contre Louis XVI sous la Révolution, accusé, comme plus tard son frère cadet, de n'être qu'un ventre. Voir Annie Duprat, *Le Roi décapité*, Le Cerf, 1992. L'auteur y reproduit une caricature intitulée : *Le Ci-Devant Grand Couvert du Gargantua moderne en famille* (BN Est) qui tourne en ridicule l'appétit du roi. Stendhal lui-même parle de la corpulence du roi lorsqu'il veut signifier la détestation qu'il lui vouait : « Le gros Louis XVIII avec ses yeux de bœuf, traîné lentement par ses six gros chevaux, que je rencontrai sans cesse, me faisait particulièrement horreur. » *Souvenirs d'égotisme*, Gallimard/Folio, 1983, p. 90.
4. *Oh ! qu'c'est vexant ! ! ! Complainte de la grande famille des La Jobardière, op. cit.*
5. Macdonald, p. 376.

Page 303

1. Duc d'Orléans, *Mon journal. Événements de 1815*, 2 vol., 1849, I, p. 173. Voir également Paul de Bourgoing, p. 328.

Page 304

1. Victor Derode, *Histoire de Lille*, Paris, 3 vol., 1848, III, p. 358. L'auteur affirme avoir assisté à la scène. Voir également Louis Trénard, *Histoire de Lille*, Privat, 1991, II, *Le Temps des révolutions*, p. 340-341. Une gravure de Debucourt, *Les Adieux de Louis XVIII, le 23 mars 1815*, illustre la scène. On y voit des volontaires royaux et canonniers de la Garde nationale à genoux face au roi entouré de sa cour, dans le vestibule de l'hôtel d'Avelin qui existe toujours à Lille, dans l'actuelle rue Royale. Il est très probable que Debucourt se soit inspiré pour sa composition de la gravure des Tuileries reprise des dessins de Laborde. Félix Beaucourt, « L'estampe de Debucourt », *Bulletin de la commission du Nord*, 1938, p. 363-366. Sur les sentiments royalistes des populations du Nord, voir : É. Beaujot, « L'esprit public dans le département du Nord au début de la Restauration », *Revue du Nord*, t. XIX, 1933, p. 81-124 et 185-210.

2. G. Pallain, *Correspondance inédite du prince de Talleyrand et du roi Louis XVIII*, Plon, 1884. Ostende, le 26 mars 1815, p. 485.

3. Hyde de Neuville, II, p. 60.

4. Chateaubriand, *Mémoires d'outre-tombe*, II, p. 568. Le prince de Condé, qui avait commandé de 1792 à 1801 l'armée émigrée qui portait son nom, passée successivement au service de l'Autriche puis de la Russie, était le descendant direct du Grand Condé, celui du règne de Louis XIV, le vainqueur de Rocroi (près de Mézières) sur les Espagnols, en 1643.

5. Archives Dreux-Brézé, carton 99, dossier 1, « Semaine sainte : Observations du grand maître des cérémonies contre le projet de règlement qu'on proposait à M. le prince de Condé, grand maître de France, de faire publier relativement à la cérémonie de la Cène, 27 février 1815 ».

Page 305

1. *Souvenirs du comte de Neuilly*, p. 388.

2. Macdonald, p. 376.

Page 307

1. AD Nord M 134-2.

2. Romberg et Malet, *op. cit.*, Lettre de Goltz à Hardenberg, Paris, le 18 mars 1815 (II, p. 197).

Page 308

1. *Souvenirs militaires de M. le comte de Bourgoing*, 1897, p. 329.

2. Archives Blacas, carton 12 bis, liasse 13. Le comte de Blacas au duc de Raguse, Lille, 22 mars 1815. Minute manuscrite. « M. le Maréchal, j'ai eu l'honneur de vous mander hier que le roi partait pour Lille et que l'intention de S.M. était que vous vous y rendissiez le plus promptement possible en prenant à cet effet la route d'Amiens. Le roi est effectivement arrivé dans cette place aujourd'hui à une heure après midi. S.M. y a trouvé une garnison forte de cinq régiments et une population nombreuse animée du meilleur esprit.

Mais la difficulté d'y faire venir sa maison militaire le décide à se rendre à Dunkerque où S.M. désire que sa maison soit rassemblée le plus promptement possible ; en conséquence, le roi m'a ordonné, M. le Maréchal, de vous faire connaître ses intentions pour que vous puissiez vous y conformer et S.M. pense que vous pouvez être rendu à Dunkerque dans cinq jours. (...) »

Page 309

1. Fleury de Chaboulon, I, p. 243.

2. Annie Jourdan donne une très bonne définition des deux termes de « nation » et de « patrie » dans l'introduction de son dernier livre à paraître au Seuil : *La Nation en révolution.*

3. Benjamin Constant, *Mémoires sur les Cent-Jours,* seconde partie, p. 123.

Page 310

1. Voir en particulier le « Discours prononcé par le général de Gaulle devant le National Defense Public Interest Committee, à Londres, le 1er avril 1942 » in *Mémoires de guerre,* I, *L'Appel,* Plon, 1954, p. 529-533. De Gaulle y décrit « une France trahie par ses élites dirigeantes et par ses privilégiés » à laquelle s'opposent les « hommes nouveaux » de la France combattante, héritiers des hommes nouveaux de la Révolution que ne connaissaient ni ne reconnaissaient « les attardés des petites cours d'Europe ».

2. Paul de Bourgoing, p. 333.

3. Macdonald, p. 378.

4. *Ibidem,* p. 533.

5. Il n'existe pas, en tout cas, dans la *Correspondance de Napoléon.*

Page 311

1. Voir là-dessus le duc d'Orléans (*Mon journal. Événements de 1815,* t. I), les Mémoires de Macdonald et de Louis de Gobineau. Mortier s'en sort le 22 mars avec une gratification royale de 15 000 francs ! Au retour du roi, son double jeu lui coûtera quand même la pairie jusqu'en 1819 et son gouvernement du Nord, pendant quelques mois (archives Blacas, carton 12 bis).

2. Gobineau, p. 132.

3. G. Pallain, *Correspondance inédite du prince de Talleyrand et du roi Louis XVIII,* Ostende, 26 mars 1815, p. 485.

Page 312

1. Émile de Perceval, *Le Vicomte Lainé,* Champion, 2 vol., 1926, I, p. 347-348.

2. Elles ont été oubliées dans le premier numéro du *Journal universel* de Gand, le 14 avril 1815.

Page 313

1. Archives Blacas, carton 31, liasse 1, Lettre de Jonville à Blacas (Palerme), 25 janvier 1814.

Page 314

1. Alexandre Dumas, *Mes mémoires,* coll. « Bouquins », 2003, I, p. 611-612. Dumas situe sa rencontre au Palais-Royal, en 1823.

2. *Mon journal,* I, p. 260.

Page 315

1. *Ibidem,* p. 262-264. La circulaire aux généraux n'a évidemment jamais été publiée sous la Restauration. Pasquier est le seul à la citer dans ses Mémoires. Lavalette la lui aurait communiquée sous le sceau du secret pendant les Cent-Jours (III, p. 180).

2. Souvenirs du baron de Barante, II, p. 120. La reine Hortense donne dans ses Mémoires une version un peu modifiée du même dialogue : « Que je serais heureux de la porter avec vous ! » (II, p. 348)

3. Cité par M. Poniatowski in *Louis-Philippe et Louis XVIII,* Perrin, 1980, p. 535, note 4. D'après Louis de Gobineau, « l'excellent Mortier », comme l'appelle Madame Adélaïde, la sœur du duc d'Orléans qui était à Lille avec lui, aurait même eu des mots d'encouragement prémonitoires à l'égard du futur roi des Français, s'ils n'avaient été écrits après coup : « Nous en avons fini avec lui (Louis XVIII), nous en allons finir avec l'autre (Napoléon), vous viendrez après » (p. 131).

4. Voir également les *Mémoires de la reine Hortense,* II, p. 348 : « Ah ! si celui-là eût été roi, je ne serais peut-être pas revenu, car il eût sans doute été plus habile. »

5. *Correspondance du comte de Jaucourt,* Ostende, 27 mars 1815, p. 250.

Page 316

1. Lettre du duc d'Orléans à sa femme, 28 juillet 1815, citée par Guy Antonetti, *Louis-Philippe,* p. 472.

2. *Mémoires du colonel comte Charles d'Agoult,* p. 178.

Page 317

1. *Souvenirs du comte de Semallé,* p. 222.

Page 318

1. Frédéric Rilliet, p. 263.

Page 319

1. AD Nord M134, Police générale 16, « Inventaire des effets abandonnés à Estaires, expédié le 4 avril ».

2. *Mémoires du comte de Rochechouart,* p. 374.

3. Lort de Sérignan, *Mon voyage à Gand en 1815,* p. 344.

4. Arthur Chuquet, *Lettres de 1815,* 1re série, 1911. « 55 : Relation du capitaine Charles Forget, 1er décembre 1815 ».

Page 320

1. Louis de Gobineau, p. 133.

2. Lort de Sérignan, p. 344.

3. *Journal politique commercial et littéraire de Gand,* mercredi 29 mars. Il s'agit du lieutenant Caroudal, du 7e bataillon belge, de Maastricht. Il sera présenté à Louis XVIII à Gand, le 1er avril, et recevra la Légion d'honneur.

Page 321

1. Lamartine place son discours, le 24 mars, à Béthune. *Mémoires de jeunesse*, p. 199.

2. Victor Hugo, *Les Misérables*, éd. Yves Gohin, Gallimard, « Folio Classique », 1995, livre II, p. 455.

Page 322

1. Tony de Reiset, III, p. 134.

2. F7 10356, bulletin de police des 4 et 5 avril 1815. Voir également Guillemin, p. 78-80. Lauthonnye raconte dans ses Mémoires qu'il s'en sortira en vendant à Amiens pour 99 francs les galons d'argent des uniformes abandonnés à Béthune par ses camarades (p. 278). La plupart des officiers de la maison militaire restés en France se cacheront pour éviter de prêter serment au nouveau régime mais aussi pour échapper aux contraintes administratives qu'ils auront à subir. Par un premier décret d'avril, les gardes du corps de la maison militaire sont assignés à résidence, chez eux et à plus de trente lieues de la capitale. Ils sont tenus de se présenter une fois par semaine à la gendarmerie de leur canton et de rendre armes et chevaux aux autorités, ce qu'ils vivent mal, étant propriétaires de leur équipement militaire acheté de leurs propres deniers. Par un autre décret du 14 mai, ils seront rétablis d'office dans les grades et régiments qu'ils occupaient avant d'être admis dans la maison militaire, et destitués en cas de refus. C'est ce qui décidera certains d'entre eux à rejoindre le roi en Belgique.

Page 323

1. La commande du roi au peintre Gros comportait deux tableaux. On a déjà parlé du premier. Le second concernait cet épisode. Il s'agit de l'*Embarquement de S.A.R. la duchesse d'Angoulême à Pauillac.*

2. Napoléon hésite toute la journée du 11 avril. Maret, alors secrétaire d'État a semble-t-il contribué de façon décisive à la libération du duc d'Angoulême face au refus de Grouchy de ratifier la capitulation du 8 avril sous ordres de l'empereur. Une seule clause sera ajoutée à la convention de capitulation. Elle concerne la restitution des diamants de la couronne... qui étaient alors en Belgique ! Sur cet épisode, voir la biographie de Maret par Alfred Auguste Ernouf (Nouveau Monde éditions, 2008, p. 562-567) qui publie l'ensemble des dépêches télégraphiques envoyées le 11 avril entre Paris et Lyon, par Grouchy et Maret. Le général Grouchy sera fait maréchal de France par Napoléon, en partie à cause de son rôle dans la conduite de cette affaire.

Page 324

1. Ces détails sont donnés par l'historien royaliste Alfred Nettement, dans son *Histoire de la Restauration* (II, p. 238-239). Nettement s'appuie sur les pièces du procès des meurtriers qui eut lieu à Nîmes, en juillet 1816. Le nombre des victimes des combats du Rhône est difficilement vérifiable. Les chiffres les plus fantaisistes circulent dans la région : quarante morts au combat de Loriol, trente à celui de Valence (Eynard, II, 67-68). Les protagonistes de ces combats, des deux côtés (Charles-Stanislas Lefebvre, Krettly

côté bonapartiste – Maxence de Damas, Montbel qui n'était pas là, côté royaliste), signalent des victimes.

2. Cet épisode est peu connu. Il est signalé par les seuls chroniqueurs marseillais, en particulier dans les *Esquisses historiques. Marseille depuis 1789 jusqu'en 1815*, 1844, II, p. 317-324. Les troupes bonapartistes sous le commandement du général La Salcette étaient composées essentiellement de gardes nationales de Gap et de paysans armés. Les Marseillais étaient placés sous le commandement du général Loverdo, alors à Sisteron. Aucune troupe régulière ne participe à ce combat qui a toutes les allures d'un épisode de guerre civile. « Les suites du combat, écrit le chroniqueur royaliste, pesèrent cruellement sur les compagnies franches de Marseille. Beaucoup de fils de familles pauvres y périrent, un plus grand nombre furent blessés, et parmi ceux-ci quelques-uns moururent dans les hôpitaux de la route ou dans ceux de Marseille. La ville s'empressa de distribuer des secours aux plus malheureux ; plusieurs obtinrent des pensions réversibles à leurs parents après eux. Le souvenir de la Saulce est encore aujourd'hui vivant dans la mémoire des contemporains. » (p. 320).

3. *Souvenirs du baron de Barante*, II, p. 132-133, Lettre de Montlosier à Barante, 4 avril 1815.

Page 325

1. AN AF 3733, « Bulletin du 31 mars 1815, Lyon, Lettre interceptée du 27 mars ».

2. *Souvenirs du comte de Montbel*, p. 153.

Page 326

1. *Tableau historique des événements qui se sont passés à Lyon...*, Lyon, 1815, p. 64.

2. *Campagnes de Lyon en 1814 et 1815*, par J. Guerre, avocat, Lyon, 1816, p. 194.

3. *Souvenirs du baron de Barante*, II, p. 134, Lettre de Montlosier à Barante, Paris, 14 avril 1815.

4. Archives de Jozerand, « Notes à partir des approches du 20 mars 1815, par M. le comte de Chabrol, préfet de la Seine, copié de l'original du musée britannique par M. de Witt (1879) », p. 6 et 7 du manuscrit inédit. Le manuscrit original de Chabrol est aujourd'hui conservé au British Museum.

Page 327

1. *Journal intime de Maine de Biran*, I, p. 130.

2. Benjamin Constant, *Mémoires sur les Cent-Jours*, p. 121.

3. Décret du 22 mars, antidaté de Lyon le 12 mars, *Le Moniteur* du 6 avril. La liste comporte treize noms. D'abord les membres du gouvernement provisoire d'avril 1814 : Talleyrand, Montesquiou, Beurnonville, Dalberg et Jaucourt, puis Lynch, le maire de Bordeaux, Marmont, l'avocat Bellart qui présidait le conseil général de la Seine en avril 1814, Bourrienne et quelques royalistes notoires : Vitrolles, Louis de La Rochejaquelein, Sosthène de La Rochefoucauld, Alexis de Noailles. Maret, le ministre secrétaire d'État de Napoléon refusera de la contresigner. Le décret porte la simple

mention : « pour expédition conforme, le 22 mars 1815 ». La liste s'allonge par les décrets des 26 mars, 15, 18 et 19 avril aux maréchaux Victor, et Berthier, aux généraux Ernouf, Monnier, Bordessoulle et Maison, aux préfets Bouthillier et d'Albertas, au prince de Poix et au duc de Luxembourg. Un autre décret du 31 mars nomme explicitement les personnes éloignées de Paris et mises sous surveillance de la police. Il s'agit de Pasquier, Chabrol de Volvic le préfet de la Seine, le baron de Pradt, Rémusat, Beugnot, Anglès, Mounier, Decazes, de Sèze, Dambray, l'abbé Louis et onze membres du conseil général de la Seine signataires de l'adresse de rappel des Bourbons le 1er avril 1814, sauf Bellart déjà compris dans le décret du 22 mars. Soit « Badenier, propriétaire, Barthélemy, frère du sénateur, banquier, Boscheron, ancien payeur de la dette publique, Lamoignon, beau-frère de Molé et fils du président, Delaistre, négociant de tabac, Gauthier, d'Harcourt, Lebeau, juge à la cour impériale, neveu de Cretet, de Montamant, propriétaire, Pérignon, ancien avocat à la Cour de cassation, Vial, ancien payeur au Trésor public, capitaliste. » Minute manuscrite du décret du 31 mars 1815, archives Fouché, collection particulière.

4. *Souvenirs du comte de Montbel*, p. 155. L'auteur est lui-même taxé de 12 000 francs par le gouverneur militaire de Toulouse, le général Decaen. Waterloo le dispensera de payer.

5. Les bulletins de police conservés aux Archives nationales signalent en avril des arrestations par centaines de royalistes pris en flagrant délit de manifestations hostiles : dépose du drapeau tricolore, chants et charivaris sur les places publiques, à La Rochelle, Rennes, dans la Manche (on les conduit au Mont-Saint-Michel), à Lille, Dole et dans toutes les villes du Midi. D'après ma propre comptabilité, établie à partir des bulletins de police journaliers provenant des départements et synthétisés à Paris à l'usage du ministre de la Police Fouché (AN F7 10356, « Minutes des rapports de police, avril-juillet 1815 »), il y eut pour l'ensemble de la période près de mille arrestations arbitraires de durée plus ou moins longue, et le triple d'assignations à résidence. On compte également à partir de la fin des opérations militaires contre la résistance royaliste, à la mi-avril, une vingtaine d'assassinats isolés commis sur des royalistes, particulièrement dans le Midi.

Page 328

1. La liste en est donnée par l'auteur du *Tableau historique des événements qui se sont passés à Lyon*..., Lyon, Guyot, 1815, p. 182-183.

2. *Bulletin des lois* du 9 avril.

3. Voir les *Mémoires de Mme de Chastenay*, proche de Réal, II, p. 500-501. Les plus connus sont Anglès, Decazes, Pasquier, Rémusat père.

4. Voir Émile Le Gallo, *Les Cent-Jours*, p. 200.

Page 329

1. D'après *La Quotidienne*, cité par Benjamin Constant dans ses *Mémoires sur les Cent-Jours* (p. 178).

2. *Souvenirs du baron de Barante*, I, p. 136, Montlosier à Barante, Paris, 22 avril 1815.

3. *Ibidem*, I, p. 138, Barante au comte de Montlosier, Barante, 26 avril 1815.
4. L'article de Pierre Lévêque est le meilleur qui ait été écrit sur ce jacobinisme de 1815 : « La révolution de 1815 », in *Les Cent-Jours dans l'Yonne*, Paris, Maison des sciences de l'homme, 1988, p. 51 à 73.
5. Marquis de Noailles, I, p. 206.
6. Le mouvement naît à Rennes et à Nantes contre l'esprit royaliste d'une partie des populations rurales et se développe par contagion à Paris et Lyon. En mai naissent des mouvements identiques à Nancy et Metz, en Bourgogne et dans le Dauphiné. Pour plus de développement, voir là-dessus R.S. Alexander, *Bonapartism and Revolutionary Tradition in France. The Fédérés of 1815*, Cambridge University Press, 1991. Nous reviendrons sur les fédérations parisiennes à la fin de notre ouvrage.
7. *Le Moniteur* du 12 mai 1815.

Page 330
1. Chambre des pairs, séance du 30 mars 1841.
2. Voir Urbain Gohier, *L'Armée de Condé. Mémorial de la trahison pour éclairer l'annuaire de l'armée sous la Troisième République*, 1898.

Page 331
1. On peut citer, à Rennes, le directeur de la poste et ancien député des Cinq-Cents, Joseph Blin ; à Nancy, le recteur Azaïs ; à Lyon, le nouveau maire et ancien capitaine du génie Jars.
2. Voir Émile Le Gallo, p. 284-286.

Page 332
1. *Mémoires de Mme de Chastenay*, II, p. 497.
2. À Rennes, le banquet inaugural du 25 avril des fédérés bretons regroupe non seulement des officiers et des fonctionnaires, mais aussi des artisans (Le Gallo, p. 297). À Chalon-sur-Saône, boutiquiers et artisans forment plus du quart des inscrits recensés par l'historien local L. Gallas (Gallas, 1938-1939, II, p. 104 *sq*). À Paris, R.S. Alexander compte 37 % d'artisans et 44 % d'ouvriers et de travailleurs manuels parmi les tirailleurs fédérés des deuxième et sixième arrondissements parisiens (*op. cit.*, p. 204 *sq*).

Page 333
1. Laurent Nagy, *Le Romantisme en action...*, Thèse inédite, Paris-VIII, 2006, p. 134 *sq*. D'après nos propres recherches aux archives de la préfecture de police, il a été possible de mesurer le degré d'encadrement et de surveillance des fédérés des faubourgs à l'occasion de la formation des 24 bataillons de tirailleurs. D'après un arrêté du 17 mai 1815 du préfet de la Seine, le comte de Bondy, aux commissaires de police des arrondissements parisiens : les comités d'arrondissement siégeant dans les mairies pourront s'adjoindre des chefs de bataillon de la Garde nationale, dresseront les listes des personnes susceptibles d'entrer dans la composition des 24 bataillons de tirailleurs, [...] formeront un comité secondaire pour chaque quartier de leur arrondissement, composé des chefs d'atelier les plus estimés, leurs

membres se rendront dans les ateliers pour choisir les recrues « chez les ouvriers établis qui sont reconnus pour leur fermeté et leur dévouement à leur pays », recueilleront des soumissions et se feront aider par les commissaires de police de leurs quartiers respectifs (pièce 1). Les rapports des commissaires de police de quartier au préfet de police Réal montrent souvent la mauvaise volonté des ouvriers à se faire inscrire, et leur difficulté à boucler les effectifs prévus. Les 24 bataillons, soit deux par arrondissement, placés sous les ordres du général Darricau, seront loin de compter, à la fin du mois de mai, les 24 000 hommes prévus. Il est souvent question d'opérations de recrutement empêchées par le « bigotisme » ou le « fanatisme » des nobles ou des bourgeois (pièce 39). Dans les grands ateliers, les ouvriers sont tenus de déposer leurs « livrets » d'embauche aux contremaîtres, en gage de garantie de leur bonne conduite dans les bataillons des tirailleurs (pièce 4) (A/a 330, pièces 1 à 169 : fédérés de Paris, 1815-1816).

2. *Mémoires de Lavalette*, p. 339. Voir également Molé (qui refuse de la signer) I, p. 211, et Pasquier, III, p. 174.

3. *Récits de la captivité de l'Empereur par le général de Montholon*, Paris, Paulin, 2 vol., 1847, II, p. 224 : « Il fallait faire la terreur, comme en 1793. C'est la mort de Louis XVI qui a sauvé la Révolution, parce que les juges étaient trop compromis pour ne pas dire : vaincre ou mourir. » Beaucoup, comme Thibaudeau ou même dans la mouvance libérale, avancent que Napoléon aurait dû faire le choix tactique, sous les Cent-Jours, d'une dictature républicaine. « Il eût mieux fait, écrit Rémusat, de restaurer le despotisme sous la forme du Consulat, un despotisme simple, démocratique et guerrier auquel le parti libéral, caressé dans ses goûts d'égalité, se fût résigné comme un moyen temporairement nécessaire de combat et de victoire. [...] Une dictature républicaine, c'était, je crois, la vraie solution » (partie inédite du Journal de Charles de Rémusat conservé à la Bibliothèque nationale).

4. Rapport au roi publié dans le Journal universel de Gand, le 12 mai 1815. Voir le commentaire qu'en fait Benjamin Constant dans ses *Mémoires sur les Cent-Jours*, p. 163. Barère, l'ancien conventionnel, élu député des Cent-Jours, parle également de « charte additionnelle », mais dans un tout autre esprit.

5. Par les articles premier et 50, voir Jacques Godechot, *Les Constitutions de la France depuis 1789*, Garnier-Flammarion, 1979.

6. *Mémoires de Thibaudeau*, Paris, Plon, 1913, p. 472. Celui-ci compare les réactions du peuple entre ses deux missions à Dijon comme commissaire extraordinaire, avant et après la publication de l'Acte additionnel. Les « Vive l'empereur ! » ont disparu.

7. Odilon Barrot, *Mémoires posthumes*, *op. cit.*, I, p. 31. Voir également ce qu'en dit Viennet qui parle de « faute grave », dans ses Mémoires (p. 266) ainsi que dans ses brochures : *Lettre d'un Français à l'empereur* ; *Opinion d'un homme libre sur la Constitution*, comme dans celles de Salvandy : *Mémoire à l'empereur sur les griefs et les vœux du peuple français* ; *Observations critiques sur le Champ de mai.*

Page 334

1. *Souvenirs du baron de Barante,* II, p. 151. « Le talisman fut brisé », écrit encore Chateaubriand.

2. *Mémoires de Guizot,* I, p. 61.

Page 335

1. Chateaubriand, *Mémoires d'outre-tombe,* II, p. 595.

2. Pasquier, III, p. 177-178. Il situe cette discussion avec Caulaincourt dans les derniers jours de mars, peu avant son départ forcé (il est sous le coup du décret du 1er avril 1815) pour la campagne. Carnot dit la même chose au même moment, d'après ses notes recueillies par son fils : « Il flotte, il hésite ; au lieu d'agir, il bavarde (...) ; il demande des conseils à tout le monde (...) ; il a des distractions fréquentes (...) ; il est devenu somnolent (...) » Hippolyte Carnot, *Mémoires sur Lazare Carnot, 1753-1823,* 1861-1863, Paris, Hachette, 2 vol., 1907, II, p. 427.

3. Archives du château de Coppet, Lettre d'Auguste de Staël à Mme de Staël, Paris, 30 avril (1815).

Page 336

1. *Ibidem,* III, p. 171.

2. On trouve dans presque tous les Mémoires des contemporains une petite note très en sourdine consacrée aux regrets du prix de la paix et d'une certaine tranquillité perdue avec le retour de Napoléon. « J'avais tellement joui de cette année de repos qu'aucun bonheur ne me paraissait comparable à cette absence de tourments », note Hortense de Beauharnais (II, p. 342). « M. Réal m'a dit même, dans l'interrègne, écrit encore Mme de Chastenay, que les dix mois qui venaient de s'écouler avaient été pour lui les plus heureux de sa vie. » Réal venait d'accepter la préfecture de police des mains de Napoléon. (II, p. 489.)

3. BHVP Ms 1013, fol. 96, « Lettres familiales d'un Parisien », Paris, le 10 avril 1815.

4. Lamartine parlait ainsi le 10 janvier 1839, lors de la discussion de l'adresse de la Chambre des députés, en réponse au discours du trône. Il soutenait alors la politique de Molé, président du Conseil, mais lui reprochait son immobilisme. *La France parlementaire* (II, p. 148). On pense aussi évidemment à l'article de Pierre Viansson-Ponté dans *Le Monde* du 15 mars 1968, peu avant les événements de mai : « La France s'ennuie ».

Page 340

1. *Journal de Gand, politique, commercial et littéraire,* mercredi 29 mars 1815.

2. Cam Hobhouse, Lord Brougham, *Napoléon, Byron et leurs contemporains. Souvenirs d'une longue vie,* Paris, Félix Juven, 2 vol., 1910, vol. I, 2 avril 1815, p. 257.

3. Circulaire du comte de Jaucourt aux agents diplomatiques, 25 mars 1815, *in Correspondance du comte Pozzo di Borgo,* I, p. 174.

Page 341

1. Romberg et Malet, I, p. 3. Lettre de Blacas à la duchesse d'Angoulême, s. d.

2. AN F7 10356, « Bulletin du 5 avril 1815. Lille, 2 avril ». Dunkerque passe à Napoléon le 27 mars sous le commandement militaire du maréchal de camp Toussaint. Le garde du corps est le baron de Lescours, un ancien page du comte d'Artois. Conduit à la prison de La Force à Paris, il n'en sortira que le 2 juillet et sera plus tard fait marquis pour sa peine. Le projet de soulever Dunkerque ne sera pas abandonné pour autant. Le 5 avril, un autre officier de la maison militaire, le comte de Castéja, est envoyé à Furnes, avec instructions « de chercher à établir des rapports avec la ville de Dunkerque et autres communes situées dans le département du Pas-de-Calais afin d'y former des intelligences avec les fidèles sujets du roi et de s'y procurer s'il est possible des moyens de pénétrer sur le territoire français en y obtenant un poste de défense » (archives Blacas, carton 12 bis. Instructions au comte de Castéja).

3. *Souvenirs du comte de Rochechouart*, p. 376. Voir également les *Souvenirs du comte de Semallé*, p. 225-226. Ce n'est que le 26, après avoir envoyé un courrier à Bruxelles, que le baron Pallavicini laissera entrer les débris de la maison militaire du roi dans la ville.

4. Voir la lettre de Stuart à Castlereagh, Gand, 2 avril 1815, *in* Romberg et Malet, II, p. 24.

Page 342

1. Archives Blacas, carton 25, Lettre inédite du roi à Blacas, Paris, 30 juillet 1815.

2. *Correspondance du comte de Jaucourt avec le prince de Talleyrand*, Ostende, le 26 mars 1815, p. 247.

Page 343

1. *Mémoires d'outre-tombe*, II, p. 569.

2. *Mémoires de Mme de Chateaubriand*, p. 87.

Page 344

1. Lors du vote d'approbation de la Constitution des Pays-Bas, le 18 août 1815, 29 arrondissements des 9 provinces méridionales la rejettent à cause de la liberté et de l'égalité des cultes. Les évêques de Belgique publieront un jugement doctrinal contre la liberté des consciences, l'égalité des cultes, l'enseignement remis à l'État, interdisant aux prêtres de prêter serment à la Constitution.

2. *Souvenirs du vicomte de Reiset*, III, p. 182.

3. Voir là-dessus les Souvenirs de Reiset et de Rilliet.

4. La Maisonfort, *Mémoires d'un agent royaliste*, p. 271. Voir également les dépêches de lord Stuart à Castlereagh, *in* Romberg et Malet, particulièrement celle du 2 avril 1815, II, p. 20.

5. Archives de la ville de Gand (Stadarchief). Procès-verbaux du conseil municipal de Gand, juillet 1812-septembre 1816, fol. 84, séance extraordinaire du 2 avril 1815.

Page 346

1. Archives générales du royaume de Belgique. Papiers van Gobbelcshroy, III et IV. « Rapport du baron d'Eckstein, directeur de police du département de l'Escaut ».

2. Romberg et Malet, II, p. 282, Lettre de Binder à Metternich, Bruxelles, 3 juin 1815.

Page 347

1. D'autres strophes de cette chanson composée sur l'air du *Premier Pas* attaquent directement l'ancienne administration française : « Eh ! où sont-ils ces freluquets de France / Qui si longtemps nous ont assujettis / Où sont allés ces préfets d'importance / Qui méditaient si bien notre indigence / Ils sont partis / Où donc est-elle cette horde infâme / Des douaniers et des droits réunis / À chaque instant Lucifer les réclame / Pour la refonte du titre et du kilogramme » Gand, Archives générales du royaume, fonds de La Faille (maire de Gand en l'an XII) 228, supplément RRR « Affiches, proclamations et ordonnances 1814-1815 ».

Page 348

1. L'arrivée du roi à Gand est décrite par Reiset et Rilliet dans leurs Journaux (II, 183 et 271-272). Elle l'a été également par divers chroniqueurs gantois dont les manuscrits inédits sont conservés à la bibliothèque de l'université de Gand, en particulier François-Jean-Pierre Hye-Schoutheer, *Dag of kronyke von het veorgevallene binnen de Stad Gend, te beginnen von den 29 januri 1813, tot in de maend augusti 1815...*, Département des manuscrits, G 10982, jeudi 30 mars 1815. Hye-Schoutheer, l'auteur de ces « annotation quotidiennes » rédigées en flamand et aimablement traduites pour l'occasion par Valérie Bockaert, était l'un des secrétaires de la mairie de Gand et donc bien placé pour avoir une bonne connaissance des événements de la ville.

2. *Mémoires d'outre-tombe*, II, p. 585. On fera bien sûr dire au roi en 1815 ce que disait Charles Quint à propos de la France des Valois : « Paris est dans mon Gand. »

3. Victor Hugo, *En voyage. France et Belgique*, Hertzel et Cie, 1892, Gand, août 1836, p. 131.

Page 349

1. Sur l'hôtel d'Hane, voir Marie-Fredericq-Lilar, *Gand au XVIIIe siècle. Les peintres van Reijsschoot*, Ruiselede, Lamandart éditeurs, 1992, p. 161-180. La façade sur rue date de 1768 et constitue l'un des derniers témoignages du « baroque flamand », celle sur les jardins des années 1771-1773.

2. Joseph E. Nève de Mévergnies, *Gand sous le régime hollandais, 1814-1830*, Gand, E. Claeys, 1935, p. 44. Voir la biographie de Jean-Baptiste d'Hane (1757-1826) dans le dictionnaire des *Biographies nationales du royaume de Belgique*, t. VIII, p. 680-681, Bruxelles, 1884-1885.

Page 350

1. Frédéric Rilliet, p. 271.

2. FLJ Gerard, *Histoire des anciennes seigneuries de Leeuwerghem et d'Elene*, Gand, 1853, p. 72. Il subsiste de ce service de Sèvres une paire de

glaciaires en forme d'urnes sur piédouches, aux armes de la famille d'Hane, par Dagoty, Paris, collection de la fondation Napoléon, inv. 435. Voir Régine de Plinval, *Dagoty à Paris. La manufacture de porcelaine de l'Impératrice*, Paris, Somogy, 2006, p. 60-61.

3. AN O3 627, « Maison du roi. Dépenses extraordinaires pendant le séjour du roi à Gand » et surtout archives Blacas, carton 69 : « Comptes du roi » : « Sommes payées sur les fonds du roi par ordre de Sa Majesté (depuis le 20 mars 1815) ». À la date du 23 juin, le premier gentilhomme de la chambre, le duc de Duras, reçoit sur les comptes de la maison civile une somme de 58 800 francs « dont il devra rendre compte » et qui correspond sans doute au remboursement des frais occasionnés par le séjour de la cour à l'hôtel d'Hane. D'après le chroniqueur gantois Hye-Schoutheer, les domestiques du comte d'Hane reçoivent par ailleurs le 22 juin une pension annuelle de 500 francs chacun (*Annotations quotidiennes, op. cit.*, 22 juin 1815). Le document des archives de la maison du roi donne un bon aperçu des dépenses faites à Gand sur la liste civile et sur les fonds secrets de Londres. Les dépenses de la maison civile du roi : acomptes de traitements, gratifications diverses, frais de garde-robe, de bouche et de mission s'élèvent à 161 000 francs. Les dépenses de la maison civile de Monsieur se montent à 150 000 francs, celles du duc de Berry à 60 000 francs. Pour l'armée de ligne : 800 000 francs, pour la maison militaire : 1 400 000 francs, le tout à rembourser par le ministre de la Guerre. Le service diplomatique est le moins bien pourvu. À Vienne, Talleyrand n'est pas payé et vivra sur des avances de la délégation anglaise. Les autres représentants diplomatiques restés en poste pour le compte du roi ne sont payés que du tiers de ce qu'on leur doit, selon Jaucourt (lettre à Talleyrand du 11 mai). On distribue 243 000 francs sur la liste civile pour l'ensemble des postes. L'ambassade de Londres du comte de La Châtre est traitée à part et payée sur les fonds secrets du roi déposés à Londres, soit 8 850 livres (environ 180 000 francs sur la base d'un rapport moyen de 22 francs pour une livre). De même Blacas ordonne à son homme de confiance à Londres, le chevalier de Jonville, de tirer plusieurs sommes sur les fonds secrets destinées aux actions royalistes dans l'Ouest et en Espagne : 20 000 livres soit 440 000 francs au duc d'Angoulême ; 3 000 livres soit 66 000 francs au duc de Bourbon ; 84 000 francs au comte de Bertier de Sauvigny « pour les Vendéens en France et hors de France ». Des 4 millions-or de la liste civile emportés par Hüe en mars 1815, 900 000 francs seront reversés au trésor de la liste civile le 31 juillet 1815, d'après une lettre de Hüe à Blacas du 5 août 1815.

Page 351

1. Archives générales du Royaume de Belgique, Papiers van Gobbelschroy, III et IV, Rapports du baron d'Eckstein, directeur de police du département de l'Escaut, au commissaire général à la police, 12 mai 1815. D'Eckstein rapporte ici certains propos de d'Hane dans ses lettres à Daniels. On retrouve les mêmes arguments dans une lettre du comte de Thiennes au roi Guillaume, du 12 avril 1815.

Page 353

1. O3 627, « Maison du roi. Dépenses extraordinaires pendant le séjour du roi à Gand – acomptes de traitements ».

Page 354

1. *Souvenirs du vicomte de Reiset*, III, p. 186.

2. Fauche-Borel, *Précis historique des différentes missions de M. Louis Fauche-Borel*, Paris, imprimé aux frais de l'auteur, octobre 1815. Fauche-Borel est au cœur des négociations qui eurent lieu entre 1797 et 1799 avec le secrétaire de Barras, Bottot, en vue d'une restauration de la monarchie. Albert Vandal parle à ce sujet d'« escroquerie à la Restauration ». Arrêté à plusieurs reprises et trouble, n'hésitant pas à se mettre au service du plus offrant, il était arrivé à Gand le 22 avril, avec, dit-il, des lettres du roi de Prusse et de Talleyrand pour Jaucourt.

Page 355

1. *Mémoires du comte de Semallé*, p. 236-239.

2. Hye-Schoutheer, *Annotations quotidiennes*, 23 avril 1815, *op. cit.* Le chroniqueur donne jour après jour le décompte des arrestations opérées contre des Français à Gand. On en compte une cinquantaine durant le séjour du roi dans la ville. En mai, lord Stuart compte 5 000 dénonciations transmises à la police depuis six semaines contre des Français présents aux Pays-Bas et soupçonnés de travailler pour le compte de Bonaparte (Romberg et Malet, II, p. 132, Stuart à Castlereagh, Gand, 26 mai 1815). Le gouvernement de la Restauration n'en voudra pourtant pas au baron d'Eckstein qui finira sa carrière comme commissaire général à Marseille puis inspecteur général de la police. C'est que d'Eckstein est un ultracatholique doublé d'un ultraroyaliste. Adepte convaincu du romantisme allemand dont il sera l'un des ambassadeurs en France, il sera également l'un des proches du philosophe Ballanche tout en écrivant dans divers journaux : les *Annales de la littérature et des arts*, le *Drapeau blanc* et *Le Catholique* qu'il dirigera de 1826 à 1829. Voir sur lui Nicolas Burtin, *Un semeur d'idées au temps de la Restauration : le baron d'Eckstein*, Fribourg, 1931.

3. Archives générales du Royaume de Belgique. Papiers van Gobbelschroy, III et IV, Rapport de d'Eckstein à Daniels, commissaire général à la police, 22 mai 1815.

Page 356

1. *Mémoires du comte Beugnot*, II, p. 287. Sur la messe de Saint-Bavon, voir également Reiset, III, p. 192.

2. Justus Gerandus Swaving, *S's tienjarige militaire loopbaan*, Dordrecht, 1830, p. 256, traduction Annie Jourdan pour l'auteur.

Page 357

1. Colonel Henri Schelters, *Souvenirs d'un officier de la garde*, éditions du Grenadier, 2004, p. 124.

2. *Mémoires du comte Beugnot*, II, p. 288-289.

3. *Journal de Gand*, 10 mai 1815. Le concert eut lieu le 9 mai.

4. Lettre de Stuart à miss Berry, 25 avril 1815, *in* Robert Franklin, *Lord Stuart de Rothesay*, 1993, p. 115.

Page 358

1. *Réflexions sur l'exil*, 1710. Plusieurs mémorialistes contemporains des événements, comme Villemain, qui n'a pas été à Gand, évoquent la cour anglaise exilée de Saint-Germain, à propos de celle de Gand. *Souvenirs contemporains*, II, p. 167-168.

Page 359

1. *Mémoires du comte Beugnot*, II, p. 280.
2. Frédéric Rilliet, p. 282.
3. *Mémoires du marquis de La Maisonfort*, p. 261.
4. *Correspondance du comte de Jaucourt*, p. 308 et 328. Talleyrand comprend ici l'émigration comme presque tout le monde la comprendra au XIXe siècle, comme l'expression d'un complot ourdi contre la nation. Il faut prêter attention au vocabulaire. La qualification d'émigrés sera exclusivement réservée pendant tout le siècle aux nobles de Coblence puis de Gand. Napoléon sera le premier à faire le parallèle en s'étonnant pendant les Cent-Jours que l'on puisse communiquer avec Gand, comme l'on communiquait avec Coblence en 1792. Dans ce cas, l'émigration est toujours synonyme de trahison et de connivence avec l'ennemi. Les anciens régicides expulsés de France et réfugiés à Bruxelles en 1816 seront en revanche désignés, dans le vocabulaire politique du temps, comme des « bannis » ou des « exilés ». De même les républicains français réfugiés à Barcelone en 1823, de ceux qui tentèrent de s'opposer sur la Bidassoa à l'armée royale venue prêter main-forte au régime absolutiste de Ferdinand VII, se désignent eux-mêmes comme des « transfuges », pas comme des « émigrés ». Voir le « Rapport sur la campagne de Catalogne, par un transfuge français » : « Nous demanderons pas pourquoi les héros de Coblentz étaient des émigrés, tandis que nous sommes des transfuges, écrit son auteur anonyme. Nous n'avons pas fui la patrie, nous ne sommes pas armés contre elle (...) », cité par Walter Bruyère-Ostells, « Les officiers de la Grande Armée dans l'Espagne libérale de 1823 », *Revue de l'institut Napoléon*, n° 186, 2003-1, p. 69.

Page 360

1. *Souvenirs du comte de Puymaigre*, p. 188.
2. Cité par Pierre Bertrand, in *Lettres inédites de Talleyrand à Napoléon*, 1889, Introduction, p. XLI.
3. Commandant de Lauthonnye, *Ma vie militaire*, p. 463.
4. *Souvenirs du baron de Barante*, I, p. 168.
5. Paul Bordeaux, « La numismatique de Louis XVIII dans les provinces belges en 1815 », *Revue belge de numismatique*, Bruxelles, 1901, 51e année, p. 48.
6. Il en existe un exemplaire, dans la collection Jeanvrot, au musée des Arts décoratifs de Bordeaux. Voir Jacqueline du Pasquier, *Raymond Jeanvrot, une passion royaliste*, Somogy, 2007, p. 139.

Page 361

1. *Le Nain couleur de rose* : « Le roi ! la loi ! C'est le cri de la France », n° 1, 18 juin 1815, université de Gand, G 3614 (coll. F. van der Haeghen). *Le Nain couleur de rose* n'a qu'un seul numéro qui paraît, curieusement, le jour de la bataille de Waterloo...

2. Romberg et Malet, I, p. 55-56. L'ordonnance sera publiée au *Journal universel de Gand* le 19 mai, n° 11.

3. *Mémoires de Mme de La Tour du Pin*, p. 374, Lettre à lady Bedingfeld, Bruxelles, 22 juillet 1815.

Page 362

1. Baron d'Haussez, *Philosophie de l'exil*, 1833, p. 68.

2. Tocqueville, *De la démocratie en Amérique*. Voir l'article « Exil » de Daniela Ferraro in *Le Siècle rebelle. Dictionnaire de la contestation au XXe siècle*, dir. E de Waresquiel, Larousse, 2004, p. 290.

Page 363

1. *Mémoires du maréchal Marmont*, Perrotin, 1857, p. 172.

2. « Bonaparte n'est pas aujourd'hui notre ennemi le plus redoutable », écrit le baron Hyde de Neuville dans une note qu'il remet au roi fin avril 1815. Ce qui est en cause selon lui, ce sont « les idées spéculatives » et « les funestes erreurs » de 1789 que l'auteur assimile à « une conjuration ourdie il y a vingt-cinq ans par le philosophisme ». *Mémoires de Hyde de Neuville*, II, p. 77-79. Hyde, qui avait déjà été de toutes les conjurations contre Bonaparte sous le Consulat, sera chargé à la fin du mois de mai du soulèvement de la Normandie sous les ordres du duc d'Aumont.

Page 364

1. Discours de François-Régis de La Bourdonnaye, le 11 novembre 1815, à la Chambre des députés, à l'occasion de la discussion du projet de loi d'amnistie. AP 2e série, vol. 15, p. 215-222. Voir, sur cette question de la « mémoire traumatique » des victimes de la Révolution, le bel article d'Olivier Tort : « Le discours de La Bourdonnaye sur l'amnistie. Un archétype du rôle des conflits de mémoire dans la marginalisation de l'extrême droite », *Histoire, Économie et Société*, 2, 2005, p. 233-252.

2. Discours de Sosthène de La Rochefoucauld, le 7 décembre 1815, à la Chambre des députés, sur le dépôt d'une proposition de loi pour un service annuel (« expiatoire ») à la mémoire de Louis XVI, le 21 janvier.

3. Toute la fin du préambule de la Charte est consacrée à l'oubli du passé. C'est le roi qui parle en personne, ce qui rend cette volonté d'autant plus solennelle : « Nous avons effacé de notre souvenir, comme nous voudrions qu'on pût les effacer de l'histoire, tous les maux qui ont affligé la patrie depuis notre absence. » L'article 11 de la Charte précise les modalités de cet oubli : « Toutes recherches des opinions et votes émis jusqu'à la Restauration sont interdites. Le même oubli est recommandé aux tribunaux et aux citoyens. »

4. Charavay, *Revue des documents historiques*, 6e année, 1879, p. 69-71, Lettre de Jules de Polignac à son père, Gand, 2 avril 1815. Jules de Polignac,

alors qu'il était commissaire extraordinaire du roi à Toulouse en mai 1814, avait déjà des idées très arrêtées sur les mesures à prendre, si l'on en croit son rapport au ministre de l'Intérieur du 23 mai 1814. Il ne proposait rien de moins que de rétablir les anciennes provinces, changer intégralement l'administration préfectorale et renouveler en profondeur la magistrature par l'apport d'anciens magistrats, de réformer le système de l'instruction publique et de le confier au clergé. Cité par G. de Bertier de Sauvigny, in *Ferdinand de Bertier et l'énigme de la Congrégation*, p. 152.

Page 365

1. *Mémoires du comte Beugnot*, II, p. 273.
2. *Correspondance du comte de Jaucourt*, Lettre à Talleyrand, Gand, 24 avril 1815, p. 496.
3. Romberg et Malet, I, p. 115, Ypres, 27 mars
4. *Ibidem*, I, p. 121, Bruxelles, 1er avril 1815.
5. *Ibidem*, II, p. 272.

Page 366

1. *Mémoires de Mme de Chateaubriand*, p. 88.
2. D'après l'article 9 des statuts fictifs de l'ordre, publiés par *Le Nain jaune* le 5 janvier 1815. Voir E. de Waresquiel, « La caricature antinobiliaire sous la Restauration, de l'émigration à l'ultracisme, 1814-1820 », *Histoire, images, imaginaires*, université du Maine, 1998, p. 434-435.
3. *L'Indépendant* des 27 mai et 2 juin.

Page 367

1. Cité par Laurent Theis dans son *François Guizot*, Fayard 2008, p. 385. Guizot eut à se défendre à deux reprises, à la tribune de la Chambre, contre le péché d'avoir été à Gand, le 25 novembre 1840 et le 25 novembre 1844. La deuxième fois, l'attaque est portée par l'orateur légitimiste Berryer lui-même « flétri » dans l'adresse au roi votée par la majorité proche de Guizot pour avoir accompli l'année précédente le voyage de Belgrave Square afin de rendre hommage au prétendant légitime, le duc de Bordeaux devenu comte de Chambord. Chaque fois, Guizot contre-attaquera avec vigueur en se justifiant des conseils constitutionnels prodigués au roi : « Oui, je suis allé à Gand. » La « flétrissure », inventée par les amis de Guizot pour discréditer les légitimistes de la monarchie de Juillet, se retourne donc contre lui.
2. *Mémoires du comte Louis de Gobineau*, p. 116.

Page 368

1. Commandant M.-H. Weil, *Les Dessous du congrès de Vienne*, II, p. 579, Lettre interceptée du comte de Trogoff à la baronne de Stillfried, Alost, 9 mai 1815.
2. Cité par Pouthas, in *Guizot pendant la Restauration*, p. 85.
3. *Souvenirs du baron de Barante*, II, p. 213.
4. *Mémoires du comte Ferrand*, p. 139-141.

Page 369

1. Voir les « notes abrégées » du 1er juin, publiées par Romberg et Malet, I, p. 131-134.
2. L'expression est utilisée par Balzac dans *La Duchesse de Langeais*.
3. *Correspondance du comte de Jaucourt*, Lettre de Jaucourt à Talleyrand, Gand, le 11 mai, p. 343-344.

Page 370

1. *Mémoires du marquis de La Maisonfort*, p. 264.
2. *Correspondance du comte de Jaucourt*, 24 avril 1815.

Page 371

1. *Souvenirs du vicomte de Reiset*, III, 177.
2. « Quelques observations sur la situation présente du roi et sur les mesures qui pourraient confirmer une seconde restauration » (avril 1815 ?), archives Blacas, 12 bis, liasse 7.
3. Lettres inédites de Blacas à Lainé, Gand, 21 mai et 10 juin 1815, archives Blacas, 12 bis, liasse 5. Lainé est arrivé à Gand dans les derniers jours d'avril où il s'est installé sous le pseudonyme d'Henri Bauman, à l'hôtel du Lion d'Or. Il séjournera ensuite à Amsterdam à partir de la mi-mai.
4. Voir les *Lettres* contre le comte de Blacas, publiées à Londres par le comte Frédéric de Chabannes, Londres, 1815.

Page 372

1. *Correspondance de Pozzo di Borgo*, Pozzo à Nesselrode, Gand, 6 mai 1815, p. 113.
2. *Mémoires du baron Hyde de Neuville*, II, p. 69. Voir là-dessus les lettres de Blacas à Gain de Montagnac publiées par Romberg et Malet, I, p. 163 *sq*. D'autres lettres inédites à La Maisonfort dans ses archives.
3. Louis XVIII à Blacas, Gand, le 22 juin 1815, archives Blacas, 25, liasse 1, « Lettres du roi ».
4. *Ibidem*, p. 343.

Page 373

1. *Souvenirs des deux Restaurations*, p. 35.
2. *Correspondance du comte Pozzo di Borgo*, Lettre de Nesselrode à Pozzo, Vienne, 1er mai 1815, p. 112.
3. Discours de M. Grattan du 25 mai 1815, *The Parliamentary Debates*, vol. XXXI, p. 427.
4. Le comte d'Artois au comte de Blacas, Bruxelles, 4 avril 1815, archives Blacas, 25, liasse 3.
5. C'est le nom qu'il prend dès la parution de son second numéro, le 18 avril. L'autorisation hollandaise à la publication du journal sera finalement accordée par un arrêté du 20 avril 1815 qui ne sera pas inséré dans le *Journal officiel du gouvernement de la Belgique*. L'original du journal, dont le dernier numéro, n° 20, sortira le 20 juin, est difficile à trouver sinon à la Bibliothèque nationale de France. Il a été réédité en 1825 par *Le Moniteur universel*, en appendice de la feuille officielle, puis à nouveau en 1834.

Page 374

1. Archives Blacas, carton 69 : « Sommes payées sur les fonds du roi. [...] « On y trouve une note de Chateaubriand datée de Mons le 24 mars attestant avoir reçu « le montant de la dépense convenue pour le *Journal universel* au compte de M. Bertin, pendant le cours de ce présent mois ». Soit la somme de 4 000 francs. Mme de Chateaubriand insinue à tort dans ses Mémoires que Bertin n'aurait jamais été payé.

2. Bertin de Vaux ne séjourne pas à Gand. Une fois arrivé en Belgique, il rentre en France et laisse son frère s'installer à Gand.

Page 375

1. Circulaire du 19 mai 1815, publiée par Bourrienne, chargé d'affaires à Hambourg, dans ses Mémoires, X, p. 342.

2. *Journal universel,* 20 mai 1815.

3. *Journal universel,* 21 avril 1815. À propos des observations du *Journal de l'Empire* au sujet de la déclaration du 13 mars à Vienne.

Page 376

1. *Correspondance du comte de Jaucourt,* p. 349. Voir également les lettres de Talleyrand à Jaucourt des 2 et 6 mai 1815.

2. Archives générales du royaume de Belgique. Papiers van Gobbelschroy, III et IV. Rapports de d'Eckstein au comte de Thiennes, commissaire général de la justice et de la police à Bruxelles puis à Daniels qui remplace ce dernier à partir de début mai. Gand, *4 mai 1815.*

3. *Mémoires de Mme de Chastenay,* II, p. 526.

4. *Mémoires d'outre-tombe,* II, p. 577. Il y eut aussi des versions contrefaites du rapport. Chateaubriand se plaint qu'on l'y fait défendre les droits féodaux. Les deux propagandes bonapartiste et royaliste usent largement de ces contrefaçons.

Page 377

1. *Rapport sur l'état de la France fait au roi dans son Conseil. Réfutation de M. Regnault de Warin, citoyen français,* Paris, chez Plancher, juin 1815, p. 50.

2. On en connaît quelques-uns, tous gardes du corps, par les rapports de police, comme un certain Monin ou le chevalier de Comméras, secrétaire du duc de Feltre, arrêtés dans le courant du mois de mai. Le bulletin de Lille du 20 mai parle de l'arrestation par les douaniers de la Lys d'un ouvrier « portant des paquets couverts de toile contenant 22 lettres à diverses adresses et plusieurs feuilles du *Journal universel* qui s'imprime à Gand » (Bulletin du 22 mai 1815, AN F7 10356, minutes des rapports de police, avril-juillet 1815). La surveillance des frontières se relâche nettement à partir de la fin mai (Bulletin du 31 mai 1815).

3. Auguste Johanet, *Vie de Madame Bayart,* Paris, Taffin-Lefort, 1906, p. 30. Sophie de Witte épouse en 1819 Charles Bayart, notaire et maire d'Armentières, fervent royaliste. Au moment ou écrit Sophie de Witte, Napoléon faisait répandre que le roi venait de signer un traité avec le gou-

vernement anglais, lui cédant, en cas de succès de sa cause, quatre départements dans le nord de la France.

4. *Souvenirs du comte de Semallé*, p. 234-236 et C. M. Morin, *Révélation de quelques faits importants qui ont préparé ou suivi les Restaurations de 1814 et 1815...*, Paris, 1830, p. 362 *sq.* « Ce *Journal du Lys* a le don d'agacer particulièrement le gouvernement, note Reiset. On y voit en frontispice une branche de lys avec cette légende : "Sa douceur guérit la piqûre de l'abeille." Plusieurs personnes dont une dame de Launay seront prises en train de le distribuer et mises en prison (III, p. 202).

Page 378

1. *Mémoires du chancelier Pasquier*, III, p. 217. Il subsiste quelques-uns des rapports secrets envoyés par le groupe des constitutionnels parisiens dans les papiers Blacas (12 bis, liasses 10 et 11). Ceux-ci sont politiquement et militairement extrêmement bien renseignés.

2. Chateaubriand, *Correspondance générale*, III, Gallimard, 1982, Lettre de Chateaubriand à Blacas, Gand, 12 mai 1815, p. 33. Voir également les lettres de Jaucourt à Talleyrand. Jaucourt explique bien les raisons du choix de publier un rapport plutôt qu'une proclamation royale, face à la réticence des Alliés qui tous insistent sur l'inconvénient qui résulterait pour le roi d'avoir à agir au-dehors et de se mettre ainsi en « situation d'émigration » (le mot est de Charles Stuart). Lettre du 24 avril 1815, p. 294-295.

3. *Journal universel*, n° 9, 14 mai 1815. Le rapport a été réédité *in extenso* dans les *Œuvres complètes* de Chateaubriand, Paris, Firmin-Didot, 1847, t. II, *Mélanges politiques*, p. 198-213. C'est cette édition que j'utilise.

4. Le rôle éminent de Constant dans la rédaction de la « Benjamine » a mis dans l'ombre les huit membres du comité : Boulay de La Meurthe, Regnaud de Saint-Jean-d'Angély, Defermon, Merlin de Douai, peut-être Roederer, tous membres du Conseil d'État, mais aussi Maret, Carnot et Cambacérès. La position de Constant, qui donne à croire que Napoléon n'était pas sincère pour mieux faire valoir ses convictions libérales, est donnée dans ses *Mémoires sur les Cent-Jours, op. cit.*, p. 132 : « Les habitudes de despotisme ne se perdent guère. »

Page 379

1. Les deux textes sont facilement accessibles dans *Les Constitutions de la France* de Jacques Godechot, Garnier-Flammarion, 1979. Sur l'Acte additionnel, voir la thèse de Radiguet et, beaucoup plus récent, l'article très élaboré de Diane de Bellescize, « L'Acte additionnel aux Constitutions de l'Empire (22 avril 1815). Une Constitution mal nommée pour un régime sans nom », RD publications, 1993 ; également l'introduction de Frédéric Bluche à son *Plébiscite des Cent-Jours*, Droz, 1974, p. 1043-1077.

2. *Rapport au roi*, p. 199.

3. *Ibidem*, p. 211. Même un vieux républicain comme Thibaudeau avoue qu'à Dijon où il résidait comme commissaire extraordinaire de Napoléon l'article sur l'exil perpétuel des Bourbons était celui qui déplaisait le plus à la population éclairée de la ville (*Mémoires*, p. 476).

4. Sur les critiques formulées contre l'Acte additionnel en France, voir Frédéric Bluche déjà cité, et Émile Le Gallo, p. 226-245. Le meilleur panorama des brochures hostiles à l'Acte additionnel est donné par Duvergier de Hauranne dans son *Histoire du gouvernement parlementaire en France,* II, 1857, p. 514 *sq.*

Page 380

1. *Rapport au roi,* p. 209.

2. *L'Aristarque,* qui paraît à partir du 1er mai et où collabore Viennet, *Le Journal général de France,* royaliste modéré proche de Royer-Collard et même *Le Censeur* qui représente, avec Comte et Dunoyer, l'aile gauche du libéralisme. Voir l'analyse des protestations royalistes de Florian de Kergorlay et de Lepeletier de Rosanbo, dans Duvergier, II, p. 528.

3. Le Gallo les cite p. 234. Voir également Nettement, plus exaustif, *Histoire de la Restauration,* II, p. 417.

4. Benjamin Constant, *Mémoires sur les Cent-Jours,* Lettre VI, p. 164.

Page 381

1. *Rapport au roi,* p. 207. Guizot parle dans ses Mémoires d'une « éloquente exposition de la politique libérale qu'acceptait la royauté » (I, p. 84).

2. *Œuvres complètes, op. cit.* Tome II, *Mélanges politiques.* Discours prononcé le 22 août 1815 à l'occasion de l'ouverture du collège électoral à Orléans, pp. 412-414.

3. *Correspondance du comte de Jaucourt,* Lettre à Talleyrand, 25 avril 1815, p. 295.

4. Voir le portrait consacré par Vitrolles à Chateaubriand dans ses Mémoires, II, p. 456 *sq.*

5. Pozzo di Borgo à Blacas, Bruxelles, 18 mai 1815, *in* Romberg et Malet, I, p. 97.

6. *Correspondance générale, op. cit.,* III, p. 36.

7. Chateaubriand, *Mémoires d'outre-tombe,* II, p. 576.

Page 382

1. Romberg et Malet, I, p. 49 *sq.*

2. Villemain, *Souvenirs contemporains,* II, p. 169.

3. *Correspondance du comte de Jaucourt,* Lettre à Talleyrand, Gand, 26 avril 1815, p. 302.

Page 383

1. *Mémoires de Guizot,* I, p. 78-79.

Page 384

1. A. Nettement, *Histoire de la Restauration,* II, p. 346. Villemain parle encore « d'une souveraineté nominale et d'une royauté *in partibus* », II, p. 167.

Page 385

1. Sur ces espoirs, voir les lettres de Stuart à Castlereagh des premiers jours d'avril, *in* Romberg et Malet, II, p. 28-30 (en particulier sa lettre du 5 avril).

Page 386

1. Par un article additionnel et séparé au traité du 25 mars, le prince régent d'Angleterre s'engageait à verser 30 livres Sterling par homme, à concurrence de 150 000 hommes engagés, d'après l'article 2 du traité, par chacune des trois puissances russe, autrichienne et prussienne. Par une convention additionnelle signée entre les quatre puissances le 30 avril suivant, l'Angleterre fixait à 5 millions de livres Sterling la contribution anglaise, à partager en parts égales entre les puissances jusqu'au 1er avril 1816, mais elle accordait des rallonges pour couvrir les frais de retour des troupes, soit une rallonge de quatre mois pour la Russie, de deux mois pour l'Autriche et la Prusse. C'est sur ce dernier point que les Russes faisaient des difficultés. Le premier paiement était fixé au 1er mai 1815. G.F. de Martens, *Nouveau Recueil de traités...*, II, 1814-1815 : traité d'alliance signé à Vienne le 25 mars, p. 112 *sq.* Nesselrode parle longuement de cette affaire dans l'une de ses lettres à Pozzo du 1er mai 1815. Il escompte du gouvernement anglais 2 millions de livres supplémentaires à partager entre les Russes et les Allemands (correspondance Pozzo, II, p. 142-143).

2. Voir sur ce sujet la position de Castlereagh dans ses lettres à Stuart. Romberg et Malet, 14 juin 1815, II, p. 188.

3. Plusieurs lettres inédites de Blacas à Stuart évoquent le sujet. Voir également la lettre de Stuart à Castlereagh du 16 mai 1815 (Romberg et Malet, II, p. 120-121). Il semble que les Anglais aient également gagé leur emprunt sur la promesse d'une intervention française – *via* Talleyrand – auprès du tsar de Russie, afin que les exigences russes d'augmentation des subsides anglais ne dépassent pas un million de livres Sterling, à charge pour la France de se débrouiller du reste. Dayot, le beau-frère de Talleyrand, négociait déjà un emprunt à Londres pour le compte du gouvernement avant les Cent-Jours. Le projet est repris par Blacas. Dayot fait part, dans ses lettres à Jaucourt, des difficultés opposées par Castlereagh à l'exécution de l'article du traité de Paris de mai 1814 relatif à la rétrocession des établissements français dans les Indes. Ce qui montre assez que les Anglais jouaient les possessions françaises des Indes en échange de leur bonne volonté financière. Lettre de Dayot à Jaucourt, Londres, 15 juin 1815 (AN O3 627 : « Maison du roi. Dossier Affaires étrangères, Gand, 1815 »). Jaucourt parle également de l'emprunt dans ses lettres à Talleyrand (24 avril et 11 mai 1815, p. 296 et 411). Finalement, les banques anglaises n'accorderont rien, faute de garanties suffisantes.

Page 387

1. Voir Paul Bordeaux, « La Numismatique de Louis XVIII dans les provinces belges en 1815 », *Revue belge de numismatique*, Bruxelles, 1900, 50e année.

2. Pallain, Lettre du roi à Talleyrand, 19 avril 1815.

3. Archives Blacas, carton 42, Correspondance de M. Hüe, Lettres des 25 septembre et 16 novembre 1815, 30 septembre 1816. Sous la seconde Restauration, la somme versée à Hüe par le ministère de la Police sur la Caisse des jeux sera réduite à 150 000 francs. S'y ajoutent 5 000 francs de

revenus des domaines privés du roi. À Gand, le banquier de la cour, Bataille, recouvrera également 700 000 francs sur certaines lettres de change emportées par Hüe sur Livourne, Augsbourg et Hambourg. On ne sait pas à quoi cet argent a été utilisé (archives Blacas, carton 43).

4. *Correspondance du comte de Serre*, II, Lettre au comte de Vaublanc, 15 mai 1815, p. 29-31.

Page 388

1. Beugnot, II, p. 284.
2. *Correspondance de Pozzo di Borgo*, Lettre de Pozzo au prince de Lieven, Bruxelles, 4/16 juin 1815, p. 113.
3. *Correspondance du comte de Jaucourt*, Lettre à Talleyrand, 26 avril 1815, p. 303.
4. G. Pallain, *Correspondance inédite de Louis XVIII et du prince de Talleyrand*, Lettre de Talleyrand au roi, Vienne, 22 avril 1815, p. 379.

Page 389

1. *Ibidem*, Gand, 27 avril 1815, p. 307.
2. *Correspondance générale de* Chateaubriand, III, Gand, Ce 28 avril 1815, p. 35. Voir également sa lettre du 6 mai. Chateaubriand espérait évidemment entrer définitivement dans un ministère présidé par Talleyrand.

Page 390

1. Montrond a fait viser ses passeports à Paris le 14 mars et arrive à Vienne le 3 avril. Sur Montrond, voir Henri Malo, *Le Beau Montrond*, Émile Paul, 1926, et le chapitre III, première partie de ma Biographie de Talleyrand, Fayard, 2006.
2. Lettre de Stuart à Castlereagh, Bruxelles, 31 mars 1815, *in* Romberg et Malet, I, p. 5.
3. Henri Malo, *Le Beau Montrond, op. cit.*, p. 157 *sq*. Talleyrand donne à Jaucourt une explication très énigmatique et prudente de la visite de son ami. Correspondance Jaucourt, Lettre du 13 avril 1815.

Page 391

1. *Ibidem*, Jaucourt à Talleyrand, Gand, 9 avril 1815. Voir également sa lettre du 23 avril.
2. G. Pallain, *Correpondance inédite du roi et du prince de Talleyrand*, Lettre du 2 mai 1815, p. 418-419.
3. *The Croker Papers*, John Murray, 3 vol., 1883. Cité par Harold Nicholson, *Le Congrès de Vienne*, Hachette, 1947, p. 228. Croker voit Talleyrand à Paris en juillet.

Page 392

1. « Dédié à MM. les chevaliers de la girouette », *Le Nain jaune*, 15 avril 1815. Voir *Talleyrand ou le miroir trompeur*, sous la direction d'E. de Waresquiel, Somogy, 2005, n° 77.
2. Chateaubriand, *Mémoires d'outre-tombe*, II, p. 571.

Page 393

1. On trouve dans les archives municipales de Gand les noms souvent

savoureux des quatorze auberges principales de la ville en 1815 : le Lion d'or, au Paradis, l'hôtel de Flandre, à la Cour de Vienne, le Bourbon, le Royal, le Saint-Sébastien, l'hôtel d'Angleterre, Au Grand Cerf, Au Lion blanc, Au Lion d'or, À la demi-lune, le Chapeau rouge, Au comte d'Egmont. Le plus cher est l'hôtel de Flandre qui côute 2 francs par jour et par chambre, ce qui est considéré comme exorbitant. Archives municipales de Gand : « Procès-verbaux des séances du conseil municipal de Gand, juillet 1812-septembre 1816 », fol. 106.

2. M.L. Barbonneix, *Julie Bouchaud des Hérettes à Gand pendant les Cent-Jours*, Paris, Maloine et fils, 1923, Lettre de Mounier à sa femme, Gand, 1er juin 1815.

3. *Le Nain couleur de rose*, 18 juin 1815, Avis divers, p. 11-12, université de Gand, G 3614.

Page 394

1. *Mémoires de Fanny d'Arblay*, p. 238.

2. *Mémoires de Mme de Chateaubriand*, p. 89 et *Mémoires d'outre-tombe*, II, p. 582.

3. *Ibidem*, p. 89 et II, p. 575.

Page 395

1. Comte d'Hérisson, *Les Girouettes politiques : un secrétaire de Napoléon Ier*, Paris, Paul Olendorff, 1894, Lettre de Mounier à sa femme, Gand, 27 mai 1815, p. 380.

2. Prosper Claeys, *Mélanges historiques et anecdotiques sur la ville de Gand*, Gand, J. Vuylsteke, 1895, p. 208 : « Lettre d'un Parisien sur la ville de Gand ».

3. *Mémoires de Beugnot*, II, p. 281 et 283.

4. Tony de Reiset, III, p. 197-198.

5. *Souvenirs du chevalier de Cussy*, I, p. 49.

6. *Mémoires de Mme de Boigne*, I, p. 348.

Page 396

1. Chateaubriand, *Mémoires d'outre-tombe*, II, p. 542.

2. *Souvenirs du vicomte de Reiset*, III, p. 170.

Page 397

1. Son chef d'état-major est le comte de Rochechouart ; le secrétaire général du ministère, Michel-Victor Tabarié qui suit le duc de Feltre à Londres puis à Gand.

2. *Correspondance du comte de Jaucourt*, Talleyrand à Jaucourt, Vienne 19 avril 1815, p. 278

Page 398

1. *Souvenirs du baron de Barante*, II, Lettre au comte de Montlosier, Barante, 26 avril 1815, p. 139.

2. Voir ce qu'en dit Rilliet – qui assiste à la mutinerie – dans ses Mémoires. Le général Kleist, qui commande le corps prussien à Liège, fait tirer sur les Saxons puis les déplace à Aix-la-Chapelle. Ces troupes mises

sous commandement prussien refusaient de l'être encore depuis la reconnaissance à Vienne, en mars, de la souveraineté du roi de Saxe sur une partie de son ancien royaume.

3. Roger de Damas, l'ancien gouverneur de Lyon, est envoyé à Berne pour y travailler. Monsieur demandait 50 000 livres Sterling aux Anglais afin de lever 15 000 Suisses et de prendre leur tête en plaçant le maréchal Marmont sous ses ordres, sur la frontière du Jura. Les deux régiments suisses employés par la France jusqu'au 20 mars avaient été licenciés par Napoléon et les hommes renvoyés dans leur pays. Devant l'opposition conjuguée de l'ensemble des cours alliées, et surtout des Prussiens qui à cette occasion firent paraître de fausses déclarations et lettres de Marmont pour le discréditer, on finira par se contenter de la réorganisation de l'ancien corps des Cent-Suisses de la maison militaire que le comte de Diesbach ramènera à Alost peu après la bataille de Waterloo. Voir les lettres de Stuart à Castlereagh, *in* Romberg et Malet, II, 9 et 12 mai 1815, et les lettres de Pozzo dans sa *Correspondance*, t. I. Sur les fausses déclarations de Marmont publiées dans la *Gazette de Berlin* du 5 avril, puis dans le *Journal de Francfort*, nº 136, voir les Mémoires de Mme d'Arblay et les lettres de son mari, p. 270. Le *Journal de l'Empire* les reprendra en mai, accréditant d'autant le mythe de la trahison de l'ancien maréchal de Napoléon.

4. Voir sur la position de Louis XVIII la lettre de Stuart à Castlereagh du 25 avril 1815, *in* Romberg et Malet, II, p. 66-67.

5. Il s'agit d'officiers supérieurs de la maison militaire : MM. du Saillant à Furnes, Berthier de Bizy à Courtrai, Gouvello à Tournai, La Poterie à Mons, le marquis de Castries à Namur, le comte d'Arblay à Luxembourg, le baron de Vassimont à Deux-Ponts, le comte de Quinsonas à Spire, M. Roesch à Kehl, le comte Gaëtan de La Rochefoucauld à Bâle (Lettre de Jaucourt à Talleyrand, 23 avril 1815). Des détails sur ces missions dans les Mémoires de Frédéric Rilliet qui assiste Castries à Namur et dans ceux de Fanny d'Arblay dont le mari est commissaire à Luxembourg puis Trèves.

6. À Paris, Mme de Montcalm, la sœur du duc de Richelieu, qui collecte des informations sur les proches ou connaissances partis rejoindre le roi en Belgique, cite quelques noms, parmi les personnes arrêtées : « Les arrestations sont assez nombreuses, elles ont porté principalement sur ceux qui cherchaient à rejoindre le roi. On cite les personnes connues et détenues : MM. de Ravenel, de Bramon, d'Ourches, de Meulan, de Chermes, de La Poterie. Ces trois derniers ont été pris sur la frontière. » *Mon journal*, 15 juin 1815, p. 66. Le général de Saint-Chamans donne des détails sur l'arrestation de son cousin le comte de Meulan par une canonnière française au large du Havre. Il restera en prison à Rouen « où on ne parlait de rien moins que de lui casser la tête » jusqu'à la fin des Cent-Jours (p. 298). Les archives de la police mentionnent une dizaine d'arrestations sur la frontière du Nord sans donner de noms.

7. Cdt de Lauthonnye, *Ma vie militaire (1807-1819)*, Teissèdre, 1997, p. 386 (183).

8. Le texte de l'Appel est publié *in extenso* dans les Mémoires de Fanny d'Arblay, Lettre du général d'Arblay à sa femme, Trèves, 3 juin 1815, p. 278-279.

9. Lettre de Stuart à Castlereagh, Gand, 25 avril 1815 (Romberg et Malet, II, p. 67). Les rapports de police des départements du Nord signalent une augmentation de « l'émigration pour la Belgique » à partir du 20 mai. « On porte à environ 600 le nombre de paysans qui s'y sont rendus. » Bulletin du 23 mai 1815, Le préfet du Nord, Lille, 18 et 20 mai, AN F7 10356.

Page 399

1. Frédéric Rilliet, *Souvenirs de 1815*, p. 282.

2. Lettre de Stuart à Castlereagh, Gand, 2 juin 1815 *in* Romberg et Malet, II, p. 145. Sur l'organisation de la petite armée du roi, voir Lauthonnye et Reiset, III, p. 187 et 210. À Alost, on forme d'abord trois escadrons de cavalerie et quelques compagnies d'infanterie avec les débris de la maison militaire. On organise par ailleurs les volontaires et les déserteurs qui ne font pas partie de la maison militaire en bataillons de six compagnies de cent hommes chacune, par ordonnance du 14 avril 1815. Par deux autres ordonnances des 14 et 17 juin, le roi décide la création de deux régiments, l'un de chasseurs à cheval sous le nom de Royal-Chasseurs, l'autre d'infanterie, sous le nom de Régiment de la Couronne. Ces deux régiments sont destinés à former l'embryon de la future armée royale, une fois rentrés en France. Au retour du roi, la maison militaire sera conservée mais amputée de ses compagnies rouges et de deux des six compagnies de garde du corps. Par ordonnances des 1er et 23 septembre 1815, on lui adjoint une garde royale de 23 000 hommes (en 1829), plus proche du modèle de la garde impériale et distincte de la maison militaire.

3. Gobineau, qui en fait partie, en donne la liste dans ses Mémoires, p. 147.

4. Voir les lettres de Wellington au duc de Feltre in *Wellington Despatches*, XII, 2 juin 1815.

5. Archives Blacas, carton 26, Lettre de Berry à Blacas, 14 juin 1815.

Page 400

1. Lauthonnye, *Ma vie militaire*, p. 454 (204).

2. *Mémoires du comte de Gobineau*, p. 155. La revue eut lieu le 1er juin 1815.

Page 401

1. Les chroniqueurs gantois sont sur ce point plus précis que ce qu'en dit Chateaubriand dans ses Mémoires (II, 581). Voir Hye-Schoutheer déjà cité et Callion, *Gendsche kronyker*, 1815-1835, université de Gand, manuscrits Ms. G 14248.

2. Hye-Schoutheer, *op. cit.*, 9 avril 1815. Ce jour-là, les ouvriers se mettent en grève faute d'être payés. Voir également le 27 avril, 5 000 paysans sont au travail ; certains paysans qui ne travaillent pas assez vite sont battus par les ingénieurs anglais.

Page 402

1. *Ibidem*, 22 mai 1815. Près de 300 personnes, maraîchers et paysans, sont mises au chômage à cause des inondations.

2. *Souvenirs du baron de Barante*, Lettre de Barante à sa femme, Paris, 15 mai 1815, II, p. 145-146.
3. Chateaubriand, *Mémoires d'outre-tombe*, II, p. 603-604.
4. Lettre de Guizot à Pauline de Meulan, Gand, 4 juin 1815, aimablement communiquée par Laurent Theis.

Page 403
1. *Mémoires de Guizot*, I, p. 86.
2. *Journal universel*, n° 5, 5 mai 1815. Cette déclaration royale a été rééditée par Romberg et Malet, I, p. 46-49.
3. *Mémoires du baron Hyde de Neuville*, II, p. 97.
4. *Mémoires du comte Beugnot*, II, p. 287.
5. C'est ce qu'il écrit à Talleyrand le 22 avril : « Il faut que conformément [au] traité du 25 [mars], l'Europe [se] déclare l'amie du roi et de la nation française contre l'invasion de Napoléon Buonaparte. » Pallain, 394. Jaucourt en dit autant : « Si vous parvenez à soutenir cette salutaire résolution de faire la guerre à la personne seule et non à la nation, de soutenir la cause royale et avec elle celle de la liberté contre l'usurpation, [...] vous aurez, mon cher ami, fait, en honneur et conscience, la plus belle chose qui puisse se faire entre nations civilisées », *Correspondance du comte de Jaucourt*, 9 avril 1815, p. 265.

Page 404
1. *Ibidem*, Jaucourt à Talleyrand, Ostende, 27 mars 1815, p. 250.
2. BN Manuscrits, NAF 14416 : Charles de Rémusat, *Mémoires de ma vie*, t. III, livre VI. Ce passage correspond au texte coupé, t. I, p. 210, de l'édition Pouthas. Voir la même opinion dans la lettre de Mme de Staël à lord Harrowby, Coppet, 9 juin 1815, in *Choix de lettres*, Klincksieck, 1970, p. 505. Parlant du roi, elle écrit : « Il a le malheur d'être avec les étrangers et d'humilier l'amour-propre national. Cela est un nœud que la Providence seule peut délier. »

Page 405
1. *Journal de Jean-Gabriel Eynard*, II, 26 avril 1815, p. 130.
2. D'après le rapport envoyé par Pozzo à Alexandre, cité par Weil, in *Les Dessous du congrès de Vienne*, II, p. 502-504.
3. *Wellington Despatches*, XII, Lettre à Castlereagh, 11 avril 1815.
4. G. Pallain, Lettre de Talleyrand au roi, Vienne, 23 avril 1815, p. 406-407.
5. Mémoire envoyé par le cabinet russe (début mai), in *Correspondance du comte Pozzo di Borgo*, I, p. 133-134.

Page 406
1. Une autre copie du traité du 3 janvier 1815 sera découverte dans les papiers de Reinhard, un proche collaborateur de Jaucourt arrêté par les Prussiens sans autre forme de procès à Aix-la-Chapelle début avril. Elle est envoyée à Vienne par les soins du général Gneisenau (Lettre de Stuart à Castlereagh, Gand, 11 avril 1815, Romberg et Malet, II, p. 41).

2. *Correspondance de Pozzo di Borgo*, I, Lettre à Nesselrode, 11-23 mai 1815, p. 116.

3. Ce point de vue est particulièrement développé dans les lettres personnelles de Castlereagh à Stuart, citées par Robert Franklin dans sa biographie de Charles Stuart. Voir sa lettre du 8 mai, p. 118-119.

4. D'après une lettre de Castlereagh à Clancarty, à Vienne, du 8 avril 1815, citée par Albert Sorel, *L'Europe et la Révolution française (...)*, VIII, p. 423.

5. G.F. de Martens, II, p. 117-118 : « Déclaration de la Grande-Bretagne du 25 avril 1815 lors de l'échange des ratifications du traité d'alliance du 25 mars » et « contre-déclaration des cours d'Autriche, de Russie et de Prusse du 9 mai 1815 ».

6. Voir le discours du marquis de Wellesley à la Chambre des lords, du 6 avril 1815, cité par Villemain, II, p. 157, les lettres de Stuart (Romberg et Malet) et celles de Jaucourt.

Page 407

1. Les débats de la Chambre des communes sur la déclaration du 13 mars et le traité du 25 mars se déroulent en deux temps : à partir du 7 avril puis du 23 mai, lorsque le gouvernement demande aux deux Chambres « leur cordial appui à toutes les mesures qu'il serait nécessaire à Son Altesse royale d'adopter de concert avec les Alliés contre l'ennemi commun. » L'opposition whig était emmenée par M. Whitbread et sir Francis Burdett. Le meilleur commentaire de ces débats est donné par Villemain dans ses *Souvenirs contemporains*, t. II. Notons que dans le premier débat, Castlereagh ne parle pas explicitement de la guerre, mais de sa nécessaire préparation ! Le 28 avril, il obtient la prorogation de l'*income tax* qui permettra de la financer. On polémiquera par la suite sur l'utilisation par Castlereagh de lettres falsifiées de Napoléon datées de mars 1814, afin de convaincre les députés de la mauvaise foi de ce dernier. Voir là-dessus Alfred-Auguste Ernouf, *Maret duc de Bassano*, Nouveau Monde éditions, 2008, p. 569 *sq*.

2. *Ibidem*, « Extrait du procès-verbal de la conférence des puissances signataires du traité de Paris, en date de Vienne, le 12 mai 1815 », p. 263 *sq*. Voir le commentaire brillant qu'en fait Jean-Gabriel Eynard dans son Journal, à la date du 7 juin, II, 169-170.

3. G. Pallain, Talleyrand au roi, Vienne, 17 mai 1815, p. 424-425. Talleyrand accrédite seulement la thèse positive selon laquelle une telle déclaration évite de mettre le roi « dans une position fausse vis-à-vis de ses sujets ». C'est également la position officielle de Jaucourt vis-à-vis de la cour de Londres : « Projet de réponse du comte de Jaucourt au chevalier Stuart » (début mai), p. 321 de sa correspondance. À Vienne comme à Gand, on ravale l'humiliation et on se garde bien de la montrer en public.

Page 408

1. *Correspondance de Pozzo*, II, Lettre de Nesselrode à Pozzo, Vienne, 1er/13 mai 1815, p. 144 ; Réponse de Pozzo à Nesselrode, Gand, 13/23 mai 1815, p. 147. Voir également sa lettre à Castlereagh, du 21 avril : « Je per-

siste à croire que le roi est le seul que nous devons reconnaître et mettre en avant ; si nous sortons de cette règle, on ne saurait plus où s'arrêter. » Tout autre établissement, dit-il encore en pensant au duc d'Orléans, serait « un instrument » entre les mains des Jacobins, p. 93-94.

2. Officieusement toutefois, les puissances, même russe et prussienne, sont décidées à la mi-mai de soutenir discrètement la cause des Bourbons. Voir la lettre de Hardenberg à Goltz du 31 mai 1815, *in* M.-H. Weil, *op. cit.*, II, p. 603-605.

Page 409

1. *Le Conciliateur*, « Considérations impartiales sur la situation politique et sur les vrais intérêts de la France à l'époque du 1er mai 1815 ». Sur Jullien et les démocrates de la République directoriale revenus en force sous les Cent-Jours, voir Pierre Serna, *La République des girouettes*, *op. cit.*, p. 276 *sq*. Jullien est par ailleurs avec Jay et d'autres l'un des rédacteurs de *L'Indépendant*, le journal contrôlé par Fouché. Il existe des lettres inédites de Jullien à Jay dans les archives Jay détenues en main privée par l'un de ses descendants, à Paris.

Page 410

1. Lettre citée par Michel Poniatowski, in *Louis-Philippe et Louis XVIII*, *op. cit.*, p. 367.
2. *Wellington Supplementary Despatches*, X, Bruxelles, 28 avril 1815.
3. G. Pallain, *Lettre de Talleyrand au roi*, 24 avril 1815, p. 406-407.
4. Mme de Vitrolles est à Gand du 17 au 21 avril puis à nouveau du 3 au 6 mai. Gaillard, le secrétaire et proche de Fouché, l'accompagne au cours de son premier séjour à Gand et plaide la cause de son maître auprès du roi qui s'en tient à une prudente réserve, à la différence de son frère, à nouveau convaincu de l'utilité de Fouché. C'est à la suite de l'un de ces séjours que Mme de Vitrolles rentre, selon son mari, avec un bon du roi de 150 000 francs à toucher sur une banque de Londres afin d'aider à la libération de son ancien secrétaire d'État alors détenu à Vincennes. Vitrolles, transféré à la prison de l'Abbaye, ne sera finalement libéré que le 22 juin et Fouché a certainement exagéré son rôle dans toute l'affaire. Tout le monde était embarrassé de savoir pour quelles charges et par qui Vitrolles serait jugé et condamné (III, p. 30 *sq*). Voir sur les ouvertures de Fouché à Gand les lettres de Pozzo à Nesselrode (II, 21 avril 1815, p. 101-104) et celles de Stuart à Castlereagh (Romberg et Malet, II, 5 mai 1815, p. 87). D'après les rapports d'espions reçus par Blacas, Fouché avait organisé dès les débuts d'avril un réseau d'information et de correspondances entre Paris et Gand, avec deux anciens commissaires de police à Anvers et Gand, du temps de l'Empire, Bellemare, et Langlois qui quitte Paris pour Gand le 19 avril. Un autre de ses agents, Hennecart, un ancien officier émigré, fait le voyage de Gand en avril (archives Blacas, carton 12 bis, liasse 10 « Rapport anonyme », fin avril). Voir également baron Despatys, *Un ami de Fouché, d'après les Mémoires de Gaillard*, Paris, Plon, 1911. Mais ce dernier s'embrouille un peu dans les dates et ne dit pas tout.

Page 411

1. Toute l'histoire des deux missions de Fleury de Chaboulon à Bâle est racontée dans les Mémoires de ce dernier. Pasquier, très bien renseigné, donne dans les siens des détails qui ne se trouvent pas chez Fleury (III, p. 196-199). Viennet parle encore d'un baron de Stassart, ancien préfet de La Haye en 1811, qui aurait fait le voyage de Vienne pour le compte de Fouché (Mémoires, p. 267).

2. *Mémoires de ma vie*, partie inédite du manuscrit conservé à la Bibliothèque nationale.

Page 412

1. Lettre publiée par Guy de Cassagnac et Gustave Hue, *in* « Les dernières années de Dumouriez », *Le Correspondant*, 25 septembre 1910. Dumouriez adressera d'ailleurs aux représentants alliés à Vienne, par l'intermédiaire de Talleyrand, deux mémoires en faveur de la dynastie d'Orléans « seule capable de garantir la tranquillité universelle ».

2. *Mémoires de ma vie, ibidem*. Marie-Amélie note dans son Journal la visite de Bresson le mercredi 21 mai 1834. Sous la monarchie de Juillet, Didier, déjà nommé préfet des Basses-Alpes sous les Cent-Jours, sera préfet et conseiller d'État ; Bresson, comte et ministre des Affaires étrangères en 1834.

3. Lettre inédite de Jonville à Blacas, Londres, 28 mai 1815, archives Blacas, carton 31, liasse 1 bis.

4. Cité par M. Poniatowski, d'après les Mémoires inédits de Jaucourt que nous n'avons pu consulter, in *Louis-Philippe et Louis XVIII*, p. 371.Voir également Beugnot, II, p. 573-574.

5. Duc d'Orléans, *Mon journal, op. cit.*, p. 30-31.

Page 413

1. Lettre de Jaucourt à Talleyrand, Gand, 6 mai 1815.

2. Lettre du duc d'Orléans à Thibault de Montmorency, Twickenham, 16 juin 1815, *ibidem*, II, p. 170.

3. *Ibidem*, II, p. 39-48.

4. Lettre interceptée du duc d'Orléans, décembre 1815, citée par José Cabanis, in *Charles X, roi ultra, op. cit.*, p. 101.

5. Le texte est rédigé par Thiers et Mignet, le 30 dans la matinée.

Page 414

1. Il s'agit entre autres des communes d'Armentières, Hazebrouck, Bailleul et Aire, Ces communications sont à mettre en rapport avec les demandes de Blacas à Wellington, en avril et en mai, d'un mouvement militaire anglais dans le Nord et le Pas-de-Calais afin d'y soutenir les populations royalistes et d'y préparer le retour du roi. Voir les papiers Bayart aux archives départementales du Nord, J790.

2. Des convois d'armes et de munitions fournies par les Anglais et transportées par des officiers de la maison militaire passent secrètement la frontière à plusieurs reprises en mai. Le capitaine de Lauthonnye, qui en commande un dans la région de Dunkerque pour les bandes armées d'un

certain Guichard, faites de paysans et de déserteurs, parle de 20 voitures et de 900 barils de poudre de 2 000 cartouches chacun. Il transportera encore 300 fusils anglais près de Tourcoing. *Ma vie militaire*, p. 395 *sq*.

3. AD Nord, J790 – 3. L'invention de l'expression "Louis le Désiré" est attribuée au député et vice-président du Corps législatif Félix Faulcon au début de la première Restauration.

4. *110 Jours du règne de Louis XVIII ou tableau historique des événements politiques et militaires depuis le 20 mars jusqu'au 8 juillet 1815*, Paris, Eymery, 1815, p. 32.

Page 415

1. G. de Bertier de Sauvigny, *Ferdinand de Bertier de Sauvigny et l'énigme de la Congrégation, op. cit.*
2. AN F7 10356, « Bulletin du 2 mai 1815 : Lyon, 27 avril 1815. »
3. *Ibidem*, « Bulletin du 6 mai 1815 : Toulouse, 29 avril 1815 ».
4. P. Genevray, Le *Diocèse de Toulouse*.
5. « Bulletin du 3 mai 1815 : Nîmes, 27 avril 1815 ». Le soulèvement royaliste avec drapeaux blancs a lieu le dimanche 23 avril.

Page 416

1. « Bulletin du 26 mai 1815 : Montpellier, 13 mai 1815 ».
2. « Bulletin du 24 mai 1815 : Montauban, 16 mai 1815 ».
3. « Bulletin du 20 mai 1815 : Digne, le 8 mai 1815 ».

Page 417

1. *Ibidem*, « Bulletin du 10 mai 1815 ».
2. « Bulletin du 17 mai 1815. Arrondissement de Digne (Basses-Alpes) : 113 partent sur 585 appelés.
3. « Bulletin du 21 mai 1815. Arrondissement d'Aurillac (Cantal) » : 180 partent sur 362 appelés, et parmi les partants, 162 désertent en route.

Page 418

1. Michel Denis, *Les Royalistes de la Mayenne dans le monde moderne*, 1977, p. 58, 66-69. On s'est surtout appuyé sur les rapports préfectoraux pour évoquer les événements de mai dans l'ouest du pays. Voir pourtant Bertrand Lasserre, *Les Cent-Jours en Vendée*, Plon, 1906, et Roger Grand, *La Chouannerie de 1815*, Perrin, 1943.
2. « Bulletin du 30 mai : La Roche-sur-Yon, 22 mai 1815 ».

Page 419

1. *Souvenirs du comte de Puymaigre*, p. 207-208.
2. Comtesse de Pange, *Comment j'ai vu 1900*, Paris, Grasset, 1962, p. 109. L'auteur note encore en 1904 à propos des guerres de l'Ouest : "Les vieux paysans en parlaient encore dans ce fond de pays. La chouannerie avait laissé plus de traces dans les mémoires que toutes les autres guerres du XIXᵉ siècle" (*Comment j'ai vu 1900*, t. II, 1965, p. 145).

Page 420

1. « Bulletin du 14 juin 1815 ».

2. D'autres débarquements réussiront dans la même région, le 30 juin à Locmariaquer puis le 2 juillet à Carnac.

Page 421

1. Cité par Joseph Delandine de Saint-Esprit, *Le Panache d'Henri IV ou les phalanges royalistes en 1815*, A. Egron, 2 vol., mars 1817, II, p. 310.

2. *Souvenirs du vicomte de Reiset*, III, p. 196.

Page 422

1. Archives Blacas, 12 bis, *Instructions et lettres patentes au duc de Bourbon*, Gand, 3 juin 1815 ; *Instructions secrètes au vicomte de Bertier*, Gand, 4 juin 1815. Anne-Pierre de Bertier était chargé, par Londres, de porter les instructions du roi au duc de Bourbon avec 60 000 francs. Il débarquera finalement à Auray le 30 juin. Cf. G. de Bertier de Sauvigny, *Le Comte Ferdinand de Bertier et l'énigme de la Congrégation*, p. 169.

2. *Ibidem*, *Instructions au baron Hyde de Neuville*, Gand, 13 juin 1815. Celui-ci était placé sous les ordres de la duchesse d'Angoulême. Il débarquera au Havre dans les derniers jours de juin. D'abord censé se concerter avec le duc d'Aumont chargé de soulever la Normandie avec les pouvoirs de commissaire extraordinaire du roi, il se rendra directement à Paris. Voir ses Mémoires, t. II, et ceux de Gonneville.

Page 423

1. Jean Savant, *Les Préfets de Napoléon*, Paris, Hachette, 1958 ; Paul Gerbod, *Les Épurations administratives*, XIXe *et* XXe *siècles*, Genève, Droz, 1977 ; Jean Tulard, « Les épurations en 1814 et en 1815 », *Revue du Souvenir napoléonien*, n° 396, juillet-août 1994, p. 5-21. Voir également Edward Whitcomb, « Napoléon's prefects », *American Historical Review*, 1974, p. 1089-1118. Une bonne synthèse de l'ensemble des épurations administratives dans *Les Vingt Jours* de Jean Tulard. Ce dernier utilise cependant constamment le mot « épuration » alors même que celui-ci n'existe quasiment pas en 1815. On « proscrit », on n'épure pas. La proscription sanctionne une défaite politique, l'épuration impose une marque d'infamie. La contamination du mot nous vient de certains écrivains de la droite de l'après-guerre, dans les années 1950, Anouilh en tête (*La Foire d'empoigne*) qui tentent de se justifier en imposant l'idée d'une identité entre l'épuration d'alors (1945) et la proscription d'hier (1815), surtout celle des débuts de la seconde Restauration qui visaient les anciens bonapartistes. Voir Anne Simonin, « 1815 en 1945 », *op. cit.*, p. 57.

2. *Mémoires du chancelier Pasquier*, III, p. 188. L'auteur pense au comte de Tournon, l'ancien préfet de Rome, non employé sous la première Restauration, de ceux qui se refusèrent à Napoléon à son retour.

Page 424

1. AN F7 10356. « Bulletin du 18 mai 1815. Rocroi, 15 mai 1815 ».

2. Ce sera le cas dans les départements de l'Ouest, au profit du général Lamarque. *Correspondance générale de Napoléon*, n° 21979. Au comte Carnot, ministre de l'Intérieur, Paris, 27 mai 1815. Sur les relations de Napoléon avec Carnot, voir Pascal Cyr, « l'opposition des fonctionnaires pendant

les Cent-Jours », *Napoleonica*, Revue en ligne de la fondation Napoléon, septembre 2008. L'auteur s'appuie en particulier sur la « Correspondance militaire générale pendant les Cent-Jours » conservée aux archives de Vincennes. Il insiste sur les conflits entre autorités militaires et civiles, laxistes, voire hostiles au régime.

3. Basset de Châteaubourg à Carnot, 28 juin 1815, cité par Laurence Miroux, *L'Oise sous la Restauration*, Gemob, 1990, p. 16.

4. AN F7 10356. « Bulletin du 21 avril 1815 ».

5. AN F7 10356. « Bulletin du 7 juin 1815. Moselle, 30 mai 1815 ».

Page 425

1. Voir Jean-Yves Piboubès, *op. cit.*, p. 297 *sq.* Dans les cours impériales, 77 magistrats refusent de siéger. Dans les tribunaux de première instance, ils sont 150. L'abdication de Napoléon en avril 1814 constitue le principal argument de leur refus de lui prêter serment conformément au décret du 8 avril 1815.

2. Les *Communes et le pouvoir de 1789 à nos jours*, Paris, PUF, 2002 : Michel Chabin et Emmanuel de Waresquiel : « La Restauration », p. 174 *sq.* Voir le cas de figure de l'Eure, détaillé par Jean Vidalenc, *Le Département de l'Eure sous la monarchie constitutionnelle*, p. 77.

3. Frédéric Bluche, *Le Plébiscite des Cent-Jours*, p. 22, 108 *sq.*

4. AN F7 10356. « Bulletin du 25 avril 1815. Rouen, 21 avril 1815 ».

5. « Bulletin du 26 avril 1815. Poitiers, 18 avril 1815 ».

6. « Bulletin du 18 mai 1815 ».

7. « Bulletin du 7 juin 1815. Haute-Loire, 20 mai 1815 ».

8. Le décret qui porte convocation des collèges électoraux en vue de l'élection des députés date du même jour que celui des élections municipales, le 30 avril 1815.

Page 426

1. Benjamin Constant, *Mémoires sur les Cent-Jours, op. cit.*, p. 65.

2. Cité par Pascal Cyr, *in* « L'opposition des fonctionnaires pendant les Cent-Jours », *op. cit.*, AN/IV/1938. Exposé de la situation politique des départements composant la 15e division militaire, 24 mai 1815.

3. Lettre de Lainé à Blacas, Amsterdam, 17 juin 1815, in Romberg et Malet, II, p. 216-217.

4. D'après les chiffres du ministère repris par Pasquier dans ses Mémoires. Ils sont légèrement différents de ceux donnés par Frédéric Bluche, in *Le Plébiscite des Cent-Jours*, p. 103. L'abstention est plus importante dans les collèges de département où l'on compte 7 670 votants sur 19 980 inscrits, moins importante dans les collèges d'arrondissements avec près de 25 000 votants sur 47 000 inscrits. Pasquier, qui eut l'occasion de consulter les chiffres au ministère de l'Intérieur après les Cent-Jours, considère cette élection comme illégale non au regard de sa légitimité, mais du point de vue de la loi. Il n'y eut selon lui que 17 départements où votèrent la moitié plus un des électeurs inscrits, comme le voulait la loi (Pasquier, III, p. 229).

Page 427

1. Voir Émile Le Gallo, p. 427 *sq*. Certains des chiffres avancés proviennent de monographies départementales consacrées aux Cent-Jours.

2. Chasset à Carnot, Tours, 13 mai, cité par Émile Le Gallo, p. 428.

3. Duval à Carnot, 20 mai 1815, cité par Jean Vidalenc, p. 63.

4. L'abstention plébiscitaire sur laquelle les historiens ont beaucoup insisté en la comparant comme Frédéric Bluche avec celles, beaucoup moins importantes, de certains plébiscites consulaires, en particulier celui de 1802, n'est sans doute pas la plus significative. Certes le rôle joué par les royalistes – désinformation, intimidation – a porté ses fruits, mais les 21 % du corps électoral qui votent (soit près de 1 550 000 votes positifs pour 5 700 votes négatifs) correspondent à la participation moyenne de l'électorat du Directoire. On peut se demander, note Pierre Serna, si l'on n'a pas là la marque durable d'un électorat normalement politisé qui correspondrait au cinquième des électeurs inscrits non pas dans le cadre d'un suffrage censitaire ou par degrés, mais universel et direct. Ce qui l'est beaucoup plus, en revanche, c'est la différence d'abstention entre les élections législatives de mai et d'août 1815, pourtant tout aussi mal préparées et encadrées l'une que l'autre. En août, ce sont 48 000 électeurs censitaires à 300 francs, sur 72 000 inscrits, qui votent (contre 32 000 sur 66 500 en mai), soit 15 000 électeurs de plus parmi lesquels ont peut compter une majorité royaliste, voire ultraroyaliste. Les électeurs d'août sont plus nombreux par l'adjonction de personnalités au choix des préfets : 20 par collège de département, dix par collège d'arrondissement. En revanche, le système électoral d'août est plus « filtrant », à deux degrés. Les collèges d'arrondissements élisent des candidats eux mêmes élus par les collèges de départements. Cela constitue sûrement un élément d'explication supplémentaire au renversement spectaculaire des résultats de mai à août 1815.

Page 428

1. Voir l'analyse de Michel Denis à partir des votes en mai et août 1815 des électeurs du collège départemental de Laval, in *Les Royalistes de la Mayenne et le monde moderne*, p. 125.

Page 429

1. Archives Baudus, collection particulière : « Ordre. Dictée de l'empereur au duc de Vicence. Paris, 19 avril 1815 ». C'est un royaliste, ancien agent de renseignement de Talleyrand à Hambourg et Ratisbonne, Amable de Baudus, qui est porteur de cette dépêche. Il verra Murat à Cannes dans les premiers jours de juin et le pressera de quitter la France. Baudus avait été jusqu'à la première Restauration le précepteur des enfants de Murat à Naples. « M. Baudus est chargé de cette mission de confiance parce qu'on sait qu'il est très agréable au roi », lit-on dans son ordre de mission.

Page 430

1. *Mémoires et Journal de* Viennet, p. 267.

2. Cité par Pascal Cyr, d'après les archives de Vincennes, *op. cit.* À Sainte-Hélène, Napoléon affirmera, à tort, que ses quatre-vingt-dix places fortes

étaient armées, palissadées et approvisionnées. *Œuvres de Napoléon Ier à Sainte-Hélène*, p. 145.

3. Hippolyte Carnot, *Mémoires de Lazare Carnot* (...), *op. cit.*, II, p. 505.

4. Lettre de Clarke à Goltz, Gand, 10 juin 1815, *in* Romberg et Malet, II, p. 258-260. Le tableau donne un effectif total de 227 000 hommes, dont 50 000 hommes dans les dépôts et 500 pièces d'artillerie « bien attelées ». C'est surtout sur le parc d'artillerie que Napoléon a fait porter ses efforts. Il ne dit rien des gardes mobiles.

Page 431

1. *Wellington Despatches*, XII, Londres, John Murray, 1838, Wellington à Feltre, 6 juin 1815, p. 463.

2. *Ibidem*, Wellington à Blacas, 16 mai 1815, p. 406. Voir également les lettres de Stuart à Castlereagh des 12 et 16 mai 1815. À la mi-mai, les mouvements de l'armée française vers l'est, en découvrant partiellement les frontières de l'Artois, autorisaient aux yeux du roi un tel projet, favorisé d'autant par le royalisme des populations du Nord : « Le désir du roi de profiter de ces circonstances pour s'approcher de la frontière ne peut que difficilement être contenu », écrit Stuart (Romberg et Malet, II, p. 103 et 115).

3. Texte de l'ordonnance, *in* Romberg et Malet, I, p. 28. Les commissaires désignés étaient le duc de Luxembourg et le préfet Capelle pour l'armée anglaise, le général Beurnonville et le préfet Vaublanc pour l'armée prussienne, le duc de Richelieu et Mounier pour l'armée russe, le général Roger de Damas et Alexis de Noailles pour l'armée autrichienne.

Page 432

1. Lettre de Blacas à Richelieu, Gand, 17 juin 1815, archives Blacas, carton 43.

2. Wellington proposait même de substituer une convention à sa façon au projet du gouvernement de Gand, mais sur les mêmes bases. Cf. Lettre de Wellington à Metternich, Bruxelles, 12 juin 1815, *in* Romberg et Malet, I, p. 241-245.

3. Voir à ce sujet la lettre de Nesselrode à Pozzo, Vienne, 23mai/4 juin 1815, in *Correspondance de Pozzo di Borgo*, I, p. 158-160.

4. Lettre de Castlereagh à Stuart, Londres, 7 juin 1815, *in* Romberg et Malet, I, p. 233-234.

Page 433

1. Victor Hugo, *Les Misérables*, Folio-Gallimard, 1995, I, p. 466.

Page 434

1. *Mémoires d'outre-tombe*, II, p. 605.

2. *Mémoires de Mme de La Tour du Pin*, p. 372.

3. Hye-Schoutheer, *op. cit.*, 16 et 17 juin 1815.

Page 435

1. *Mémoires de Mme de La Tour du Pin*, p. 373-374.

2. Justus Gerandus Swaving, *op. cit.*, traduction Annie Jourdan.

3. Fanny d'Arblay, p. 302.

Page 436

1. Archives Blacas, 12 bis. Lettre du duc de Berry au comte d'Artois, Alost, 6 heures (du matin), 17 juin 1815.
2. Alexandre Guillemin, *Le Patriotisme des volontaires royaux*, p. 162 *sq* ; Henry Hériot de Vroil, *Mémoires d'un officier de la garde royale*, Paris, Champion, 1904.
3. Hye-Schoutheer, 19 juin 1815.
4. Comte d'Hérisson, p. 423.
5. Reiset, III, p. 212, et Rochechouart, p. 393. L'un et l'autre rapportent, à la virgule près, les mêmes mots du roi.

Page 437

1. Il subsiste plusieurs des lettres de Semallé envoyées de Bruxelles au duc de Berry puis transmises à Gand, dans les archives Blacas, carton 12 bis, liasse 13
2. Souvenirs du comte de Semallé, p. 253. Dans ses Souvenirs publiés en 1833 au début de la monarchie de Juillet, le lieutenant de Bellerive, garde du corps du roi, se remet en scène à Waterloo avec une mauvaise conscience typique de cette époque : « Vous ne savez pas ce que c'est que de se voir en face d'une armée française, et sentant à ses coudes des Anglais et des Prussiens, fusillant et tiraillant vos frères. » Charles Clavel, *Souvenirs militaires du lieutenant de Bellerive*, Crapelet, 1833, p. 6.

Page 438

1. La Maisonfort, p. 268.
2. Reiset, 18 juin, onze heures du soir, III, p. 213.
3. *Bulletin de la Société Chateaubriand*, n° 13, 1970, p. 47.
4. Archives Blacas, carton 12 bis, liasse 4, Lettres de Blacas et de Pozzo di Borgo, Pozzo di Borgo à Louis XVIII, Bruxelles, 19 juin 1815, cinq heures du matin.

Page 439

1. Reiset, III, p. 216 : 19 juin 1815. Voir également le Journal de Hye-Schoutheer, 19 juin 1815.

Page 440

1. Voir en particulier Victor Stenger, *Le Retour des Bourbons*, p. 409.
2. Lettre de François Guizot à sa femme Pauline de Meulan, Gand, 18 juin 1815. Cité par Laurent Theis dans son *François Guizot*, Fayard, 2008, p. 421.
3. *Mémoires d'outre-tombe*, II, p. 606.
4. Il en est peu par ailleurs, qui, comme Talleyrand, voient froidement dans l'événement l'occasion de démanteler définitivement une armée hostile au roi pour la reconstruire sur des bases nouvelles. Arrivé de Vienne et d'Aix-la-Chapelle à Bruxelles, le 22 juin, le diplomate évoque immédiatement avec Pozzo di Borgo les moyens d'envoyer le plus de prisonniers français possible en Angleterre, afin de faire place nette. « Il faut les envoyer en

Sibérie et les laisser faire des enfants », disait-il déjà en avril, à la comtesse Schönborn, des soldats de Napoléon. Archives Blacas, carton 12 bis, liasse 13 : Arthur Dillon à Blacas, Bruxelles, 22 juin 1815 ; cité par Gaston Palewski, *Le Miroir de Talleyrand*, p. 184.

5. Archives Blacas, *ibidem*. Dillon prend la suite de Semallé qui quitte Bruxelles le 22 juin pour suivre le roi en France. Il raconte qu'il fut spécialement chargé de sauver les soldats et les officiers du 10e de ligne, régiment qui était resté fidèle au duc d'Angoulême en avril. Il en trouvera ainsi une trentaine et les dirigera sur Alost (*Souvenirs*, p. 258 *sq*).

Page 441

1. *Ibidem* : *Souvenirs d'une pauvre vieille. Mémoires manuscrits de Mme de La Ferronnays*, II, p. 160. Semallé charge de son côté le curé et les vicaires de Nivelles de parcourir le champ de bataille pour donner l'extrême-onction aux mourants *qui la demandent*.

2. *Mémoires du comte Louis de Gobineau*, p. 158-159. Fanny d'Arblay parle de son côté d'une « gigantesque armée de mutilés » (p. 299). « Des piles de morts, des masses, des montagnes de morts », écrit-elle encore (22 et 24 juin 1815, p. 303 et 306).

3. *Ibidem*, p. 159. Mme de Boigne rapporte également le récit de son neveu Édouard Dillon à qui un officier de la Garde qu'on venait d'amputer d'un bras aurait lancé : « Va dire à celui qui t'envoie que j'en ai encore un au service de l'empereur » (*Mémoires de la comtesse de Boigne*, II). Comment se réjouir de la défaite de ceux qui, pour certains, étaient des compagnons d'armes et, pour les autres, des compatriotes ? Le dilemme est exprimé par tous nos mémorialistes : Rilliet qui assiste à la bataille de Ligny à l'état-major de Blücher, Reiset, Lauthonnye, Guillemin, Cussy, etc. Le colonel Clouet, l'ancien aide de camp de Ney devenu le chef d'état-major de Bourmont et passé avec lui du côté du roi le 15 juin, se fait également traiter de « traître » alors qu'il tente de soigner un blessé sur le champ de bataille. Henri d'Estre, *Bourmont*, Plon, 1934 : « Confidences de Clouet, chef d'état-major de Bourmont en 1830 », p. 167-168.

Page 442

1. *Souvenirs du comte de Montbel*, p. 156.
2. La Martelière, *Conspiration de Bonaparte*, Dentu, 1815.
3. Casimir Delavigne, *Les Messéniennes*, 1818.
4. Victor Cousin, *Introduction à l'histoire de la philosophie*, Paris, Pichon et Didier, p. 36.
5. Victor Hugo, *Les Misérables*, *op. cit.*, I, p. 459. Sur la postérité de Waterloo, voir Jean-Marc Largeaud, *Napoléon et Waterloo. La défaite glorieuse de 1815 à nos jours*, Bibliothèque historique, 2006, et l'article justement sévère que l'historienne Annie Jourdan lui consacre sur *son site*.

Page 443

1. *Ernest Legouvé, Soixante Ans de souvenirs*, Paris, Hertzel, 1886, I, p. 20.
2. Ernest Renan, *Qu'est-ce qu'une nation ? Conférence prononcée le 11 mars 1882 à la Sorbonne*, publiée le 26 mars de la même année dans le *Bulletin de l'Association scientifique de France*.

3. Sur l'aigle de Waterloo, voir l'article d'Anne Buyle, « L'Aigle blessé de Gérôme, de la gestation à l'inauguration », in *Waterloo. Monuments et représentations de mémoires européennes (1792-2001)*, Louvain, Association franco-européenne de Waterloo, 2001, p. 208 *sq.*

Page 444

1. *Mémoires du baron de Frénilly*, p. 308. Voir également du point de vue des émigrés français ce que dit Mme de Gontaut, dans ses Mémoires, des fêtes de Londres à l'occasion de la victoire de Waterloo (p. 146). Le détail des festivités de Londres dans le *Times* des 24, 25 et 26 juin 1815.

2. *Journal de Jean-Gabriel Eynard*, II, p. 195-196 : 27 juin 1815.

Page 445

1. *Lord Rothschild, The shadow of a great man*, Londres, 1982 et 1991, p. 31. L'ouvrage consacré à Nathan Mayer Rothschild expose tous les éléments de la légende de la spéculation de Waterloo et fait le point sur les sources disponibles. Voir le chapitre « NM at Waterloo », pp. 24-39.

2. Les billets de l'Échiquier à 3 % étaient à 53 vers le 10 juin, à 56 1/2 le 20 juin et à 60 3/4 le 28. D'après les conditions d'achat de l'époque le volume ne pouvait excéder 20 000 livres par agent de change. Nathan Mayer en avait cinq à sa disposition. Mais il a pu vendre également d'autres bons du Trésor achetés avant le 20 juin. Voir le tableau annexé p. 38 in *The Shadow of a Great Man, op. cit.* Pierre Branda montre très bien, par ailleurs, l'origine de la fortune de la famille au service du prince Guillaume de Hesse-Cassel à Francfort, à la faveur de l'exil de ce dernier au Danemark en 1806, après la conquête de la Prusse par les Français. Le réseau familial et le génie des fils de Mayer qui financèrent en partie la guerre contre Napoléon : Nathan Mayer à Londres, Calmann à Hambourg et James à Paris, firent le reste. *Le prix de la gloire*, 2007, p. 477-479.

3. Basil Jackson, *Waterloo et Sainte-Hélène*, Paris, Plon, 1912, p. 74.

Page 446

1. *Mémoires de la marquise de La Tour du Pin*, p. 375.

2. *Souvenirs du comte de Semallé*, p. 260.

3. *Wellington Supplementary Despatches*, X, p. 566, Lettre de Metternich à Wellington, Mannheim, 24 juin 1815.

4. Gaston Palewski, *op. cit.*, Lettre de Talleyrand à la duchesse de Courlande, Roye, 3 juillet 1815, p. 231.

5. Archives Blacas, carton 12 bis : Blacas à Wellington (brouillon, 19 juin 1815). C'est sans doute l'original de cette lettre, dans laquelle Blacas s'exprime au nom du roi, que Semallé remettra à Wellington à Bruxel*les le 19 au soir.*

6. *Victor de Pange, Madame de Staël et le duc de Wellington. Correspondance inédite, 1815-1817*, Paris, Gallimard, 1962 : Coppet, 9 août 1815, p. 41.

7. *Ibidem*, Wellington à Mme de Staël, Paris, 24 décembre 1815, p. 50. Si Wellington critiquera Napoléon pour n'avoir pas su le « manœuvrer » à Waterloo, il ne se départira jamais du respect qu'il éprouvait pour le vain-

queur d'Austerlitz, d'Iéna « et de tant d'autres batailles ». Voir Viennet qui rapporte l'une des conversations du duc entendue chez Talleyrand en juillet 1815. *Mémoires et Journal*, p. 276.

8. Castlereagh pensait réunir les Chambres de Napoléon derrière les lignes alliées. Elles géreraient les affaires courantes et proclameraient éventuellement le roi (WSD, X, 16 mai 1815). À Londres, Liverpool considérait la solution des Bourbons comme l'une des options possibles et réclamait contre eux de fortes garanties sur la frontière du nord, y compris la place de Lille (mémorandum de Liverpool à Castlereagh, Londres, 30 juin 1815).

Page 447

1. Wellington à Castlereagh, Bruxelles, 11 avril 1815.
2. Mme d'Arblay, *Diaries and Letters*, Londres, 1842, VII, p. 52.
3. Wellington, qui avait été nommé après Waterloo maréchal de toutes les armées alliées, avait lui-même demandé au roi de l'être de l'armée française. « C'est fou », aurait répondu le roi qui le comblera cependant de cadeaux : une plaque de diamants d'une valeur de 800 000 francs, un service de porcelaine de Sèvres « qui dépasse toute idée de somptuosité et de magnificence » et qu'on peut encore voir aujourd'hui à Londres. *Souvenirs du chevalier de Cussy*, I, p. 147. À Londres, le duc reçut une indemnité de 200 000 livres (environ 5 millions de francs). Le roi des Pays-Bas lui donnera le titre de prince de Waterloo avec une dotation de 200 000 francs et en fera le propriétaire du champ de bataille.

Page 448

1. Marquis de Noailles, *Le Comte Molé*, II, p. 99.
2. *Souvenirs du duc de Broglie*, I, p. 273.
3. *Mémoires de Mme de Chastenay*, II, p. 460.
4. Archives de Coppet, Lettre inédite d'Auguste de Staël à sa mère, Paris, 13 août 1815.

Page 449

1. L'attentat date du 10 février 1818, alors que le duc rentrait en carrosse chez lui, à Paris. On ne reproche pas seulement à Wellington d'être le vainqueur de Waterloo, mais d'avoir procédé, en août 1815, à l'enlèvement des trésors du Louvre conquis par Napoléon et rendus aux Alliés sous la contrainte. Une bonne analyse de la légende noire de Wellington en France, *in* Margery E. Elkington, *Les Relations de société entre l'Angleterre et la France sous la Restauration*, Paris, 1929, p. 53 *sq*.
2. Victor Hugo, *Les Misérables*, I, p. 455-456.
3. Lettre particulière de Stuart à Castlereagh, citée par Robert Franklin, Grammont, 23 juin 1815, p. 126.
4. Archives Blacas, Lettre déjà citée de Blacas à Wellington, Gand, 19 mars 1815.
5. Wellington Despatches, XII, p. 493 et 495.

Page 453

1. « Procès-verbal de l'arrivée et du départ de Sa Majesté Louis XVIII, roi de France et de Navarre, les 24, 25 et 26 juin 1815 », AD Nord, Lille,

M 135.1. Voir également H. Hériot de Vroil, *Mémoires d'un officier de la garde royale*, Paris, H. Champion, 1904 ; Reiset (III, p. 219) et La Maisonfort (p. 274). L'accueil du Cateau se renouvelle à Cambrai le 26 juin. Voir le récit qu'en fait Reiset dans son Journal (III, p. 22) : « Cent jeunes demoiselles choisies parmi les plus jolies et les plus respectables » portent des corbeilles de fleurs et les effeuillent devant le roi.

Page 454

1. *Voyage de Sa Majesté Louis XVIII depuis son départ de Gand jusqu'à son entrée à Paris*, À Lille, imp. Dumortier, juillet 1815. Voir également *Bulletin de Paris*, p. 328.
2. Basil Jackson, *op. cit., p. 122.*
3. Mémoires du marquis de *La Maisonfort*, p. 274.
4. L'expression a été recueillie par Guizot qui la raconte à Dorothée de Lieven dans l'une de ses lettres du 1er novembre 1839. Laurent Theis, *François Guizot, op. cit.*, p. 384.
5. Lettre de Stuart à lady Elisabeth, Cambrai, 29 juin 1815, citée par Robert Franklin dans sa biographie, p. 129.
6. Lettre inédite de Louis XVIII à Blacas, Cambrai, 26 juin 1815, archives Blacas, carton 35.
7. Le général de Bourmont, nommé à Gand dès le 21 juin, prend Béthune et, avec deux régiments de volontaires royalistes et de l'artillerie levés sur place, fait le siège d'Arras qui, hormis la citadelle, se rend au bout de deux jours. On trouve immédiatement, sous les ordres de Bourmont, le duc de Castries, le prince de Solre, MM. Sosthène de La Rochefoucauld, de Castéja, le colonel Clouet, Dampierre. De son côté, le comte d'Olonne, qui a pris le commandement du département du Nord à Cambrai, soumet Douai et Bouchain au nom du roi. Le comte de Mortemart est également envoyé à Péronne pour y recevoir la soumission de la ville. Les choses se passeront moins bien dans le Pas-de-Calais. Le comte de Gobineau prend le commandement d'Hazebrouck ; Louis du Saillant, de Cassel ; et La Bourdonnaye-Blossac, d'Estaires. Tous les trois tentent de prendre Saint-Omer de vive force, mais échouent contre les gardes mobiles de la Somme, de la Marne et de la Seine-Inférieure. Voir les *Mémoires* de Louis de Gobineau, p. 169 *sq.*

Page 455

1. *Mémoires du baron Sers*, p. 135-136
2. *Mémoires du chancelier Pasquier*, III, p. 288.
3. Lettre de Goltz à Hardenberg, Cambrai, 28 juin 1815. Le comte de Caraman avait été envoyé chez Blücher aux environs de Noyon. "[Sa] réponse a fait ici une douloureuse impression", écrit Goltz. Romberg et Malet, II, p. 273.
4. Henry Hériot de Vroil, *Mémoires d'un officier de la garde royale*, 1904, 5 juil*let 1815.*
5. *Mémoires et Journal de Viennet*, p. 274
6. A. Labouchère, *Oberkampf, 1738-1815*. Hachette, 1866, p. 218.
7. *Journal du lieutenant Woodberry (1810-1815)* Paris, Plon, 1896, 30 juin 1815.

Page 456

1. Wenzel Krimer, *Erinnerungen eines alten Lützower Jägers, 1795-1819,* Robert Lutz, Stuttgart, 2 vol. II, p. 179, traduction pour l'auteur.

2. Archives de Coppet. Lettre inédite d'Auguste de Staël à sa mère, Paris, 25 août 1815.

3. *Le Mercure du Rhin,* n° 280, 15 mars 1815, cité par Gilbert Stenger, *Le Retour des Bourbons,* p. 413.

Page 457

1. Voir Gérard Hertault et Abel Douais, *Franc-maçonnerie et sociétés secrètes contre Napoléon. Naissance de la nation allemande,* Nouveau Monde éditions, 2005. L'association du Tugendbund ou Ligue de la vertu fut créée en mars 1808 en liaison avec plusieurs loges maçonniques de Königsberg. L'image qui symbolise le mieux l'humiliation de l'Allemagne et sa nécessaire renaissance est peut-être le dessin de Philip Otto Runge exécuté en 1809 pour la couverture du *Musée d'histoire nationale* publié par F. Perthes la même année en collaboration avec les frères Schlegel et Görres. Elle ne sera finalement pas publiée par peur de la censure, mais elle reste caractéristique d'un état d'esprit. On y voit une veuve labourant la terre allemande au-dessus du cadavre d'un homme qui représente à la fois le Saint Empire défunt et les malheurs de la guerre. Le sillon tracé par la jeune femme est censé être celui du renouveau. Voir *Le Romantisme allemand,* catalogue de l'exposition du musée de la Vie romantique, RMN, 2008, n° 91. Voir cahier hors-texte.

2. Lettre de Blücher à Metternich, 22 juin 1815, in *1813-1815 : die Deutschen befreiungskriege, von Friedrich Schulze,* Leipzig, 1912, p. 306, traduction pour l'auteur. Dans les jours suivants, Blücher prétendra faire fusiller Napoléon à Vincennes « à l'endroit où était tombé le duc d'Enghien ». Il voudra également pousser une pointe jusqu'à Malmaison « pour débarrasser le monde de l'homme qui s'y trouvait encore », peu avant le départ de l'empereur déchu pour Rochefort, le 29 juin 1815. Wellington lui écrivait alors une lettre qui lui fait honneur : « La personne de Napoléon n'est ni à vous ni à moi ; elle est à nos souverains qui en disposeront au nom de l'Europe. Si par hasard il leur fallait un bourreau, je les prierais de choisir un autre que moi, et je vous conseille, dans l'intérêt de votre renommée, de suivre mon exemple. » Cité par Sebastiani dans ses Mémoires (manuscrit Fauconneau-Dufresne, p. 468).

3. Pozzo di Borgo à Nesselrode, Gonesse, 20 juin/2 juillet 1815, in *Correspondance,* II, p. 187.

Page 458

1. Viennet, p. 276.

2. *Souvenirs du chevalier de Cussy,* I, p. 184. Blücher fera également enlever à Saint-Cloud le *Bonaparte au passage du Grand-Saint-Bernard* de David, aujourd'hui au musée Charlottenburg de Berlin, et une bonne partie du mobilier du château.

3. Cité par Friedrich Schulze, in *1813-1815 : die Deutschen befreiungsgriege, op. cit.,* p. 73, traduction pour l'auteur. Steffens, professeur à l'univer-

sité de Halle, adhère dès sa fondation au Deutsche Bund (« la Maison allemande ») en novembre 1810.

Page 459

1. La Maisonfort est sans doute le plus fiable sur les horaires, puisqu'il était avec Blacas et le roi à Mons. Talleyrand y arrive à quatre heures, dit-il, et voit le roi de onze heures à minuit (p. 272-273).

Page 460

1. Voir son « Rapport fait au roi pendant son voyage de Gand à Paris », publié dans ses Mémoires (III, p. 195-227). Le texte a sûrement été réécrit par Talleyrand, en forme de justification, après les événements de Mons et de Cambrai. Dans le même esprit, la lettre de Metternich à Wellington datée de Mannheim, le 24 juin 1815 (*Wellington Supplementary Despatches*, X, p. 566) : L'éloignement du roi du théâtre des opérations est, selon lui, « le seul moyen d'ôter au roi et aux Français fidèles le caractère d'émigrés que l'usurpateur et son gouvernement cherchent à leur conserver ».

2. Pozzo di Borgo à Nesselrode, Cambrai, 16/28 juin 1815, in *Correspondance de Pozzo*, II, p. 177.

Page 461

1. Lettre de Goltz à Hardenberg, Le Cateau-Cambrésis, 25 juin 1815, Romberg et Malet, II, p. 266-268. Dans une lettre privée adressée à Castlereagh, datée du Cateau, la veille au soir, Stuart précise que le duc de Feltre était présent à l'entrevue du roi et de Talleyrand. C'est par lui qu'il est informé de ce que les deux hommes se sont dit. Stuart dit également avoir travaillé au rappel du ministre disgracié pour éviter que ce dernier ne donne libre cours à ses intrigues, à Paris comme au quartier général allié. Robert Franklin, p. 127-128. Le biographe de Stuart est le seul à avoir consulté la correspondance privée de Stuart et de Castlereagh conservée à la National Library of Scotland. Ces derniers éléments ne figuraient pas dans ma biographie de Talleyrand : troisième partie, chapitre X : « Je ne me suis jamais pressé, et cependant je suis toujours arrivé à temps ! », Fayard, 2006, p. 495 *sq*.

2. Chateaubriand, *Mémoires d'outre-tombe*, II, p. 619. Beugnot donne une version très similaire de la scène dans ses Mémoires (II, p. 304). Le prétexte des eaux n'était pas tombé par hasard. On prêtait à Talleyrand, qui aurait loué une maison à Wiesbaden, l'intention de s'y rendre, en cas de revers des armées alliées. Certains, comme Beugnot, envoient Talleyrand à Carlsbad et non à Wiesbaden. Voir également Pasquier qui n'était pas là, mais est toujours bien renseigné (III, p. 290 *sq*).

3. La Maisonfort, p. 274 et Frénilly, p. 309.

Page 462

1. *Mémoires du comte de Villèle*, I, p. 312 et Frénilly, p. 309. La proclamation du Cateau est publiée dans les Mémoires de Talleyrand (III, p. 22-223).

2. Wellington à Talleyrand, Le Cateau, 24 juin (WD, XII, p. 502) ; Talleyrand à Wellington, Mons, 25 juin (WSD, X, p. 586) ; Pozzo à Talleyrand, Le Cateau, 26 juin (WSD, X, p. 594).

Page 463

1. Le meilleur récit de la scène du 27 juin est celui de Beugnot (II, p. 313-315). Le 12 juillet, une fois rentré à Paris, Monsieur dira encore à Talleyrand : « Nous n'avons pas de remerciements à vous faire ; vous nous avez mis hors du Conseil. » Ce à quoi Talleyrand répondra : « Monsieur m'en remerciera quand il sera roi. » *Journal du maréchal de Castellane* (I, p. 297). Le texte intégral de la proclamation de Cambrai est publié par Pierre Rosanvallon, in *La Monarchie impossible. Les Chartes de 1814 et 1830*, p. 266-268.

Page 465

1. Voir, sur cette question de la souveraineté, la conclusion de Pierre Rosanvallon à sa *Monarchie impossible*, p. 172 *sq*.

Page 466

1. Cette « Déclaration de la Chambre des représentants » publiée au *Moniteur* du 6 juillet résume en quelque sorte une autre « Déclaration des droits des Français et des principes fondamentaux de leur Constitution » en 13 articles, proposée par Garat à la Chambre le 4 juillet, délibérée et votée par la seule Chambre des représentants le lendemain. Il s'agissait dans l'esprit de Garat, ancien ministre de la Justice sous la Convention, de sortir honorablement de l'impasse d'une Constitution dont on savait que la discussion ne pourrait être achevée. Par son article premier, cette déclaration consacre le principe de la souveraineté du peuple composée « de la réunion des droits de tous les citoyens ». Dans une lettre inédite à Antoine Jay du 18 mars 1828, Jullien de Paris affirme être l'auteur de la deuxième déclaration du 5 juillet qu'il considère comme le « testament politique » de la Chambre. Il l'aurait rédigée dans l'un des bureaux de la Chambre et lue à la bibliothèque devant une cinquantaine de députés. Elle était, dit-il « inspirée par un sentiment profond des malheurs et des dangers de la France et par l'espoir que sa volonté, noblement manifestée par ses représentants légitimes avant la dissolution de la Chambre, retentirait dans l'avenir et pourrait exercer plus tard quelque influence sur la conduite des hommes qui seraient appelés à présider à ses destinées ». Archives Jay, Paris. Un résumé de la déclaration des droits par Godechot dans son édition des *Considérations* de Mme de Staël, p. 672. Sur les deux déclarations, voir Pasquier, III, p. 311-313 ; Villemain, II, p. 476 *sq*.

2. Ce sont les députés Ramond, Vimar, Manuel, Poullain-Grandprey, Bruneau de Beaumetz, Lefebvre, Gineau, Delessart et Lanjuinais, le président de la Chambre. Voir Duvergier de Hauranne, *Histoire du gouvernement parlementaire en France*, III, 1859, p. 123. Les deux premiers chapitres de son tome III sont largement consacrés aux débats de la Chambre des Cent-Jours, dans une optique quasi républicaine. À compléter avec les Mémoires de La Fayette et l'ouvrage attribué à Antoine Jay, également député de la Chambre de juin 1815 : *Esquisse historique et fragments inédits sur les Cent-Jours*, publié en 1819.

Page 467

1. Duvergier de Hauranne, III, p. 124 *sq*.

2. Le 30 juin, à l'initiative du général Fressinet, de l'état-major de Davout, dix-sept généraux signent une adresse aux Chambres très hostile à Louis XVIII : « Les Bourbons n'offrent aucune garantie à la nation. » L'adresse de la Chambre des députés au peuple français publiée le 1er juillet appelle bien le fils de Napoléon à l'Empire, « par les Constitutions de l'État », mais puisque la Chambre se préparait au même moment à refaire la Constitution, elle restait, en définitive, libre de son choix.

3. Par l'ancien conventionnel Garreau, le 22 juin, entre autres.

4. Mémorandum de lord Liverpool à lord Castlereagh, 30 juin 1815, WSD, X, p. 630.

Page 468

1. Chateaubriand, *Mémoires d'outre-tombe*, II, p. 611. Chateaubriand évoque à ce propos le discours de La Fayette à la tribune de la Chambre des députés, le 21 juin. Le lendemain, celui-ci était persuadé, d'après Charles de Rémusat qui le tient directement de sa bouche, qu'il serait nommé à la tête de la commission exécutive de gouvernement élue par les deux Chambres. À défaut, il avait dû se contenter d'emmener la délégation diplomatique à Haguenau.

Page 469

1. Cité par le général Thiébault dans ses Mémoires (V, p. 362).

2. Laffitte cite à ce propos dans ses Mémoires une remarque du comte d'Artois : « Le général La Fayette et moi n'avons jamais changé, nous sommes toujours resté les mêmes » (p. 144).

Page 470

1. *Mémoires du chancelier Pasquier*, III, p. 316.

2. La polémique a été vive à ce sujet. Voir la note de Benjamin Constant et celle de Molé en réponse à ce dernier qui circulaient dans les « milieux informés », à Paris, en octobre 1817, in Correspondance de *Charles de Rémusat*, III, p. 270-276. Benjamin Constant se défend à nouveau d'avoir évoqué le nom d'un prince étranger pour roi de France à Haguenau dans la cinquième note de la seconde partie de ses *Mémoires sur les Cent-Jours* (p. 204-208 de l'édition de 1961) publiée à partir de 1820 et rééditée en 1829. Le jour de son retour à Paris, le 5 juillet, Constant écrit pourtant encore à Fouché, en défendant la thèse du prince étranger, le seul à ses yeux susceptible d'accepter le pacte national. « Les souverains ne tiennent en rien aux Bourbons. L'empereur de Russie est plus qu'indifférent, il est contraire à leur cause ; mais lord Wellington les veut et s'ils arrivent avant l'arrivée d'Alexandre, il ne pourra plus s'y opposer. Ne trouveriez-vous pas, s'il en est encore temps, qu'un rapport de nous six pourrait être utile ? Nous ferions tomber cette opinion que les journaux accréditent en citant lord Wellington, que tout autre souverain que Louis XVIII mettrait en danger l'intégralité du territoire. » Lettre inédite de Constant à Fouché, 5 juillet 1815, archives Fouché, collection privée. Dans ses Mémoires inédits

(archives Choiseul), le général Sebastiani n'évoque pas plus la question (p. 49-53 du manuscrit du docteur Fauconneau-Dufresne). Voir également les Mémoires de La Fayette, le volume III des *Souvenirs historiques et parlementaires* de Pontécoulant (Paris, 4 vol., Michel Lévy, 1861-1865).

3. Cité par Pierre Rain, *L'Europe et la restauration des Bourbons*, p. 173.

4. Note de Wellington aux commissaires français, 29 juin, onze heure et demie du soir, WD, XII, p. 522.

Page 471

1. Lettre de Wellington à Bathurst, Gonesse, 2 juillet 1815, WD, XII, p. 532. La négociation commencée à Estrées s'achève à Louvres dans la soirée du 29 juin. Wellington lit aux plénipotentiaires français la déclaration royale de Cambrai du 28 juin qui ne les convainc qu'à moitié. Pozzo affirme pourtant de son côté que, dès le 1er juillet, certains, comme le général de Valence, cherchaient déjà à assurer leurs arrières auprès du roi. Lettre à Nesselrode du 1er juillet. Blücher voit de son côté les plénipotentiaires à Dammartin et ne leur dit pas un mot, se contentant de murmurer dans ses moustaches : « Brigands, brigands ! » (*Journal de la marquise de Montcalm*, 5 juillet, p. 84). Voir également Albert Sorel, *L'Europe et la Révolution française*, VIII, p. 460.

Page 472

1. Pierre Charrier, *Le Maréchal Davout*, 2005, p. 760.

2. *Mémoires du chancelier Pasquier*, III, p. 308-309.

3. Le meilleur récit de ce qui se passe à Paris du 29 juin au 3 juillet est donné dans le *Bulletin de Paris ou relation historique des événements qui sont arrivés en France en 1814 et 1815, et particulièrement pendant le siège de Paris, depuis le 22 juin jusqu'au 8 juillet, époque de la rentrée du roi dans sa capitale*, Paris, Lerouge, 1815, p. 280 *sq*.

4. Voir la lettre de Wellington à Blücher, Gonesse, 2 juillet 1815, dans laquelle il le supplie de consentir à un armistice et de ne pas entrer de force dans Paris. On s'assurerait ainsi de la restauration des Bourbons dans de meilleures conditions, et de la paix (WD, XII, p. 527).

5. *1813-1815, Die Deutsche befreiungskriege*, Lettre de Blücher à sa femme, Saint-Cloud, 3 juillet 1815, p. 313. Traduction de l'allemand pour l'auteur.

Page 473

1. Sebastiani, qui tient ses informations de Bignon, donne de nombreux détails inédits sur la négociation, dans ses Mémoires (manuscrit Fauconneau-Dufresne, p. 467). Le texte des 18 articles de la convention du 3 juillet ratifiée le 4 juillet au matin au pont de Neuilly, in *Bulletin de Paris*, p. 307-310. Les négociateurs français étaient porteurs de trois projets de capitulation. C'est le moins avantageux des trois qui fut négocié. Le duc d'Otrante aux négociateurs. Vente Charavay, 26 avril 1888. De nombreux commentaires sur la convention, en particulier dans les Mémoires de Molé (Noailles, I, p. 219-220) et Pasquier (III, 307).

Page 474

1. Macdonald n'obtiendra que 137 voix, contre 324 à Carnot, 293 à Fouché et 350 voix au général Grenier au second tour. Quinette et Caulaincourt sont élus de leur côté par la Chambre des pairs.

2. Des extraits de cette brochure publiés le 30 dans le *Journal de l'Empire* susciteront le lendemain de violentes altercations à la Chambre, et Malleville sauvera son inviolabilité de justesse. Voir Duvergier de Hauranne, II, p. 138.

Page 475

1. Sur la tentative de Molé, avec la complicité de Bondy, le préfet de la Seine, voir ses Mémoires (Noailles, II, p. 240 *sq*). Sur l'adresse du 1er avril 1814, Michel Fleury, « Le rôle de l'élément bourgeois au conseil municipal de Paris lors de la première Restauration », *R.S.H.R.M.*C, n° 1, 1987, p. 47-50. Ce n'est pas l'appartenance sociale des conseillers qui détermine les deux votes de 1814 et 1815. L'élément bourgeois domine à deux exceptions près (d'Harcourt et Lamoignon) en 1814. En 1815, plusieurs des nouveaux conseillers nommés par Napoléon sont nobles, comme d'Arjuzon ou d'Aguesseau. Les nouveaux conseillers remplacent les conseillers de 1814 signataires de l'adresse d'avril et exilés par le décret du 31 mars 1815.

2. *Bulletin de Paris*, p. 303-305 ; Regnault de Warin, *Cinq Mois d'histoire de France*, p. 441. Voir également la lettre inédite du maire de Montmartre au duc de Feltre (juillet 1815) sur l'affaire de Montmartre *in* archives Blacas, carton 43.

3. K.D. Tønnesson, « Les fédérés de Paris pendant les Cent-Jours », *Annales historiques de la Révolution française*, n° 54, 1982, p. 405-407. Tønnesson se fonde sur le nombre de fusils distribués et réellement utilisés pour dénombrer les tirailleurs fédérés combattants, ce que R.S. Alexander met en doute, sans doute à tort, en arguant du refus des autorités de distribuer la totalité des fusils malgré la demande des fédérés. Cf. *Bonapartism and Revolutionary Tradition in France. The Fédérés of 1815*, Cambridge, University Press, 1991, p. 208-209. Sur le manque d'enthousiasme des tirailleurs à l'époque de leur recrutement en mai, voir *supra*.

4. *Ibidem*. 6 300 fusils seulement leur sont assignés et moins de 5 000 leurs sont distribués.

Page 476

1. Voir les rapports de Réal aux commissaires de police d'arrondissement conservés à la Bibliothèque historique de la Ville de Paris, Ms 1013 (Restauration, 1814-1815), fol. 126 *sq*, Réal, 7 juin 1815. Le même jour, Réal note que les prix à la façon sont passés de 4 à 3 francs par jour.

Page 477

1. Lettre de Davout à Fouché, 27 juin 1815, citée par Pierre Charrier, p. 749. Madelin, dans son *Fouché*, date la lettre du 28, d'après une copie manuscrite dans les papiers Gaillard (II, p. 352).

2. Lauthonnye, *Ma vie militaire*, p. 209/459. Pasquier parle également de royalistes arrêtés le 5 juillet par la Garde nationale, incarcérés à la préfecture de police puis relâchés sur ordre de Fouché. (III, p. 324.)

3. *Mémoires de Vitrolles,* III, p. 88. La scène du 29 juin est également évoquée par le général Mathieu Dumas dans ses Mémoires (Paris, Gosselin, 1839, III, p. 577) et par Fressinet in *Appel aux générations futures,* Paris, 1820, p. 21-22. Davout n'en dit rien dans les siens.

4. Lettre de Barante à sa femme, Paris, jeudi soir 29 juin, II, p. 162.

5. *Voir Jacques Moulard (Le Comte Camille de Tournon,* p. 5-6), qui s'appuie sur les Mémoires inédits de Tournon conservés dans sa descendance. L'entrevue eut lieu devant les grilles du château de Versailles, le 2 juillet dans l'après-midi.

Page 478

1. *Journal de la marquise de Montcalm,* p. 80.

2. Marquis de Noailles, I, p. 239.

3. *Instructions au baron Hyde de Neuville,* Gand, 13 juin 1815 ; Lettres patentes et instructions au maréchal duc de Tarente (Macdonald), Gand, 1er juin 1815, archives Blacas, carton 12 bis. La commission « fourre-tout » était composée de personnalités royalistes de toutes nuances, sous la direction de Macdonald : le bailli de Crussol, le président de Grosbois, le comte du Bouchage, le baron d'Herbouville pour les purs, le comte Barthélemy, le comte Barbé-Marbois, le comte de Chabrol, ancien préfet de Lyon, le baron Pasquier, Becquey, pour les modérés. Oudinot en faisait également partie. Cette liste, dressée de la main de Blacas, n'apparaît que sur un double des instructions au maréchal Macdonald. Sur la mission Hyde, voir ses Mémoires, II, p. 108 *sq.* Voir également les Mémoires de Vitrolles, III, p. 96.

4. *Mémoires du chancelier Pasquier,* III, p. 321-323. Voir également les Mémoires de Macdonald, p. 391-392.

Page 479

1. Honoré de Balzac, *Une ténébreuse affaire,* Paris, Gallimard/Folio, 1973, p. 47.

Page 480

1. Marquis de Noailles, I, p. 276.

Page 481

1. A. Bardoux, *Mme de Custine d'après des documents inédits,* Paris, Calmann-Lévy, 1888, Lettre de Fouché à Delphine de Custine, Paris, 31 juillet 1815, p. 254.

Page 482

1. Archives Fouché, Projet manuscrit annoté de la main de Fouché sur la réorganisation de la police, présenté à Napoléon dans les derniers jours de mars, s.d. Dans ses notes, Fouché avait d'abord prévu de nommer 33 lieutenants de police dans les villes de plus de 20 000 habitants. Les décrets des 28 et 31 mars diffèrent du projet originel. Il en reste 7, un par arrondissement de police. D'autres lieutenants de police extraordinaires, affectés à certaines villes comme Cherbourg, Dieppe, Perpignan et Chambéry, seront créés par un autre décret du 15 avril 1815. Voir également Jean Tulard, *Les Vingt Jours,* p. 255.

2. Archives Fouché, circulaire imprimée aux préfets, 31 mars 1815.
3. *Mémoires de Mme de Chastenay*, II, p. 517-518. Voir aussi p. 503-504.

Page 484
1. *Mémoires de Thibaudeau*, p. 526.
2. *Mémoires du chancelier Pasquier*, III, p. 253.
3. Noailles, *Molé*, I, p. 225.

Page 485
1. « Notes à partir des approches du 20 mars, par le comte de Chabrol... », manuscrit inédit, p. 24, archives du château de Jozerand.
2. Vitrolles insiste longuement là-dessus dans ses Mémoires, III, p. 48 et 58. Voir également le Journal de Mme de Montcalm, p. 79.
3. Stefan Zweig, *Joseph Fouché*, Grasset, *p. 258.*
4. *Mémoires du baron de Frénilly*, p. 308.

Page 486
1. A. Bardoux, *op. cit.*, p. 243.
2. *Mémoires du chancelier Pasquier*, III, p. 310.

Page 487
1. *Correspondance de Pozzo di Borgo*, Lettre de Pozzo à Nesselrode, 17 avril 1815, I, p. 93. En juin, Wellington sera persuadé que Fouché était le seul à pouvoir lui ouvrir Paris sans combat, et le laisser maître de la situation face à Blücher. Il représente aussi à ses yeux la meilleure chance pour le roi : « Si je ne m'étais pas entendu avec Fouché, dira-t-il plus tard à sir Malcolm, le duc d'Orléans aurait été proclamé roi le lendemain et il y aurait eu de nouvelles complications. »
2. Voir là-dessus les *Mémoires du général Thiébault*, V, p. 380.
3. *Mémoires de Barras*, IV, p. 330.
4. La lettre de Fouché à Wellington, datée du 27 juin et confiée aux négociateurs français (Andréossy, Valence) qui rencontreront ce dernier le lendemain à Estrées, sera finalement lue à la tribune de la Chambre par Durbach, ce qui n'était pas prévu au départ. Elle est publiée au *Moniteur* et a été reproduite de nombreuses fois. Pasquier la publie dans ses Mémoires (III, p. 279). Eynard la cite *in extenso* et en fait un commentaire judicieux (II, p. 223-224). Voir également ce qu'en dit Thibaudeau qui au passage traite son ami Fouché de comédien : « Chose incroyable, elle fit fortune ! » (p. 528.)
5. Louis Madelin, *Fouché, ministre de la Police*, II, p. 361.

Page 488
1. *Wellington Despatches*, X, p. 652.
2. « Lettres de Metternich à Talleyrand », *Revue Napoléon*, n° 95, avril 1965. Talleyrand à Metternich, Gonesse, 4 juillet (1815), p. 72-74. Voir également la lettre de Macirone à Wellington, Le Bourget, 3 juillet, six heures et demie du soir (WSD, X, p. 652) et la réponse de Wellington à Fouché confiée à Macirone, quartier général, 4 juillet, huit heures du soir (WD, XII, p. 541).

Page 489

1. *Mémoires du baron de Vitrolles*, III, pp. 119-120.

2. Noailles, *Molé*, I, p. 266. Sur cette réunion du 5 juillet au soir, voir surtout Pozzo, qui était là (*Correspondance*, Lettre à Nesselrode, Paris, 26 juin/8 juillet 1815, I, p. 193-195), Wellington (WD, Lettre à Bathurst, 8 juillet 1815), et Pasquier (III, p. 325).

Page 490

1. « Projet de communication à faire au roi avant sa rentrée de Paris, nécessité de faire des concessions à l'opinion publique », Note autographe inédite de Fouché, sans date (4 ou 5 juillet 1815), archives Fouché, collection particulière.

2. La phrase est empruntée au manifeste du 5 juillet 1871, publié le 8 juillet dans *L'Union*, dit le « Manifeste du drapeau blanc ». Mais c'est par une lettre du comte de Chambord publiée dans le même journal le 30 octobre 1873 que le projet de restauration échoue alors que les deux partis, légitimiste et orléaniste, étaient prêts à la fusion sur le principe du drapeau tricolore. L'expression du « grand refus » est reprise du titre de la biographie du duc de Castries consacrée au comte de Chambord.

3. Voir Louis Girard, *La Garde nationale*, p. 53. La pétition compte 28 signatures dont celles de 11 chefs de légion sur 12. Parmi ces signatures on note celle de Félix de Choiseul-Praslin, des banquiers Delessert, etc.

Page 491

1. Reiset, III, p. 229-230. Reiset, royaliste convaincu, officier supérieur de la maison militaire et qui a fait le voyage de Gand, dit, un peu plus loin, avoir regretté l'abandon des trois couleurs, à l'instar de plusieurs de ses camarades. Pour eux aussi, qui avaient servi sous l'Empire, elles symbolisent la gloire et l'honneur de *l'armée*.

2. *Mémoires du comte de Semallé*, p. 271.

3. Lettre à Fouché déjà citée, archives Fouché, collection particulière.

4. Voir à ce sujet la lettre de Benjamin Constant à Fouché, citée plus haut, les Mémoires de La Fayette.

Page 492

1. Lettre de La Fayette à son fils, 28 juin 1815, citée par Louis Girard, *La Garde nationale*, p. 55.

2. C'était l'opinion du bailli de Crussol, un vieil ami du roi et royaliste convaincu, resté à Paris sous les Cent-Jours. Voir Beugnot, II, p. 328.

3. Chateaubriand, *Mémoires d'outre-tombe*, II, p. 625.

4. Beugnot, II, p. 331.

Page 493

1. C'est ce que raconte Vitrolles. Il dit dans ses Mémoires avoir suggéré au roi de faire du duc d'Otrante un pair de France héréditaire pour éviter d'en faire un ministre, ce à quoi Louis XVIII aurait répondu : « J'aime mieux nommer un ministre que je puis renvoyer, que de créer un pair qui est inamovible » (III, p. 115).

2. Voir Eugène Forgues, *Le Dossier secret de Fouché (juillet-septembre 1815)*, Paris, Émile Paul, 1908.
3. *L'Assassin habite au 21*, 1941.
4. Vitrolles, III, p. 114.
5. « Talleyrand est le Fouché de la noblesse ; Fouché, le Talleyrand de la canaille », écrit encore Molé en comparant les deux hommes. Noailles, I, p. 276.
6. *Mémoires du duc de Broglie*, I, p. 310
7. Lettre de Jaucourt à Talleyrand, Gand, 6 mai 1815, *Correspondance du comte de Jaucourt*, p. 332.
8. *Wellington Supplementary Despatches*, X, p. 300.

Page 494
1. François Guizot, *Mémoires pour servir à l'histoire de mon temps*, I, p. 98.

Page 495
1. *Mémoires d'outre-tombe*, II, p. 628. D'après sa femme, il sortait en fait du cabinet du roi qu'il venait de voir (p. 105). S'il l'avait avoué, cela aurait atténué le contraste voulu entre le fidèle serviteur et le traître, l'un abandonné et l'autre reçu par le même roi. La Maisonfort, également présent, rapporte la scène plus platement. Son témoignage, qui confirme celui de Chateaubriand, est précieux (p. 281). « Le duc d'Otrante sortit à une heure du cabinet du roi, ministre de la Police. M. de Chateaubriand et moi, nous passâmes dans le cloître, nous étouffions. »

Page 496
1. *Mémoires inédits de Chabrol*, p. 11, archives du château de Jozerand. Il faut mettre en parallèle le texte de ce message aux Chambres avec la lettre de Fouché au roi, datée du même jour. Fouché y parle d'égal à égal avec son souverain. « Sa Majesté connaît le pouvoir de l'opinion ; mais sa bonté lui a trop souvent fait écouter les prétentions de ceux qui l'ont suivie dans l'adversité. Dès lors, il y a deux peuples en France » (WSD, X, p. 669).
2. Les députés iront se réfugier au domicile de leur président, Lanjuinais. Ils sont 147 à signer ce jour-là le procès-verbal de leur dernière séance, tout en constatant le refus qui leur avait été opposé par la force armée d'entrer au lieu de leur réunion. Archives de l'Assemblée nationale, V.5.

Page 498
1. « Pouvoir donné par le général Blücher à M. de Ribbentrop pour lever une contribution de guerre de 100 millions sur la ville de Paris. Au quartier général de Saint-Cloud, le 6 juillet 1815 ». En outre, Ribbentrop est chargé de pourvoir à l'habillement de 80 000 hommes d'infanterie et de 30 000 hommes de cavalerie. Le pouvoir est adressé à MM. les membres du gouvernement provisoire à Paris. Archives Fouché, collection particulière.
2. Wenzel Krimer, *op. cit.*, p. 238.

Page 499
1. Voir les *Souvenirs d'un homme de lettres* d'Antoine Jal, p. 312.

2. Les détails les plus précis sur l'affaire de la contribution prussienne sont donnés dans les Mémoires inédits de Chabrol. On en trouve également dans une autre version publiée de ces Mémoires, mais moins complète. *Souvenirs inédits de Monsieur le comte de Chabrol de Volvic,* Ville de Paris, Commission des travaux historiques, 2002, p. 25. Il existe dans les manuscrits de la BHVP un ordre de Blücher non daté enjoignant ses officiers de retenir chez eux les banquiers Perrégaux, Laffitte, Rougemont, Scherer et Guerlin, Delessert et Tourton, Ravel, jusqu'à ce qu'ils aient payé le premier tiers de la contribution des 100 millions, décrétée le 6 juillet, et menaçant de les envoyer en Prusse. BHVP Ms 1022, n° 155. Voir les Mémoires de Laffitte, p. 72. Par ordonnance du 20 juillet, le roi autorise la Ville de Paris à lever une contribution directe pour acquitter les dépenses extraordinaires d'occupation. Une autre ordonnance du 16 août qui autorise une imposition supplémentaire à la contribution foncière pour les années 1816 et 1817 en complète les dispositions.

3. Cela se passe plus tard, le 20 août 1815. Fouché et Decazes, le nouveau préfet de police, avaient refusé de publier un ordre du jour de Müffling menaçant de tirer sur les habitants en cas de provocation contre les troupes alliées. Voir E. Forgues, *Le Dossier secret de Fouché,* p. 57, et « Note sur un ordre du jour du baron Müffling », s.d. *in* archives Fouché, collection particulière.

4. Le mémorialiste allemand Reiche est le seul à donner ce détail du minage avorté du pont d'Iéna. Voir *1813-1815. Die Deutschen Befreiungskriege,* p. 315-316.

Page 500

1. Cité par Wenzel Krimer, *Erinnerungen eines alten Lützower Jägers, 1795-1819, op. cit.*, p. 198. Traduction de l'allemand pour l'auteur.

2. Sur la légende du transport du roi sur le pont d'Iena, voir mon *Talleyrand,* p. 509 et note. La lettre du roi à Talleyrand date du 15 juillet.

3. Reiset donne quelques développements sur cette question dans ses Souvenirs. Selon lui, c'est le maréchal Blücher qui aurait été convoqué aux Tuileries. Le roi se fâche et menace de prendre « des résolutions violentes » (III, p. 245 *sq,* 14 juillet 1815).

4. Lettre inédite de Decazes à Fouché, 12 juillet 1815. BHVP Ms 1022, n° 158.

5. Voir les articles de F. Boyer, « Metternich et la restitution par la France des œuvres d'art à l'étranger », *Revue d'histoire diplomatique,* 1970, p. 65-79 ; « Le retour des œuvres d'art enlevées en Lombardie, en Vénétie et à Modène », *Revue des études italiennes,* 1970, p. 91-103, et la correspondance récemment éditée de Vivant Denon, éditions de la Réunion des musées nationaux, vol. II, 1999.

6. Archives du château de Coppet. Lettre inédite d'Auguste de Staël à sa mère, Paris, 12 août (1815).

7. Le meilleur récit du défilé du 18 juillet est donné par James Simpson esq., *Paris after Waterloo, Notes Taken at the Time,* W. Blackwood, 1853. 80 000 fantassins et 25 000 cavaliers dont des Cosaques défilent ce jour-là,

par les quais et devant les Tuileries. En tête, 8 000 gardes russes commandés par le grand-duc Constantin et précédés de leur musique.

Page 501

1. James Simpson, *ibidem*, p. 13.
2. Charles Weiss, *Journal, 1815-1822*, p. 79.
3. Voir là-dessus *Les Redditions de 1815. Dernières résistances dans l'est de la France*, Teissèdre, 2001 et Marc Blancpain, *La Vie quotidienne dans la France du Nord sous l'occupation (1814-1944)*, Hachette, 1983. L'auteur s'attarde sur les exemples de Laon et de Soissons qui ne se rendent aux Prussiens de Ziethen que début août, p. 46 *sq*.
4. À Chartres, le général Bülow donne l'ordre de brûler chaque village où serait assassiné un soldat prussien. Plusieurs le seront. Wenzel Krimer, *op. cit.*, p. 205. Sur la destruction de certains villages du Bas-Rhin par les Hessois sous le commandement du grand-duc de Wurtemberg dans les derniers jours de juin, voir Paul Leulliot, *La Première Restauration et les Cent-Jours en Alsace*, Svepen, 1958, « Appendices », p. 276 *sq*. Les habitants sont passés par les armes ; le pillage, autorisé par les officiers.
5. Ce chiffre est donné par Roger André, l'auteur de l'étude la plus sérieuse, jusqu'à ce jour, sur l'occupation de 1815. *L'Occupation de la France par les Alliés en 1815. Juillet-novembre*, P. de Boccard, 1924.

Page 502

1. L'original de cette lettre est conservé à la BHVP, Ms 1022, n° 158. Il existe une autre version de la lettre du 22 juillet, écrite sur le même ton : « La conduite des armées alliées réduira incessamment mon peuple à s'armer en masse contre elles, à l'exemple des Espagnols. (...) J'aime mieux être dans une prison qu'aux Tuileries, témoin passif du malheur de mes enfants. » Ancienne collection Benjamin Fillon, n° 189.
2. Pierre Branda évalue à 1 412 millions la facture totale des Cent-Jours : 144 millions pour les frais d'occupation de juillet à novembre, 700 millions d'indemnités à la signature du traité de paix du 20 novembre 1815, 328 millions de frais d'occupation de « garantie » d'un contingent allié de 150 000 hommes dans les départements du Nord jusqu'en 1818, 240 millions d'indemnités destinées à rembourser les sommes prises par les armées impériales et qui ne seront soldés qu'après 1818.

Page 505

1. *Mémoires inédits de Chabrol*, p. 12, archives du château de Jozerand. On inventera pourtant par la suite un mot de réponse du roi à Chabrol : « Je ne me suis éloigné de Paris qu'avec la douleur la plus vive et une égale émotion. Les témoignages de fidélité de ma bonne ville de Paris sont arrivés jusqu'à moi. J'y reviens avec attendrissement. J'avais prévu les maux dont elle était menacée. Je désire les prévenir et les réparer. » *Le Moniteur* du 9 juillet 1815.
2. Jules *Michelet, Jacques-Louis David et Théodore Géricault*, Rumeur des Âges, 2006, p. 59. Cette édition est la reprise de la cinquième leçon de Michelet au Collège de France, publiée pour la première fois dans les *Cours de 1847 et 1848*, à Paris, chez Chamerot, éditeur.

Page 506

1. *Mémoires du prince de Talleyrand*, II, p. 159-160.
2. *Ibidem*, « Rapport au roi... », III, p. 214.
3. Lettre de Fouché à la princesse de Vaudémont, 7 avril 1816, catalogue Pierre Bergé, vente Villepin, 19 mars 2008, n° 293.
4. *Le Moniteur* du 9 juillet 1815.

Page 507

1. *Le Moniteur* du 15 juillet 1815.
2. *Le Moniteur* du 19 août *1815.*
3. *Journal de Jean-Gabriel Eynard*, 24 juillet 1815, II, p. 250.

Page 508

1. *Voyage de S.M. Louis XVIII depuis son départ de Gand jusqu'à son entrée solennelle dans Paris*, Lille, imprimerie Dumortier, 1815, p. 11.

Page 509

1. *Souvenirs du duc de Broglie*, I, p. 311.
2. Hobhouse, *Souvenirs d'une longue vie*, I, p. 335-336.
3. « Relation de l'entrée du roi dans Paris le 8 juillet 1815 », archives du château de Brézé, carton 25, dossier 2. On trouve une autre bonne description du cortège dans Hobhouse.

Page 510

1. Duchesse de Maillé, *Souvenirs des deux Restaurations, p. 39.*
2. *Souvenirs du chevalier de Cussy, I, p. 60.*
3. *Journal du lieutenant Woodberry (1813-1815)*, Paris, Plon, 1896, p. 342. Woodberry assiste au passage du cortège des fenêtres du restaurant Véry, sur la terrasse des Feuillants.
4. Cité par Philip Mansel, *Louis XVIII*, p. 272, AN 197AP, Louis XVIII au comte de La Châtre, *20 juillet 1815.*

Page 511

1. *Souvenirs du chevalier de Cussy*, I, p. 60. Sur la scène du balcon, voir également Hériot de Vroil, p. 116. Cussy prétend que l'officier des gardes nationales était l'acteur Huet qui avait fait le voyage de Gand. L'expression : « Notre père de Gand » fera fortune et deviendra une chanson qui commence ainsi : « Quel est celui qui, comme un brigand / A parcouru, ravagé la terre ? / Ce n'est pas notre père / de Gand / Ce n'est pas notre père ! » En souvenir du séjour du roi en Belgique, on nommera aussi une partie du boulevard des Italiens le boulevard de Gand. Mais l'expression « gandins » qui désigne les jeunes gens à la mode aperçus sur les boulevards existait dans le vocabulaire avant l'affaire de Gand et n'en dérive donc pas directement.
2. *La Seconde Entrée triomphale*, caricature déposée par Durand le 5 mai 1815. De nombreux mémorialistes en parlent, ce qui prouve sa popularité et sa grande diffusion. Castellane la signale dans son Journal dès le 15 mai (I, p. 288), Mme de Montcalm le 8 juillet (p. 87).

3. Hériot de Vroil, *op. cit.* Selon Reiset, le discours du roi aurait été plus long et assez plat : « Mes amis, aujourd'hui, c'est jour de grande fête pour nous tous, réjouissez-vous et dansez sur les gazons » (III, p. 241).

4. Cité par Philip Mansel, *Louis XVIII*, p. 273-274.

Page 512

1. Villiers de L'Isle-Adam, *Les Contes cruels*, 1883, Garnier-Flammarion, 1980, p. 59 *sq.*

2. Hobhouse, *Souvenirs d'une longue vie*, I, p. 333.

Page 513

1. Noailles, *le comte Molé*, I, p. 270.

Page 514

1. Cité par Paul Thureau-Dangin, *Le Parti libéral sous la Restauration*, Paris, Plon, 1876, p. 75.

Page 515

1. Cité par Jean Tulard, in *Les Vingt Jours*, p. 262. *Souvenirs de Pierre Foucher (1772-1845)*, Paris, Plon, 1929. Il existe de nombreux exemples de familles ainsi divisées. Chez les Choiseul, l'un (Stainville) est à Gand tandis que l'autre (Praslin) siège à la Chambre des pairs de Napoléon. On pourrait en dire autant des Montesquiou, des La Bédoyère, entre Charles, qui ne voit de solution qu'en Napoléon, et sa belle-famille Chastellux, sans parler de son frère Henri, résolument royalistes.

2. Charles de Rémusat, *Mémoires de ma vie*. Ce texte fait partie des inédits conservés à la Bibliothèque nationale, Manuscrits, NAF, 14416. *Mémoires*, t. III.

Page 516

1. Alfred de Musset, *Les Confessions d'un enfant du siècle*, éditions R. Simon, p. 24.

2. Sur le héros et sa propagande, il faut lire et relire le superbe livre d'Annie Jourdan : *Napoléon, héros, imperator, mécène*, Aubier, 1998.

3. *Journal de la marquise de Montcalm*, 22 juillet 1815, p. 89.

4. Le général Morgan à Wellington, 7 juillet 1815, WSD, X, p. 668.

5. *Souvenirs du baron de Barante*, I, Lettre à sa femme, Paris, 8 juillet 1815, p. 166.

Page 519

1. *L'Hermite de Saint-Jean*, n° 44. Cité par Philippe Gaffarel, *in* « La terreur blanche à Marseille dans les derniers mois de 1815 », *Revue historique*, t. CXXII, 1916, p. 247. Il est extrêmement difficile de compter le nombre des victimes de ces soulèvements. On peut avancer quelques chiffres en recoupant les données de la police et celles avancées par certains contemporains dans leurs Mémoires : de 20 à 30 morts à Marseille les 25, 26 et 27 juin par fusillade, exécution sommaire ou massacre ; 4 à Toulouse le 26 juin, 4 à Montpellier le 27 dont un officier bonapartiste et trois femmes du peuple royalistes, puis à nouveau une centaine de volontaires royalistes qui tentaient de reprendre la ville sous le marquis de Montcalm, le 2 juillet, une

soixantaine à Nîmes les 17 et 18 juillet, essentiellement des soldats bonapartistes assassinés ou massacrés à la sortie des casernes. Cela continuera évidemment au moins jusqu'à la fin de l'année 1815. Selon les rapports de police il y eut de nombreuses victimes isolées, par assassinat, des deux côtés, royaliste et bonapartiste, un peu partout en France, de mars à juin, à Aubenas, Montauban, Marseille, Bordeaux, Tréguier, Loye dans l'Ain, en Mayenne, soit en tout une vingtaine de victimes, sans parler des combats de guerre civile dont les chiffres des tués varient d'un auteur à l'autre, mais doivent se monter à plus de mille si l'on fait le compte des combats d'avril dans le Midi, de ceux de mai et de juin, dans les Pyrénées-Orientales et surtout des deux côtés de la Loire.

Page 520

1. D'après la déclaration des consuls provisoires (Bonaparte, Sieyès, Ducos) de la République, en décembre 1799, à l'occasion de la proclamation de la Constitution de l'an VIII, peu après Brumaire.

Page 521

1. Curzio Malaparte, *Technique du coup d'État,* Paris, Grasset, « les Cahiers rouges », 1992. La première édition française de l'ouvrage date de 1931. Voir les commentaires qu'en font Patrice Gueniffey dans son *18 Brumaire* (Gallimard, 2008) et Emmanuel Cherrier lorsqu'il compare les coups d'État de l'oncle et du neveu, ceux de brumaire an VIII et de décembre 1851 : « Le 2 Décembre, l'archétype d'un coup d'État », *Napoleonica, revue en ligne publiée par la fondation Napoléon,* n° 1, mai-août 2008. On ajoutera, à ce bon article, quelques commentaires. Lorsque Napoléon s'est interrogé à Sainte-Hélène sur l'opportunité de son abdication, le 22 juin 1815, il a évoqué la possibilité de ce qui aurait pu être un coup d'État : dissoudre les Chambres par la force et s'emparer de la dictature. On notera que cela aurait été le seul coup d'État des Cent-Jours et qu'il aurait peut-être préfiguré celui, clairement illégal et violent, du 2 décembre 1851. Les raisons que donne Napoléon pour se justifier de n'avoir pas franchi le pas sont étonnamment ce que l'on reprochera beaucoup plus tard à son neveu : la violence et le sang. « N'allais-je pas là me tremper, noyer ma mémoire de mes propres mains dans ce cloaque de sang, de crimes, d'abominations de toute espèce, que la haine, les libelles, les pamphlets ont accumulés sur moi. » (Las Cases, *Mémorial de Sainte-Hélène,* I, p. 503). Mais ce sont là, sans doute, des raisons de polichinelle. En réalité, le 21 juin, Napoléon n'avait pas les moyens d'un coup d'État ni du côté de la force armée, ni du côté de l'opinion.

2. D'après le 11e décret du 13 mars publié avec les autres dans le *Journal du Rhône* et dans *Le Moniteur* du 22 mars.

3. *Mémorial de Sainte-Hélène,* II, p. 1250.

Page 524

1. Victor Hugo, *Quatre-Vingt-Treize,* Paris, Flammarion, 1964, p. 363. La première édition est de 1874.

INDEX

Index établi par Hervé Pyvert.

SOURCES ET BIBLIOGRAPHIE

N.B. : On ne donne ici que les références qui apparaissent à plusieurs reprises, en notes. Pour les références uniques, on consultera directement les notes en fin de volume. On a fait ici abstraction des études innombrables sur la bataille de Waterloo qui n'est abordée, dans ce livre, que de profil.

I. SOURCES

1. Sources manuscrites

Fonds publics

Archives nationales (CARAN)

Police générale

On s'est appuyé entre autres, en ce qui concerne la situation intérieure du pays sous les Cent-Jours, sur les minutes des bulletins quotidiens élaborés au ministère de la Police à partir des rapports des différents services administratifs des départements : Intérieur, Guerre et Police. Ces rapports n'avaient été lus qu'inégalement, surtout par Émile Le Gallo, l'un des rares historiens des Cent-Jours à avoir travaillé sur archives. On n'a pas exploité directement la *Correspondance militaire générale pendant les Cent-Jours*, des archives du Service historique de l'armée de terre, déjà largement dépouillée, en ce qui concerne les affaires intérieures, par Pascal Cyr, dont une partie du travail doit paraître prochainement (septembre 2008) dans la revue *Napoleonica*, sous le titre : « L'opposition des fonctionnaires sous les Cent-Jours ».

AF 3733 « Minutes des bulletins de police, 1814-1815 »

F7 10356 « Minutes des bulletins de police, avril-juillet 1815 »

F7 3858 « Rapports de la préfecture de police de Paris, février-juillet 1815 »

Maison du roi
O3* 396 « Écuries du roi, correspondances »
O3* 429 « Écuries du roi, dépenses et budgets de l'année 1815 »
O3 222 « Logement du roi à Ostende. Madame de Bal »
O3 627 « Maison du roi, Cabinet de Gand. Bons du roi, mars 1815 »
O3 663 « Correspondances diverses concernant la police, 1815 »
O3 2243 « Maison militaire, travail de Gand »
O3 2428 « Gardes du corps, service de mars 1815 »

Archives départementales
Nord – Lille
M 134 1-10 « Police générale »
M 135 1 « Procès-verbal de l'arrivée et du départ de S.M. Louis XVIII au Cateau, les 24, 25 et 26 juin 1815 »
J 790 « Papiers Bayart »

Bouches-du-Rhône – Marseille
1 M 534, 538 « Opinion publique, 1814-1815 »
1 M 543-544 « Administration générale des B.-du-R. Esprit public »,
31E 8031-8032 « Papiers d'Albertas »
1 D 40 « Archives municipales de Marseille. Délibérations du conseil municipal (1813-1815) »

Archives historiques de la préfecture de police
A/a 419 « Événements de 1815 »
A/a 70 « Rapports des commissaires de police au préfet. Section de la Réunion (Beaubourg) »
A/a 125 « Rapports des commissaires de police au préfet. Section de la Butte des Moulins (Palais-Royal) »
A/a 133 « *Ibidem*. Section de la Cité, 1811-1815 »
A/a 330 et 331 « Fédérés de Paris, 1815-1816 »

Archives de l'armée de terre, Vincennes – SHAT
XAD 8 « Maison militaire du roi – Cie des cent gardes suisses ordinaires »
XAD 10 « Maison militaire du roi – Compagnies rouges – objets généraux »
XAD 11 « Maison militaire du roi – Grenadiers à cheval du roi »
XAD 12-15 « Maison militaire du roi – Gardes du corps, généralités – 1814 »
XAD 18 « Compagnie de Gramont »

Archives de l'Assemblée nationale
Dossier V : Chambre des représentants de 1815

Bibliothèque nationale – Manuscrits
Naf 14416. Charles de Rémusat, *Mémoires de ma vie*, t. III, livre VI : « Considérations générales sur les Cent-Jours ». Il s'agit d'un texte coupé dans l'édition Pouthas, I, p. 210.

Bibliothèque du Sénat – Manuscrits
Duprat-Taxis, « La nouvelle pairie française d'après la Charte, organisée par l'ordonnance du 25 août 1817 », BR (Brigode), n° 122

Bibliothèque de l'Observatoire de Paris
Ms AF 1-19 « Observations météorologiques faites à l'Observatoire de Paris du 1er mai 1814 à la fin février 1818 »

Bibliothèque historique de la Ville de Paris
Ms 1013 « Restauration, 1814-1815 »

À l'étranger

Archives générales du royaume de Belgique
Papiers Van Gobbelschroy, Correspondance générale, Justice et Police avril-juin 1815, vol. 2 à 5
Correspondance générale, Guerre, vol. 30, 33, 34A, 35

Archives de l'université de Gand
Ms G 10982 Pierre Hye Schoutheer, Dag Aenteekening of kronyke van het voorgevallene binnen de Stad Gend te beginnen van den 29 januari 1813 tot in de maend augusti 1815
Ms G 14248 Callion, Gendsche Kronyker 1815-1835, 3 vol.

Archives du Royaume, Gand
Fonds de la Faille d'Huysse 228 suplt RRR « Affiches, proclamations et ordonnances, 1814-1815 »

Archives municipales de Gand (Stadsarchief)
Procès-verbaux des séances du conseil municipal de Gand, juillet 1812-septembre 1816

Fonds privés

Archives Blacas, Ussé. Ce sont les archives du ministre de la Maison du roi Casimir de Blacas, en 1814 et sous les Cent-Jours. Quasiment inédites – elles ont été rapidement consultées par Ernest Daudet au début du XXe siècle pour son *Histoire de l'émigration* –, elles constituent le fonds le plus riche en matière d'archives pour qui veut étudier les « Cent-Jours du roi ». Classées à la fin du XIXe siècle, mais sans inventaire détaillé, elles se composent d'une soixantaine de cartons, dont huit concernent directement les Cent-Jours, de nombreuses brochures, gravures, sans compter les Mémoires inédits de la comtesse Auguste de La Ferronnays, la belle-sœur du duc de Blacas. Je remercie vivement Béatrix de Blacas d'avoir bien voulu me les mettre à disposition, tout en m'aidant avec une immense gentillesse.

Carton 12 bis : « Lettres politiques, 1815 » : liasse 1 (lettres au comte d'Artois) ; liasse 4 (lettres à Pozzo di Borgo) ; liasse 5 (lettres à Lainé) ; liasse 6 (lettres aux agents) ; liasse 7 (proclamations et déclarations royales, récits des événements, notes et projets de Blacas) ; liasses 10 et 11 (nouvelles de Paris, lettres interceptées, presse et rapports) ; liasse 12 (lettres à l'ambassadeur de Naples Castelcicala) ; liasse 13 (lettres diverses)
Carton 25 : liasse 1 (lettres de Blacas au roi, du roi à Blacas) ; liasses 3 et 9 (lettres du comte d'Artois à Blacas, de Blacas au comte d'Artois)
Carton 26 : Lettres du duc et de la duchesse d'Angoulême à Blacas – Affaires du Midi, 1815
Carton 31 : Correspondance privée de Blacas au chevalier de Jonville et de Jonville à Blacas – comptes secrets du roi
Carton 35 : Correspondance diplomatique, 1815 – à Vincent, Gentz, Wellington, Castlereagh, etc. ; lettres du vicomte de La Boulaye
Cartons 42 et 43 : Lettres privées de divers amis à Blacas : le duc et la duchesse de Duras, Mme de Staël, le baron Hüe, La Maisonfort, etc.
Carton 69 : Comptes du roi à Londres (1815-1824)

« Souvenirs d'une pauvre vieille – Mémoires de la comtesse Auguste de La Ferronnays », 2 volumes manuscrits reliés

Archives Chabrol de Volvic, Jozerand
« Note à partir des approches du 20 mars 1815 par le comte de Chabrol, préfet de la Seine » ; correspondances diverses

Archives Dreux-Brézé, Brézé
Ces archives sont celles du grand maître des cérémonies de Louis XVI, Louis XVIII et Charles X
Carton 25 : « Entrées du roi dans Paris » : liasse 2 (relation de l'entrée du roi dans Paris, le 8 juillet 1815)
Carton 38 : « Députations » : liasse 2 (mai 1814)
Carton 98 : « Séances royales » : liasse 3 (16 mars 1815. Séance royale à la Chambre des députés des départements)
Carton 99 : « Semaine sainte » : liasse 1 (Cène. 27 février 1815 – Observations du grand maître des cérémonies contre le projet de règlement qu'on proposait au prince de Condé, grand maître de France, de faire publier relativement à la cérémonie de la Cène)

Archives Galard, Terraube
« Journal de Louis-Victor de Galard, marquis de Terraube »

Archives Antoine Jay, Paris
Correspondances diverses, en particulier avec La Fayette (1815-1819)

Archives Staël, Coppet
Correspondance d'Auguste de Staël à sa mère, Germaine de Staël, Paris, mars-décembre 1815

Archives Choiseul
« Vie historique et anecdotique du maréchal Sebastiani », par V.A. Fauconneau-Dufresne, docteur en médecine, ancien secrétaire général de la Société du Berry, inspecteur pour l'Indre de la Société française d'archéologie, ancien membre du conseil municipal, chevalier de la Légion d'honneur, officier d'académie, Châteauroux, 1875, copie de l'original

Archives Talleyrand, Le Marais
Correspondance du prince de Talleyrand à la duchesse de Courlande (1809-1821)

Archives Fouché
Ce fonds inédit n'a été que partiellement exploité. Il n'est pas classé. On y trouve des notes manuscrites de Fouché, une très riche correspondance active et passive concernant les Cent-Jours, des notes, mémoires et rapports de police divers adressés au ministre.

2. Sources imprimées

Almanachs et journaux

Ont été dépouillés pour l'ensemble de la période l'*Almanach royal* pour les années 1814 et 1815, À Paris, chez Testu, 2 vol. ; *Le Moniteur universel* du 5 mars au 8 juillet 1815 ; le *Journal universel* imprimé à Gand (avril-juin 1815) ; le *Journal de Gand, politique, commercial et littéraire* (avril-juin 1815) ; *Le Nain jaune* ; *Le Nain couleur de rose* (18 juin 1815) ; le *Journal de l'Empire* ; *L'Indépendant* ; le *Times* (mars 1815) ; le *Leipziger Zeitung* (mars-avril 1815).

Archives parlementaires

Procès-verbaux des séances de la Chambre des députés, Session extraordinaire du 13 au 20 mars 1815, Paris, imprimerie de A. Henry, 1844.

Archives diplomatiques

Traité et conventions conclus entre la France et les puissances alliées, le 20 novembre 1815 ; auxquels on a joint le traité de Paris du 30 mai 1814 et celui conclu entre l'Autriche, l'Angleterre, la Prusse et la Russie, pour garantir en France les principes de légitimité et la Charte constitutionnelle ; publiés après la communication officielle qui en a été faite aux deux Chambres, et précédés du discours de M. le duc de Richelieu à la Chambre des députés, le 25 novembre 1815, Paris, Pillet, 1815.

MARTENS (G.F. de), *Nouveau Recueil de traités*, t. I, II, 1814-1815, À Gottingue, Librairie de Dietrich, 1818

ANGEBERG, *Le Congrès de Vienne et les traités de 1815, précédé et suivi des actes diplomatiques qui s'y rattachent*, Amyot, 4 vol., 1864.

Textes constitutionnels

Les Chartes et l'Acte additionnel aux Constitutions de l'Empire ont été publiés par Jacques Godechot dans *Les Constitutions de la France depuis 1789*, Paris, Garnier-Flammarion, 1979 ; les différentes versions préparatoires de la Charte de 1814 et les textes annexes sont donnés par Pierre Rosanvallon dans *La Monarchie impossible. Les Chartes de 1814 et de 1830*, Fayard, 1994.

Collections de documents relatifs aux Cent-Jours

Collectifs Teissèdre, 1814-1815

– *Souvenirs des régions envahies*, 1999

– *De l'exil au retour de l'île d'Elbe. Récits de contemporains*, 2001

– *Les redditions de 1815. Dernières Résistances dans l'est de la France*, 2001.

CHUQUET (Arthur), *Lettres de 1815, 1re série*, Paris, Champion, 1911 ; inédits de 1815.

FORESTIER (Henri), *L'Yonne au* XIX*e siècle (1800-1830)*, Auxerre, 2 vol., 1959.

GUÉNIN (G.) et NOUAILLAC (J.), *Le Consulat, l'Empire et la Restauration, 1800-1830. Lectures historiques*, Paris, Plon, 1923.

ROMBERG (Édouard) et MALET (Albert), *Louis XVIII et les Cent-Jours à Gand. Recueil de documents inédits*, Paris, Alphonse Picard et fils, 2 vol., 1898.

SCHULZE (Friedrich), *1813-1815. Deutschen Befreiungskriege in Zeitgenössischer schilderung*, R. Voigtländers Verlag in Leipzig, 1912.

KRÖGER (Alfred), *Napoleon kam bis Waterloo. Die Hundert Tage im Spiegel der zeitgenössischen Presse*, Herausgegeben von Alfred Kröger, Deutscher Taschenbuch Verlag, 1968.

Rapports de police et d'agents secrets publiés

DAUDET (Ernest), *La Police politique. Chroniques du temps de la Restauration d'après les rapports des agents secrets et les papiers du cabinet noir, 1815-1820*, Paris, Plon, 1912.

FIRMIN-DIDOT (Georges), *Royauté ou Empire. La France en 1814 d'après les rapports inédits du comte Anglès*, Paris, Firmin-Didot, s.d.

FORGUES (Eugène), *Le Dossier secret de Fouché (juillet-septembre 1815)*, Paris, Émile Paul, s.d.

WEIL (Cdt M.-H.), *Les Dessous du congrès de Vienne, d'après les documents originaux du ministère impérial et royal de l'Intérieur à Vienne*, Paris, Payot, 2 vol., 1917.

WELVERT (Eugène), *Napoléon et la police sous la première Restauration*, Paris, R. Roger, s.d.

Brochures, récits et pamphlets contemporains des Cent-Jours

On trouvera une bibliographie partielle des pamphlets de la première Restauration et des Cent-Jours *in* Louis Villat, *La Révolution et l'Empire*, II, *Napoléon (1799-1815)*, Paris, 1947, p. 259-265.

Almanach des cumulards ou Dictionnaire historique desdits individus cumulards, avec la note très exacte de leurs divers appointements, traitements, pensions, etc. Le tout mis en lumière par un homme qui sait compter, Première année, Paris, à la librairie monarchique de N. Pichard, 1821.

ABORD-GUENOT (Louis-Gabriel-Antoine), « Précis historique des événements qui se sont passés à Autun, mars-juillet 1815 », *Mémoires de la Société éduenne*, nlle série, vol. XXXV, p. 189-198.

BARRUEL (abbé), *Mémoires pour servir à l'histoire du jacobinisme*, Londres, 5 vol., 1797 ; rééd. Paris, 1818.

BARRUEL-BEAUVERT, *Interrègne des Bourbons*, Paris, 3 vol., 1815.

BEAUCHAMP (Alphonse de), *Histoire de la campagne de 1814 et de 1815*, Paris, Le Normant, 4 vol., 1816-1817.

BONAPARTE (Lucien), *La Vérité sur les Cent-Jours, suivi de documents historiques sur 1815*, Paris, Ladvocat, 1835.

Bulletin de Paris ou relation historique des événements qui sont arrivés en France en 1814 et 1815, et particulièrement pendant le siège de Paris, depuis le 22 juin jusqu'au 8 juillet, époque de la rentrée du roi dans sa capitale, Paris, Lerouge libraire, 1815.

CANUEL (général), *Mémoires sur la guerre de Vendée en 1815*, Paris, Dentu, 1817.

CARNOT, *Mémoire au roi*, Paris, 1815 ; *Exposé de la conduite politique de M. le lieutenant général Carnot depuis le 1er juillet 1814*, Paris, 1815.

CAUCHOIS-LEMAIRE, *Correspondance sur les Cent-Jours avec notes et pièces justificatives*, Paris, 1822.

CHATEAUBRIAND, *Rapport sur l'état de la France fait au roi dans son Conseil le 12 mai 1815*, 1815, rééd. in *Œuvres complètes*, t. II, *Mélanges politiques*, Firmin Didot, 1846, p. 198-213 ; *Mémoires sur S.A.R. Monseigneur le duc de Berry*, 1820, rééd. *ibidem*, p. 2-57.

CONSTANT (Benjamin), *Mémoires sur les Cent-Jours*, Paris, chez Béchet, 1820 ; rééd. avec une introduction, Pichon et Didier, 1829 ; nouvelle édition avec préface, notes et commentaires d'O. Pozzo di Borgo, Pauvert, 1961 ; *Recueil d'articles 1795-1817*, éd. Ephraïm Harpaz, Genève, Droz, 1978.

DELANDINE DE SAINT-ESPRIT (Joseph), *Le Panache d'Henri IV ou les phalanges royales en 1815*, A. Egron, 2 vol., mars 1817.

DELBARE (T.), *Nouveaux Éclaircissements sur la conspiration du 20 mars et sur l'histoire des Cent-Jours, tirés des Mémoires d'un secrétaire de Napoléon*, Paris, 1821.

Dictionnaire des Girouettes ou nos contemporains peints par eux-mêmes,... par une société de girouettes, Paris, Alexis Eymery (1815).

DURDENT (R.J.), *Cent Dix Jours du règne de Louis XVIII ou tableau historique des événements politiques et militaires depuis le 20 mars jusqu'au 8 juillet 1815, jour de la rentrée du roi dans sa capitale*, Paris, Alexis Eymery, 1815.

Éphémérides historiques et politiques du règne de Louis XVIII depuis la Restauration, Paris, F.M. Maurice, 1825.

FABRY, *Itinéraire de Buonaparte de l'île d'Elbe à Sainte-Hélène*.

FOUCHÉ, *Rapport au roi sur la situation de la France le 20 juillet 1815*, in *Précis de la vie du duc d'Otrante*, Londres, 1816.

FRÉNILLY, *Mémoires historiques sur Fouché de Nantes, maintenant duc d'Otrante, par un Anglais*, Paris, Delaunay, décembre 1815.

GALLAIS, *Histoire de la révolution du 20 mars 1815*, Paris, 1815.

GUÉRARD (Émile), *Époque de 1815...*, À Paris, chez Delaunay, Pélicier, Béchet et Corréard, 1821.

GUERRE (J.), *Campagnes de Lyon en 1814 et 1815*, À Lyon, imprimerie de J.B. Kindelem, 1816.

GUILLEMIN (Alexandre), *Le Patriotisme des volontaires royaux de l'école de droit de Paris*, Adrien Egron, novembre 1822.

HOBHOUSE (lord Brougham), *Lettres écrites de Paris pendant le dernier règne de l'empereur Napoléon*, Gand, 2 vol., 1817.

HOCQUART (Édouard), *Le Duc de Berry ou les vertus et belles actions d'un Bourbon*, Paris, Didot le jeune, 1820.

Itinéraire de Buonaparte de l'île d'Elbe à l'île de Sainte-Hélène ou Mémoires pour servir à l'histoire des événements de 1815, par l'auteur de la *Régence de Blois*, Paris, Le Normant, 1815.

JAY (Antoine), *Esquisse historique et fragments inédits sur les Cent-Jours*, Paris, 1819 ; *Les Ermites en prison*, Ladvocat, 1823.

JENIN DE MONTÈGRE, *Examen rapide du gouvernement des Bourbons en France depuis le mois d'avril 1814 jusqu'au mois de mars 1815*, À Lyon, imp. J.B. Kindelem, 1815.

JUGE (Jacques), *Du gouvernement de Louis XVIII ou les causes de la journée du 20 mars 1815*, Paris, Martinet, 23 mars 1815.

LABORDE (Alexandre de), *Quarante-Huit Heures au château des Tuileries pendant les journées des 19 et 20 mars 1815. Précis historique des événements qui ont eu lieu pendant ces deux jours*, Paris, M. Joubert, 1815.

LA MARTELIÈRE, *Conspiration de Buonaparte contre Louis XVIII, roi de France et de Navarre*, Paris, J.G. Dentu, 1815.

LANOË (M. de), *Observations critiques sur les deux ouvrages du duc d'Otrante*, à Paris, chez Plancher, Eymery, Delaunay, 1815.

MASSÉNA, *Mémoires sur les événements qui ont eu lieu en Provence aux mois de mars et avril 1815*, Delaunay, 1816.

MICHAUD, *Histoire de quinze semaines ou le dernier règne de Bonaparte*, Paris, août 1815.

MONNIER, *Une année de la vie de l'empereur Napoléon ou précis historique de tout ce qui s'est passé depuis le 1er avril 1814 jusqu'au 20 mars 1815 relatifs à S.M. et aux braves qui l'ont accompagnées..., par A.D.B.M., lieutenant de grenadiers*, Paris, A. Eymery, 1815.

MONTLOSIER (comte de), *Des désordres actuels de la France et des moyens d'y remédier*, Paris, H. Nicolle, 1815.

Le Néron corse, Gand, 16 juin 1815.

POUY (F.), *Histoire des cocardes blanches, noires, vertes et tricolores*, Paris, Baur et Detaille, 1872.

REGNAULT DE WARIN, *Cinq Mois de l'histoire de France ou la fin de la vie politique de Napoléon*, Paris, Eymery, 1815 ; *Pour ou contre ou embrassons-nous. Mémoire adressé au roi en juillet*, Paris, chez Plancher ; *Rapport sur l'état de la France fait au roi dans son cabinet. Réfutation par M. R. de W., citoyen français*, Paris, chez Plancher, juin 1815.

Les Remontrances du parterre. Lettre d'un homme qui n'est rien à ceux qui ne sont rien, Paris, chez les marchands de nouveautés, août 1814.

Secrets de la cour de Louis XVIII. Recueil de pièces authentiques ; pièces historiques ; pièces confidentielles au général Pichegru, au comte d'Artois, au duc de Fitz-James, aux généraux vendéens. Liste des membres de la Convention qui devaient être livrés à différents supplices, suivi de : *Fanfaronnades et projets de vengeance des émigrés*, extraits de leur correspondance, Paris, Eymery, avril 1815.

SISMONDI (Sismonde de), *Examen de la Constitution française pendant les Cent-Jours*, 1815 ; « Notes de Sismondi sur l'empire et les Cent-Jours », *Revue historique*, 1879, p. 360-399.

SOULT, *Mémoires justificatifs de M. le maréchal Soult*, Paris, Le Normant, 1815.

STAËL (Mme de), *Considérations sur les principaux événements de la Révolution française*, Paris, 1818 ; nouv. éd. Jacques Godechot, *Considérations sur la Révolution française*, Tallandier, 1983.

Tableau historique des événements qui se sont passés à Lyon depuis le retour de Bonaparte jusqu'au rétablissement de Louis XVIII, Lyon, chez Guyot, août 1815.

VANDERVAEREN (E.), *Observations et notes sur la loi fondamentale des Pays-Bas... et sur les divers projets de 1814*, Anvers, 1815.

Voyage de Sa Majesté Louis XVIII depuis son départ de Gand jusqu'à son entrée solennelle à Paris, Lille, imprimerie Dumortier, 1815.

WILLIAMS (Héléna-Maria), *Relation des événements qui se sont passés en France du 1er mars au 30 novembre 1815*, Paris, Dentu, 1815.

Estampes et caricatures

Bibliothèque nationale – Estampes
Collection de Vinck – Qb1 1815 M 108 000 *sq.*
Collection Henin CLVII

Catalogue Teissèdre, 2005 : n° 774 : « Exceptionnel recueil de 163 caricatures ». Parmi elles, de nombreuses caricatures consacrées aux Cent-Jours.

Mémoires et correspondances

On consultera les deux répertoires bibliographiques sur les Mémoires de l'Empire et de la Restauration, le premier dirigé par Jean Tulard (Droz, 1991), le second par G. de Bertier de Sauvigny et A. Fierro (Droz, 1988).

En ce qui concerne le volet militaire des Cent-Jours, on consultera également Philippe de Meulenaere, *Bibliographie analytique des témoignages oculaires imprimés de la campagne de Waterloo*, éditions Teissèdre, 2004.

ABRANTÈS, *Mémoires de la duchesse d'Abrantès*, Paris, Garnier frères, t. X.

AGOULT, *Mémoires, Souvenirs, Journaux de la comtesse d'Agoult*, éd. Charles Dupêchez, Mercure de France, 1990, vol. I.

AGOULT, *Mémoires du colonel comte Charles d'Agoult*, éd. Chantal de Saint-Priest d'Urgel, Mercure de France, 2001.

ANDIGNÉ (général d'), *Mémoires du général d'Andigné*, éd. Edmond Biré, rééd. Mayenne, Yves Floch, 1990.

ANGOULÊME (duchesse d'), « Souvenirs de 1815 », *Le Correspondant*, 1913.

ARBLAY (Fanny d'), *Du Consulat à Waterloo. Souvenirs d'une Anglaise à Paris et à Bruxelles*, éd. partielle à partir de l'édition anglaise de 1972-1984 (12 vol., Oxford, Clarendon Press) et traduction de Roger Kann, José Corti, 1992.

AUGICOURT DE POLIGNY (Paul Hugon, comte d'), « Un gentilhomme franc-comtois pendant les Cent-Jours », *Bulletin de la Société d'agriculture, lettres, sciences et arts du département de la Haute-Saône*, 1936, p. 37-66.

BARANTE (Prosper de), *Souvenirs du baron de Barante*, Paris, Calmann-Lévy, 8 vol., 1890-1901, vol. II, *1814-1821*.

BARY (Émile), *Les Cahiers d'un rhétoricien de 1815*, Hachette, 1890.

BARRAS, *Mémoires de Barras*, Librairie Hachette, 1896, vol. IV.

BARRÈS (Jean-Baptiste), *Souvenirs d'un officier de la Grande Armée*, rééd. Tallandier, 2004.

BARROT (Odilon), *Mémoires posthumes*, Charpentier, 1875, vol. I.

BERTHAUT DU COIN (Claude), *Souvenirs du commandant Berthaut du Coin par Amaury de La Plagne*, Paris, s.d.

BERTIER DE SAUVIGNY (Ferdinand de), *Souvenirs inédits d'un conspirateur (1789-1815)*, éd. G. de Bertier de Sauvigny, Tallandier, 1990.

BEUGNOT, *Mémoires du comte Beugnot (1783-1815)*, E. Dentu, 2 vol., 1868, vol. II.

BLACAS (Casimir, duc de), *Joseph de Maistre et Blacas, leur correspondance inédite et l'histoire de leur amitié, 1804-1820*, éd. Ernest Daudet, Plon-Nourrit, 1908.

BOIGNE (Adèle de), *Mémoires de la comtesse de Boigne. Récit d'une tante*, nouv. éd., Mercure de France, 2 vol., 1982.

BOISCOLOMBE (vicomte), « Souvenirs du lieutenant-colonel Boucquel de Beauval », *Le Correspondant*, 25 septembre 1892.

BOTTIN (Sébastien), in *Rodocanachi*, en annexe de sa biographie, les lettres de l'inventeur de l'annuaire qui porte son nom, député de la Chambre des Cent-Jours.

BONNEVAL (marquis de), *Mémoires du marquis de Bonneval*, Plon-Nourrit, 1900.

BORY DE SAINT-VINCENT (Jean-Baptiste), *Mémoires sur les Cent-Jours pour servir d'introduction à l'histoire de toute ma vie*, H. Souverain, 1838.

BOUCHER DE PERTHES (Jacques), *Sous dix rois. Souvenirs de 1791 à 1860*, Paris, Jung-Treuttel, 8 vol., 1863-1868, vol. III ; *Correspondance de Jacques Boucher de Perthes (1788-1868)*, Les Éditions claires, 1947.

BOULAY DE LA MEURTHE, *Mémoires publiés par sa famille*, Champion, 1868.

BOURGOING (Paul de), *Souvenirs d'histoire contemporaine. Épisodes militaires et politiques*, E. Dentu, 1864 ; *Souvenirs militaires du baron de Bourgoing*, Plon-Nourrit, 1897.

BOURRIENNE (Louis-Antoine de), *Mémoires de M. de Bourrienne sur Napoléon, le Directoire, le Consulat, l'Empire et la Restauration*, Ladvocat, 10 vol., 1829.

BROGLIE (Victor, duc de), *Souvenirs (1775-1870) de feu le duc de Broglie*, Calmann-Lévy, 4 vol., 1886, vol. I.

CAMPBELL (sir Neil), *Journal*, in *Chroniques des événements de 1814 et 1815*, par Amédée Pichot, Paris, 1873.

CARNOT (Hippolyte), *Mémoires sur Lazare Carnot, 1753-1823*, Paris, Hachette, 2 vol., 1907 ; vol. II.

CASTELLANE (Boniface-Louis-André, comte de), *1758-1837*, Plon-Nourrit, 1901.

CASTELLANE (Esprit-Victor-Boniface de), *Journal du maréchal de Castellane (1804-1862)*, Plon, 5 vol., 1895-1897, vol. I, *1804-1823*.

CASTLEREAGH (lord), *Correspondence, despatches and other papers of viscount Castlereagh edited by his brother, the marquess of Londonderry*, London, 12 vol., 1848-1852. À compléter avec le livre de Charles Webster, *British diplomacy 1813-1815*, Liverpool, 1921, pour sa correspondance avec lord Liverpool en 1815.

CAVEL (Charles), *Souvenirs militaires du lieutenant de Bellerive, garde du corps*, Paris, Crapelet, 1833.

CHABROL DE VOLVIC, *Souvenirs inédits de M. le comte Chabrol de Volvic*, Ville de Paris, Commission des travaux historiques, 2002.

CHATEAUBRIAND (Mme de), *Cahier rouge et cahier vert*, nouv. éd. J. P. Clément, Perrin, 1990.

CHASTENAY (Mme de), *Mémoires de Mme de Chastenay, 1771-1815*, Plon, 2 vol., 1896 ; vol. II, *L'Empire, la Restauration, les Cent-Jours* ; rééd. Perrin, 1987.

CHATEAUBRIAND (François-René, vicomte de), *Mémoires d'outre-tombe*, éd. du centenaire établie par Maurice Levaillant, Flammarion, 4 vol., 1948, rééd. 1982 ; *Correspondance générale*, éd. Pierre Riberette, Gallimard, 5 vol., 1979-1986, vol. III, *1815-1820*.

CLARKE (duc de Feltre), *Mémoires du duc de Feltre*, René Reiss, 1999.

COMBE (colonel), *Mémoires du colonel Combe*, Paris, Plon-Nourrit, 1896 ; rééd. Bernard Giovanangeli Éditeur, 2005.

CONSTANT DE REBECQUE (Benjamin), *Portraits, mémoires, souvenirs*, éd. Ephraïm Harpaz, Champion, 1992 ; *Lettres à Mme Récamier (1807-1830)*, éd. Ephraïm Harpaz, Klincksieck, 1977.

CONSTANT (Louis Constant Wairy, dit), *Mémoires de Constant, premier valet de chambre de l'empereur, sur la vie privée de Napoléon, sa famille et sa cour*, Ladvocat, 6 vol., 1830-1831, rééd. Mercure de France, 1967.

COUDREUX (commandant), *Lettres du commandant Coudreux à son père*, pub. G. Schlumberger, Plon-Nourrit, 1908.

COULMANN (Jean-Jacques), *Réminiscences*, Genève, 2 vol., Slatkine reprints, 1973.

CROŸ D'HAVRÉ (Pauline de), « Les Cent-Jours vus par une royaliste », extraits publiés par Georges Englebert, in *Bulletin de la Société belge d'études napoléoniennes*, n° 27, septembre 1958, p. 27-30.

CUSSY (chevalier de), *Souvenirs du chevalier de Cussy*, Plon, 2 vol., 1909.

DELEUZE (Camille), *Mémoires d'un ancien officier de l'armée de Condé*, in *Souvenirs et Mémoires. Recueil mensuel de documents autobiographiques*, sous la dir. de Paul Bonnefon, Paris, L. Gougy, 6 vol., 1898-1901 ; vol. V, p. 39-71, 132-157, 220-256.

DAMAS (Maxence de), *Mémoires du baron de Damas*, Plon, 2 vol., 1922 ; vol. I, *1785-1822*.

DAVOUT (maréchal), *Correspondance du maréchal Davout, prince d'Eckmühl, ses commandements, son ministère. 1801-1815*, Plon, 4 vol., 1885.

DUMAS (Alexandre), *Mes Mémoires*, rééd. Robert Laffont / Bouquins, 2 vol., 1989 ; vol. I, *1802-1830*.

DUMAS (Mathieu), *Souvenirs du général comte Mathieu Dumas, de 1770 à 1836*, Gosselin, 3 vol., 1839, vol. III.

DU MONTET (baronne), *Souvenirs de la baronne Du Montet*, Plon, 1904.

ECKSTEIN (baron d'), *De ma carrière politique et littéraire en France et dans les Pays-Bas*, Paris, 1829.

Esquisses historiques. Marseille depuis 1789 jusqu'en 1815, par un vieux Marseillais, vol. II, Marseille, 1844.

EYNARD (Jean-Gabriel), *Journal*, éd. Édouard Chapuisat, Plon, 2 vol., 1814-1824, vol. II, *Les Cent-Jours*.

FERRAND (comte), *Mémoires du comte Ferrand, ministre d'État sous Louis XVIII*, Paris, Picard, 1897.

FANTIN DES ODOARS, *Journal, 1800-1830*, Paris, Plon, 1895.

FAUCHEUR, *Souvenirs de campagne du sergent Faucheur*, éd. Jacques Jourquin, Tallandier, 2004.

FLEURY DE CHABOULON (P.-A.-Édouard), *Les Cent-Jours. Mémoires pour servir à l'histoire de la vie privée, du retour et du règne de Napoléon en 1815*, Londres, Murray, 2 vol., 1818-1820 ; rééd. avec les annotations manuscrites de Napoléon Ier par Lucien Cornet, Rouveyre, 3 vol., 1901.

FONTAINE, *Journal, 1795-1853*, ENSBA, 2 vol., 1987, vol. I, 1799-1824.

FOUCHÉ (Joseph), *Mémoires de Fouché*, éd. Louis Madelin, nouv. éd. Flammarion, 1945.

FRÉNILLY (baron de), *1768-1848. Souvenirs d'un ultraroyaliste*, nouv. éd. Frédéric d'Agay, Perrin, 1987.

GALLATIN (James), *A Great Peace Maker. The Diary of James Gallatin, 1813-1827*, London, Heinemann, 1914.

GENTZ (Friedrich von), *Tagebücher von Friedrich von Gentz...*, Leipzig, F.A. Brockhaus, 4 vol., 1873-1874.

GÉRAUD (Edmond), « Un témoin des deux Restaurations. Souvenirs de la duchesse d'Angoulême », publié par E. Laurentie, *Le Correspondant*, 25 août 1913.

GNEISENAU, *Eine auswahl Aus seinen Briefen und Dentschriften herausgegeben und eingeleitet von Wilhelm Capelle*, Leipzig und Berlin, 1911.

GOBINEAU (Louis de), *Mémoires du comte Louis de Gobineau*, éd. critique par Jean Puraye, Bruxelles, Érasme, 1955.

GONNEVILLE, *Mémoires du colonel de Gonneville*, Paris, Didier, 1876.

GONTAUT, *Mémoires de Mme la duchesse de Gontaut, gouvernante des enfants de France*, Paris, Plon, 1891.

GUIZOT (François), *Mémoires pour servir à l'histoire de mon temps*, M. Lévy, 8 vol., 1858-1867, vol. I ; *Lettres de M. Guizot à ses amis et à sa famille recueillies par Mme de Witt*, Paris, Hachette, 1880.

HÉRIOT DE VROIL (Henry), *Mémoires d'un officier de la garde royale (1785-1855)*, Honoré Champion, 1904.

HOBHOUSE (lord Brougham), *Napoléon, Byron et leurs contemporains. Souvenirs d'une longue vie*, Paris, Félix Juven, 2 vol., 1910.

HORTENSE (reine), *Mémoires de la reine Hortense*, éd. Jean Hanoteau, Plon, 3 vol., 1927.

HOPE (James), *Letters from Portugal, Spain and France by a British Officer*, Edinburgh, 1819, réimp. 2001.

HÜE (baron), *Souvenirs du baron Hüe, 1787-1815*, éd. Baron de Maricourt, Calmann-Lévy, s.d.

HUGO (Victor), *En voyage. France et Belgique*, Paris, J. Hetzel et Cie, 1892 ; *Choses vues*, Paris, J. Hetzel, s.d. ; *Correspondance familiale et écrits intimes*, I, *1802-1828*, Robert Laffont/Bouquins, 1988.

HYDE DE NEUVILLE, *Mémoires et Souvenirs du baron Hyde de Neuville*, Plon, 2 vol., 1892.

JACKSON (Basil), *Waterloo et Sainte-Hélène*, Paris, Plon, 1912 en traduction française.

JAL (Antoine), *Souvenirs d'un homme de lettres*, Léon Techener, 1877.

JAUCOURT (comte François de), *Correspondance du comte de Jaucourt avec le prince de Talleyrand pendant le congrès de Vienne*, Plon, 1905.

KRETTLY, *Souvenirs historiques du capitaine Krettly*, éd. du Nouveau Monde, 2003.

KRIMER (Wenzel), *Erinnerungen eines alten Lützower Jägers, 1795-1819*, Stuttgart, Robert Lutz Verlag, 2 vol., s.d.

LABORDE (Étienne), *Napoléon et sa garde, ou relation du voyage de Fontainebleau à l'île d'Elbe en 1814 ; du séjour de l'Empereur dans cette île et de son retour... par le lieutenant-colonel Delaborde*, Paris, Desrez, 1840.

LA FAYETTE (marquis de), *Mémoires, correspondances et manuscrits du général La Fayette*, publiés par sa famille, Paris, Fournier aîné, 6 vol., 1837-1838.

LAFFITTE (Louis), *Mémoires de Laffitte (1767-1844)*, éd. Paul Duchon, Firmin-Didot, 1932.

LA MAISONFORT (marquis de), *Mémoires d'un agent royaliste*, Mercure de France, 1978.

LAMARQUE (général), *Mémoires et Souvenirs du général Maximilien Lamarque*, Fournier jeune, 3 vol., 1835-1836 ; le volume I concerne les Cent-Jours. Voir également sa réponse au général Canuel, publiée en 1817.

LAMARTINE (Alphonse de), *Les Confidences*, Paris, Furne et Cie, 1862 ; *Souvenirs de jeunesse, 1790-1815*, nlle éd. Marie-Renée Morin, Tallandier, 1990 ; *Correspondance générale*, 2e série, t. I : *1807-1815*, Champion, 2004.

LA PLAGNE (Amaury de), *Souvenirs de Bertaud du Coin*, Paris-Lyon, Évitte, 1914.

LAS CASES (Emmanuel de), *Mémorial de Sainte-Hélène*, éd. Gérard Walter, Gallimard, Bibliothèque de la Pléiade, 2 vol., 1956 ; Points Seuil, 2 vol., 1968.

LA TOUR DU PIN, *Mémoires de la marquise de La Tour du Pin. Journal d'une femme de cinquante ans (1778-1815)*, nouv. éd., Mercure de France, 1989.

LAVALETTE (comte de), *Mémoires et Souvenirs du comte de Lavalette*, nouv. éd. Stéphane Jiocanti, Mercure de France, 1994.

LAUTHONNYE (commandant), *Ma vie militaire (1807-1819)*, reprint, Teissèdre, 1996.

LAWRENCE (William), *Mémoires d'un grenadier anglais, 1791-1867*, Plon, 1933.

LEVAVASSEUR (Octavc), *Souvenirs militaires d'Octave Levavasseur, aide de camp de Ney*, Plon, 1914.

LEFEBVRE, *Campagnes et missions de Charles-Stanislas Lefebvre (1793-1821)*, Paris, Bureau de la Nouvelle Revue rétrospective, s.d.

LORT DE SÉRIGNAN, « Mon voyage à Gand en 1815. Souvenirs anecdotiques d'un chevau-léger de la garde de Louis XVIII », in *Le Correspondant*, 25 octobre 1877, p. 324-348.

LOUIS XVIII, « Réflexions critiques écrites en 1799 par le roi Louis XVIII à l'occasion des réflexions sur les cahiers de la noblesse du Poitou aux États généraux de 1789, publiées par M. le chevalier de La Coudraye », in *Lettres et Manuscrits de Louis XVIII*, précédé d'un examen de sa vie politique jusqu'à la Charte de 1814, par Martin d'Oisy, Paris, chez I.G. Michaud libraire, 1839 ; *Relation d'un voyage à Bruxelles et à Coblentz*, 1791, réédition du texte avec modification en 1823, puis par André Castelot in *Le Rendez-vous de Varennes ou les occasions manquées*, Perrin, 1971.

LOWRY COLE, *Mémoires*, London, Macmillan, 1934.

MACDONALD, *Souvenirs du maréchal Macdonald, duc de Tarente*, Paris, Plon, 1892.

MAILLÉ (duchesse de), *Souvenirs des deux Restaurations. Journal inédit*, Perrin, 1984.

MAINE DE BIRAN, *Journal intime de Maine de Biran (1792-1817)*, éd. La Valette-Montbrun, Plon, 2 vol., 1927.

MARCILLAC (marquis de), *Souvenirs de l'émigration à l'usage de l'époque actuelle*, Paris, Baudouin, 1825.

MARMONT, *Mémoires du maréchal Marmont*, Paris, Perrotin, 9 vol., 1856-1857, vol. VII.

MARSILLY (Hennet de Goutel éd.), « Les derniers jours de l'Empire racontés par un Cent-Suisse d'après le Journal inédit de M. de Marsilly (1814-1816) », in *REN*, janvier-juin 1918, vol. XIII, p. 175-200 et 271-295.

MERCER (Cavalié), *Journal of the Waterloo Campaign, by the late general* C. *Mercer*, Edinburgh, 2 vol., Blackwood and sons.

METTERNICH (prince de), *Mémoires, documents et écrits divers laissés par le prince de Metternich...*, Plon, 8 vol., 1880-1884, t. I.

MICHELET (Jules), *Écrits de jeunesse*, Paris, Gallimard, 1954.

MIOT DE MELITO, *Mémoires du comte Miot de Melito...*, Michel Lévy, 3 vol., 1858.

MOLÉ (Mathieu, comte), (marquis de Noailles, éd.), *Le Comte Molé (1781-1855), sa vie, ses Mémoires*, Champion, 6 vol., 1922-1930, vol. I. ; « Note de Molé pour la justification de sa conduite des

Cent-Jours », in *Correspondance de Charles de Rémusat*, vol. III, p. 270 *sq* (voir *infra*).

MONTBEL (comte de), *Souvenirs du comte de Montbel, 1787-1831*, Plon, 1913.

MONTCALM (marquise de), *Mon journal (1815-1818) pendant le premier ministère de mon frère*, Grasset, 1935.

MOUNIER (Édouard), (comte d'Hérisson éd.), *Les Girouettes politiques*, 2e série, « Un secrétaire de Napoléon Ier, d'Iéna à Waterloo », Paris, Paul Ollendorff, 1894 ; (M. L. Babonneix éd.), *Julie Bouchaud des Hérettes à Gand pendant les Cent-Jours*, Paris, Maloine et fils, 1923.

NAPOLÉON Ier, *Correspondance générale de Napoléon Ier*, Paris, 32 vol., 1858-1870, voir essentiellement les volumes XXVIII à XXXII dans lesquels on retrouve la correspondance des Cent-Jours et les écrits de Sainte-Hélène portant sur cette période : l'île d'Elbe et les Cent-Jours, 1869 ; (L. Lecestre), *Lettres inédites de Napoléon Ier (an VIII-1815)*, Paris, 2 vol., 1897 ; (L. de Bretonne), *Lettres inédites de Napoléon Ier*, Paris, 1898 ; *Dernières Lettres inédites de Napoléon Ier*, Paris, 2 vol., 1903.

NEUILLY (comte de), *Dix Années d'émigration. Souvenirs et correspondances du comte de Neuilly*, Paris, C. Douniol, 1863.

ORLÉANS (duc d'), *Extraits de mon journal du mois de mars 1815*, Twickenham, imp. de G. White, 1816, rééd. *Mon journal. Événements de 1815*, Paris, Lévy, 2 vol., 1849.

PASQUIER (Jules), *Histoire de mon temps. Mémoires du chancelier Pasquier*, Paris, Plon, 6 vol., 1893-1894, vol. III.

PELLIZZONE (Julie), *Souvenirs. Journal d'une Marseillaise*, vol. II, *1815-1824*, Marseille, Indigo, 2001.

PEYRUSSE (Guillaume-Joseph-Roux), *1809-1815. Mémorial et archives de M. le baron Peyrusse, trésorier général de la Couronne pendant les Cent-Jours*, Carcassonne, Lajoux, 1869.

PLANAT DE LA FAYE (Nicolas-Louis), *Vie de Planat de La Faye, aide de camp des généraux Lariboisière et Drouot, officier d'ordonnance de Napoléon Ier*, Paris, Paul Ollendorff, 1895.

POLIGNAC (Jules de), « Lettre à son père sur le retour de l'île d'Elbe. Gand, 2-10 avril 1815 », in *Revue des documents historiques*, 1879, 2e série, I, p. 69-71.

PONTÉCOULANT (Louis-Gustave Doulcet de), *Souvenirs historiques et parlementaires du comte de Pontécoulant...*, Michel Lévy, 4 vol., 1861-1865, vol. IV.

(Polovtsoff éd.), *Correspondance diplomatique des ambassadeurs et ministres de Russie en France et de France en Russie, 1814-1830*, vol. I, *1814-1816*, Saint-Pétersbourg, 1902.

POZZO DI BORGO, *Correspondance diplomatique du comte Pozzo di Borgo, ambassadeur de Russie en France et du comte de Nesselrode, depuis la restauration des Bourbons, jusqu'au congrès d'Aix-la-Chapelle, 1814-1818*, Paris, Calmann-Lévy, 2 vol., 1890-1897, vol. I.

PUYMAIGRE (comte Alexandre de), *Souvenirs sur l'émigration, l'Empire et la Restauration*, Paris, Plon, 1884.

QUINET (Edgar), *Histoire de mes idées. Autobiographie*, Paris, 1880, *Nouvelles Œuvres complètes*, t. V, rééd., Flammarion, 1972.

REBOUL (Antoine), *Mes souvenirs de 1814 et 1815*, 1824.

REISET (vicomte Tony de), *Souvenirs du lieutenant général vicomte de Reiset*, Calmann-Lévy, 3 vol., 1902.

RÉMUSAT (comte Charles de), *Mémoires de ma vie*, éd. Charles-H. Pouthas, Plon, 5 vol., 1958-1967, vol. I, *Enfance et jeunesse, la Restauration libérale, 1797-1820* ; *Correspondance de M. de Rémusat pendant les premières années de la Restauration*, Calmann-Lévy, 6 vol., 1883-1886.

RIGAUD (Jean-Cyrille), « La terreur blanche à Montpellier en 1816 et 1817. Fragments du journal d'un habitant de Montpellier », *Révolution française*, janvier-juin 1890, p. 530-545.

RILLIET (Louis), « Les Cent-Jours en Belgique et en France », in *Soldats suisses au service de l'étranger*, Genève, A. Jullien, 8 vol., 1908-1919, vol. III, p. 237-347.

ROGER (Paul), *Mémoires et Souvenirs de la cour de Bruxelles*, Bruxelles, 1856.

ROCHECHOUART (comte de), *Souvenirs sur la Révolution, l'Empire et la Restauration*, Paris, Plon, 1892.

ROUTIER (capitaine Léon), *Récits d'un soldat de la République et de l'Empire*, éd. du Grenadier, 2004.

SAINT-CHAMANS, *Mémoires du général de Saint-Chamans, ancien aide de camp du maréchal Soult, 1802-1832*, Paris, Plon, 1896.

SAND (George), *Œuvres autobiographiques*, éd. Georges Lubin, vol. I : *Histoire de ma vie*, Gallimard, Bibliothèque de la Pléiade, 1970.

SAVARY, *Mémoires du duc de Rovigo*, 8 vol., 1828, vol. VIII.

SEMALLÉ, *Souvenirs du comte de Semallé, page de Louis XVI*, Paris, Picard, 1898.

SERRE (comte Hercule de), *Correspondance du comte de Serre, 1796-1824*, Paris, A. Vaton, 1876-1882, 7 vol., vol. II.

SERS (baron), *Souvenirs d'un préfet de la monarchie, 1786-1862*, Fontemoing, 1906.

SCHELTERS (colonel Henri), *Souvenirs d'un grenadier de la Garde*, éd. du Grenadier, 2004.

SIMPSON (James), *Paris after Waterloo, Notes taken at the time*, London, W. Blackwood, 1853.

STAËL (Mme de), *Mme de Staël et le duc de Wellington. Correspondance inédite, 1815-1817*, éd. Victor de Pange, Gallimard, 1962 ; *Choix de lettres de Mme de Staël*, éd. Georges Solovieff, Paris, Klinksieck, 1970.

STANLEY (Edward), *Un Anglais sur les traces de Napoléon Bonaparte. Lettres (1802-1814-1816)*, traduction d'Hubert Pichelin, La Vouivre, 2003.

STENDHAL, *Souvenirs d'égotisme* (rédigé en 1832, première édition 1893), éd. Béatrice Didier, Gallimard, « Folio », 1983.

SWAVING (Justus Gerandus), *Swaving's Tienjarige militaire loopbaan*, Dordrecht, Blussé en Van Braam, 1830.

TALLEYRAND (prince de), *Mémoires du prince de Talleyrand*, éd. du duc de Broglie, Paris, Calmann-Lévy, 5 vol., 1891-1892 ; nouv. éd. d'E. de Waresquiel, Robert Laffont, coll. « Bouquins », 2007 ; *Correspondance du prince de Talleyrand et de Louis XVIII pendant le congrès de Vienne*, éd. G. Pallain, Paris, Plon, 1884 ; « Lettres de Talleyrand à Metternich », in *Revue de l'Institut Napoléon*, n° 95, avril 1965, p. 65-75 ; *Le Miroir de Talleyrand, lettres inédites à la duchesse de Courlande pendant le congrès de Vienne*, éd. Gaston Palewski, Perrin, 1976.

THIBAUDEAU (Antoine-Clair), *Mémoires de A.C. Thibaudeau, 1799-1815*, Paris, Plon, 1913.

THIÉBAULT, *Mémoires du général baron Thiébault*, Paris, Plon, 5 vol., 1893-1895, vol. V, *1813-1820*.

THOMAS (J.P.), *Précis historique des événements arrivés à Montpellier pendant les cent jours de l'interrègne*, éd. G. Vidal, Montpellier, 1976.

VAQUIER DE LAMOTHE (Gabriel), « Heurs et malheurs d'un garde du corps de Louis XVIII », éd. Christian de Sèze, in *Histoire de l'histoire*, n° 14, mars 1960, p. 76-84.

VAUBLANC (comte de), *Mémoires*, Paris, Firmin-Didot, 1883.

VAUDONCOURT (général Guillaume de), *Quinze années d'un proscrit*, Dufey, 4 vol., 1835 ; nouvelle édition à paraître par Laurent Nagy, chez Teissèdre.

VIENNET (Jean-Pons-Guillaume), *Mémoires et Journal, 1777-1867*, éd. Raymond Trousson, Champion, 2006.

VIGNY (Alfred de), *Mémoires inédits. Fragments et projets*, éd. Jean Sangnier, Gallimard, 1958 ; *Alfred de Vigny intime*, Paris, Comité Alfred-de-Vigny, 1912.

VILLEMAIN, *Souvenirs contemporains d'histoire et de littérature*, Paris, Didier, 2 vol., 1854.

VITROLLES (baron de), *Mémoires et relations politiques du baron de Vitrolles*, éd. Eugène Forgues, G. Charpentier, 3 vol., 1884.

WEISS (Charles), *Journal, 1815-1822*, éd. Suzanne Lepin, Les Belles Lettres, 1972.

WELLINGTON, *Despatches of the Duke of Wellington*, London, John Murray, 13 vol., 1834-1839 ; vol. XII, 1838 ; *Supplementary Despatches*, London, John Murray, 15 vol., 1858-1872 ; vol. X, 1863.

WOLFE TONE (William Theobald), *Récits de mes souvenirs de campagne dans l'armée française*, La Vouivre, 1997.

WOODBERRY, *Journal du lieutenant Woodberry (1813-1815)*, Paris, Plon, 1896.

Œuvres poétiques, théâtrales et romanesques

ARAGON (Louis), *La Semaine sainte*, Gallimard, 1958.

BALZAC, *Histoire des treize*, t. II, *La Duchesse de Langeais* ; *La Comédie humaine*, t. V, Gallimard, Bibliothèque de la Pléiade, 1977 ; *Le Médecin de campagne*, *La Comédie humaine*, t. IX, Gallimard, Bibliothèque de la Pléiade, 1978.

BÉRANGER, *Chansons*, 2 vol., 1821 ; *Œuvres complètes*, Paris, Fournier, 1840.

BARTHÉLEMY et MÉRY, *Waterloo et le fils de l'homme*, Paris, Perrotin, 1835.

DUMAS (Alexandre), *Le Comte de Monte-Cristo*, éd. G. Sigaux, Gallimard, « Folio », 2 vol., 1981.

GOBINEAU (Arthur de), *Ternove*, Lettres modernes, Minard, 1990.

GRABBE (Christian-Dietrich), *Napoléon ou les Cent-Jours (1831)*, trad. de l'allemand, Aubier-Montaigne, 1969.

HUGO (Victor), *Les Misérables*, éd. Yves Gobin, Gallimard, « Folio », 2 vol., 1973 et 1995 ; *Œuvres poétiques*, t. I, *Avant l'exil, 1802-1851*, éd. Pierre Albouy, Gallimard, Bibliothèque de la Pléiade, 1964.

MUSSET (Alfred de), *La Confession d'un enfant du siècle*, éditions R. Simon, 1934.

VIGNY (Alfred de), *Servitude et grandeur militaires*, « Laurette ou le cachet rouge », Paris, Alphonse Lemerre, 1884.

STENDHAL, *La Chartreuse de Parme*, Flammarion, GF, 1964.

Littérature populaire

IVOI (Paul d'), *Les Cinquante (1815)*, Paris, Combet et Cie éditeurs, s.d.

MARTHOLD (J. de) / JOB, *Le Grand Napoléon des tout-petits*.

MARTHOLD (J. de) / JOB, *Histoire d'un bonnet à poil*.

DAYOT (A.), *Napoléon raconté par l'image*, Librairie Hachette et Cie, 1902 ; *La Restauration (Louis XVIII-Charles X) d'après l'image du temps*, Paris, Ernest Flammarion éditeur, s.d.

II. BIBLIOGRAPHIE

1. OUVRAGES GÉNÉRAUX SUR LA PÉRIODE

XIXe siècle

DUVERGIER DE HAURANNE (Prosper), *Histoire du gouvernement parlementaire en France, 1814-1848*, Michel Lévy frères, 10 vol., 1857-1872, vol. II et III.

HOUSSAYE (Henry), *1815*, Librairie académique Didier, 3 vol., 1896, 1899, 1905.

NETTEMENT (Alfred), *Histoire de la Restauration*, Paris, Jacques Lecoffre, 8 vol., 1860-1872, vol. II et III.

RAIN (Pierre), *L'Europe et la Restauration des Bourbons, 1814-1818*, Paris, Perrin, 1908.

STENGER (Victor), *Le Retour des Bourbons d'Hartwell à Gand. Le règne des émigrés, 1814-1815*, Paris, Plon, 1908 ; *Le Retour de l'empereur. Du Capitole à la roche Tarpéienne. L'immolation, 1815*, Plon, 1910.

SOREL (Albert), *L'Europe et la Révolution française*, Plon, 8 vol., 1885-1904, rééd. Tchou, Les Introuvables, 2003 ; t. VIII, *La Coalition. Les traités de 1815. 1812-1815*.

THIERS (Adolphe), *Histoire du Consulat et de l'Empire*, Paulin, 21 vol., 1845-1869, vol. XIX et XX.

VIEL-CASTEL (Louis de), *Histoire de la Restauration*, Michel Lévy frères, 20 vol., 1860-1878, vol. II et III.

XXe siècle

BERTIER DE SAUVIGNY (Guillaume de), *Au soir de la monarchie. Histoire de la Restauration*, Flammarion, 1995, rééd. 1990.

FLEISCHMAN (Théo), *Le Roi de Gand. Louis XVIII et les émigrés français à Gand pendant les Cent-Jours*, Bruxelles, La Renaissance du livre, s.d. (vers 1960, mauvais ouvrage de vulgarisation, plus proche du roman historique, mais le seul sur le sujet).

GODLEWSKI (G.), *Trois Cents Jours d'exil*, Paris, 1961.

GUENIFFEY (Patrice), *Le Dix-Huit Brumaire. L'épilogue de la Révolution française*, Gallimard, 2008.

LE GALLO (Émile), *Les Cent-Jours*, Félix Alcan, 1923.

LENTZ (Thierry), *Le 18 Brumaire*, Jean Picollec, 1997 ; *Le Grand Consulat, 1799-1804*, Fayard, 1999 ; *Nouvelle Histoire de l'Empire*, Fayard, 3 vol., 2002-2007.

PONTEIL (Félix), *La Chute de Napoléon et la crise française de 1814-1815*, Paris, 1943.

POUTHAS (Charles), *Histoire politique de la Restauration de 1814 à 1830*, CDU, « Les Cours de la Sorbonne », 1938, fasc. 1.

FURET (François), *Penser la Révolution française*, Gallimard, 1978 ; *La Révolution, de Turgot à Jules Ferry, 1770-1880*, Hachette, 2 vol., 1990 (en collab. avec RICHET (Denis)), *La Révolution française*, Hachette, 1965.

THIRY (Jean), *Le Vol de l'aigle*, Paris, 1942 ; *Les Cent-Jours*, 1943.

TULARD (Jean), *Le Grand Empire*, Albin Michel, 1982 ; *Les Vingt Jours. Louis XVIII ou Napoléon ? 1er-20 mars 1815*, Fayard, 2001.

WARESQUIEL (Emmanuel de), YVERT (Benoît), *Histoire de la Restauration, 1814-1830. Naissance de la France moderne*, Perrin, 1996 ; rééd. Poche, 2002.

2. ESSAIS, OUVRAGES, ACTES ET ARTICLES SPÉCIALISÉS

Les Cent-Jours dans l'Yonne. Aux origines d'un bonapartisme libéral, sous la dir. de Léo Hamon, éditions de la Maison des sciences de l'homme, 1988.

Repenser la Restauration, sous la dir. de J.-Y. Mollier, M. Ried et J.-C. Yon, Nouveau Monde éditions, 2005.

Représentations et pouvoirs. La politique symbolique en France (1789-1830), sous la dir. de N. Scholz et C. Schröer, Presses universitaires de Rennes, 2007.

Voies nouvelles pour l'histoire du Premier Empire. Territoire, pouvoirs, identités, sous la dir. de N. Petiteau, La Boutique de l'histoire, 2003.

Waterloo. Monuments et représentations de mémoires européennes (1792-2001), sous la dir. de M. Watelet, P. Couvreur, Ph. Villelongue, Association franco-européenne de Waterloo, 2003.

AGAY (Frédéric d'), « La première Restauration dans le Var », *Revue de la Société d'histoire de la Restauration et de la monarchie constitutionnelle*, n° 2, 1988.

ALEXANDER (R.-S.), *Bonapartism and Revolutionary Tradition in France. The Fédérés of 1815*, Cambridge University Press, 1991.

ALLEAUME (Ch.), « La terreur blanche dans le Var », *Bulletin de la Société des études scientifiques et archéologiques de Draguignan*, XLV, (1944-1945).

ANDRÉ (Roger), *L'Occupation de la France par les Alliés en 1815 (juillet-novembre)*, P. de Boccard, 1924.

ANTOINE (François), « Les autorités hollandaises et la frontière franco-hollandaise durant les années 1814-1815 », Actes du colloque Frontières et espaces frontaliers du Léman à la Manche, université de Nancy, 2004, Annales de l'Est.

BALDENSPERGER (Fernand), *Le Mouvement des idées dans l'émigration française (1789-1815)*, Plon, 2 vol., 1924.

BELLESCIZE (Diane de), *L'Acte additionnel aux Constitutions de l'Empire (22 avril 1815). Une Constitution mal nommée pour un régime sans nom*, RD publications, 1993, p. 1043-1077.

BERTAUD (Jean-Paul), *Quand les enfants parlaient de gloire. L'armée au cœur de la France de Napoléon*, Aubier, 2006.

BERTIER DE SAUVIGNY (Guillaume de), *Ferdinand de Bertier (1782-1864) et l'énigme de la Congrégation*, Les Presses continentales, 1948 ; *Metternich et la France après le congrès de Vienne*, 3 vol., 1961 ; *La France et les Français vus par les voyageurs américains, 1814-1848*, Flammarion, 2 vol., 1985.

BLANCPAIN (Marc), *La Vie quotidienne dans la France du Nord sous les occupations (1814-1944)*, Hachette, 1983.

BLUCHE (Frédéric), *Le Plébiscite des Cent-Jours (avril-mai 1815)*, Droz, 1974 ; *Le Bonapartisme. Aux origines de la droite autoritaire (1800-1850)*, Nouvelles Éditions latines, 1980 ; « Les Cent-Jours. Aspects du pouvoir », *RHDFE*, oct.-déc. 1973, n° 4, p. 627-635 ; « Les pamphlets royalistes des Cent-Jours », *RIN*, 1975, p. 145-156.

BORDEAUX (Paul), « La numismatique de Louis XVIII dans les provinces belges en 1815 », *Revue belge de numismatique*, Bruxelles, 1900, 56e année.

BRANDA (Pierre), *Le Prix de la gloire. Napoléon et l'argent*, Fayard, 2007 ; « La liquidation du trésor de l'empereur en 1815 », *Revue du Souvenir napoléonien*, n° 449, p. 23-31.

BRUGUIÈRE (Michel), *La Première Restauration et son budget*, Droz, 1969.

BRUYÈRE-OSTELS (Walter), *Les Officiers de la Grande Armée aux lendemains de l'Empire*, thèse de doctorat sous la dir. de J.O. Boudon, Paris-IV ; « L'opposition à la première Restauration : le "complot du Nord" », mémoire de maîtrise sous la dir. de Jean Tulard, Paris-IV ; « Les officiers de la Grande Armée dans l'Espagne libérale de 1823 », *Revue de l'Institut Napoléon*, n° 186, 2003-1, p. 55-78.

CARON (Jean-Claude), *Générations romantiques. Les étudiants de Paris et le Quartier latin (1814-1851)*, Armand Colin, 1991.

CARROT (Georges), « Napoléon et la Garde nationale », *Revue du Souvenir napoléonien*, 1981, n° 317, p. 2-29.

CHAUMIÉ (J.), « Les Girondins et les Cent-Jours », *Revue historique de la Révolution française*, 1971, p. 329-365.

CONNAC (E.), « La réaction royaliste à Toulouse : trois lettres inédites de Picot de Lapeyrouse », *Revue des Pyrénées*, X (1898), p. 431-451.

CRAIUTU (Aurelian), *Le Centre introuvable. La pensée politique des doctrinaires sous la Restauration*, Plon, 2006 pour la traduction française.

CYR (Pascal), « L'opposition des fonctionnaires pendant les Cent-Jours », *Napoleonica*, revue en ligne de la fondation Napoléon, sept. 2008.

DAUDET (Ernest), *La Terreur blanche*, 1906 ; *Histoire de l'émigration*, Hachette, 3 vol., 1907.

DENIS (Michel), *Les Royalistes de la Mayenne dans le monde moderne*, Librairie Klincksieck, 1977 ; « Que faire de la Révolution française ? », in *Histoire des droites en France*, I, *La Politique*, Gallimard, 1992.

DERODE (Victor), *Histoire de Lille*, Lille, Geghin libraire, 3 vol., 1848.

DU PASQUIER (Jacqueline), *Raymond Jeanvrot. Une passion royaliste*, Somogy, 2007.

FRÉDÉRICQ-LILAR (Marie), *Gand au* XVIIIe *siècle. Les peintres Van Reijsschoot*, Lamandart éditeurs, 1992.

FUREIX (Emmanuel), *Mort et politique à Paris sous les monarchies censitaires. Mises en scène, cultes, affrontements, 1814-1835*, thèse de doctorat sous la dir. d'Alain Corbin, Paris-I, 2003.

GABORY (Émile), « La terreur blanche dans l'Ouest », *Revue des études napoléoniennes*, janv. 1918, t. XIII, p. 313 *sq*.

GAFFAREL (P.), « Les Cent-Jours à Dijon », *Révolution française*, t. XXVII, août 1894 ; « La terreur blanche à Marseille », *Revue historique*, t. CXXII, 1916, p. 241-287.

GAIN (André), *La Restauration et les biens des émigrés*, Nancy, 2 vol., 1928.

GENGEMBRE (Gérard), *La Contre-Révolution ou l'histoire désespérante*, Imago, 1989.

GAUCHET (Marcel), *La Révolution des pouvoirs. La souveraineté, le peuple et la représentation, 1789-1799*, Gallimard, 1995.

GIRARD (Louis), *La Garde nationale*, 1814-1871, Plon, 1964.

GOBLOT (Jean-Jacques), *La Jeune France libérale. « Le Globe » et son groupe littéraire, 1824-1830*, Paris, Plon, 1995.

GONNET, « Les Cent-Jours à Lyon », *Revue d'histoire de Lyon*, 1906.

GRAND (Roger), *La Chouannerie de 1815*, Paris, Perrin, 1943.

HAMON (Léo, sous la dir. de), *Les Cent-Jours dans l'Yonne. Aux origines d'un bonapartisme libéral*, Paris, Éditions de la Maison des sciences de l'homme, 1988.

HAZAREESINGH (Sudhir), *La Légende de Napoléon*, Tallandier, 2005 pour la traduction française.

HENKE (Christian), *Coblentz. Symbol für dir gegenrevolution*, Thorbeke, 2000.

HERTAULT (Gérard) et DOUAIS (Abel), *Franc-Maçonnerie et sociétés secrètes contre Napoléon. Naissance de la nation allemande*, Nouveau Monde éditions, 2005.

JOURDAN (Annie), *Napoléon, héros, imperator, mécène*, Aubier, 1998 ; *Mythes et légendes de Napoléon. Un destin d'exception, entre rêve et réalité...*, Privat, 2004 ; « Le Premier Empire : un nouveau pacte social », in *Empire et Impérialismes*, Cités 20, Paris, PUF, 2004.

LARGEAUD (Jean-Marc), *Napoléon et Waterloo. La défaite glorieuse de 1815 à nos jours*, Bibliothèque historique, 2006.

LASSERRE (Bertrand), *Les Cent-Jours en Vendée. Le général Lamarque et l'insurrection royaliste*, Paris, Plon, 1906.

LEULLIOT (Paul), *La Première Restauration et les Cent-Jours en Alsace*, Svepen, 1958.

LOUBET, « Le gouvernement toulousain du duc d'Angoulême », *La Révolution française*, t. LXIV, 1913.

MANENT (Pierre), *Histoire intellectuelle du libéralisme*, Calmann-Lévy, 1987.

MANSEL (Philip), *The Court of France*, thèse, University College, Londres, 1978 ; *La Cour sous la Révolution, l'exil et la Restauration*, Paris, Tallandier, 1989 ; *Paris, capitale de l'Europe, 1814-1852*, Perrin, 2003 pour la traduction française.

MARICOURT (A. de), « François Hüe et le transfert des diamants de la couronne hors de France en 1815 », *Le Correspondant*, 25 novembre 1901, p. 783-794.

MIROUX (Laurence), *L'Oise sous la Restauration (1815-1830)*, Gemob, 1990.

NAGY (Laurent), *Le Romantisme en action ou représentations et réalités subversives dans une France postrévolutionnaire (1814-1824)*, thèse de doctorat sous la dir. de Michèle Riot-Sarcey, Paris-VIII, 2006.

NICOLSON (Harold), *Le Congrès de Vienne. Histoire d'une coalition, 1812-1822*, Hachette, 1947 en traduction française.

OECHSLIN (J.-J.), *Le Mouvement ultraroyaliste sous la Restauration. Son idéologie et son action politique (1814-1830)*, Paris, Librairie R. Pichon et R. Durand-Auzias, 1960.

PETITEAU (Nathalie), *Lendemains d'Empire. Les soldats de Napoléon dans la France du XIXe siècle*, La Boutique de l'histoire, 2003.

PIBOUBÈS (Jean-Yves), *Le Serment politique en France, 1789-1870*, thèse d'université sous la direction d'Alain Corbin, Paris-I, 2003.

PINGAUD (Léonce), *La Franche-Comté en 1815*, 1894.

PLOUX (F.), « L'imaginaire social et politique de la rumeur dans la France du XIXe siècle (1815-1870) », *Revue historique*, n° 614, avril-juin 2000.

RADIGUET (Léon), *L'Acte additionnel aux Constitutions de l'Empire*, 1911.

RENAN (Ernest), « Qu'est-ce qu'une nation ? », *Bulletin de la Société scientifique de France*, 26 mars 1882.

RESNICK (Daniel-Philip), *The White Terror and the Political Reaction After Waterloo*, Harvard University Press, 1966.

RICHARDSON (N.), *The French Prefectoral Corps. 1814-1830*, Cambridge, 1966.

RIOT-SARCEY (Michèle), « Temps et histoire en débat : "Tout s'oublie" et "rien ne passe" », *Revue d'histoire du XIXe siècle. Le temps des historiens*, n° 25, 2002/2 ; « Questionner l'histoire à rebrousse-poil », *Espace-temps, Les Cahiers*, n° 82-83, 2003, p. 17-27

ROSANVALLON (Pierre), *Le Sacre du citoyen. Histoire du suffrage universel en France*, Gallimard, 1992 ; *La Monarchie impossible. Les Chartes de 1814 et de 1830*, Fayard, 1994.

RIALS (Stéphane), *Le Légitimisme*, PUF, 1983 ; *Révolution et contre-révolution au XIXe siècle*, Albatros, 1987.

SCHNEIDER (Christine), *La Terreur blanche*, thèse de doctorat sous la dir. de Jean-Clément Martin, Paris-I.

SERNA (Pierre), *La République des girouettes. 1789-1815 et au-delà, une anomalie politique : la France de l'extrême centre*, Champ Vallon, 2005.

SIMONIN (Anne), « 1815 en 1945. Les formes littéraires de la défaite », *Vingtième Siècle*, juil.-sept. 1998, n° 59, p. 48-61.

SUTHERLAND (Donald M.G.), *Révolution et contre-révolution en France (1789-1815)*, Le Seuil, 1991.

THADDEN (Rudolph von), *La Centralisation contestée*, Actes Sud, 1989, trad. de l'allemand par H. Cusa et P. Charbonneau.

THUREAU-DANGIN (Paul), *Royalistes et républicains*, Paris, Plon, 1874 ; *Le Parti libéral sous la Restauration*, Paris, Plon, 1876.

TOCQUEVILLE (Alexis de), *De la démocratie en Amérique ; L'Ancien Régime et la Révolution*, éd. Françoise Mélonio, Robert Laffont/-Bouquins, 1986.

TORT (Olivier), *L'Impossible Unité : la droite française sous la Restauration (1814-1830)*, thèse de doctorat sous la dir. de J.-P. Chaline, Paris-IV Sorbonne, 2007 ; « Le discours de La Bourdonnaye sur l'amnistie (11 novembre 1815) : un archétype du rôle des conflits de mémoire dans la marginalisation de l'extrême droite », *Histoire, économie et société*, 2005, n° 2, p. 233-252.

TRÉNARD (Louis, dir.), *Histoire de Lille*, t. II, *Le Temps des révolutions*, Privat, 1991.

TULARD (Jean, sous la dir. de), *L'Anti-Napoléon. La légende noire de l'empereur*, Paris, Julliard/Archives, 1965 ; *Paris et son administration, 1800-1830*, Paris, 1976 ; *La Contre-Révolution. Origine, histoire, postérité*, Perrin, 1990 ; « Jeudi 1er juin 1815. Le Champ de mai », *Revue du Souvenir napoléonien*, n° 463, février-mars 2006, p. 5-11.

VALLIÈRE (P. de), *Honneur et fidélité. Histoire des Suisses au service étranger*, Lausanne, 1940.

VIDALENC (Jean), *Le Département de l'Eure sous la monarchie constitutionnelle*, Librairie Marcel Rivière, 1952 ; *Les Demi-Solde. Étude d'une catégorie sociale*, Marcel Rivière, 1955 ; « Note sur les épurations de 1814 et de 1815 » in *Épurations administratives*, Genève, 1977, p. 63-68 ; « La crise de 1815 et les préfets » in *Les Préfets*, Genève, 1978, p. 11-27.

WARESQUIEL (Emmanuel de), *L'Histoire à rebrousse-poil. Les élites, la Restauration, la Révolution*, Fayard, 2005 ; « Louis XVIII et la Charte du 4 juin 1814 : transaction d'un homme, transaction d'un texte », Actes du colloque international d'Utrecht : Transitional Politics, déc. 2007 ; « Royalisme populaire ou terreur blanche ? », *Revue Napoléon Ier*, n° 42, janv.-fév. 2007 ; « L'émigration dans les débats politiques français au XIXe siècle. Naissance d'un mythe », *Revue d'histoire administrative*, 2008.

WEBSTER (Charles), *British Diplomacy*, Liverpool, 1921 ; *The Foreign Policy of Castlereagh, 1812-1815*, Londres, 1931 ; *The Congress of Vienna, 1814-1815*, Londres, 1934, rééd. 1963.

YVERT (Benoît), « Decazes et la politique du juste milieu : "royaliser la nation, nationaliser la royauté" (1815-1820) » ; « Aux origines de l'orléanisme. Les doctrinaires, Le Globe et les Bourbons », *RSHRMC*, n° 7, 1994.

3. BIOGRAPHIES ET ARTICLES MONOGRAPHIQUES

ALEXANDRE Ier

WALISZEWSKI (K.), *La Russie il y a cent ans. Le règne d'Alexandre Ier*, Plon, 3 vol., 1925.

ANGOULÊME (duc et duchesse d')

SAINTE-BEUVE, « Madame la duchesse d'Angoulême », in *Causeries du lundi, 3 novembre 1851*.

GUICHEN (comte de), *Le Duc d'Angoulême*, 1909.

CARTON (Michel-Bernard), *Seul contre Napoléon. Les cent jours du duc d'Angoulême*, Artena, 2008.

BENJAMIN CONSTANT

BASTID (Paul), *Benjamin Constant et sa doctrine*, Armand Colin, 2 vol., 1966.

KLOOCKE (F.), *Benjamin Constant, une biographie intellectuelle*, 1984.

BOURMONT

GAUTHEROT (Gustave), *Un gentilhomme de grand chemin. Le maréchal de Bourmont (1773-1846)*, PUF, 1926.

ESTRE (Henri d'), *Bourmont*, Plon, 1934 (avec un inédit du colonel Clouet sur les défections de 1815, p. 167-168).

CASTLEREAGH

ARJUZON (Antoine d'), *Castlereagh (1761-1822) ou le défi de l'Europe de Napoléon*, Tallandier, 1995.

CHARLES X

CABANIS (José), *Charles X, roi ultra*, Gallimard, 1972.

CHATEAUBRIAND

BEAU DE LOMÉNIE, *La Carrière politique de Chateaubriand de 1814 à 1830*, Plon, 2 vol., 1929.

ORMESSON (Jean d'), *Mon dernier rêve sera pour vous*, Paris, LGF, « Le Livre de poche », 1983.

DIESBACH (Ghislain de), *Chateaubriand*, Perrin, 1995.

FUMAROLI (Marc), *Chateaubriand, poésie et fureur ?*, Éditions de Fallois, 2003.

CLÉMENT (Jean-Paul), « Chateaubriand et les Cent-Jours », *Revue du Souvenir napoléonien*, n° 463, février-mars 2006, p. 19-23.

CARNOT

REINHARD, *Le Grand Carnot*, vol. II, 1952.

DHOMBRES (Jean et Nicole), *Lazare Carnot*, Fayard, 1997.

DAVOUT

VIGIER (comte), *Davout, maréchal d'Empire*, Ollendorff, 2 vol., 1892.

CHARRIER (Pierre), *Le Maréchal Davout*, Nouveau Monde éditions, 2005.

FOUCHÉ

MADELIN (Louis), *Fouché*, Nouveau Monde éditions, 2 vol., rééd. 2002.

DESPATYS (baron), *Un ami de Fouché, d'après les Mémoires de Gaillard*, Plon, 1911 ; *Magistrats et criminels, 1795-1844, d'après les Mémoires de Gaillard*, Plon, 1913.
ZWEIG (Stefan), *Joseph Fouché*, Grasset, 1931 pour la traduction française.
TULARD (Jean), *Joseph Fouché*, Fayard, 1998 ; « Fouché et la police moderne », sous la dir. de J. Tulard et C. Zacharie, *Dossier de la Revue Napoléon Ier*, n° 47, février-avril 2008, p. 22-54.

GÉRICAULT
Catalogue Géricault, dir. S. Laveissière, R. Michel, Réunion des musées nationaux, 1991.
MICHELET (Jules), *Jacques-Louis David et Théodore Géricault*, Rumeur des Âges, 2006.

GUIZOT
POUTHAS (Charles-H.), *Guizot pendant la Restauration. Préparation de l'homme d'État, 1814-1830*, Plon, 1923.
BROGLIE (Gabriel de), *Guizot*, Perrin, 1990.
THEIS (Laurent), *François Guizot*, Fayard, 2008.

HANE
GÉRARD, *Histoire des anciennes seigneuries de Leeuwergem et d'Elene*, Gand, 1853.

LA BÉDOYÈRE
MAZEL (Geneviève), *Un héros des Vingt-Jours, le général de La Bédoyère à travers sa correspondance inédite*, éditions SPM, 2004.

LAINÉ
PERCEVAL (Émile de), *Le Vicomte Lainé (1767-1835) et la vie parlementaire au temps de la Restauration*, Champion, 2 vol., 1926.

LAMARTINE
« Les services militaires de Lamartine et de ses ancêtres », *Carnet de la Sabretache*, n° 265, mai-juin 1920, p. 143-151.

LOUIS-PHILIPPE
PONIATOWSKI (Michel), *Louis-Philippe et Louis XVIII*, Perrin, 1980.
ANTONETTI (Guy), *Louis-Philippe*, Fayard, 1994.

LOUIS XVIII
MANSEL (Philip), *Louis XVIII*, Pygmalion, 1982 pour la traduction française, nouv. éd. Perrin, 2004.

LEVER (Évelyne), *Louis XVIII*, Fayard, 1990.

MARET

ERNOUF (Alfred-Auguste), *Maret duc de Bassano*, Nouveau Monde éditions, 2008.

METTERNICH

BERTIER DE SAUVIGNY (Guillaume de), *Metternich*, Fayard, 1986.

NAPOLÉON

TULARD (Jean), *Napoléon ou le mythe du sauveur*, Fayard, 1987.

ENGLUND (Steven), *Napoléon*, Éditions de Fallois, 2004 pour la traduction française.

NEY

PERRIN (Éric), *Le Maréchal Ney*, Perrin, 1993.

POZZO DI BORGO

MCERLEAN (J.M.P.), *Napoléon et Pozzo di Borgo*, éd. Tchou, 2005 pour la traduction française.

TOUSSAINT (Yvon), *L'Autre Corse. L'homme qui haïssait Napoléon*, Fayard, 2004.

REGNAUD

BLANC (Olivier), *Regnaud de Saint-Jean-d'Angély. L'éminence grise de Napoléon*, Pygmalion, 2002.

RICHELIEU

WARESQUIEL (E. de), *Le Duc de Richelieu, un sentimental en politique*, Perrin, 1991.

ROTHSCHILD

LORD ROTHSCHILD, *The Shadow of a Great Man*, 1982.

STUART

FRANKLIN (Robert), *Lord Stuart de Rothesay*, Brighton, nouv. éd. 2008.

TALLEYRAND

LACOUR-GAYET (Georges), *Talleyrand, 1754-1838*, Payot, 4 vol., 1928-1934, rééd. 1991 avec une préface de François Furet.

WARESQUIEL (E. de), *Talleyrand, le prince immobile*, Fayard, 2003, nouv. éd. 2006.

VIGNY
JARRY (A.), « Contribution à l'histoire de la carrière militaire de Vigny », Association des amis de Vigny, *Bulletin*, n° 5, 1972-1973.

WELLINGTON
MAXWELL (Herbert), *The Life of Wellington*, 2 vol., 1899-1900.
GUEDALLA (Philip), *The Duke*, 1931, rééd. 1976.
CHASTENET (Jacques), *Wellington*, Paris, Tallandier, 1979.

4. CATALOGUES, ARTICLES ET ÉTUDES ICONOGRAPHIQUES

Les Anglais à Paris, catalogue d'exposition, musée Carnavalet, 1994.
BAJOU (Valérie), « L'œuvre du peintre Gros. Louis XVIII quitte les Tuileries, nuit du 19 au 20 mars 1815 », *Revue du Souvenir napoléonien*, 69e année, n° 463, février-mars 2006, p. 24-33.
BEAUCAMP (Félix), « L'estampe de Debucourt », *Bulletin de la commission historique du Nord*, 1938, p. 363-366.
BENOÎT (Jérémie, dir), *L'Anti-Napoléon. Caricatures et satires du Consulat à l'Empire*, catalogue d'exposition, musée des châteaux de Malmaison et de Bois-Préau, Paris, RMN, 1996.
BERTAUD (Jean-Paul), Forrest (Allan), Jourdan (Annie), *Napoléon, le monde et les Anglais. Guerre des mots et des images*, Autrement, 2004.
CILLESSEN (W.), DEULING (G.) et REICHARDT (R.), *Napoleons Neue Kleider*, GH Verlag Berlin, 2007.
CLERC (Catherine), *La Caricature contre Napoléon*, Promodis, 1986.
DUPRAT (Annie), « Une guerre des images, Louis XVIII, Napoléon et la France en 1815 », *Revue d'histoire moderne et contemporaine*, n° 47, juil.-sept. 2000, p. 487-504.
LACAMBRE (Geneviève et Jean), « La galerie de Diane aux Tuileries sous la Restauration », *La Revue du Louvre et des musées de France*, 25e année, 1975, n° 1, p. 39-50.
REICHARDT (Rolf), « "Lumières" versus "Ténèbres" : Politisierung und Visualisierung aufklärischer Schlüsselwörter in Frankreich vom XVIII. zum XIX. Jahrhundert », in *Aufklärung und Historische Semantik. Interdisziplinäre Beiträge zur westeuropäischen Kulturgeschichte*, Berlin, 1998, p. 83-170.
VETER-LIEBENOW (G.), *Napoleon-Genie und Despot, Ideal und Kritik in der Kunst um 1800*, Wilhelm-Busch-Museum, Hanover, 2007.
WARESQUIEL (E. de, dir.), « La caricature antinobiliaire sous la Restauration. De l'émigration à l'ultracisme (1814-1820) », *Histoire, images, imaginaires* (dir. M. Ménard, A. Duprat), université du Maine, 1998 ; *Talleyrand ou le miroir trompeur*, Somogy, 2005.

5. Filmographie partielle

1929, *Waterloo* (Allemagne). Réalisation Karl Grune. Charles Vanel joue Napoléon ; Otto Gebuhr, Blücher ; et Humbertson Wright, Wellington.

1931, *Le Congrès s'amuse* (Allemagne). Réalisateur Erik Charell, d'après des dialogues de Jean Boyer. Jean Dax joue Talleyrand ; Pierre Magnier, Metternich ; Henry Garat, Alexandre Ier.

1933, *L'Agonie des Aigles* (France). Réalisation Roger Richebé, d'après un scénario de Georges d'Esparbès. Le film traite des conspirations bonapartistes dans les premières années de la Restauration.

1953, *Le Comte de Monte-Cristo* (France et Italie). Réalisation Robert Vernay. Jean Marais joue Edmond Dantès ; Julien Bertheau, Napoléon ; et Temerson, Louis XVIII. Tout le début du film concerne les Cent-Jours.

1970, *Waterloo*. Réalisation Segueï Bondartchouk (URSS). Rod Steiger joue Napoléon et Orson Welles, Louis XVIII.

1977, *Les Duellistes*. Réalisation Ridley Scott (Grande-Bretagne). David Carradine joue Armand d'Hubert et Harvey Keitel, Gabriel Féraud. La dernière demi-heure du film se passe sous la Restauration et les Cent-Jours.

1992, *Le Souper* (France). D'après la pièce de Jean-Claude Brisville. Réalisation Édouard Molinaro. Claude Rich joue Talleyrand et Claude Brasseur, Fouché. La scène est censée se passer à Paris dans les premiers jours de juillet 1815.

TABLE DES CARTES ET PLANS

TABLE DES MATIÈRES

Troisième partie
Une semaine sainte
19 – 24 mars 1815

Quatrième partie
« Notre père de Gand »
23 mars – 22 juin 1815

CINQUIÈME PARTIE
Le roi des ruines
22 juin – 8 juillet 1815

Composé par Nord Compo Multimédia
7, rue de Fives, 59650 Villeneuve-d'Ascq

Impression réalisée sur CAMERON par
BRODARD ET TAUPIN
La Flèche

pour le compte des Éditions Fayard
en août 2008

Dépôt légal : septembre 2008
N° d'impression : 48678
35-14-2358-6/01

Imprimé en France